中国近代教育思潮新论

ZHONGGUO JINDAI JIAOYU SICHAO XINLUN

河北大学中西部高校提升综合实力工程项目资助

『中国近代教育思潮新论』最终成果

吴洪成 ◎ 著

知识产权出版社

全国百佳图书出版单位

图书在版编目（CIP）数据

中国近代教育思潮新论/吴洪成著. —北京：知识产权出版社，2016.6
ISBN 978 - 7 - 5130 - 3253 - 7

Ⅰ.①中… Ⅱ.①吴… Ⅲ.①教育思想—研究—中国—近代 Ⅳ.①G40 - 092.5

中国版本图书馆 CIP 数据核字（2014）第 301383 号

内容提要

本书既从史学的角度，探求近代教育思潮的历史进程，又从思潮本身的继承与创新出发，寻觅其理论发展的脉络。本书拟对中国近代教育思潮做一比较全面和细致的考察，揭示各主要教育思潮萌生、形成、拓展、嬗变、更生的节律及思潮之间的前因后果，此消彼长的内在、外在原因，科学地评价其利弊得失，注重阐发它们对当时及以后教育实践的影响及其在中国近代教育发展史上的地位与作用。

本书对每种教育思潮皆揭其源流，既突出主要代表人物的思想评述，也注意形成声势的群体以及不同思潮的转变及交互影响，希冀有助于推进中国近代教育思想史的深入研究。

责任编辑：江宜玲		责任校对：谷　洋
封面设计：段维东		责任出版：刘译文

中国近代教育思潮新论

吴洪成◎著

出版发行：	知识产权出版社有限责任公司	网　址：	http://www.ipph.cn
社　　址：	北京市海淀区西外太平庄 55 号	邮　编：	100081
责编电话：	010 - 82000860 转 8339	责编邮箱：	jiangyiling@cnipr.com
发行电话：	010 - 82000860 转 8101/8102	发行传真：	010 - 82000507/82000893
印　　刷：	保定市中画美凯印刷有限公司	经　销：	各大网上书店、新华书店及相关专业书店
开　　本：	787mm×1092mm　1/16	印　张：	32.25
版　　次：	2016 年 6 月第 1 版	印　次：	2016 年 6 月第 1 次印刷
字　　数：	542 千字	定　价：	98.00 元

ISBN 978 -7 -5130-3253-7

引论　中国近代教育思想史的
另类写法

　　1840 年以后近百年的岁月中，中国经历了空前的民族灾难和巨大的社会变革，同时也经历了一场学校与科举、新学与旧学、西学与中学的激烈纷争的教育变革。回顾中国教育走向近代化的曲折历程，认识它的历史特点并揭示它的发展规律，具有重大理论意义和现实意义。

一、关于教育思潮

　　凡能称为思潮者，其一，必须有"思"；其二，其"思"已成为"潮"。所谓有"思"，即其思想观念必须有相当的价值，能够影响时尚。所谓"思"形成"潮"，即一种思想学说能够反映一部分群体在某些社会重大问题上的普遍心理、共同愿望，能凝聚并引导这种思想倾向于同一方向。一种思想学说有这种群体性的基础，又有强大的导向力，才能感召呼应，形成潮流。

　　中国近代教育思潮是指在近代中国社会特定的政治、经济背景下，受中国传统文化及西方近代工业化社会思想文化的影响，教育界人士及社会其他有识之士围绕着改革封建教育、建立近代新教育体制、实现中国教育的近代化而展开的一系列争辩、议论，围绕着各个历史阶段共同和普遍关心的教育问题，从不同角度、层次、方位进行探讨，形成有群体性倾向的教育流派与言论，对教育、教学理论的探索、教育改革的推行乃至整个社会思潮均产生了一定的影响。

　　1894 年甲午海战爆发之前，中国与亚洲四邻各国同遭西方列强侵略，此时统治中国的清王朝日趋衰败。中国几千年来封建制度的种种弊病，在这一时期里集中地显现出来。国家正像一艘遍体腐朽，失去动力，只等历史的风暴将其覆灭的大船。

　　当时中国内部已经存在难以解决的社会危机，外来的掠夺侵略使这一危机变得更为深重。为摆脱危机，人心思变，形成了一股强大的社会改革思潮。这股思潮是由各个领域里普遍要求变革的愿望汇集而成，又转而影响和促进了各个领域的变革。因此，从某种程度上说，中国近代教育史也是一部教育改革史。

二、研究的目的、意义及方法

近代中国是一个半殖民地半封建社会，教育改革及其进程尤具独特性：纵向是封建教育向近代资产阶级教育转变；横向是中西文化教育的交融。由此类推，中国近代教育思潮，纵向观察是旧的封建教育思想观念向新的近代教育思想观念蜕变和转折；横向又是正在从旧到新蜕变中的中国教育思想观念与不断输入的西方教育思想观念相冲撞和融合，因此极具研究价值。

目前，中国近代教育思想史的研究，与整个教育思想史的研究一样，大体停留在将一位位教育家依次展现给读者上，他们之间各自孤立、缺乏联系。这样的研究难以反映时代教育的特征以及所讨论的中心问题，也不易于总结其内在的发展线索。而研究中国近代教育思潮，就是要从总体上把握教育思想发展的历史，探索其发展演变的脉络。

中国教育常常不以"纯教育"的面目出现。中国近代教育思潮、教育制度产生于内忧外患之中。深重的社会危机逼迫着人们改革传统教育，学习西方资产阶级教育，这是历史的必然。从世界教育发展的宏观角度看，资本主义国家普遍进行了教育改革，并取得重大进展，其教育内容、教育方法、人民受教育的普遍性以及文化科学水平都已经进入先进阶段，为各自国家的经济建设培养了大量人才。目睹世界各主要资本主义国家教育的发展，中国警觉了：国内不少有识之士认识到要拯救民族的危亡、建设独立富强的国家，必须改革教育、发展教育，学习先进国家的教育经验。

洋务派兴办以洋务学堂为中心的"洋务教育"，培养外交、翻译人才，也培养军事武备、技术制造人才，以为"攘内""御外"的政治目的服务。甲午战争的失败标志着"洋务教育"的终结。19世纪70年代，资产阶级早期改良派开始考虑从思想上、制度上学习西方教育，改革传统教育。维新运动时期，维新派发展了这种观念并付诸实践，出现了第一次兴学热潮，培养变法人才、普及国民教育成了当时教育的中心课题。"戊戌变法"失败后，教育改革的成果受到了摧残。"庚子事变"后，清政府迫于形势，于1901年1月宣布实施新政，进行了一系列改革。其中，教育方面的改革主要有四项内容：

废除科举制度、制订新学制（"癸卯学制"）、厘订教育宗旨、改革教育行政机构。从此，在形式上确立了资本主义的教育制度。

随着近代政治、经济及文化的发展，教育界的有识之士根据新情况、新问题，对"新教育"不断反思、调整及变革，以培养造就社会所需要的人才。五四运动中，科学与民主的呼声唤醒了迷惘的人们，要求进步、宣传改革的浪潮席卷全国。教育界的有识人士迫切要求改革封建传统教育，学习世界先进国家的教育，创造中国自己的新教育。他们组织教育团体，进行教育改革试验，总结经验，提出改革教育的种种建议和设想，推动了中国教育的发展。中国近代种种教育思潮正是这一教育改革发展历程的思想导向，它们与这一艰难曲折的历程相伴随。

本书既从史学的角度，探求近代教育思潮的历史进程，又从思潮本身的继承与创新上，寻觅其理论发展的脉络。本书拟对中国近代教育思潮做一比较全面和细致的考察，揭示各主要教育思潮萌生、形成、拓展、嬗变、更生的节律及思潮之间的前因后果，此消彼长的内在、外在原因，科学地评价其利弊得失，注重阐发它们对当时及以后教育实践的影响及其在中国近代教育发展史上的地位与作用。

本书对每种教育思潮皆揭其源流，既突出主要代表人物的思想评述，也注意形成声势的群体以及不同思潮的转变和交互影响，希冀有助于推进中国近代教育思想史的深入研究。作者力图通过对各种主要教育思潮的专门研究，综合概括中国近代教育思潮的基本特征、发展线索、内在规律，并认真总结其经验教训，以为今天的教育改革事业服务。

在研究方法上，本书按照马克思主义实事求是的原则，采取历史法与比较法相结合、宏观把握与微观分析相结合，理论分析与实际论证相结合等具体方法，力求体现史与论的统一、历史与逻辑的一致。

三、研究的范围

中国近代是一个充满矛盾和斗争、社会发生急剧变革的历史时期。关于"近代"概念的理解以及上下时限的划分，史学界尚存在分歧，迄今仍在讨论。❶ 教育史学界对此也有不同的意见。本书根据中国近代教育思潮的特点，把研究对象的时间跨度大致限定在鸦片战争到 20 世纪 30 年代这一特定的历史

---

❶　孙占元. 中国近代史通论［M］. 济南：山东教育出版社，1991：10 - 13.

范围之内。

众所周知，从"戊戌变法"到 20 世纪 30 年代，中国传统教育观念发生剧烈变革，西方各种思想学说在中国广泛传播并产生深刻的影响，同时近代新教育改革不断开展。因此，本书以讨论这一历史阶段的教育思潮为主。由于研究问题变化繁复、牵涉范围广泛，需要了解社会思潮、文化思潮，然后才能理清教育思潮；既要注意教育思想理论的变化，又要探讨教育实践的发展，难度颇大。因此，本书在此只是一次尝试性的探讨。

中国近代教育思潮异常复杂，兼之种类繁多、材料丰富，鉴于学识、水平及时间、精力等方面的限制，只能重点研究解剖主要的教育思潮。它们是：国民教育思潮、军国民教育思潮、实业教育思潮、实用主义教育思潮、工读主义教育思潮、科学教育思潮、平民教育思潮、职业教育思潮、乡村教育思潮、国家主义教育思潮。需要特别指出的是，此期正在形成或发展中的新民主主义教育思潮属于无产阶级性质，代表着近代教育思潮的新走向。对此，笔者将另撰论文，专门探讨。

中国近代教育思潮的形成并不是偶然的，它是近代社会特定的政治、经济、文化等多种因素综合影响的结果。同时，在其形成过程中带有时代所赋予的特色。从教育思潮看，此时是封建教育观念、教育思想逐渐终结，体现近代工商业要求的教育观念、教育思想不断确立，反映新民主主义性质的教育观念、教育思想开始形成的历史阶段。这种终古萌新、新旧交替的蜕变，赋予近代教育思潮以过渡性质。在特定的形势下，时呈万宗归一，时呈岔道弯弯。各种思潮历经初潮、涨潮、高潮，然后是落潮、低潮、退潮，有一个萌、盛、衰、亡的过程。这种急速变化也是近代教育思潮过渡性质的一种表现。

帝国主义、封建主义与中国人民的矛盾一直制约着中国半殖民地半封建社会的各个方面，教育思想领域也受到这个基本矛盾的制约。如果离开了这个观点去观察中国近代教育思潮，往往难于对有关问题做出准确的判断。

在帝国主义步步入侵和清王朝的腐败统治下，中国濒于被瓜分的境地，人民群众苦难深重，这在思想领域引起了强烈的反应。激荡的历史转折、严重的社会危机，唤醒人们面对社会现实：从过去"天朝大国""长治久安"的幻想中，看到即将亡国灭种的危机，转而关心祖国的危亡、民族的灾难；从"家家许郑，人人贾马"、日日八股、终身穷经这种脱离现实的风尚中，转向"慷慨论天下事"，积极寻找改革之道。各阶层从各自的立场、角度，纷纷探讨救国图强的途径。各种学术理论也以此作为最迫切的研究课题，从而兴起一股强大的救国图强社会思潮。在这种社会思潮影响下的教育思潮，也必然具有强烈的救国图强的精神。中国近代教育思潮在很大程度上是不同历史时期上述不同阶级、阶层或社会集团试图通过改革教育以救亡图存的政治理想的折射。

每种教育思潮都反映了教育界或社会其他各界人士关于教育改革与发展的某种具有共同性与普遍性的思想意识及愿望要求，集结在同一种思潮下面呐喊助威，感召呼应的是一个个群体。近代知识分子及其他有识之士形成的群体性非常鲜明，包括教育在内的每一次社会改革都表现出各个阶层或团体群体性的力量。时代遭遇、个人经历、年龄、知识结构、留学国别、学习专业等是这种群体性形成的因素，也促使他们在共同的理想与目标下同心协力。他们有关教育的言论及活动，主要是围绕教育改革及在改革中出现的问题进行反思并进一步尝试而展开的。

中国近代处于封建制度崩溃、资本主义势力发展尚未完成的时期。贯穿整个近代的中心问题，就是"中国向何处去"。灾难深重的中华民族，怎样才能获得解放？怎样才能不受帝国主义的压迫、欺凌和奴役？近百年来的志士仁人为之苦苦探索，在教育领域内就表现为对"中国教育向何处去"这一课题的理论思辨及实践探索。除了少数封建顽固派外，多数教育界人士活动的内容就是如何学习西方资产阶级教育、改革封建传统教育，以寻求近代教育的出路，从而建立具有中国特色、符合中国国情的教育体制。近代以来，教育思想领域围绕这一主旋律进行了激烈的论争。不同的参加者由于所处的社会地位、追求的利益目标、思想基础以及所接受的西方文化等方面存在差异，因此从不同角度、层面对存在的教育问题及近代教育的发展方向做出了不同的回答。从整体看，其主流是进步的，是有利于近代教育发展的。

中国近代教育的主要特征源于西方工业化体制下近代教育移植的新教育的产生和西方教会教育的入侵，产生了半殖民地半封建的教育体系。同时，五四运动以后，无产阶级迅速成长，肩负起反帝反封建的双重任务，在革命斗争中开始产生新民主主义教育思潮。西方教会教育和中国封建阶级的教育有着非常复杂的关系，随着半殖民地半封建化的加深，它们也逐渐更紧密地多线性联系，在文化教育的阵线上形成了既对立又结合（以前者为盟主）、对近代新教育或促进或阻碍的交错关系。

中国近代教育思潮的发展，始终与近代教育的历程相伴随，并体现出其特征。中国近代是一个十分复杂、充满矛盾与斗争的历史时期，这种复杂的矛盾斗争情况折射在教育思想领域，就呈现出庞杂、散乱、多变的特点。各种思想学说在历史舞台上各施影响，相互较量，不断分化、组合，显得很不稳定。最终，旧的消亡，新的发展；不适应社会历史环境的失去影响，适应社会历史环境的茁壮成长。

四、研究内容的设计

清朝末年是我国民族危机日益加深和社会大变动的时期，封建传统教育已无法适应这"千古之一大变局"的需要。为了救亡图存，探索中国近代教育的出路，培养适应社会需要的人才，代表新兴政治力量的资产阶级及其爱国知识分子，在宣传、介绍外国的教育制度、教育模式和教学方法的同时，提出了改革传统教育、发展"新教育"的种种主张，受到了社会各方人士的广泛支持，逐渐形成了一些在教育界产生不同程度影响的教育思潮。

1911 年 10 月，辛亥革命推翻了清王朝二百多年的封建统治。1912 年 1 月 1 日，中华民国宣告成立，组建了以孙中山为首的临时政府，建立了以资产阶级为主的革命政权，开始了政治、经济、文化教育等一系列改革工作。但由于中国资产阶级本身的阶级局限性，辛亥革命并没有完成反帝反封建的历史任务：它并没有推翻帝国主义和封建主义在中国的统治，没有导致社会经济制度的深刻革命性改革。没多久，袁世凯就窃取了胜利果实，蓄谋建立自己的专制统治。改革与复辟，新制度失败的原因和补救之道何在？竭力维护共和制度的孙中山、蔡元培及宋教仁等民主主义者在与复古派、立宪派、悲观派及无政府主义派的论战辩难中，赢得了思想界的优胜力量。各种报刊像雨后春笋般出现，最盛时近 500 种，即使是在袁世凯政府和各军阀摧残下的 1913 年年底，继续出版的报刊仍有 139 种。它们大部分对新的政治制度持支持同情的态度，其言论实际上对全国进行了一场关于民主、科学、平等、自由的启蒙教育，为五四运动及其教育改革的热潮奠定了基础。1912 年 1 月 9 日，临时政府成立中央教育部，蔡元培就任教育总长。他立即着手对封建主义旧教育进行资产阶级性质的改造。与之对立，为适应袁世凯复辟帝制的政治需要，帝国主义和封建主义结成的文化同盟掀起了一股尊孔复古逆流，对民初教育改革肆意诋毁与篡改。作为南北和议代表，蔡元培得以在北京政府中继续担任教育总长，并于 1912 年 7 月在北京主持召开了全国临时教育会议。会上讨论制订了教育宗旨，建立了学校系统，颁布了一系列教育法令，仍然保有了南京临时政府时期改革封建传统教育的革命精神。1914 年以后的二三年中，复古教育恶浪高涨。1916 年 7 月 12 日，范源濂就任教育部长，表示："教育方针之根本问题，于民国元年已经发表，惟尚未见实行，今日惟有切实实行（民国）元年所发表之教育方针耳。"❶ 同年 9 月 7 日，范源濂以教育部名义，通知各省区，经国务会议决议，撤销 1915 年袁世凯颁行的《教育纲要》："此项教育纲要既经院议撤销，则所有依据纲要订立之令及规程细则等项，自应分别修废。"❷ 由此，在袁世凯当政期间发布的教育政令得到了一定的清理。但袁世凯之后仍是北洋军阀统治，封建复古主义教育不可能得到彻底清算，加之传统教育在教育史的长河中积淀过深，因此后来不时有沉渣泛起。

总的来看，民国初年，以蔡元培为代表的资产阶级教育家联合社会其他进步人士，在对封建复古主义教育进行不懈抗争的基础上，围绕着如何改革清末教育、建立资产阶级新教育以适应当时社会的要求、教育与富国强兵的关系等问题展开讨论。在上述历史背景下，清末民初形成并十分流行的教育思潮有：军国民教育思潮、国民教育思潮、实利主义教育思潮、实用主义教育思潮（本书概括为实业教育思潮）。下面依次分别加以简略描述。

1840 年，英军挑起战端，揭开了鸦片战争的序幕。1842 年，中国被迫与英国签订了丧权辱国的《南京条约》。从其后屡战屡败的教训中，一些有识之士认识到只有发奋自强、弃旧图新，才能够摆脱落后挨打的局面。作为农业文明表征的万里长城，已经不能抵御工业文明的坚船利炮。于是，办洋务、搞变法、兴革命，掀开了中国历史上崭新的一页。从政治上看，清末的新政已初露资本主义化的端倪，辛亥革命后资产阶级共和国的建立更是巩固了这种势头。然而，封建专制的幽灵一直如影相随：张之洞的忠君、尊孔，袁世凯的称帝、复古，张勋的复辟，段祺瑞的擅权等，无一不是明证。然而，"曲折的前进"毕竟还是前进，民主共和的精神已开始深入人心。从经济上看，以军事工业为先导的洋务运动，实开大机器生产之先河，兵工、造船、采矿、铁路、电报等"奇技淫巧"相续引入；经由"官督商办"，民族工商业得以缓慢成长。尤其是辛亥革命胜利后，自由工商业已逐步获得立法保障，清末开始出现的"实业救国"思潮趋于高涨。代表新经济因素的生产方式，虽对传统的农业经济

❶ 范源濂. 对于教育之意见 [J]. 教育杂志，1916，8（8）.
❷ 范源濂. 呈大总统陈明民国四年颁行各种教育法规应分别废止修改 [J]. 教育杂志，1916，8（9）.

裨益不大，但它吸收了农村的剩余劳动力，并使城市化趋向得以强化。从文化走向看，固有文化在西学东渐的浪潮前，只能采取守势，虽不时反扑，总体却只能节节败退。在上述政治、经济、文化的制约与影响下，清末民初教育思想领域出现了一系列教育思潮，军国民教育思潮、国民教育思潮、实业教育思潮就是其中主要的三种。❶

军国民教育思潮、国民教育思潮、实业教育思潮在清末民初的产生、发展与高潮是时代教育改革的需要。在清末，是为了适应改革封建传统教育，培养"千古之一大变局"所需要的人才；在民初，是为了对清末"新教育"进行改革，培养资产阶级"共和国健全人格"之公民，以外御列强、内抑军阀，发展经济，富国强兵。虽然其间受到复辟与复古逆流的冲击，且由于时代和阶级性的制约，实际得到贯彻而确有成效的微乎其微，但这毕竟是近代中国有识之士探索"中国教育往何处去"这一时代主题艰辛历程的重要方面。从整体上看，它们又有时代的进步性，并与社会历史发展的趋势及教育近代化的历程相一致。

这几种教育思潮的产生与发展，既针对传统封建教育的弊端，又试图解决教育改革中出现的新问题。它们互相联系、互为基础，如国民教育思潮是要以全体国民为教育对象，增强国民的自主性与国家意识；而军国民教育思潮则要对国民实施军事、体育训练，使其具备军事知识和技能以及军人的精神品质。实业教育思潮是前面二者的物质基础。国民教育思潮盛于清末，与普及义务教育相统一，诚如贾丰臻称："国民教育乃义务教育，谓国民之受教育如纳税当兵之不得免除者也。"❷民国以后，普及义务教育仍不断推行，但由于熟知的原因，收效不大。❸又如军国民教育思潮在民初非常流行。1912年，武昌文化书院率先试行使儿童接受军事化训练的组织——童子军，后在各公立、私立小学普遍组建。清末封建统治者因惧怕革命浪潮的袭击，在"新学制"中规定，"不得教授兵式体操"，而民初的《普通教育暂行办法》规定，"高等小学以上

❶ 西学教育思潮也是清末一种有影响的教育思潮，但限于本书的篇幅以及笔者的时间、精力，就从略了。不过现行教育史论中所述颇多，可以参考，以补本书之缺。

❷《教育杂志》1915年第7卷第4号.

❸ 熊照安. 中华民国教育史 [M]. 重庆：重庆出版社，1990：230-237，352-355；喻本伐，熊贤君. 中国教育发展史 [M]. 武汉：华中师范大学出版社，1993：591-593.

体操科，注重兵式"❶。当时各省曾纷纷推行军国民教育，如1912年1月12日，吉林省省长公署训令"关于军国民教育"七条意见，其要点为：国民学校宜注意作战之游戏；各学校应添授中国旧有的武技；各学校教授悬挂中外各武力情报及军事知识；国学校、高小学校教员，宜随时讲演过去及现在国耻事项；各学校唱歌宜选授雄武词曲，以激励其志气；中学及师范学校宜于最后学年加授军事学大要，并实行练习打靶；中等以上学校体操教授应取严格锻炼主义，每学期行野外运动，宜仿照德日用陆军出身人才为教员。❷实业教育思潮在民初是随着实业热潮的高涨而兴盛的，在民初教育部的教育改革中，对机器大生产所需要的科技知识和人才给予重视。清末的"尚实"在五项宗旨"忠君、尊孔、尚公、尚武、尚实"中摆尾，而民初的实利主义教育却跃居第二。即便如此，教育家、实业家及社会人士还力争实利主义教育在教育系统中的更高地位，并根据社会及教育自身发展的需要加以发展与深化。

从教育理论上看，这些思潮涉及教育理论的一些基本问题，如普及教育，义务教育的对象、目的，基础教育与专业教育的关系，学校体育、军事训练的内容及具体安排，体育的职能，教育与社会经济发展及个人需要之间的关系，普通教育课程内容的改革以及与之相关的教学法革新，等等。虽然具体论述不无偏颇，甚至有的尚不科学，认识水平也有差距，但仍然有些宝贵的遗产值得我们具体地分析与鉴别，继承并进一步创新，为今天的教育改革及教学实验提供有益的启示与借鉴。

20世纪一二十年代，第一次世界大战使帝国主义国家无暇东顾，资本主义经济得到进一步的发展；同时欧洲、亚洲的革命运动蓬勃发展，特别是俄国十月革命的胜利鼓舞了中国民族资产阶级、小资产阶级知识分子（主要是革命青年）。他们在反思中国以往社会改革艰难历程及失败的深创巨痛之后，以"民主""科学"为旗帜，摧毁旧的伦理道德、封建传统文化，提倡思想文化的重新启蒙，改造国民性。随着新文化运动的深入进行，他们开始分化，各倡其说，各行其是，一时间社团林立、书刊盛行，反映在教育上就出现了平民教育、科学教育、职业教育等思想流派，形成了各种不同的教育思潮。

五四运动时期，教育思潮纷呈复杂，除了上述三种外，实用主义教育、国

---

❶ 教育部. 普通教育暂行办法［G］//陈学恂. 中国近代教育史教学参考资料（中册）. 北京：人民教育出版社，1998：167.

❷ 《吉林公报》1917年2月21日第885号.

家主义教育等也形成了思潮。各种教育思潮的产生，大多反映了先进中国人寻求解放中国的道路、探索中国新教育的发展方向的理论思辨与实践活动。围绕着"民主"与"科学"、"个性""群性"与"社会"，他们从不同的角度、层次解决当时教育中存在的问题。如教育对象的扩大，教育机会的均等，教育与社会生产及生活的联系，教育与社会政治、经济的关系，教育的科学化，教育如何摆脱反动政治的束缚，等等。各种教育思潮互相联结，关系紧密。这里必须指出的是，杜威的实用主义教育思潮在中国形成、高涨后，对平民、科学、职业、教育独立等诸种思潮皆产生了影响。

这一时期的各种教育思潮，因其哲学、政治思想基础不同，具体内涵也有差异。对资产阶级教育家的教育观点，在深刻剖析其哲学上的唯心主义、政治上的改良主义的同时，还要具体分析其基本内容。应该说，其中一些对教育基本问题、教学规律、教学方法的探讨有一定合理内核，对当时的教育改革有一定历史作用，甚至影响到风云激荡的社会思潮。

上述构思在笔者看来是对近代中国教育思想史的另类布局设计，当然，限于时间和精力，更由于水平、认识的不够，目标或愿景与实际及效果之间往往会不成比例，难以线性联系。但如能有些许两者之间的实证性转换，则余愿足矣。

目 录

第一章 中国近代教育思潮兴起的场域

1840 年，鸦片战争爆发。具有大一统超稳定社会结构的中国首次受到海外列强的侵略、冲击，被迫自省、调适，由此出现了社会改革思潮，其中包括教育领域的变革。但客观地说，直到洋务运动拉开帷幕的二十年间，这种步伐是有限的，力度也相当微弱。近代教育的观念、西方教育模式的引进及推行仅停留在少数人的脑海之中及沿海五口通商口岸的局部区域中，传统教育仍以其强大的惯性及影响力居于主体地位，近代教育教学的理论观念、体制模式及其相应因子都在传统教育的汪洋大海中漂浮，时隐时现，蔚为壮观。

1861 年 1 月，恭亲王奕䜣主持的总理各国事务衙门成立，洋务派的西化运动由此紧锣密鼓地展开。洋务教育成为洋务事业的人才与技术支撑，逐渐受到重视，中国近代新教育也由此正式拉开帷幕。

中国古代各历史时期，尤其是封建王朝的教育方针，都带有笼统模糊性，往往与思想文化的主流导向或策略调控结合。因此，论者泛称为文教政策，它以教育为核心，表述的是以人才质量规格或素质要求为指标的教育宗旨或目的问题，支配着官、私学与书院的办学及考核方向。清末"新政"时期，虽然提出"忠君、尊孔、尚公、尚武、尚实"的教育宗旨，但仍在"中体西用"的框架之内。民国以后，教育宗旨发生质性变化，它与教育制度的其他方面相互整合，形成结构。因此，本书讨论近代教育思潮兴起的场域问题，既依于文教政策的晚清时期，又指向民初的教育改革背景。

第一节 晚清的文教政策及对新教育的影响

一、洋务运动时期的文教政策及新教育的产生

经过两次鸦片战争，清王朝在与西方列强的军事较量中，均以失败而告终。外国侵略势力范围由五口通商口岸扩展到沿海各省并深入内地，导致中国社会在政治、经济和文化教育等领域发生了一系列的变化。自给自足的自然经济被破坏，大量农民和手工业者破产。从19世纪60年代开始至20世纪初，中国第一次出现了使用机器生产的工厂，其数量和规模都有所增加和扩大。

鉴于鸦片战争中西方列强的压迫掠夺、横扫大半个中国的太平天国运动的惨痛教训以及国内尖锐复杂的社会矛盾，清政府中的部分改革者为了求强求富、抵御外患、维护自身统治，开展洋务运动。改革者在中央以恭亲王奕䜣为代表，地方势力则主要是剿抚太平天国的曾国藩、李鸿章、左宗棠及后期以"清流派"自居的湖广总督张之洞，史称"洋务派"。在开展洋务运动的过程中，洋务派也迫使清朝统治者不得不承认有接受外语和科学知识教育的必要，从而产生了新式教育的萌芽，产生了洋务运动的西学教育思潮和与此相应的洋务教育。

1861年1月20日，清政府为办理洋务及外交事务特设的中央机构——总理各国事务衙门在北京成立，标志着持续三十余年的洋务运动正式拉开序幕。洋务派以"求强""求富"为首要目的，在军事、工矿企业、交通运输和文化教育领域进行了重大的变革，在中国教育近代化的道路上迈出了较大的一步。

（一）经世致用，学习西方

经世致用是一个传统命题，指经典的书本知识能够运用于社会生产生活、道德伦理关系的实践。鸦片战争以后，民族危机加深，西方的挑战与冲击已成实然态势，西学东渐伴随着文化心理的转变引起了朝野震惊。面对"千古之一大变局"，经世致用便带有了引进、学习西学，抵御外侮，改革社会，富国强兵的内涵。因此，延至近代社会始终，经世致用的核心是学习西方，学习西学是经世致用的现实展现。

鸦片战争时期已有一部分人注意到学习西学，只是在洋务运动时期才成为

一种潮流，并逐渐发展为一场规模宏大的运动。1862 年在京城开设的京师同文馆是第一个学习西方语文、科技的学校教育机构，由恭亲王奕䜣建议设立。据《清史稿·文祥传》所记述，洋务派的另一创始人、被称为"中兴枢臣之冠"的文祥提出了"驭外之端，为国家第一要务"的施政原则。后期洋务派领袖张之洞批判敌视洋务、漠视洋务、"鄙洋务为不足言""视办理洋务为畏途"的现象，主张"要使天下有志之士无不明于洋务"，"经国以自强为本，自强以储材为先。方今万国盟聘，事变日多，洋务最为当务之急"，并指令各地方机关对"所有新出关涉洋务各书，随时向津沪购买，刻即筹款"❶。这种对洋务讲习的重视，为以后西方科学文教方面的各种思想大规模输入中国奠定了基础、创造了条件。

洋务派开办的外国语言文字、军事技术和其他技术三类学堂，是我国最早的一批新式学校。外国语言文字学堂创办最早，由外交急需翻译人才所致；之后是军事技术和其他技术学堂，因为需要修理、使用和制造机器、船舶、枪炮的人才，这些学堂往往附设在所属的局、厂之中，没有完全独立出来；再次就是军事人才，随之兴办了很多的军事学校。可见，洋务派办的学堂是为洋务运动服务的，并随洋务运动的发展需要而不断增加学堂的种类。❷

洋务学堂是培养西学人才的基地，近代西学东渐的桥头堡。1866 年 6 月25 日，左宗棠奏请在福州马尾设船政局制造船舰，以江西巡抚沈葆桢总司船政，聘宁波税务司法国人日意格（Prosper Marie Giquel）和退伍军官德克碑（Paul Alexandre. Neveue d'Aigwebelle）担任正副监督，机器设备全部由法国进口。同时筹办前后两学堂：前学堂学制造，后学堂学驾驶。初名求是堂艺局，挑选本地子弟入局学习英法两国语言文字、算法、画法。据记载：1867—1871年，船政学堂课程有英文、算术、几何、代数、解析几何、割锥、平三角、弧三角、代积微、动静重学、水重学、电磁学、光学、音乐、热学、化学、地质学、天文学、航海术等。❸

1869 年，美国人丁韪良（W. A. P. Martin）任京师同文馆总教习，随即着手建立新的课程，并拟定了两份课程表：一份是"由洋文而及诸学"的八年

---

❶ 张之洞. 札司局设局讲习洋务［G］//陈景磐，陈学恂. 清代后期教育论著选（上册）. 北京：人民教育出版社，1997：346.

❷ 董宝良. 中国教育史纲（近代之部）［M］. 北京：人民教育出版社，1997：75.

❸ 王蘧常. 严几道年谱［M］. 北京：商务印书馆，1936：4-5.

制课程表，另一份是"仅借译本而求诸学"的五年制课程表。前者兼修外国语文和科学课程，后者只学习汉文的科学课程，这是我国近代教育史上分年课程设置的开始。❶ 1876 年，京师同文馆公布八年课程表，内容有文字、天文、舆图、算学、化学、格致之学（力学、声学、气学、火学、光学、电学）。同年，建立了近代中国最早的化学实验室和博物馆。此后，又陆续建立了天文台和物理实验室。1888 年，京师同文馆翻译西方的科学技术书籍，有的被学堂采用为教科书，如《格致入门》（丁韪良编）、《化学阐源》（毕利干编）、《物理测算》（丁韪良编）以及《天文发轫》《星格指掌》《算学课艺》《全体通考》（人体解剖学）等。❷

洋务派办的洋务学堂讲求实用，都是为了满足当时外交、科技、军事等方面的急需而开设的。如同文馆所设的天文算学馆的课程中新开航海测算一科，其他如三角、几何、化学、格致（物理学）、微积分等，过去虽已介绍过来，但到洋务运动时期才得到进一步发展。福建船政学堂所设课程重视的是驾驶术、造船术。❸ 天津中西学堂头等学堂所设的专门学中有：工程学（含汽水学、材料性质学、桥梁房顶学、开洞挖地学、水利机器学）；电学（含电力学、电报及电话等）；矿务学（含金石学、矿务机器工程学、测量矿产等）；机器学（含重学、材料热力学、绘机器图、机器演试等学科）。这些有关工业生产发展方面的学科，都是首次在中国课程史上出现。❹ 有些学堂还是企业的附设机构，如江南制造局附设的机器学堂。1891 年 8 月，湖广总督张之洞在武昌铁路局附近专设算术学堂一所，并将方言、商务两学附列其中，如学生愿兼习化学、矿学等事，亦可就铁路局观摩。❺

洋务派非常重视学习西方的军事科学技术，包括战术以及制造技艺。1880 年 8 月 19 日，李鸿章奏请在天津设立北洋水师学堂，次年落成。以吴赞诚为总办，严复为总教习，设驾驶、管轮两班，课程设有英文、几何、代数、平弧

❶ 朱有瓛. 中国近代学制史料（第一辑·上）[M]. 上海：华东师范大学出版社，1983：71 - 73.

❷ [美] 毕乃德. 同文馆考 [J]. 傅任敢，译. 中华教育界，1935，23（2）.

❸ 左宗棠. 详议创设船政学堂章程折 [G] //高时良，黄仁贤. 中国近代教育史资料汇编·洋务运动时期教育. 上海：上海教育出版社，2007：296.

❹ 盛宣怀. 拟设天津中西学堂章程禀 [附章程、功课] [G] //麦仲华. 皇朝经世文新编·第三册·卷六·学校 [上]. 上海：大同译书局，1898.

❺ 张之洞. 札铁路局饬修算学方言各学堂 [G] //许同莘. 张文襄公公牍稿（卷十九）. 铅印本，1920.

三角、八线、阶数、重学、天文、推步、地舆、测量，兼习操法，并课以经书及国文等。另有观星台一座，以备学习天文者登高测量。1885 年 6 月 17 日，李鸿章奏设天津武备学堂。学堂一律仿照德国陆军学校办学，教习均由德国军官担任，学生从北洋各营弁兵中挑选。堂内所设课程有：天文、地舆、格致、测绘、算化诸学；操习马队、步队、枪队及行军布阵分合攻守诸式；兼习经史以充根柢。❶ 1887 年 8 月 3 日，两广总督张之洞奏设广东水陆师学堂。水师学英文，分管轮、驾驶两项。管轮堂学机轮理法、制造应用之源；驾驶堂学天文、海道、驾驶、攻战之法。其陆师则学德文，分马步、枪炮、营造三项。❷ 这种对于西方军事科学的学习，在鸦片战争时期，林则徐、魏源等改革派曾注意到，但并未做较有系统的专门研究；太平天国时期也没有引起重视；一直到洋务运动，近代西方军事科学的学习才开始付诸实践。洋务派在引进西方军事科学技术上所做出的种种努力，在一定程度上促进了中国军事教育向近代化方向发展。

（二）中学为体，西学为用

"中学为体，西学为用"（简称"中体西用"），也称"旧学为体，新学为用"。所谓中学或旧学，指传统儒家的经史之学，是中国的固有文明或国粹；所谓西学或新学，指西文、西艺或西政，它以可以物化的西艺为内核。至于"体"和"用"，则是中国哲学中一对古老的范畴：前者指本质或根本，后者指形式或效用。要言之，"中体西用"即是在保存或维护中国古老精神文明的前提下，学习或仿效西方的物质文明。

中体西用思想的首推者当属冯桂芬。1861 年，他在其《采西学议》中称："如有中国之伦常名教为原本，辅以诸国富强之术，不更善之善者哉？"❸ 从时间上来看，该文正与洋务运动的起步相合，而他当时正为李鸿章的幕僚。

19 世纪 80—90 年代，"中体西用"的思想日趋流行。郑观应的《盛世危言·西学》说："合而言之，则中学其体也，西学其末也；主以中学，辅以西

---

❶ 李鸿章. 武备学堂请奖折［G］//吴汝纶. 李文忠公全书·奏稿六十，1908：48-49.

❷ 刘锦藻. 清朝续文献通考（二）·一零九卷·学校十六［M］. 杭州：浙江教育出版社，1987：8678.

❸ 冯桂芬. 采西学议［G］//璩鑫圭，童富勇. 中国近代教育史资料汇编·教育思想. 上海：上海教育出版社，1997：25.

学。"❶ 邵作舟的《邵氏危言·纲纪》也称："以中国之道，用泰西之器。"为了培养出洋务人才，洋务派提出了"中学为体，西学为用"这一办学指导思想。"中学为体，西学为用"虽非洋务派首创和独有，但他们论述最为系统具体，并竭力贯彻执行。李鸿章在"变器不变道"的思想指导下，坚决主张效法西方，指出："取彼之长，益我之短，择善而从。"在他看来，西学在科学技术上优于中学，所以他主张要向西方学习"测算之学、格物学之理、制器尚象之法"和"一切轮船、火器等技巧"，如能"转相传习""由渐通晓"，则"于中国自强之道似有裨益"❷。

从洋务派的这些主张看，他们对"道本器末""用夏变夷"的原则并不持怀疑或反对的立场。与顽固派不同的是，他们认为在落后挨打的现实面前，适当地引进西方的科学技术为我所用，以保持中国固有的伦常名教，是变器不变道、变末不变本，这样才可以防止"用夷变夏"。

洋务派所主张的"中体西用"办学指导思想，是鸦片战争以来向西方学习的一种社会思潮，是沦为半殖民地的中国走出中世纪传统的新教育观。"中学为体，西学为用"，实际上就是使传统的经史儒学教育思想，吸取了西方近代的科学技术教学内容和教学手段，引进了"西学"和"西艺"。因此，这是中国传统教育思想的一次大变动，对中国近代教育史有重大影响。然而，洋务派也存在思想局限性，这又是必须予以正视的：他们试图在不触动封建制度根基和不改变传统纲常伦理的前提下，来完成这种变革，即李鸿章所言"变器不变道"。

当时大多数具有新思想的知识分子，都逐渐接受和拥护了这种主张。在它的指导下，才有了西学的引进和新式学堂的创办。

二、维新运动时期的文教政策及对新教育运动的推进

从 19 世纪 70 年代起，在中国社会日益半殖民地半封建化、民族危机和社会危机日趋严重的形势下，在洋务运动后期，中国社会出现了早期改良主义思潮。以郑观应、王韬等为代表的早期改良派提出了学习西方政治经济制度的主

---

❶ 郑观应. 西学［G］//璩鑫圭，童富勇. 中国近代教育史资料汇编·教育思想. 上海：上海教育出版社，1997：84.

❷ 李鸿章. 请设外国语言文字学馆折［G］//高时良，黄仁贤. 中国近代教育史资料汇编·洋务运动时期教育. 上海：上海教育出版社，2007：184.

张和一系列改革措施，这些思想为以后的维新运动打下了基础。

19世纪末期，国际资本主义进入帝国主义阶段；中华民族面临着"瓜分豆剖"的危险境地。面对国家危亡的紧要关头，康有为等人发动"公车上书"，勇敢地提出了"改变祖宗成法"这一根本性问题，并提出在富国、养民、教民三个方面变法维新的具体建议。在维新派的推动下，光绪帝终于在1898年6月11日颁布了《明定国是诏》，宣布自此以后要"发愤为雄，以圣贤义理之学植其根本，又须博采西学之切于时务者，实力讲求，以救空疏迂谬之弊"。

维新运动失败后，义和团运动的爆发和八国联军的入侵以及《辛丑条约》的签订几乎使清政府面临灭顶之灾。"庚子事变"后，慈禧太后和光绪皇帝被迫西狩，国运几为不保。清政府不仅在经济上背负沉重的包袱，而且在政治上也面临严重的统治危机。内外交困迫使清政府主动进行全方位的调整，实施新政。

"戊戌变法"时期是我国近代兴学运动的第一次浪潮，废科举，兴学堂，开民智，犹如世纪之洪流，澎湃激荡。"庚子事变"之后，清政府被迫改革，建立了近代学制及管理制度。

（一）废除八股、改革科举

19世纪末，以康有为、梁启超为首的资产阶级改良派极力鼓吹向西方学习，并把建立新教育制度看作改革政治的首要条件。他们要求"废科举，兴学堂"，形成了当时有广泛影响的社会改良主义思潮。

1895年，康有为等人发动"公车上书"，第一次提出废八股的要求。他在《请废八股试帖楷法试士改用策论折》中认为：中国之所以会遭到连续兵败之国祸，根本原因在于"八股致之也"。八股文章"为学非所用"，使人不读秦汉以后的书籍、不研究世界各国的情形，从而使官吏不能应变、不能为实事，以致甲午战争战败后割地赔款。因此，改革科举考试，废除禁锢人才的八股取士，培养和选拔经世致用的人才是当务之急。文试要"立废八股""罢试帖"，以中国文学、策论、外国科学代之，"乡会童试，请改试策论"❶；武试要停止弓刀步石及旗兵弓矢，用武备学校培养人才。康有为要求在全国范围内广开新式学校，教以科学，待到教育逐步普及后，逐步废除科举制度。梁启超在

---

❶　陈景磐，陈学恂. 清代后期教育论著选（下册）[M]. 北京：人民教育出版社，1997：306.

《公车上书请变通科举折》中提到，只有改革八股取士制度，才能培养人才，进而抵御外侮。徐勤在其文章《中国除害议》中对科举制度进行抨击，认为西方之所以富强，不在炮械军兵，而在其学校，"故谓覆中国、亡中国，必自科举愚民不学始也"❶。社会各界有识之士都对八股取士提出尖锐的批判，并对科举改革提出意见和建议。

随着维新浪潮的高涨，维新运动的发展使清政府主动实行变法，于光绪二十四年（1898）四月二十三日颁布了《明定国是诏》。

> 数年以来，中外臣工讲求时务，多主变法自强。迩者诏书数下，如开特科，裁冗兵，改武科制度……国势如此，若仍以不练之兵，有限之饷，士无实学，工无良师，强弱相形，贫富悬绝，岂真能制梃以挞坚甲利兵乎？
>
> ……嗣后中外大小诸臣，自王公以及士庶，各宜努力向上，发愤为雄，以圣贤义理之学，植其根本，又须博采西学之切于时务者，实力讲求，以救空疏迂谬之弊。专心致志，精益求精，毋徒袭其皮毛，毋竞腾其口说，总期化无用为有用，以成通经济变之才。❷

1898 年 6 月 23 日发布上谕，下令自下科为始，乡会试及童岁科各试，向用四书文者，一律改试策论。7 月 19 日，光绪帝批准了礼部《遵议乡会试详细章程疏》，下诏"著照所拟，乡会试仍定为三场：第一场试中国史事国朝政治论五道，第二场试时务策五道，专问五洲各国之政，专门之艺，第三场试四书义两篇，五经义一篇"。7 月 23 日，又下诏催立经济特科（法律、财政、外文、物理学），以选拔新政人才；并强调科举考试要以实学实政为主，不讲求楷法。"戊戌变法"失败后，清政府虽然一度恢复八股取士制度，罢经济特科，但历史的洪流已无法改变。其后不久，清政府不得不再次宣布废除八股取士制度。

清末科举制度的废除大致分三个步骤：改革科举的内容，递减科举取士名额，停止科举。❸ 清代科举只重楷法试帖，题目多出自"四书""五经"，这种

❶ 朱有瓛. 中国近代学制史料（第一辑·下册）[M]. 上海：华东师范大学出版社，1986：51.

❷ 梁启超. 戊戌政变记事本末 [G] //陈学恂. 中国近代教育史教学参考资料（上册）. 北京：人民教育出版社，1986：420－421.

❸ 毛礼锐，沈灌群. 中国教育通史（第四卷）[M]. 济南：山东教育出版社，1988：222－223.

考试方法，自鸦片战争以后，不断遭到开明知识分子的批判。光绪元年（1875）二月，礼部奏请开"艺学科"；光绪二十四年（1898）一月，严修奏请设"经济专科"，其中包括政治、外交、算学、法律、机器制造、工程设计等专门知识。但这只是增添新的知识，八股和诗赋小楷依然如故。甲午战争后，资产阶级改良派对科举进行猛烈攻击，批评的焦点是八股取士。康有为指出："八股无用，改科举莫急于废八股。"梁启超等人的"公车上书"，则要求立即"停止八股试帖，推行经济六科"。1901年，清廷明令废除八股，改试策论。

"庚子事变"后，一般官僚和封疆大吏纷纷要求分年递减科举取士名额。光绪二十七年（1901）五月，张之洞、刘坤一在《筹议变通政治人才为先折》中提出递减取士名额，以学堂生员补充的建议："将科举略改旧章，令与学堂并行不悖以期两无偏废，俟学堂人才渐多，即按科递减科举取士之额，为学堂取士之额。"❶ 光绪二十九年（1903），张百熙、荣庆、张之洞等在《奏请递减科举注重学堂折》中建议"从下届丙午科起，每年递减中额三分之一，暂行试办"。但是，这种减少科举取士名额，"并非废罢科举，实乃将科举学堂合并为一而已"❷。

光绪三十一年（1905），直隶总督袁世凯、盛京将军赵尔巽等人奏请停止科举，兴办学堂。他们认为"科举一日不停，士人皆有侥幸得第之心，以分其砥砺实修之志……学堂决无大兴之望"，设立学堂"并非专为储才，乃以开通民智为主，使人人获有普及之教育，且有普通之知能，上知效忠于国，下得自谋其生。其才高者，固足以佐治理，次者亦不失为合格之国民，兵农工商，各完其义务而分任其事业"。若能停止科举，建立学校，则可以"广学育才，化民成俗，内定国势，外服强邻，转危为安"。光绪三十一年（1905）八月，清廷迫于形势"谕立停科举以广学校"，"著自丙午科为始，所有乡会试一律停止，各省岁科考试亦即停止"❸。科举制度至此完全终止。

（二）讲求实学

维新派批判封建传统教育既"无实"又"无用"，培养出来的人既不会务农，又不会做工，更不会经商，对国家毫无益处。因此，他们主张新建学堂必

❶ 舒新城. 中国近代教育史资料（上册）[M]. 北京：人民教育出版社，1981：55.

❷ 舒新城. 中国近代教育史资料（上册）[M]. 北京：人民教育出版社，1981：60.

❸ 清帝谕立停科举以广学校 [G] //舒新城. 中国近代教育史资料（上册）. 北京：人民教育出版社，1981：62-63，65.

须经世致用、讲求时务，切不可脱离社会实际。康有为要求在小学开设文史、算数、舆地、物理、歌乐等实用课程。梁启超则强调："学非一业，期于致用；言非一端，贵于可行。"故所设课程均应以适合"时用"为原则，其中"时务一门，为诸学之归宿"❶。虽不必专门设立时务课程，但却要将其精神贯穿于各门课程之中。

在中学和西学的关系上，维新派强调的是中西并重、观其会通的原则，并且对中学进行了批判改造，无论中学西学，所选择的内容都必须以致用为原则。维新派认为，面对当时国家命运危亡的局势，教育内容就应该是对救亡图存有用，对维新变法有用。梁启超说："故今日欲储人才，必以通习中国掌故之学，知其所以然之故，而参合之于西政，以求致用为第一等。"❷ 严复在此基础上更进一步认为，中体西用、政本艺末的提法是十分荒谬的，是错乱颠倒的，因为"政艺二者乃并出于科学"❸。他认为西方列强之所以富强，并不仅仅因为他们的船坚炮利，而首先是科学、文化教育的先进和发达。因此，他大声疾呼，要救亡、要富强，则"不容不通知外国事，欲通知外国事，自不容不以西学为要图，此理不明，丧心而已；救亡之道在此，自强之谋在此"❹。他主张全面学习西学，在教育内容设计上阔视远想，统新故而视其通，包中外而计其全，反对那种学西学"仅得诸耳剽之余"的学风。

基于对西学的推崇以及对西学内涵外延的深刻认识，维新派办的学堂把西学扩大到西方的社会政治学说。如，康有为万木草堂的教学内容就有孔学、宋明理学、中国经史学、中国辞章、泰西哲学、万国史学、万国政治沿革得失、外国语言学、政治经济学、数学、格致、群学等。其讲学，是"每论一学、论一事，必上下古今，以究其沿革得失，又引欧美以比较证明之"，具有"循循善诱""诲人不倦"的特点。

这种讲求实学的思想主张通过维新运动时期的办学实践得到推行。各种实科技术学堂、工艺学堂的创办，书院的改良充分反映实学实用价值导向及社会

---

❶ 梁启超. 上南皮张尚书论改书院课程书［G］//陈学恂. 中国近代教育文选. 北京：人民教育出版社，1983：154.

❷ 梁启超. 上南皮张尚书论改书院课程书［G］//陈学恂. 中国近代教育文选. 北京：人民教育出版社，1983：153.

❸ 严复. 与外交报主人论教育书［G］//陈学恂. 中国近代教育文选. 北京：人民教育出版社，1983：218.

❹ 严复. 救亡决论［G］//陈学恂. 中国近代教育文选. 北京：人民教育出版社，1983：198.

观念已成主流，"风吹草偃"，深入人心。下文以"戊戌变法"四年间的办学情形为例，以窥实用科学设计特征之一斑。

1895 年 5 月 2 日，康有为、梁启超等联合十八省举人一千三百余人签名上书，请拒和、迁都、变法，史称"公车上书"。在教育改革方面，他们主张："才智之民多则国强"；应令"各省州县遍设艺学学院，凡天文、地矿、医律、光、重、化、电、机器、武备、驾驶，分立学堂，而测量图绘、语言文字皆学之"；"京师广延各学教习……其法与省学同"❶。同年 9 月 17 日，津海道盛宣怀呈《拟设天津中西学堂章程禀》，内称："自强之道，以作育人才为本，求才之道，尤以设立学堂为先。"他认为要造就军事、外交、制造工艺各种人才，应赶紧设立头等、二等学堂。其中，头等学堂专门科目分为法律学、土木工程学、采矿冶金学和机械工程学。❷ 1898 年 1 月 14 日，陕西巡抚魏光拟创设格致学堂一所，名曰游艺学塾，将天文、地舆、兵、农、工、商与电、化、声、光、重、汽一切有用之学统归格致之中，分门探讨，各臻其实。❸

1897 年 8 月，杭州知府林启于杭州创办养蚕学堂。林启任学堂总办。学堂课程有物理、化学、植物、动物、气象等学科，还有土壤论、桑树栽培论及实验、桑蚕解剖及实验、蚕儿饲育法及实验、缫丝法及实验、显微镜及实验、操种法及实验、茧审查及实验、生丝审查及实验、害虫论。❹

1898 年 3 月 26 日，张之洞奏准于武昌设立农务学堂，延请美国农学教授二人，招收学生学习研求种植畜牧之学，又于洋务局内设工艺学堂一所，选募日本工学教习二人，分教理化学、机器学，召集绅商士人有志讲求商学者入学。❺

1898 年，江南制造局总办林志道禀准，在制造局添设工艺学堂，分设化学工艺和机器工艺两科。化学工艺专教分化物质诸理法，课程有化学工艺、国文、英文、算学；机械工艺专教动汽热诸理法，课程有机器工艺、国文、英文、算学、绘图，聘有国文教习二人、西学教习六人。❻

书院教育是中国古代特有的教育机构，由于原有的民办性质及学术性追

---

❶ 赵丰田. 康长素先生年谱稿 [J]. 史学年报, 1934, 2 (1).

❷ 麦仲华. 皇朝经世文新编·卷五·学校（上）. 上海：大同译书局, 1898.

❸ 朱寿明. 光绪朝东华录（四）[M]. 北京：中华书局, 1958：4012 - 4013.

❹ 朱有瓛. 中国近代学制史料（第一辑·下册）[M]. 上海：华东师范大学出版社, 1986：949 - 950.

❺ 丁致聘. 中国近七十年来教育纪事 [M]. 上海：上海商务印书馆, 1935：7.

❻ 黄炎培. 清季各省兴学史 [J]. 人文月刊, 1930, 1 (7).

求，在近代教育走向工商业化的历史条件下，仍然显出灵活多变、顺应新潮的特征，因而书院的改革尤能体现学术、文化及教育内容的转变历史。

1896 年 6 月，山西巡抚胡聘之等奏《请变通书院章程折》，大意为：书院弊端丛生，或空谈讲学，或溺志词章，皆无裨实用，亟须厉行更改。同年 8 月，礼部又批准侍讲学士秦绶章《请整顿各省书院折》，整顿的重点是：定课程，重师道，核经费。秦氏主张仿宋儒苏湖教法，将书院课程扩而为六，即经学、史学、掌故之学、舆地之学、算学、译学。❶ 这是西方自然科学首次在书院这个特殊领地与传统文化接触，书院开始向近代学校过渡。

旧书院失去了昔日的光环，为适应社会发展的需要，清廷在改良旧书院的同时，默许了一批新式书院。上海格致书院是设立最早的新式书院。同治十三年（1874），江苏无锡徐寿等人发起，由中西商人捐资，经北洋大臣批准，在上海公共租界内创格致书院，延聘西士教化学、矿学，又请中西名人学士讲演格致。这实际是假书院之名、行科技教育之实的教学组织形式。光绪四年（1878），上海张焕纶创办正蒙书院，课程有国文、舆地、经史、时务、格致、数学、诗歌；1882 年，改名梅溪书院，增设英文、法文课，并注重体育。1897 年 6 月，陕西督学赵维熙等奏请在泾阳筹建格致实学书院，后更名为崇实书院，课程有格致、英文、算学、制造。❷ 同年 5 月，浙江巡抚廖寿丰在杭州创办求是书院，规定教授各门西学，学习以孔、孟、程、朱诸学为宗旨。❸ 同年，重庆创设算术书院等。这些书院只有传统书院名称之表，而无书院教育的旧式内容及组织，尤以西学科技内容的教学为特征，实是新式学堂的代名词而已。

（三）普设学堂

维新派认为，要使中国富强起来，关键在于发展教育。康有为说："才智之民多则国强，才智之士少则国弱。"❹ 故"欲任天下之事，开中国之新世界，莫亟于教育"❺。康有为在《请开学校折》中提出了关于学校体系的构想，在

❶ 朱有瓛. 中国近代学制史料（第一辑·下册）[M]. 上海：华东师范大学出版社，1986：157−158.

❷ 张汝梅，赵维熙. 陕西创设格致实学书院折附片 [G] //高时良，黄仁贤. 中国近代教育史资料汇编·洋务运动时期教育. 上海：上海教育出版社，2007：827.

❸ 廖寿丰. 请奏设书院兼课中西实学折 [G] //高时良，黄仁贤. 中国近代教育史资料汇编·洋务运动时期教育. 上海：上海教育出版社，2007：845.

❹ 康有为. 公车上书（节选）[G] //陈学恂. 中国近代教育文选. 北京：人民教育出版社，1983：97.

❺ 梁启超. 康有为传 [M] //中国史学会. 戊戌变法（四）. 上海：上海人民出版社，1957：9.

乡设立小学，在县设立中学，在省、府设立专门高等学校或大学，如设立海、陆、医、律、师范各专门学校，在京师设立京师大学堂。同时，他又建议"远法德国，近采日本，以定学制"❶，力图在中国建立类似于西方的近代学制。梁启超是教育救国论的坚决拥护者，认为教育对于一国之衰盛具有重要意义："世界之运，由乱而近于平，胜败之原，由力而趋于智，故言自强于今日，以开民智为第一义"；"今日中国之大患，苦于人才之不足，而人才不足由学校不兴也"；"变法之本，在育人才；人才之兴，在开学校"，故"亡而存之，废而举之，愚而智之，弱而强之，条理万端，皆归本于学校"。❷ 所以，他们主张大办新式学堂，在他们看来，兵战不如商战，商战不如学战。这种重视办学育人以图在学战中取胜的思想，是对教育与社会关系认识提高与深化的反映。与洋务派不同，维新派十分重视初等教育。梁启超在《变法通议·论幼学》中指出："春秋万法托于始，几何万象起于点。人生百年，立于幼学。"❸ 小学是整个教育的基础，基础若不牢固，则教育无由发展。因此，要发展教育事业，必须从大力兴办小学开始。

1898 年 6 月 11 日，光绪皇帝在《明定国是诏》中强调："京师大学堂为各行省之倡，尤应首先举办。"在此严令下，总理衙门委托梁启超拟定章程。7 月 3 日，光绪皇帝批准《京师大学堂章程》，命吏部尚书、协办大学士孙家鼐为管理大学堂大臣，主持京师大学堂。大学堂在办学宗旨方面采取"中体西用"的方针，并把课程规定为普通学和专门学两类。普通学包括经学、理学、掌故学、诸子学、初级算学、初级格致学、初级政治学、初级地理学、文学、体操学十门，并须从英、法、俄、德、日五国语言文字中选习一种。学制三年。专门学则分为高等数学、高等格致学、高等政治学、高等地理学、农学、矿学、工程学、商学、兵学、卫生学十门。❹ 京师大学堂既是全国最高学府，也是全国最高的教育行政机关。

1898 年，光绪帝下谕旨命各省、州、县开设中西学堂。

---

❶ 陈学恂. 中国近代教育文选 [M]. 北京：人民教育出版社，1983：109.

❷ 梁启超. 论变法不知本原之害 [G] //林志钧. 饮冰室合集·文集（第一册）. 上海：中华书局，1932：10.

❸ 陈学恂. 中国近代教育文选 [M]. 北京：人民教育出版社，1983：148.

❹ 总理衙门. 筹议京师大学堂章程 [G] //汤志钧，陈祖恩，等. 中国近代教育史资料汇编·戊戌时期教育. 上海：上海教育出版社，2007：231.

前经降旨，开办京师大学堂，入堂肄业者，由中学小学以次而升，必有成效者可滗见。惟各省中学小学，尚未一律开办，总计各直省省会暨府厅州县无不各有书院，著各该督抚督饬地方官，各将所属书院坐落处所、经费数目，限两个月详查具奏。即将各省府厅州县现有之大小书院，一律改为兼习中学西学之学校。至于学校等级，自应以省会之大书院为高等学，郡城之书院为中等学，州县之书院为小学，皆颁给《京师大学堂章程》，令其仿照办理。其地方自行捐办之义学社学等，亦令一律中西兼学，以广造就。……所有中学小学应读之书，仍遵前谕，由官设书局编译中外要书，颁发遵行。至于民间祠庙，其有不在祀典者，即著由地方官晓谕居民，一律改为学堂，以节糜费而隆教育。似此实力振兴，庶几风气盛开，人无不学，学无不实，用副朝廷爱养成材至意，将此通谕知之。❶

在维新运动中，最大的成果就是促使清政府颁布了兴学的诏书。其核心精神在于模仿资本主义国家的教育制度，以改造中国的旧式学校制度。重视新式学校的建立，自然就成为维新运动时期在学校制度上表现出来的最显著特点。❷

（1）重视普及小学、实行全国义务教育计划。在洋务运动时期，注重的是建立新式的军事、语言、科技方面的学校，并未关注小学教育的发展。到了"戊戌变法"时期，一些维新人士鉴于欧美资本主义国家对于普及小学教育的重视，开始注意到这个问题。光绪帝曾下令"多设小学堂，以广教育，不准敷衍延宕"。康有为要求"责令民人子弟，年至六岁者，皆入小学读书"，"其不入学者，罪其父母"；认为"泰西各国，尤崇乡学"（小学），"必使全国四万万之民，皆出于学"❸。

（2）中学这一阶段正式划入学制系统内。中学即学生年龄在十一二岁至十七八岁这一学习阶段，之前在我国教育史上并未作为一个特定教育阶段划入学制系统内。到了"戊戌变法"时期，才模仿资本主义国家，在学制系统内正式规定有中学这一阶段。康有为首次正式提出"县立中学"这个名称："请远法德国、近采日本，以定学制，乞下明诏，遍令省府县乡兴学。乡立小学，

❶ 梁启超. 戊戌政变纪事本末［G］//陈学恂. 中国近代教育史教学参考资料（上册）. 北京：人民教育出版社，1986：422.

❷ 陶愚川. 中国教育史比较研究（近代部分）［M］. 济南：山东教育出版社，1985：98－101.

❸ 康有为. 请饬各省改书院淫祠为学堂折［G］//汤志钧，陈祖恩. 中国近代教育史资料汇编·戊戌时期教育. 上海：上海教育出版社，2007：113、115.

令民七岁以上皆入学；县立中学，其省府能立专门高等学大学。"❶ 从而构建了从小学、中学到大学的完整学制系统。

（3）新型大学的建立。过去的国子监是专学经、史、子、集等中国旧学的高等学府。到了维新变法时期，才建立了新旧兼学的大学。

（4）办理侨民学堂。维新变法时期注意到侨务教育，光绪帝曾令各出使大臣在英、美、日各埠设立学堂，学习中西文字，以广教育。

（5）设立速成学堂。光绪二十四年（1898）七月，曾谕令办速成学校。这是改进教学方法，以提高学校教育效率的一种新尝试。

（6）建立各种科技农工学校。主要有时务学堂、农学堂、商学堂、铁路矿务学堂，是维新变法时期适应发展民族工业的需要而建立的。

（7）创办女子学堂。如上海女学公塾。

此外，清政府颁布一系列规章细则，采取多种形式鼓励社会力量办学。

（1）奖励私人办学。如张元济自办"通艺学堂"，曾得到管学大臣孙家鼐的称赞，要求全国向他学习；又如杨锐建立学堂，曾得到传旨嘉奖的荣誉；李征庸捐巨款兴学，甚至赏以头品顶戴。

（2）改书院为学校。书院"皆改为兼习中西之学校"，省会书院改为高等学校，州郡书院改为中等学校，县以下书院改为小学。

（3）民间祠庙不在祠典者也改为学堂，以庙产作为学校经费，做出以庙产兴学的规定。

"庚子事变"以后，慈禧太后在西安宣布实行"新政"，全面推行废科兴学、制订学制、派遣留学及改书院为学堂的教育政策。1901 年 9 月 14 日，清廷下兴学诏，令"除京师已设大学堂应切实整顿外，著各省所有书院，于省城均改设大学堂，各府厅直隶州均设中学堂，各州县均改设小学堂，并多设蒙养学堂"❷。

清末的"新学制"主要包括"壬寅学制""癸卯学制"。前者是第一次颁布的学制系统，但未能推行；后者在原有学制章程基础上修改之后公布，并在全国推行。1904 年"癸卯学制"实施后，直到清末"宪政"时期，又陆续下发了一系列学堂章程，对原有学制内容加以调整或补充。

---

❶ 汤志钧，陈祖恩. 中国近代教育史资料汇编·戊戌时期教育［M］. 上海：上海教育出版社，2007：112.

❷ 陈学恂. 中国近代教育大事记［M］. 上海：上海教育出版社，1981：111.

清末"癸卯学制"除规定有各级各类学堂纷繁复杂的文化科学知识课程外,"读经讲经"也贯穿于各级学堂教学内容的始终。初等小学读《孝经》《礼记》节本,高等小学读"四书"、《诗经》《易经》《礼记》等,中学读《春秋》《左传》及《周礼》节本等,大学特设经学科。各级各类学堂在读经讲经培植中国固有道德,并学习天文、地理、历史及各类自然科学知识启迪智慧的同时,体育也是其重要的教学内容。蒙养院开设游戏、歌谣,初、高等小学、中学堂、师范学堂和实业学堂均开设体操,高等小学堂和中学堂还开设图画。在学科设置上,清末新式学堂大多注意考虑学生的知识基础、个性发展和实地需要,或设普通学和专门学,或设必修科、选修科和随意科等。章程规定初等小学为完全科和简易科,高等小学堂视地方情形,可加授手工、商业、农业等随意科。优级师范学堂课程分为公共科、分类科和加习科。高等学堂和中等学堂设预科、本科等。在教学方法上,新式学堂注重知识的由浅入深,由易到难,循循善诱,讲究专门知识技能的实践实习。

尽管清政府以"中学为体,西学为用"作为指导方针,力图以西学为手段来维护封建统治,但"癸卯学制"毕竟以钦定合法形式,加速了旧教育的崩溃和新教育的生长,促进了西方文化在中国的传播。在"新学制"的倡导下,清末新教育迅速发展。

第二节　民国初期的教育改革

20 世纪初,以孙中山为首的资产阶级革命派,推翻了封建专制制度,建立了民主共和性质的南京临时政府,并立即着手对两千多年来的封建传统教育进行全面改革。这场改革波及面广阔、声势浩大,包括学校教育、社会教育、教学问题与实验等从宏观到微观的各个层面,尤以教育政策法令、学校体系以及教育方针、课程体系等最为醒目。通过惊心动魄、振奋人心的改革,从根本上推翻了封建教育制度,现代教育制度得以初步确立。

一、民初教育改革的基本内容

(一)关于学校教育

1. 发布教育改革法令

1912 年 1 月 19 日,教育部颁布了第一个改造封建教育的法令——《普通教育暂行办法》十四条，改革内容归纳起来有以下八点：学堂名称一律改为学校；初等小学允许男女同校；小学读经科一律废止，注重手工科，三年级以上加设珠算；各种教科书务须合乎民国教育宗旨，清学部颁行的教科书一律禁用；高等小学以上的体操应注重兵式操；中学废止文、实分科；中学及初级师范学校均由五年改为四年；废止毕业生奖励出身。

可以看出，民初颁布的教育改革法令，是为了适应中国民族资本主义发展的需要，清除封建专制主义影响。如在普通学校的课程设置上，加强了自然科学的课程，增加了农工商业、法制经济等新课程，废止小学读经、改设国文课。这些都体现了民族工商业发展的要求。在学校制度上，提倡男女平等，初等小学可以男女同校，确立了新教育的男女平等和公民平等受教育的原则，促进了女子教育的发展。

教育部在发布《普通教育暂行办法》的同时，还颁布了《普通教育暂行课程标准》和功课表，具体规定初小、高小、中等学校和师范学校的教学科目和每周授课时数，把《普通教育暂行办法》的改革精神贯彻在具体的教学工作中，以保证教育政策在教学层面的执行效果。

临时政府对高等教育及师范教育也甚为重视。3 月 5 日，教育部通告各省：大局初定，速令高等学校、专门学校开学。14 日，孙中山命教育部再次发出通告，凡已设立的优级师范、初级师范，应与高等学校、专门学校一并开学。❶

上述教育规程属于对辛亥革命各地光复独立过程中出现的教育秩序动荡、混乱现象的调整与稳定举措，当然也带有改弦更张的努力和除旧布新的探索。客观地说，它们对当时教育现状的整顿以及办学秩序的恢复、教育质量的保障，起到了立竿见影的效果。但是，无论对一个新建立政权的稳定及持续巩固而言，还是对教育这样一项复杂、周期长的巨大工程或宏大事业而言，仅有临时、暂行或过渡色彩的办法或规定，应该说是远远不够的。

2. 颁行新教育宗旨

1912 年 9 月 2 日，教育部公布民国教育宗旨为："注重道德教育，以实利教育、军国民教育辅之，更以美感教育完成其道德。"❷ 这一宗旨是民初进步

---

❶ 陈学恂. 中国近代教育大事记［M］. 上海：上海教育出版社，1981：222.

❷ 教育部. 教育宗旨令［J］. 教育杂志，1912，4（7）.

教育界反复酝酿、集中讨论的产物。它体现了资产阶级关于人的德、智、体、美和谐发展的思想，其主旨与蔡元培提出的"五育并举"设计相近。世界观教育未被纳入，不仅是因为其过于浪漫浮华、偏于意识精神，难于行动操作，而且与其他四育比较，从形式逻辑而言，世界观教育也不具备独立形态，不能构成并列关系。蔡元培以后也多以体育、智育、德育、美育四者并列，并统称为"健全的人格"的要素。

新教育宗旨改变了清朝政府1706年颁布的"忠君、尊孔、尚公、尚武、尚实"的教育宗旨，不仅表现了建国伊始民主共和思想的深入人心，反映了中国教育家以德育为中坚，培养新一代国民德智体美全面发展的美好追求，而且否定了君权的绝对权威和儒家思想的独尊地位。新教育宗旨的颁定，是中国教育的一大进步，也是资产阶级反对封建主义旧教育的一个重大胜利。

3. 制定"壬子癸丑学制"

教育部成立以来，"深维教育行政，经纬万端，必先以规定学校系统为入手之方法"。对于学校系统和学校办学细则而言，教育部登报征集各省教育家意见。各省教育家纷纷进言献策，勾勒新学制。根据教育界人士蒋维乔的回忆，教育部组织了专门人员，草拟新学制。❶

> 当时教育部之重要工作，即在草拟新学制。召集东西留学生，各就所长，分别撰拟小学、中学、大学规程，每日办公六小时。初时志愿甚弘，拟遍采欧美各国之长，衡以本国情形，成一最完全之学制。当时由欧美回国之人，专习教育者绝少，译出文件，泰半不适用。且欧美制终不适应国情，结果仍是采取日本制，而就本国实际经验，参酌定之。计临时政府为时三个月，而教育部之学制草案，亦于是时告成。

此过程可以分为几个环节。教育部"承海内教育家投以意见书，积久盈尺，归纳各家意见，并参酌列国成规，拟就第一次草案，继加修改，成第二次草案，最后成第三次草案"，学制草案三次成型。教育部将"三种草案，先登报端，以供教育家之研究"，并列出教育家的各个主张，以求集思广益，讨论求详。❷

---

❶ 苏国安. 南京国民政府时期学校教育政策研究 [D]. 河北大学，2010：27.
❷ 蒋维乔. 民元以来学制之改革 [G] //陈学恂. 中国近代教育史教学参考资料（中册）. 北京：人民教育出版社，1987：164.

1912 年 7 月 10 日，教育部召开临时教育会议，议决重订学制。9 月 3 日，教育部公布《学校系统令》，规定：初小四年，为义务教育，毕业后入高小或实业学校；高小三年，毕业后入中学或师范学校或实业学校；中学四年，毕业后入大学或专门学校或高等师范学校；大学本科三年或四年毕业，预科三年；师范学校本科四年，预科一年；高等师范学校本科三年，预科一年；实业学校分甲、乙两种，各三年；专门学校本科三年或四年，预科一年。此学校系统简称为"壬子学制"。次年又陆续颁布各种学校令，补充本年公布的《学校系统令》，简称为"壬子癸丑学制"。

（二）关于社会教育

社会教育在资产阶级革命进程中已被给予足够重视。在辛亥革命过程中，以孙中山为首的资产阶级民主革命派，尖锐地批评保皇派的"教育救国"思想，但又主张通过教育去启发民众的觉悟、唤起民众的革命热情，培养革命和建设所需要的人才。他们通过发表演说、联络会党、组织群众团体等进行广泛的社会教育活动，尤其是曾编辑出版大量的书报刊物，所谓"文学收功日，全球革命潮"[1]。

民国成立后，其所订教育方针中仍然强调社会教育的重要性。社会教育即在学校教育之外的一切有关改变社会思想观念乃至风俗习惯的教育。因政治变革，共和成立，要求一般国民的思想意识及习俗亦随之变革，使其具备共和国民的普通常识，这是共和制度确立于民的重要保证。

1912 年 2 月，蔡元培奉命北上迎袁之际，曾与唐绍仪、宋教仁等发起组织"社会改良会"，并发布宣言。他认为，中国"数千年君权之影响未泯，其与共和思想抵触者颇多"。故此，该会宗旨为："以人道主义去君权之专制，以科学知识去神权之迷信。"[2] 该会主张：男女成年后有财产独立权，个人独立，不依赖亲朋；男女平等，婚姻自主；禁止旧时的各种恶习陋俗，诸如蓄娼狎妓、置婢纳妾、居丧守节、早婚、溺婴、体罚儿童、缠足、赌博以及吸食鸦片，等等。考诸近代史，民国初年，民间自发组织的各种社团如雨后春笋。其中，许多社团以改良社会生活中某些方面的弊端为活动宗旨。这些社团的活跃，丰富了民初社会教育改革的内容。

---

[1] 冯自由. 革命逸史（第三集）[M]. 北京：新星出版社，2009：136.
[2] 蔡元培. 社会改良会宣言 [G] //高平叔. 蔡元培全集（卷二）. 北京：中华书局，1984：137.

清末发展起来的新式教育，由于只重人才、忽视民众，只注重发展学校教育而轻视社会教育，造成了教育发展中的严重缺陷，适应不了新的政治和经济的要求。在这种情况下，首任教育总长蔡元培"眼见各国社会教育事业之发达，深信教育行政之责任，不仅在教育青年，须兼顾多数年长失学之成人。故草拟官制时，坚决主张于普通、专门二司外特设社会教育司"❶。在社会教育司的领导和推动下，从1912年民国成立至1919年五四运动，以失学民众和全体国民为教育对象，以通俗教育为中心的社会教育事业逐渐发展起来。❷

社会教育的范围很广，为了有效地开展社会教育，教育部在《整理教育方案草案》中提出了实施社会教育的具体意见。

（1）举办通俗的社会教育。如设露天学校、公众补习所、少年育德会、女子育德会、小学教育品陈列所、理学试验所等。

（2）组织通俗讲演。如讲明国体及一切关于公德、私德之谈话；或到监狱、工场、军营演说；或组织巡行讲演团，到各地讲解国民应具备之常识等。

（3）发行通俗书报，设通俗阅览书报社、通俗图书馆、通俗文库等，以收改良社会之效。

（4）其他足为通俗社会教育之补助者，如改良小说、改良留声机片、改良俚俗图书、改良词曲风谣及玩具等，不一而足。❸

这些主张，虽因政治动荡及其他种种原因未能有效地实施，但这种社会教育思想及相关的规章措施，充分体现了民初教育改革思潮的影响。

二、民初教育宗旨的制订

1912年1月3日，孙中山任命蔡元培为教育总长，9日又改清末学部为南京临时政府教育部。蔡元培荣膺这一职务，完全是因为他的极高威望，"因为他不但是老资格的革命家，还是出身翰林、留学德国、学贯中西的学者，曾任爱国学社和爱国女学的总理，是办学成绩斐然的著名教育家"❹。

（一）蔡元培提出的新教育宗旨

南京临时政府成立后，以孙中山为首的资产阶级革命派，在对政治、经济

---

❶ 朱有瓛. 中国近代教育史资料汇编·教育行政机构及教育团体 [M]. 上海：上海教育出版社，1993：165.

❷ 王雷. 中国近代社会教育史 [M]. 北京：人民教育出版社，2003：38.

❸ 宋恩荣，章咸. 中华民国教育法规选编（修订版）[M]. 南京：江苏教育出版社，2005：15.

❹ 董宝良. 中国教育史纲 [M]. 北京：人民教育出版社，1993：371.

等方面进行变革的同时，也对文化教育进行了重要改革。1月3日由黄兴提议，蔡元培担任教育总长，得到了各省代表一致赞同。

当时正值战争时期，新旧交替，各地学校大都停办。1月9日教育部成立，除设"承政厅"外，内分学校教育、社会教育、历象三司。3月发表了《民国教育部官职令》，规定教育部分为普通、专门、实业、社会、礼教、蒙藏六司。作为教育总长的蔡元培一方面竭心殚虑拟订教育宗旨，制订新学制；另一方面"为维持现状计，蔡乃去沪商之陆费逵、蒋维乔"❶，委托陆、蒋二人草拟《普通教育暂行办法》十四条和《普通教育暂行课程标准》十一条。其中规定了中小学的课程内容及教学计划，对旧教育制度、教育内容进行了改革，促使各级学校迅速开学，逐步将民初紊乱的学校教育引上了正轨。上述两个文件的颁布施行，以法令形式保证了民国初年普通教育的改革，而且促进了普通教育的发展。

教育宗旨是关系国家办学的全局问题。蔡元培主持南京临时政府教育部之后，顺应时代的趋势，并汲取欧美，尤其是德、法的近代教育学说，提出新的教育宗旨，奠定了近现代中国学校教育宗旨的基础。

1912年2月10日，蔡元培在《教育杂志》第3卷第11期上发表《对于新教育之意见》一文，主张对清末学部制定的"忠君、尊孔、尚公、尚武、尚实"的教育宗旨加以修正。"忠君与共和政体不合，尊孔与信仰自由相违"，应改为军国民教育、实利教育、公民道德、世界观、美育五项，此为"五育并举"的教育方针。在对其内涵详细说明的基础上，他最后做了断言："五者，皆今日之教育所不可偏废者也。"❷

蔡元培用中国古代教育来论证他的"五育说"："虞之时，夔典乐而教胄子以九德，德育与美育之教育也。周官以乡三物教万民，六德六行，德育也。六艺之射御，军国民主义也。书数，实利主义也。礼为德育，而乐为美育。"他还进一步从心理学角度来衡量"五育"："军国民主义毗于意志；实利主义毗于知识；德育兼意志情感二方面；美育毗于情感；而世界观则统三者而一之"；"军国民主义为体育；实利主义为智育，公民道德及美育皆毗于德育；而世界观则统三者而一之。"❸

---

❶ 舒新城. 中华民国教育小史［M］. 上海：中华书局，1931：38.
❷ 中国蔡元培研究会. 蔡元培全集（第二卷）［M］. 杭州：浙江教育出版社，1997：9-11.
❸ 中国蔡元培研究会. 蔡元培全集（第二卷）［M］. 杭州：浙江教育出版社，1997：12.

蔡元培的"五育说"基本上揭示了教育的本质内容和特征，所以他的主张对民国初期的教育产生了重大影响。但由于教育现象本身的多层次性，中国国情的复杂性以及蔡元培教育思想的哲学基础本身也存在问题等多方面原因，他的五育理论同其他教育理论一样，也存在不足或可商榷之处，因而时论颇有疑义。

（二）民初教育宗旨的讨论与确立

1912 年 4 月 1 日，经过南北和议，孙中山被迫辞职，袁世凯接替了孙中山的临时大总统职务，并组成北京临时政府。1912 年 3 月 30 日，袁世凯任命蔡元培为教育部总长。4 月 8 日，又任命范源濂为教育部次长。蔡元培乘在袁世凯的北京政府中革命派还保持一定的力量以及革命还处于高潮的大好时机，在教育界进步力量的支持下，坚持对旧教育进行大胆的改革。

1912 年 7 月 10 日，教育部在北京召开临时教育会议，出席会议的各省及华侨代表五十六人。此为中华民国成立后第一次中央教育会议，历时一月，至 8 月 10 日闭幕，总计提出议案九十二件。教育界人士在从未有过的民主气氛中，对各种问题进行了热烈的讨论。蔡元培在开幕式上发表演说，称这次会议是全国教育改革的起点，指出"前清时代承科举余习，奖励出身，为驱诱学生之计"，其目的在于"使受教育者皆富于服从心、保守心，易受政府驾驭"，"现在此种主义，已不合用。"他又说：

> 民国教育与君主时代之教育，其不同之点何在？君主时代之教育方针，不从受教育者本体上着想，用一个人主义或用一部分人主义，利用一种方法，驱使受教育者迁就他之主义。民国教育方针，应从受教育者本体上着想，有如何能力，方能尽如何责任；受如何教育，使能具如何能力。❶

也就是说，民国教育要使学生认识自己所居国民之地位与责任，不是为一个人或少数人服务，而是为社会、为人类做出贡献，尽到自己的责任。他以此为根本指导思想，对封建专制时代教育进行改造，奠立了民国教育的基石。

会上，蔡元培重申了"五育说"。他说，教育家的任务就是"促使教育者养成对社会克尽其种种责任的能力"，"而教育家欲尽此种任务，不外乎五种

---

❶ 蔡元培. 全国临时教育会议开会词［G］//高平叔. 蔡元培教育论著选. 北京：人民教育出版社，1991：15 - 16.

主义，即军国民教育、实利主义、公民道德、世界观、美育是也。五者以公民道德为中坚，盖世界观及美育皆所以完成道德，而军国民教育及实利主义，则必以道德为根本"❶。

临时教育会议于7月18—19日讨论教育宗旨。由于辛亥革命的不彻底性以及袁世凯窃取政权后加强封建专制主义的影响，故议员中民主共和与专制复辟的思想斗争时有出现。有关议员讨论、制订民初教育宗旨过程的具体材料很少。据笔者翻检，仅见署名"我一"者所发表的《临时教育会议日记》中有片断材料，现摘录如下，以窥一斑。

> 审查报告，于形式一方面，赞成刘（以钟）、吴（曾提）案以国家为中心，而不背世界进化之原则，并不妨个性之发展。于内容一方面，赞成部交议案，遂决议注重道德教育，以国家为中心，而以实利教育与军国民教育辅之。至美育一层，加入中小学校、师范学校教则内，俾知注意。议员颇有主张将世界观与美育一并加入教则，其理由谓我国民于世界观念素来缺乏，不应将此层废弃；或又谓世界观为宗教的、哲学的，不应加入普通教则内。议长以加入世界观三字于教则内付表决，赞成者二十五人，少数；或又谓世界观与世界观念绝然不同，宜将世界观念加入教则，赞成者亦为少数。❷

从以上材料可知，蔡元培的构想大体获得认可，议员吴曾提、刘以钟提出相对国家主义教育的主张，体现他们要求培养学生具有爱国主义精神的思想，这是符合资产阶级革命派的愿望的。经过充分讨论后，决定不将世界观教育列入教育方针之内，这也是比较合理的。

1912年7月14日，蔡元培辞去教育总长一职。7月26日，袁世凯任命范源濂为教育总长。9月2日，教育部公布民国教育宗旨为："注重道德教育，以实利教育、军国民教育辅之，更以美感教育完成其道德。"❸ 这一宗旨基本上反映了蔡元培的教育主张，对民国教育产生重要影响。

此后民国教育宗旨，多有修改。袁世凯统治时期的教育宗旨，基本上完全

---

❶　蔡元培. 全国临时教育会议开会词［G］//高平叔. 蔡元培教育论著选. 北京：人民教育出版社，1991：15 - 16.

❷　我一. 临时教育会议日记［G］//朱有瓛. 中国近代学制史料（第三辑·上册）. 上海：华东师范大学出版社，1990：12 - 13.

❸　《教育杂志》1912年第4卷第7号.

否定了民国元年所订的教育宗旨，恢复了封建的传统道德。1916 年 6 月洪宪帝制破灭后，又大体认定了民国元年所制订的教育宗旨。

三、"壬子癸丑学制" 的主要内容及其影响

民国后的第一个完整学制系统史称"壬子癸丑学制"，形成于 1912—1913 年。这个学制的整个学程为十八年，分三段四级和三个系统。第一段是初等教育，分为两级：初等小学四年，高等小学三年，共七年。第二段是中等教育，只设一级，共四年。第三段是高等教育，也是一级，但分预科和本科。预科三年，本科除法科和医科中的药学为三年外，其他文、理、商、农、医、工等科均为四年，共六至七年。此外，下设蒙养园，上设大学院，不计在年限内。

"壬子癸丑学制"除了由小学、中学、大学组成的学校系统外，还有师范教育和实业教育两个系统。师范教育系统，分中级师范学校和高级师范学校两级，中师预科一年，本科第一部四年，第二部一年。高师预科一年，专修科二至三年，本科三年，研究科一至二年。实业教育系统，分初级乙种实业学校和中级甲种实业学校两级。此外，还设有补习科、专修科及小学教员讲习所，都是各系统的学校特设或附设的学科。

"壬子癸丑学制"是民初制定的第一部具有现代因素的学校制度，反映了资产阶级新政治、新经济的要求，是孙中山、蔡元培指导下的民初教育改革的一项重要成果。它对清末"癸卯学制"进行了重大改革，主要有以下三项。

（1）改革学校名称。清末学制规定学校名称为学堂，"壬子癸丑学制"将学堂名称一律改为学校。初等学堂改为初等小学校；高等学堂改为高等小学校；中学堂改为中学校；高等学堂改为专门学校；分科大学及大学选科一律改为大学，规定大学预科三年，通儒院改为大学院。将与高等小学堂平行的实业补习普通学堂、初等农工商实业学堂、艺徒学堂改为乙种实业学校、实业补习学校；将与中学堂平行的初等师范学堂、中等农工商实业学堂，改为甲种实业学校和师范学校；将与高等学堂平行的优级师范学堂、高级农工商实业学堂等改为高等师范学校和专门学校，其下设预科一年，其上设研究科。取消单设的大学预科、实业教员讲习所、进士馆、译学馆等；另外，将蒙养院改为蒙养园。这样一来，从学前教育到高等教育的学校名称完全改变，旧的学堂系统变为新的学校系统。

（2）改革修业年限。清末"癸卯学制"规定从小学到大学毕业的学习年

限为二十一年，"壬子癸丑学制"改为十八年，缩短在校学习年限三年。这样一改，有利于加快培养人才的周期，使学生不至于把过多时间消磨在学校之中，而能早日出校为社会服务，既节省财力，又满足社会需求。

（3）改革课程设置。学校的课程设置是学校培养目标的具体体现。由于清末和民初学校的培养目标不同，这就决定了不能照搬清末的课程。通过比较清末与民初普通学校课程设置，可以得出三点结论：改革封建的教学内容，把清末规定普通学校的读经讲经科彻底废止；加强了知识技能科目，如图画、手工、农、工、商等课在清末仅作加设课程或随意课，民初则确定为必修课；注重了实用课，如手工、数、理、化及外语，女学中的家事、缝纫等课，这对学生将来的就业均有实用价值。

综上所述，"壬子癸丑学制"大致实行到1922年"壬戌学制"诞生，对清末学制有所继承，但性质不同，是一次划时代的学制改革，所贯穿的民初新教育宗旨开宗明义就表明了其反封建性，重视学生的道德、实利、军国民和美育素质培养。只有进行这样根本性的改革，才能真正形成现代学校系统和现代社会所需的学生个体素质。此后，为培养国民而教育，为儿童身心健康发展和综合素质培养与提高而施教成为各级各类学校的努力方向。"壬子癸丑学制"将学校体系做了相对完整的设计，较之清末学制，其科学性、严密性、体系性明显增强，而且突出了学校体系的规范性。从该学制的结构及内容看，基础教育、高等教育、职业教育、师范教育、成人教育等教育类别都有了雏形，而初小、高小、中学、大学各个阶段及层次也有了清晰的划分。学制教育周期缩短了三年，加快了民初人才培养速度，符合快出人才的办学思路，尤其是明确提出了初级小学四年属于义务教育，更是从法规上保证了教育的普及和国民素质的培养，符合现代社会民主政治与资本效率观念。在课程编制上，废止讲经读经、拜孔祭孔活动，增加了实用性、技能型及自然科学类课程，如图画、手工、农工商、数理化、家政等，提高了实用科学知识及生产生活技能在教育设计中的地位，有利于提高公民整体素养及工商企业的实践与经营管理能力。

这个学制实行十年之久，其间虽于1915年改革小学制度，于1917年修订大学制度，但无本质上的变化，是这一时期影响最大的一个学制，反映了近现代民主共和国政体的基本性质。

毋庸讳言，受时代条件限制，"壬子癸丑学制"也存在不少缺憾和不足。由于时间仓促，改革者们未来得及对"癸卯学制"施行以来的经验教训进行认真的总结与思考，其改革的着眼点更多地在社会转型及政治制度建设上。其中的一些规定，如对大学设置条件的限制、中等教育的不分级、小学教育的年限较长、整个学制缺乏灵活性等，更多地体现出一种理想色彩，而缺乏对现实国情和教育状况的更深刻了解。至于在女子教育、修身伦理学科中表现出来的不彻底性和新旧掺杂的问题则更是多次被后人所指出，此处不再赘述。

第二章　国民教育思潮

大约从 19 世纪七八十年代开始，中国思想界、教育界萌发了近代的国民教育思想。国民教育思潮的内涵很丰富，解释驳杂。一般指的是与"人才教育""专业教育"相对的概念，其基本内涵是旨在使全体国民能受到一定的教育，有一定的学识素养、文化基础知识、道德品质，具有民主时代的国民意识及国家观念。

国民教育思潮的着眼点在国民，提倡者们的本意与动机在于如何通过教育国民，改造国民性中的弱点，开发国民素质，以实现救亡图存、挽救民族危机、富国强兵、振兴祖国这一近代中国的时代使命，而这恰是近代中国政治、经济、文化等方面错综复杂、矛盾斗争的直接体现，是教育先驱者对如何改革传统教育、发展近代教育进行艰辛探索的结果。在中国近代教育史上，国民教育、军国民教育以及兴盛于 20 世纪二三十年代的国家主义教育思潮三者之间的关系是很密切的。

第一节　国民教育思潮的源流及演变

国民教育思潮源于清末，到民初渐臻鼎盛，新文化运动以后逐渐衰弱，但其影响犹在，为其他新兴的教育思潮（如平民教育思潮、实业教育思潮）提供了滋养与材料。这种教育思潮受政治思潮变动的制约，又受社会思潮、文化思潮的影响；同时，又为各个历史阶段不同的政治目的服务，因此，实际的作用也存在差异。具体而言，国民教育思想由资产阶级改良派提出，于清末"宪政"时期形成思潮。民主革命派将它与民族民主革命相结合，赋予新的含义。国民教育的理念与精神成为义务教育运动的思想资源，在五四运动以后受民主主义的洗礼，演绎、嬗变为平民教育思潮。

一、国民教育思想的渊源

（一）国民教育思想的萌芽

国民教育思想在西方早已有之，古代有雅典与斯巴达，近代有普鲁士、法兰西等。1717 年，普鲁士国王威廉一世颁布《普鲁士义务教育法》。1792 年，法国革命家孔多塞提出《国民教育组织计划纲要》（《孔多塞报告》），认为国民教育是国家对其全体公民应尽的职责，学校应实施强迫、免费教育，在教学内容上增加与社会实践密切联系的课程，扩大自然科学，尤其是数学和物理学知识的教学，还应增设政治教育课程，使学生及早了解公民的权利和义务。次年，雅各宾派雷佩尔提起草《国民教育法案》（《雷佩尔提教育法案》），提出由国家向富人征收累进所得税来开办寄宿学校——国民教育之家，免费向儿童提供衣食，以普及初等教育。该法案重视儿童的智育、体育和劳动教育，培养勇敢、坚毅与坚忍不拔品性的劳动者。

中国古代也有这方面的主张及实践，为近代国民教育思潮的兴起准备了思想土壤。伟大教育家孔子曾提出："有教无类"[1]；"自行束脩以上，吾未尝无诲焉。"[2] 也就是说，受教者在教育权上应该平等，不分地区、不按族类、不论地位；施教者应该授人以同等的教育，而不应有任何歧视。求学者只要纳微量的赞金，完成入学初见时的礼节，教师无有不教诲之理。

"仁""礼"是儒家思想的核心，也是中国文化的精义。在其内涵中，除了强调封建专制、尊卑贵贱的封建伦理纲常、等级秩序外，也兼有"亲民""爱民"的意识。如弟子樊迟问为仁之道，孔子直告以"爱人"[3]，包含了浓郁的人道主义精神。"亚圣"孟子说："城郭不完，兵甲不多，非国之灾也；田野不辟，货财不聚，非国之害也；上无礼，下无学，贼民兴，丧无日矣。"[4] 这是说，相对于军事、经济而言，依循礼制，教化民众更为重要。如果上不知

---

[1] 孔子. 论语·卫灵公 [G] //顾树森. 中国古代教育家语录类编（上册）. 上海：上海教育出版社，1983：12.

[2] 孔子. 论语·述而 [G] //顾树森. 中国古代教育家语录类编（上册）. 上海：上海教育出版社，1983：13.

[3] 孔子. 论语·颜渊 [G] //顾树森. 中国古代教育家语录类编（上册）. 上海：上海教育出版社，1983：21.

[4] 孟子. 孟子·离娄上 [G] //顾树森. 中国古代教育家语录类编（上册）. 上海：上海教育出版社，1983：148.

礼，则无以教民，下不知学，则易于为乱；害民之事层出不穷，国家的灭亡就在朝夕。

秦汉以后，中国的官学教育系统重在高等专门学校，而忽略基础教育。虽然，政府在不同时期举办官立初等教育，但主要由贵族子弟控制教育权。例如，汉代地方的官立小学至平帝元始三年始形成制度，"立官稷及学官，郡国曰学，县、道、邑、侯国曰校。校、学置经师一人。乡曰庠、聚曰序，序、庠置《孝经》师一人"❶。此处的学、校属于何种程度的教育，尚有不同认识，但庠和序相当于小学教育则确定无疑。北魏鲜卑国慕容隽即位后，"立小学于显贤里以教胄子……宴群臣于蒲池，酒酣，赋诗，因谈经史"❷。十六国时期，刘渊之子刘曜即帝位后，"立太学于长乐宫东，小学于未央西……选朝贤宿儒明经笃学以教之"❸。石勒兴办学校，重儒崇经，设立宣文、宣教、崇儒、崇训十余所小学于襄国（今河北邢台市）四门，择师教之，并亲临学校，"考诸学生经义，尤高者赏帛有差"❹。北魏时，西兖州刺史高祐于郡国设学，县立讲学，党立教学，村立小学。宣武帝时曾立四门小学。唐代中央官学中有宫廷小学，地方学校亦有市镇小学的建制。宋代官学中有贵胄小学与州县小学，也有农村集贸乡场依墟市而设立小学。元、明、清官办小学包括宗学、诸路小学、觉罗学、八旗官学及部分社学。

从现代学校制度来看，初等教育的学校机构是国民教育的主体，而在古代的官学系统中，小学教育因受封建专制等级性制约，教育公平及权利民主化受到抑制，主要存在于地方民间社会教育类型当中。

古代以私塾、家塾、义学、社学、精舍、书院等为主体的私学教育体系历代经久不衰。在教育实践中，涌现出一代又一代私学教育家，他们学而不厌、诲人不倦、言传身教，既为"经师"，又为"人师"。私学教育是中国古代社会教育、国民教育的基础，但占主导地位的还是"学而优则仕"的科举教育。

近代洋务派官僚也主张人才教育，他们主张兴"西学"，提倡"新教育"，以培养洋务人才。据《李文忠公全集·奏稿卷二·筹议海防折》记载：李鸿章认为，当时"东西各国日益强盛，中土一无所恃"，要想改变中国积弱积贫

---

❶ ［汉］班固. 汉书·平帝纪［M］. 北京：中华书局，1962：335.
❷ ［唐］房玄龄，等. 晋书·慕容隽载纪［M］. 北京：中华书局，1974：2840.
❸ ［唐］房玄龄，等. 晋书·刘曜载纪［M］. 北京：中华书局，1974：2688.
❹ ［唐］房玄龄，等. 晋书·石勒载纪［M］. 北京：中华书局，1974：2741.

的状况，"造就人才""实为中国自强根本"和"当务之急"。在他们看来，只要能培养出人才，有利于维护封建专制统治就足够了，至于人民能否都受到教育是无关紧要的。洋务教育以"中学为体，西学为用"的思想为指导，旨在培养应付西方列强军事与外交所需的人才，适应洋务派事业需要的技术骨干，因此，仿照西方开办了外国语学堂、科学技术学堂、军事学堂，而小学教育、国民教育却被忽视。

中国近代第一所新式小学是1878年由张焕纶在上海创办的正蒙书院，史称其创办者"独奋于俗流之外，远师古小学教人之遗法，近采泰西小学校之成规，规制粲然，实为中国千年来最先改良之学校也"❶。胡适称他为"中国提倡新教育最早的人"❷。该小学创办于洋务运动期间，相对当时中国教育实然状况而言可谓寥若晨星。

自京师同文馆建立以来，洋务派的"新教育"虽然也建了一些新型学校，但都是不相关联的，没有统一的学制，也没有从小学、中学到大学的完整学校体系，只能称作"新教育"的萌芽。洋务派的教育改革，并没有改变传统的教育、教学体制，传统的小学教育体制仍居主导地位。如光绪十四年（1888），武训在山东邑县柳林镇办崇贤义塾，只设经班，学生五十余人，教师聘举人、拔贡出身者充任，首事人（校董）为柳林镇杨树坊。次年，在山东馆陶县（今属河北省邯郸）杨二庄又设一义塾，至1896年再设义塾于山东林清镇御史巷。从胡适《四十自述》中可以看出，清末学塾的教学内容仍然是封建陈腐的，与近代社会的发展很不相宜。❸

胡适（1891—1962），安徽绩溪县人，五四运动先驱者，著名实用主义学者、教育家。他幼童时代已处维新改良运动时期，在家乡读私塾九年，仍主要修习蒙学教材。

> 我才满三岁零几个月，就在我四叔父介如先生（名玠）的学堂里读书了。我的身体太小，他们抱我坐在一只高凳子上面。我坐上了就爬不下来，还要别人抱下来。但我在学堂并不算最低级的学生，因为我进学堂之

❶ 朱树人. 创始梅溪学堂张经甫师纪念碑［G］//朱有瓛. 中国近代学制史资料（第一辑·下册）. 上海：华东师范大学出版社，1986：571.

❷ 胡适. 记梅溪学堂学习情况［G］//朱有瓛. 中国近代学制史资料（第一辑·下册）. 上海：华东师范大学出版社，1986：572.

❸ 吴洪成. 中国小学教育史［M］. 太原：山西教育出版社，2006：120.

前已认得近一千字了。

因为我的程度不算"破蒙"的学生，故我不须念《三字经》《千字文》《百家姓》《神童诗》一类的书。我念的第一部书是我父亲自己编的一部四言韵文，叫作《学为人诗》，他亲笔抄写了给我。这部书说的是做人的道理。我把开头几行抄在这里：

为人之道，在率其性。子臣弟友，循礼之正；

谨乎庸言，勉乎庸行；以学为人，以期作圣。

以下分说五伦。最后三节，因为可以代表我父亲的思想，我也抄在这里：

五常之中，不幸有变，名分攸关，不容稍紊。

义之所在，身可以殉。求仁得仁，无所怨尤。

古之学者，察于人伦，因亲及亲，九族克敦；

因爱推爱，万物同仁。能尽其性，斯为圣人。

经籍所载，师儒所述，为人之道，非有他术：

穷理致知，返躬践实，黾勉于学，守道勿失。

我念的第二部书也是我父亲编的一部四言韵文，名叫《原学》，是一部略述哲理的书。这两部书虽是韵文，先生仍讲不了，我也懂不了。

我念的第三部书叫作《律诗六抄》，我不记得是谁选的了。三十多年来，我不曾重见这部书，故没有机会考出此书的编者；凭我的猜测，似是姚鼐的选本，但我不敢坚持此说。这一册诗全是律诗，我读了虽不懂得，但却背得很熟。至今回忆，却完全不记得了。

我虽不曾读《三字经》等书，却因为听惯了别的小孩子高声诵读，我也能背这些书的一部分，尤其是那五七言的《神童诗》，我差不多能从头背到底。这本书后面的七言句子，如：人心曲曲湾湾水，世事重重叠叠山。我当时虽不懂得其中的意义，却常常嘴上爱念着玩，大概也是因为喜欢那些重字双声的缘故。

我念的第四部书以下，除了《诗经》，就都是散文了。我依诵读的次序，把这些书名写在下面：《孝经》；朱子的《小学》，江永集注本；《论语》。以下四书皆用朱子注本。《孟子》《大学》与《中庸》（四书皆连注文读）；《诗经》；朱子集传本（注文读一部分）；《书经》，蔡沈注本（以下三书不读注文）；《易经》，朱子《本义》本；《礼记》，陈澔注本。

读到了《论语》的下半部，我的四叔父选了颍州府阜阳县的训导，要上任去了，就把家塾移交给族兄禹臣先生（名观象）。四叔是个绅董，常常被本族或外村请出去议事或判案子；他又喜欢打纸牌（徽州纸牌，每副一百五十五张），常常被明达叔公、印基叔、祝封叔、茂张叔等人邀出去打牌。所以我们的功课很松，四叔往往在出门之前，给我们"上一进书"，叫我们自己念；他到天将黑时，回来一趟，把我们的习字纸加了圈，放了学，才又出门去。

四叔的学堂里只有两个学生，一个是我，一个是四叔的儿子嗣秋，比我大几岁。❶

由此可见，皖南山区 19 世纪下半叶的私学办学中，仍然我行我素地依循传统内容及方式运行，并未跨入近代国民教育的领地。相比于少数沿海通商口岸、开埠都市的观念及变动而言，当然存在滞后性。

（二）国民教育思想的出现

从近代中国思想史的演化谱系考察，早期改良主义到维新变法运动，无疑是一大炽热时段。

1. 早期改良派的主张

19 世纪七八十年代，早期资产阶级改良派郑观应极力抨击以八股制度为核心的旧教育，在《盛世危言》中尖锐地批评洋务教育是"遗其体而求其用"，"所以事多扞格，难臻富强"❷。他们开始模糊地意识到应仿效西方议会制度，改革封建政体。他们在介绍西方教育制度的同时，也稀疏零星地涉及"义务教育""强迫教育"等问题。如郑观应称：

> 今泰西各国犹有古风，其学校规制大略相同，而德国尤为明显，学之大小，各有次第，乡塾散置民间，由贫家子弟而设，由地方官集资经理，无论贵贱，男女自五岁后皆须入学，不入学者，罪其父母。即使下至聋瞽喑哑残疾之人，亦莫不有学，使习一艺以自养其天刑之驱，立学之法，可谓无微不至矣。初训以幼学，间附数学入门、本国地理等书，生徒百数以内者，一师训之，百数以外至千数，则分数班，每班必有一师，此班学

---

❶ 欧阳哲生. 胡适文集（第一卷）[M]. 北京：北京大学出版社，1998：45－47.

❷ 陈学恂. 中国近代教育文选 [M]. 北京：人民教育出版社，1983：38.

满，乃迁彼班，依次递升，不容躐等。❶

当然，早期改良派的思想虽然反映了近代工商业社会的某些需求，但尚未形成完整的思想体系。维新运动高涨期间，资产阶级改良主义思想进一步发展，形成了国民教育思想。

2. 维新派的观点

明确提出国民教育思想的是康有为、梁启超、严复等人。毛泽东说："洪秀全、康有为、严复和孙中山，代表了在中国共产党出世以前向西方寻找真理的一派人物。"❷ 他们将国民教育与救亡图存的爱国运动联系起来，表明了其对国民教育的深刻认识，也扩大了国民教育的实际影响。

康有为在光绪二十四年（1898）《请开学校折》一文中，主张效法德国的教育制度，兴"国民学"。

> 今各国之学，莫精于德，国民之义，亦倡于德；日本同文比邻，亦可采择。请远法德国，近采日本，以定学制。乞下明诏，遍令省府县乡兴学。乡立小学，令民七岁以上皆入学；县立中学；其省府能立专门高等学大学。各量其力，皆立图书仪器馆。❸

梁启超继承了康有为有关国民教育的主张，从变法维新的政治需要出发，论述国民教育问题。他对国民教育的理解较其他维新派人士更深刻、具体与全面。他认为国民教育，一方面要使全国人民都能受教育，另一方面要使国民有国家之观念，并且提出实施强迫义务教育的主张。

1896 年春，梁启超在上海主编《时务报》，为救时弊发表《变法通议》："变法之本，在育人才，人才之兴，在开学校；学校之立，在变科举；而一切要其大成，在变官制。"❹ 其后，他又进一步指出："亡而存之，废而举之，愚而智之，弱而强之，条理万端，皆归本于学校。西人学校之等差、之名号、之章程、之功课，彼士所著《德国学校》《七国新学备要》《文学兴国策》等书，类能言之，无取吾言也。吾所欲言者，采西人之意，行中国之法，采西人之

---

❶　郑观应. 学校［G］//舒新城. 中国近代教育史资料（下册）. 北京：人民教育出版社，1981：894－895.

❷　毛泽东. 论人民民主专政［G］//毛泽东. 毛泽东选集（第四卷）. 北京：人民出版社，1966：1460.

❸　陈学恂. 中国近代教育文选［M］. 北京：人民教育出版社，1983：109.

❹　梁启超. 变法通议·学校总论［M］//陈学恂. 中国近代教育文选. 北京：人民教育出版社，1983：133.

法，行中国之意。"❶

梁启超在"戊戌变法"失败后流亡日本期间，发表了《教育政策私议》一文，参照了德、英、法和日本的学制，构建了近代中国第一个较为完备的学制方案。其中直系的主体为：幼稚园（二年）、小学堂（八年）、中学堂（八年，文实分科）、各科大学（三至四年，分文、理、法、工、医、农、商科）、大学院（年限不定），另外还有旁系的实业学堂与师范学堂。它的发表比"壬寅学制"的颁布（1902 年 8 月 15 日）要早两个多月，"因而它在中国学制建设史上具有开山之功"❷。

在该学制中，梁启超首次规划实施八年制义务教育：

> 至于小学，今论者亦既知其急；然遍观各国小学，皆行义务教育。义务教育者何？凡及年者皆不可逃之谓也。故各国之兴小学，无不以国家之力干涉之，盖非若此，则所谓义务者必不能普及也。而今之当事者，只欲凭口舌劝说，使民间自立之而已；非惟棼乱不整，他日不能与官立之中学高等学相接，且吾恐十年以后，而举国之小学，犹如星辰也。❸

八年制的义务教育果能实现，则当时中国义务教育水平将赶上西方工业化先进国家，但办学所需的设施、场地、师资，尤其是经费却难以配置。办学经费是教育财政的重点，作为办学主体运作的生命线，亦可谓保障机制。晚清以来，西方列强的侵略压榨以及国内的动荡不安、矛盾尖锐，耗损了政府的巨额财力，全国推行义务教育的经费问题非常突出。为此，梁启超在提议政府拨款作为专项办学经费的同时，主张充分利用地方公款及民间税收、捐资等多种途径来解决或在相当程度上缓解这一矛盾。其建议主要有两条。

一、学校经费，皆由本校本镇本区自筹。其有公产者，则以公产所入资办之。其无公产或公产不足者，则征学校税，如田亩税、房屋税、营业税、丁口税等，或因其地所宜之特别税法，以法律征收之，以为创设学校及维持学校之用。惟其税目不得过两项以上（其仍有不足者，则禀请地方官酌由官费补助）。其有余者，则积为学校公产。

二、学校皆收脩金，惟必须极廉，国家为定一额，不得逾额收取。其

❶ 陈学恂. 中国近代教育文选 ［M］. 北京：人民教育出版社，1983：130 – 131.
❷ 喻本伐，熊贤启. 中国教育发展史 ［M］. 武汉：华中师范大学出版社，2011：381.
❸ 陈学恂. 中国近代教育文选 ［M］. 北京：人民教育出版社，1983：163.

有贫瘠子弟，无自备脩金之力，经教育会议所查验属实者，则豁免之。子弟及岁不遣就学，则罚其父母。❶

可以说，梁启超是晚清国民教育倡导最力者，从其内容看，有许多与国家主义教育合拍之处，也蕴含着义务教育的因素。在当时，他的这种主张是为适应维新变法的政治需要，是"戊戌变法"时期教育思想的"闪光点"之一，对清末的教育实践及教育改革均有重大影响。

1902—1903 年，梁启超撰写《新民说》，提出教育的目的在于培养新一代的国民——"新民"。这种"新民"必须具有新道德、新思想、新精神，如公德、国家思想、权利义务思想、自由、自治、进步、合群、尚武等各种品德。他饱含深情地说："故今日不欲强吾国则已，欲强吾国，则不可不博考各国民族所以自立之道，汇择其长者而取之，以补我之所未及。今论者于政治、学术、技艺，皆因不知取人长以补我短矣，而不知民德、民智、民力，实为政治、学术、技艺之大原……故采补所本无以新我民之道，不可不深长思也。"❷

维新派教育家严复也主张推行义务教育。严复在《与外交报主人论教育书》主张建立新的教育制度，儿童十六岁以前入蒙养学堂。该学堂一改传统的教学组织方法，减少死记硬背，多进行讲解，并提供适宜的学科用书。"宜从最浅最实之普通学入手，以为各处小学蒙学之用。"❸

二、国民教育思潮的形成

通过康、梁等人的宣传、鼓动，清末知识界、教育界对"国民"日益注目。向国人灌输国民所需的知识，启发国民的自主意识与学习西方的典章制度、仿行宪政等成了晚清后十年有识之士的热门话题。

（一）兴学先驱孙诒让的倡导

清末兴学运动中，督抚与士绅成为重要力量。士绅兴学呈区域性分布，著者如江苏张謇，直隶严修，广东黄遵宪、陈容衮，陕西刘光贲，浙江孙诒让等。浙江地区近代兴学的先驱孙诒让在 1905 年指出，清政府几年来"兴学"运动收效甚微的根本原因在于侧重于高等学堂，企望青年学子"转眴而蔚成

---

❶　陈学恂. 中国近代教育文选［M］. 北京：人民教育出版社，1983：164 – 165.
❷　梁启超. 新民说［G］//陈景磐，陈学恂. 清代后期教育论著选（下册）. 北京：人民教育出版社，1997：475.
❸　陈学恂. 中国近代教育文选［M］. 北京：人民教育出版社，1983：223.

通才"，忽视东西洋各强国重视国民普通教育的经验。他主张学习日本改革教育的做法，办好师范，发展蒙学，切切实实地从发展国民普通教育做起。

孙诒让的言论在 20 世纪初年的国内教育界，具有相当的代表性。萌发于救亡图存强烈愿望的国民教育思想，挟清末兴学运动和立宪活动之力，得以广泛传播。

（二）民主革命派的推动

留日学生是导致国民教育思想演变为思潮的重要力量。19 世纪末至 20 世纪初年，大批青年学子东渡扶桑，寻求救国救民的知识学问。他们身处异国，深切地感受到封建专制统治的腐败给民族、国家带来的奇耻大辱。在孙中山民主革命思想的感召下，他们纷纷投身资产阶级革命运动，实现了摆脱改良主义思想影响的自我转变。

资产阶级革命派不仅把国民教育与救亡图存的爱国运动联系起来，而且将国民教育与推翻清朝封建专制统治的革命运动联系起来，鼓吹"革命教育"。孙中山指出："我们革命的目的，是为中国谋幸福。因不愿少数满洲人专制，故要民族革命；不愿君主一人专制，故要社会革命。"❶ 他又说："民族主义，为对于外人维持吾国民之独立；民权主义，为排斥少数人垄断政治之弊害；民生主义，排斥少数资本家，使人民共享生产上之自由。"❷ 孙中山提出的革命目的和对革命教育的要求，基本上反映了辛亥革命前十年间革命派的共同追求。20 世纪初，邹容在《革命军》中曾专章论述了"革命之教育"，强调"革命与教育并行"，要教育为中国革命培养"百千万亿华盛顿、拿破仑"，使之在道德、知识、学术上都具有"振衣昆仑顶、濯足太平洋"的革命健儿气概。他要求教育首先要使国民明确中国是"中国人之中国"，对所有"染指于我国，侵占我皇汉民族之一切权利"的敌人，都能"不惜生命共逐之"；其次要了解"平等自由之大义"，反对一切独夫民贼、大盗巨寇，要"杀尽专制我之君主，以复我天赋之人权"；最后要有"政治法律之观念，否则就会亡国和失去自由"。在这样的目的和要求下，邹容揭示了国民教育的四大目标：养成"上天下地、惟我自尊、独立不羁之精神"；养成"冒险进取、赴汤蹈火、乐

---

❶ 孙中山. 三民主义与中国前途［M］//孙中山. 孙中山选集（上卷）. 北京：人民教育出版社，1961：79.

❷ 孙中山. 提倡民生主义之真谛［M］//孙中山. 孙中山选集（上卷）. 北京：人民教育出版社，1961：93.

死不避之气概"；养成"相亲相爱、爱群敬己、尽瘁义务之公德"；养成"个人自治、团体自治、以进人格之人群"❶。邹容站在民主革命派的立场，阐述了国民教育的内容，其中包含了对国民品格、素质方面的要求，对当时的革命派影响很大，进一步阐发者纷纷扬扬。他们主张，国民教育的主要任务就是要使中国人民能够"脱奴隶就国民"，能挣脱专制主义的压迫，"以复我天赋之人权"，能够具备独立、自由的精神。他们反对"奴隶教育"和"改良主义教育"，要求"革命教育"。❷ 革命的教育就是要为推翻清朝统治服务，以培养自由独立的国民为目的。他们提倡"女子家庭革命""女权革命""振兴女学"。秋瑾说："观四千年来，沉沉黑狱女界之现象：曰三从四德也，培养奴隶之教育也；曰缠足也，摧残奴隶之酷刑也；曰女子无才便是德也，防范奴隶之苛律也。"❸ 1903 年留日学生办的《游学译编》九月号上刊登了《民族主义之教育》，高举民主教育的革命旗帜，要求教育者把实现"中国民族主义"当作自己的任务，通过"社会教育"使"中等社会"（中小资产阶级和它的知识分子）和"下等社会"（劳动人民），分别成为"革命事业之前列"和"革命事业之中坚"。对"中等社会"，通过集结团体、组织公共机关、流动秘密书报和鼓舞进取风尚等"社会教育事业"，实施革命教育；对"下等社会"，通过"集结通俗讲演之会场"及"流通通俗演讲之文学"等方式，用新思想、新手段代替旧思想、旧手段，用新知识、新习惯代替旧知识、旧习惯，并以此破坏旧势力、旧事物，动员新势力，引导新事物。也就是说，用这种"社会教育"组织形式，进行"中国民族主义"的革命教育，把民族革命引向高潮，通过革命最后实现"最大多数之最大幸福"。

资产阶级革命派要求教育培养革命的"国民"，为中国民族革命服务。在当时的社会历史条件下，这是革命的、具有进步意义的教育观点。在革命实践中也涌现出许多"乐死不避""尽瘁义务"的战士，这在一定程度上说明了当时革命教育的成功。但是，革命派在当时所追求的"最大多数之最大幸福"，只是一些中小资产阶级和它的知识分子们的主观善良愿望。革命派因为致力于完成推翻清王朝封建统治的历史使命，更因其阶级的局限性而认识不到人民群众的伟大力量，在与改良派的论战中，较多地注重国民的革命意识、革命斗志

---

❶ 邹容. 革命军［M］//冯小琴. 革命军. 北京：华夏出版社，2002：38 - 39.

❷ 章太炎. 读"革命军"［J］. 苏报，1903（6）.

❸ 秋瑾. 中国女报发刊词［J］. 中国女报，1907（1）.

的鼓动与宣传，而忽视国民的普通知识及生产生活所需的实用技能教育。论战虽获胜，但也为封建复古主义的卷土重来留下了可乘之机。辛亥革命胜利成果的丧失，在一定程度上是因为革命过程中未能造就出众多保卫革命胜利果实的国民。

近代中国人经过艰辛的探索，逐渐认识到近代教育的出路与发展方向之一是打破封建教育的等级性及以科举为津梁通向"仕"的官私学教育培养目标，改造似一盘散沙的国民性，培养新一代的国民，以适应近代风云变幻的社会变革的需要。赖此思想基础，国民教育思潮萌生，并在 20 世纪初风行一时，蔓延兴盛。贾丰臻称："国民教育者，十九世纪以来，最流行之名词也。"❶

（三）政府的接受与调整

国民教育思潮声浪日高，渐渐引起了清政府的注意，并在清末颁布的一系列学堂章程中有所体现。1904 年清政府颁布的《奏定学堂章程》中规定，蒙养院"专为保育教导三岁以上至七岁之儿童"，以"辅助家庭教育"。❷ 初等小学堂"令凡国民七岁以上者入焉，以启其人生应有之知识，立其明伦理爱国家之根基，并调护儿童身体，令其发育为宗旨；以识字之民日多为成效"❸。高等小学堂"以培养国民之善性，扩充国民之知识，强壮国民之身体为宗旨；以童年皆知做人之正理，皆有谋生之计虑为成效"❹。

清末"新学制"颁布后，根据办学的实际情况以及社会对教育的新需求，学部对学制章程又做了补充和调整，1905 年通令设立半日学堂、平民补习学堂，专收贫寒子弟，不收学费，不拘年龄。

就目前所见资料而言，半日学堂首先设于四川泸州，办学方案明显带有传统义学的慈善、公益性特征，但其形式、内容及方法已发生变革。如主张入学对象面向贫苦家庭失学者，"这些苦人，半日去谋衣食，半日来堂听讲。或是铺家的学徒，或是卖果饼的孩子，只要专心来学，不取学钱。总要能守规矩，每日三点钟的时候来堂听讲"。教学内容及方法与私塾或义学相比，有所改

---

❶ 贾丰臻. 吾国最近教育之变相［J］. 教育杂志，1915，7（4）.

❷ 学部. 奏定蒙养院及家庭教育法章程［G］//舒新城. 中国近代教育史资料（中册）. 北京：人民教育出版社，1981：381.

❸ 学部. 奏定初等小学堂章程［G］//舒新城. 中国近代教育史资料（中册）. 北京：人民教育出版社，1981：411.

❹ 学部. 奏定高等小学堂章程［G］//舒新城. 中国近代教育史资料（中册）. 北京：人民教育出版社，1981：427.

良，"我们讲的与从前学堂不同，不专求背诵。先与他讲些圣训，使他知道孝悌，然后讲些字义，讲些算法，讲些为人处世的道理，讲些现在中国的大势。要使这些人，个个都晓得中国的事情，个个都成为好人，都务正业。列位，这便是衣食的根本了"。办学的缘由旨在使贫寒家庭子弟将来都能成为社会有用的人，"这中国的人，无一个不是有用的人，我们中国看看就要强来"❶。

1905 年，湖南巡抚端方以普及教育为当务之急，竭力振兴学务，除了酌拨地方公款及一切演戏赛会无益之费以助经费，改良私塾，劝办初等小学堂之外，还饬令多立半日学堂，"其法以午前、午后为界，将学生分为二班，以一班午前来学，以一班午后来学，更番教授，减经费而省教员，一堂可收二堂之益"。兴办此类学堂的主要职责在地方士绅，并充分调动乡民办学的热情与积极性，奖惩分明，以督促评估起组织保障作用，达到化民成俗、提高国民素质的成效。"一切学堂饬由绅士自行筹办，教育责任更所难辞。务当设法开导，广为劝办，上以副朝廷育才之意，下以慰乡人向学之心。其有慨捐巨资、创办学堂或实心任事、功在学务者，本部院敬当奏请优奖或特赠匾联，以示奖励。倘有劣绅巨痞有意阻挠，亦必从严惩治，决不姑宽。务使人人知读书，处处有学堂，文教大兴，风俗丕变，本部院有厚望焉。"❷

由地方兴学转化为政府行为，加以实施，通令全国推行，在清代是通过奏稿、奏议的途径实现的。1905 年，给事中刘学谦呈《奏设半日学堂折》，其主张最为典型有效。

> 各省设立学堂，能入学者多系富家子弟，其贫寒子弟急待谋生者大半难得入学。拟请饬下各将军督抚，谕令各州县广筹经费，立半日学堂，专收贫寒子弟。不取学费，不拘年岁，使之无所籍口、无所畏难。延请教习，勤为讲解，俾略识道理，渐能养成人格，似于风俗大有裨益。且此项学堂愈多愈善，无论城乡，每二三百家即应设一处，庶向学者众，教育可普及。❸

因此，次年 1 月，学部咨文同意刘学谦奏请内容，内称："查兴学宗旨以教育普及为第一要义，而半日学堂之设，所以为贫寒子弟设计者尤备。"❹

---

❶　佚名. 光绪三十年（1904）四川泸州半日学堂招生广告 [J]. 四川官报. 1904（29）：1.

❷❸❹　刘学谦. 奏设半日学堂片 [G] //朱有瓛. 中国近代学制史料（第二辑·上册）. 上海：华东师范大学出版社，1987：367.

与半日学堂性质相似的教育机构为简易识字学塾。这类教育机构，专为年长失学的人而设，是成人补习教育的开始。1909 年，清政府颁布《简易识字学塾章程》，规定设立简易识字学塾，"欲以辅小学教育之不及，而期以无人不学为归"。简易识字学塾的办学组织形式有两类：其一为在经费比较充裕的官立、公立及私立各项学堂内附设机构；其二为租借祠庙及各项公所，另行开办，但经费务须节省，图书设备不必求备，所聘用的从教师资不必条件苛刻，其从教的资格只需文理通顺，有普通知识及能力素养即可委任。这样便可克服新教育实施中普遍遇到的"经费难筹，教员缺乏"之困惑。为了年长失学者，尤其是在职人员就学便利，在学制及管理方面有所调整："其毕业年限定为三年以下，一年以上，其授课时间定为每日三时或二时，庶贫寒无力入学之子弟及年长失学之人，皆可节缩其操作之光阴，以从事于修业，庶无就学困难之弊。"❶

辛亥革命后，袁世凯假国民教育为复辟帝制服务。1915 年 1 月 1 日，袁世凯申令注重国民教育，谓"兴学为立国要图……使中华民族为大仁大智大勇之国民，则必于忠孝节义植其基，于智识技能求其缺"，令教育部切实筹办义务教育。❷ 同年 7 月 31 日，教育部公布《国民学校令》《高等小学校令》，将初等小学改为四年制的"国民学校"，废止民国元年南京临时政府教育部颁行的《小学校令》中关于初等小学、高等小学各条。国民教育的主要内容是"忠孝节义"，把读经讲经重新列为国民学校、高等小学校的必修科目。步袁世凯之后尘，各新旧军阀不时高呼"国民教育""义务教育""普及教育""成人教育""社会教育""民众教育"等漂亮的口号，以收买人心，虽也曾颁布一些章程，但由于北洋军阀统治下的中国政治腐败、经济凋敝，故常流于形式，要实现这些规章的目标和预设，无异幻想。

三、普及教育与义务教育

清末民初，有时将国民教育与"义务教育""普及教育"并称，在政府的文告及方针政策中尤为多见，故在此专门论及。

（一）康有为、梁启超的设想

1898 年，康有为接连奏呈《请开学校折》和《请饬各省改书院淫祠为学

---

❶ 学部. 奏拟简易识字学堂章程折 [G] //陈学恂. 中国近代教育史教学参考资料（上册）. 北京：人民教育出版社，1986：751 – 752.

❷《教育杂志》1915 年第 7 卷第 1 号（记事·大事记："大总统申令注重国民教育"）.

堂折》，提出远法德国、近采日本，以定学制，实施普及义务教育。从这两篇奏折的内容来分析，后者更为翔实、深刻，所论观点在前文的基础上更显递进与丰富。

上法三代，旁采泰西，责令民人子弟，年至六岁者，皆必入小学读书。而教之以图算、器艺、语言文字，其不入学者，责其父母。若此则人人知学，学堂遍地。非独教化易成，士人之才众多，亦且风气遍开，农工商兵之学亦盛。❶

在《请开学校折》中，康有为认为小学教育不仅是国民应受教育的基础与根本，而且是学制系统的奠基与发端。

令乡皆立小学，限举国之民，自七岁以上必入之，教以文史、算术、舆地、物理、歌乐，八年而卒业。其不入学者，罚其父母。县立中学，十四岁而入，增教诸科尤深，兼各国文，务为应用之学。其初等科二年，高等科二年；初等二年者，中学必应卒业者也。自是而入专门学者听之。专门者，凡农商、矿林、机器、工程、驾驶，凡人间一事一艺者，皆有学，皆为专门也。凡中学专门学卒业者，皆可入大学。❷

他还进一步提出传统教育转型、改造及近代新教育与旧教育的承续、利用关系，同时涉及教育资源及资金的解决对策。

各直省及府州县，咸有书院，多者十数所，少者一二所，其民间亦有公立书院、义学、社学、学塾，皆有师生，皆有经费。惜所课皆八股试帖之业，所延多庸陋之师，或拥席不讲，坐受脩脯者，其省会间有及考据词章之学者，天下数所而已，师徒万千，日相率为无用之学，故经费虽少，虚縻则多。今既罢弃八股，而大学堂经济常科，皆须小学、中学之升擢，而中学、小学直省无之，莫若因省府州县乡邑，公私现有之书院、义学、社学、学塾，皆改为兼习中西之学校，省会之大书院为高等学，府州县之书院为中等学，义学、社学为小学。

请旨先电饬各直省督抚，督率道府州县，各将所属书院、义学、社

<hr />

❶ 汤志钧，陈祖恩. 中国近代教育史资料汇编·戊戌时期教育 [M]. 上海：上海教育出版社，2007：115.

❷ 陈学恂. 中国近代教育文选 [M]. 北京：人民教育出版社，1983：108.

学、学塾处所多少，教习人才高下，经费数目，限两月内报明。各书院、义学，皆本有经费，但有明诏，改变章程，别延教习，因其已成之基，转移间而直省郡邑僻壤穷乡，祈祈学子，千数百万，皆知通经史而讲时务矣。事之效顺，未有逾此。❶

梁启超也非常重视普及义务教育，在1902年5月22日发表的《教育政策私议》一文中，对义务教育论述精当、措施具体。他专门绘制了"教育期区分表（儿童身心发达表）""教育制度表"并依序安排，意在以学生年龄阶段身心发展共性表现特点作为科学界定教育层阶、学制设计的依据，两者之间起到互相对应、融通对照的作用。他依据学生相应学龄段的身心特征，把教育分成四个阶段：五岁以下为幼儿期，受家庭教育或幼稚园教育；六岁至十三岁为儿童期，受小学教育；十四岁至二十一岁为少年期，受中学教育或相当的师范教育及各种实业教育；二十一岁至二十五岁为成人期，受大学教育。其中第二阶段为小学教育，既是前一阶段的延续和提升，又是后一阶段的前提或准备。这使得义务教育具有教育制度及科学实证的依托。

（二）清末民初政府的态度

1. 清政府

清政府迫于时局压力，也提倡义务教育。这在"壬寅学制"与"癸卯学制"中有明确反映。1906—1907年，学部制定了清末实施义务教育的第一个正式法令——《学部咨行各省强迫教育章程》十条。其内容为：广设劝学所；各省城须设蒙学一百处，学额以五千名为率；各府州县须设蒙学四十处，学额以两千名为率；各村须设蒙学一处，学额以四十名为率，如零星小村各数村为一处即可；幼童七岁须入学；凡有绅董热心提倡多设学堂者，分别给奖；幼童及岁不入学者，罪其父兄；以学堂之多寡，立劝学员之功过；各府厅州县长官不认真督率办理，徒以敷衍了事者，查实议处；各学设立后，每两年由提学使考验一次。❷

章程内容清晰、简洁，却含有丰富的信息，对学堂数量、组织方法、监督管理乃至考评奖惩均有明细规定。章程公布后，主持学务者提倡于上，热心教

---

❶ 汤志钧，陈祖恩. 中国近代教育史资料汇编·戊戌时期教育［M］. 上海：上海教育出版社，2007：113 – 114.

❷ 朱有瓛. 中国近代学制史料（第二辑·上册）［M］. 上海：华东师范大学出版社，1987：372.

育者鼓吹于下，复与立宪运动相结合，形成一种舆论。普及教育、义务教育成了清末宪政的有机组成部分，有关规定甚多。如 1910 年 12 月 26 日，学部《奏复陈普及教育最要次要办法折》首次设计了预备立宪背景下，义务教育的程序及相关措施。1911 年 1 月 26 日，学部《奏酌拟改订筹备教育事宜折》提出应办事项有：改正部颁小学堂教科书，拟订国库补助小学经费章程，拟订试办义务教育章程，扩充初级师范，规定小学各项经费程式，拟订单级教授办法，扩充初等教育辅助机关（改良私塾、宣讲所、半日学堂、简易识字学塾），拟订小学教员优待任免俸给各项章程等，养成临时教员并拟订章程，颁布初级师范、女子师范教科书等二十七条款。❶ 从所列举的事项来看，清政府对于普及教育的谋划已深入教育、教学内部的要素、结构关系以及系统保障机制，真可谓殚思竭虑，也是清末宪政之于教育的一种"回光返照"，近乎黄昏夕阳的绚丽景观。清政府提倡普及教育、义务教育，虽是为了利于维护封建专制统治，且许多规章流于形式，未能付诸施行，但对民初教育在背景及资源等方面有重大影响。

2. 民国初期政府

民初学制法令规定："初等小学校四年毕业，为义务教育，毕业后得入高等小学校或实业学校。"❷ 1913 年 10 月，教育部就强迫教育发布规章：民国政府已经成立一年有余，民主共和政体的贯彻与真正确立，端赖教育。因此，为了谋求教育普及而巩固国体，非推行强迫教育不可，具体措施有六条：各属知事将管辖地点分配村乡镇；调查属内村镇相距若干里及村镇户口数目，以便比较；各县各村乡镇派学董若干，以专责成；确定儿童当入学之年，八岁一律入学，违者重罚其父兄，并处罚学董；此项经费由各村乡镇人民担任，不得挪用该属内已筹定之学款；各县暂设女学一二所。俟此项实行一学期后，再行扩充。❸ 1914 年 2 月 19 日，教育部发布筹办普及教育训令，指出：初等小学为义务教育，以普及为旨归，要求办学以实事求是和节俭为原则。为达普及教育

❶ ［日］多贺秋五郎. 近代中国教育史资料（清末编）［M］. 台北：文海出版有限公司，1976：684.

❷ 教育部. 公布学校系统令［G］//陈学恂. 中国近代教育史教学参考资料（中册）. 北京：人民教育出版社，1987：186.

❸ 李桂林，戚铭琇，钱曼倩. 中国近代教育史资料汇编·普通教育［M］. 上海：上海教育出版社，1995：460.

之目的，在办初等小学的同时，应举办半日制学校，发展校外教育。❶ 1914 年
12 月，教育部在《整理教育方案草案》中明示义务教育年限，使地方知建学
为对于国家之责任，具体内容如下。

> 教育子弟，父兄事也，国家何以必以权力干涉之，且使地方团体负担
> 之？盖自国家主义盛行，以民力之厚薄为国力强弱之比例差；国有一人不
> 学，则失一人之用，故国家恒视就学儿童为国家之一分子，蕲有以浚发起
> 智德，以张内治而御外侮。德败于法，厉行强迫教育而国强；法亦如之，
> 故经败衄而终振。征诸世界各邦，必以国家能履行义务教育而后称为有教
> 育之国，其通例也。故欲国家主义之贯彻，非可求诸私塾，必在乎公共教
> 育；而公共教育又非必悉需国帑经营也，恒以地方团体担负之。盖国家者
> 集合各地方而成，国家事业合官治自治二者而成，人民向学为国家第一之
> 生命，则各地方岂宜漠视？故各国小学经费，居自治费之大半；日本地方
> 学事通例暨小学校令，一则曰应办之国家教育事务，再则曰执行国家之教
> 育事务；是地方兴学，实既负法律上不可逭之责任矣。吾国兴学已十余
> 年，尚无义务教育之规定；民国元年教育部所定学校系统，虽称小学校四
> 年为义务教育，然究未以命令特别颁布，不足耸动全国之视听，以故人民
> 视学务为官吏考成，上作而下不应；即有应者亦多视为慈善事业，不知对
> 于国家负有何等之责任；教育凝滞，此为一大原因。故宣示义务教育年
> 限，为今日第一之亟务。此项拟请大总统以命令明白宣示，确定初等小学
> 四年为义务教育，再由部拟订地方学事通则通饬办理。❷

很显然，这里着重从国家主义教育学说论述义务教育与国家、民族稳定及
繁荣的关系：一方面，要求地方、群体及个人通过施行义务教育对国家尽责；
另一方面，国家也应投入义务教育，为其实施并取得实效而给予应有的服务及
保障。但在这两者责任的分担上，上述文字明示应由地方及个人投入更多的资
源及成本，这或许表明了义务教育在其早期发展阶段的特点。

1915 年 5 月 2 日，教育部呈《义务教育施行程序》三十一条，主张"筹
备义务教育端绪纷繁，固须急起直追，尤须循序渐进。当着手之初，要在督促

---

❶ 《教育杂志》1915 年第 7 卷第 6 号（记事·大事记）.
❷ 朱有瓛. 中国近代学制史料（第三辑·上册）[M]. 上海：华东师范大学出版社，1990：
30 - 31.

地方兴学，学龄儿童人人有就学之地"。其中，规划义务教育分两期办理：第一期颁布各项规程暨调查各地教育状况，规定义务教育根本要则为办学准绳，查核义务教育最近状况为整理根据。第二期拟办事项，分地方及中央两部分：地方者为师资之培养，经费之筹集，学校之推广；中央者为核定各地呈报之办法，并统筹全国义务教育进行之年限。这两期的前后关系是筹备过渡到具体设施，并预设效果谓："循是以图，计日并进，庶几国民教育可以逐渐普及。"❶

辛亥革命后的教育改革是有时代进步意义的。但由于革命的不彻底性，不久胜利果实被袁世凯窃取。起初袁世凯伪装拥护共和，教育仍由蔡元培主持，所以一时仍然保有南京临时政府时期改革封建传统教育的革命精神，关于普及教育、义务教育的法令曾在教育实践中一度施行。1915 年，袁世凯撕下伪装的面具，加紧专制独裁、复辟帝制的活动，有关教育的规章自然也为其复辟政治需要服务，所谓"义务教育""普及教育"也只是空洞的口号，有关规定或被歪曲篡改或流于形式。1916 年"洪宪"帝制失败后，五四运动汹涌澎湃，在错综复杂的历史背景下，"义务教育"及"国民教育"内涵有所变化，并朝不同方向发展。早期共产主义知识分子领导下的平民教育、工农教育与根据地的普及教育、群众教育成为发展趋势。

（三）学界的反响

继康、梁之后，较有影响的个人提倡者为贾丰臻、陆尔奎。

贾丰臻提出，国民教育乃义务教育，谓国民之受教育如纳税当兵之不得免除者也。陆尔奎于 1909 年撰有《论普及教育宜先注重宣讲》一文，认为中国的传统教育是偏重于"人才教育"，旨在培养少数为封建统治者服务的"人才"；国民教育则不是，它是"普及教育"，其目的在于培养全国人民具有"统同齐一"的国家思想，认识到"本国立国之宗旨"。所以，"国民教育，视人才教育为重，无一人不为国，即无人不当受国民之教育"❷。陆氏的论述与梁启超的国民教育思想一致，蕴含国家主义教育主张。他对国民教育的特征、内涵及外延从理论上做了概括，颇有独到之处。

上述可见，"普及教育""义务教育"侧重教育权限，与国民教育的内涵大致一致，或者说只是国民教育的具体化或实施的途径与方式而已。从这一角

---

❶ 《教育杂志》1915 年第 7 卷第 6 号（记事·大事记）.

❷ 《教育杂志》1909 年第 1 卷第 1 期.

度说，"义务教育"及"普及教育"应是国民教育思潮的组成部分。

第二节　国民教育思潮的新发展及渐趋低落

袁世凯是"历史上起过重大作用的人物，由于他身居要职，拥有权力，处在发号施令的关键地位，往往能左右事态的发展，影响历史的命运"❶。袁世凯窃取胜利果实以后，利用国民教育思潮、军国民教育思潮为自己的专制独裁与复辟帝制的政治目的服务。同时，国内外形势有了新的挑战，在这种背景下，国民教育思潮有了新的变化。

一、尊孔读经逆流下的国民教育

1913 年 6 月 2 日，袁世凯发布《注重德育整饬学风令》，称：

> 国于天地，必有与立，治乱之源、文野之判，觇国者一视乎教育程度以别等差。环球各国，各有所以立国之故；国体有专制共和之分，而教育本原，首重道德，古今中外，殆有同规。前清末造，学风之衰，论者多归咎于利禄为诱，无异科举，以故奖励争优，学年求短，恶习濡染，人不自知。民国建造，百度维新，本大总统深维治国大纲，必以教育全国人民合于共和资格，为凡百建设之本，视之至重，故责之弥严。

在做了这番高调言辞之后，他又称当时的学校"其管理认真日有起色者实不多见，大都敷衍荒嬉，日趋放任，甚至托于自由平等之说，侮慢师长，蔑弃学规"，据此应训诫各校教职员学生须知："共和国体必养成人民优美高尚之风，而后自由平等，方能以法律为范围；况学生在校最重服从，讵可任其嚣张败坏规则？"他提出对学生的思想行为严加限制，不许学校倡导自由、平等、民主等进步主张，"著教育部行知京师各学校校长，并督饬各省教育司长，凡关于教育行政——以整齐严肃为主"。对于不守学规的学生，应随时斥退。❷

同年 10 月 14 日，《天坛宪法草案》经起草委员会通过，其第十九条规定：

---

❶ 戴逸. 袁世凯评传·序 [M]. 郑州：河南人民出版社，1990：3.

❷《教育杂志》1913 年第 5 卷第 4 号.

"国民教育以孔子之道为修身大本。"❶ 1914 年 4 月 2 日，袁世凯颁发《维持学校令》，对学生参加民主革命运动大加指责，认为十余年来，学校教育"于锻炼气质，尊重道德之精神教育，非徒玩弛，甚或背驰，身在学令，妄干政治，徒贻平等自由之余唾，堕失爱亲敬长之良知"❷。

接着，刚刚受任教育总长的汤化龙于同年 5 月在《上大总统言教育书》中认为："立同之道，必有其本，断非剿取他邦文物所能为功"；"比年以来，吾国教育界所最滋物议者，靡不曰：道德堕落，少年徒呈意气，无以为之准绳"；考诸教育文化历史，"孔子为人伦师表，历代均致尊崇"；"深维孔子之道，最切于伦常日用，为举国所敬仰，其言行多散见于群经。"因此，他提出以"孔子之道""正人心而扶国本"❸。袁世凯对汤化龙的主张大加赞赏，视为"卓识伟论"，并让教育部按此办法立即修订修身、国文教材。于是，教育部在 6 月发出《饬京内外各学校中小学修身及国文教科书采取经训务以孔子之言为旨归文》，指出：

> 深维国民教育与国民特性之关系，不能不以数千年所奉为人伦师表者为道德之准绳。嗣后各书坊各学校教员等编纂修身及国文教科书，采取经训务以孔子之言为旨归，即或兼及他家亦必择与孔子同源之说。从前业经审定发行之本，如有违背斯文或漏未列入者，并即妥慎改订呈部审查，以重教育。各该中小学教员讲解修身或国文时，间有征引孔子言行之处并各依于生徒年龄程度循序渐进，更端指导，务令深浅各有所得。❹

袁世凯于 1915 年 1 月 22 日及 2 月间以大总统的名义相继颁布了《特定教育纲要》和《颁定教育要旨》，作为复辟封建主义教育的政策纲领。其中，他说了些重视国民教育的漂亮话，如在《颁定教育要旨》中写道："凡一国之盛衰强弱，视民德、民智、民力之进退为衡；而欲此三者程度日增，则必注重于国民教育"；"顾念治国犹治家，然家虽贫，子孙愈不可以不读书，国虽弱，

❶ 陈学恂. 中国近现代教育大事记［M］. 上海：上海教育出版社，1981：247.
❷ 《教育杂志》1914 年 7 月第 6 卷第 1 号.
❸ 陈学恂. 中国近现代教育史教学参考资料（中册）［M］. 北京：人民教育出版社，1987：202 – 203.
❹ 陈学恂. 中国近现代教育史教学参考资料（中册）［M］. 北京：人民教育出版社，1987：204 – 205.

人民愈不可以不求学。"❶ 他又将国民教育与义务教育并称,并初步提出实施的路向或举措。

这一番议论并不能掩盖其复辟封建主义的真面目。《特定教育纲要》中的思想与《颁定教育要旨》的内容几若一脉相承,尤其是将国民教育作义务教育的形式载体,通过国民学校的组织机构来具体贯彻落实理念形态的观点主张。虽然将以升学教育为主线的单轨制变为升学与就业过早分化的双轨制❷,会被人诟责为教育中的等级性,却也有在普通教育中尽早实施职业教育的取向。中国普通教育体制采日本单一轨道,小学只有一种,难以普遍满足只求识字的平民子弟与深造的富有阶层子弟,无论从需求现实的差异,还是从教育实际安排均有冲突、抵触之处。如施行义务教育以后,小学难以遍求完善,必因此横生阻力。因此,应按法德两国学制模型加以调整,分小学为两种:国民学校,即现在之初等小学,分为多级、单级、半日各种,四年毕业,为纯受义务教育者而设,办理可从简便;预备学校,与初小相似,四年毕业,为志在升学者而设,办理须求完备,较之现行单一制颇为便利。❸

《特定教育纲要》中强调国民教育贯穿"尊孔尚孟"之大义,崇尚"性理""陆王"之学❹,规定:包括国民学校在内的中小学"均加读经一科,按照经书及学校程度分别讲读,由教育部编入课程,并妥拟讲读之法,通咨京外转饬施行"❺。同一章中还对中小学读经课程的编制及计划安排均有所规定,并就其内容的采用、教材的使用或选编以及教学组织方法等均有说明,其中关

---

❶ 袁世凯. 颁定教育要旨 [G] //陈学恂. 中国近代教育史教学参考资料(中册). 北京:人民教育出版社,1987:233.

❷ 双轨制:一种学校制度类型,与"单轨制"相对。19 世纪资本主义国家在普及义务教育的时候,存在这种学校制度类型。以法国、英国、德国的学校为代表,设有两套学校体系,一套为学校贵族和资产阶级子女设立,从小学、中学直到大学;另一套为劳动人民子女设立,小学毕业后只能升入各种职业学校,不能升入普通中学和大学。前者师资设备等条件优越,学费昂贵,教学质量较高;后者师资设备条件差,经费不足,教学质量低。两套学校体系形同双轨,互不沟通,教育史上称为双轨制。20 世纪 40 年代以来,在"民主化"和"现代化"的口号下,教育制度有所改革,延长了普及教育年限。双轨制有所改变,小学阶段已经统一起来,中学阶段则按能力分流。教育大辞典 [M]. 上海:上海教育出版社,1990:76 – 77.

❸ 陈学恂. 中国近现代教育史教学参考资料(中册)[M]. 北京:人民教育出版社,1987:224.

❹ 陈学恂. 中国近现代教育史教学参考资料(中册)[M]. 北京:人民教育出版社,1987:225 – 226.

❺ 袁世凯. 特定教育纲要 [G] //陈学恂. 中国近代教育史教学参考资料(中册). 北京:人民教育出版社,1987:227 – 228.

于读经科内容的分年级衔接及与他科比例权重关系的思考至为深刻。

各学校应读之经如下：

小学校：初等小学，《孟子》；高等小学，《论语》。

说明：按小学课程，向有修身一科以教德行。惟为教授及训练时间所限，教科书不能多编课目，实际不能收德育之效。《论语》《孟子》，于家庭社会国家之道德行为无不具备。故国民小学，应于修身一科外，另设读经一科以补其不足。惟经义深奥，《论语》又较《孟子》义稍深。初等小学学生在七八岁时，颇难理解，应在第三四学年讲读《孟子》，其年龄在九岁以上者，仍应于第一二学年讲读，由教育部规定二种课程，听各地方酌量情形办理。高等小学学生，知识稍增，自第一学年起，即读《论语》。但各校不得借口读经，锐减各科教授时刻。现在小学校因课程时间少，颇失社会信用，既加读经一科，可将他科时间略减，而另加读经时刻。其读经时刻多少，以毕业时读完《论语》《孟子》两书为准。

中学校：《礼记》，节读，如《曲礼》《少仪》《大学》《中庸》《儒行》《礼运》《檀弓》等篇，必须选读，余由教育部选定；《左氏春秋》，节读，其读经时刻多少，如上同一规定。

说明：按中小学读经一事，久为今时新旧学者主张之争点；以儿童心理及教材排列与夫道德实用而论，经书诚有不能原本逐读之理由。但为道德教育计，为保存民族立国精神计，经书亦有宜读之理由。现在删经编经之事既不能行，惟有仿照外国宗教科办法，列为专科。《论语》《孟子》，仍读原本。《礼记》《左传》，可从节读。其讲授之法，亦应参考外国教授宗教之法，曲为解释，以期与现今事实上不生冲突，而数千年固有道德之良将及沦丧之时，要可借此重与发明，以维持于不敝。应由教育部妥拟教授读经之法，总期得教德与保存民族精神之益，而救济以上所指之困难，以免徒增赘疣，毫无实益。

中小学校国文教科书除编订者外，应读《国语》《国策》，并选读《尚书》，以期养成政治知识。

说明：处今列强竞争之世界，为国民者，不可不具政治之智识，尤不可不具通权达变之政治思想。中小学国文一科，实为输入此种知识之捷径。《尚书》《国语》《国策》，不特文词古朴精微，可为文范；而经权正诡，无所不具，尤足发达思想。应由教育部通饬中小学校于编定国文教科书外，多读《国语》《国策》，并选读《尚书》。中学以上，并应于每日学科之暇，多阅史鉴，以增其政治之知识。所谓良教育，系造成有机的国民，非造就器械的国民也。❶

袁世凯在其他场合亦屡次三番地申令注重国民教育，并将以孔孟为代表的儒家伦理道德教条编入国民学校教材。❷ 1915 年 7 月 31 日，教育部公布《国民学校令》，将初等小学校改为国民学校，分为区立（公立）国民学校、私立国民学校两类，办学宗旨为："施行国家根本教育，以注意儿童身心之发育，施以适当之陶冶，并授以国民道德之基础及国民生活所必须之普通知识技能。"把读经重新列为国民学校的必修科目，与修身、国文、算术、手工图画、唱歌、体操、缝纫（女子加科）并列，位于修身之后，列第二位，并作为不可或缺的科目在课程计划中安排。"遇不得已时，可暂缺手工、图画、唱歌之一科目或数科目"；"国民学校之教科目，除修身、读经、国文、算术外，其他科目有因儿童体质所不能学习者，得免其学习。"❸ 教育部教科书编纂处相应地改订了教科书编纂纲要，在次年 4 月 28 日公布的有关规章中做出了明晰的陈述。如"国民学校、高等小学校、预备学校、中学校、师范学校教科用图书，须经教育部审定"；上述教科书"得以教员用、学生用二种禀请审查"；教育部认为应加以修改的图书，"签示要点于该图书上，发行人应遵照修正，印成后再行呈验核定"；已经通过审定的各科教科书，每册书面准载明"经教育部审定"字样，并须标示"教员用、学生用"的相应符号。❹ 教育部也曾屡次发文强调国民教育，并要求"采取经史、编入课本""阐扬效忠之精义，勒成专书"及通过编撰歌曲、制作图画等方法，宣扬孔孟之道，"总期于忠孝之教，节义之端，传诸民间，布在学校"❺。一些民间组织亦步亦趋，随声附和。如 1916 年 4 月，林传甲发起组织蒙古教育研究会。会章提出："本会以调查内外蒙古状况，俾合于国民教育共同进行，以养成大仁、大智、大勇国

---

❶ 陈学恂. 中国近现代教育史教学参考资料（中册）［M］. 北京：人民教育出版社，1987：227 - 228.

❷《教育杂志》1915 年第 7 卷第 1 - 2 号.

❸ 教育部. 国民学校令［G］//陈学恂. 中国近代教育史教学参考资料（中册）. 北京：人民教育出版社，1987：248 - 249.

❹ 教育部. 工部修正审定教科书规程草案［G］//中国第二历史档案馆. 中华民国史档案资料汇编（第三辑·教育）. 南京：江苏古籍出版社，1991：881.

❺《教育杂志》1915 年第 7 卷第 2 号；1916 年第 8 卷第 1 号.

民为宗旨。"❶

综上所述，袁世凯篡位后，配合政治上复辟倒退的步伐，在文化教育上掀起一股尊孔读经的逆流，并利用国民教育作为宣扬尊孔读经的重要手段和有效途径。

二、义务教育运动的掀起

民国以后出现义务教育运动，但有相当部分流于形式，实施效果不尽如人意。

（一）民初法制层面的义务教育

1912 年 9 月 3 日，教育部颁布学制系统，在学制中规定："初等小学校四年毕业，为义务教育，毕业后得入高等小学校或实业学校。"❷

学制中的条文是学校办学具体实施的依据及制度保障，如欲进一步成为全民的共识、社会的制度组织，还须提升法律地位。1913 年 7 月，范源濂于《中华教育界》发表专文，议论义务教育当规定于宪法的个中缘由，认为：义务教育规定于宪法，人民公私家国之观念才能革新。❸ 义务教育规定于宪法，才能增强教育通过法律途径的实施力量。❹ 范源濂是清末民初重要的教育行政人员、著名教育家，上文应作于他首任教育总长期间，国民教育或义务教育为其注目的热点，对义务教育的价值、功用阐释大体从国家主义教育、教育法学及中外比较教育的立场进行了揭示，颇为深刻，从其理论建设而言，实为当时至论妙语。因其地位角色的身份光环，所产生的社会效应积极而广泛。

（二）袁氏复辟帝制时期对义务教育的规章设计

前述尊孔读经逆流下的国民教育由于规划读经及教育等级制而受到不应有的篡改，这更多是从价值伦理或内容取向上的修正。而此后袁氏统辖下教育部对义务教育运动的途径方式问题加以设想，或许更多缘于工具理性的技术线路，带有操作的针对性及有效性意蕴。

1915 年 1 月 1 日，袁世凯颁布《颁定教育要旨》，指出：

---

❶ 《中华教育界》1916 年第 5 卷第 4 期.

❷ 教育部. 公布学校系统令［G］//陈学恂. 中国近代教育史教学参考资料（中册）. 北京：人民教育出版社，1987：186.

❸ 范源濂. 论义务教育当规定于宪法（节录）［G］//陈学恂. 中国近代教育史教学参考资料（中册）. 北京：人民教育出版社，1987：342 - 343.

❹ 范源濂. 论义务教育当规定于宪法（节录）［G］//陈学恂. 中国近代教育史教学参考资料（中册）. 北京：人民教育出版社，1987：342.

文明各邦皆厉行义务教育制度，其学区分配，即就各区内学龄儿童人数分担其延师设学之赀。吾国亦定初等小学四年为义务教育年限，但国民罕知义务，往往放弃其青年可贵之光阴。今将以教育普及为期，必使人人有自治之精神，而去其依赖之性质。即私家学塾，但能合乎教授管理之法，亦当与各学校受同一之制裁。而入手办法则有二端：师范者中小学所以出，宜极力整顿以造就良师；课本者各学校所通行，宜从速编订以划一学制。著教育部切实筹办，并将义务教育原理分投演说；俟物力稍有余裕，即将各级学校依次扩充。❶

此处对义务教育的实施途径及措施方式等做了更为务实的设计，并且紧扣义务教育中的核心问题——经费与师资，应该说是抓住了其中的锁钥，更具操作意义。

1月22日颁布的《特定教育纲要》规定："施行义务教育，宜规划分年筹备办法。务使克期成功，以谋教育之普及。"❷ 同年5月2日，教育总长汤化龙按袁世凯的指示，拟定了《义务教育施行程序》："化龙率同部员详细讨论，体察本国情形，参酌列邦学制，拟订《义务教育施行程序》三十一条，内分二期办理。第一期拟办事项，为颁布各项规程暨调查各地教育现状。一以规定义务教育根本之要则，为办学之准绳；一以察核义务教育最近之状况，为整理之根据。第二期拟办事项，约分地方及中央两部分。关于地方者，为师资之培养，经费之筹集，学校之推广。关于中央者，为核定各地陈报之办法，并统筹全国义务教育进行之程限。要之第一期主在筹备，第二期重在设施。循是以图，计日并进，庶几国民教育可以逐渐普及。"❸ 中国地域辽阔，各地民俗风情、产业经济结构及物力水平均有极大差异，而义务教育在中国从提倡至民初，也就三十余年的时间，其间内容之繁杂、矛盾之尖锐、涉事之纠葛，真可谓乱麻一团。因此，对之加以依序设计，分段施行，应是理性而明智的。但从规划素材来说，确实尚处粗线条的描画或轮廓的显现。在军阀混战、倾轧纷争频繁的时期，这种计划也难说有多大实效。

---

❶ 陈学恂. 中国近代教育史教学参考资料（中册）[M]. 北京：人民教育出版社，1987：234.
❷ 陈学恂. 中国近代教育史教学参考资料（中册）[M]. 北京：人民教育出版社，1987：222.
❸ 教育部. 呈义务教育施行程序 [G] //朱有瓛. 中国近代学制史料（第三辑·上册）. 上海：华东师范大学出版社，1990：324.

（三）全国教育会联合会的讨论议案

全国教育会联合会是民国初期的著名教育社团，发起人为沈恩孚、黄炎培、经亨颐等。该会是由各省教育会及特别行政区教育会推派代表组成的全国性民间教育组织。早在1914年，直隶教育会函至各省教育会，认为"民国成立，倏已三年，教育一途，日形萎缩，固由国家财力支绌，亦由国民矢责不专"❶。浙江等省函商召开全国教育会联合会，经呈请教育部批示，1915年全国教育会联合会得以建立。联合会由各省教育会及特别行政区域教育会组成，以体察国内教育状况，并应世界趋势，讨论全国教育事宜，共同进行为宗旨。❷ 历届年会所讨论议决的提案，多为当时国内教育界重要而迫切的问题，如有关职业教育、修改学制、义务教育、社会教育、推广白话文及拼音字母等。以下是该社团自成立以来至1926年终止会务活动为止，历届会议关于小学、初等教育、义务教育的议案内容。

1915年4月，第一届全国教育会联合会议决案中相关议案共有四份：《请将义务教育列入宪法案》，《小学教育注意要项案》，《各学校宜利用日曜日讲演道德激励人心案》，《征集义务教育意见案》。除了第一项议案外，其余三项均属学会上下层阶隶属关系内通告实行的文体及任务布置属性。第二、第三两项议案是初等教育机构校内管理、组织的调整，教学要素的改进以图教学效果提升以及校外社会实践活动的开展等相关内容的设计，此处不赘述。第一项议案内容丰富，论题意义积极，在对范源濂有关论点加以承续及揭示的基础之上，又做了丰富而深入的拓展。其就宪法法学地位与义务教育关系，义务教育与专业教育个性特色及实践方略等方面所做讨论，尤为精辟。❸ 在上述立论基础之上，对主体思想加以总结的同时，更寄期望于列入宪法章程之中的义务教育稳健发展。

> 具此数理由，则义务教育应定之于宪法中，已瞻然无疑义。今贵会会议开幕伊始，制定宪法，诚属千载一时。果为吾国民义务教育计，尤宜于

❶ 直隶教育会. 致各省教育会公函［G］//朱有瓛. 中国近代教育史资料汇编·教育行政机构及团体. 上海：上海教育出版社，1993：198.

❷ 全国教育会联合会. 全国教育会联合会章程［G］//朱有瓛. 中国近代教育史资料汇编·教育行政机构及团体. 上海：上海教育出版社，1993：199.

❸ 全国教育会联合会. 请将义务教育列入宪法案（陈请宪法起草会及国民会议）［G］//李桂林，戚铭琇，钱曼倩. 中国近代教育史资料汇编·普通教育. 上海：上海教育出版社，1995：498.

宪法内规定条文，以垂为共守之常典。巩固教育之基础，即以发挥共和之精神。敷教兴邦，莫要于是。❶

第四项议案《征集义务教育意见案》主要是对义务教育推行过程中的具体问题征求解答路径，为此，要求各地教育会"察酌本地情形，通筹全国大计，各抒所见，于三个月内径行陈达教育部，以备采择"。从中得知，全国教育会联合会虽是民间教育团体，但确有传导或联结教育政府部门的枢纽作用，扮演了上传下达、地方反馈与政府调整以及研究者与政策制定者之间的协调均衡角色。那么，义务教育实践中亟待解答或先行处理的事项有哪些呢？

1. 义务教育经费之担任应如何规定？
2. 督促就学办法应如何规定？
3. 就学私塾者可否于规定范围内，认为是义务教育？
4. 学区之分划应如何规定？
5. 学龄儿童之调查如何乃不扰累？
6. 养成教员之计划如何乃可实行？
7. 分年筹备之进行如何乃为妥善？
8. 其他与义务教育关系事项为商榷时所见及者。❷

这里所拟列的义务教育经费分担、私塾办学形式如何转轨及评定、学区的划分、学龄儿童的调查及劝学方式、师资的培养造就以及目标要求的有序规划等讨论探究问题是十分中肯与有价值的，也是义务教育理论研究及实践落实的纠结锁钥之处。

1916 年 10 月，全国教育会联合会第二届会议提出《注意贫民教育案》。这里的"贫民"指经济力低下的社会底层民众，虽与义务教育对象内涵有所不同，但归属于义务教育范畴，并成为重要组成部分，应该是毫无疑问的。但从教育这项鲜活而阳光的事业观察，这一用词未免有些轻蔑之意，以此标签恐会损伤许多基层劳工阶层及其子弟的形象或自尊，也不符合民主社会的观念潮流，因此五四运动以后，一般以平民教育、民众教育取而代之。《注意贫民教

❶ 全国教育会联合会. 请将义务教育列入宪法案（陈请宪法起草会及国民会议）［G］//李桂林，戚铭琇，钱曼倩. 中国近代教育史资料汇编·普通教育. 上海：上海教育出版社，1995：498.
❷ 全国教育会联合会. 征集义务教育意见案（通告各省区教育会）［G］//李桂林，戚铭琇，钱曼倩. 中国近代教育史资料汇编·普通教育. 上海：上海教育出版社，1995：499 – 500.

育案》的内容同样是义务教育组织推行的途径设计，转摘如下：

> 按贫民教育，关系重大，亟宜设法筹办养成贫民生活之知能，使能独立自营，免为社会之大蠹。其办法原有种种，谨述其重要者如下：（一）半日学校。（二）召集教育。（三）巡回学校。（四）徒弟学校。（五）习艺所。（六）孤儿院。应由本会通告全省，特别注重，极力经营，国家前途幸甚。❶

1917 年 10 月，全国教育会联合会第三届会议通过《请促行义务教育案》（陈教育部），提出分期实施步骤、内容及要求，以使目标分解、任务细致、工作务实、更有成效。

> 第一步为分化学区，第二步为调查学龄儿童，第三步宽筹教育经费，并先行培养师资，方有实行之希望。其实行之办法，谨拟如下：择地筹办依据全国教育统计，指定就学儿童数最多之区，限期筹办；分期筹办指定筹办之区，应按照地方学事通则，施行细则第一条，拟具计划书，预定设校地点，及每校容纳儿童数，分若干年办毕，其未经指定之区，力能比照办理者听。❷

从议案中已明显透露出自晚清以来提倡并明令推行的义务教育在各地受阻，借口搪塞，或名实不符、效果有限的事实。

1919 年 10 月，全国教育会联合会又通过《推行义务教育案》，文称：

> 义务教育为立国之本，非确定分年分地推行办法，虽日言普及，终是纸上空谈，但省区情形不同，规划自难一致，惟有定一标准，使各省妥为筹划，分年进行，义务教育庶有实现之一日。应请大部转呈大总统，通令各省区行政长官，参照山西省办法，拟定各该省区义务教育按年推行计划，切实施行！❸

从其内容来看，应该是对 1917 年议案在同一主题之下的理论或基础阐释，可视为前者方案措施的学理依据。不过，此处言明山西省办法成为仿效对象或

---

❶　全国教育会联合会. 注意贫民教育案［G］//李桂林，戚铭琇，钱曼倩. 中国近代教育史资料汇编·普通教育. 上海：上海教育出版社，1995：500.

❷　全国教育会联合会. 请促行义务教育案（陈教育部）［G］//李桂林，戚铭琇，钱曼倩. 中国近代教育史资料汇编·普通教育. 上海：上海教育出版社，1995：501.

❸　全国教育会联合会. 推行义务教育案（陈教育部）［G］//李桂林，戚铭琇，钱曼倩. 中国近代教育史资料汇编·普通教育. 上海：上海教育出版社，1995：503.

实施参照，倒是反映了山西军阀阎锡山主政山西时的教育改革确有区域范式的影响力。由于山西省义务教育的实施个案在政府、教育社团及教育家文中被不断提及，遂成为教育表率受到追捧，故在此处将其相关条规抄录于下，以供参照检阅。

第一条　义务教育自民国七年起，筹备施行，应分区域期限如下。第一次省城限至七年九月办理完竣。第二次各县城，限至八年二月办理完竣。第三次各县乡镇及三百家以上之村庄，限至八年八月办理完竣。第四次二百家以上之村庄，限至九年二月办理完竣。第五次百家以上之村庄，限至九年八月办理完竣。第六次五十家以上之村庄及不满五十家毗连之村庄能联合设学者，限至十年二月办理完竣。第七次凡人家过少之村庄而附近又无村庄可联合者，应由该地方官绅特别设法办理。

第二条　施行义务教育，应先行筹备事项如下：一、造就师资。二、调查学龄儿童。三、筹款设学。四、劝导入学。五、实行强迫。

第三条　施行义务教育之责任如下：造就师资由省公署督饬县知事办理；调查学龄儿童、由县知事分令各区长督令各街村长副办理；筹款设学。由县知事分令劝学所会同各区长督饬各街村长副办理；劝导就学。由劝学所及宣讲员各区助理员暨各街村长副，分头切实办理；强迫就学。由县知事分令各区长督令各街村长副办理。

第四条　各县每期筹备完竣，应将办理情形，简单报告本署及教育厅。

第五条　各县报告，经本署派员复查办理完善者，分别奖励，逾限未办者，分别处分。❶

山西省的义务教育方法实为全国性运动的开路先锋。1920年，教育部规定分期施行义务教育年限，通令各省从1921年到1928年分七期完成义务教育计划。具体内容如下。

案奉大总统令，教育普及，为立国根本要图，前经教育部拟定筹备办法呈准颁行，比年以来，除山西省分期筹进成效昭著外，其余各省或限于财力之未充，或苦于军事之倥偬，致未能一律实施，著即由该部将晋省所

---

❶ 1918年11月山西义务教育施行程序 [J]. 教育杂志, 1919, 11 (1).

定办法，通行各省区参照，并由各该省区察酌地方情形，另定设施标准，咨部核定，总期义务教育逐渐推行，比户闻弦诵之声，里党睹胶庠之盛，于以牖迪民智，巩固邦基，本大总统有厚望焉。此令等因，奉此。查义务教育，亟应切实筹办，以期全国国民咸受教育，为本部年来设施之方针。近察世界趋势，旁征国内舆论，奋起直追，尤觉无可再缓。兹特由部参照山西省所定推行义务教育办法，订定分期筹办义务教育年限，以八年为全国一律普及之期。本此期限内，除山西、江苏两省前已订定办法报部有案外，其余各省区，均应依次标准，切实规划，订定施行程序，于本年内将所定完全计划及第一期设施事项，先行报部核定。其在学务发达，财力充裕各地方，自可缩短年限，先期办竣。即或限于财力，一时不及赶办者，亦应参照施行程序，不得过于迟缓。此后并须按期将设施事项及实施状况，分别报部，藉资考核，以仰副大总统殷殷兴学之盛意。至已经实施义务教育各地方，本部已将其办法汇编付印，一俟印成，即当通行各省区参照，合亟抄录分期筹办义务教育清单一纸，令仰该厅遵照办理可也。

分期筹办全国义务教育清单：民国十年省城及通商口岸办理完竣；民国十一年县城及繁镇办理完竣；民国十二年五百户以上之乡镇办理完竣；民国十三年三百户以上之市乡办理完竣；民国十四年二百户以上之市乡办理完竣；民国十五年二百户以上之市乡办理完竣；民国十六年一百户以上之村庄办理完竣；民国十七年不及百户之村庄办理完竣。❶

此处的设计方案，从体例、内容及步骤诸维度分析，确有山西省义务教育规划范式的踪迹，亦可说是近代山西教育对全国的最大贡献。

1922 年 11 月颁布《学校系统改革案》，规定："义务教育年限暂以四年为准，但各地方至适当时期得延长之。义务教育的入学年龄，各省区依地方情形自定之。"❷ 同年，全国教育会联合会第八届年会通过了《组织义务教育委员会案》《筹集义务教育经费案》。其中，《筹集义务教育经费案》披露各地义务教育经费的窘态："筹备完善，按期实行者，寂寂无闻。被兵省份，民生凋敝，固无论矣！即富饶如江浙，亦难如期办到，推厥原因，由于学款不裕，进

---

❶ 1920 年 4 月 2 日教育部订定分期筹办义务教育年限 [J]. 教育杂志，1920，12（5）.

❷ 宋恩荣，章咸. 中华民国教育法规（修订版）[M]. 南京：江苏教育出版社，2005：33.

行维艰之故。"❶ 如此将导致"学校永无扩充之日，教育终无普及之望"的结果，为此必须调整筹款路径或举措："（一）各省自筹经费，由本会通知各省区教育会，向省议会建议，就各项税收，自定附加税率，作为实施义务教育专款，其税率可斟酌地方情形自定之。（二）国库补助经费，由本会请愿政府，指定增收关税，停付俄国赔款，及各国退还庚子赔款等项下酌拨若干，分配各省会，专充义务教育补助经费。"❷ 很明显，此法意在加大政府财政资助力度的同时，采用附加税的项目增加税收款额，用于办学经费，但对其中的权重、比例并未深论。但在当时国势衰弱、民生艰辛的背景下，其现实性如何，民众对附加税承担能力的风险系数怎样，均是令人担忧的问题。

1923 年 10 月，全国教育会联合会第九届年会又通过了《促进全国义务教育计划案》（呈教育部并函各省区教育厅会），该议案以先前义务教育发生史为基础，有针对性地加以补缺、批评及拓展。

> 全国义务教育进行计划，教育部曾于民国八年规定分期筹办年限，自十年为始，至十七年而普及。然数载以来，各省区或困于兵祸，或迫于天灾，确能按照计划，分期进行者，除山西外，殆无一可述。每念欧战以后，世界文明各国，义务教育，年期莫不递加延长，我国仅以四年为期，而应受教育之儿童，其就学者，仅占百分之十有奇，彼先进各国教育之猛进突前如彼；而我国受教育者之寥若晨星如此，愚民万万，国且不国！亟筹挽救之方，略为进行之助。❸

接下去，该议案又提出了义务教育实施方法，其设计角度或确立层面更接近小学教育的制度化建设及质量效益的保障机制，具体内容包括储备师资、筹划经费、注重行政、整理学校四个部分。第一部分要点为：设相当年期之师范学校或讲习所，于师范学校或中学校附设一年以上之师范讲习科，于师范学校中设研究教育之暑期学校。第二部分核心仍在讨论义务教育经费，首先，揭露教育经费未能如期达成之现实及成因：

---

❶ 全国教育会联合会. 筹集义务教育经费案 [G] //李桂林，戚铭琇，钱曼倩. 中国近代教育史资料汇编·普通教育. 上海：上海教育出版社，1995：504 – 505.
❷ 全国教育会联合会. 筹集义务教育经费案 [G] //李桂林，戚铭琇，钱曼倩. 中国近代教育史资料汇编·普通教育. 上海：上海教育出版社，1995：505.
❸ 全国教育会联合会. 促进全国义务教育计划案（呈教育部并函各省区教育厅会）[G] //李桂林，戚铭琇，钱曼倩. 中国近代教育史资料汇编·普通教育. 上海：上海教育出版社，1995：505 – 506.

本会上届决议筹集义务教育经费案，分各省自筹与国库补助二种，查今年以来，尚少实行，故义务教育，未能猛进。推其原因，以国库补助经费，原拟由征收关税停付俄国赔款及退还庚子赔款等项下酌拨，现上列各项，因政局及国际上关系，多成画饼；而各省自筹经费，原拟由各省区教育会向省议会建议，就各项税收自定附加税率，以作专款，虽各省情形不同，此项附加税，间由划归军事范围者，然舍此实无从筹集，应由各省区查照前案，斟酌进行。❶

其次，在各项税收及附加税中划定比例作为办学经费的基础之上，如果尚有他项税收堪资拨用，应制订适宜办法，实行筹集。再次，加强经费的管理，专款专用。"义务教育经费，须拨交教育行政机关，或由各地方另组教育经费保管机关，专款存储，不得移作他用。"❷ 第三部分主要指健全行政督导，责权统一，以起到问责考核的实效。第四部分整理学校，从组织管理方面阐述地方教育局的管理与指导，如何调查社会民众子女的实际教育需求，促进教育效益以及通过小学教育理论研究，用以指导义务教育实践，并沟通各校及各层次成员之间联络等。

那么，上述计划或规章实施情况如何呢？

1924 年 10 月，第十届全国教育会联合大会又提交《催促各省区实施义务教育案》，虽然是以此督促各地实施义务教育的行动步伐，却也反映了该运动"轰轰烈烈"背后的辛酸凄楚，甚至"雷声大，雨点小"的实然状况。

近年以来，吾国教育专家，对于义务教育，莫不悉心研究，竭力提倡，而教育部于民国九年二月间，亦曾订定分期筹办义务教育年限，并限各省区于民国十八年一律办齐。上年第九届联合会，又复议决促进计划，呈部实施在案。近查此项教育，除一二省份认为国家根本计划切实进行外，余皆视为具文，仅将设施计划，报部核定，希图粉饰，似此年复一年，吾国教育前途，何堪设想！敝会鉴于空谈无补，特再行呈请教育部，严令督催各省区最高教育行政机关，关于义务教育，由十四年起，一律著

❶ 全国教育会联合会. 促进全国义务教育计划案（呈教育部并函各省区教育厅会）[G] //李桂林，戚铭琇，钱曼倩. 中国近代教育史资料汇编·普通教育. 上海：上海教育出版社，1995：506－507.
❷ 全国教育会联合会. 促进全国义务教育计划案（呈教育部并函各省区教育厅会）[G] //李桂林，戚铭琇，钱曼倩. 中国近代教育史资料汇编·普通教育. 上海：上海教育出版社，1995：507.

实办理，并须明定惩奖办法，随时考核，以资鼓励。❶

1925 年 10 月，第十一届全国教育会联合大会提出《实行义务教育应规定筹款办法案》，对义务教育经费做了进一步探讨。总体来看，较之前面的条文内容，更为细致论析经费的责任分担以及保障制度的确立。议案分为两部分：第一部分是"理由"，第二部分是"办法"。具体内容如下。

理　由

吾国义务教育之计划，宣传有年，关于储备师资，设置学校，分划学区种种，均应由主教育者作相当之标准。惟所需经费，向无详细之规定，教育部以空言责之各省，各省以空言责之各县，各县之能自谋者，仅零细杂捐而已，且不易邀财政官吏之核准。现生活程度日高，从前原有之小学以不能增款项辍办者甚多，长此以往，即增级增校已无希望，遑言普及。故欲义务教育之能实现，非从财政上谋根本之解决不可。义务教育经费担负之责任，各国先例有国库、省库、县库之不同。本案主张，拟先由县与地方负全部筹款之责，至国库与省库亦应有相当之补助与奖励，宣传宜俟义务教育已植基础后，再为请求。

办　法

（一）省区政府应强制各县筹集义务教育经费。

（二）各省区由教育厅规定每个儿童需经费多少，为各县筹款之标准（据各省区教育统计调查每个儿童费用，如吉林奉天须十元左右，甘肃山西须二元左右，云南须二元八角至三元，江苏须五元左右例之，可资参考）。

（三）各县应调查学龄儿童确数（除已就学者外），依厅令规定每个儿童用费数目，于一定期限内筹足义务教育经费。

（四）一县义务教育经费，分县款与区款两种，县款占几成，区款占几成，由各县自定之，但须呈报财教两厅备案。

（五）地方行政人员，不得以不实不足之款捏报搪塞，省官厅亦不得以增加人民担负驳斥。

---

❶　全国教育会联合会. 催促各省区实施义务教育案［G］//李桂林，戚铭琇，钱曼倩. 中国近代教育史资料汇编·普通教育. 上海：上海教育出版社，1995：509.

（六）筹款兴学事项，应另定地方行政人员考成条例。❶

从此观之，这种针对性极强的处方也未能取得疗效，教育的发展受政治及政府干预的影响至深，并非自行能左右或全然解决的。如《第一次中国教育年鉴》的编者写道：

> 当时各省奉令后，大都依照规定计划进行，或设义务教育研究会，或设义务教育筹备处，或从事调查儿童、筹措经费、养成师资、划分学区、拟订规程等工作。顾彼时各省军阀割据，攘夺时起，所谓义务教育不过空有筹备之名，实际上并无若何进展。❷

上述可见，作为国民教育表现形态的义务教育，从清末就已提出，民主革命家和教育家都曾积极提倡。清朝政府和军阀政府也把义务教育作为一项重要的教育政策，并制定过一些相应的措施，可惜经过几十年，并没有取得什么成效。其根本原因是当时中国社会还没有实施普及义务教育的政治、经济基础，没有具备义务教育的实施条件。民主革命派和先进的知识界人士，从争取民权、开发民智以振兴中华的愿望出发，所提出的普及义务教育的主张是进步的；但当政的统治者为了私利，不可能把财力用来办教育，特别是推行义务教育，这是普及义务教育无从实现的主要原因。尽管如此，许多有关义务教育的设计思想、规章条文以及调整内容，均在义务教育理论及实践的探索上留下深深的印迹，虽然难称浓彩重墨、色泽绚烂，却也是资源丰富、经验弥丰、教训深刻，作为宝贵的历史沉淀，尤其在该问题发生史的意义上更不容低估。今日中国已告别积贫积弱时代，九年制义务教育已作为国策得以实现，但其中许多具体问题，如经费承担、教育与民众需求、教育质量及科学研究的落实等与往昔的历史均具有惊人的相似性，因此也带有普泛性的迁移与借鉴价值。

（四）义务教育的变异：公民教育

1916 年以后，提倡"公民教育"的呼声极高。"公民教育"这一专业术语是"国家公民教育"的简称，既是一个历史概念，也在当代教育学理论中拥有话语权。德国教育家凯兴斯泰纳（Georg Kerschensteiner，1854—1932）最

---

❶　全国教育会联合会. 实行义务教育应规定筹款办法案［G］//邰爽秋，等. 历届教育会议议决案汇编. 上海：教育编译馆，1936.

❷　教育部教育年鉴编纂委员会. 第一次中国教育年鉴·丙编·教育概况·初等教育与义务教育之部［M］. 上海：开明书店，1934：487.

先明确提出公民教育理论，其要义是：教育要以培养"公民"为目标，为国家利益服务。他的"公民教育论"是遵照德皇威廉二世关于对国民进行"性格教育"的旨意提出的，并以他的资产阶级国家学说作为理论依据。他认为国家是至高无上的，任何团体和个人都要绝对服从国家的利益，各种学校，特别是对劳动人民发生影响的学校都应该属于国家，由国家管理。公立学校的目的是培养"有用的国家公民"，而"有用的国家公民"应具备三个条件：对国家的任务有相当的了解，明确自己应尽的职责；掌握从事某些职业的技能，能承担国家交给的任何工作；具备国家所要求的道德品质，绝对服从国家的利益。为此，他规定了"公民教育"的基本内容：对学生进行有关公民知识的教学，使他们了解国家的任务，激发"公民责任感及对祖国的热爱"；进行职业训练，培养学生的职业知能；进行"性格陶冶"，养成公民应有的道德品质，无论"训育和教学都必须注重性格陶冶"。为了推行"公民教育"，凯兴斯泰纳要求把对劳动人民子女进行初等义务教育的"国民学校"改为"劳作学校"，并为已完成小学教育的青少年工人开办所谓"补习学校"（又译"继续学校"）。他宣称："公民教育"是反对"所谓无产阶级专政"，对付"内部敌人"的一种更巧妙、更可靠、更有效的武器。❶

现代国家把基础教育称为公民教育，表明接受这种教育为正确行使公民义务和权利所必须。从近代到现当代教育学史上，公民教育的内涵已从带有封建等级性浓厚的德意志帝国特色，并渗透着国家民族主义和社会主义思想的历史概念转变为具有教育学专业理论及共通性符号的现代教育学专业学理。

中国近代的公民教育可以视为一种教育流派或学说，虽脱胎于普及义务教育中的国民教育，但从传播发生源考究，大约除了传统的教化论为核心的社会教育基础与生成土壤之外，尚有德国的国家主义教育与美国的实用主义教育流派交织渗透，且两者呈交错渗透状态。

1919 年，全国教育会联合会曾提出《编订公民教材案》，主张"凡属国民自应有公民知识"。同年，杜威来华讲学，引起教育界人士对公民教育的注意。程湘帆认为，公民教育的宗旨应是"以德谟克拉西的原则，造就为家庭、为社会、为国家、为世界人类忠勇服务的明达公民"。1922 年，全国教育会联合会拟定的《中小学课程标准纲要》把公民科列入，规定：小学取消修身课，

---

❶ 杭州大学教育系. 教育辞典［M］. 南昌：江西教育出版社，1987：96.

增加公民、卫生课，又将初小的卫生、历史、公民、地理合并为社会科。初级中学课程设社会、言文、算学、自然、艺术、体育六科，其中社会科含公民、历史、地理。1924 年，江苏省教育会、中华职业教育社等团体发起全国公民教育运动。1926 年，江苏省教育会组织公民讲习会，制定公民信条：发展自治能力，养成互助精神，崇尚公平竞胜，遵守公共秩序，履行法定义务，尊重公有财产，注意公众卫生，培养国际同情。并议定每年 5 月 3—9 日为公民教育运动周，至此公民教育学说盛极一时。

课程是教育的核心，也是实践的途径。南京国民政府统治初期的教育方针提倡"党化教育"，中小学公民课程改为党义课程。1928 年 5 月，中华民国大学院在南京召开第一次全国教育会议，决定取消"党化教育"一词，以"三民主义教育"代之，并通过了《三民主义教育宗旨说明书》。为了落实和强化"三民主义教育"，1931 年 6 月，南京国民政府公布《中华民国训政时期约法》，以根本法的形式规定了民国教育宗旨及其方针政策。同年 9 月，国民党中央执行委员会第 157 次常务会议通过了《三民主义教育实施原则》，分别对初等教育、中等教育、高等教育、师范教育、社会教育、蒙藏教育、华侨教育、派遣留学生八个方面，规定了具体的实施目标和纲要（包括课程、训育、设备三个细目）。其中，中小学的党义课程又恢复为公民课程，真可谓一波三折，数易其名。从这里定调直至中华人民共和国成立，公民课程才彻底被改造。而此前的课程及配套的教材仍带有强烈的德国教育色彩，并渗透国民党的思想主张，因此深受瞿秋白、陶行知、杨贤江、鲁迅等进步教育家的批评或揭露。

帝国主义分子力图把资产阶级所提倡的（也曾为封建统治者及军阀利用过）具有爱国主义、民族主义色彩的国民教育，改为为他们服务的"世界公民"或"基督徒公民"的教育。五四运动以后，平民主义教育思潮兴起，作为严格意义上的国民教育思潮告退，其中的一些内容为平民教育吸收并发展，20 世纪二三十年代以后又一度演绎、嬗变为民众教育思潮。

第三节　国民教育思潮的影响

国民教育思潮对清末民初的教育实际作用颇大，政府教育部门制定教育方针政策、改革学制曾受其推动，课程、教材、教学方法以及教学管理等方面的试验及实施亦受其一定影响。

一、调整清末新教育规程

为适应国民教育的需要，清末对"癸卯学制"的有关内容做了适当的调整，并开设补习教育的机构。

（一）"新学制"关于初等教育组织方式的变通

1909 年 5 月 15 日，学部奏《酌拟变通初等小学堂章程折》，分初等小学教育为三种：一为五年毕业之完全科，二为四年毕业之简易科，三为三年毕业之简易科，并公布完全科、简易科学科课程授课时刻表，咨行各省，遵照办理。❶ 在初等小学中改设简易科，是为了解决义务教育办学经费、师资、课程及教学时间方面的矛盾。1909 年，江苏省教育总会按照学部变通初等小学堂章程，又略加修订，确定主要办四年毕业的初等小学简易科，乡僻之地可参采三年毕业的简易科。❷ 同年，陆费逵在《小学堂章程改正私议》中提出学制调整设想："初等小学完全科应定为四年卒业，简易科三年卒业，完全科卒业者可入高等小学；简易科卒业者，如欲入高等小学肄业，除最优等者应许其升学外，优等以下，须入另设之补习科补习一年或半年。"他还就学制年限衔接、课程教材编制以及程度内容要求，根据学生发展的普遍性及差异性加以阐释。❸ 1910 年 12 月 30 日，学部再奏《改订两等小学堂课程折》，认为"五年完全科既期限过长，贫民或穷于负担；三年简易科又为时过促，学力太觉参差；而且三种章程并列，听人自择，倘办学者有所偏重，转有碍教育之进行。臣等再三筹划，以为初等小学与其分为三科，易启纷歧，不如并为一科，简而易从"；"折中定制，一律以四年为毕业期限"，并将每日原上课五六小时改为一、二年级四小时，三、四年级五小时。奏折还希望："自宣统三年为始，一律按照此次改定章程认真办理，并迅将初等小学堂设法推广，以裕强迫教育之基，而收学制统一之效。"❹ 学制规定的初等小学改为不同类别，在学习年限、

---

❶ 江苏教育总会. 变通初等小学章程书［G］//朱有瓛. 中国近代学制史料（第二辑·上册）. 上海：华东师范大学出版社，1987：207－208.

❷ 江苏教育总会. 变通初等小学章程书［G］//朱有瓛. 中国近代学制史料（第二辑·上册）. 上海：华东师范大学出版社，1987：209－211.

❸《教育杂志》1909 年第 1 卷第 8 期.

❹ 学部. 改订两等小学堂章程折［G］//朱有瓛. 中国近代学制史料（第二辑·上册）. 上海：华东师范大学出版社，1987：219.

程度要求、上课时数等方面区别对待，这是为满足儿童就业、升学的不同需要而采取的灵活、便利措施。

（二）国民教育辅助机构的设立

为了更积极有效地推行国民教育，在小学校内或另外添设简易识字学塾、半日学堂等初等教育补助机构。

1910 年 1 月 10 日，学部奏准公布《简易识字学塾章程》十六条。该塾专为年长失学及贫寒子弟无力就学者而设，其课程专教部颁《简易识字课本》《国民必读课本》，并酌授浅易算术（珠算或笔算），教授完毕即毕业。"至其毕业年限定为三年以下一年以上。每日教授重点定位三小时或二小时。"❶ 根据入学者的具体情况，所用的教材也有所差异：《简易识字课本》分为三种（依据毕业年限的差别而定），《国民必读课本》分为两种（深、浅程度不同）。简易识字学塾视经费来源，分为官立、公立及私立三种，每个县、州、厅治所及著名村镇，先由官设一两所以资提倡，绅富如捐助巨款创办者，准与捐助学款一律请奖。已设的官立、公立、私立各项学堂，岁入经费较为充裕者，均应附设此项学塾。入学人数多寡不拘，学生不收学费，应用书籍物品概由塾中发给。在教学组织及设计方面，灵活方便，注重实效，如简易识字学塾按学生年龄及所认毕业年限分班组织，如果学生人数不多，程度不等，以复式教学（当时称单级编制）合班实施；为了避免与母体学校的挤撞、冲突，同时照顾入学者补习教育的特殊性，采用二部教授法，以上半日、下半日分班，并可增设夜校，教学时间定为晚七点至九点，或下午四点至六点，以及周末、假期教室场地闲旷之机；对于独立设塾的机构，可租借祠庙及各项公所，除黑板讲台自应新置外，所有椅桌器具均可租赁借用。开办这类附属于学校的补习性社会教育机构仍需大量经费支出，主要由地方官及劝学所担当筹款之责。为了保障简易识字学塾办学工作的实际有效，需建立管理督察机制，"应由劝学所总董认真经理，每三个月应将境内学塾数目及每期学生增减之比较，在京呈报督学局，在各省呈报提学司察核。督学局及提学司每半年汇报学部一次，以凭稽考"。同时，将此作为地方学务业绩考核项目之一，"由该省提学司认真考核。

---

❶　江苏教育总会. 变通初等小学章程书［G］//朱有瓛. 中国近代学制史料（第二辑·上册）. 上海：华东师范大学出版社，1987：350.

其成绩较优者量加奖励，不力者轻则记过，重则详请抚参撤"❶。

半日学堂始于清末，最早见于清光绪三十年（1904）四川省南部城市泸州。该年《四川官报》登载了《四川泸州半日学堂招生广告》：

> 列位，要知道读书不专在求功名。多认得几个字，讲得几个字，就有许多用处，到后来改行学艺，硬要比别人强些。世上有作工的人，苦于小时未学，又到四五十岁，百般埋怨，总说吃了没钱的亏。我们今日设这些学堂，就借明伦堂地方，名为半日学堂。怎么叫半日？只因这些苦人，半日去谋衣食，半日来堂听讲。或是铺家的学徒，或是卖果饼的孩子，只要专心来学，不取学钱。总要能守规矩，每日到三点钟时候来堂听讲。我们讲的与从前学堂不同，不专求背诵。先与他讲些圣训，使他知道孝悌，然后讲些字义，讲些算法，讲些为人处世的道理，讲些现在中国的大势。要使这些人，个个都晓得中国的事情，个个都成为好人，都务正业。列位，这便是衣食的根本了。❷

随后，一些地方要员将半日学堂的教育形式及内容纳入国民教育与义务教育中，或者视之为后者的实施途径及手段，此处援引二例以证之。

> 饬令多立半日学堂。其法以午前、午后为界，将学生分为二班，以一班午前来学，以一班午后来学，更番教授，减经费而省教员，一堂可收二堂之益。且穷民子弟半日读书，半日谋食，法简意良，乐从者必多。湘省士气素称强毅，绅耆中尤多急公好义之人，苟一念及国势之积弱、列强之环逼，当必有勃然奋兴、不能自已者。……其有慨捐巨资、创办学堂或实心任事、功在学务者，本部院敬当奏请优奖或特赠匾联，以示奖励。倘有劣绅巨痞有意阻挠，亦必从严惩治，决不姑宽。务使人人知读书，处处有学堂，文教大兴，风俗丕变，本部院有厚望焉。❸

> 各省设立学堂，能入学者多系富家子弟，其贫寒子弟急待谋生者大半难得入学。拟请饬下各将军督抚，谕令各州县广筹经费，立半日学堂，专

---

❶ 学部. 奏遵拟简易识字学塾章程折（附章程）［G］//朱有瓛. 中国近代学制史料（第二辑·上册）. 上海：华东师范大学出版社，1987：351.

❷ 四川泸州半日学堂招生广告［G］//朱有瓛. 中国近代学制史料（第二辑·上册）. 上海：华东师范大学出版社，1987：365.

❸ 湖南巡抚端方. 晓谕阖省绅商士民筹设半日学堂［G］//朱有瓛. 中国近代学制史料（第二辑·上册），上海：华东师范大学出版社，1987：366-367.

收贫寒子弟。不取学费，不拘年岁，使之无所藉口、无所畏难。延请教习，勤为讲解，俾略识道理，渐能养成人格，似于风俗大有裨益。且此项学堂愈多愈善，无论城乡，每二三百家即应设一处，庶向学者众，教育可以普及。❶

出于民间社会与地方政府的呼应配合、协同努力，国民教育机构迅猛发展。据学部统计，1907—1909 年，全国半日学堂的数量及学生数依次为：614 所（18 222 人）、739 所（22 813 人）、975 所（25 545 人）。❷ 可见，半日学堂数目与入学学生人数呈同步增长态势。

民国以后，此类教育机构仍受推崇，并要求各地开办，以图普遍设立。如1914 年 2 月 19 日，教育部公布《半日学校规章》十条。半日学校为幼年失学便于半日或夜间补学者所设，修业期限为三年。入学年龄为十二岁至十五岁，招收对象的程度为"未入初等小学校者，但已入初等小学校而辍业者，亦得插入相当班次"。学校课程及授课时数分别为修身一学时、国文十二学时、算数三学时、体操二学时，合计十八学时。教学所需教材，分步解决，保证质量。"由校长就教育部审定图书内择用之，在此项图书未审定以前，适用初等小学教科书。"❸ 又提议各省酌办露天学校，并于 1916 年 3 月 18 日转发北京通俗教育会《实施露天学校暂行规则》，规定：露天学校招生对象为年龄在六至十四岁的失学儿童；主要职能是提供初等教育的补习服务，学校不收任何学费、讲义费及杂费，并"备有课篇、浅说篇及各种印刷品，入席各生均可领受"。此类补习教育机构，除了补救失学者道德、初步常识及技能缺憾之外，还有升级的途径及机会，"男女各生，能遵守师训、专心学习者，可由本校介绍送入就近公立学校肄业，以资深造"❹。补习学校、露天学校的设立以及具体规章的制定，保障了义务教育推行的可行性，丰富了义务教育的资源，也是其有效方式。

---

❶ 刘学谦. 奏设半日学堂片［G］//朱有瓛. 中国近代学制史料（第二辑·上册）. 上海：华东师范大学出版社，1987：367.

❷ 光绪三十三年（1907）各省半日学堂等统计表，光绪三十四年（1908）各省半日学堂等统计表，宣统元年（1909）全国半日学堂等统计表［G］//朱有瓛. 中国近代学制史料（第二辑·上册）. 上海：华东师范大学出版社，1987：351.

❸ 教育部. 公布半日学校规程［G］//朱有瓛. 中国近代学制史料（第三辑·下册）. 上海：华东师范大学出版社，1992：696－697.

❹ 教育部. 转发露天学校简章及规则［G］//朱有瓛. 中国近代学制史料（第三辑·下册）. 上海：华东师范大学出版社，1992：701－702.

二、编辑新教材

　　教学内容和课程设置是教育宗旨的集中体现，教科书是教学内容的物质载体和保证。国民教育思潮促进大批适应普及教育所需教材的编辑出版。为了适应国民教育实施中对适用教材的要求，学部编译图书局编辑出版了各种《国民必读课本》《简易识字课本》等教材，并审定了各书局编的多套教材。❶ 此处以《简易识字课本》为例，加以介绍和说明。

　　该套教材共有三种：第一种六册，以教家贫年幼之儿童，三年毕业，按其学年分为三编，每编两册，第一编以识字为主，由单字进于短句、短文，由名字进于动字，以类相连分之为单字，合之则成一句，教材多取儿童易知之实物；第二、第三编则稍寓文法，所选教材以道德教育、国民教育为主，而历史、地理、格致等科教材亦采取焉。其排列皆用圆周法，盖恐贫寒子弟未必尽能三年毕业，故编目为首尾，以冀读一编可获一编之益。第二种共四册，以教年长失学之子弟，两年毕业，由简句进于短文，间有引用古人成语，亦必择其易于理解者。第三种共两册，以教年长失学粗能识字之人，一年毕业，与第二种程度大略相同，惟全书生字较第二种为少。为了保证教材试用的稳妥及有效性，采取试验后推广的模式。"以上各书均于今年夏间告成，臣等详加校改于本年九月先印数册颁发京师督学局设塾试验，第一第二两种颇称合用，即于十二月二十日颁布各省。惟第三种印成后复有修改，俟明年各学塾开学即当发往试验。"❷ 民国以后，各编辑出版机构仍编印不少类似课本。如商务印书馆在1915年出版"半日学校用"《修身》《国文》《算术》三种教科书。编校人分别为：徐宝仁、徐傅霖、寿校天、秦同培、庄庆祥、骆师曾。❸

　　民国成立初始，教育部颁布的《普通教育暂行办法》十四条，对教科书有如下规定，从教学内容上保证了教育为民主共和政治服务的方向。

　　　　凡各种教科书，务合乎共和民国宗旨。清学部颁行之教科书，一律禁

---

　　❶　郑鹤声. 三十年来（1904—1934）中央政府对于编审教科图书之检讨［J］. 教育杂志，1935，25（7）；郑鹤声. 八十年来官办编译事业之检讨［J］. 说文月刊第四卷（合订本），1946；吴洪成. 略论清末部编教科书及对教科书的审定［J］. 杭州大学学报：哲学社会科学版，1990（1）.
　　❷　学部. 奏《简易识字课本》编竣折［G］//李桂林，戚铭琇，钱曼倩. 中国近代教育史资料汇编·普通教育. 上海：上海教育出版社，1995：54.
　　❸　庄俞. 谈谈我馆编辑教科书的变迁［M］. 同舟（第七期）. 上海：商务印书馆，1935.

用。凡民间通行之教科书，其中如有尊崇满清朝廷，及旧时官制、军制等课，并避讳抬头字样，应由各书局自行修改，呈送样本于本部及本省民政司、教育总会存查。如学校教员遇有教科书中不合共和宗旨者，可随时删改，亦可指出，呈请民政司或教育会，通知该书局改正。❶

1912 年 5 月，北京教育部总务厅下附设编纂、审查两处，以后合并为编审处，其重心不在编纂教科书，而在审查教科用图书。如 5 月 9 日，教育部通饬各书局，将出版的各种教科书送部审查。9 月 3 日，教育部嘱各书局，按章编定春、秋两季入学儿童教科书，送部审查。为了使教科书的编辑更加严格与统一，教育部修改了 5 月颁布的《审定教科书暂行章程》十一条，于 9 月 13 日公布《审定教科用图书规程》十四条。规定：初等小学校、高等小学校、中学校和师范学校教科用书可任人自行编辑，但须经教育部审定。编辑教科图书，依据《小学令》，须合乎部定学科程度之旨趣，审定有效期限为五年。凡审定认为合用之图书，须在书面载明"经教育部审定"字样，并将在《政府公报》分批刊登发布。各省图书审查会就教育部审定图书内择定适宜之本，通告各校采用。❷

这时，承担教科书主要编纂任务的是商务印书馆、中华书局等民营出版机构。商务印书馆为了满足学校教学的急需，遵照教育部通令，将馆内旧有凡与清廷有关的内容，悉数按照《普通教育暂行办法》十四条中的有关规定加以修订❸，又"于封面上特加中华民国字样，先行出版"❹。1912 年，组织有经验的编写人员，编辑出版了《共和国教科书》。该套教科书初等小学有《新国文》《新修身》《新算术》《新珠算》等共计十一种；高等小学教科书有《新国文》《新修身》《新算术》《新理科》《新历史》《新地理》等共计十五种。1913 年，商务印书馆又出版了许国英编的《共和国教科书国文读本》（四册）及俞子夷从美国翻译成中文的《新体算术》等多种教科书。这些教科书的出版适应了当时小学教学的广泛需要，各地小学可以根据自身需要自由选择。由

❶　教育部. 普通教育暂行办法［G］//陈学恂. 中国近代教育史教学参考资料（中册）. 北京：人民教育出版社，1987：167.

❷　《教育杂志》1912 年第 4 卷第 7 号.

❸　佚名. 商务印书馆发行共和适用之教科书［J］. 教育杂志，1912，4（1）.

❹　商务印书馆. 商务印书馆新编共和国教科书说明［G］//陈学恂. 中国近代教育史教学参考资料（中册）. 北京：人民教育出版社，1987：423.

于商务印书馆十分注重质量，教科书文字简明、体例科学、图文并茂，因此深受教育界欢迎。该套教科书共计六十五种，此后至1915年又编成各级各类教科书计五十余种❶，"凡小学、中学、师范学校各科用书，无不齐备，各校纷纷采用"❷。小学类主要有赵玉森编《商业历史》（两册），曾镕编《商业地理》（两册），刘大坤编《商业要项》（一册），傅运森编《共和国教科书自然地理》（一册）。1915年，商务印书馆还出版了北京教育图书社编《高小历史》《地理》及《理科教科书》（六册），蒋维乔等编《女子园艺教科书》（一册），王程之、张世杓编《家事教科书》（一册），北京教育图书社编《国民高小春季用国文教科书》（两册）。商务印书馆出版的小学教材种类齐全、内容广泛，对民初小学各科教学起到了重大的推动作用。

另一个以编辑出版教科书起家的出版机构——中华书局于1912年1月创办，其宗旨为"（一）养成中华共和国国民；（二）并采人道主义、政治主义、军国主义；（三）注意实际教育；（四）融和国粹欧化"。该局从创办到1949年全国解放的三十七年中，共出版教科书四百余种，涉及小学、中学、师范、大学教科书，也有少年儿童读物。最早出版的教科书称《中华教科书》计四十二册，主要特点是：紧跟政体改革，及时地把政治形势的变化反映到教科书中来。如《中华初等小学国文教科书》中有这样的课文："我国旗，分五色，红黄蓝白黑，我等爱中华。"❸因其迎合共和政体的需要，出版后颇受社会欢迎，"开业之后，各省函电纷驰，门前顾客坐索，供不应求，竭力应付，基础于是乎立"❹；山西省"其省垣及各县小学所用教科书，前多商务馆本，今春以来，则用中华书局本者日渐增多"❺。

三、改良教学方法

受国民教育思潮推行的呼唤，清末民初对新式教学法的研习高度重视。清末民初的新教学方法试行、实验或传播、推广的主要有单级（复式）教学法、

---

❶ 庄俞. 谈谈我馆编辑教科书的变迁 [J]. 同舟，1932（7）.

❷ 庄俞. 三十五年来之商务印书馆 [G] //陈学恂. 中国近代教育史教学参考资料（中册）. 北京：人民教育出版社，1987：421.

❸ 李侃. 中华书局的七十年 [J]. 出版史料，1992（1）.

❹ 中华书局. 中华书局二十一年之历史 [J]. 中行月刊，1932，4（6）.

❺ 学部.1914年视学报告 [G] //朱有瓛. 中国近代学制史料（第三辑·上册）. 上海：华东师范大学出版社，1990：248.

分团教学法、蒙台梭利教学法及自学辅导主义教学法等。方法变革的缘由主要是为了解决普及教育、义务教育中出现的教师、校舍及教学仪器设备不足的矛盾，适应成年人及贫寒失学儿童学习的特点与需要，开始从西方、日本学习新教学方法，并结合中国实际加以独创，清政府对此提倡甚力。

为了解决国民教育、义务教育在教学中的困难，继清末之后，民初继续探讨单级教授法、复式教授法。3 月，范祥善在《教育杂志》发表《一周间之单级教授》，此为江苏省立第一师范附小教员进行单级教授的记录，对座位排列、教科分组、课目与时间分配、复习诵读的时间分配等，都有记载。❶ 清末赫尔巴特五段教学法风行一时，民初教育界人士嫌其机械呆板、缺乏生气，热衷于试验自学辅导法、分团教学法、蒙台梭利教学法。自学辅导法的研究始于 1913 年，分团教学法、蒙台梭利教学法的介绍试验更多。❷ 此处以前两种为例，加以介绍。

（一）二部、单级（复式）教学法

1. 学部的倡议

1910 年 12 月 26 日，学部《奏复普及教育最要次要办法》，将拟订单级教授、二部教授列为"最要之事"❸。基于上述认识，学部又将这两种教学法列入师范课程，如 1911 年 3 月 24 日，学部通行各省，初级师范学堂加授单级教授法。❹ 1911 年 8 月 5 日，学部奏《拟订单级教授二部教授办法折》，规定："凡初等小学合年级不同之学生编为一级，由一教员授课者为单级教授"；"凡举初等小学全堂学生或某某班学生于一日之内分作前后两部，由一教员继续教授者，为二部教授。"❺

> 查单级教授之法，与普通教授不同。普通教授，按年级相当之学生，以分班次，各班须各任一教员；单级教授，则合年级不同之学生若干班，编为一级，一教员可兼教各班。两者相衡，一则需员多而用费繁，一则编制简而效用广。欧西日本之教育，所以能日新月盛者，大抵得力于单级教

---

❶ 《教育杂志》1914 年第 6 卷第 1 号.

❷ 天民. 蒙台梭利教育原理珠算教授法［J］. 教育杂志，1914，6（4）；天民. 分团教授之实行［J］. 教育杂志，1914，6（11）；其他见《教育杂志》1914 年第 6 卷第 9 号.

❸ 陈学恂. 中国近代教育大事记［M］. 上海：上海教育出版社，1981：209.

❹ 陈学恂. 中国近代教育大事记［M］. 上海：上海教育出版社，1981：213.

❺ 《政治官报》1911 年折奏类第 1361 号.

授为多。中国兴学伊始，地方财力既极困窘，兼之各校之内，学童人数无多，程度复不齐一，居今日而预谋普及，舍单级教授，更别无审端致力之方。此臣等所为兢兢注意者也。至二部教授法则将全堂学生于一日之内，由一教员分为前后半日教授。其编制之方，则有单式二部及复式二部两种：单式二部得适用普通教授法，复式二部则须用单级教授法。在穷僻之乡，此项学堂尤宜多设。盖经费绌则教员不能多聘，校舍狭则学生不能多容，又或因通学道远，而往返动费多时，或因兼顾谋生，而读书易于作辍，种种窒碍，皆足阻教育之进行。惟编为二部，则因材因地，均得措置咸宜，所谓一举而数善备者此也。❶

上述文献对单级教授、二部教授的编制原理及组织方法做了诠释，语义明晰。看来，"单级"之义相当于复式教学法的团队设计，是组织形式的要求、规则；而单式则是如今常称单班组织，即将学生中年龄、程度相近的放在一个年级或其中一平行班的班级教学形式。二部教授中的一部分仍属于单级教授的活动场域，留给单式二部制的空间并不多，比例属低层次状态。这也可以反衬出单级教授法在义务教育中的突出地位。

2. 江苏省教育会的努力

清末民初，地方民间教育团体及学校机构试验并推广新教学方法的要数江苏省教育总会及苏南的一些先进学校，不过这种活动是带有教育科学研究特点的，且在对单级教授法的讲习实施活动中，又与同期流行的赫尔巴特五段教授法有机贯穿起来。

清末时为适应立宪政体建设对民主政治及国民素质的新诉求，国民义务教育成为教育的热点。为了提高办学效率，解决师资缺乏、学生分散、设备不足等制约教育"瓶颈"的困境或矛盾，单级教授法（现代教学论中所称的复式教学）格外受到青睐。是否接受过单级教授法的培训曾一度成为教师资格认定的一项条件，它与学历文凭一道成为教师任职资格的重要标准。单级复式编制的教学组织成为五段教授法的有力载体。更确切地说，单级教授法实际是一种教学模式，在具体的课程实施环节，更多采用五段教授法推演出的形式阶段教学加以操作或实施。

---

❶ 朱有瓛. 中国近代学制史料（第二辑·上册）［M］. 上海：华东师范大学出版社，1987：345－346.

1909 年年初，江苏省教育会为促进普及教育，咨呈江苏总督端方，提请派遣杨保恒、俞子夷及周维城三人，赴日本考察单级复式教学编制组织、设备情形并一切教学方法。回国后，江苏省教育会立即邀请三人做考察报告，参加会议的有一百余人，会上俞子夷对日本单级复式课堂教学做了详细汇报。接着，开始筹办单级教授练习所，共办了两届。

3. 学部的推动

1910 年 8 月 23 日—1911 年 8 月 5 日，学部连续发文、上奏推行单级教授法，代表性的有《咨覆两江总督提倡单级教授及设单级教授练习所应准照办文》《奏拟定单级教授二部教授办法折》，对单级复式教学编制的特点、价值、内涵及与单班教学组织的差异等做了条分缕析的阐释："为今之计，若按年级归并，以为划一，而城南之儿童，不能至城北而就学。若细分班次，多设教员，而有限之经费，不能供无限之使用。窃谓救弊补偏之策，莫如速办单级教授。查单级教授，能以一教习于一讲堂，同时教授不同级不同学科之学生。日本近来极研求此种教授。于江宁，近日初等小学生徒少而学级多之情形，最为合法。"❶ 学部的奏折中又进一步分析："查单级教授之法，与普通教授不同。普通教授，按年级相当之学生以分班次，各班须各任一教员；单级教授，则合年级不同之学生若干班编为一级，一教员可兼教各班。两者相衡，一则需员多而费繁，一则编制紧而效用广。欧西日本之教育所以能日新月盛者，大抵得力于单级教授为多。中国兴学伊始，地方财力既极困穷，兼之各校之内，学童人数无多，程度复不齐一，居今日而欲谋普及，舍单级教授更无审端致力之方。"❷

在实行单级教授的学校或班级里，五段教授法是最主要的教学方法。因此赫尔巴特的五段教授法得以扩大和发展主要是借助单级教授法的提倡和传播。在此之后，讲习单级教授法之风颇盛，俞子夷、杨宝恒等参加考察的三人均被各地频频请去演讲。这样，他们就把单级复式教学组织编制和五段教授法的程序阶段模式联合起来加以运用了。

民国以后，此种教学法仍继续试行，如 1913 年 12 月，河南省教育司组织单级教授传习所，饬令各乡初小教员入所传习。❸ 1916 年 8 月，全浙教育会联

---

❶ 陈学恂. 中国近代教育史教学参考资料（上册）［M］. 北京：人民教育出版社，1986：667.

❷ 陈学恂. 中国近代教育史教学参考资料（上册）［M］. 北京：人民教育出版社，1986：669.

❸ 《教育杂志》1913 年第 5 卷第 1 号.

合会召开第一、第二次会议，专门就国民学校注重单级教授、推广单级国民学校、筹办单级教员讲习所、推广半日学校等问题形成议案。❶

4. 学者的理论探讨

值此清末民初新教育运动蓬勃开展、新旧教育矛盾斗争极其剧烈的转型期间，不少学者对上述两种教学方法进行专门研究。如 1910 年 3 月，陆费逵在《教育杂志》发表《采用全日二部教授》一文，论述二部教授之种类以及全日、半日二部教授与单级教授之优劣。二部教授有两种：半日二部教授法，分午前午后二部，即所谓半日学校也；全日二部教授，又曰隔时二部教授，乃第一时教甲部，而乙部游戏或自修，第二时教乙部，甲部则游戏或自修是也。作者提出的论点主要有如下三个方面：二部教授法的经济学意义在于可以省校舍、教员，有裨益于教育普及，这主要是援引教育发达国家案例而言的；全日二部教授较之半日二部教授，其效用占优势；在教师组织教学的技能及方法要求上，全日二部教授法较之单级教授法更便利易行。❷

1914 年 3 月，范善祥在《教育杂志》发表《一周间之单级教授》，介绍江苏省立第一师范附小教员进行单级教授试验的详情。基于"儿童数与教授力之支配，座位排列与教授之利害，均有密切关系"的认识，实验校单级复式教学班级容量六十人，四个年级合班复式教学，分年级基础座位设计，"以不夺儿童视线并管理上便利起见"为标准加以合理编排。单级复式教学以合理调配教学科目的时间最困难，课程表的安排依照科目繁简、主次、"以均分教师之勤劳，是为要著"。教授顺序主要展现教学方案的内容呈现思路、关系，既有教学科目的差异，也有教学对象及教学任务、目标的因素影响。而各科教学顺序安排有教师个性化差异，也有普泛性的阶段，更多体现了赫尔巴特形式阶段论的结构模式，反映五段教学法的深刻影响。单级复式教学法编制下的课堂教学困难或棘手之处，不在课前设计，也不在课后处理，而在课堂实施活动中的直接教学之"动"与学生小组（一般为年级组）或组内个人的自习作业之"静"两者之间的协调搭配或对应吻合，也就是"动""静"搭配。其内在的机制就在于"盖课前课后，无论其如何预备如何处理，不限时间，自可措置裕如。若授课之际，则分秒光阴，贵于黄金，脱一不慎，因一组而累及三

---

❶ 《教育杂志》1916 年第 8 卷第 9 号.

❷ 《教育杂志》1910 年第 2 卷第 3 号.

组，驯至秩序紊乱，无从下手，于心何忍乎？故直接教授时，讲解问答，务求简要正确。自习时，属于个人者，使全组监督，笔记其要项，处以相当之结果；属于共同语者，予以适切之材料，务与他组直接教授时间，适相契合。如此支配，庶不致空费时间耳。总之，时间短少者，忌授繁复之材料；时间较长者，忌授轻易之材料，是乃单级教授之要诀也"。这里所概括的教学原理或"要诀"确实是理论与实践相结合的产物，揭示了该种教学组织方法的根本问题，不仅有理论创新，而且提供了操作技术。作者撰写此文的意旨在开篇中明白告知如下：

> 近顷以来，参观本校者渐多。参观必及于单级，有团体者，有个人者，络绎而来。不佞何幸，得与诸教育家共相研究。夫单级教授之利益，人皆知之，单级教授复杂，世亦公认之。研究单级教授者，正因其复杂而特别注意焉，愈研究则愈多趣味，而教授上愈形完满，是亦大快事也。然而参观者强半肩任教务，自远方来兹，时间有限，或作一时之考察，或为一日之调查，至多者不过三日以上，而其研究之热度，几达沸矣。参观时之笔记，及参观后之下询，每不厌其精详，有绘儿童坐位之排列图者，有摘录教授顺序者，有抄时间表者，有索教授草案者，种种细密工夫，无非欲彻底单级教授之真相而已。虽然教授之作用是活动的，非呆滞的。今日教授如此，明日未必如此；甲课教授如此，乙课教授未必如此。神明变化，方法靡穷，则几时间之参观，一二日之考查，仍属外貌而非内容，仅部分而非全部。夫内容与全体之实施，亦难言矣。例如各科教授细目，各学年之教材，悉数举出，将成盈寸之巨册，自非短帙所能详尽。无己，先贡一周之教授法，敬求教育家纠正之。❶

此外，侯鸿鉴还撰写了《最新式七个年单级教授法》一书（中华书局1913 年版）。朱元善从学级编制上探讨复式教授、合级教授、二部教授的差异及优劣，并阐述教授和训育的实效。❷ 从中获悉，单级复式教学法在当时教育界有极高的热情声浪，而教学方法实验对于教学教育效果价值很大。

（二）自学辅导主义

所谓自学辅导主义，"实即辅导其自学自习"的意思，其出发点有两个方

---

❶ 《教育杂志》1914 年第 6 卷第 1 号.
❷ 朱元善. 论复式教授［J］. 教育杂志，1914，6（1）.

面：一是防止在教学过程中由教师包办一切，旨在发展儿童的积极性与自主性；二是在学生自学的同时，教师要加以必要的辅导，以减少学生在暗中摸索的困难和浪费。其具体办法是让学生自己先学习教材，遇到困难的地方，再由教师加以辅导。应该说，自学辅导法首先是因为它有助于解决"单级教授"过程中一部分学生处于"放任自流"的消极状态。事实上，介绍宣传自学辅导主义的俞子夷等人恰恰就是清末最先推广试验"单级教授"的一批教育家。如果将自学辅导法与传统教学法相比较，很显然，它与传统教学法的不同之点就在于把儿童看作学习的主动者而不是旁观者，故教学的目的"亦不仅在传授知识技能，而于养成儿童之实力及习性为要件。且以儿童自力研究之进行方法，认为教授法终极之目的"❶。同时，自学辅导法并不否认教师的主导作用，它依然保持了传统教学的教材中心、课堂教学的形式，只是加强了学的方面的作用。与传统教学法相比，它的长处在于能以儿童为主体，教师只不过从旁指导而已，可以养成儿童自学的习惯，以后碰到困难的问题也肯自求解决。它的特质在于：反教师本位而为学生本位；反教授本位而为学习本位；反机械的记忆暗诵而为理解的实验和运用；排斥强制的注入，而唤起儿童自学的动机；反个性的压迫而主张自发的活动；反旧日无意识的模仿，而注重创造的制作。❷它的出现，从更广泛的意义上看，是对传统教学只重视教师的讲授，忽略学生主动学习痼疾的一种批判和改革。

从教学理论来分析，自学辅导主义无疑是对传统教学纠偏补弊较为成功的产物。虽然在传统教学中，也承认发挥教师和学生双边的积极性和主动性，但其主要的特点则是以教师为中心，学服从于教，讲授教材占据课堂教学的大部分时间，学生很少有独立看书、思考问题的机会，学生的潜力不能得到很好的发挥。因而学生在教学中的主体地位得不到很好的体现，教师的主导作用也没有发挥出应有的功能。自学辅导法则比较正确地反映了教与学的关系，它既不是由教师全包全揽，滔滔不绝地讲授所有知识，也不是让学生无师自通，而是一种在教师指导下学生自学新知识和技能的教学形式，因而能有效地体现出教师的主导作用和学生的主体地位。传入我国教育界后，它立即成为我国中小学一种常用的方法，在教学实践中影响深远，即使是在设计教学法、道尔顿制盛

---

❶ 俞子夷. 欧美新教育之趋势·新教授法之根本原则［J］. 小学校，1914（2）.

❷ 李晓农，辛曾辉. 乡村小学教学法［M］. 长沙：黎明书局，1936：26－27.

行的时期，自学辅导法也被交错着采用，甚至被时人认为"在各种教学方法中，其价值之为人们注意，没有过于自学辅导者"❶。1919 年 3 月，《教育杂志》刊登天民的《自学主义教授法》和蒋昂的《自学辅导之书法教授》等，均为其传播和实验的主要著述。此处对论者的言论主张不再重复介绍，而集中以近代教学法专家俞子夷的经历及认识加以理解或诠释。

> 自有复式、单级、二部以来，就有多人怀疑，甚至反对，理由是教师照顾不周，部分儿童自己摸索，徒然浪费时间。究竟是否成绩比单式编制差，却无具体证明。
>
> 撇开单级、复式、二部等编制问题，专从教法本身谈"自学"与"辅导"。以"学"字代"习"字，可能著者作同义语看。不仅自学，且有"辅导"，这是新的，比较全面。自学而有辅导，辅导与自学配合。这样就把反对者所谓"瞎摸"，加以驳斥。
>
> 同是主张自学辅导，出发点不同，目标各异。一种用以防止教师包办一切，旨在发展儿童的积极性。另一种恰相反，用以减少学生暗中摸索的困难与浪费。严格而言，自学辅导仅是一种补偏救弊的办法，不能作为独特的教学方法。两种流派并未因采用自学辅导而改变其本质。
>
> 自学辅导法有个争论问题，即自学的时间与地点。在校内，条件比家里好。在家里更不易得到辅导的机会。后来，美国研究中学教育者有主张双节制者，即某科连排两堂，学生自习包括在内。但如此则须延长上课时间很多，实施颇多困难，因而不易推行。
>
> 总之，从传统的私塾教法变成学校里的班级教法是突变；注入式而启发式而自学辅导均只能算是渐变。❷

俞子夷这里所述的有关内容大致从一个侧面反映了自学辅导主义教学法实验及困惑的史实，其棘手之处又反映了教学中教师与学生、干预与自由、组织与活动以及讲解与探究等因素之间的辩证关系及合理量度的把握问题。❸ 这些教学法的介绍与试验，从一定意义上讲，都是受国民教育思潮的影响开始宣

---

❶ 龚启昌. 中学普通教学法 [M]. 上海：商务印书馆，1946：269.

❷ 俞子夷. 现代我国小学教学法演变一斑 [G] //李桂林，戚铭琇. 中国近代教育史资料汇编·普通教育. 上海：上海教育出版社，1995：733－736.

❸ 《教育杂志》1919 年第 11 卷第 3 号.

传、介绍、试验的。而从方法论上而言，这是近代实证主义思想方法指导下的教育改革在教学领域的反映。

四、促进国语统一运动

国民教育思潮的兴盛有助于国语统一运动的推行，国语统一运动与国民教育有密切的关系。1916 年蔡元培、黎锦熙等发起成立国语研究会，主张"言文一致""国语统一"。1917 年 10 月，全国教育会联合会向教育部提交《请定国语标准并推行注音字母以期语言统一案》，在全国引起较大反响。1918 年 7 月，南京高等师范学校开设国语讲习科，利用暑假培训苏、皖、浙三省师范学校国文教员。各地亦纷纷推广。同年 12 月，教育部公布"国语统一运动"。它与改文言文为白话文运动一起，对义务教育、普及文化科学知识起到了推动作用。❶ 该场运动的目的，无论是开始时期求得"言文一致"，还是后来旨在达到"国语统一"，都有利于识字教学，并有效地推进了国民教育的实施。

（一）清末国语统一与教育推行

"国语统一运动"可以追溯到"戊戌变法"时期，初始研究的是"切音"。语言学家、教育家黎锦熙说：

> 切音运动的动机，就在他们目击甲午那一次战败，激发了爱国的天良。大家推究原因，觉得日本的民智早开，就在人人能读书识字，便归功于他们的五十一个假名；一方面又有几位到过西洋的，不但佩服他们文字教育之容易而普及，更震惊于他们"速记术"之神速，于是乎群起而创造切音新字。❷

研究最著者卢戆章亦云："国之富强，基于格致；格致之兴，基于男妇老幼皆好学识理。其所以能好学识理者，基于切音为字，则字母与切法习完，凡字无师能自读。"❸ 可见，推广"切音"识字，是为适应推广国民教育、开启民智的需要。

随后，从"切音"推向"简字"阶段。王照最具代表性。他仿日本假名，

---

❶ 《教育大辞典》编纂委员会. 教育大辞典（第十卷）［M］. 上海：上海教育出版社，1991：404.

❷❸ 黎锦熙. 三十五年来之国语运动［G］//庄俞，贺圣鼐. 最近三十五年之中国教育. 上海：商务印书馆，1931：63－64.

取汉字偏旁或部分笔画，定为"官话合声字母"，分五十声母，十二韵母，主张以北京话为全国统一的标准话。1905年，他赴保定创设"官话书报社"；次年回京，创设"官话字母义塾"，运用注音字母开展普及教育实验。出版注音的《三字经》《百家姓》《千字文》，作为义塾的教材。后编辑出版官话注音的《地文学》《动物学》《植物学》《家政学》《算术》等教材，还创办了《拼音官话报》，将官话字母推广传播于北方各省，影响甚广。中华民国成立后，王照于1913年被教育部聘为"读音统一会"会员。同年召开国语读音统一会，被推为副议长；其据《官话合声字母》所提之方案，多被采纳。❶

王照于1900年以芦中穷士笔名在天津出版《官话合声字母》之后，为名士严修、吴汝纶所赏识，上书请求推广。1904年《奏定学堂章程》中规定"各学堂皆学官音"：

> 各国言语，全国皆归一致，故同国之人，其情宜洽，实由小学堂教字母拼音始。中国民间，各操土音，致一省之人，彼此不能通语，办事动多扞格。兹以官音统一天下之语言，故自师范以及高等小学堂，均于中国文一科内，附入官话一门。其练习官话，各学堂皆应用《圣谕广训直解》一书为准。将来各省学堂教员，凡授科学，均以官话讲解，虽不能遽如生长京师者之圆熟，但必须读字清真，音韵郎畅。❷

清末立宪时期，对学习官话屡有倡议。1909年《奏定分年筹备事宜》规定：各省学务司所在省城初级师范学堂兼习官话。1910年12月，学部"通饬各省中小学堂一律添设官话课"，称"至师范学堂官话一科，所关尤为重要，应由提学使司切实督率办理，将来毕业生日多，小学各科皆可用官音教授，俾收统一言语之效"❸。总之，在国民教育思潮的影响下，国语教育的呼声已愈来愈高。

（二）民初的国语运动与新文学运动

民国成立后，蔡元培在1912年7月10日中央教育会议上提及国语统一问题："其中有一大问题，是国语统一办法。现在有人提议：初等小学宜教国语，不宜教国文。既要教国语，非先统一国语不可。然而，中国语言各处不

---

❶　顾明远. 中国教育大系·历代教育名人志［M］. 武汉：湖北教育出版社，2004：485.

❷　陈学恂. 中国近代教育史教学参考资料（上册）［M］. 北京：人民教育出版社，1986：542.

❸　《教育杂志》1910年第12期.

同，若限定一地方之语言为标准，则必招各地方之反对，故必有至公平之办法。国语既统一，乃可定音标。从前中央教育会虽提出此案，因关系重要，尚未解决。"❶蔡元培将该问题在教育部第一次会议预案采集分类之中提出，一则显示其所处全国性会议规格、地位的隆重，再则说明《学校系统》《各学校令及规程》《教育行政之关系》《学校中详细规则》以及《社会教育》五类预案中均涉及国语教育或作为传媒工具的使用问题，至为重要。于是，1912 年全国临时教育会议中有采用注音字母的议决案，初读成立，不付审查，当场讨论，全案通过，省略再读及三读。"原案称'采用注音字母案'，决议改为'切音'，由部召集于音韵之学素有研究之人，及通欧文两种以上之人，公同议决。并与各省城召集方音代表，以备咨询，字母既定，编成切音字典，发行全国应用。"❷

1913 年，读音统一会成立，议决《国音推行方法》。1915 年 12 月 22 日，教育部呈准试办注音字母传习所，并通知各省酌派师范生到所学习。次年 10 月，蔡元培、吴敬恒、黎锦熙等发起成立国语研究会，主张"言文一致""国语统一"。同时，平民主义教育思潮开始出现，新文学运动渐趋高潮，促使国语运动更加勃兴。其中，新文学运动（后来嬗变为文学革命）与国语教育的关系尤为密切。1917 年 1 月，胡适在《新青年》第 2 卷第 5 号发表《文学改良刍议》一文，认为"今日而言文学改良者须从八事入手"，即"须言之有物""不模仿古人""须讲求文法""不作无病之呻吟""务去滥调套语""不用典""不讲对仗""不避俗字俗语"❸。2 月 1 日，五四运动的旗手，近代教育家陈独秀在《新青年》第 2 卷第 6 号发表《文学革命论》，以激进主义的态度和方式将文学的新旧转型推到风口浪尖。他提出文学革命的三大主义：推倒雕琢的、阿谀的贵族文学，建设平易的、抒情的国民文学；推倒陈腐的、铺张的古典文学，建设新鲜的、立诚的写实文学；推倒迂晦的、艰涩的山林文学，建设明了的、通俗的社会文学。❹

❶　蔡元培. 全国教育临时教育会议开会词［G］//陈学恂. 中国近代教育史教学参考资料（中册）. 北京：人民教育出版社，1987：142 - 143.

❷　我一. 临时教育会议日记［G］//朱有瓛. 中国近代学制史料（第三辑·上册）. 上海：华东师范大学出版社，1990：18.

❸　白吉庵，刘燕云. 胡适教育论著选［M］. 北京：人民教育出版社，1994：41.

❹　戚谢美，邵祖德. 陈独秀教育论著选［M］. 北京：人民教育出版社，1995：94.

际兹文学革新之时代，凡属贵族文学，古典文学，山林文学，均在排斥之列。以何理由而排斥此三种文学耶？曰：贵族文学，藻饰依他，失独立自尊之气象也；古典文学，铺张堆砌，失抒情写实之旨也；山林文学，深晦艰涩，自以为名山著述，于其群之大多数无所裨益也。其形体则陈陈相因，有肉无骨，有形无神，乃装饰品而非实用品；其内容则目光不越帝王权贵，神仙鬼怪，及其个人之穷通利达。所谓宇宙，所谓人生，所谓社会，举非其构思所及，此三种文学共同之缺点也。此种文学，盖与吾阿谀夸张虚伪迂阔之国民性，互为因果。今欲革新政治，势不得不革新盘踞于运用此政治者精神界之文学。❶

新文学运动与国语运动同气连枝，合为一体，使文学界翻天覆地，跨入惊涛骇浪的怒涛之中，也涤荡着人们的旧思想观念及表述方式，促使国语教育平民化、生活化及实用化，而这三大趋向既是国民教育、义务教育的核心，也是现代教育的标准或鲜活象征。

（三）教育专业社团融国语运动与教育改革为一炉

教育专业社团组织也很快将目光转向新教育改革的这一现代潮流走势，并给予积极提倡或实际推行。全国教育会联合会于 1917 年 10 月 10 日选址浙江教育会召开第三届会议，会议议决案中共十三件教育事项，第四项即为《请定国语标准并推行注音字母以期语言统一案》（陈教育部）❷。该议案内容称：

我国语言不能统一，凡事每生障碍，欲谋教育普及，亟宜采取与文相近之语言，编制一种标准语，以蕲国语之改良，且助文化之进步。考之东西各国，其小学校不称国文科，而称国语科者，盖有由也。至于读音统一，实为语言统一之初步，故大部于民国二年时，特开读音统一会，公制注音字母三十九，专讲读音，作统一语言之基础。民国四年，在京试办注音字母传习所，分级教授，成绩颇良，更编电码、旗语等，亦堪应用。若将此项字母推行各地，于语言之统一，不无裨益。拟请大部速定国语标准，并设法将注音字母推行各省区以为将来小学国文科改国语科之预备。

---

❶ 戚谢美，邵祖德. 陈独秀教育论著选［M］. 北京：人民教育出版社，1995：96 - 97.

❷ 全国教育会联合会第三届开会纪略［G］//陈学恂. 中国近代教育史教学参考资料（中册）. 北京：人民教育出版社，1987：470 - 471.

是否有当，谨祈鉴核施行！❶

清末民国在全国最有影响力的地方教育社团当推江苏、浙江、直隶（河北）、湖北、广东诸省教育会，他们对国语教育的态度积极主动，组织实施也颇为雷厉风行。以下是江苏省教育会的活动方案：

> 统一语言为普及教育之基础。惟各校向用土音教授，骤图改变，不免感受困难，爰办国语补习会。推沈恩孚主任讲文字形体学，敦请江谦讲声母韵母，分组选习。每组均在百人以上，并延北京注音字母传习所毕业之李文元教授国语。于七年三月四日开会，旬日闭会。九年三月起，复按照全国教育会联合会议决推行国语以期言文一致案，续办注音字母传习所。仍推沈恩孚为主任，延辛景文为助传习。顺序为注音字母、发音部位、读法拼法、南北音不同之要点及讨论练习国语之方法五项，分四期办理。第一期由各师范学校及附属小学各选送职员、教员三人入会，三月十五日开始，十九日闭会，到会者十一校二十九人。第二期由各县劝学所选送各小学校教员，每校一人，四月十二日开始，十六日闭会，到三十九县七十五人。第三期由上海劝学所选送各小学教员，每校一人，四月十九日开始，二十三日闭会，到三十校五十三人。第四期由前三期未及选送者补送，五月十七日开始，二十一日闭会，到八县十九人。综四期传习人数共四十七县四十一校一百七十六人，旁听者约百人。❷

从上述全国教育会联合会的重视程度，以及各省教育会的风行草偃、认真负责做派，均可看出全国各地对此的欢呼拥护态度。在全国教育会联合会及江苏省教育会的推动下，教育部于 1918 年 6 月召集全国高等师范学校校长来京会议，议决于国立高等师范附设国语讲习科，"专教注音字母及国语，以养成国语教员为宗旨"。议决案全文内容如下：

> 吾国语言不能统一，为政教上之大障碍，已为一般教育家所公认，是以第三次全国教育会联合会议决案内，有请定国语标准并推行注音字母以期语言统一之案。江苏省教育会亦有酌定各学校用国语教授办法之呈请。

❶ 邰爽秋，等. 历届教育会议议决案汇编·戊·第三届全国教育会联合会大会议决案 [M]. 上海：教育编译馆，1935：12.

❷ 朱有瓛，钱曼倩，戚铭琇，霍益萍. 中国近代教育史资料汇编·教育行政机构及教育社团 [M]. 上海：上海教育出版社，1993：289－290.

且北京南京两高等师范学校已设有国语一科。其余各高等师范学校，亦得次第设立，以期造就师资。惜限于在校学生，未能普及，本会公同讨论，拟由高等师范学校于夏期增设国语讲习科，以为推广国语教育之预备。❶

教育部同时公布《国语讲习科简章》，其主要内容如下：讲习科由北京高等师范、武昌高等师范、沈阳高等师范、南京高等师范、广东高等师范、成都高等师范、陕西高等师范七所国立高等师范学校组织，学员从各省区中学教职员中选派，修业期限为每年暑期两个月，讲授科目包括注音字母、声音学、国文读本、会话、文法、成语、翻译、演讲、国语、国语教授之研究。

1918 年 11 月 23 日，教育部正式公布 1913 年由读音统一会议制定的注音字母表，共三十九个字母。国语统一与白话文教科书的编写，差不多与此同时，一些学校改用国语编辑课本。1919 年 4 月 17 日，国语统一筹备委员会召集在京会员开成立大会，至 25 日闭会。会议议决拟请教育部推行决议案：《加添闰母的提议》《国语统一进行方法案》《编辑国语辞典及国语文典入手办法案》《国语辞典之编纂拟博采海内方言案》《拟请教育部推行国语教育办法五条案》《欲谋国语统一宜先推行注音字母案》《请颁行新式标点符号案》《加添注音字母议案》。❷ 其中，以第二、第五件决议案最为重要。第二件议案主要内容是在注音字母公布、国音字典出版后，统一国语的要事安排。

1. 编辑国语辞典

语言不一诚然是统一语言的大障碍，但是事物的名称和连接语言的虚字语助也是各处不同，应该设法统一才好。譬如南方人叫作"洋火"，北方人叫作"取灯儿"；苏州人说"那亨"，北京人说"怎么样"。这些分歧不一的辞头应当搜集起来依了一定标准，斟酌取舍，编为国语辞典。

2. 编辑国语文法

字与字相积如何能成得句，句与句相积如何能成得文，这里面配合错综，当然有一个天然的系统，要是不从这里面寻出个条理来，用归纳的方法编成一部国语文法，恐怕音、字、辞三种虽然能统一，到配合起来仍旧是方言的变相，并不是全国一致的语言……必须有了一部国语文法才能使

❶ 朱有瓛. 中国近代学制史料（第三辑·下册）［M］. 上海：华东师范大学出版社，1989：487－488.

❷ 陈学恂. 中国近代教育史教学参考资料（中册）［M］. 北京：人民教育出版社，1988：438.

它统一。我们现在要编辑这一部文法应当注意于三个要点：（1）简易。统一国语应当从国民学校和高等小学入手，而国民、高小两种学校的学生程度都很低，学生自己所作的文字不必说，就是教科书中所载的模范文字也大都是章法、句法，不堪复杂，所以我们编辑国语文法也该以简易为主，以应目前的需要，那高深繁复的一部分不妨划归中等和中等以上的学校，将来另行编辑。这种办法，在编辑人一方面可以易于成功，不至于旷日持久，在学生一方面也可以得到一种所供适合于所求的课本，不至于虚糜脑力。（2）求合现代。我们说"这样"，晋朝人说"宁馨"；我们说"怎么"，宋朝人说"怎生"。"宁馨"和"怎生"在专门研究文学的人诚然是不可不知的，但是和统一国语无关，可以存而不论。（3）求其普通。同是一个第三位的人称代词，地位又同在长江以南，然而苏州人说"俚"，上海人说"伊"，常熟人说"渠"（读如 ge），江阴人说"他"（无锡人读"他"为 do，常州人读为 da，宜兴人读为 to，都是读音的不同，与本节无关），把"他"字和"俚""伊""渠"相比，自然是"他"字较为普通，那就应当选用"他"字，把其余各字一概舍弃。

3. 改编小学课本

统一国语既然要从小学校入手，就应当把小学校所用的各种课本看作传布国语的大本营，其中国文一项尤为重要，如今打算把《国文读本》改作《国语读本》，国民学校全用国语，不杂文言，高等小学酌加文言，仍以国语为主体。国语一科以外，别种科目的课本也应该一致改用国语编辑，这项课本中所载文字内容是否与国音字典、国语辞典、国语文法相结合，应由本会组织一个委员会随时审查。

4. 编辑国语会话书

统一国语非但是希望统一语音和统一用国语，所做的文字也非但是希望学界一部分的人的语言统一，实在要希望全国人民除他原有的方言以外，人人都能说一种国内的公共语，所以除学校课本以外，应当编辑种种材料丰富、切合实用的会话书来，使大家可以有一个说国语的张本，这种办法虽然有些近乎机械的，但是要实实在在做到"统一"二字就非如此不可。

这项会话书应该体察社会情状或应用的不同，分册编述。如学生用、

商人用、妇女用、旅行用等。❶

第五件议案内容主要是谋划学制内相关学校如何推行国语教育的措施策略，共有五条。

（1）师范学校于国文功课内兼授国语也。国文功课三分之二仍依旧法教授，复划出三分之一专教国语。至教员是否深明普通话及学过注音字母而宜于是科者，须由学务局或教育厅检定之，庶发音不讹得有正确之教授。

（2）师范学校内附设夏期国语讲习会也。此项讲习会为高等小学校、国民学校与乙种实业学校之教师而设，但因地理上关系，中等学校之教师亦得住听，凡听讲满期者给以证书。如是试办四年，以期普及。

（3）第五年后教员检定实验时加国语一门，凡国语不认为合格者，不得充以上各项学校之国文教师。

（4）第六年后全国国民学校改国文为国语，高等小学校及乙种实业学校则以今日国文功课二分之一教授国语，中学及甲种实业学校则以国文功课三分之一教授国语。

（5）同年后凡师范、中学、甲乙种实业暨高等小学、国民学校等修身等各学科，如愿以国语教授，不用国文者，听之。易言以明之，即各种教科书或讲义亦得用语体文是也。❷

这里将传统意义的语文区分为语言、文学两部分，强调国家、国族元素的价值，故以国语、国文作为称谓，前者意为本国人民共同使用的语言，指汉语普通话语；后者意为本国的文字，指汉语汉文。在国语运动中强调前者统一的必要性及教育手段的作用，所做的设计及陈述是有意义的。

1920 年 1 月 12 日，教育部批准"国语统一筹备会"提出的《国语统一进行方法案》："兹定自本年秋季起，凡国民学校一、二年级，先改国文为语体文，以期收言文一致之效。亟令行该厅局校令所属各校，遵照办理可也。"❸此为我国学校废弃文言，采用国语的第一个法令。1920 年 1 月 24 日，北京政

---

❶　陈学恂. 中国近代教育史教学参考资料（中册）［M］. 北京：人民教育出版社，1988：438 - 440.

❷　陈学恂. 中国近代教育史教学参考资料（中册）［M］. 北京：人民教育出版社，1988：441 - 442.

❸　教育部. 令行各省改国文为语体文［J］. 教育杂志，1920，12（2）.

府教育部修正《国民学校令》第十三条、第十五条，将"国文"改为"国语"，明确规定国民学校第一、第二、第三、第四年级均学"语体文"，并修正《国民学校令施行细则》第四条、第十二条。第四条规定："国语要旨，在使儿童学习普通语言文字，养成发表思想之能力，兼以启发其德智。首宜教授注音字母正其发音；次授以简单语词、语句之读法、做法；渐授以篇章之构成，并采用表演、问答、谈话、辩论诸法，使练习语言"；"读本宜取普通语体文，避用土语，并注重语法之程序。其材料，择其适应儿童心理并生活上所必需者用之。"第十二条将"国文"改为"国语"。❶ 对上述教育法令和文件的价值，现代思想家、教育家胡适给予充分肯定："这个命令是几十年来第一件大事。他的影响和结果，我们现在很难预先计算。但我们可以说：这一道命令把中国教育的革新至少提早了二十年。"❷ 从此，中国学校教材史正式进入白话文教科书的时期。

吴研因（1886—1975）是中国近现代教育家，一生致力于研究小学教育及编写教科书。早年曾任上海中华书局、商务印书馆编辑，江苏省立第一师范学校教员兼附属小学主任，上海尚公学校校长，为小学低年级学生自编油印教材，开小学使用白话文教科书之先河，所编《新法教科书》（1920）、《新学制教科书》（1923）等多种小学教材和教员用书为当时广泛使用。1931 年参加由蔡元培、朱经农等主编《最近三十五年之中国教育》一书的编写工作。1935年 9 月与叶圣陶、王志瑞等发起编写"小朋友文库"，旨在为小学生提供合适的课外读物。1947 年 11 月任教育部国民教育司司长，中华人民共和国成立后，历任教育部初等教育司司长、中学教育司司长。他以这样的独特经历及关于中小学教育的研究造诣，曾在 1936 年、1973 年恰好新旧中国社会两个时段发表论著文字，回顾中小学教材变迁，尤其是白话文教科书的意义。

> 清朝末年跟民国六年以前的小学教科书，都是文言，商务印书馆最新教科书的文言，虽然比蒙学读本、蒙学课本的文言简明了些，但是要儿童了解，仍是很不容易。所以，接着商务印书馆等又有材料比较少、文字比较浅显的所谓简明教科书等出版。民国元年，中华书局崛起，发行一套新

---

❶ 中央教育科学研究所. 中国现代教育大事记 [M]. 北京：教育科学出版社，1988：17.
❷ 胡适. 国语讲习所同学录序 [G] //白吉庵，刘燕云. 胡适教育论著选. 北京：人民教育出版社，1994：122.

中华教科书，这类教科书，文字反不简明，虽然因为政治的关系，很被小学教育界所采用，但是不旋踵就自然消灭。商务、中华为求适应时势需要起见，又各编了材料更少、文字更浅显的教科书，所谓共和国教科书、新制教科书、实用教科书、新式教科书等相继出版，但是文言无论如何浅显，儿童总不能直接了解。小学教科，把五分之四的功夫，用在读书上面，结果也只造成了少数勉强能文的高才生，跟所谓国民教育相差太远。民国六年左右，我们觉得文字是一种工具，文言、白话功用差不多，但是白话文是用语言写出来的，读时容易明了，不必花去翻译讲解的功夫，作文也容易，要说什么就写什么。因此，主张小学用白话文编教科书。就在所办的小学里，自编白话教材，教授儿童。坊间教科书，首先加入一两课白话课文的，就是中华的新式教科书，办法很不彻底。到了五四运动以后，文学革命和国语运动的高潮掀起，北京教育部也竭力提倡国语，于是民国九年以后出版的小学教科书，例如商务的新法教科书、中华的新体教科书等，就都用白话编辑，文言教科书就渐渐地归于自然淘汰了。现在文言教科书几乎完全绝迹，即使有一两本还被书坊私卖，保守派私用，但是力量究竟薄弱得很，不久的将来怕也一定会因不便教学，归于自然淘汰的。小学教科书改文言为白话，这是一种重大的进步，也是小学教学的自然趋势，教育部的提倡不过是促其速成罢了，教育部即使不提倡，这趋势也自然会来的。所以现在虽然还有人主张小学教科书参用文言，或者竟强迫用文言甚至读经，我想这不过是一时的现象，将来也一定会自然消灭。小学教科书改用白话文的结果，小学儿童读书的能力确实增进了许多。❶

以教科书而论，《蒙学课本》《蒙学读本》《最新国文》《简明国文》等，都是用文言编成的。1917 年左右，北洋教育部黎锦熙等竭力提倡国语，成立"国语统一筹备会"，主张用白话文教学儿童，我们不约而同地在南方和北方互相呼应，白话文教科书就有了产生的趋势。到 1919 年五四运动后，全国教育会联合会和国语统一筹备会建议北洋教育部改小学"国文"为"国语"。1920 年北洋政府教育部就明令把小学一、二年级的国文改为语体文（白话），并规定于 1922 年废止旧时的小学文言教科书，

---

❶ 吴研因. 清末以来我国小学教科书概观 [J]. 中华教育界, 1936, 23 (11).

于是各书商就着手编辑起白话文教科书来了。❶

吴研因这里所指的各地出版机构出版白话文教科书，主要是指以商务印书馆、中华书局为代表的民营出版机构。近代出版家、教育家庄俞所撰《三十五年来之商务印书馆》一文中对此做了叙述，可资证实及延伸资源。

> 民国九年一月，教育部通令国民学校全用国语教授，高等小学国语与国文参合教授，本馆即根据通令编印新法教科书一套，首先出版。高梦旦、庄俞、吴研因、傅运森、庄适、凌昌焕、骆师曾等，分任编校，于教科书教授书外，特编自习书参考书，供师生应用，实开编辑上之新纪录。此外尚有简明、新体、实用、新著、民国、单级、复式种种教科书，相辅而行。❷

《第一次中国教育年鉴》也对此有所记录：

> 商务印书馆、中华书局编辑出版语体文教科书。如商务印书馆出版的中等学校用《白话文范》四册，是第一部采用语体文、全用新式标点符号并提行分段的中学教科书。此外，有新法初小教科书七种，高小教科书九种。中华书局出版《国语读本》等多种"新教育教科书"❸。

综上所述，清末民初的国民教育思潮对改革封建传统教育、实施近代新教育起到了一定的历史作用。但我们应认识到，由于阶级和时代的局限性以及规章本身的问题，清末民初的国民教育存在严重的流弊。如清末及袁世凯复辟时期，在内容宗旨甚至管理上都带有浓厚的封建性，规章与实施之间存在极大的差距，实际收效甚微，一系列措施流于形式。另外，规章中对国民教育推行的速度要求过高，地方豪绅又以办学为由增加苛捐，加重人民负担，甚至出现怨声载道的情形，酿成乡民毁学事件。国民教育是中国走向现代化的需要，但只有在政府有足够的重视、社会有一定的财力时，才能真正有成效。

尽管如此，国民教育思潮关于义务教育、普及教育、公民教育及强迫教育

---

❶ 庄俞. 国语运动与新法教科书［M］. 北京：人民教育出版社，1988：446.

❷ 吴研因. 国语运动与白话文教科书（1973年整理未定本）［G］//陈学恂. 中国近代教育史教学参考资料（中册）. 北京：人民教育出版社，1988：447.

❸ 中央教育科学研究所. 中国现代教育大事记［M］. 北京：教育科学出版社，1988：31.

等教育理论问题的讨论，丰富了教育思想认识，为后世教育家开辟了新的教育命题；由国民教育思潮所部分推进的民主社会国民意识觉醒，"民智"开发以及人力资源培训的价值认同，已经作为社会形态转变的历史定位而被铭刻；而国民教育思潮之于清末民初学制条文内容的变动、教科书的革命以及教学组织方法试验与改革等多方面的复杂、多线性相关度，则更是在中国教育现代化进程中扮演了重要角色。

第三章　军国民教育思潮

军国民教育思潮与国民教育思潮在清末民初的各个历史阶段几乎同时并存，也几乎同时衰歇，其萌生、发展、演变、高潮、退潮等在时间上和空间上、理论上和实践上具有一致性。爱国的教育界人士及其他社会人士曾以满腔的热情去提倡、鼓吹、宣传、推行，既有理论的阐发，又有实践的足迹。所有这一切都曾对中国社会、特别是中国教育产生过积极的作用，如维新派提倡国民教育、军国民教育，是为了造就新型国民、培养维新人才、实现维新变法的政治目的；民主革命派提倡国民教育、军国民教育，则是为了培养革命的国民，推翻清朝统治，发展资本主义。前者影响清末"新教育"运动，后者影响民初资产阶级性质的教育改革，而这两者都是中国近代教育改革与发展的里程碑。

军国民教育思潮的内涵是：寓兵于民，全民皆兵；批判传统的文弱教育，培养国民的尚武精神和军事素养，旨在反抗外来的军事侵略和国内的武力压迫，以求民族统一、国家独立；之后发展为学校军事训练、学校体育。

国民教育中往往兼及向国民传授军事知识、培养军事技能和军人风格。军国民教育的实施对象是全体国民，通过军国民教育将沿袭而来的崇尚文弱的习性一改而成为热衷武备与尚武。它们都是在近代外侮逼迫、国势衰微的特定社会历史条件下产生的，就其内涵或外延而论，确有互相交融、互相交叉的一面。因此，国民教育、军国民教育形成思潮后，论者往往谈及国民教育则提到军事教育，谈及军国民教育则又兼涉国民教育。

第一节　军国民教育思潮的源流及演变

清朝末年，帝国主义列强肆意侵略，激起了中国人民的极大愤慨。广大民众自发组织起来，武装反抗侵略。一些有志之士开始注重军事教育，维新派则提出"以民为兵"的观点，获得广泛响应，形成军国民教育思潮。民国初年，教育部门在征集教育宗旨意见时，与会者也大都赞成军国民教育，最后教育宗旨内容的有机组成部分就包括军国民教育。教育宗旨一经确定，又陆续制定、颁布了一些具体实施办法，使军国民教育思潮获得了广泛推行。

一、清末的军国民教育思潮

（一）地主阶级改革派提倡"师夷长技以制夷"

鸦片战争以后，中国传统的政治、经济、文化在西方坚船利炮的轰击面前出现动摇和倾斜。重文轻武，以"学而优则仕"为宗旨的封建传统教育对抵御外侮、振兴国家的时代使命束手无策。在这种历史背景下，开启了近代军国民教育的倡导与实施的历程。改革派的代表有龚自珍、魏源、林则徐等人，从思想史的地位而言，首推魏源。

魏源（1794—1857），字默深，湖南邵阳人。1822年考中举人，1825年受江苏布政使贺长龄聘请，代为编辑《皇朝经世文编》。1844年中进士，历任江苏东台、兴化县知县，后补高邮州知州。魏源运用今文经学，倡言改革弊政，对治河、盐法、漕运、教育等的改革都提出了积极建议。他揭露当时教育制度的积弊，抨击脱离实际、专重考证和空谈义理的学术风气，主张"以经术为治术"，把空谈性理的理学和烦琐考据的汉学都斥为"俗学"。作为近代最早主张了解外国国情、向西方学习的思想家，魏源编辑的《海国图志》是一部系统讲述西方历史地理以及论述战船、洋炮、水雷等西洋自然科学和军械制造的著作。他主张"师夷长技以制夷"，通过学习西方资本主义国家的先进军事生产技术，抵抗外国侵略者，达到富国强兵的目的。"是书何以作？曰：为以夷攻夷而作，为以夷款夷而作，为师夷长技以制夷而作。"❶他认为"夷"之长技有"一、战舰，二、火器，三、养兵练兵之法"，因此主张在广州设造船厂、火器局，并聘请法、美等国西洋技师，向他们学习制造新式武器和驾船、演炮等技术，同时又建议在科举项目中增加水师一科。

> 请于广东虎门外之沙角大角二处，置造船厂一，火器局一。行取佛兰西（法兰西）、弥利坚（美利坚）二国各来夷目一二人，分携西洋工匠至

---

❶　魏源. 海国图志叙 [G] //陈学恂. 中国近代教育文选. 北京：人民教育出版社，1983：2.

粤，司造船械，并延西洋舵师，司教行船演炮之法，如钦天监夷官之例。而选闽粤巧匠精兵以习之，工匠习其铸造，精兵习其驾驶攻击。……国家试取武生、武举人、武进士，专以弓马技勇，是陆营有科而水师无科。西洋则专以造舶、驾舶、造火器奇器，取士抡官。上之所好，下必甚焉，上之所轻，下莫问焉。今宜于闽粤二省，武试增水师一科，有能造西洋战舰、火轮舟，造飞炮、火箭、水雷奇器者，为科甲出身。能驾驶飓涛，能熟风云沙线，能枪炮有准的者，为行伍出身。皆由水师提督考取，会同总督拔取，送京验试，分发沿海水师教习技艺。❶

面对社会变局，早期改革派急于寻找中国落后挨打的原因，以及对付列强的制胜之策和振兴民族的富强之道，在把目光投注到一个陌生世界的同时，对传统的教育思想及其制度进行自我反省，从而迈开了近代教育改革的艰辛历程。近代军国民教育思潮的兴起，正是以此为背景及端倪的。

（二）洋务派开办军事学堂

经过两次鸦片战争的沉重打击，中国陷入深重的民族危机之中。在这种历史条件下，洋务派为巩固清王朝的统治，本着"变器不变道"的原则，发起了一场"求富""自强"的洋务运动，洋务教育是洋务运动的重要内容。洋务派在开办外国语学堂、工业技术学堂的同时，开办军事学堂，以培养军事人才。洋务派认为，当时中国内忧外患十分严重，要想"靖内患、御外侮，非讲求兵制不可"，"整顿陆营则内患不作，整顿水师则外寇不兴"❷。由此可见，洋务派的军事教育的目的，既有"靖内患"，镇压人民革命的一面，也有"御外侮"，反对外国侵略的一面。但是，由于种种原因，结果是"攘内"有功，"制夷"无力。然而，在洋务派设立的天津水师学堂（1880）、江南水师学堂（1890）、天津武备学堂（1895）以及各省添设的武备学堂中，有关军事、武备、训练的科目纷纷列入教学内容，这在近代课程发展史上尚属首次。

洋务派的军事教育性质、目的及具体措施与近代军国民教育有很大的差距，但仍不失其开先河之功绩，有着承前启后的重要作用。甲午海战的失败，标志着洋务派军事教育的破产。维新派及其他军国民教育的提倡者则从洋务派

---

❶ 璩鑫圭，童富勇. 中国近代教育史资料汇编·教育思想 ［M］. 上海：上海教育出版社，1997：10－11.

❷ 陈廷经. 同治三年十二月初四巡视南城掌四川道监察御史陈廷经奏 ［G］//中国史学会. 洋务运动（一）. 上海：上海人民出版社，1961：11.

那里获得了诸多有益经验或深刻教训。

（三）维新派首倡军国民教育思想

近代首次明确提出军国民教育思想的是资产阶级维新派。甲午战争失败后，变法自强以挽救危如累丸的国家民族，成为朝野上下有识之士的普遍意识。维新志士将救亡图存与富国强兵相联系。光绪二十一年（1895），康有为上书光绪帝，希望中国效法西方列强，"以民为兵"，选拔士兵"入学堂学习布阵骑击测量绘画"❶。他还主张设立武备学校，传授先进的军事知识和技术，培养适应近代战争需要的军人。康有为具有深厚的民族主义与爱国主义思想，主张军事与体育结合，强兵强民，抗敌御侮。他还根据国情，以大众为士兵，寓兵于农，主张青壮年应该到军营中去，参加军事训练，遇战事服从安排，其他时间回家种地。在《大同书》中，他指出各级学校都要关心卫生保健和体育训练，并特别关注兵式体操，有了"尚武"教育的愿景。

在近代，最先把武备教育升华，提出军国民教育称谓的是梁启超。他深化了老师康有为的相关思想，从"国势统一""儒教之流失""霸者之摧扬""习俗之濡染"等方面批评传统"重文轻武"的思想，宣传西方列强的"尚武"教育，认为西方的强大与"尚武"有关。中国应学习其教育理念与方法，"德育、智育、体育三者，为教育上缺一不可之物"，学生须进行"体操锻炼"，竭力倡行"尚武精神"，以拯救内忧外患的国家。他在长达十万字的《新民说》中专列《尚武篇》，集中阐述了他的军国民教育观。梁启超极力提倡效法斯巴达、德意志、俄罗斯的尚武教育。他由衷赞赏德意志"首创全国皆兵之法"，"全国之人，无不受军人之教育，具军人之资格"。在他看来，"有健康强固之体魄，然后有坚忍不屈之精神"。"欧洲诸国，靡不汲汲从事于体育"，相比之下，中国过去却"以文弱为美称，以羸怯为娇贵，翩翩年少，弱不禁风"，以致"血不华色，面如死容，病体奄奄，气息才属，合四万万人，而不能得一完备之体格"。现在中国已处于"群盗入室，白刃环门"的危险局势，假如还不重视培养尚武精神，则无异于"立羸羊于群虎之间，更何术以免其吞噬也？"❷

---

❶ 康有为. 上清帝第二书［G］//汤志钧. 康有为政论集（上册）. 北京：中华书局，1981：120.

❷ 梁启超. 新民说·论尚武［G］//林志钧. 饮冰室合集（第三册）. 北京：中华书局，1989：108－118.

梁启超在《中国魂安在乎》一文中说，国家要保护自己，必须有以尚武崇军为中心的国魂。只要全体大众认识到尚武崇军的重要性，国家的魂就有了，政府才有保国卫民的好方法。一个国家如果没有尚武的国民，虽然有文明、有知识、有众多的人口和广大的土地，也不能在竞争激烈的国际舞台上竞争。日本人有为出征的军人送别的传统，他参观后有些感触，写下了《祈战死》一文，向我国的民众宣传"入队之旗，祈其战死；从军之士，祝勿生还"这种舍身为国的精神。他还向民众呼吁，中国之弱在今日已经到了极致，不知道中国之弱者，是没有思想的人；没有救中国思想的人，是没有血性的人。❶1904年，梁启超又发表《中国之武士道》一文，影响很大，对促进国民尚武观念、强健体魄、保家卫国等进步爱国观念的形成和传播发挥了重要的作用。

同时，谭嗣同、严复等维新思想家也呼吁力、智、德为强国之本，号召学生通过军事体育训练增强体魄，培植符合社会需要的精神品性。严复于1895年发表《原强》一文，以英国生物学家、人类学家达尔文（Charles Robert Darwin，1809—1882）的生物进化论作为理论依据，揭明全体国民的竞争能力乃富国强民之依托。1898年，严复将英国科学家托马斯·赫胥黎（Thomas Henry Huxley，1825—1895）的《进化论与伦理学》论文集中的前两篇译为中文，定名《天演论》，主张人类社会如同生物体，受"物竞天择""适者生存""优胜劣汰"生物演化规律的支配。问世以后，这种带有深厚社会达尔文主义色彩的理论，深深影响了一代中国知识分子，增强了他们的民族危机感。他们认为，要改变"东亚病夫"的形象，必须强化"尚武"精神，提高国民的基本素质，而其中最有效的方式是从学校教育入手，使"尚武"观念根植于国民意识之中，从而有效地救国保种，抵御侵略。

康有为、梁启超、严复等维新派人士从抵御外侮的爱国思想出发，通过中西方在武备教育的态度、实施等方面的对比，痛感处在强邻四逼中羸弱的中国必须提倡军国民教育，怯文弱、振国势、扬国威。这种旨在以全民为军事教育实施对象的思想不同于洋务派以培养少数能对付西方列强"船坚炮利"的武弁为目标的军事学堂教育，具有全民性、爱国性。在当时的历史条件下，产生了相当的感召力，并且能适应社会的需要、符合民众的愿望。在社会达尔文主义理论的引领下，其传播加快，影响深远，在留日学生中的反响尤为明显。

---

❶ 齐建民. 近代中国军国民教育思潮及其对学校体育的影响［D］. 保定：河北大学，2001：21.

（四）留日学生为主体的民主革命派崇尚军国民教育

19 世纪末 20 世纪初，爱国青年中出现了一股"航洋游学"的留学日本热潮。1898 年 1 月，康有为向光绪帝进呈《日本明治变政考》，建议以日本为师，变法图强。他极力主张派遣学生赴日留学，上奏《请广译日本书派游学折》，并代山东道监察御史杨深秀写《请议游学日本章程片》等。张之洞是鼓动游学日本并积极推动实行的另一位代表人物。4 月，张之洞苦心孤诣所撰、力图平衡新旧两派文化教育纷争的名作《劝学篇》完成（中有专章《游学》以阐述游学日本为中心）；7 月，分发至各省督抚学政，广为刊布。清末"新政"改革过程中，张之洞到京师任学务大臣，执掌教育中枢，承续留日主张，但因其身份角色变动，而更具法规设计的作用。如与刘坤一联名奏请《筹议变通政治人才为先折》（1901 年 6 月）、《致京张冶秋尚书》（1902 年 3 月 9 日），均体现了此主题。其他如封疆大吏袁世凯《奏遣派学生赴日本肄业片》、山西巡抚张曾敔《奏选派学生赴日本就学折》都传递了留学日本的相关内容。在他们的推动下，清政府奖励留学，并作为章程内容加以规定，如《军机处传知总理各国事务衙门面奉之谕旨片》（1898 年 8 月 2 日）、《致日本国国书稿》（1898 年 9 月 7 日）以及张之洞与张百熙、荣庆制订的《奏定学堂章程·学务纲要》（1904）等。这就从政策法规层面为留日学生的出国学习、归国出路等方面提供了保障机制。1899 年，官费、自费留日人员只有二百人左右；到 1904 年，出现留日思潮，留学人数迅速攀升。据出使日本大使杨枢所述："现查各学校共有中国学生一千三百余人，其中学文科者一千一百余人，学武科者二百余人。"[1]

1903 年 4 月，湖南留日同乡会在自办的《游学译编》第 6 期发表专论，对此情形及意义做了恳切的说明，尤其是勉励、催动湘籍学子才俊东游留学，殷殷之情洋溢字里行间："夫今日何时哉！今日青年之今日更何时哉！痛哉，吾国今日如垂危之病，以学为药，而子弟出洋求学者，乃如求药之人。一顾种祸之大且急也，则青年之出洋求学之大且急随之；一顾种祸之关系于青年之大且急也，则我父老之监督勉励其青年之大且急亦随之。洞庭春月，衡岳秋风，日月如梭，人生易老，消磨奈何，曷航海乎来！"[2] 1906 年留日学生达万人以

---

[1] 杨枢. 具陈监管学务情形折 [G] //陈学恂，田正平. 中国近代教育史资料汇编·留学教育. 上海：上海教育出版社，1991：363.

[2] 佚名. 劝同乡父老遣子弟航洋游学书 [J]. 游学译编，1903（6）.

上，许多留日学生受当时日本军国民教育的影响，比较明确地提出军国民教育的思想及实施方法。其中，又以民主革命军事家蔡锷最为突出。

1900 年 4 月，蔡锷随唐才常回国参加自立军起事，失败后重返日本，进入陆军成城学校学习军事，立志"流血救民"。蔡锷早年读维新思想家严复的《原强》，尚不理解其"尤注重体育一端"，"谓为新议奇章"。在详细了解国际局势、考究各国盛衰之由后，方"知严子之眼光异于常人"，进而提倡军国民教育。

光绪二十八年（1902），蔡锷在《新民丛报》发表《军国民篇》，从教育、宗教、文学、风俗、体魄、武器、国势等方面分析中国民日贫、国日弱的原因。他认为要改变这种状况，就必须对国民进行军事教育。蔡锷大力倡导军国民教育，大声疾呼："居今日而不以军国民主义普及四万万，则中国其真亡矣。"❶ 同时，他还主张效仿斯巴达、德国、日本、美国及欧洲，实行全民军事教育，从社会各方面着手，改变我国民众文弱不武的现状，认为"军者，国民之负债也。军人之知识、军人之精神、军人之本领，不独限之从戎者，凡全国国民皆宜具有之"。同年，蒋百里著《军国民之教育》一文，认为军国民教育应该从培养民众爱国心、公德心、名誉心及提高国民素质与忍耐力四个方面为基本内容，并具体提出了军人精神教育的大纲及在学校、社会、家庭实施军国民教育的方法。❷ 留日学生办的《游学译编》《湖北学生界》《浙江潮》《云南》等刊物，纷纷鼓吹军国民教育，发表的文章中充满了"爱国保种""塑造国魂""不尚文弱""尚武爱国""不畏强暴""坚忍不屈"等言词，丰富了军国民教育的内容。随着国内形势的严峻，他们又组织有关团体开展活动。

20 世纪初，北方的沙俄侵占东北三省、新疆等广大地区，激起国人强烈愤慨。1902 年 3 月 15 日，上海一些爱国志士提出"力拒俄约，以保危局"，得到各地学生响应，拉开了拒俄运动的序幕。1902 年 4 月，中俄双方签订了《交收东三省条约》，规定自签字之日起，俄军需在一年半之内分三批撤出。然而，沙俄非但没有履行条约，反而增派驻军数量，还提出了无耻的要求。于是，群众性的拒俄运动迅速在全国范围内展开。1903 年 4 月 27 日，拒俄大会

---

❶ 曾业英. 蔡松坡集 [M]. 上海：上海人民出版社，1984：15.
❷ 瞿立鹤. 清末民初民族主义教育思潮 [M]. 台北：文物供应社，1984：106–107.

在上海召开，会上提出了"军国民之精神"。为了抗议沙俄对东三省的侵略，留日学生于 1903 年 5 月 2 日在东京召开大会，改拒俄义勇队为学生军。以后，由于日本政府的干涉，又改学生军为军国民教育会，确定宗旨为"培养尚武精神，实行民族主义"❶。留日学生有关军国民教育的主张通过各种渠道在国内传播，他们的实践活动又与救亡图存及探索富国强兵的时代主旋律相结合，军国民教育一时成为一股潮流。其形成的基本共识是：培养国民具有尚武精神和军事素养，去除文弱娇柔的习性，强身健体、能文能武，旨在抵御外侮、富国强兵。

他们提倡"革命之教育"，并与国民教育思潮相统一。如 1903 年 4 月，邹容写成《革命军》一书，指出"革命是国民之天职"，是"除奴隶而为主人的必由之路"。他主张"教育与革命并行"，革命教育的真正意义在于"导之脱奴隶就国民"，养成"上天下地、惟我自尊、独立不羁之精神，冒险进取、赴汤蹈火、乐死不避之气概"，使人知道"自由平等之大义"❷。经章太炎作序，《革命军》单行本发行后，很快风行全国。

在"革命之教育"的思想指导下，当时革命派从事革命活动时，很重视学校教育和社会教育等文教阵地。孙中山就明确指出，革命要"以学堂为鼓吹之地"。1902 年，章太炎、蔡元培等发起组织中国教育会，鼓吹民族主义的教育和编译教科书。蔡元培等人又于 1903 年在上海组成爱国学社，在开学典礼上指出，爱国学社重精神教育、军事教育，而所设计的科目应注重"锻炼精神""激发志气"的价值导向。❸据近代教育家俞子夷的追忆，爱国学社特别重视政治和军事体育，"学员迫切希望使自己成为文武双全的爱国者，对兵操的兴趣特浓。不论晴雨，各小队分头找小院、走廊等空地认真练习，并轮任小队长，学喊口令"❹。该社收容南洋公学和南京陆师学堂退学学生，反对洋务学堂"专制之毒"，也反对教会学校的殖民奴化教育。蔡元培等人还在社内组织军国民教育会，开展军事教育，进行军事训练，学社备有木枪，练习瞄准、射击。

❶　金冲及，等. 军国民教育会史实考辨［N］. 光明日报，1962 – 11 – 21.

❷　邹容. 革命军［M］. 北京：华夏出版社，2002：38 – 39.

❸　爱国学社. 爱国学社章程［G］//陈学恂. 中国近代教育史教学参考资料（中册）. 北京：人民教育出版社，1987：21.

❹　俞子夷. 中国教育学会与爱国学社［G］//陈学恂. 中国近代教育史教学参考资料（中册）. 北京：人民教育出版社，1987：13.

1905 年，光复会成员徐锡麟、陶成章在浙江绍兴创办大通师范学堂。1907 年起，女革命家秋瑾主持校务。大通师范学堂名为培养小学体育教师，实则为革命培养军事干部。所以除去一般课程外，学堂特别重视军事体育教育和反满思想教育。校内练习军操，组织义勇军，从事革命活动。在当时，大通师范学堂成为江浙一带的革命中心。蔡元培对此给予了高度评价："凡浙东秘密会党诸魁桀，皆以是为交通总机关，各遣其相当之徒属就学焉。公然陈武装，演说革命"；"谋以绍兴为根据地，施军事教育，为革命军预备。"❶ 上述民主革命派的宣传及实践活动，扩大了军国民教育思潮的影响，并发挥了其在辛亥革命以武装推翻封建清王朝斗争中的积极作用。

二、民国初年的军国民教育思潮

民国以后，军国民教育进一步受到重视。人们开始深入从教育自身的体系、结构等方面论述军国民教育问题。

（一）蔡元培的军国民教育思想

蔡元培（1868—1940），字鹤卿，号孑民。浙江山阴（今绍兴）人。"戊戌变法"后，开始研究新式教育，并致力于民主革命，曾先后任绍兴中西学堂监督、剡山书院院长、南洋公学特班总教习、中国教育会会长、爱国学社及爱国女学总理，辛亥革命后任南京临时政府和北洋政府教育总长。1915 年在法国组织留法勤工俭学会及华法教育会，提倡中国学生赴法勤工俭学。1916年任北京大学校长，实行"囊括大典，网罗众家；思想自由，兼容并包"的办学方针，对学校进行重大改革，成绩斐然。1927 年，任国民政府最高学术教育行政机关大学院院长、监察院长兼代司法部长和中央研究院院长。1929年他辞去所兼各职，专任中央研究院院长，领导科学研究工作。蔡元培是近代中国著名的民主革命家和教育家，为革命事业奋斗四十余年，毕生为中国教育文化事业努力工作，对近代中国教育界、思想界产生了深远的影响。

作为一位清末民初热心提倡军国民教育的教育家，蔡元培以教育总长的身份阐述其有关军国民教育的主张，影响颇深。他认为，清末提出的军国民教育，在民初更有提倡的必要：

❶ 蔡元培. 徐锡麟墓表［G］//高平叔. 蔡元培全集（第二卷）. 北京：中华书局，1984：280-281.

夫军国民教育者，与社会主义僻驰，在他国已有道消之兆。然在我国则强邻交逼，亟图自卫，而历年丧失之国权非凭借武力，势难恢复。且军人革命以后，难保无军人执政之一时期，非行举国皆兵之制，将使军人社会，永为全国中特别之阶级，而无以平均其势力。则如所谓军国民教育者，诚今日所不能不采者也。❶

由此观之，蔡元培提倡军国民教育之目的，不仅在抵御外侮、富国强兵，为民族资本主义的发展提供一个良好的国际环境，而且还希望通过普遍实施军国民教育，培养造就能与军阀势力相抗衡的国民力量，保卫辛亥革命的成果，为资本主义发展创造一个良好的国内环境。

早在辛亥革命前，蔡元培便积极倡导军国民教育。他在 1902 年创办的爱国学社、爱国女学中，为培养革命骨干，把军事训练放在首要位置，"教员热心的，一方面授课，一方面与学生同受军事训练……我亦断发短装与诸社员同练步伐，至我离学社始已"；"在爱国学社中竭力助成军事训练，算是下暴动的种子。又以暗杀于女子更为相宜，于爱国女学，预备下暗杀的种子。"❷

辛亥革命后，蔡元培认为政治革命时代已经过去，和平建设时期已经到来。他的军国民教育主张，除去军事训练外，也十分重视体育锻炼，并将两者统一于学校体育中。军国民教育相当于先秦六艺之"射御"，希腊教育之"体育"。他进一步阐述说："譬之人身，军国民主义者，筋骨也，用以自卫"，"历史之英雄，地理之险要及战绩，军国民主义也"；"兵式体操，军国民主义也；普通体操，则兼美育与军国民主义二者"；"尚武，即军国民主义也。"学校课程"其内容则军国民主义当占百分之十"❸。1912 年 1 月 19 日，教育部颁布《普通教育暂行办法》，第八条规定："高等小学以上体操科，应注重兵式。"同年公布的《普通教育暂行课程标准》对初等小学、高等小学、中学及师范学校体操课程的年限、教学时数及教学内容均做了详细规定。❹ 同年 1 月

❶ 蔡元培. 对于教育方针之意见［G］//高平叔. 蔡元培教育论集. 长沙：湖南教育出版社，1987：42 - 48.

❷ 蔡元培. 我在教育界的经验［G］//高平叔. 蔡元培教育论集. 长沙：湖南教育出版社，1987：614.

❸ 蔡元培. 对于教育方针之意见［G］//高平叔. 蔡元培教育论集. 长沙：湖南教育出版社，1987：42 - 48.

❹ 陈学恂. 中国近代教育史教学参考资料（中册）［M］. 北京：人民教育出版社，1987：167 - 175.

30 日，教育部在《通电各省督府筹办社会教育》一文中将"尚武实业"作为社会教育的内容。具体内容如下：

> 惟社会教育，亦为今日急务。入手之方，宜先注重宣讲，即请贵府就本省情形，暂定临时宣讲标准，选辑资料，通令各州县实行宣讲，或兼备有益之活动画影画，以为辅佐。并由各地热心宣讲员集会，研究宣讲方法，以期易收成效。所需宣讲经费，宜令各地方于行政费或公款中，酌量开支补助。至宣讲标准，大致应专注此次革新之事实，共和国民智权利义务，及尚武实业诸端，而尤注重于公民之道德。当此改革之初，人心奋发，感受较易，即希贵府迅予查照施行。❶

同年 12 月，教育部公布《师范学校规程》，要求师范生必须会体操教育法，以使身体匀称发展，强壮身体，坚定意志，活泼精神，养成守规律尚习同之习惯，并能领会高等小学校及国民学校体操教授法。体操课程的教学内容主要包括：普通体操、游戏及兵式体操，并教授法。女子师范学校免课兵式体操。❷ 这些规章基本上还是辛亥革命时期资产阶级革命派军国民教育观在学校教育及体育教学中的运用与实施。

蔡元培时为民国第一任教育总长，他的言论文字成为民初制定教育宗旨的基础。1912 年 9 月 2 日，教育部公布的新教育宗旨中，军国民教育作为教育宗旨的一部分指导教育实践，推行全国。教育界及社会其他人士响应附和者有之，讨论如何具体实施者有之，反响强烈。

（二）社会其他人士有关军国民教育的主张

民初讨论军国民教育的社会人士很多，此处举张謇、贾丰臻、伍达三人为例。张謇是近代实业家、教育家，在政界、实业界、教育界影响卓著。贾丰臻、伍达则是当时社会的一般学者。他们在军国民教育的实施方面提出了自己的见解，代表了当时的认识水平。

1. 张謇的军国民教育观

张謇（1853—1926），字季直，号啬庵。江苏南通人，清光绪二十年（1894）中状元，授翰林院修撰。1896 年投身实业，在清末立宪运动中发挥了

---

❶ 李桂林，戚铭琇，钱曼倩. 中国近代教育史资料汇编·普通教育 [M]. 上海：上海教育出版社，1995：951.

❷ 舒新城. 中国近代教育史资料（中册）[M]. 北京：人民教育出版社，1981：707.

重要作用。曾任南京临时政府实业总长和袁世凯主持下北京政府农林、工商总长等职。在长期的政治、实业活动中，他始终重视教育。1901 年以后，他陆续在南通和其他地区举办了一批文化教育事业（如通州师范、女子师范、南通纺织专门学校、南通医学专门学校、幼稚园、盲哑学校、博物苑、图书馆等），形成了一个以近代农工商科学技术、实业为中心，包括初等、中等、高等教育在内的学校教育和社会教育体系。

张謇主张将军队严格管理、集中意志的措施运用于学校，学校教育应力行严格、取向干涉与控制。"以教为育，便是干涉而非放任，放任者野蛮之事，干涉者文明之事……既干涉便有约束之事，有服从之事。"❶ 这其实是典型的近代传统教育派赫尔巴特教育管理论的精神体现，也与中国教育的传统管理方式类似。但若从军国民教育思想分析，又有其可采的因素，并且反映了其理论本真或特色。辛亥革命后，张謇目睹当时学校中一些学生"乃有误解以放任为共和，等秩序于弁髦，病严师为专制者"的现状，主张以严格教育，反对学生放任自流："军队无放任，学校无放任，此今日世界各共和国之通例。军队放任，则将不能以令；学校放任，则师不能以教。将不能令则军败，师不能教则学校败。"❷

张謇不仅强调教学组织形式、教学方法上要贯穿严格服从的军事组织及训练原则，还重视培养学生的武备精神，与培养学生的国家思想、实业知识三者并称为教育的"三大纲领"，"国家思想、实业知识、武备精神三者，为教育之大纲，而我邦之缺憾。师范造端教育，责任匪轻，故尤兢兢于国民教育，奖劝实业及师范体操，以兵式为主之定章"❸。

所谓"武备精神"，就是要有强健的体魄和尚武的精神，从精神和身体两方面提高国民的素质，使之能担任捍卫、振兴祖国的重任。因此，在张謇创办的各级各类学校中，体育、军事训练与其他学科并重，连小学也有诸如视察团、童子军、秩序比赛、避灾练习、运动会、远足会、球类比赛等活动项目。在学校体育中，张謇尤重军事体育，并在江苏南通全县定期举行军事体育运动

❶ 张孝若. 张季子九录·教育录（卷一）［M］. 北京：中华书局，1931：18.

❷ 张謇. 论严格教育旨趣书［G］//璩鑫圭，童富勇. 中国近代教育史资料汇编·教育思想. 上海：上海教育出版社，1997：517－518.

❸ 张謇. 师范章程改定例言［G］//陈景磐，陈学恂. 清代后期教育论著选. 北京：人民教育出版社，1997：155.

会，他不但亲自参加，而且还发表演说加以评判。他十分推崇近代瑞士及我国周代的教育：

> 近世瑞士之制观之，则国家之教育也，军旅也；社会之士也，兵士也；皆融而为一。周言教育，六德六行六艺并重，德行是道德行为上事，六艺之射御，军旅之事即寓焉，故教学童有舞象勺。❶

张謇针对当时教育中存在的问题及传统沿袭下来的"文弱"风尚，强调严格教育、武备教育，是切中时弊的。他主张通过学校体育教学及军事训练等途径实施军国民教育，并对具体内容、训练项目做了讨论，其中不乏可取之处。

2. 贾丰臻、伍达有关军国民教育的言论意见

贾丰臻在《予之教育观》中对"学校宜如何注意体育"提出有启发性的见解。贾丰臻认为，注意儿童身体的健康发育是小学阶段的重要任务，为此，体操、游戏应交插其他学科的学习中，定期举办远足会、学校运动会。中学阶段的体育科目内容，除体操、旅行、运动、学校卫生以外，宜仿日本，学习蹴鞠、网球、击剑、打靶、柔道、游泳、端艇、竞漕等项目。换言之，不同学龄阶段的体育有着不同的任务，在小学阶段，应注意保持儿童身体健康；在中学阶段，应注意加强身体素质，强健体格。贾丰臻分阶段安排体育教学的内容，基本上属强身健体、提高身体素质的范围。他视中小学体育为实施军国民教育的基础，学校体育的作用与影响不限于学校教育任务本身，"并可为实行军国民教育之预备也"❷。可见，贾氏主张的是全民的军国民教育。

1913 年，伍达发表《教科以外之教育》一文，提出：所谓"教科以外之教育"指的是学生在学校计划规定课程之外受到的教育，这种教育"其类别繁，其效用普，其影响于社会至远且大"，可分"集会教育""修养教育""补充教育""旅行教育""仪式教育""锻炼教育"等十种。"锻炼教育"即指军国民教育，旨在养成强健之体魄与坚定之心志，对于外界刺激不屈不挠，虽遭遇困难之境而能以勇往奋进之决心排除之。按此实施教育，"可以振起尚武精神，一洗文弱之习"；大之与人种强弱、国家存亡问题皆有直接的影响，"而合诸今日情势，尤属当务之急也"。他提出"教科以外"之军国民教育内容为

---

❶ 张孝若. 张季子九录·教育录（卷五）[M]. 北京，中华书局，1931：16-17.
❷ 《教育杂志》1912 年第 4 卷第 6 号.

击剑、夜行运动、水泳、柔道、雪中运动、冷水浴、相扑、尚武的游戏、足部练习等。❶ 伍达认为当时部颁学校课程规定的体育内容不足以达到军国民教育的目的，为不致增加学生课业负担，他主张在课外活动中增补这方面的内容，这种见解不无可取之处。

总之，军国民教育在民初仍为社会所注重，并作为教育宗旨的一部分推行全国。其出发点在于使全体国民具有军事知识与技能，强身健体，坚贞不屈，能担负起抵御外侮、抑制军阀、富国强兵、振兴国家的时代使命。在具体实施举措的设计中，有的侧重身体素质的提高，有的强调军事技能的训练，但大多主张两者兼施。对于如何达到军国民教育的目的，有的主张扩充学校体育课程的教学内容，有的提议通过中小学生毕业后的继续教育，有的倡导课外活动补充实施军国民教育，所有这些议论都有可资借鉴之处，对中国近现代体育理论的建设是有益的，而且对当今学校教育改革与实验中课程资源的开发、活动课程的编制也有深刻的借鉴意义。

第二节　军国民教育思潮的新发展及渐趋低落

1914 年前后，国内外形势呈现出新的特点，军国民教育思潮兴盛一时。但在第一次世界大战后所谓"公理战胜强权的威尔逊主义"声浪中，被视为不合时宜，军国主义教育思潮开始退潮。

一、军国民教育思潮高涨的缘由

1913 年 10 月，袁世凯任中华民国正式大总统，中国进入北洋军阀统治的核心时期，此时恰逢第一次世界大战。在这种历史场景下，军国民教育思潮出现涨潮，其具体缘由如下。

第一，袁世凯利用军国民教育培植自己的势力，为复辟帝制服务。袁世凯试图将军国民教育引向有利于自己的一面，热衷尚武，以训练效忠于自己的武装力量。由于袁世凯炙手可热的权势，又代表着社会上尚存的强大封建复古势力的政治需要，封建余孽、落伍文人墨客乘复古逆流兴风作浪，摇旗呐喊，为军国民教育思潮的高涨推波助澜。

---

❶ 《教育杂志》1913 年第 4 卷第 11 号.

第二，受第一次世界大战的刺激。1914年，帝国主义国家为了重新瓜分殖民地和争夺世界霸权致使第一次世界大战爆发。参战的一方是德国、奥匈帝国等，称为同盟国；另一方是英、法、俄、美等，称为协约国。国内教育界惊叹实行军国民教育的德国在战争之初势如破竹，锐不可当，益信"卫身卫国，罔不本乎尚武"。战争的威胁，使国人更加感到军国民教育的必要。如贾丰臻在《欧战声中之教育谈》中就指出，德军之所以勇赴敌阵，置生命于不顾，都是因为平日军国主义教育训练的功劳。"政府动员令一下，其在外各居留地之国民无不弃其事业而从事于兵戎。商店、会社中止其营业，医院、学校停滞其义务，莫不勇于赴敌，切于兴师，无论商业上自己若何损失，职务上自己若何关系，皆可置之不顾，而独于德意志国家、普鲁士政令，日耳曼人种虽一丝一毫之微不能放弃，是非平素得力于军国教育不克臻此。"❶

第三，日本侵略的威胁。日本帝国主义趁第一次世界大战期间欧美各国无暇东顾的时机，在强占了山东省胶济一带要地后，又以支持袁世凯"洪宪帝制"为交换，于1915年1月，命令驻中国公使日置益当面向袁世凯提出《二十一条》。袁世凯为了换取日本对其复辟帝制的支持，派外交总长陆徵祥、次长曹汝霖和日本代表日置益秘密谈判。在谈判期间，日本以"换防"为名，增兵东三省、河北、天津等地，进行武力威胁。5月7日，日本提出最后通牒，要袁世凯在二十四小时内答复。5月9日，袁世凯对五号条款声明"容日后协商外"，公然承认日本的要求。由于全国人民坚决反对，日本帝国主义的侵略要求未能实现。❷ 自1894年甲午海战以来累积的对日外交失败及军阀政府妥协，引发强烈的排日民族情绪，激起人们的义愤。只有武装自己，富国强兵，才能在这个弱肉强食的世界中求得生存。

基于上述三方面原因，军国民教育思潮渐趋高潮，论者的侧重点及倾向性有所变化，其内容也有所损益，主要表现在于军事化的强化与斯巴达式严酷与日耳曼铁血精神的凝炼，也是对先秦西周射御教育的崇尚及回归。

二、袁世凯的"尚武"思想

（一）以"尚武"严肃学校纪律

早在1913年6月，袁世凯发布了《注重德育整饬学风令》，指责各地学校

---

❶ 《教育杂志》1914年第6卷第6期.

❷ 陈旭麓，等. 中国近代史词典［M］. 上海：上海辞书出版社，1982：2.

管理不善，要求地方教育行政机关整饬学风，"倘再有因循，不加整饬，恐学风日坏，污俗随之，关系于世道人心者至大"。他认为，学生在校时"最重服从"，绝不应任其"嚣张"而"败坏规则"，"凡关于教育行政，一以整齐严肃为主"。❶袁世凯的整饬学风是与"尚武"的言论相一致的。

（二）"尚武"为国民教育之"要义"

在《特定教育纲要》中，袁世凯明确提出"尚武"的条文："申明教育宗旨，注重道德、实利、尚武，并运之以实用，以命令颁布。"当时教育有四大缺点：一不重道德；二不重实利；三无尚武精神；四不切实用。他提出，教育宗旨应"以道德教育为经，以实利教育、尚武教育为纬；以道德实利尚武教育为体，以实用主义为用"。关于"尚武"，"自初等小学注重体育卫生，加以军队束伍进退之法为始"❷。袁世凯将道德、实利、尚武三者加以联系，从经纬、体用关系上加以阐述，旨在培养强悍而又效忠自己的御用力量。他将"尚武"作为国民教育的"要义"之一，称：

> 国家以国民为后盾。国之不竞，实其民之不竞为之。吾国承文胜之敝，以讲武为鄙事，以退婴为美德。体格积弱，遇事畏葸。甚视国家征兵为非常之举，不自知其为应尽义务之一人。须知今日之国家，强弱之表征，以国民体力心力之强弱为断。冀诸生各以尚武精神，为强国之准备。❸

1915年，他又在《申令注重国民教育》中言，国民教育应培养"大仁大智大勇之国民"，"于忠孝节义植其基，于知识技能求其阙。尚武以备军人资格，务实以儆末俗虚浮。矢其忠诚，以爱国为前提"❹。

（三）"尚武"与强国

袁世凯在《颁定教育要旨》中还进一步将"尚武"与强国强兵相联系，"国何以强，强于民；民何以强，强于民之身；民之身何以强，强于尚武"。"尚武"的目的有二，"卫身"与"卫国"，二者合而为一，"卫身即卫国，卫国即卫身也"，而"卫身卫国，罔不本乎尚武"。"尚武"教育的两个方面"卫身"与"卫国"，前者重在增强体质，以学校体育课程实施为主；后者重在训

---

❶ 《教育杂志》1913 年第 5 卷第 4 号.
❷ 陈学恂. 中国近代教育史教学参考资料（中册）[M]. 北京：人民教育出版社，1987：223.
❸ 《教育杂志》1914 年第 6 卷第 8 号"记事·大事记".
❹ 《教育杂志》1915 年第 7 卷第 1 号"记事·大事记".

练军事技能、养成军事意识，以社会教育实施为主，两者是统一的。可见学校体育是军国民教育的一部分。很明显，这种体育更偏向于斯巴达、日耳曼或日本军国主义武士道的项目训练、铁血精神及军事技能，同时又以国家主义的奉献服从、团体意识以及严酷秩序为行为灵魂或理念支撑。袁世凯在"尚武"教育的阐述中，浸润着封建性，"爱国""法孔孟"是"尚武"教育的基础，也是原则。"尚武"必须为帝制复辟的公义服务，否则，"好武之兵不靖，不靖则乱"。又称："不知尚武云者，乃炼其坚实之体格，非逞其血气之作用也。乃驱之勇于公义，非纵之习于私斗也，是又不可不辨。"❶ 这就道白了他提倡"尚武"，推崇军国民教育思潮的真实目的。

三、范源濂的军国民教育思想

范源濂（1875—1927），字静生，湖南湘阴人。中国近代教育家，早年就读于湖南长沙时务学堂。后留学日本。1905 年回国，任学部主事，曾创办法律学校和殖边学堂。辛亥革命后，任教育部次长、总长，中华书局总编辑部部长。1923 年赴英商洽将庚子赔款用于教育事业。回国后，历任中华教育文化基金董事会董事长、北京师范大学校长等职。

据现代教育史学家陈青之在其代表作《中国教育史》中所称：在本期七八年内（1912—1919），教育总长的人物更换五六次，而对于教育抱有主张的只有三人：一为蔡元培，二为汤化龙，三为范源濂。范氏是湖南人，为一位教育实行家，干练有才略，历任教育总长，极力提倡"军国民教育"。❷ 可知，范源濂是以重视并实践军国民教育为特色的教育家，是湖湘文化好勇顽强品格的真实写照，直接承绪桐城派理学家、湘军主帅曾国藩的格调，或比拟于英国工业革命初期的绅士教育论者洛克。

（一）"尚武"与爱国

范源濂从第一次世界大战的现实出发，论述我国当时实施军国民教育的必要性。他继任教育总长以后，立即发表文章，集中阐述了他的教育救国主张。一个国家的实力不是短时间内能够造就的，必须靠平时的努力。发展实力可采取的措施很多，而教育是其中重要的力量。第一次世界大战的爆发，我国在受

---

❶ 陈学恂. 中国近代教育史教学参考资料（中册）[M]. 北京：人民教育出版社，1987：237.

❷ 陈青之. 中国教育史（下册）[M]. 福州：福建教育出版社，2009：690.

到威胁的同时，也是实施"养成国力之教育"的一次大好机会。范源濂主张，在当时的历史环境下，军国民教育应包括四方面的内容："明世界之大势，示科学之重要，振尚武之精神，阐爱国之真义。"❶

范源濂重视"尚武"，认为"尚武"才能赢得真正的和平，"和平固甚可爱也，然惜光荣之和平，非不武之国民所得而爱之者耳"。振国势、扬国威、富国强兵，才能在列强虎视眈眈的危机中救亡图存、实现和平。范源濂对我国重文轻武的传统深为痛心，欲言"尚武"，必先除文弱之积习，使学者知人而文弱，即为不幸，安于文弱尤为可耻，使国民形成这样一种风尚，然后采取全民皆兵这一"充实国力之最良制度"，使国民坚定信念，"执干戈以卫社稷，正吾辈人人之义务也"❷。

范源濂继承并发展了蔡元培等关于军国民教育的见解，指出"世界之势""科学之重要""爱国之真义"都与"尚武"教育息息相关，是军国民教育的内容。历史、地理的教学可以使人懂得各国的史迹、物产、气候、交通、战略位置，这些皆与战局"关系甚切"，还可以"养成其观察世界大势之远识，引起研究世界大势之热心，以挽救从来固陋隔阂之失，而策知己知彼之效者"。科学是实业发展的动力之一，实业兴盛，始有雄富之财力，为行军用兵提供巨额费用，如此"武力乃得以持久"。且先进的武器，如军舰、飞机、潜艇等的研制，有赖于科学的发达。培养国民具有爱国心，使他们达到"其一己之心境，必当超然于一切物质及寻常利害得失之外，而惟主于高洁纯一至公无我之精神"，这样才能"蹈万险而不辞、轻重创而犹奋"；"个人有此精神也，则弱者强，怯者勇。众人而有此精神也，则散者聚，歧者一"❸。

（二）军国民教育在学校实施的途径

范源濂试图将军国民教育寓于其他相关学科的教学中，论述了军国民教育与实业及科学的关系，拓宽了军国民教育的领域，丰富了军国民教育的内涵。尤其是他将军国民教育建立在科学技术与大机器生产的工业化物质基础之上，带有鲜明的现代军事与教育思想元素，是一种进步趋势。1916 年，袁世凯"洪宪帝制"复辟闹剧失败后，重掌教育部帅印的他更加注重通过学校与社会变革的方式推行军事教育，充分体现了其对军国民教育高度认识及大力支持的态度。"凡高等小学以上之学校，均实行军事教育；无论士农工商之子弟，均

---

❶❷❸　范源濂. 今日世界大战中之我国教育［J］. 中华教育界，1914（23）.

须入学，以期军事教育之普及；各学校既施军事教育，而于文事教育亦须并行，总期文武兼备；所有军国民一切教育之制度，均参仿英美两国。"❶

范源濂站在抵御外侮及振兴国家的爱国立场上，论述军国民教育，颇有独到之处。例如注意从其他学科领域挖掘军国民教育的素材，力图将军国民教育建立在科学与实业的坚实基础之上，这是难能可贵的认识；强调心力、意志力、团结力等意志品格的培养与锻炼，虽有偏重精神之嫌，但也有切中当时军国民教育实施中出现偏于形式主义流弊的一面；他主张造成人人"尚武"的社会时尚，实行全民皆兵的制度，通过社会教育实施军国民主义，则是对战争危机的直接反应。

四、贾丰臻军国民教育观的发展

在新的历史条件下，贾丰臻的军国民教育观有所发展，反映了第一次世界大战期间军国民教育思想变化的新特点。

贾丰臻首先提出学校应怎样搞好教育，以有利于实施军国民教育。他认为，小学校最重要的就是注意学生身体的发育。学科要少，游玩的时间要多一些，还要注意学校的卫生，有病及时治疗，预防传染病等。中学校以上可以学习日本学校的做法，课余时间到室外去锻炼身体，如足球、柔道、游泳等运动。他还告诉青年学生：早婚有害身体健康，将不健康的身体遗传给下一代是不能与外国列强抗争的。他于1915年发表论文，主要阐述中学教育组织活动中军国民教育的具体实施方法。其主要内容有：增兵式体操时间。无论高等小学校、中学校还是师范学校，至少须练习兵式体操三小时，或于课外每日练习半小时；增习击剑、柔道、拳术、棒球、游泳等课，练习打靶；加授军事学；学校寄宿生活当采军营的组织管理；中等学校兵式体操教员由军官任之并兼任舍监。❷

显然，贾丰臻倡议在普通中学中实行军国民教育，其教学内容、教学组织形式、教学方法及教学管理等各个方面均以军事教育为旨归，这是彻底的军国民主义教育主张，与他在三年前主张的中学通过体育教学增强学生体质以为"军国民教育之预备"的见解相比，真有恍若隔世之感，这说明了时势的变迁

---

❶ 《教育杂志》1916年第8卷第9号"记事·学事一束".
❷ 贾丰臻. 实行军国民教育之方法 [J]. 教育杂志, 1915, 7 (7).

对人的思想所产生的巨大影响。

这几年间对军国民教育的讨论很多，但其内容基本未超出上述三人的认识。如侯鸿鉴认为，国际竞争唯力是赖，"无真实壮勇之国民，不足以生存于今日，无坚强雄厚之武备，不足以立国于寰球"，力言我国欧战后的教育应重视军国民教育。❶ 黄展云将德国强大的军事实力与其教育加以联系，认为德国的教育旨在"养成奋斗活动之国民"，"训练军国民""偏于实际""主严肃干涉"等，这种教育是德国军威强盛的原因，他盛赞当时中国的教育改革应朝此方向入手。❷ 王朝阳怀着深沉的忧国忧民之心，认为在这弱肉强食、风雨飘摇的年代，教育的取向应有两方面的要素：其一是战斗力，实施"救国之教育"，增强国力，重在体育运动及军事训练，增强国民体质与人种优化。"救国之教育"其内容应包括养成战斗力、振兴体育，提高生产能力，精研科学，培植国家思想。其二是提高国民的爱国心，采取精神教育，使国民英勇顽强，锐不可当。果能如此，则不出二十年，便可战胜强大的东西洋列强。❸ 此外，论者中还有提倡劳苦主义、意志教育或锻炼主义等言论，虽名目各异，但皆体现军国民教育思潮澎湃激荡之势。

综上所述，这一阶段趋于高潮的军国民教育思潮表现出如下新特点：第一，政府、军阀借用军国民教育之名，为其复辟倒退、专制独裁培植势力；第二，侧重于培养国民的精神、"心力""团体力"等；第三，提出实现全民皆兵的教育，国民接受军事教育，学生应具有军事知识、军事技能及军人的风格与精神，以便在战争中能保家卫国；第四，从经济、科学、道德等更广阔的视野讨论军国民教育问题。

五、军国民教育思潮的消退

1918 年后，第一次世界大战结束。受国际国内社会思潮的影响，教育界不少人士认为在中国无须再实行军国民教育。具体而言，有如下三方面的原因。

（1）第一次世界大战结束后，历尽侵略战争压迫，饱受辛酸屈辱的部分中国人被战后暂时的和平以及帝国主义的"公理战胜强权"宣传所迷惑，认

---

❶ 侯鸿鉴. 对于欧战后之吾国教育计划［J］. 教育杂志，1915，7（1）.
❷ 黄展云. 德意志教育与战争之关系［J］. 教育杂志，1915，7（5）.
❸ 王朝阳. 大战争与吾人之教训［J］. 中华教育界，1915，4（1）.

为"民治主义打败了军国主义",世界的和平有了保障。中国也将在公理的原则下获得民族独立,不再需要军国民教育来完成这一任务了,而且大战中奉行军国主义的同盟国被击败,"公理"几乎成了人们的口头禅,很多人觉得军国民主义没有了前途,因此不再提倡。

(2)受到以"民主""科学"为旗帜的新文化运动猛烈冲击,加之美国的实用主义教育思想及自然主义教育思想的传入,对于军国民教育也是一个间接的否定。

(3)军国民教育在施行过程中出现了一些弊端,如一些学校的体育课片面强调兵式体操和军事训练,枯燥呆板,不适合青少年身心发展的特点,与学生的体质加强、艺术美感及心智发展不相协调,有违于教育的本义。

军国民教育思潮低落主要可从以下两方面表现出来。

(一)教育部对教育宗旨的调整取向

为了促进教育政策制定及教育实践活动的客观性及科学化水平,教育部于1918年12月30日公布教育调查会规程,成立教育调查会,以调查审议教育上重要事项为目的,设正副会长各一人,会员六十人以内,由教育总长延聘或指派,时傅增湘为总长,与会者有范源濂、蔡元培、蒋梦麟、王宠惠、吴敬恒等。1919年3月,教育部组织教育调查会进行关于教育宗旨及中学应否实施文实分科的调查,该会在4月呈交的《教育调查会第一次会议报告》中说:"现在欧战之后,军国民教育不合民本主义,已为世界所公认。我国教育宗旨,亦应顺世界潮流,有所变更。或云,国际联盟结果如何尚不可测,我国积习已久,仍非励行此主义不能富强;然积极发达国民体育即是强国之本,或者之言,似不必虑。"❶

《教育宗旨研究案》是教育调查会第一次会议的核心内容,可谓中国教育走向欧美现代实用主义道路里程碑式的界标,由于早于杜威来华、五四运动爆发而先形成一份新教育"宣言书",更有开路前锋的地位,并引发"春江水暖鸭先知"的成效。

谨拟"以养成健全人格,发展共和精神"为宗旨。

理由:

(1)查民国元年九月四日部令公布教育宗旨:"注重道德教育,以实

---

❶《教育杂志》1919年第11卷第5号.

利教育、军国民教育辅之，更以美感教育完成其道德。"自欧战终了后，军国民教育一节，于世界潮流容有未合。余亦似太复杂，未易适从。不如出以单纯，俾一般国民易于了解。

（2）民国成立以来，祸患迭乘，究其原因，实由国民缺乏共和精神所致，故宜发展之，以固国本。

（3）共和国民，必具健全之人格，方足以担负社会国家之义务，故养成健全人格实为共和国之基础。

（4）欧洲教育，可分两派：曰条顿派，注重军国民主义，德国是也。曰盎格鲁撒逊派，注重人格主义，英国是也。美国教育，为人格主义所推衍，故能产生共和精神。法国自共和成立以后，国中主持教育者，极力发挥共和精神，国基因以巩固。吾国以共和政体应世界潮流，当采英、法、美三国之长，故拟以养成健全人格、发展共和精神为教育宗旨。

说明：所谓健全人格者，当具下列条件：

（1）私德为立身之本，公德为服役社会国家之本。

（2）人生所必需之知识技能。

（3）强健活泼之体格。

（4）优美和乐之感情。

所谓共和精神者：

（1）发挥平民主义，俾人人知民治为立国根本。

（2）养成公民自治习惯，俾人人能负国家社会之责任。本案就世界教育趋势，吾国民治根本着想，备全国教育界之研究，以觇舆论之趋向。可否由本会陈请通布，谨候公决。❶

教育部直属教育团体多少应能体现教育行政管理部门的意愿要求，上述人格教育方针的思想是美国在华力量加强的信号表现，军国民主义教育走向边缘化应是其中的重要信号。

（二）民间专业教育社团的议案

1919 年 10 月，在山西省太原召开了第五届全国教育会联合会，在其决议中，对军国民主义明确地提出否定意见："近鉴世界大势，军国民主义已不合

---

❶ 璩鑫圭，唐良炎. 中国近代教育史资料汇编·学制演变［M］. 上海：上海教育出版社，1991：843－844.

教育之潮流，故对于学校体育自应加以改进。"❶ 并进而提出《请废止教育宗旨宣布教育本义案》（陈教育部）：军国民主义教育指向外界对学生及国民的干预、训练，是一种教者行为，处于被动、机械的地位；民主主义和实用主义的现代教育旨在发掘受教育者内心自主性、独立性，是立足于学生及国民的主体与探究的本位教育，重在学的倾向、选择及行为。这其实是在用现代教育理论评析一切教育的视角、方法，体现出世界新教育潮流的动向及中国现代教育国际化的追逐。具体言论主张如下：

> 新教育之真义，非只改革教育宗旨，废止军国主义之谓。若改革现时部颁宗旨，为别一种宗旨，废止军国主义，为别一种主义，仍是应如何教人之问题，非人应如何教之问题也。从前教育只知研究应如何教人，不知研究人应如何教。今后之教育应觉悟人应如何教，所谓儿童本位教育是也。施教育者，不应特定一种宗旨或主义，以束缚被教育者。盖无论如何宗旨，如何主义，终难免为教育之铸型，不得视为人应如何教之研究。❷

会议通过了改革学校体育课的决议，减少兵操时间，增加体育课数，改良高等小学、国民学校的体育及改进运动会等为其主要内容。

教育调查会的政策制定促成五四运动时期出现全人格教育流派，民间教育团体的建议反映了教育界的普遍看法。在1922年颁布的"壬戌学制"中，军国民教育最终被从教育方针中取消。至此，自甲午战争以来在我国风行近三十年的军国民教育思潮终于失去了在理论上和实践中的集中影响力。

第三节　军国民教育思潮的影响

军国民教育思潮在清末民初思想界、教育界有较大的气势，对教育、教学实际产生深刻的影响。由于军国民教育思潮在清末民初不同历史时期呈现不同的特征，反映在它对教育实际的影响上也有阶段性的差异。同时，军国民教育的一些实际措施总是与国民教育相联系的。

---

❶ 《教育杂志》1919年第11卷第11号.

❷ 李桂林，戚铭琇，钱曼倩. 中国近代教育史资料汇编·普通教育［M］. 上海：上海教育出版社，1995：503.

一、清末的影响

在清末，军国民教育思潮有很大的舆论力量，封建统治者试图因势利导，引向有利于自己统治的方面，但客观上却起到一种推动军国民教育在学校、社会上实施的效果。

清政府指定由张百熙于1902年拟订的《钦定学堂章程》中规定各级学堂课程列入"兵式体操"。1904年1月，由张百熙、张之洞及荣庆联合制定的《奏定学堂章程》规定各学堂一律练习兵式体操。其中，中学堂兵式体操内容规定为柔软体操、器械体操、枪剑术、野外演习及兵学大意。高等学堂第一学年"兵学科"讲授外国军制学；第二学年"兵学科"讲授战术学大意；第三学年"兵学科"讲授各国战史大要。大学堂政治学门添讲各国海陆军政学，学生入仕后，即可为开办武备学堂、考察营务之用。"尚武"列入学部1906年颁布的《教育宗旨》中，学部阐释曰：

> 所谓尚武者何也？东西各国，全国皆兵，自元首之子以至庶人，皆有当兵之义务……今朝廷锐意武备，以练兵为第一要务……必以教育为挽回风气之具，凡中小学堂各种教科书，必寓军国民主义，俾儿童熟见而习闻之。国文、历史、地理等科，宜详述海陆战争之事迹，绘画炮台、兵舰、旗帜之图形，叙列戍穷边、使绝域之勋业；于音乐一科，则恭辑国朝之武功战事，演为诗歌，其后先死绥诸臣，尤宜鼓吹扬扬，以励其百折不回视死如归之志；体操一科，幼稚者以游戏体操发育其身体，稍长者以兵式体操严整其纪律，而尤时时勖以守秩序、养威重，以造成完全之人格。❶

1911年，预备立宪的《宪法大纲》有"臣民有当兵之义务"一款。同年3月颁布《全国军队训谕》六条，"万方竞进，非武不扬"，致使"薄海人民，同深感奋"。宣统三年（1911）4月29日至5月12日，全国教育会联合会第一届年会在上海的江苏省教育总会开幕，到会有江苏、湖南、浙江、河南、奉天、直隶、江西、山东、湖北、福建、广东、广西、安徽等省代表。近代教育家、江苏省教育总会会长唐文治作为该联合会会长致欢迎词，内容如下：

> 敝会发起联合会之目的，在沟通各省教育界之知识与情谊，以期对于

---

❶ 陈学恂. 中国近代教育史教学参考资料（上册）[M]. 北京：人民教育出版社，1986：567.

学部可发表共同一致之意见，对于内部得酌量本地方之情势，为各方面之进行，务使所持之教育主义勿入迁途，适于生存竞争之世界而已。今诸君子惠然辱临，将以崇论宏议发挥全国教育界之异彩，敝会不胜荣幸。❶

议决的案件中奏请学部实施的有：《请定军国民主义教育案》《统一国语文法案》《请停止毕业奖励案》《请变更初等教育法案》《请变更高等教育法案》。会议认为"欲使全国人民克尽当兵之义务，必先于学校教育，趋重尚武主义"，在通过的五项决议案中，第一项为《请定军国民主义教育案》，呈请学部照办。其具体实施办法为：奏请特颁谕旨，宣布军国民教育主义；通饬高等小学一律注重兵式体操；通饬中学及与之同等以上之学堂，一律实行打靶并讲授武学；通饬私立学堂，凡呈报督学局或提学使有案者，照准前二项办理；通饬各种学堂体操科一律列为主课。另外，地方应自行举办的有：各地方应设体育会；初等师范学堂应注重各种体操方法，并励行关于军国民教育主义之训练；初等小学应注重游戏运动；高等小学以上应兼习拳术。❷ 该案还对中小学、师范学堂实施军国民教育措施做了翔实的规定。

同年6月，学部奏准设立中央教育会，并制定《中央教育会章程》十四条。7月15日至8月12日，在京师开会，议决十二项议案，第一项《军国民教育案》与其他议案持续讨论五日，可见其慎重和认真的态度。最后，会议通过《军国民教育修正案》，要点如下：于两级师范及中等各项学堂加军事大意一科；将体操列为主科，野外练习择时而行；运动会当由学部编订礼节，以养成合群之心；体育会打靶及拳棍刀法，当由学部、陆军部会同编订法规，与军中无异。❸

上述修正案是对以往规定的强调与补充。显然，清末学校、社会实施军国民教育，是将体育锻炼、运动项目也作为军国民教育的内容来提倡，与军事训练并列，这是中国近代新式体育初始阶段的状况。此外，中央教育会会议中，与军国民教育并行的十二项议案中，《停止实官奖励案》《变通考试章程案》更为引人注目。唐文治《致中央教育会说略》、陆费逵《论中央教育会》中对

---

❶ 朱有瓛，钱曼倩，戚铭琇，霍益萍. 中国近代教育史资料汇编·教育行政机构及教育社团 [M]. 上海：上海教育出版社，1993：183.

❷ 全国教育会联合会. 各省教育总会联合会议决议案 [G] //舒新城. 近代中国教育史料（第三册）. 上海：中华书局，1928：208.

❸ 《教育杂志》1911年第3卷第7号（纪事·大事记·中央教育会纪事）.

包括军国民教育在内的三个论题做了论述，尤对上述修正案诸条款有所拓展、丰富。❶此处限于篇幅，不再详述。

清政府有关军国民教育的一系列措施与规定对军国民教育从提倡到实行的过程虽起到客观上的推进作用，但由于封建统治者仅从维护自身统治的立场出发，缺乏实施的种种条件，又因惧怕革命运动而缺乏诚意，故这些规章大多是一纸空文，无法实行。当然，作为思想材料却为民初的军国民教育所继承与发展。

二、民国初期的影响

民国元年以后，军国民教育思潮对教育实践的影响仍很大。

1912 年 7 月 10 日至 8 月 10 日，在京召开中华民国全国临时教育会议。第一任教育总长蔡元培发表演说："当民国成立之时，而教育家欲尽此任务，不外乎五种主义，即军国民教育、实利主义、公民道德、世界观、美育是也。五者以公民道德为中坚，盖世界观及美育皆所以完成道德，而军国民教育及实利主义，则必以道德为根本。"❷1912 年 2 月 10 日，蔡元培在《教育杂志》第 1 卷第 11 期上发表《新教育意见》，后经修改后题为《对于教育方针之意见》，在《东方杂志》第 8 卷第 8 号发表。此次演讲的基本内容均源于上述文献，体现其改造旧教育、建立新教育的一贯性精神，从而将军国民教育作为新教育宗旨之一推行全国。

1912 年 12 月 18 日，教育部训令全国各学校注重军国民教育，要求学校校长、教员："引导学生于体操正科外，为种种有益之运动，专门以上学校，体操不列正科，尤宜组织运动部，随时练习，以免偏用脑力。每年春秋两季，应酌开学校运动会，互相淬砺，以惰弱为耻，以勇健为荣，庶学生体躯日强，智德亦日以增进。处兹外患交迫，非大多国民具尚武精神，决不足以争存而图强也。"❸这里关于军国民教育的要求已经明显地侧重于学校体育，以增强学生的体质、养成勇健的品质，大致体现了民初军国民教育思潮的基调。

1915 年 4 月 21 日，全国教育会联合会第三次会议在天津召开。会中讨论

❶　江苏教育总会. 江苏教育总会文牍［J］. 教育杂志，1911，3（8）：2－6.

❷　我一. 临时教育会议日记［G］//朱有瓛. 中国近代学制史料（第三辑·上册）. 上海：华东师范大学出版社，1990：8.

❸　《教育杂志》1913 年第 4 卷第 11 号.

实业教育、军国民教育、社会教育等议案，会议闭会期间，教育部新任总长汤化龙莅会发表意见，提出学校教育宜注重者"厥有二端"："其一生活问题。欲觅适宜之生活，须于教育时期养成坚苦之习惯，俾出校以后，或劳心或劳力，人人以一劳动者自命，只求尽瘁于社会，不谋荣利于官场。旧时思想，宜祛除务尽；勤劳主义，宜极力提倡。其二道德问题。改革以后，道德之堕落多出于吾人臆想之外，愈演愈进，正义渐次消沉，国本何能巩固。欲矫其弊，惟望诸君训勉青年，泯小忿，绝私仇，急公好义，爱国忘家，乐善好施。培国本于现在，卧薪尝胆，期雪耻于将来。"❶ 其中《军国民教育施行方法案》经一致决议通过，并送教育部切实施行，其主要内容有：①各学校应添授中国旧有武技，此项教员于各师范学校养成之。②各学校教科书，宜揭举古今尚武之人物及关于国耻之事项，特别指示提醒之；学校应表彰历代武士之遗像，随时讲述其功绩；学校统一组织，广泛搜集或制作国耻纪念物，以促警醒。③师范学校及各中等学校之体操学科时间内，宜于最后学年加授军事学大要，此项教本由教育部会商陆军部编订颁行。④中等学校以上之兵式体操，最后学年宜实行射击，其实施办法由教育部会商陆军部规定颁布之。⑤中等以上学校体操教授，应取严格锻炼主义，每学期酌行野外运动；师生应养成勤劳之习惯，如洗涤、整理设备等，均督率学生之团体。⑥各科教授材料与军国民主义有关系者，应随时联络，以输入勇武之精神；遇有特别材料，与本主义有重大之关系者，得特设时间讲授之。⑦各学校应规定礼仪作法之形式，以严正为准，教员学生一律遵守，养成雄健齐整之校风。❷

该议案对中小学、师范分别规定了军国民教育的内容，并在组织、管理、仪式等方面都融入军事教育的措施，注重军事知识的学习、军事技能的训练、军人精神的培养等是其显著的特色，反映了1914年左右军国民教育思潮倾向性的变化。

1916年，教育总长范源濂拟定关于军国民教育大略办法如下：凡高等小学以上之学校，均施行军事教育；无论士农工商，均须入学，以期军事教育之普及；各学校既施军事教育，而于文事教育亦须并行，总期文武兼备；所有军

---

❶ 朱有瓛，钱曼倩，戚铭琇，霍益萍. 中国近代教育史资料汇编·教育行政机构及教育社团 [M]. 上海：上海教育出版社，1993：203.

❷ 邰爽秋，等. 历届教育会议议决案汇编·教育参考资料选辑第五种 [M]. 上海：教育编译馆，1935：6-7.

国民一切教育之制度，均参仿英美两国。❶ 范源濂的言论表明当时军国民教育朝普及化方向发展的趋势。

军国民教育思潮在当时学校教育及教学的实际工作中也有明显的反映。体操成了学校的必修课程，教学时数有所增加，体育课程的内容不断丰富多彩，形式各异。体育教学的要求益趋严格，并将体育教学与爱国、救国的思想相结合，虽然其间多由不谙教学、心理的军人任教，"立正""稍息""齐步走"之类呆板枯燥的兵操训练比重很大，打靶、野营、露宿等军事生活成为主基调，并非完全属现代意义上的体育，但这在中国近现代体育史上仍是不可或缺的一环。其他各科课程也明显打上了军国民教育思潮的烙印。如 1915 年 5 月，教育部针对当时各省小学教授方法上的问题，指明各科教学中应注意的地方，其中地理科规定："宜注意国耻，以增学生敌忾同仇、爱国强种之观念。"❷ 教育总长范源濂对军国民教育甚为注意，曾拟关于教授者九条，要求学校教科书，宜揭举古今尚武之人物及关于国耻之事项，特别指示提醒之；各科教授材料应与军国民主义相关系者，随时联络，输入武勇之精神。当时各书局编辑出版的教科书也纷纷编入有关军国民教育的材料。

综上所述，军国民教育思潮是清末民初的一种重要教育思潮，曾引起许多人的关注。其言论广布于当时的各种报纸杂志。在颁布的一系列教育方案中也都有明确规定，并被列入当时的教育宗旨。除为封建统治者及军阀别有用心地加以利用外，论者多从抵御外侮、抑制军阀、救亡图存、恢复主权、发展实业、富国强兵、振兴祖国这一基本立场出发，饱含着深沉的忧患意识与强烈的爱国热忱，是近代先进中国人解决"中国往何处去"这一时代主题在教育上的反映。

在军国民教育思潮影响下，军事教育受到了前所未有的关注，崇军尚武观念开始树立，变革军制、编练新军的呼声不绝于耳。军人不再被认为是人人厌弃的职业，而是担当了抵抗侵略、保卫民族的光荣使命，并由此开创了军事教育与学校体育教育发展的新纪元。

---

❶ 《教育杂志》1916 年第 8 卷第 9 号（记事·大事记·教育总长提倡军国民教育）.
❷ 《教育杂志》1915 年第 7 卷第 6 号（记事·学事一束·教育部规定小学教授之注意点）.

第四章　实业教育思潮

实业教育思潮源于晚清洋务运动的"西艺教育",经由维新派的鼓动、宣传,在清末"新学制"中确立其重要地位,取得了法律的保障。1911 年 10 月,辛亥革命推翻了清朝二百多年的封建统治,1912 年 1 月建立了以资产阶级为主的革命政权。孙中山在《临时大总统就职宣言》中指出,政府的职责是"尽扫专制之流毒,确定共和,普利民生,以达革命之宗旨"。在共和政体的制度保证下,始于清末维新派、立宪派的实业救国思想,在民初获得重大发展;从社会思潮来看,产生于清末甲午战后,流行于"庚子事变"后的实业救国思潮,在民初趋于高涨。这时,受政治革命已经完成的观念支配,资产阶级革命派大批加入实业救国的队伍,与立宪派一道鼓吹产业革命,从而使实业救国思潮广泛传播,出现了前所未有的声势和规模。反映在教育上,则是出现了一股实业教育思潮,它以实利主义与实用主义教育思想为表征,成为中国近代职业教育思潮的先导。

第一节　洋务运动时期实业教育的兴起

在西方,实业教育是西欧主要国家工业革命以后适应机器化大生产对技术人才的需求而产生的。在中国,实业教育萌芽于洋务运动时期,其直接原因在于受西方经济、教育的渗透和传播的刺激。当然,实业教育的产生也是本国经济和国家富强的迫切需求。因而,洋务运动时期实业教育的产生是外因和内因共同作用的产物。

一、洋务学堂中的技艺教育

"洋务",狭义上讲,是指与外国交涉、处理和解决外交事务与问题的活动；广义上讲，是指不同于中国传统生产、生活方式，而与西方国家，特别是与西方工业化文明和近代社会形态有关的各项活动，包括创办军用工业、民用企业、新型学堂，译西书、办报纸、派遣留学生等。洋务派与顽固派展开了学西学西艺与排斥西学西艺的论争，最早对"尊夏攘夷"的传统观念进行了修正。他们的著述和言论很少使用"夷""夷务"等字眼，而代之以"洋""洋务"等概念，这反映了人们思想认识的变化。

梁启超在《五十年中国进化概论》中指出，中国近代学西方是"先从器物上感觉不足"，觉得外国的"器物"先进于中国传统农业与手工业制度下的"器"。这种学习开始于洋务派，他们最早学习西方的措施是兴办洋务学堂，引进西方先进文化和技术。当时的洋务学堂分三种，即外国语学堂、技术学堂和军事学堂，这三种学堂都有西艺教育的内容，但主要以归属于技术学堂的课程内容为主。"一曰新旧兼学：四书五经、中国史事、政书、地图为旧学，西政、西艺、西史为新学。旧学为体，新学为用，不使偏废。一曰政艺兼学：学校、地理、度支、赋税、武备、律例、劝工、通商，西政也；算、绘、矿、医、声、光、化、电，西艺也。"❶ 这既是科学教育的起步，又是实业教育的最初形式。

1862 年设立的京师同文馆是第一所新式西语学堂，接着便是 1863 年的上海广方言馆。但洋务派在与外国人打交道和学习西方的过程中，渐渐认识到学西文并不足以自强，认为有必要学习西艺，以为实用。最初的行动是在同文馆添设算学馆，这表明洋务派从重视学习西方语言文字逐渐进入更为重视学习西方的科学技术。在这种认识的推动下，中国创设了近代最早的一批技术学堂，如福州船政局设立的福建船政学堂（1866）、上海江南制造局附属的工艺学堂（1898）、福州电报学堂（1876）、天津北洋水师学堂（1880）、广东实学堂（1891）、湖北矿务学堂（1892）、山海关铁路学堂（1895）等。这些学堂都是附属于某一工厂或企业，显示出洋务学堂为实业服务的性质。

"中体西用"是这些洋务学堂办学的指导原则。为了让学生不忘本，不被西化，洋务学堂开了许多中学课程，但也添设了很多实科，如数学、物理、化学、几何、地理，最为难得的是增加了很多实用技能教育的内容，涉及广泛的

---

❶ 张之洞. 劝学篇·设学第三 ［G］//陈学恂. 中国近代教育文选. 北京：人民教育出版社，2003：248.

应用性知识和技术，包括轮船驾驶技术、洋枪洋炮使用技术、指挥技术、发电报技术、造船技术、采矿技术、机械制造技术等。

如江南制造局创办工艺学堂，"课程除汉文、英文、算学、画图四事仍照画图房旧章办理外，其余拟仿照日本大阪工业学校章程，设立化学、机器两科，一专教分化物质诸理法，一专教重力气热诸理法"。此外，要求诸生所学应以本局各厂制造实习实验之地，务求实际。❶福州电气学塾请西人任教习，主要传授制造电线、电报等各种机器，以及电信寄法等技术知识。教学注重理论联系实际，把有关电气的一般原理与制造和使用机器的方法相结合。❷当事者曾回忆：

> 在其他革新实业之中，还有一所电报学堂，建设在福州，由大北公司（丹麦）的工程师们指导。一部分的学生是从香港和广州来的，能说英文，其余的是从船政局那些学堂出来的，已有数学的知识。教练是理论兼实践，把对电气原理的相当知识和操使所用机器的方法相结合，俾使学生们适合于电报员的职位。少数最有希望的学生将要受更高的教育，他们将被送到英国大的电报学校、机关去完成学业。在这些英国的学校、机关里，他们将接受电线的安装与维护的教育，最后可以成为电报工程师。这样一个学校的建立，使中国有希望在将来采用电极设施。❸

从整体上分析，在洋务派创办的洋务学堂中，对近代新教育运动的影响最为突出的要数京师同文馆、江南制造总局辐射的教育机构（除工艺学堂之外，尚有1874年创办的操炮学堂）以及福建船政学堂三处。由于京师同文馆主要属于文理综合性高等教育机构，与专科技术教育机构有一定差异，故此处揭过不提。

二、洋务派从事实业教育的动因和办学特点

（一）兴办实业教育的动因

19世纪60年代发端的洋务教育是中国近代"新教育"的开端。它包括

---

❶ 光绪二十四年（1898）江南制造局总办林志道禀创办工艺学堂（附工艺学堂章程）[G] //朱有瓛. 中国近代学制史料（第一辑·上册）. 上海：华东师范大学出版社，1983：470.
❷ 光绪二年闰五月初三日（1876-6-24）《万国公报》记福州新设电气学塾 [G] //朱有瓛. 中国近代学制史料（第一辑·上册）. 上海：华东师范大学出版社，1983：483.
❸ 寿尔记1876年福州电报学堂 [G] //朱有瓛. 中国近代学制史料（第一辑·上册）. 上海：华东师范大学出版社，1983：483-484.

"西文""西艺"教育两个方面,这两方面相对独立,又互相渗透和交织。

西艺教育思潮早在魏源的《海国图志》一书中就已孕育,洋务派对此有所发展,并付诸实践。与西艺教育实践促进了中国近代实业教育起步的客观历史相一致,有关西艺教育的思想认识实际上也成了洋务派投身实业教育的主观动因。

面对西方的冲击和国内的矛盾,为了挽救危难,洋务派在稳定清政府政治统治的手法上有所改变。他们不再视西学、西艺为奇技淫巧,而是有了变器的思想,希冀自强、求富以自救。所谓"自强",就是主张仿效西方列强练兵制器,增强军事力量,以便对内"剿贼",对外"御侮"。

如何才能达到自强?曾国藩的认识颇为深刻。他说:自强之要有三,制器、学校、操兵。1862 年 6 月,他又在其日记中写道:"欲自强之道,总以修政事、求贤才为急务,以学炸炮、学造轮舟具下手功夫。"李鸿章则认为建学堂,造就人才"实为中国自强之本"。1863 年在筹设上海广方言馆时,他就曾提出向西方学习西学和制造工艺的主张。"彼西人所擅长者,推算之学,格物之理,制器尚象之法,无不专精务实,著有成书,我中华智巧聪明,岂出西人之下?果有精熟西文,转相传习,一切轮船火器等技巧,当可由渐通晓,于中国自强之道,似有裨助。"❶ 其后,奕䜣也认为有必要学习"西艺",他在1866 年 12 月奏请同文馆增设天文算学馆时指出:"因思洋人制造机器、火器等件,以及行船、行军,无一不自天文、算学中来。现在上海、浙江等处,讲求轮船各项,若不从根本上用著实功夫,即学习皮毛,仍无裨于实用。臣等共同商酌,现拟添设一馆……即延聘西人在馆教习,务期天文、算学均能洞澈根源,斯道成于上,即艺成于下,数年以后,必有成效。"❷ 1867 年,他又说:"今中国议欲讲求制造轮船机器诸法,苟不籍西士为先导,俾讲明机巧之原,制作之本,窃恐师心自用,枉费钱粮,仍无裨于实际,是以臣等衡量再三,而有此奏。论者不察,必有以臣等此举为不急之务者,必有以舍中法而从西人为非者,甚至有以中国之人师法西人为深可耻者。此皆不识时务之论也。夫中国

---

❶ 李鸿章. 请设外国语言文字学馆折 [G] //李鸿章, 吴汝纶. 李文忠公全书 (奏稿卷三), 光绪三十四年 (1908) 印行:11 – 13.

❷ 同治五年十一月初五日 (1866 – 12 – 11) 总理各国事务奕䜣等折 [G] //筹办夷务始末 (同治朝) 卷四十六, 故宫博物院影印本 1930 年刊:3 – 4.

之宜谋自强，至今日而已亟矣，识时务者莫不以采西学制洋器为自强之道。"❶ 洋务派突破了中国传统的"百工之人，君子不齿"的思想观念，讲求实用及其科技人才的培养。洋务运动的代表人物左宗棠认为："中国之睿知运于虚，外国之聪明寄于实。中国以义理为本，艺事为末；外国以艺事为重，义理为轻。彼此格式其是，两不相逾，姑置弗论可耳，谓执艺事者舍其精，讲义理者必遗其粗不可也。"❷ 因此，他指出："雇买轮船之徒，取济一时"，而"学造西洋机器，以成轮船，俾中国得转相授受，为永远之利"。"艺局学习英、法两国语言文字，精研算学之设"，实"为造就人才之地"，这些人才必须"能依书绘图，深明制造之法，并通船主之学，堪任驾驶"❸，并使"制造者能放手制作新式船机及应需之物，驾驶者能管驾铁甲兵船、调度布阵，加之历练，应可不籍洋人"❹。为了鼓励学习者，应给予必要的物质待遇及社会地位，这样便能调整士人价值观念，转移社会风气，此所谓"非厚给月廪不能严定课程，非尤予登进则秀良者无由进同。此项学成制造驾驶之人为将来水师将才所自出，拟请凡学成船主及能按图制造者，准授水师官职……以昭奖劝，庶进广而人才自奋矣"❺。

（二）洋务派实业学堂的办学特点

李鸿章、曾国藩、左宗棠、奕䜣等洋务派领袖将学"西艺"以图自强的思想付诸实践，办了一大批洋务学堂，实施实业教育，以培养各种专业技术人才。如 1866 年左宗棠在其办理的福建船政局附设学校，设立艺局；李鸿章在上海江南制造局附设工艺学堂。综观洋务派的实业教育实践，有如下四个特点。

（1）办学目标在于求富自强，消弭内部矛盾，抵御外侮。近代早期技术学校创办的目的，并非要训练人才让他们进入社会就业，这有别于后来职业教育的旨意或取向。在外国列强一手举花、一手举枪向中国发动进攻时，洋务派

---

❶ 奕䜣. 等. 同治五年十二月二十三日（1867 - 1 - 28）总理各国事务奕䜣等折［G］//朱有瓛. 中国近代学制史料（第一辑·上册）. 上海：华东师范大学出版社，1983：14.

❷ 左宗棠. 同治五年五月十三日（1866 - 6 - 25）左宗棠折［G］//朱有瓛. 中国近代学制史料（第一辑·上册）. 上海：华东师范大学出版社，1983：331.

❸ 左宗棠. 同治五年十一月初五日（1866 - 12 - 11）调陕甘总督左宗棠折［G］//朱有瓛. 中国近代学制史料（第一辑·上册）. 上海：华东师范大学出版社，1983：353.

❹ 李鸿章. 等. 光绪七年正月十九日（1881 - 2 - 17）直隶总督李鸿章等奏［G］//朱有瓛. 中国近代学制史料（第一辑·上册）. 上海：华东师范大学出版社，1983：415.

❺ 左宗棠. 同治五年十一月初五日（1866 - 12 - 11）调陕甘总督左宗棠折［G］//朱有瓛. 中国近代学制史料（第一辑·上册）. 上海：华东师范大学出版社，1983：354.

认识到中国传统"子曰诗云"的经学教育远不能抵挡外国的坚船利炮，也无法与当时社会需求相适应，于是在万般无奈之下兴办军事技术学堂、实业技术学堂，其根本目的在于培养造就与近代军事工业有关的技术人才，巩固国防，维护清王朝的封建统治。

（2）学校的管理和经费来源的封建性与买办性。近代实业学校一般附属于某一企业，这就决定了是在厂矿企业内培训技术人才，实施技术教育。这些学校主要是由李鸿章、曾国藩、左宗棠、奕䜣等一些有实权的军政要员创办的，学堂的领导权自然在他们手中。因而，一些较有影响、颇具规模的学堂，必须接受清政府的指令，其设置、招生、官员任命、经费开支、奖赏官职等均需奉旨执行。由于大量的自然科学和技术课程的开设，中国教师能胜任的不多，大量得依靠外籍教师，洋人便自然地掌管着技术学校教学及技术管理权。❶ 这样便形成了厂矿企业办学、洋务派和洋人共同管理的办学管理模式。洋务学堂的经费一般从海关的税收中提取一定比例支付，包括教员的工资、学生的生活津贴、办公费等。支付给外国教习的薪金很高，且海关税务掌握在英国人赫德手中，故受到很大的牵制。

（3）课程与教学的中西杂糅，严格管理。早期技术学堂规模不大，各校之间没有明确的界限和衔接关系，课程和教学内容也不尽相同，开设的课程并不全是西学的学科，也有一定分量的中文学科。各学校的课程都分基础课和专业课，注重专业理论和实践。教学内容因洋务实业的不同，而有不同的深浅和侧重。但因为受洋务运动指导方针的影响，各学堂难以脱离"中学为体，西学为用"的模式。在传授实用知识的同时，不容忽视"四书""五经"的教学。如广东水陆师学堂要求学生"大抵兼采各国之所长，而不染习气；讲求武备之实用，而不尚虚文。堂中课程，限定每日清晨先读四书五经数刻，以端其本。每逢洋教习歇课之日，即令讲习书史，试以策论，俾其通知中国史事、兵事，以适于用。在堂者一律仍准应文、武试，以开其上进之程"❷。洋务学堂有严格的教学管理制度，规定学堂教学时间和作息时间。如天津水师学堂，"盖自开堂以来，一日之间中学西学文事武事，量晷分时，兼程并课，数更寒

---

❶ 樊慧英. 中国近代技术学校的产生及其特点［J］. 教育史研究，1992（3）：26.

❷ 张之洞. 奏请创办水陆师学堂折［G］//陈学恂. 中国近代教育史教学参考资料（上册）. 北京：人民教育出版社，1986：90.

燠，未尝或辍，叠经季诸生课业，月异而岁不同"❶。为激励学生学习，他们还有考试制度，奖惩分明。考试名目繁多，有月考、季考、年终考等，依据考试成绩分列优劣，酌定奖罚。福建船政学堂规定："开艺局之日起，每三个月考试一次，由洋教员分别等第，其学有进境考列一等者，赏洋银十元，二等者无赏无罚，三等者记惰一次，两次连考三等者戒责，三次连考三等者斥出。其三次连考一等者，于照章奖赏外，另赏衣料以示鼓舞。"❷ 依据学制年限的规定，如果学堂实现教育目标，达到质量要求，学生学习及实践卓有成效，对教师及学生实施奖励，以取得目标管理中的及时反馈效应。

> （天津水师学堂）计自开堂以来，甫及三年，而驾驶头班学生伍光鉴等三十名，均已毕业，堪上练船。又课成肄业，美国回华学生王凤喈等九名或充学堂帮教，或经分派各船，成效历有可稽。伏思水师为海防急务，人才为水师根本，而学生又为人才之所自出，臣于天津创设水师学堂，将以开北方风气之先，立中国兵船之本，兹际成效初收，允宜甄陶在事，激劝来兹，庶几人材可期辈出。查广东设立同文馆，招募学生，课以西国语言文字，每届三年，奏请分别给奖有案。天津水师学堂所课西国语言文字，特其一端，此外诸学视同文馆实相倍蓰，在堂各员弁尽心教导，洵属异常出力，学生亦攻苦逾恒。现已届满三年，著有成效。据总办道员吴仲翔详请援案奏奖前来，臣查泰西各国水师强盛皆以学堂为根基，中土创办之初，不得不多方诱掖，冀收拨十得五之效，理合酌拟奖叙。❸

为了使学生能把学到的理论知识运用到实际工作中，洋务学堂重视学生实践，注意把课堂学习和实际锻炼结合起来，实施实习制度。如福建船政学堂设有蒸汽机制造实习课、船体建造实习课等。为了加强实用性，学堂还规定"在最后两年中，制造学生须至厂中工作，管轮驾驶学生须至船上实习"❹。为了"精求博览""切实考察"，船政学堂最先派学生留欧，在西方本土学习。

---

❶ 光绪十年十一月初五日（1884 - 12 - 21）水师学堂请奖片［G］//朱有瓛. 中国近代学制史料（第一辑·上册）. 上海：华东师范大学出版社，1986：505.

❷ 左宗棠. 详议创设船政章程购器将教习折［G］//陈学恂. 中国近代教育史教学参考资料（上册）. 北京：人民教育出版社，1986：71.

❸ 水师学堂. 光绪十年十一月初五日（1884 - 12 - 21）水师学堂请奖片［G］//朱有瓛. 中国近代学制史料（第一辑·上册）. 上海：华东师范大学出版社，1983：505 - 506.

❹ 王信忠. 记福建船政学堂［G］//陈学恂. 中国近代教育史教学参考资料（上册）. 北京：人民教育出版社，1986：79.

在它的带动下，其他的学堂（如广东水陆师学堂、福州电气学塾等学堂）也开始派学生游历学习。广东水陆师学堂将课堂讲授、理论学习与现场实习有机地结合，甚至选派海外练习及训练。水师学成之后，拨入练船。另设练船正教习，枪炮、帆缆教习、测算教习四员，皆用洋弁、在船课读，即在中国沿海口岸游行，认真练习。一年之后，再选其才艺尤长者，分赴外国学堂、兵船学习。其陆师则三年学成后，择优出洋，分赴各国学堂、陆军练习。水陆均令每年九月在堂，三月在船、在营。遇有外洋有事，拟照西国通例，前往观览，以资考镜实事。❶

（4）学生来源和教师聘任的特殊性。洋务学堂的招生注重通过考试选拔，包括对学生身体素质、资质品行的全面考查。如江南水师学堂招考学生的过程："开明籍贯年貌三代，来堂投考，察其年貌相符，中英文字通顺，再由西医验明气体结壮，身无隐疾，即有本人家属出具甘结及绅士保结，声明家身清白并非寄籍外国，亦不崇奉异邪等教，当留堂试习四个月，再行察看，或口齿不灵或情性执拗，举止轻浮，即行剔退另选，甘保二结发还。"❷ 专业技术学堂的创办在中国尚属开端，因此，师资来源主要是聘请洋人进行教习或技术指导。福州船政学堂在聘请合同中规定该教习"尽心教导在堂生徒"，"谨慎守分"，"受船政大臣节制，并应听稽查学堂委员之谕"，可以获得"二月给银二百两"的薪俸，"几年限满，如衙门不留某人，则给予贴薪二个月并回费"。"教导不力，或办理不善，或擅打中国生徒人等被撤者，则只给回费，不给两月贴薪。"❸ 随着技术学堂的发展，毕业优秀学生增加，逐渐由毕业生升补师资，争取了一些办学和管理的主动权，有利于学堂的发展。

严格意义上的职业技术教育产生于近代欧洲，中国的教育传统是以儒学的经典教育为主体的，洋务学堂的产生已经拉开了整个教育体制改革的序幕。如果没有洋务运动中创办的新式学堂，清政府1898年明令废书院兴学堂和1903年推行实业教育制度是不能想象的。虽然实业教育不等同于职业教育，但它毕

---

❶ 张之洞. 奏请创办水陆师学堂折［G］//陈学恂. 中国近代教育史教学参考资料（上册）. 北京：人民教育出版社，1986：90.

❷ 佚名. 江南水师学堂简明章程［G］//陈学恂. 中国近代教育史教学参考资料（上册）. 北京：人民教育出版社，1986：95.

❸ 黎兆棠. 光绪八年十月初三日（1882－11－13）船政大臣黎兆棠咨呈总理各国事务衙门［G］//朱有瓛. 中国近代学制史料（第一辑·上册）. 上海：华东师范大学出版社，1983：369.

竟孕育了职业教育，为职业教育的产生打下了基础。

三、张之洞的实业教育思想

张之洞（1837—1909），字孝达，号香涛，晚号抱冰，谥号文襄，直隶南皮（今河北）人，少有大略，博览经史，是晚期洋务运动的代表之一。他一生中成就最大、所用精力和时间最多的两项事业就是办企业和办教育，且几乎是同时开始、齐头并进，被后人称为"我国半殖民地半封建教育制度的重要奠基人"[1]。张之洞是近代著名的教育家，作为晚期洋务派的代表人物，有着丰富的实业教育思想，并将之付诸行动，办了许多实业学堂。早期洋务派对实业教育的构想以及他们所开展的实业教育实践恰为张之洞实业教育思想的形成以及实践做了铺垫，提供了启示。

张之洞认为，实业是富强之本，一个国家只有具备了雄厚的经济实力之后，才可能强盛，一个国家只有在培养出大量自己的实业科技人才之后，才能走上独立自主的富强之路。因此，大力兴办近代实业和实业教育，是晚清"自强求富"的根本大计。在此思想指导下，张之洞主持了中国近代许多重要的军事、民用工业建设，创办了大量的实业学堂，为中国的近代化做出巨大的贡献。

张之洞初步认识到"发展实业"—"开利源"—"图自强"—"御外侮"之间的内在关系，即后一个环节以前一个环节为条件，强调先富而后强。"挽利权""杜外耗"为自强固本的重要手段。为防止利权外溢，他采取了引进先进的技术设备，利用本国资源，兴办农、工、商、铁路等实业的措施，将发展农工商实业看作国家致富的重要途径和有关国计民生的头等大事。"窃惟富国之道，莫要于农工商三事，而农务尤为中国之根本。前经总理事务衙门户口等部迭次议奏，广种植，兴制造，讲商务各事。"[2] 张之洞把"御外侮"与增强国力联系起来，先后创办大批工矿企业，在一定程度上推动了本国民族经济的发展，在"开利源""图自强"方面产生了一些功效。

要办实业，就要有人才。张之洞意识到培养实业人才与学校教育之间的关系，提倡实业教育。在他看来，治国之道在于得人，至于国土大小、物产丰缺及人口多寡等，只不过是一个国家能否富强的物质前提，而非决定因素。没有人

---

❶ 陈景磐. 中国近代教育史［M］. 北京：人民教育出版社，1979：102.

❷ 张之洞. 光绪二十四年（1898）三月张之洞设立农务工艺学堂暨劝工劝商公所折［G］//朱有瓛. 中国近代学制史料（第一辑·下册）. 上海：华东师范大学出版社，1986：957.

才，即使购进外国先进的机器设备，也会因无人会用而弃置，再丰富的地产也得不到开发利用。"有船而无驾驶之人，有炮而无测放之人，有鱼雷水雷而无修造演习之人……则有船械与无船械等。"❶

鉴于此，他介绍了西洋各国学校制度中的专门之学，包括各类实业学校，主张广泛建立实业学校以造就人才，包括农务学堂、工业学堂、商务学堂等。他自己也身体力行，兴办了大批实业学堂，如湖北工艺学堂、农艺学堂、商务学堂、湖北驻日本东京铁路学堂等，并派遣留学生赴日本学习实业，收到了较好的效果。

1903 年，经历"戊戌变法"失败后接踵而至的义和团运动、八国联军侵华以及《辛丑条约》签订以后急剧加深的民族危机等连续刺激，张之洞对实业教育作用的认识有了新的发展。这时他主持学堂规章制度的拟定，在《钦定学堂章程》的基础上，删芜增益，加以调整，尤其加强了实业教育的地位。"国计民生，莫要于农工商实业；兴办实业学堂，有百益而无一弊，最宜注重。兹另拟《初等农工商实业学堂章程》一册，附实业补习普通学堂以及艺徒学堂各章程。《中等农工商实业学堂章程》一册，《高等农工商实业学堂章程》一册，《实业教员讲习所章程》一册，《实业学堂通则》一册。此皆原订章程所未及而别加编订者也。"❷ 实业学堂使学生学成后能谋生计，最有利国家之本。张之洞在《奏定学堂章程》中，设计了我国第一个完整的实业教育制度，形成了相当于初小程度的艺徒学堂、相当于中学程度的中等实业学堂和相当于大学程度的高等实业学堂和实业教员讲习所，体现出其实业教育思想的特点：一是视实业教育为自强求富最重要的工具之一；二是认识到实业教育是一个由低到高的层次分明的序列，由此，实业人才的学校培养目标也存在一个初级—中级—高级的层次递进，相应地还有人才类型和人才层次的区别，这是先前的各派教育家所没有论及的；三是整个学制以"中体西用"为指导思想，这就决定了实业教育虽然以传授西艺为主，学习西方自然科学技术是其中心内容，但在人才标准和规格、学校课程和教学过程中却受到"中体"的束缚，这也说明张之洞的实业教育思想存在保守性和封建性。

---

❶ 张之洞. 光绪二十四年（1898）三月张之洞设立农务工艺学堂暨劝工劝商公所折［G］//朱有瓛. 中国近代学制史料（第一辑·下册）. 上海：华东师范大学出版社，1986：957.

❷ 张百熙，荣庆，张之洞. 重订学堂章程折［G］//舒新城. 中国近代教育史资料（上册）. 北京：人民教育出版社，1981：196.

第二节　维新运动时期实业教育的发展

从 19 世纪 70 年代洋务运动后期开始，逐渐产生了一些反映民族资产阶级要求的思想家，他们与洋务派一样宣传向西方学习，变法图强。但他们在对封建教育提出批判的过程中逐渐与洋务派思想分离，开始批评洋务教育，主张改革教育，引进西学课程，设立新式学校，建立西方化教育制度。他们的高明之处在于他们所理解的西学和学习的范围比洋务派更为广泛，包括西文、西艺和西政，学习西方已经从技术层面上升到了制度层面。19 世纪 70—90 年代初形成的思想群体——早期资产阶级改良派，代表人物为容闳、冯桂芬、王韬、薛福成、马建忠、陈炽、郑观应等。面对内忧外患的民族危机，目睹西方经济的发达，改良派认为要加强商战，设工厂、开矿藏、行轮船、筑铁路以及学习西方的商务等，逐渐形成了一股实业救国热潮。从实业救国思潮和中国实业教育的关系看，如果没有农工商资本主义经济的建立，实业教育也无由产生；没有实业思潮的激荡，实业教育也成了无本之木。

一、实业救国思潮与维新派的实业教育思想

（一）实业救国思潮的产生与实业教育

实业救国思潮大约在 1875—1900 年形成，但它的酝酿却经历了一个较长的阶段。19 世纪 70 年代后，在日益加深的民族危机面前，早期改良派努力探求中国之所以落后、西方之所以先进的缘由，开始陆续地提到了发展资本主义商品经济的重要性，出现了重商的倾向。19 世纪末，"以商立国"的主张逐渐被"以工立国"所取代。这是中国近代探索西方富强之路的新进展，也是学习西方思想逻辑发展的必然结果。

甲午海战后，民族危机达到了空前严重的地步，从而激起更多的忧国之士奋起投入爱国救亡运动中，实业救国成了救亡运动的一部分。1895 年，郑观应重新修订刊行《盛世危言》，着重加强对"商战"的论述。"战后，时势变迁，大局愈危，中西之利弊昭然若揭，故未言者再尽言之。"[❶] "商战重于兵

[❶] 夏东元.《盛世危言》增订新编凡例 [G] //夏东元. 郑观应集（上册）. 上海：人民出版社，1982：238.

战"的思想渐为越来越多的人接受。薛福成在《振百工说》提出了"工商立国""工实居商之先""工兼士之事"等，力图从各个方面论证"振百工"是"发愤自强"的要端。这种思想已经具备近代"实业救国"论的雏形。

陈炽在甲午海战后积极提倡变法，并于 1896 年写了《续富国策》一书，分农书、矿书、工书、商书四卷，论述了发展各种经济事业的具体项目和措施，所宣传的发展农、工、商、矿等近代生产事业以救亡图强的思想对当时社会的影响很大，可以说是"实业救国"的最初表述。"实业救国"的另一倡导者是江苏南通的张謇，甲午战败的刺激使他弃官从商，走上了"实业救国""教育救国"的道路。

有识之士权衡形势，做出了自己的选择。温和的方式也好，革命的方式也罢，发展实业的强烈愿望是一致的。他们都论述振兴实业的重要性及其对推动社会发展的巨大作用，而发展实业的有力途径是发展教育，培养实业人才。因而，早期改良派和后期的维新派均将其实业救国的主张部分地落实到实业教育救国的行为上。他们根据我国资本主义工业发展对人才的需求，试图通过教育培养发展实业所需的人才，从而达到实业救国的目的。

（二）维新派的实业教育思想

甲午战争失败后，民族危机进一步加深。维新和具有维新倾向的人们纷纷上书言事，认为非兴学校、改革教育不足以图存。如梁启超就认为中国的贫弱不振在于封建教育的陈腐和工艺技术落后，因而"救弊之法，归于废科举兴学校"[1]。一时间，设厂自救、兴办教育在变法前夕成为一股热潮。变法期间，"废科兴学"、开办实业学堂的议论更是达到高潮，上自光绪皇帝，下至洋务要员以及资产阶级维新派实业教育代表康有为、梁启超、严复、张謇等人，关于实业教育的"上谕奏折"不下数十件，涉及了实业教育的诸多内容。他们继承了早期改良派的实业教育思想，主张建立实业教育制度。尽管"戊戌变法"失败，有关实业教育的法令未得到施行，但他们的实业教育思想却广为流传，深深地影响了一批清朝封建统治的上层人物，通过张之洞、荣庆、张百熙之手，近代实业教育制度最终得以确立。在废科举兴学与开办实业教育这点上，可以说"戊戌变法"是清末新政教育改革与新教育体制建立的先声。

---

❶ 梁启超. 清代学术概论［M］. 上海：上海古籍出版社，1998：61-62.

1. 康有为的实业教育思想

康有为（1858—1927），原名祖诒，字广厦，号长素，广东南海人，出生于世代读书为官的大家庭，因而自幼学习"四书""五经"，广泛涉猎文史。1847 年，他开始学习《瀛环志略》及日本传入的《地球图》，接触西学，认识到西学的好处及它作为救国救民的途径。他勇于冲破封建藩篱，成为近代中国资产阶级思想启蒙运动的先行者，一位极力倡导实业教育的热心人。虽然没有亲身办过实业学堂，但他的实业技术教育主张却有深刻的影响。他坚决主张变科举，积极倡导"新学"，兴办实业学校，培养各行各业需要的技术人才。

康有为始终提倡实业救国和实业教育救国。1895 年，他在《上清帝第二书》中认为，中国形势危急，已经到了非变法不可的地步，变法可求富求强。富国的办法包括：钞法、铁路、机器轮舟、开矿、铸银、邮政、务农、劝工、惠商、恤穷。这十条突出了工业、农业、商业的作用。康有为继郑观应后提出了商会的功能，看到了西方商会配合本国政府进行对外经济扩张的作用，因而在"公车上书"中建议：令各直省设立商会、商学，而以商务大臣统之，上下通气，通同商办，庶几振兴。1905 年，他撰写了《物质救国论》一书，认为中国最大的问题是弱，而"以中国之地位，为救急之方药，则中国之病弱，非有他也，在不知讲物质之学而已"。他所谓的物质学实际上是指从 18 世纪下半期到 19 世纪中期遍布西方的工业革命与机器化大生产。工业革命使西方的农、工、商业进入以科技应用为中心的近代商品经济时代，西方强于中国就在于他们有物质学。"以吾遍游欧美十余国，深观细察，校量中西之得失，以为救国至急之方者，则惟在物质一事而已。物质之方体无穷，以吾考之，则吾所取为救国之急药，惟有工艺、汽电、炮舰与兵而已。"❶

西方工农商业发达，国富民强，从根源上说，是因为他们重视教育尤其是实业教育。康有为批评洋务派只知道筑炮台、买枪炮、练洋操，而不知讲求学校，直到甲午战败，国人才"渐知泰西所以富强，在于有学。于是议臣始言学。当今直省督抚，亦纷纷渐知立学堂矣。然学堂以何物教之，尚未计及也。学堂仅教诸生童幼，习西国文字语言，五六年后始能通其文字，语言尚未通，其政学，则又待之十年后矣。今世变甚急，朝不及夕，岂能从容待之十年乎？

---

❶ 康有为. 物质救国论［G］//赵靖，易梦虹. 中国近代经济思想资料选辑（中册）. 北京：中华书局，1982：173、183.

其不在学堂之人士，尤今日所倚而用之者。乃无从得地球掌故物理，泰西政俗、经济农工商矿各学，而考求之"。❶

康有为一再主张广设实业学校。1898 年 1 月 29 日，他上奏光绪皇帝："自京师立大学，各省立高等中学，府县立中小学及专门学，若海、陆、医、律、师范各学。"❷ 同年 6—7 月，康有为对"专门学"又做了详释或说明：专门学着重工艺学校、铁路学校、商学校、农学校、茶务蚕桑学校、矿学校，体现了社会物质生产领域的主要部门与学校教育专业设置及人才培养的关系。"专门者，凡农商矿林及其工程驾驶，凡人间一事一艺者，皆有学，皆为专门也。……小学中学者，所教为国民，以为己国之用，皆人民之普通学也。高等专门学者，教人民之应用，以为执业者也。"❸ 他希望凡有实业之处都立实业学校，"大劝农工"，凡有中小学校处都同时设立实业学校，"遍开新学"，实际就是主张普及实业教育。

2. 梁启超的实业教育思想

梁启超（1873—1929），字卓如，号任公，广东省新会县人，出生于封建知识分子家庭，少年时期读了不少中国古代的经史典籍，十岁应童子试，聪颖过人，有"神童"之称。十七岁中举人，十八岁在上海开始接触西方译著，1891—1894 年在康有为的"万木草堂"学习。1895 年与康有为等人发动"公车上书"，后来成为维新运动的领袖之一。他吸收西方资产阶级的思想资源，为其教育学说的构建及其教育活动的开展奠定了理论基础。他的实业教育思想是其维新改良主义教育思想的组成部分。

梁启超从振兴实业的愿望出发，主张通过教育培养大批的生利之人，即实业人才。他从开民智角度论证了人才的重要性。要救亡图存，就要发展实业，要发展实业，得先开民智，培养实业人才，民智不开，人才就不足。经济的竞争是人才的竞争，中国的落后，首先是人才的落后，尤其是实业人才极端缺乏，从而制约了国内各项实业的发展，使农、工、商都比资本主义各国落后。也由于本国人才的缺乏，中国在已开办的农、工、商、矿、铁路等行业中，不得不雇用大量洋匠洋师，导致财富外流，利权为洋人控制的局面。对此，他要

---

❶ 康有为. 请开局译日本书折［G］//汤志钧. 康有为政论集（上册）. 北京：中华书局，1981：254.

❷ 康有为. 上清帝第六书［G］//汤志钧. 康有为政论集（上册）. 北京：中华书局，1981：213.

❸ 康有为. 请开学校折［G］//汤志钧. 康有为政论集（上册）. 北京：中华书局，1981：305－306.

求以办学作为开启民智的第一步，有一实业就有一学堂，如农学、工学、商学等，通过实业教育，培养大批实业人才、生利之人。

梁启超关于办理实业学校的思想在1896年替礼部侍郎李端棻起草的《奏请推广学校折》中就有所表露。❶他对洋务运动兴学三十余年的历史进行了深刻的反思及总结，认为有五方面的缺失或不足，第二、第三两个方面的问题更为突出，且与实业教育内容或制度相联系。"格致制造诸学，非终身执业，聚众讲求，不能致精。今除湖北学堂外，其余诸馆，学业不分斋院，生徒不重专门，其未尽二也。诸学或非试验测绘不能精，或非游历察勘不能确，今之诸馆，未备图器，未遣游历，则曰求之于故纸堆中，终成空谈，无自致用，其未尽三也。"而这两种困惑恰是传统官学、私学及书院教育所缺乏，也是很难克服或补救的，"然则岩穴之间，好学之士，岂无能自绩学以待驱策者？曰：格致、制造、农商、兵矿诸学，非若考据词章帖括之可以闭户獭祭而得也。书必待翻译而后得读，一人之学能翻群籍乎？业必待验验而后致精，一人之力能购群器乎？学必待游历而后证实，一人之身能履群地乎？此所以虽有一二倜傥有志之士，或学焉而不能成，或成矣而不能大也"❷。

梁启超重视女子实业教育。1896年，他在《时务报》发表《变法通议·论女学》一文，认为中国之所以贫弱，根本原因之一是全国的妇女不受教育，尤其是实业教育。他说泰西各国女子与男子一样，同受教育，有自己的职业，所以富强；甚至认为，女学兴衰是国事强弱的一种尺度或标准。"是故女学最盛者，其国最强。不战而屈人之兵，美是也，女学次盛者，其国次强，英、法、德、日本是也。女学衰，母教失，无业众，智民少，国之所存者幸矣，印度、波斯、土耳其是也。"中国女子没有平等的受教育权，没有独立的职业，都是分利者，而改变这种状况就必须通过教育训练，使之掌握知识技能。因而，他主张女子有权同男子一样接受实业教育，成为自食其力的生利者，摆脱对男子经济的依附，与男子在政治经济上获得平等。这样，人人生利自养，就会民富国强。"故曰国何以强，民富斯国强矣。民何以富？视人人足以自养，

---

❶ 《奏请推广学校折》一文，据罗惇曧《京师大学堂成立记》说，是出自梁启超手笔："甲午中日战后，士夫渐奋发，言自强，康有为请变法，遂以兴学，梁启超为侍郎李端棻草奏，请立太学堂于京师。御史王鹏运亦有是疏，中旨允行。"（陈学恂. 中国近代教育史教学参考资料（上册）[M]. 北京：人民教育出版社，1986：455）当时此折流传甚广，影响颇大。

❷ 李端棻. 请开学校折 [G] //陈学恂. 中国近代教育文选. 北京：人民教育出版社，2001：64-65.

而不必以一人养数人，斯民富矣。夫使一国之内，而执业之人，骤增一倍，则其国所出土产作物，亦必骤增一倍，凡所增之数，皆昔日弃地之货也。取弃地之货，而藏之民间，其事甚顺，而其盖甚宏，若此者，舍学未由也。"针对有论者称女子学习能力不如男子，或怀疑女子成才及创业的可能性等观点，梁启超做了分析，并以此坚定了其女子通过接受教育，从事各项工作、专业的广阔前景。"彼妇人之数千年莫或以学名也，未有以引导之也。妇人苟从事于学，有过于男子者二事：一曰少酬应之繁；二曰免考试之难。其居静，其心细，故往往有男子所不能穷之理，而妇人穷之，男子所不能创之法，而妇人创之。……农业也，工作也，医学也，商理也，格致也，律例也，教授也，男子所共能，抑妇人所共能也。其学焉而可以成为用之材，一也。"❶

梁启超实业教育思想的特色在于他以生利分利理论为武器，揭示了实业教育对中国救亡图存、求富求强的意义，突出了女子实业教育对女子追求平等解放和社会经济发展的推动作用。

3. 严复的实业教育思想

严复（1854—1921），字又陵，号几道，福建侯官（今福州）人，七岁就学，十一岁从福建名儒黄少岩读经。十四岁舍弃旧学考入福州船厂附设之船政学堂，毕业后服役船舰。二十五岁赴英国留学海军，回国后先在船政学堂当教习，1880 年被李鸿章聘为北洋水师学堂总教习，以后逐步升任会办、总办，前后任职近二十年。他学贯中西，倡议学西方，主张"教育救国"。

严复毕业于福州船政学堂，是我国第一代实业学校毕业生的佼佼者。他的实业教育思想是以他对西方教育和中国国情的认识为起点的。他看到了中国社会的病症是贫穷与国衰，认为要挽救民族危亡，疗治贫困，就必须求富强，这就必须重视以工业制造为中心的实业。英国等西方列强以蒸汽机的使用为龙头，掀起工业革命，对西方纺织、交通、制造、商品生产及其他行业产生了巨大影响，效率极大提高，产量飞速增加；相对而言，由于封建社会的深重危机，闭关锁国的虚骄狂妄，中国则大大落后了。根据这些认识，他提出富有个性的、独到的实业教育思想。

严复在对当时流行的实业教育进行反思与批判的基础上，以确定实业教育

---

❶ 梁启超. 变法通议·论女学［G］//汤志钧，陈祖恩，等. 中国近代教育史资料汇编·戊戌时期教育. 上海：上海教育出版社，2007：104－105.

概念阐发自己的实业教育观点。"实业，西名谓之 industries；而实业教育，则谓之 technical education。顾西人所谓实业，举凡民生勤动之事，靡所不赅；而独于树艺牧畜渔猎数者，则罕用其字。至所谓实业教育，所包尤隘，大抵同于工业。"由此，他提出："大抵事由问学，science，施与事功，展用筋力，于以生财成器，利民用而厚民生者，皆可谓之实业"；"故实业主于工业制造之业而已。"❶ 由此看来，严复认为近代实业的核心是"汽电机器"，西方国家自瓦特发明蒸汽机，"机器进步，则所操作之律度，必以愈精。制造之业，遂成绝诣"。中西社会发展水平差距加大的一个重要原因就在于此。"至于今西国，造物成事，几于无事不机；而吾国所用，犹是高曾之规矩耳。"❷ 严复认为，实业还包括路矿业，如果国家没有铁路，那必定利源不广，贫弱之患随之而兴。所以，中国不求富强则罢，要求富强，必从开铁路为端，只有广开铁路，矿业及一切制造工艺之事才会随之发展起来。他主张在国家引导下，以商办为正宗，发展路矿业。同时兴办军事工业以自保，兴办农业以支持工业发展，达到富强的目的；兴办新式教育，达到培养实业人才之目的。但是，当时中国类似西方面向社会实业需要的教育十分薄弱，且不健全。严复对他所要倡行的实业教育与传统教育做了总体上的比较，"是故欲开民智，非讲西学不可；欲讲实学，非另立选举之法，别开用人之途，而废八股、试帖、策论诸制科不可"❸。"盖往日之教育笃古，实业之教育法今；往日之教育救逸，实业之教育习劳；往日之教育成分利之人才，实业教育充生利之民力。"❹ 这就突出了实业教育的优点以及实行的紧迫性。而且，与康、梁相比，严复更是高屋建瓴、鞭辟入里地论述社会产业的关系、结构的调配及其与教育的互动性，体现了一代中西会通思想家的远略与识见。

严复认为，就其在教育系统的地位而言，实业教育是一种中等教育以上的

❶ 严复. 实业教育——侯官严复在上海商部高等实业学校演说 [G] //王栻. 严复集（一）. 北京：中华书局，1986：203.

❷ 严复. 实业教育——侯官严复在上海商部高等实业学校演说 [G] //王栻. 严复集（一）. 北京：中华书局，1986：204.

❸ 严复. 原强修订稿 [G] //王栻. 严复集（一）. 北京：中华书局，1986：30.

❹ 严复. 实业教育——侯官严复在上海商部高等实业学校演说 [G] //王栻. 严复集（一）. 北京：中华书局，1986：206.

专门教育："实业教育者，专门之教育也。专门教育，固继普通教育而后施。"❶ 可以看出，实业教育主要是指高等阶段的专门教育，即相当于工业专门学校和专门学院的教育。他想将实业教育放到一个高的起点上，但这种构想并不符合当时的实业发展状况。经过实践，严复注意到实业具有发展的层次性，中国当时的实业处于初级水平，高等实业教育并不能适应广大民众的需要。于是，他又提出建立初等、中等的实业教育更是当务之急。"实业之利国，其大者如矿、如铁路、如舟车、如冶、如织、如兵器，所共见者也。乃即言其小者，至于缄线锥刀、琉璃瓷纸，今若取吾国所产，以与欧美之所出者较，则未有不令人伤心短气，不自知吾种将何以自立于天演物竞之场者。"但现实中的人们似乎并没有注意到此，在发展实业上，认为"其取材于外国者，必以益多；其旧产于吾国者，必愈无用"❷，这种做法不但不能"自保利源"，而且也无益于一般民众。严复将实业教育的重点从农业转到工业，再转到初等工业，强调初等和中等实业教育的重要性，正符合实业发展层次上步步推进的特点，是对清末实业状况的一种真实反映，构成了严复的实业教育地位体系的层次结构。初等实业教育是实业教育的入手之端，也是实业教育发展的切实基础。

严复的实业教育思想集中体现了他的新教育价值观，他之所以能提出层次分明、有机联系的，涉及实业教育的地位、目标、内容、途径等在内的系统见解，主要源于他学贯中西的素养和对中西社会发展比较鉴别的方法，以及对中西文化交融的思考。但是，他的实业教育设计体系过分强调了学生得之于课外及社会的"阅历"，而忽视了学校实业教育阶段应有的经验积累，即实习、试验，这不能不说是一种缺憾。

综上所述，早期改良派和洋务派共同推动实业教育思想的产生，维新派在早期改良派的基础上，对实业教育思想有了更深刻的认识。而且，他们对西方实业教育制度的介绍更为完整，对中国实业教育制度的构想更加充分，成为清末实业教育制度化的直接推动者。与洋务派运动时期的实业技术教育相比，维新时期的实业教育思想不再局限于军事技术一种，范围扩大到农、工、商、矿

---

❶ 严复. 实业教育——侯官严复在上海商部高等实业学校演说［G］//王栻. 严复集（一）. 北京：中华书局，1986：204.

❷ 严复. 实业教育——侯官严复在上海商部高等实业学校演说［G］//王栻. 严复集（一）. 北京：中华书局，1986：208.

各方面，同时实业学校不再是某工厂企业的附属部分，而是被统治者所承认，在学制上逐渐取得了法律地位。

二、实业教育制度的构建

早期改良派最早介绍西方的实业教育制度，并有了初步的实业教育构想，这为维新派对实业教育制度的深入设计打下了基础。在维新派的宣传和推动下，实业教育制度化提上了日程。通过张之洞、荣庆、张百熙之手，实业教育制度最终得以确立。早期的实业学堂数量少，不成系统。直到1902年、1904年的《钦定学堂章程》《奏定学堂章程》制定或颁布后，实业学堂才正式被纳入学制，自成系统，成为近代教育事业的一个重要组成部分，为实业学堂的发展提供了法律保障。

（一）新学制中的实业教育规章

1902年，张百熙拟订了《钦定学堂章程》，又称"壬寅学制"。但该学制并未颁布实施。在该学制中，除从蒙养学堂到大学院的直系普通教育系统外，还有师范、实业两个旁系。实业学堂分简易、中等、高等三级，类型主要有农工商实业学堂。简易实业学堂三年，相当于高小程度；中等实业学堂四年，并在中等学堂内的第三、第四年附设实业科，相当于中学程度；高等实业学堂三年，在高等学堂内附设农工商高等专门实业学堂，而在大学堂中的农业、工艺、商务三科具有实业专科大学的性质。

19世纪末20世纪初，随着资本主义的发展，办实业越来越受到人们的重视，特别是清末财政困窘，也想通过发展实业得到缓和。因此，实业教育受到清政府的重视，但重视程度还不够，表现在虽列出师范、实业教育两个旁系，但都附设于高等小学堂、中学堂及高等学堂之中，而不是独立办理，且对其具体开设课程未做明确规定，这种缺憾在《奏定学堂章程》中得到弥补。

《奏定学堂章程》是1904年1月13日由清政府颁行的中国教育史上第一个完整的学制系统文件，又称"癸卯学制"。它的颁行真正把中国教育推上了近代化的轨道，对中国近代教育体系的产生和发展具有奠基的作用。

《奏定学堂章程》在实业教育方面的政策文件，包括《高等农工商实业学堂章程》《实业补习普通学堂章程》《中等农工商实业学堂章程》《初等农工商实业学堂章程》《实业补习学堂通则》《艺徒学堂章程》。同"壬寅学制"一样，"癸卯学制"分师范、实业两个旁系。

实业教育与普通教育一样分成初、中、高三级。其中与高等小学堂并行的是实业补习学堂四年，初等农工商实业学堂三至四年，还有艺徒学堂；与中等学堂平行的是中等农工商学堂的本科和预科；与高等学堂平行的是实业教员讲习所和高等农工商实业学堂；大学中的农科、工科、商科，均有实业教育的性质。此外，中等、高等实业学堂都可附设专修科和选修科。《奏定学堂章程》对实业学堂的规定很详细、严密，目的是不仅造就一小部分受过专业训练的实业技术人才，而且要形成"工人—熟练工人—技术人员—高级技术人员"这样一个由不同层次组合起来的技术人才结构。

从层次上看，实业教育分四等五类；专业设置上，初、中、高等实业学堂以农、工、商、商船为主。引人注目的是对艺徒、补习、教员讲习所的规定，是对下层贫穷失学人员技术培训的关注和对实业师资问题的重视。"癸卯学制"所制订的实业教育体系，是近代一幅完备的实业教育蓝图，实业教育制度由此形成。

"癸卯学制"改革教育内容，具有面向世界的国际意识。表现在实业教育上，则是要求初等商船和中等各科实业学堂，加设外语课和相关的国际贸易知识和商务来往知识，有意识地进行世界市场专业人才的培养。"癸卯学制"规定，各省至少设立一所完全制的实业学堂，并由地方督抚考察当地情况后，就本省"最相需、最得益"之实业门类，选派学生出国留学。这种"相需"与"得益"的办学思想，是对中国传统教育唯义理所在、不求利益的旧格局的突破，它反映了市场经济的要求，意味着中国近代教育开始成为文化知识与社会生产之间的桥梁。"癸卯学制"规定各种实业教育的目的在于培养不同专业的应用技术人才，确定了近代国民教育和人才教育的基调，教育开始与社会生产、国计民生相联系。

"癸卯学制"是西方实业教育制度中国化的第一次尝试，但由于时代和统治者的局限性，它也有不尽如人意之处。一是章程尤其是关于实业学堂的规定，基本上是仿照日本的学制，对国情的考察不够，即在没有普遍良好的普通教育毕业生前提下盲目重视高等实业教育，忽略了中国社会最需要的初、中等实业教育，不重视实习实践。二是由于章程是在清政府的谕令下，由封建官僚要员张之洞、荣庆、张百熙等人拟订的，它打上了极深的封建烙印。各级学堂都要设修身或人伦道德课，其中初、中等学堂的修身、读经各占到每周总学时的 47%、28% ❶，并将修身和中国文理定为各种教育之根本。

（二）"癸卯学制"实业教育规章的推行

《奏定学堂章程》颁布后，各地遍设学堂，设立统一的教育机构已经迫在眉睫。在 1904 年所设学务大臣的属官中，就有实业处管理实业学科学务，但机构仍不完善。1905 年学部成立，下设五司十二科。其中实业司下设实业教务、实业庶务两科。1906 年，各省裁撤学政，改设提学使司，内置学务公所，分设六科，实业科为其中之一。各府州县设立劝学所负责本地教育。至此，从中央到地方，管理实业教育的行政系统已经形成。1906 年，学部颁布的教育宗旨为"忠君、尊孔、尚公、尚武、尚实"。学部阐发其中的关系是："窃谓中国政教之所固有，而亟宜发明以拒异说者有二：曰忠君，曰尊孔。中国民质之所缺，而亟宜箴砭以图振起者有三：曰尚公，曰尚武，曰尚实。"清政府已认识到当时世界各国崇尚实用，追逐利润，"尤以求实业为要政，必人人有可农可工可商之才，斯下益民生，上裨国计，此尤富强之要图，而教育中最有益者也"，"尚实"就是要"讲求农工商各科实业，物无弃才，地无遗利，斯有益于国计民生"。❷

实业教育制度建立后，相关教育行政机构的设立和"尚实"宗旨的颁布，使实业教育发展迅速。据统计，1907 年全国实业学堂达 137 所，1908 年增至 189 所，到 1909 年已经有 254 所了。

第三节　民初的实利主义、实用主义教育

一、民初实业救国思潮的发展

南京临时政府成立后，社会上迅速掀起了一股如火如荼的实业救国热潮。民初政府制定一系列的政府法令，意在破除生产力发展的封建性桎梏，为工商业的振兴创造条件。以孙中山为首的南京临时政府提倡实业不遗余力。袁世凯上台后，慑于民主思想的高涨，也不得不伪装爱国进步，对实业的发展做出种

---

❶ 学部. 奏定中学堂章程 ［G］//舒新城. 中国近代教育史料（中）. 北京：人民教育出版社，1981：506－508.

❷ 学部. 奏请宣示教育宗旨折 ［G］//大清教育新法令（第一册·第二编）. 上海：商务印书馆，1906：3－4.

种支持、扶助的姿态，以收买人心、混淆视听。

据《南京临时政府公报》第二十九号报道：1912 年 3 月通过的《临时约法》规定"人民有保有财产及营业之自由"，"人民之家宅，非依法律不得侵入或搜索"。人民的基本权利，特别是私有财产权得到了保护。实业部于民国元年三月制定了《商业注册章程》，革除了清政府对申请注册者"无论是否开业，均须交纳较高数额登记费"的弊端，减免注册费，允许各埠公司自由呈注。凡有呈请开办的企业，只要有条件，无不视为"于民生主义，国计前途，均大有裨益"，表示"应力为保护"，并立即照准。实业部还取消了清朝政府授予某些企业的专利垄断权，规定设厂营业自由；它还准许某些企业缓偿欠债，以度危机。实业部为了"宣布实业法令，灌输实业学识"，创刊了《实业公报》，对社会上新的实业团体无不竭力支持，如曾通电各省资助中华民国实业协会。中央各有关部门也都根据实际情况和自己的职权范围，制定相应鼓励实业的细则和条规。如财政部拟定了《商业银行条例》，鼓励民间开办银行（如庶民银行、劝业银行等），作为筹集资本的机关。工商部为鼓励发明与改良工艺品，颁布了《暂行工艺品章程》，凡发明或改良制造品，可向工商部申请奖励；核实后，或于营业上给予五年以内的专利，或于名誉上给予褒奖。对于保障营业自由、提供贷款、奖励创业成就等都订出了具体的政策和办法，为民间兴办实业大开方便之门。这些法令条例，调动了人们振兴实业的积极性。

南京临时政府和随后的北洋政府在民国初年相继发表了以发展事业为首务的施政纲领，并举行实业研讨会，发动社会关注实业问题。1912 年 4 月，第一届国务院总理唐绍仪在参议院发表演说，强调实业的重要性："从前社会趋势，专讲究文字而研究实业，致以地大物博之中国几变为世界最穷之国家，以致非借外债即不能办兴利之事务。新政府成立后，即分设农林、工商二部，其宗旨即在振兴实业。"[1] 同年 9 月，工商部组织了一次全国性的工商业家代表会议，工商总长刘揆一在会上宣布了政府政策，发动与会代表为发展国民经济出谋献策。到会的一百多位代表十分兴奋，发言踊跃，提出议案八十多起。

中央如此积极，各省政府也不甘落后。除了贯彻中央的政策方针以外，还努力扶持、发展本省民族工业，如湖北、湖南、江苏、浙江、福建、广东等省政府有的宣布废除厘金，有的减免过境税，有的改厘为捐，使税率有所下降。

---

[1] 刘圣宜. 辛亥革命与实业救国思潮的高涨 [J]. 华东师范大学学报：社会科学版, 1993 (1).

为了解决资金不足的困难，湖南省政府从财政开支中拨出"实业行政费""工商费"，帮助一些欠债的公司摆脱困境。广东省政府募集"劝业有奖公债"，帮助民间集资办厂，各省政府还以爱国主义为号召，纷纷发出通告，力劝人民抵制外货；劝工厂使用本国原料，改良工艺，与外货争夺市场。

此外，中央和各级政府还支持创办实业报刊，建立实业团体，开设实业教育机构及劝业场、劝商场、国货商品陈列所等。辛亥革命后，民初政府确实为实业发展创造了一个优良的社会环境。

在各级政府采取各种措施对兴办实业加以提倡的同时，当时在社会上享有很高威信的革命领袖孙中山、黄兴和其他一些著名革命党人，也大力提倡发展实业。孙中山在南京临时政府成立前的归国途中即宣称："此后社会当以工商业为竞点为新中国开一新局面。"❶ 1912 年 4 月，他在辞去临时大总统后，先后至上海、武汉、福州、广州、北京等地宣传民生主义与实业救国的主张："中国乃极贫之国，非振兴实业不能救贫。仆抱三民主义，以民生为归宿，即是注重实业。"❷ 孙中山明确表示将全力投入宣传实业的活动与实践之中。黄兴也在很多场合大力宣传兴办实业的重要意义："今者共和成立，欲苏民困，厚国力，舍实业莫由。"❸ 1912 年 8 月，孙中山、黄兴在会谈后分别担任了全国铁路总裁和汉粤川铁路督办。有了这些领袖人物的倡导、主持，一时之间，实业救国的热潮在全国涌起。

南京临时政府与各省政府对创办实业的鼓励与支持，孙中山、黄兴等革命领袖人物对创办实业的倡导，固然对民初实业救国热潮的兴起起了一定的作用，但如果没有广大社会人士对发展实业的迫切愿望，这种热潮也是不可能出现的。其实，早在辛亥革命的准备时期，新兴的民族资产阶级在民族危机日益严重的形势下，就已痛感中国的落伍，急切地要求发展近代企业。辛亥革命前，收回路权、矿权运动正是中国资产阶级强烈要求发展民族资本主义的具体体现。清末，清廷推行"新政"，虽然也采取了一系列奖励工商实业的措施，但是，由于整个统治机构的腐朽，一般商人要创办工商企业，便会受到各级封建政权的层层剥削，要想发展也困难重重，所谓"吾国无商部而商人尚得自

❶ 广东省社会科学历史研究室. 孙中山全集（第一卷）[M]. 北京：中华书局，1981：547.
❷ 广东省社会科学历史研究室. 孙中山全集（第二卷）[M]. 北京：中华书局，1981：339.
❸ 刘泱泱. 黄兴集 [M]. 长沙：湖南人民出版社，2008：252.

生自息于交通贸易之场，自有商部而吾商人乃转增无数剥肤吸髓之痛"❶。在这样的历史环境下，人们投资于近代企业的热情自然不能充分地发挥出来。资产阶级革命派在革命前对发展商业不甚热心，因为他们认为清廷不推翻，一切无从谈起。帝制覆灭，民国建成，各种鼓励与保护实业的政策法令、章程条例的制定，为人们发展实业提供了前所未有的条件。革命派则感到政治革命的目标已达，工业革命的时期马上就要开始，发展经济、建设国家是当务之急，他们积极投入倡导并兴办实业的活动之中。在这种背景下，蕴藏在人们内心的发展实业的强烈愿望迅速迸发出来，所谓"往者忧世之士，亦鼓吹工业主义以挽救时艰而无效也，则以专制之政毒未除，障碍我工业之发达，为绝对的关系，明达者当自治之。今兹共和政体成立，喁喁望治之民，可共此运会，建设我新社会，已竞胜争存，而所谓产业革命者，今也其时矣"。"今后政体既革，吾国第一流雄骏才智才士，发扬蹈厉于此东亚祖国者，其投身实业者欤？"❷这都说明了民国成立以后，人们投身于实业热情的高涨。民初实业救国的热潮，正是这种历史条件下的必然产物。

本来倾注全力于政治斗争的人们，现在引导着民众把他们的精力转移到经济建设上来，把振兴实业作为辛亥革命后救国的根本之道。这使清末以来的实业救国思潮在新的历史时期中获得了巨大的社会反响，增加了新的力量，出现了辛亥革命前无法比拟的新局面。故"破坏已完，建设伊始"，实是辛亥革命胜利后的最初岁月里，社会上较为普遍的心态和资产阶级所认定的社会需求。

这样，受实业救国社会思潮的影响，对1912年的国内教育界来说，当务之急就是根据新的社会需求力行改革，尽快地、最大限度地培养出新国家的经济建设人才、振兴实业所需要的人才，并使国民掌握一定的实业知识与实业技能。而下手之端，无疑是制定出新的、资产阶级的教育法规，依靠政权的力量推行全国，进行一场深刻的教育变革。实利主义、实用主义教育理论适应了变革的需要，并反映到教育律令中，它们与振兴实业热潮相呼应，构成了民初实业教育思潮的发展路向及基本内容。

二、"新教育方针"引起的争论

1912年1月1日，孙中山在南京宣誓就任民国临时大总统。1月3日，他

---

❶ 佚名. 论商部与商之关系［N］. 时报，1905-01-20.

❷ 广东省社会科学院历史研究室. 孙中山全集（第一卷）［M］. 北京：中华书局，1981：862.

任命蔡元培为教育总长。1月9日，南京临时政府教育部正式成立。教育部成立后的当务之急，是敦促各地迅速恢复正常教育秩序，革除清末教育的封建性，为全国教育提供指导意见。1月19日，颁布了《普通教育暂行办法》和《普通教育暂行课程标准》，开始展开对旧教育质的改造，如废除小学读经、废除学校奖励出身等。1912年2月，蔡元培在《教育杂志》第3卷第11期发表了《新教育意见》，对新教育方针进行了总体构想，率先从理论上较系统地对社会的新需求进行了探求。他认为新教育的方针应是军国民教育、实利主义教育、公民道德教育、世界观教育和美感教育五育并举。❶ 他从心理学角度衡量"五育"，认为军国民毗于意志，实利主义毗于知识，德育兼意志和情感两方面，美育毗于情感，世界观则统三者为一。他的"五育说"基本上揭示了教育的本质和内容，所以对民国时期的教育产生了很大的影响。但也有许多不足，如他说："五者以公民道德为中坚，盖世界观及美育所以完成道德，而军国民教育及实利主义，则必以道德为根本……教育家必有百世不迁之主义，如公民道德是。其他因时势之需要，而亦不能不采用，如实用主义及军国民主义是也。"❷ 这样便引起了很多人的疑义，围绕着蔡元培这一构想的论争也由此展开。

与蔡元培持不同意见者、不赞成教育方针在形式上持有多种主义者，如贾丰臻就认为："方针者，纯粹者也，主义者，复杂者也；方针者，不可或失者也，主义者可重可轻者也；方针者，可随时变更者也，主义者不外数种，而定其一为方针者。"❸ 应该说，这是较有代表性的论点。他反对蔡元培把世界观和美育主义当作教育方针，认为绝不能把民国时期的教育方针去比附清末的教育宗旨。

蔡元培就任教育总长伊始向陆费逵征询对教育方针的意见，陆费逵力主采取实利主义。蔡元培关于教育方针的构想见诸文字后，陆费逵对其提出异议：所举方针，为军国民、实利、公民道德、世界观、美感五端，而侧重于后两者。"夫国民教育，智、德、体三者既不可偏废，各种主义自无不包含之理。采军国民主义，不能废公民道德；采实利主义亦必不废美感教育也。夫既不能

---

❶ 高平叔. 蔡元培全集（第二卷）［M］. 北京：中华书局，1984：130－137.

❷ 蔡元培. 全国临时教育会议开会词［G］//高平叔. 蔡元培教育论著选. 北京：人民教育出版社，1991：16.

❸ 贾丰臻. 讨论教育部长对于新教育之意见［J］. 教育杂志，1913，4（1）.

偏废而包含之矣，则兼多数方针，实不啻无方针。故吾谓蔡君意见，并非兼采五端，而实以世界观及美感二者，为教育方针也。"❶ 他认为应审时度势，选定一种主义为方针，以切近社会急需。他和以赵廷炳、庄俞为代表的一批教育家力倡民国教育方针应采取实利主义。

陆费逵从发展经济、国富民强，才能抵御外侮，为资本主义经济的发展提供安定的社会环境出发，提出了实利主义教育的政策导向。他的思想要点有三个方面。❷

第一，从个人生活的需要说明实利主义教育的必要性。"吾民国之国是如何定之，吾不敢知。然万事根本，实在乎财。吾国大患，尤在夫贫。苟一旦民穷财尽，则国与民皆不免于破产。国家破产，外侮立乘，国民破产，盗贼愈甚，而皆不免于亡。况吾国人之习性，下等社会虽能耐劳而知识缺乏，生活之力遂以薄弱；上等社会文弱优柔，既无耐劳之筋力，又无谋生之能力。若长此以往，恐全国皆游民皆饿殍矣。"

第二，实利主义是军国民教育、道德教育、美感教育之基础。"实利主义，非惟药贫，实足以增进国力，高尚人格。非此，则他四主义亦将无所附丽。足食方能足兵。生计不裕，侈言尚武，则大乱随之。古今中外，断无无财而可以强兵之理。况今世战争，恃力者三，而恃财者七。无财则任何勇武之国民，必不足以取胜，此军国主义之有恃乎实利主义者，一也。衣食足而后知礼义，饥寒不免，则道心变为盗心矣。此公民道德主义，必恃乎实利主义者，又一也。出世间之观念，优美尊严之感情，非不美也，然过于重视，则不免流于优柔文弱。数千年来吾国教育方针之误，即误于此。孔孟之轻利重义，黄老之恬退无为，其成效既如彼矣，今日顾可继以世界观、美感二主义以益其误耶！且夫教育宗旨，以养成'人'为第一义。而人之能为人否，实以能否自立为断。所谓自立者无他，有生活之知识，谋生之技能，而能自食其力不仰给于人是也。欲达此目的，非采实利主义为方针不可。若世界观、美感而言，可以之为养成文学家之方针，可以之为文科大学之宗旨，非普通国民教育所当重也。"

第三，实利主义还有助于培养学生勤俭、耐劳、自立及自营等品性。"实利主义云者，非惟实业，非惟手工图画，盖此特其形式也。其精神所在，则勤

---

❶ 陆费逵. 民国教育方针当采实利主义 [J]. 教育杂志，1912，3（11）.

❷ 陆费逵. 民国教育方针当采实利主义 [G] //吕达. 陆费逵教育论著选. 北京：人民教育出版社，2000：118－120.

俭也，耐劳也，自立自营也。举凡一切为人之德义，实利主义之教育无不含之。人人能勤俭、耐劳、自立、自营，则民智民德进，而社会国家亦进步矣。今世各文明国，若英、若美、若法、若德、若日本，其教育皆有注重实利主义之倾向。质言之，则人之维持生活，既为人生第一要事，教育人人使能维持其生活，或更从而进步之，斯教育之目的达矣。清朝时代，愈兴教育而人民愈贫、道德愈下者，皆以不注重实际教育，不能裨益于人民生活，而子弟谋生之能力愈薄弱也。余前岁为商务馆招考学徒，今岁又为中华书局招考学徒，诸生大率入学数年，略解粗浅文字及笔算，于习字、珠算及生活知识，什九皆不合格，刻实耐劳者，亦不多见。而女生入学数年，家事知识、女红技能毫无所解，仅知以女国民自命。此种社会，若不急施实利主义之教育，而欲与英、德、法、美诸国竞，其不贫且弱者，殆无天理也。"这里的勤俭、耐劳、自立及自营等品性主要是指生活情操、劳动观念及劳动态度等方面，涉及职业道德范畴。

同是编辑家、出版家的庄俞认为："凡有利于实际者，皆谓之实利。故利人利己，实利主义也；利国利民，实利主义也。约言之，勤劳俭朴储蓄等，对于己之实利主义也；信义协济和平等，对于人之实利主义也；团结贸易经济等，对于社会之实利主义也；兴业纳税助饷等，对于国家之实利主义也；交通竞争比较，对于世界之实利主义也。"❶ 在实利主义的名目下，注入了实业和道德两大内容，使实利主义成为一种具有道德意义和指向的实业教育。这是在较大范围内对中国教育价值取向的一次讨论。他们的共同点在于主张将教育与经济发展相联系，通过科技知识的教学、研究水平的提高，增强学生的生产及生活能力；同时，注重学生生活态度及劳动观念的培养，直接为提高社会生产服务。因而，实利主义教育有时代的进步性。

三、实利主义教育

为了适应共和政体下社会重心的转移，满足发展资本主义经济对技术人才的要求，教育界的有识之士开始倡导实利主义。在改革教育过程中，人们对清末"新教育"日渐不满，认为清末"新教育"是西洋工业化社会教育制度在中国的移植，在工业不甚发达、科学不太昌明且尚以农业经济为主的中国，并不适合。典型的是"新教育"体制与社会产业结构相脱离，书本教育不适应

---

❶ 庄俞. 论教育方针 [J]. 教育杂志，1913，4 (1).

社会实际需要，学生生计问题、生产能力问题十分突出。于是，由倡导实利主义进而提倡实用主义教育。

实利主义教育盛行时间较短，它是洋务派西艺教育在民初新的历史条件下的发展，直接的源头是清末拟定的教育宗旨。1904 年 1 月《奏定学堂章程》的教育宗旨规定：“无论何等学堂，均以忠孝为本，以中国经史之学为基，俾学生心术一归于纯正，而后以西学瀹其智识，练其艺能，务期他日成材，各适实用，以仰副国家造就通才、慎防流弊之意。”《学务纲要》又明确指出：“此次遵旨修改各学堂章程，以忠孝为敷教之本，以礼法为训俗之方，以练习艺能为致用治生之具。”1906 年 3 月 25 日，学部奉上谕公布教育宗旨五项标准，即“忠君、尊孔、尚公、尚武、尚实”。学部在《奏请宣示教育宗旨折》中阐释“尚实”条云：“所谓尚实者何也？夫学所以可贵者，惟其能见诸实用也。……方今环球各国，实利竞尚，尤以求实业为要政，必人人有可农可工可商之才，斯下益民生，上裨国计，此尤富强之要图，而教育中最有实益者也。”❶ 可见，清末的教育宗旨中已含有实利或实用的教育思想。但是，在理论上并不系统，并且缺乏广泛的社会基础，谈不上有多少实际施行成效。真正明确地提出实利主义教育，并对教育实践发生影响的是在民初，它是近代早期实用主义教育思潮、职业教育思潮的先导。

民初社会风尚发生了转变，人们的价值观、政治观、职业观、消费观逐渐从封建弊习陋俗中解脱出来。清末没有得到社会舆论支持的“洋化”倾向发生了变化，出现了“崇洋”风尚。广大青年男女为了谋求人格独立、生活自主，冲出家庭，走上社会。社会也不再将从事实业看成“弃本逐末”，而视为救国救民的光荣职业。民初出现了商业发展的热潮，也反映了人们职业观的改变。过去，读书人皓首穷经，醉心科举，崇尚义理，鄙薄实学。清末废科举，派游学，兴学校，西学有取代中学之势。民初，新学大倡，旧学衰落，英年时彦，锐志科学，讲求实用，而“作诗填词者，千无一人，躬行实践为身心性命之学者，旷世无一人也”。由于社会的需要，公私学校的设立，一时风起云涌，而镇乡私人兴学者，亦比比皆是。学生选择职业，首先考虑其实用价值以及利益所在。在职业、求学观念上发生的转变，反映了资产阶级民主制度建立

---

❶ 张百熙，荣庆，张之洞. 重订学堂章程折［G］//陈学恂. 中国近代教育史教学参考资料（上册）. 北京：人民教育出版社，1986：529.

后，资本主义经济发展的要求，是社会人士对实利主义教育认可及赞同心态的体现。这就说明民初实利主义教育流派有着广泛而深厚的社会基础。

正因为如此，蔡元培把实利主义教育当作富国的手段。他说，当今世界的竞争，不仅在武力，尤其在财力。且武力之半，亦由财力而孳乳。而"我国地宝不发，实业界之组织尚幼稚，人民失业者至多，而国甚贫"，因此要发展国民经济、提高社会生产力，以图富国强兵，"实利主义教育，固亦当务之急者也"。他阐述云：实利主义教育创于美洲，而近亦盛行于欧陆，它"以人民生计为普通教育之中坚"，主张"以普通学术，悉寓于树艺、烹饪、裁缝及金、木、土工之中"❶。即普通教育各门学科理论知识的学习，应该与社会各种专门职业相联系，以实际利益、经济效益的取得为趋向。

蔡元培将实利主义视为学校智育的内容，通过科技知识的教授，使学生掌握近代社会生产所需要的知识技能，发展其认识能力与创造力，能直接为工农业生产服务。他设想的学校各门课程中，实利主义教育所占比例最高，达40％。重视学校科技教育，强调发展学生智能，是蔡元培教育思想体系的特色，体现了他对科学技术、生产力发展及社会进步三者之间内在联系的卓越认识。他谆谆告诫青年学生："盖欧化优点即在事事以科学为基础，生活的改良，社会的改造，甚而至于艺术的创作，无不随科学的进步而进步。故吾国而不言新文化就罢了，要发展新文化，尤不可不于科学的发展，特别注意呵！"❷

1912 年 1 月 3 日，孙中山在南京组成中华民国临时政府，任命蔡元培为教育总长，景耀月为教育次长。1 月 9 日，南京临时政府教育部成立。上任后，蔡元培凭着睿智卓识，分析研究了封建专制时代的传统教育与资产阶级共和时代教育之间的本质区别。在他主持下通过颁布改革教育法令、制订新的教育宗旨、建立教育行政组织、制定"壬子癸丑学制"、设置各类学校课程等措施，对封建专制时代教育进行了资产阶级性质的改造，奠定了民国教育的基石。作为民国第一任教育总长，蔡元培论述实利主义教育的思想，在民初教育宗旨中得到反映。1912 年 7 月召开的全国临时教育会议上，讨论并通过新的教育宗旨，即"注重道德教育，以实利教育、军国民教育辅之，更以美感教

---

❶ 蔡元培. 对于教育方针之意见［G］//高平叔. 蔡元培教育论集. 长沙：湖南教育出版社，1987.
❷ 蔡元培. 三十五年来中国之新文化［G］//高平叔. 蔡元培教育论集. 长沙：湖南教育出版社，1987：522.

育完成其道德"❶。实利主义教育被列入教育宗旨，以法律条文的形式规定下来，推行全国。当然，实利主义教育的精神在教育改革的其他规章措施中也有所体现，此处不赘。

充分阐述实利主义教育的必要性，并就实施方法加以探讨的应推陆费逵。陆费逵（1886—1941），近代出版家、教育家，字伯鸿。少时接受新式教育，1907年任文明书局编辑，兼文明小学堂校长。1909年任商务印书馆编辑，主编执当时教育界舆论之牛耳的《教育杂志》。辛亥革命后，创办中华书局，任局长、总经理，参与编写教科书，主张教育改革，所撰论文如制定教育方针、缩短学制年限、减少授课时数、注重实利教育、厘定课程标准、编辑教科书等，皆有真知灼见，切中时弊。

蔡元培提出包括实利主义教育在内的"五育"并举、和谐发展的教育方针，主要侧重于世界观教育与美感教育。陆费逵正是针对这种偏颇而发表商榷性意见的，其言论文字对民初教育影响颇大。

陆费逵主张，在当时的中国，实利主义为一切教育主义之基本，在教育宗旨中应处于突出的地位。发展经济、国富民强才能抵御外侮，维护安定的社会环境，这是陆费逵实利主义教育观的出发点。

由于"重义轻利""学而优则仕"等传统观念的影响，人们的生计能力与生活水平都很低。陆费逵描述道："吾国人之习性，下等社会虽能耐劳，而知识缺乏，生活之力遂以薄弱；上等社会文弱优柔，既无耐劳之筋力，又无谋生之能力。"为此，非实施实利主义教育不可。"今日教育方针，亟采用实利主义以为对症之药，效果如何尚难予必，安可更益优柔文弱之媒哉？"因此，陆费逵明确提出实利主义教育是其他各育的基础："窃谓民国教育方针宜以实利主义为标志，勤俭耐劳为学风，普通人们宜令具生活之知识技能，俊秀之士宜令备指挥监督之才，或注意于研究发明。人人有谋生之力，生活稍裕，则可以为军国民，可以为公民。其上焉者可以研究哲学，求出世间之知识，养美丽尊严之感情。"

按照陆费逵的阐述，实利主义教育包括劳动观念及生活能力的培养，在普通教育的各门课程中交织着技术的学习和实际生产技能的培养，尤其重视对增强经济实力、社会财富有显著效果的学科内容的学习与实践，大致属于劳动技

---

❶　教育部. 教育部公布教育宗旨令［J］. 教育杂志，1912，4（7）.

术教育的范畴。陆费逵强调实利主义是其他诸育的基础，对克服传统教育观念的束缚、针砭当时教育流弊有可取之处，从社会生产力制约教育目的的制定、课程的设置以及教育事业的规模与速度这一角度言，符合唯物主义哲学原理。但从劳动技术教育在整个教育体系中的地位来考虑，又有形而上学的片面性。如他认为普通学校的学生"有生活之知识、谋生之技能，而能自食其力不仰给人"就是实利主义教育的目标，显然，他没有认识到普通教育阶段基本知识、基本技能的学习与锻炼，是学生以后走向社会或继续深造的基础，是他们工作、生活所必备的素养，是全面发展的人不可或缺的组成部分。这样也就限制了普通教育质量目标的全面落实。

陆费逵认为，实利主义并非完全等同实业，并非完全等同手工图画，"其精神所在则勤俭、耐劳、自立、自营，则民智民德进而社会国家亦进步矣"❶。陆费逵这里所指的这种精神，与一般意义上学校德育的内涵不同，主要指生活情操、劳动观念及劳动态度等方面，涉及职业道德的范畴。

随后，由于民初社会发展实业的要求十分迫切，使得人们首先考虑的是尽快有一定数量的实业人才，所以对实利主义持同样态度的人们逐渐将思考和焦点聚集在实利主义教育规模的扩大上。有的认为："凡有利于实际者，皆谓之实利。故利己利人，实利主义也；利国利民，实利主义也。约言之，勤劳俭朴储蓄等，对于己之实利主义；信义协济和平等，对于人之实利主义也；团结贸易经济等，对于社会之实利主义也；兴业纳税助饷等，对于国家之实利主义也；交通竞争比较等，对于世界之实利主义也。"❷ 在实利主义的名目下，注入了实业和道德两大内容。所以，倡导以实利主义为教育方针的人们心目中的实利主义，是特定的教育上的实利主义。实利主义教育，实是具有道德意义和指向的实业教育。因此，有人主张，通过多设实业学校、增加普通学校的实业学科、实行实业补习教育等途径，实施实利主义教育。还有论者提出，工业是实业的核心，"而优良适切之技术家相继出现最为工业发达之主因"❸，故应该发展从初级到高级的各类工业学校，施行"工业教育"。

至此可以看出，1912 年之际，应社会发展之需求，以蔡元培关于教育方针构想的讨论为契机，以制订新方针为目标，教育界兴起了一股实利主义教育

---

❶ 陆费逵. 民国教育方针当采实利主义 [J]. 教育杂志，1912，3 (11).

❷ 庄俞. 论教育方针 [J]. 教育杂志，1912，4 (1).

❸ 葆灵. 工业教育之先决问题 [J]. 教育杂志，1912，4 (2).

思想。倡导者们因立论的角度不同，阐述的具体内容也有差别，但究其根本言之，不外乎将教育与资本主义经济发展相联系，通过科技知识的教学和研究水平的提高，增强学生的生产及生活能力，注意学生生活态度、劳动观念的培养，直接为提高社会生产力、振兴实业、富国强兵、救亡图存的社会目的服务。由于当时帝国主义、封建主义的双重压迫并未推翻，教育文弱、空虚、无实的弊端仍存在，因此，实利主义教育流派有时代的进步性。

四、实用主义教育

甲午战争以后，中国出现了第一次兴学热潮。清末"新政"时期，实施教育改革，废除科举制度，建立新学制，厘定教育宗旨，改革教育行政机构。在此期间及以后数年内，兴学热潮进一步高涨，并形成统一的教育宗旨、完备而互相衔接的学校体系和从中央到地方的学校管理机构。这标志着传统封建教育在形式上的终结，在中国教育制度的发展史上有其重要意义。但由于中国小农社会根深蒂固的经济结构、宗法制度的深厚基础以及传统思想观念的影响，遂使从不同途径和以各种方式移植、模仿西方近代工业社会建立的教育体制进行近五十年的"新教育"革新。在中国，特别是农村社会出现了事多扞格、逾淮为枳的后果：其一，虽然民初教育部于1912年1月19日公布的《普通教育暂行办法》中明确规定"废止旧时奖励出身"❶，但由于传统的积习很深，人们仍视学校教育为光宗耀祖的途径，科举的气息在一般民众中未曾淡弱；其二，学校教育与社会实际之间存在很大的距离，甚至出现与现实生活及生产相背离的状况。学校毕业的学生不仅没有谋生的技能，反而丧失了谋生的能力。学校几乎成了新的士大夫阶层的"养殖所"。这种学校教育愈发展，失业的游民就愈多。如何克服教育近代化过程中出现的新问题，将引进、学习西方先进的教育体制与中国社会实际结合起来，根据中国的社会特点，有选择地学习、消化和吸收西方有益的东西，建立具有中国特色的教育体制，这是在当时的历史条件下摆在教育界人士面前的新问题。蔡元培、陆费逵等从发展资本主义经济、提高社会生产力、振兴实业的角度做了分析，提出实利主义教育正是试图解决这一问题的有益探讨。现在看来，这是在教育结构改革层面上的一种努

---

❶　教育部. 教育部电各省颁发普通教育暂行办法［G］//陈学恂. 中国近代教育史教学参考资料（中册）. 北京：人民教育出版社，1987：167.

力，但较少具体地阐述教育与学生日常生活及生产需要之间的联系，教育与一般民众之实用知识、实用技术之间的联系，尤其很少注意到普通教育与社会产业结构的水平及特点间的联系。教育实际中存在的上述问题呼唤着新理论的产生。

1913 年，黄炎培撰写《学校教育采用实用主义之商榷》一文，当年 10 月发表于《教育杂志》第 5 卷第 7 号。这是一篇最早而又较全面地反映黄炎培教育思想的重要论文。在该文中，黄炎培从理论上论证了教育与生活、学校与社会相联系的必要性与可能性；结合我国普通教育、实业教育的实际情况，具体地提出了改革各科教学内容和教学方法，以及实用主义教育的方案。

黄炎培认识到当时仅通过多设实业学校，于普通学科加设实业科，提倡实业补习教育等途径实施实业教育，并不能从根本上解决教育中存在的弊端，也不能有效地促进实业教育的发展。这是由于脱离实际、脱离生活、专重文字的封建传统教育阴魂不散，同时新式教育、实业教育在实践中出现了因脱离中国社会实际而诱发的新问题。这两方面结合为一体，牢牢地附着在新式教育，包括实业教育的躯体上，束缚着教育现代化的进程。

黄炎培尖锐地批评当时教育存在的弊端和造成的恶果。师范学校的学生，"则伦理学名词难记；心理学概念观念不能区别，意志二字不能解释；教育理论但知外国人名，而学说之取义未明；理化方程式，但识外国文记号，氧气性质如何、居室通气法如何，均未能明；代数算术习题，均待教师板演而抄之"。普通学校学生，"习农则畏勤动之多劳，习商则感起居之不适。而自实际应用上观之，其所学固一无所得也"。他感慨万千地说："循是不变，学校普而百业废，社会生计绝矣。"于是，他大声呼吁必须"打破平面的教育，而为立体的教育"；"渐改文字的教育而为实物的教育"。具体来说，就是要"从事于普通学科之改良"，使普通学校设置的诸学科能"活用于实地之业务"，管理训练亦能"适于实际之生活"，真正实现"以教育为实业之先导""以实业为教育之中心"的理想。

黄炎培还就小学各科如何以实用为目的进行改良提出具体办法。①修身——注重偶发事项及做法。②国文——读本材料，全取应用的。作文力戒以论人论事命题，多令作记事、记物、记言等体，尤多作书函，或拟电报，习写各种契据式。③历史——除近世大事择要授之外，全不取系统，授以职业界之名人故事等。④地理——多用画图，少用文字。画图必令自习，兼与手工科联络，制为图版，上绘山脉、河流、道路、都邑区域，注明各种名称及物产。

⑤算术——演算命题，多用实事或实物。习诸等必备各种度量衡器，使实验之。关于土地面积，则令实地量度，兼授珠算簿记。⑥理科——其材料一以人生普通生活所接触所需要为中心，尽量利用能观察感知的事物作为课程的资源，教授务示以实物，遇不得已时，济以模型标本。必令实验，切戒专用文字，凭空讲授，尤多行校外教授修学旅行。⑦图画——虽简单之形体，亦参用实物写生。⑧手工——须与图画取得联络，尤宜置实物于前，令仿造之。其材料、其方法，务求为他科策应，但仍须适合于生徒程度。⑨体育——采用锻炼主义，兼视地方情形，令习生活必须之特种运动。如陆则骑马，水则游泳等。概括起来，他对小学教育改革的主张是：小学课程的内容以日常生活与生产的实际需要为中心；不拘泥于学科内容的系统化，重在具体运用，因地制宜地安排教学内容；应使各门课程的学习有互相迁移的作用。上述见解对改革课程内容以适应学生及社会不同层次的需要十分有益。

黄炎培继承古代唯物主义教育家如荀况、王充、颜元、王夫之等人关于学习过程的论述，并吸收了西方实证主义的教学观，从实用主义的角度对教学方法做了阐述。要使学校教育与社会生活及实际相联系，就必须改革教学方法，"盖从来一般之教授，仅恃生徒听官之感觉以为输入之梯，自直观教授行，乃进而利用生徒视官之感觉。今且更进而利用筋肉之感觉，不惟使生徒目睹此事物而已，直令其一一自行实验。由是而论知识，则观念益明确，论技能则修练益精熟，以是谋生处世，遂无复有扞格不入之虑。"❶ 这种主张在他的小学课程改革方案中有所渗透，是与学以致用、实学实用、培养适应社会生产和生活的人才等教学、教育目标相统一的。

学校教育采用实用主义这一主张的提出，是黄炎培联系我国实际，认真研读并吸收西方资产阶级教育学说，试图从理论上清除封建教育影响并解决"新教育"实施中出现的新问题的一种努力，这在当时有进步意义，是对实利主义教育流派中有关教育与学生生计、教育与现实生活及生产相联系的粗浅认识的深化与发展，对改变当时教育中存在的空疏无实、学用脱节的弊端及转移士风学风等有一定的作用。

与黄炎培同时，在民初提倡实用主义教育的还有庄俞。庄俞（1876—1938），中国近代出版家、教育家，字百俞，又字我一，江苏武进人。早年与

---

❶　黄炎培. 学校教育采用实用主义之商榷［J］. 教育杂志, 1913, 5 (7).

人创设体育会、演说会、天足会、私塾改良会、藏书阅报社等，开展社会教育活动。二十四岁受聘为武阳公学教习，旋入商务印书馆，先后参加编写《最新教科书》《简明教科书》《共和国新教科书》《单级教科书》《实用教科书》《新法教科书》《新学制教科书》等多种课本。从 1913 年开始，与黄炎培等提倡实用主义教育，在教育界引起较大反响。

庄俞在《教育杂志》上发表《采用实用主义》一文，呼应黄炎培"学校采用实用主义"的倡议，提出了实用主义教育观。他大量引证了西方近世教育家如夸美纽斯、洛克、卢梭、裴斯泰洛齐（Johann Heinrich Pestalozzi，1746—1827）关于教育与社会、生活及生产之联系的论述，并列举日本教育实施实际主义、生活主义所取得的社会效益，批评当时教育主持者但知筹巨款，建大学校、专门学校，规模求其宏，仿效求其似，而实际上"按之实用，相去不啻霄壤"，"长此不变，事倍功半，而国已隐受其祸矣"。他主张在教育上正当之目的，须予以物质的精神的关于生活之准备，故正当学科，宜以人生必要事项，而示以各种活动之次序："第一使其能直接得生活上之实用，第二使其能间接得生活之实用"，使我国得一学校即得一学校之实用，得一学生即得一学生之实用，如此则"数十年后，无论何学校何学生皆为实用学校实用学生，其裨益于国家何如耶"！

庄俞认为，自清末实施"新教育"以来，学校教育迅猛发展，但其间暴露出严重的弊端，良方秘药正是实用主义。"学制公布，学校议建，学生骤增，表面观察，今日教育岂不曰有进步？然而一则虚伪，二则剿袭，三则矜夸，四则敷衍。一言决之，如是现状，于国家鲜有实际……欲救今日教育之弊，非励行实用主义不可。何则？虚伪、剿袭、矜夸、敷衍，无一不与实用主义有极端之反对，实用主义不得推行，则此种积弊，决难扫荡廓清。今日教育家，可不于此三致意乎？"

庄俞对行政部门推行实用主义的职能、措施发表了意见。他认为，实施实用主义教育的机关在上者为中央教育部及各省教育司，在下者为各校之校长及职员。"是故今日实用主义欲实施于全国，但须教育部提倡之，各省教育司推广之，以此为学部视学、省视学、县视学视察学校之准的。"详言之，教育部"当编定教授要目，颁行于世，以为学校教授之标准"；教育司"当就教育部所定之要目，择各省异同之点，加以详注本省以为最要者，特别注意之，督促各学校尽力实施"。他充满信心地说苟能上下一致提倡，"则成效之速，甚于置邮传命。枝枝节节为之，则其成效亦琐琐碎碎之可稽"。

在教学中如何实施实用主义，庄俞也提出精辟见解。在教学内容上，实用主义教育"乃将平时所授各学科，一一致于实用，并非废除各学科，而别有所谓实用科学也"。校长可在学期之初，"预定教授一览表，将实用事项，分科编次，按时施教"。在教学方法上，教师"讲授一事，必求其事于社会生活得适宜之应用，遇有事物可予以直接之观察者，不可敷衍塞责，日濡月染，养成实用观念，则提倡实用主义之目的达矣"。他最后断言："提倡他种主义，或有违法蔑理之嫌，提倡实用主义，直有万益而无一损，又何乐而不为哉？"❶

学校教育采用实用主义的提出，反映了当时中国社会经济由封建小农经济向资本主义工商业经济转变的历史趋势，适应了社会进步人士的普遍愿望。因此，一经提倡，应者如云。江苏、上海各小学热烈响应，安徽、江西、浙江、山东、直隶各省亦有实行。《教育杂志》《中华教育界》等刊物曾大量登载讨论文章，如《教育杂志》第 5 卷第 7 号刊登征文启事："今日学校教育应否采用实用主义、实用主义实施法？"之后，该刊第 6 卷特出增刊，展开讨论。有的论者对实用主义教育进行概念的界定："实践的开发主义为何？曰实用主义是也。实用主义者，为在学校所施之教育，意能合乎人类之需要而已。"❷ 他们将目光更为细致地深入社会需求的多个侧面，如认为倡行实用主义能使中国人注重于实科之学并实用之本，使学术发达，学校的教授法得以改良，培养有自营相当之职业的人才，解决生计，发展国力，从而保障共和国体等。❸ 有的更深入地探求实用主义教育的实施法，如在普通教育中，人们提出教材上应采圆周排列法，教科书应随时间、情景、数量为变换次序。❹ 手工科"首宜与图书联络，尤宜置景物于前，而仿造之"❺。算术科要令学校登载每日杂费出入，调查每日市场物价、商家特别字码、速写字等，使学生练习计算书写，等等。在实业教育中，倡行学校附设实习场所，如工场、商店等。❻ 更有人提出了使

---

❶ 庄俞. 采实用主义［J］. 教育杂志，1913，5（7）.
❷ 邢定云. 今日学校应否采用实用主义［J］. 教育杂志，1914（6）.
❸ 今日学校应否采用实用主义［J］. 教育杂志，1914（6）.
❹ 廉方. 今日学校应否采实用主义［J］. 教育杂志，1914（6）.
❺ 潘文安. 实用主义实施法［J］. 教育杂志，1914（6）.
❻ 费揽澄. 论推广初等实业教育之必要及其计划［J］. 中华教育界，1915，4（11）.

毕业生入工商界的优待法与工商学徒入补习科的鼓励法❶，要使教育真正裨于现实生活。

这一年间，黄炎培考察各省教育，足迹所及，春夏之交，为安徽、江西、浙江；八九月间，乃至山东、直隶。教育界人士对他的来访"一见倾心，莫不以实用主义为其谈话之资料。盖此四字印于一般教育者之脑海深矣"。如教育总长汤化龙与黄氏晤谈时，"言中学教程，应注重科学，科学应注重实用"。黄炎培激情昂扬地说："综而观之，此一年间之实用主义不可谓无突飞之进步。其始尚不免致疑于斯主义者，今则罕闻异议矣。鼓吹之声愈唱而愈高，响应之区渐推而渐广。而一部分之教育界盖已由研究进于施行。"❷

黄炎培的自述并非自诩之词，后人在论及黄炎培《学校教育采用实用主义之商榷》一文的影响时说："实用主义的提出不能不谓我国教育上的大革命。自黄、庄二氏大声一提倡，全国教育界观念为之一大变。"❸当时，中华书局、商务印书馆编辑出版的中、小学教科书，多冠以"实用主义"四字以广招徕。难怪近代教育史学家舒新城称，实用主义"于民国二、三年间，蔚为一种思潮，流行全国"❹。

实利主义、实用主义教育流派是民初数年间较为盛行的教育思想流派。它们互相联系，有很多共同性，有人将之合称为"唯实主义教育思潮"❺。它们都是在批判封建传统教育空疏、无实等弊端的基础上，反思"新教育"运动中出现的学校教育与社会实际相脱离、书本知识与学生生活及生产要求相违背的弊端，试图寻求解决的方法而提出新的教育思想；强调实际运用、学用一致，学校的教学与学生毕业后的生活及生产需要相联系。这是其共同性的一面。实利主义注意从宏观上说明教育与资本主义经济发展的关系，强调教育对生产力提高的巨大作用，偏重于学校科技教育；实用主义主张教育以日常生活、生产的实际运用为中心，适应当时社会对学校毕业生在生产及生活能力上的要求，学校的发展与社会产业结构相协调，着眼于普通教育的教学内容、教

---

❶ 沈亮. 小学毕业生入工商界之优待法与工商学徒入补习科之鼓励法 [J]. 教育杂志, 1914, 6 (6).
❷ 黄炎培. 实用主义产出之第一年 [J]. 教育杂志, 1915, 7 (1).
❸ 毛礼锐, 沈灌群. 中国教育通史（第五卷）[M]. 济南：山东教育出版社, 1988：542.
❹ 舒新城. 近代中国教育思想史 [M]. 上海：上海中华书局, 1932：148.
❺ 任时先. 中国教育思想史（下册）[M]. 上海：上海书店, 1984：340.

学方法如何围绕社会生活的实际需要做有效的改革。这是其差异或递进转换之处。

实利主义、实用主义教育流派的兴起，实质在于要使实业的需求真正成为整个教育的中心，以谋求整个中国教育从宏观到微观均以实学、实用为标尺的改造，来适应现实社会发展的需要。实用主义教育与实利主义教育相较，前者不仅理论上更丰富，涉及面更大，而且由于具有方法论的意义，很快被人们用于实践，如上海县各小学、江苏第二师范附小就曾施行。[1] 1913 年 12 月，江苏省武进市教育会召开经常大会，通过庄俞会长提出的《实施实用主义教授法案》，拟于各学校中先就修身、国文、算术三科教授法实施实用主义。可以说，实利主义、实用主义教育思想从理论到实践对封建的空虚无实教育展开了扫荡，对教育实践产生深刻的影响，实是 1912—1916 年教育界影响广泛的教育流派。两者合并，可称为中国式的实用主义教育，或早期实用主义教育思潮，以有别于五四运动时期的职业教育思潮与实用主义教育思潮。

第四节　实业教育思潮的影响及评价

一、实业教育与职业教育

实业教育和职业教育的关系问题，是一个还没定论、尚待进一步探究的问题。一般而言，在实业教育的基础上，有了职业教育思潮的产生与发展。然而，除此之外，两者尚有内容上的交错及差异。

（一）实业教育的内涵

"实业"一词何时出现有待考证。但 19 世纪，以农、工、商、矿这类主题为主要内容的"实业"一词在甲午战争前已经产生。在"实业学校""实业教育"名词出现前，人们把培养农、工、商、矿类应用人才的学校叫实学、农工商学、艺学或专门之学等。据现有资料推断，首先使用"实业学校""实业教育"的是夏偕复。他将日本学校分为"实业学校""实业补习学校"两类，认为前者"所以教授中等农、工、商等实业之教育。其程度视中学校、高等小学校四年毕业生入之"，而后者则"所以教授从事诸般之实业及儿童之

---

[1]　《教育杂志》1913 年第 5 卷第 10 号.

补习小学校教育者，以简易之方法及其职业必要之智识技能。其设立及课程，视各地之情况定之。又如简易农商学校、徒弟学校等程度皆视此，寻常小学校毕业生入之"。他提出实业学校的区域布局及设学主体应体现地方性，"农、工、商各实业学校为富国之本源，视各地之所宜而设立之"。而时任出洋学生总监督的夏偕复在清末"新教育"的制定过程中十分果断地取向于日本，"我今日欲立学校，宜取法于日本。夫我之取法日本，较之日本取法泰西，弊害尤鲜，取经尤易"❶，可见，上述实业教育的言论是鼓动提倡的见解，意在引起国人关注，受到教育改革主持者的接纳。实业学校或实业教育是指19世纪下半期到20世纪初我国为农、工、商、矿、铁等物质部门培养专门应用人才的学校或教育。

（二）实业教育与职业教育的关系

历史上对此二者关系的认识有两种观点。一种认为实业教育就是职业教育，两者没有区别，持此观点最为典型的是中国第一部大百科全书"教育卷"的立论。其"职业教育"条称："中国职业教育体制确立于清光绪二十八年（1902）的《钦定学堂章程》。当时把实施职业教育的学堂叫实业学堂，分实业学堂为三级：简易实业学堂修业三年，中等实业学堂及高等实业学堂各修业四年。嗣后修订之《奏定学堂章程》对农、工、商各类各级实业学堂和艺徒学堂的入学条件、学制、培养目标等都做了明文规定，还设为实业学堂培养师资的实业师范学堂。1913年，中华民国政府公布《实业学校令》，规定此类学堂以教授农、工、商必须之知识技能为目的，分甲乙两种。甲种施以完全的普通实业教育，乙种施以简易的普通实业教育，肄业年限各为四年。嗣后又公布《实业学校规程》，分实业学校为农业、工业、商业、商船及补习学校数种。又规定女子实业学校之设置。1917年5月，教育界和实业界黄炎培等四十八人在上海发起创办中华职业教育社，将实业教育正式改名职业教育。"❷ 一种意见认为两者有异有同，因而不能说两者等同。代表人物有现代教育家顾树森❸、黄炎培等，尤以黄炎培为代表。

黄炎培说："实业教育与职业教育，二者皆以解决生计问题为目的，然其

---

❶ 夏偕复. 学校刍言 [J]. 教育世界，1901（10）.

❷ 中国大百科全书"教育"编辑委员会. 中国大百科全书·教育卷 [M]. 北京：中国大百科全书出版社，1985：520.

❸ 顾树森. 德美英法四国职业教育 [M]. 上海：中华书局，1917：4-5.

范围不同。实业教育之高焉者，高等专门实业亦属之；其下焉，仅为职业预备者亦属之。故论其长，可谓过于职业教育。英语 industries education 之名词，依其本义，仅限于工业教育。东方译为实业教育，亦仅限于农、工、商三种，而医生、教师等不与焉。职业教育，vocational education，则凡学成后可以直接谋生者皆是。故论其阔，又可认为不及职业教育。"❶ 又说："职业教育，以广义言之，凡教育皆含职业之意味。盖教育云者，固授人以学识、技能而使之能生存于世界也。若以狭义言，则仅以讲求实用之知识者为限，亦犹实业教育也。惟实业教育，兼含研究学说之意味，而职业教育，则专重实用，纯为生活起见。实业教育所养成之人物，则一部分主用思想；而职业教育所养成之人物，则完全主用艺术。盖自欧洲十八世纪工业革命以来，乃有所谓实业教育。至晚近，实业益发达，而生计问题亦日益急迫。于是复有所谓职业教育，专以职业上之学识、技能教授不能久学之青年，而一方面亦使实业前途进步益无限量。盖一般劳动者之能事，日以精良，则其所成就之功能，亦日以优越焉。此其主要之设施，厥惟补习学校。然至学业已成，而重补习，何如谋之于先之为愈。故方今各国，为根本解决计，大抵在中等教育以下，即设种种职业学校；并于普通学校内，分设各种职业科。除力能受高等教育者外，悉予以生活上应有之学识与切要之技能，使出校后便能谋生。于是，青年实用其脑力与体力，一归于经济。其用意益精且周。是故职业教育者，在学说上为后起之名词，在社会上为切要之问题，而在教育上实为最新、最良之制度也。德国研究此问题最早，其发达亦最速。彼其工艺之精进，与一切实业之涬兴，论者谓于职业教育实有深切之关系。美国近以时势之要求与潮流之推荡，盛倡职业教育。若芝加哥、若春田、若甘来诸市，若麻赛怯思（马萨诸塞）、若维斯康辛（威斯康星）、若纽约诸省，皆为著名施行职业教育地。叩其目的，一使学说无力更受高等教育者，受此教育，得相当之职业，一使已就职业者，受此教育，助其业务之改良与进步。回念吾国，由后之说，或未暇计及，而满地青年学成无用；由前之说，相需可谓殷矣。"❷

近代教育家舒新城在《近代中国教育思想史》中也指出："黄等不曰改进

---

❶ 黄炎培. 职业教育析疑［G］//中华职业教育社. 黄炎培教育文选. 上海：上海教育出版社，1985：58.

❷ 黄炎培. 职业教育析疑［G］//中华职业教育社. 黄炎培教育文选. 上海：上海教育出版社，1985：44.

实业教育而独提倡职业教育，他们以为甲乙种实业学校未足以括职业教育而尽给社会分业之所需，且当时之实业学校因'设置拘系统而忽供求，功课重理论而轻实习，学生贫于能力而富于欲望，不能解决生计问题'，故主张沟通教育与职业，而对于国计民生问题为根本之解决。"❶ 这说明舒新城是赞成黄炎培的观点的，认为职业教育较实业教育包含的内容更多，两者有所不同。

霍益萍教授在《中国近代实业教育和职业教育》中，以黄炎培等的言论为证，从范围、层次、教育内容、实用性等方面详细地论证了两者不完全是一回事，不是简单的易名关系。❷ 刘桂林则比较以上学者的论述，从范围、层次、起源、课程、培养目标、教学手段等方面比较职业教育与实业教育，得出了两者同大于异、异非本质的结论。❸

笔者认为，两者是有不同的，这就导致了实业教育后还有职业教育的产生和替代。它们的不同在于两者的范围、层次及与社会生活的适应程度，相同在于根源和目标。正因为它们有范围和层次的差别，职业教育更加贴近生活需要，导致了职业教育逐渐兴起，实业教育逐渐沦为边缘。也正因为有了实业教育几十年的发展，它的培养应用性技术人才与职业教育的目标相同，它的发展为职业教育打下了基础，在客观上成为职业教育兴起的前奏。实业教育思潮追求实用性，这就是实业教育思潮为职业教育思潮所做的思想准备。这里的实用的基本含义是教育与社会生活生产密切联系，培养各类应用型人才。实业教育思潮的发展为职业教育打下了坚实的基础，它的旁落预示着职业教育使命的开始。

二、实业教育思潮的实际影响

在清末"壬寅癸卯"新学制规定实业教育制度确立之前，实业教育思潮已经产生，正是这一思潮促进了实业教育实践的发展，并以建立实业教育制度为目的，且最终得以实现。

在国内工、农、商业界对实用专门人才需求的刺激下，也与1894年前国内实业教育思想的传播相联系，各类实业学校的设立虽零星而无系统，但一直处于增长状态。甲午战争后的实业教育思潮推动了实业教育和制度的形成，由此实业教育思潮和制度及相关的法令、行政机构共同促进了实业教育实践的发展。

---

❶ 舒新城. 近代中国教育思想史 [M]. 上海：中华书局，1929：209.
❷ 霍益萍. 中国近代实业教育和职业教育 [J]. 教育与职业，1988（3）.
❸ 刘桂林. 中国近代职业教育思想研究 [M]. 北京：高等教育出版社，1997：124－127.

1. 清末实业学堂和学生数增长很快

以 1907 年、1908 年、1909 年三年为例，1906 年学部通令各省举办实业学堂。1908 年再次通令各省限两年内，各府设中等实业学堂一所，每州县设初等实业学堂一所。据统计，1907 年全国实业学校达 137 所，学生 8 693 人；1908 年增至 189 所，学生 13 616 人；到 1909 年已经有实业学堂 254 所，学生 16 649 人。❶

各种行会的实业教育实践也得到了很大的发展。1913 年 8 月，教育部公布的《实业学校令》第五条规定："农工商会设立之实业学校，视该会性质系法律所认为公法人者，称公立实业学校；为私法人者，称私立实业学校。"❷这表明，商会和农会、工会的兴办实业教育活动，在被广大工商界接受之后，又被政府列为发展实业教育的一个重要途径。在 1904 年之前实业学堂很少，到 1909 年发展到 254 所，到 1912 年增加到 425 所。其中，商会所办的实业学堂占的比重因资料不全，不能确切地估计，已查明的商会及所属行业所办的实业学堂有 25 所，如表 4-1 所示。

表 4-1 由各商会及其所属行业在清末设立的中等、初等商业学堂有八所；据清政府学部总务司第三次教育统计，1909 年时全国的高等、中等、初等商业学堂共计二十八所，商会所办的商业学校约占总数的 30%。商会的实业教育活动与他们兴办实业教育的思想鼓动一起，共同促进了近代实业教育的发展，对清末实业教育思潮更具促进意义。商会的实业教育活动和政府及社会各界的实业教育活动一起，共同造就了一批新式实业人才，为民国以后资本主义经济的发展准备了人才。

值得注意的是，女子实业教育也得到了很大发展。民国以前，学制上并无女子实业教育的规定。1905 年，史家修在上海集捐创办上海女子蚕业学堂，实为女子实业教育之肇始。随后，福建蚕桑女学堂、杭州蚕桑女学堂也相继开学。民国成立后，教育部《实业学校令》中第一次规定了"女子实业学校得就地方情形与其性质所宜，参照各项实业学校规程办理"。之后，全国不少省份都创设了女子实业学校。如 1914 年江苏无锡设女子实业学校一所，江宁设

---

❶ 学部总务司. 宣统元年分第三次教育统计图表·各省实业学堂学生统计表（单印本）[G] // 陈学恂. 中国近代教育史教学参考资料（下册）. 北京：人民教育出版社，1987：334；豆建民. 论我国近代的实业教育 [J]. 教育史研究，1993，3（32）.

❷ 《教育杂志》1913 年第 5 卷第 6 号.

女子工艺学校一所；四川省设女子工艺传习所和女子蚕桑讲习所。到1915年以后全国有女子实业学校十七所，学生达1 418人。

表4-1　1911年之前各省实业学堂学生统计表❶

校 名	创办者	时间	生数/人	备 注
中等商业学堂	天津商务总会	1906	120	
半夜学堂	直隶彭城镇商会	1907		
实业补习学堂	直隶秦皇岛商会	1906		
初等商业学堂	直隶高阳商会	1907	41	1910年改中等
初等实业学堂	苏州商会纱缎业	1906	60	
初级小学	苏州商会经纬业	1907	40	附设补习班
梅里商业学堂	江苏梅里商会	1906	40	附额20名
振华堂补习学校	上海商会洋布业	1905		
振华堂英文补习学校	上海商会洋布业	清末		
振华义务学校	上海商会洋布业	清末		
豆米公学	上海商会豆米业	1906		
商船学堂	上海商会商船业	1906		1910年增设高等小学
烟膏实业学堂	上海商会烟膏业	1906		
染业公学	上海商会染业	1907		
水木艺徒夜学	上海商会水木业	1907		陆续设立四所
初等商业学堂	江苏川沙商会	清末		
唯一学堂	长沙商务总会	清末		
银行专科学校	通崇海泰商务总会	清末		
商业学校	通崇海泰商务总会	清末		
商徒启智学校	江西商务总会	清末		
半日学校	常州商务分会	清末		
乙种商业学校	芜湖总商会	清末	20	附设初等小学
甲种商业学校	南昌总商会	清末		
启智贫儿小学	南昌总商会	清末	200	
宝贞贫女小学	南昌总商会	清末		

❶ 黄逸峰，等.旧中国民族资产阶级 [M].南京：江苏古籍出版社，1990：133-134；朱英.辛亥革命时期新式商人社团研究 [M].北京：中国人民大学出版社，1991：91；黄炎培.黄炎培考察教育日记 [M].北京：商务印书馆，1914：11、105-106.表4-1中所列的几所小学均设有工商业课程或实习。

到民初，实业教育制度和实业教育思潮作为实业救国思潮的组成部分，对实业教育实践的推动更加明显，试看表4-2。

表4-2 民国初年实业学校分年统计表❶

年 份	甲种实业学校		乙种实业学校	
	学校数/所	学生数/人	学校数/所	学生数/人
民国元年	79	14 479	346	17 257
民国二年	82	10 256	399	19 534
民国三年	82	9 700	443	22 074
民国四年	96	10 551	489	20 667

各地实业教育的区域地理分布也较以前平衡，边远的地区也发展了许多实业教育机构。表4-3是1909年各省实业学堂统计表。

表4-3 1909年清末实业学堂分省统计表❷

省 份	学堂数/所	学生数/人	省 份	学堂数/所	学生数/人
直 隶	23	1 023	江 西	5	270
奉 天	8	760	湖 北	16	1 507
吉 林	3	186	湖 南	17	1 531
黑龙江	6	494	四 川	14	1 030
山 东	18	717	广 东	12	1 063
山 西	4	217	广 西	7	591
陕 西	3	327	云 南	14	332
河 南	31	1 794	贵 州	2	388
江 宁	12	1 001	福 建	8	915
江 苏	9	512	甘 肃	2	99
安 徽	7	233	新 疆	19	494
浙 江	14	665	合 计	254	16 149

❶ 教育部教育年鉴编纂委员会. 第一次中国教育年鉴 [M]. 上海：开明书店，1934：375.

❷ 学部总务司. 宣统元年分第三次教育统计图表·各省实业学堂学生统计表（单印本）[G] // 陈学恂. 中国近代教育史教学参考资料（下册）. 北京：人民教育出版社，1987：333-334.

2. 实业教员的延聘渠道增多

清末各种实业学堂的教员,大致包括以下几种:在本国毕业者、在外国毕业者、未毕业未入学堂者、洋教习。1909 年各种实业学堂教员出身如表 4 - 4 所示。

表 4 - 4　1909 年实业学堂教员出身表❶

出身	在本国毕业者	在外国毕业者	未毕业未入学堂者	洋教习	总计
教员/人	748	243	445	108	1 544
比率	48.5%	15.7%	28.8%	7%	100%

实业学堂刚办时,某些学科中国没有合格教师,因此必须聘用外国教员,但规定他们不得传授宗教,其教授内容由翻译传达,翻译又十有八九不通实业学术。于是清政府派年轻体健、文理明通、有志于实业的学生前往日本和欧美各国,学习西方实业,毕业后回国充任实业学堂的教习。这就开辟了新的教员渠道。从整体上看,这一时期教师的总体素质不高,没学历的占了 28.8%,这还是延误了学生,使一些实业学堂成了"失业学堂"。民国初年,实业教育思潮高涨,对实业教育的需求和要求更高,对甲乙两种实业学校教员的资格做了具体规定,教员来源主要是国立、公立、私立及国外专门学校、高等师范、甲等实业学校毕业者以及中学教员、高等小学正副教员。教员的任用走上更合理、更规范的道路。

三、实业教育思潮的评价

实业教育思潮是实业救国思潮在教育领域的反映,虽然源于晚清洋务运动至维新变法期间,但直至清末,其影响仍然有所局限,未能掀起教育界与经济界的轩然大波。

辛亥革命后所掀起的实业救国思潮,对于促进中国民族资本主义发展的作用是十分显著的。可是,过去许多论著在论及辛亥革命后民族资本主义的发展时,皆归于第一次世界大战期间帝国主义忙于战争,无暇东顾,使民族工业产品在市场上减少了竞争力,得到了一个空前良好的机会,从而使民族资本主义经济的发展出现了一个"黄金时期",而较少注意到辛亥革命后实业救国思潮

---

❶ 学部总务司. 宣统元年分第三次教育统计图表・各省专门实业学堂教员资格表(单印本)[G]//陈学恂. 中国近代教育史教学参考资料(下册). 北京:人民教育出版社,1987:339.

在这方面所起的作用。从具体的历史实际出发，应当将辛亥革命的作用与第一次世界大战的影响结合起来研究，这将有助于说明中国民族资本主义在这一历史阶段的客观历程。

当时振兴实业的提倡者们一般将实业的发展与教育相联系。除上述材料外，又如从 1912 年 8 月到 1913 年 7 月出任北京政府工商总长的刘揆一，在经济改革中很注重发展实业教育，培养人才。他认为当时急需的各种实业人才需求很多，而国内毕业生不敷所用，因此须"速商教育部设立工科、商科大学，广置高等中等专门诸学校"，以使职业教育有"一日千里之势"。实业教育思潮是民初实业救国社会思潮的反映，数年间成为一种盛行的教育思潮。实利主义教育、实用主义教育思想流派是其基本的表现形态。两者相互联系，实利主义是实用主义的前提，实用主义更是实利主义的深化和发展、原则和保障。有人将它们合称为"唯实主义教育思潮"。

辛亥革命胜利后的中国，是一个思想获得解放的时代，更是一个思考探求的时代，从蔡元培对新教育方针的构想到实利主义的兴起，再到实用主义的倡行，正是民初教育界对社会需求思考和表征的结晶。资产阶级民主共和国建立后对教育的需求，无疑是培养出大批共和国的建设者。就蔡元培"五育并举"的构想及其后教育部颁行的教育宗旨而论，所包含的各育对人的培养来说是必需的，在社会属性上，将清末的封建主义教育转变为民初的民主主义教育，更是功不可灭，但其构想和部定方针的表述，道德中心主义的余韵犹存。诚然道德的内涵对比于清末教育宗旨有所补救，但对学校基本任务的确定仍有偏差，主要是培养建设者的道德或说是培养国民的道德。这种设计方案，从教育的价值取向的形式来说，与特定具体的社会需求是有距离的；从教育在近代社会中的意义看，缺失是明显的。这就难免在注重现实经济社会的教育理论界调高和寡，而这一切都触发了以面向现实、重视实利为教育价值取向的实业教育思潮的兴起。

作为实业教育思潮表现形式的实利主义、实用主义教育，都是在批判封建传统教育空疏无实等弊病的基础上，反思"新教育"运动中出现的学校教育与社会实际相脱离，书本知识与学生生活及生产的要求相违背的弊端，试图寻求解决的方法而提出来的。其中，面向社会现实，重视实际利益，强调学用一致，学校的教学与学生毕业后的生产和生活需要相联系是其共同性的一面。实利主义教育注意从宏观上说明教育与资本经济发展的关系，强调教育对提高社会生产力的巨大作用，偏重于学校科技教育与专门技术教育；实用主义主张教育以日常生活及生产的实际运用为中心，满足当时社会对学校毕业生在生产和生活能力上的要求，学校的发展与社会产业结构相协调，着眼于普通教育的教学内容和教学方法如何围绕社会生活的实际需要进行有效的改革。

实业教育思潮在理论上的价值，简而言之：开始从教育与社会经济的发展及生产力的提高，教育与个人生活能力的培养、就业机会的获得两方面来探讨教育的本质问题，这是对教育功能的深刻认识；普通教育课程设置及内容改革，应该如何从社会和学生个人的生产及生活的需要出发，这是教学改革中必须回答的问题；教学方法怎样适应普通教育教学改革趋向社会实用化的要求而有所革新，这对于教育实践的技术操作层面而言有很大意义。因此，在近代教育理论发展史上，特别是教育理论中国化的探索中，以实利主义、实用主义教育思想为核心的实业教育思潮有重要的地位。当然，限于时代所带来的认识局限性，其理论建构及思辨尚不深刻与全面。其后的职业教育思潮、杜威的实用主义教育思潮、乡村教育思潮等都还在继续探讨这些问题。

实业教育思潮的影响除了体现在清末民初教育宗旨中以外，还反映在这时期的学制及有关的课程当中。清末的"癸卯学制"从横的方面看，与高等小学堂平行的有实业补习学堂、初等工商实业学堂和艺徒学堂；与中等小学堂平行的有中等农工商实业学堂；与高等学堂平行的有实业教员讲习所、高等工商学堂。初等实业学堂分农业、商业和商船学堂三种，接收十三岁以上的初等小学毕业生；中等实业学堂分为农业、工业、商业、商船四种，分设预科和本科，预科二年，本科三年，分别招收初等、高等小学堂毕业生；高等农工商学堂分农业、工业、商业、商船学堂，招收十八至二十二岁的普通中学毕业生，各种学堂因专业差异而学习年限不同；实业教员讲习所以"养成该实业学堂及实业补习普通学堂、艺徒学堂之教员为宗旨"，分农业、商业、工业教员讲习所，招收十七岁以上中学堂或初级师范学堂毕业生。清末"新学制"包括各级实业学堂的章程，对办学宗旨、课程设置等均做了详细规定。民初"壬子癸丑学制"从横的方面看有实业教育系统，与高等小学平行的学校有乙种实业学校、实业补习学校及补习科，与中学校平行的有甲种实业学校，与大学校平行的有专门学校。1912—1913 年，陆续公布了《专门学校令》《实业学校令》，对一些具体事项做了规定与说明。这些都折射出实业教育思潮对教育实践广泛而持久的影响。

第五章　实用主义教育思潮

约翰·杜威（John Dewey，1859—1952），美国现代著名哲学家、教育家和心理学家。他的实用主义教育理论对美国和现代世界教育的发展有着重大影响。杜威曾于1919—1921年在华讲学和讲演，他的实用主义教育理论曾经在旧中国教育界盛行一时，对五四运动前后我国的教育改革产生了很大影响，形成一股强大的教育思潮。吴俊升在《增订杜威教授年谱》中也说："中国教育所受外国学者影响之广泛与深远，以杜威为第一人。杜氏影响所给予国外教育之巨大，也以中国为第一国。"❶ 这种评议绝非纯属溢美与夸张之词，杜威来华讲学之事已过去近一个世纪，但是当我们回顾中国近现代教育改革及教育实验历程时，总是不能不提到杜威及其思想。那么，以杜威为代表的实用主义教育思潮何以会产生？形成过程如何？对中国近现代教育改革造成怎样的影响？我们又应怎样客观辩证、实事求是地来评价这种思潮呢？

必须指出的是，这时的实用主义教育思潮与清末民初提出的"尚实""实利主义"或"实用主义"的内涵大有不同，后者主要是当时教育界针对传统教育或新教育改革出现的流弊而提出来的一种教育理论，前者则是一种教育哲学。当然两者之间不无联系，但总的来说，区别是显著的。有人以"实验主义"或"试验主义"来称杜威的实用主义，又有学者以"杜威的实用主义教育思潮"来概括这时的实用主义教育思潮。❷

综上所述，杜威的实用主义教育思潮的基本内涵为：以杜威的实用主义教育理论为出发点，反对赫尔巴特传统教育派以教师、教材及课堂教学为中心，提出"学校即社会""生活即教育""儿童中心主义""做中学""兴趣至上"

---

❶ 吴俊升. 杜威和他的《平民主义与教育》［G］// ［美］约翰·杜威. 民主主义与教育. 王承绪，译. 北京：人民教育出版社，1990：39.

❷ 高奇. 中国现代教育史［M］. 北京：北京师范大学出版社，1985：22.

"活动教学"等思想，并以此为理论基础推行教育实验，实施教学改革，组织教育的各个环节，在内容上强调与社会生活、生产的实际应用相联系，与学生具体的实际需要相适应。

第一节　实用主义教育思潮产生的社会历史背景

五四运动时期实用主义教育思潮在中国的形成，不仅受制于当时社会的政治、经济和文化背景，反映了中国社会有此需要和适合其存在的一定条件，同时也决定于教育理论内部逻辑的合理演绎或发展。

一、历史背景

（一）欧美教育革新运动的兴起

19 世纪末至 20 世纪初在欧洲各国兴起的教育改革运动，即"新教育运动"，是一部向传统古典教育挑战的宣言书。运动中成立的"国际新教育协会"制定了"新教育原则"，主张废除古典的传统课程体系，开设现代语、农艺、手工劳动等课程，并创办各种类型的"新学校"，实行教育改革。几乎同时，美国兴起了"进步教育运动"，尤以杜威实用主义教育为核心。大约在 1910 年以后，二者开始合作和交流，并嬗变为一个既呈现各种各样表现形式，又具有共同基础的统一的国际性教育革新运动。

杜威的教育理论并非偶然性孤立产物，它在上述背景下产生，并与欧美教育革新运动有着千丝万缕的联系。该理论的历史地位在于：一方面，它是从批判以赫尔巴特为代表的传统教育起家的，受到当时新教育的深刻影响；另一方面，它又反过来推动着欧美教育革新运动的现代性新走向。

19 世纪下半叶，美国社会正面临着解决教育怎样满足工业化和民主化需要的问题，因此纠正传统教育古典性和等级性的弊端成为改革的主题，杜威的教育理论恰恰适应了此种需要。他对以赫尔巴特为代表的传统教育予以严厉的批判，提出了"新教育""前进教育"或"进步教育"的理论，反对学校过分考虑对学生灌输知识，强调注重学生的主动性和创造性；反对传统的学校课程，强调课程内容与社会实际相结合，反映现代社会的需要；反对固定不变的学校生活、呆板凝固的组织管理形式，强调要鼓励儿童自发活动，适应社会的变化；反对学校在精神上压抑学生，强调尊重学生的人格与个性。上述以补偏救弊面貌出现的教育理论，对欧美现代教育的发展具有指导意义，并影响到世界各国的教育，尤其是美国、中国及日本。虽然进步主义教育运动自始就存在岐异或不同见解，同时，一部分信奉杜威思想的人并未充分理解杜威思想的全貌就崇拜地接受其指导，但是总的来看，杜威的教育思想为进步主义教育运动所接受。进步教育协会邀请杜威担任该协会的名誉主席，杜威最终接受该职务，为之做了大量工作并影响着这一运动的发展。因此，一般认为，杜威是进步主义教育运动最中坚的力量。

西多金在他编辑的"杜威重要论著文集"中称："约翰·杜威是20世纪上半叶，在美国哲学思想方面最有影响的人物；从广度和深度说，他的影响都是显著的，杜威的思想在美国哲学和社会思潮方面的影响是巨大的。它被认为是20世纪美国文化史上非常巨大的事件。"❶ 而构成其实用主义教育理论体系的名著《民主主义与教育》，被当代教育家康纳尔称为"20世纪最重要的教育论著"和教育"宣言"。❷ 以上虽是后人的评价，但足以说明杜威在当时欧美教育革新运动以及整个世界教育发展过程中所占据的重要地位和所发挥的积极作用。

（二）中国国内的政治、经济及文化教育背景

杜威教育理论在整个世界教育发展过程中的重要地位和作用，只是五四运动时期国内教育界接受并推崇实用主义教育理论的外部诱因，是当时中国教育面向世界的必然趋势；而使该种教育理论在国内产生广泛和深刻影响的更重要的内在原因，则与我国当时政治、经济及文化教育背景相关。

1915年后兴起的五四运动为杜威教育理论在国内的广泛传播提供了契机。从1840年西方列强用炮舰打开国门至五四运动爆发，中国经历了由先效仿西方资本主义的船坚炮利，进而学习西方资产阶级的民主政治制度，到在思想领域向西方学习而清算封建传统思想文化三个阶段。从这个意义上讲，新文化运动的发生，在客观上启迪人们的思想，鼓励人们思考，为引进新的武器，寻求新的救国方案、政治主张开辟了道路。正是如此，造成了五四运动时期国内政治思想异常活跃、繁荣的局面，五四运动成为近代中国新旧革命转折之际的一

---

❶ ［美］A.哈利·巴森. 约翰·杜威对世界教育的影响［J］. 乔有华，译. 外国教育史研究，1984（3）.

❷ ［澳］W.F.康纳尔. 二十世纪世界教育史［M］. 孟湘砥，胡若愚，译. 长沙：湖南教育出版社，1991：123.

次伟大的思想启蒙运动。这一时期，国内社会思想政治领域汇聚成的思想潮流，来势之猛、内容之丰富是前所未有的。这当中有资产阶级的民主科学思想，也有以美国实用主义为代表的改良主义思潮；有产生在我国的复古主义"国粹"派政治主张，也有马克思主义的科学社会主义思想和"教育救国"等各种救国方案。所有这些，除少数为维护帝国主义和封建主义的反动统治外，大都对当时的国内社会产生过不同程度的积极影响。特别是马克思主义以其真理的光辉赢得了思想界盟主的地位，最终成为人民的自觉选择，更是中国共产党领导人民取得胜利的指导思想。杜威的实用主义教育理论，作为其对实用主义哲学的实践，正是在这种社会政治思想背景下输入中国并产生影响的。

1914 年第一次世界大战爆发后，欧美各主要帝国主义国家忙于战争，无暇东顾，减弱了对中国的经济控制；国内出现了实业救国的热潮，我国民族资本主义发展出现高潮。1915 年，新文化运动的产生催人觉醒，一部分有识之士开始反对帝国主义的经济侵略，大声疾呼"实业救国"。在上述形势下，民族工业空前发展起来，民族资本主义在短期内的迅速发展对教育产生了深刻影响。辛亥革命后所建立起来的新教育体制不仅尚未成熟，存在许多缺陷，而且还面临着经济结构变动和生产力发展的巨大冲击，显然已不能适应经济发展的需要。民族资本主义的发展，使民族资产阶级迫切感到人才缺乏对实业发展的阻碍，因此十分渴求通过教育为企业、公司培养大批熟练工人和技术人才。然而，现实中仍受封建传统控制的学校教育（包括实业教育在内）却与民族资本主义新兴工商业蓬勃发展的需求形成鲜明对照，只重视"读死书，死读书"，忽视实际技能的培养，使学生无一技之长，走出校门缺乏谋生的手段。学校教育与现代工商业发展的需要之间的矛盾十分尖锐，这就从客观上要求有一种教育理论和制度来代替旧教育，以适应社会经济发展的新需要。这与 19 世纪末 20 世纪初美国的情形有着惊人的相似之处。当时，美国正处于南北战争结束后的大规模扩张和改造，即从自由资本主义过渡到垄断资本主义的时期：工业技术取得最新成就，大型工业联合企业迅速发展，垄断资本高度集中，阶级分化愈益加深；而在教育方面，学校制度、课程设置、教材内容以及教学方法等，仍然还是继承欧洲大陆和英国旧学校的传统，形式主义的、呆板的教育占统治地位，这种教育严重地脱离了社会生产力的水平和实际生活的需求。为了改造这种旧学校，使新一代具有工商业所需要的品质，能顺利地投入到现代化的生产过程中去，并适应急剧变革中的社会生活，实用主义教育理论产生了。可见，这种作为适应垄断资本主义时代大工业生产发展需要而产生并为之服务的教育理论，在一定程度上适应了社会需要，因而在国内颇受欢迎并广为传播，对改良我国具有浓厚封建形式主义的清末民初"新教育"有一定的积极意义。

新文化运动以前，国内的师范院校开设教育学科，主要是仿效日本。那时开设的教育学、教授法、教育史和学校管理法等科，大都是从日本翻译过来。就其内容来看，主要是赫尔巴特一派的教育学说，强调教育社会功能、理性作用，注重教育性的教授和教师的主导地位，忽视教材教法中的学生主体性，拘泥于模式化的教学组织形式（"五段教授法"）、严格的纪律和管理。从历史角度看，赫尔巴特的教育理论第一次以心理学作为教学法的科学基础，系统地构建了教学过程的要求，很好地解决了从个别教学转向班级教学后，如何有效地同时向众多学生传播系统知识这一难题。所以，这种教育理论经过其弟子的进一步阐述、整理后，便很快风行全世界。在20世纪初，赫氏理论通过日本传入中国，正好适应了清政府举办"新教育"，以普及教育为手段实行立宪新政的政治目的。但实施以后，其理论内部本身所存在的弊端亦日渐暴露，从而客观上要求新的教育理论取而代之。但是，由于当时"新教育"起步不久，教育界还来不及从本国教育实践中创建适应教育发展新形势的教育理论。再者，许多思想家和教育家虽著文论述新旧教育的区别，却在很大程度上是以西方的"新教育"和"进步主义教育"为参照，他们不可能超越国内教育现实的局面而形成建立在本国和躬行实践的基础上科学、完整、理论化的教育思想体系作为"新教育"具体而明确的指导。鉴于上述原因，杜威的实用主义教育理论以补偏救弊为特征，代表着当时教育理论本身内在的、合乎逻辑的发展趋势，具有很大的实践性，因而被引入国内并受到青睐，就成了顺理成章之事。

杜威的教育理论对现代教育的发展有多方面的影响。20世纪前半期在美国出现的多种教学制度与方法，如设计教学法、道尔顿实验室制、文纳特卡制、综合课程、单元教学等都与杜威的教育、教学理论有密切联系。第一次世界大战前后，在欧美各国出现的一系列教育实验活动与重视劳动操作能力的培养等教育思潮也大多与实用主义教育理论相贯通。这一时期更为广泛深入发展起来的现代新教育运动都曾从杜威的理论中寻觅思想元素。

二、杜威的实用主义教育理论概述

杜威的实用主义教育理论，内容丰富，有关研究成果也较多，本书从它对中国近代教育思想所产生的影响这一角度做一尝试性的探讨。

诚如上面所述，五四运动以前，国内盛行赫尔巴特一派的教育学说。这种教育理论在 20 世纪初正好适应了清政府"新教育"的需要。但实施以后，其理论内部本身所存在的弊端日益暴露，其突出表现在："新学制"科学课程有形式而无科学精神；清末以来实施的"新教育"成了"洋八股"，使学校教育内容与学生生活相脱离、与社会实际相矛盾。

杜威从美国资本主义现代化的发展对教育的要求出发，谋求学校的改造和进步，成为美国进步主义教育的代表。从 19 世纪 70 年代至 20 世纪 20 年代，杜威的理论体系一直被当作美国资产阶级思想方式的象征，实质上成了美国资产阶级的国家哲学。我国正当五四运动时期，激进民主主义者高举"民主""科学"的大旗，对封建主义旧思想、旧道德展开了猛烈的抨击，对民主、平等、自由及个性等资产阶级思想做了深层的呼唤。在这种历史背景下，大致从 1915 年开始，中国教育舍弃日本模式，转而向美国学习。以反传统面目出现且执世界教育改革之牛耳的杜威实用主义教育理论颇能迎合中国教育界的需要，为批判封建传统教育提供了理论武器。在杜威弟子胡适、蒋梦麟、陶行知、郭秉文等人的提倡下，中国形成了一股强大的教育思潮。

当时我国教育界何以如此重视杜威的实用主义教育理论，并热衷于广泛宣传、试验与推广呢？这主要还得从其理论本身谈起。

（一）教育目的论

杜威从多方面论述过教育目的的问题，而最重要的是他关于"教育无目的论"的论述。杜威从生物进化的观点出发，认为教育的根本意义就在于促使个人经验的不断生长，生长就是"向着一个后来的结果，逐渐向前发展的运动"❶。从"生长"含义中引申出另一个概念"发展"——给儿童以适当的生长方式即提供适当的环境，引起适当的刺激与经验并得到发展。因此，"教育即生长""教育即发展"，教育就是一个经验不断改组、不断改造和不断转化的过程。除这一过程自身外，教育是没有目的的，或者说只有"教育过程

---

❶ ［美］杜威. 民主主义与教育［M］. 邹恩泽，译. 上海：商务印书馆，1948：49.

以外"的目的，而无"教育过程以内"的目的。"教育过程以内"的目的，即指由儿童本能、冲动、兴趣所决定的具体教育过程，杜威把社会政治需要所决定的教育总目的看作"教育过程以外"的目的，并指出这是一种外在的、虚构的目的。"教育过程在它自身以外无目的，它就是它自己的目的。"❶

（二）儿童论

教育既然被理解为"生活""生长"和经验改造，那种叫学生静坐听讲和背诵课本的学校当然要加以改造。杜威认为人们在社会中参加真实的生活，才是身心成长和改造经验的正当途径。一般学校采取直接传授知识的方式，只能使儿童被动地接受和生活经验不相干的书本知识或抽象神秘、枯燥无味的数学符号。视教育为生活、生长和经验改造的学校则完全不同，它把教师传授知识的课堂变为儿童活动园地，引导儿童积极自愿地投入活动，在活动中不知不觉地养成品德和获得知识，实现生活生长和经验改造的要求。他说："学校必须代表'现在'的生活——对于儿童一种真实的有生气的生活，如他在家庭中、邻里中和操场上所用的生活一样。"这就是杜威"学校即社会"的理论。

杜威既认为学校不是学习功课的地方而是儿童活动的地方，教育的对象是儿童而不是别的，一切教学都应集中在儿童的活动上，教师只应从旁边观察儿童的活动；那么，儿童在整个教育过程中所占地位的重要性就可想而知了。杜威明白宣告儿童是教育的中心，他提出了"儿童中心主义"的教育主张。

由于杜威及其信徒大力宣传儿童中心主义的教育理论，中国在 20 世纪二三十年代曾深受其影响，各地办了不少的"新型学校"，力求贯彻儿童中心主义的精神。在这些学校里，儿童被肯定为教育的中心，一切教学内容和教学方法都顺从、迎合他们的兴趣和需要。教师在教学过程中只能起辅导作用，教学没有系统性，更谈不上学习纪律了。

（三）教学论——论教学原理和教学方法

杜威教育理论的核心部分是他的教学理论，他力图在方法论上改造传统教育，并要通过他的教学理论来充分实现他的教育理想，发挥教育的效用。

1. 课程与教材

"一切学习都来自经验"，经验是怎样形成的呢？按照杜威的理解，儿童从自己的活动中认识到自己活动的效果，并了解效果的意义，逐步获得经验和

❶ 赵祥麟，王承绪. 杜威教育论著选［M］. 上海：华东师范大学出版社，1981：154.

改造经验，因而学校不应以系统的文史、地理、科学知识武装学生，而应以儿童生活经验为教学的基本内容，以儿童本身的活动为学校课程的真正中心。学校应安排适宜的生活情境，以引起学生的动机，教师因势利导，学生就可在活动中深切了解多种多样的事实、观念、定理和事物的意义。"教育最大的毛病，是把学科当作教育的中心，不管儿童的本能经验如何，社会的需要如何。……现在晓得这种办法是不对了。其改革的方法，只是把教育的中心搬一个家：从学科上面搬到儿童上面。"❶ 学校应根据儿童活动和生活经验来安排功课，不应该按照学科体系来设置科目，选择教材。"学校内安排种种作业，如园艺、纺织、木工、烹饪等，把基本的人类事物引进学校里，作为学校的教材。"❷ 学生从这种作业中获得经验，就是掌握了知识。

从主观唯心主义经验论出发，杜威肯定儿童生活经验为教学的基本内容，儿童本身活动为学校课程的真正中心。这样，在教学方面不免产生了下列三种消极的结果：过分强调儿童的自发活动和生活经验，在教学上只重视直接经验而不重视间接经验——前人积累下来的知识宝库；对"儿童平日的经验和通常的生活"过分重视，结果必将否定教学的系统性，否定教学计划、教学大纲，这就必然降低教学质量；教学只强调生活经验和有限的感性知识的获得，不重视理论学习，而流为庸俗、浅薄的实用知识的追求。

2. 教学方法

杜威断定教学方法的基本原则是"从做中学"，其根本要求是在活动中进行教学。他认为儿童不从活动而由听课和读书获得的知识是虚渺的，以赫尔巴特为代表的传统教育的教学法仅仅重视教师对学生的书本传授，而不考虑儿童在活动中主动学习的重要性，学生纯粹处于消极等待和被动接受的地位，这种教学教给学生的是冷藏式的与生活不相联系的死教条，只能抑制儿童的活动和滞塞创造性的发展。他主张在教学活动中应让儿童通过接触、观察、操作、实习等方式自发地学习知识，探索经验，启发智慧。举例说，儿童不愿学习作文，可以让他学发请柬，这便自然地学习了写作技术。与此相同，儿童可通过在校园的种植活动掌握栽培的经验，通过制造玩具和制作衣裳学会工艺和缝纫的本领，这样既使学生感觉需要和趣味，又能促进智力的成长，是"把儿童

---

❶ 杜威. 杜威五大讲演 [M]. 北京：北京晨报报社，1920：141 – 142.
❷ 杜威. 明日之学校 [M]. 朱经农，潘梓年，译. 上海：商务印书馆，1932：65.

在自由时间内所做的事，纳入学校的课程之中了"。

一切教学都从儿童的兴趣出发，儿童学什么和怎样学都以兴趣为转移，这就是杜威的"兴趣中心主义"。

无疑，杜威要求教学方法要能使学生能动地活动、积极地思考，并要求重视学生的兴趣和需要等都是合理因素，但他的经验论的理论基础和把整个教学过程完全建立在学生带有盲目、摸索性"做"的基础上的观点则是不科学的，不符合教与学的原理。

3. 教学组织形式

基于"从做中学"的总原则，杜威对传统学校的教学组织形式也提出了批评。他认为传统的班级授课形式是一种教师主动、学生被动的旧式教学。在一行行整齐排列着课桌椅的教室中，学生只能"静听"，而没有活动的情景，只能"单纯地学习书本上的课文"，却无从提高儿童的创造与思维的能力。他主张活动的教学组织形式。

杜威向当时传统保守落后的教育挑战，以自己丰富的著述，建立起一个庞大的教育理论大厦，抨击了教育上脱离现实需要、压抑儿童天性、灌输空洞知识、追求遥远目标等弊端，引起人们的重视。他反复阐述教育是生活、生长和经验改造，"教育无目的论""学校及社会论"以及关于"儿童中心"的理论和"从做中学"的理论等虽有偏颇和不正确之处，但却动摇了旧时的传统教育思想、教育理论。可以断言，只要教育中存在僵化的、空洞的形式主义，他的教育理论中的一些辩证因素以及强调鼓励儿童自己发现问题，培养学生独立思维和理智的创造力等观点，仍将保持生命力。

杜威的实用主义教育理论是与其哲学思想相联系的，他在《民主主义与教育》中，把教育与哲学完全合为一体，认为"哲学乃是教育的最一般方面的理论""教育乃是哲学上的各种观点具体化并受到检验的实验室"。在近、现代资产阶级教育理论中，其哲学思想体系和某些科学内容是既有联系又有区别，而且常常会出现一些不相一致的地方。资产阶级哲学以其体系上来说已面临困境，但并不是说在教育科学上一无是处，或者说不可能有任何的新成果。随着科学技术的进步，教育实验的广泛开展，在教育理论中，尤其是在教学方法和手段上，总会提出一些反映现代科学技术水平，反映生产发展要求的一些合乎科学的内容和方法，甚至会从不同的侧面探索一些主要问题，提出一些有益的见解，并在一定程度上反映了教育的规律性。杜威的实用主义教育理论便是这样的情况，我们不能因为他的主观唯心主义哲学基础，便否定他的一切教育主张和实施，比如他对传统教育的批判，强调教育与生活的联系，重视发挥儿童学习的主动性，以及对兴趣和努力、自由与合作的辩证关系的论述等，都有一些可取之处。

列宁曾经批判赫尔姆霍茨"在哲学上是不彻底的"，但在自然科学上却是"极伟大的人物"，就具体说明了在科学上的成就和哲学的基础并不都是完全一致的。这就要求我们在研究杜威的实用主义教育理论时，既要联系其哲学体系以把握其理论的实质，又不能因其唯心主义的哲学体系便否定它某些有用的科学内容和方法。对待杜威的实用主义教育理论遗产，应当同对待其他历史遗产一样，去其糟粕，取其精华，简单地肯定和否定都是不正确的。

三、杜威的来华及其在华的教育活动

杜威一生访问过许多国家：墨西哥、土耳其、日本、中国和苏联。他的许多著作被译成多种文字，在世界各国广泛流传，其中影响最深的是中国。他于1919 年 4 月 30 日偕夫人爱丽丝和女儿罗茜到达上海，在中国待了两年多，于1921 年 7 月离开北京回国。杜威在中国周游了十三个省市，先后发表社会哲学与政治哲学、教育哲学、伦理学等讲演，宣传实用主义教育和社会改良主义思想。从 20 世纪 20 年代起，通过杜威来华及其教育著作在中国的广泛译述，还有其弟子们的推崇、传播和宣传，中国形成一股强烈的教育思潮，并对平民教育思潮、科学教育思潮、职业教育思潮等均产生了影响。受其影响，美国的"六三三"制以及课程、教材和教学方法被大量地介绍进来，在杜威实用主义教育理论吸引下，教育界崇拜"儿童中心主义""兴趣主义中心""儿童本位""活动教学"。在教材革新上，儿童用书受到重视；儿童文学出现并被编入小学国语教科书；在教材内容及编辑体例上明显表现出文学化和趣味化的特征。在教学组织形式、教学方法上，提倡儿童自治，改变过去学生完全受管教的被动地位，创设了学生自治活动的环境。一时间，许多中小学校出现了"学生银行""学生商店""学生邮局""市政府""学生新闻社"等，搞所谓"学校社会化"，小学中还美化环境、布置科学场景、开发园艺场等，让学生在活动中培养责任心和自治能力。以儿童活动为中心的各种新教学方法相继被传入并积极实验，如设计教学法、道尔顿制、文纳特卡制、葛雷制、德克乐利教学法

等，其中尤以与课程改革更有联系的设计教学法、道尔顿制对我国中小学教育实践的影响最大。当时中国乡镇国民学校曾十分普遍地开展按杜威实用主义教育理论组织教学的改革实验。

1919 年 2－3 月间，杜威正在日本东京帝国大学讲学，他的弟子胡适与北京大学校长蔡元培、南京高等师范学校教务主任陶行知等人商定，以北京大学、尚志学会、浙江教育会、南京高等师范学校、江苏省教育会等单位的名义，联合聘请杜威来华讲学。此时正是中国五四运动的前夕。杜威在其弟子的陪同（并任翻译）下，在江苏、浙江、直隶、奉天、山东、山西、江西、湖南、湖北、福建、广州十一省和北京、上海两市，做了公开的讲演。讲演涉及的内容很广泛，有"社会哲学与政治哲学""教育哲学""伦理讲演纪略""思想之派别""现代三个哲学家——詹姆士、柏格森和罗素""平民主义的教育""平民教育的真谛""共和国的精神""真正的爱国""美国民治的发展""学问的新问题""现代教育的趋势"，等等。杜威在这些讲演中，系统地论述了他的实用主义哲学、教育思想和道德观念等，竭力地宣扬了他在政治上的改良主义以及"读书救国"的主张。

杜威的讲演，大致可分为系统的和短篇的两大类，前者共有十种，北京七种，南京三种；后者有近百篇，具体内容已有专门资料统计。❶ 京沪各地的报纸，把他的演讲词逐日发表，各种杂志连续刊登他的长篇讲稿和介绍实用主义的文章，如《新教育》杂志第 1－3 卷各期均大肆宣传杜威的哲学和教育理论，第三期出版了"杜威专号"。有的讲演经过翻译、整理汇编出版。如杜威在北京所作七种系统讲演的前五种，曾由北京晨报社印成书，名曰《杜威五大讲演》。此书在出版后的两年中，一共再版了十四次之多。在南京的三种讲演，则由上海泰东图书公司出版，名曰《杜威三大演讲》。此外，还出版了北京高等师范和南京高等师范两校学生的听课笔记《杜威教育哲学》，连同商务印书馆其他宣传实用主义教育思想为主的书籍一起用"现代教育名著"丛书的形式，在全国范围内广泛发行。各书店介绍和翻译的关于实用主义哲学和教育学的书籍，多至不可胜数。实用主义哲学和教育学从此在一个较长的时期中，成为中国教育界盛行一时的学说，不仅影响了一般教育工作者，甚至连梁启超这样的知识界名流也表示："中国人宜以杜威哲学为根底，造出一派新的

---

❶ 黎洁华. 杜威在华活动年表（上、中、下）[J]. 华东师范大学学报：教科版，1985（1－3）.

哲学来。"❶ 1921 年 5 月，杜威一行到广东讲学，时任广东省教育委员会委员长的陈独秀亲自出面主持演讲会和介绍杜威的历史。

作为现代西方科学主义流派的实用主义和逻辑实证主义虽于五四运动时一并介绍进来，但在社会上广为人们谈论的，却只是实用主义的思想方法和伦理哲学、教育哲学等容易理解的部分。继杜威之后两年，英国哲学家、教育家罗素（Bertrand Russell，1872—1970）也应邀来华，在中国期间游历了中国的中心城市，做了几次规模宏大的讲演，国内的一些报刊也介绍了他的哲学思想。然而，就其反响来说，大谈"心之分析""物之分析"与逻辑实证的罗素，远远不如大谈思想方法、伦理哲学和教育哲学的杜威。这从当时罗素学说研究会英文部的《纪事》中便可以看出："第一次开会之概况，此次到会者计有十人，对于罗素所谈之问题，已作答案者仅有四人。第三次开会之概况：此次到会，以在年假期内，到会者仅有三人。予曰：仅两三次到会研究者皆不甚多，因为本会近来研究的学术，属于心理范围以内，唯研究哲学者对此趣味较深，但北大哲学系学生能直接对话者甚少。此外能直接谈话者，对于心理学，多无甚兴趣。"

第二节　实用主义教育思潮的形成

实用主义教育思潮的出现，大致是从三方面促成的，即杜威来华且大量讲演；新闻媒介对杜威讲演和思想的宣传与传播；国内有一支传播杜威思想的主力军，即留美归国学者。其中有的内容，上面已做论述，下面将从不同的角度进一步论述。

一、杜威来华前国内对实用主义的宣传与介绍

杜威的实用主义教育学说是在民国初年经蔡元培的介绍而与中国教育界见面的。1912 年，民国教育总长蔡元培发表《对于教育方针之意见》一文："今日美洲之杜威派，则纯持实利主义。"❷ 教育界开始对实用主义产生浓厚的兴趣，起源于黄炎培在 1913 年所撰的《学校教育采用实用主义之商榷》一文。

---

❶ 梁启超. 五团体公饯杜威席上之言论［N］. 晨报，1921 – 07 – 01.
❷ 陈学恂. 中国近代教育文选［M］. 北京：人民教育出版社，1983：322.

此文发表后，在教育界引起强烈的反响和热烈的讨论。黄炎培相继又撰写了实用主义产生之第一年、第二年、第三年等文以及《小学校实用主义表解》《实用主义小学教育法》等著作。此后，教育界掀起了一股实用的热潮，"自实用主义四个字出现以来，几有春风一到，繁华便增之概"，"研究教育家提倡于前，实施教育家应声于后"❶。于是，教材取实用，学科重实用，教授方法亦渐次趋合于"实用"二字。黄炎培从批判封建教育专重文字、空虚无实、脱离生活的弊病及其所造成的恶果出发，主张"打破平面的教育，而为立体的教育""渐改文字的教育而为实物的教育"❷，提出了学校教育采用实用主义的思想。黄炎培提出的实用主义，其内涵与杜威的实用主义有所不同。它主要是指学校教育内容应与学生生活、社会实际相联系，是针对封建教育专重文字、脱离生活的弊病而提出的一个教育学概念。在《实用主义小学教育法》一文中，黄炎培进一步把这种实用主义的精髓归结为："养成活学活用能于实地之习性。"❸ 这种中国"土产"的实用主义显然受杜威实用主义的影响，且不说黄炎培在《学校教育采用实用主义之商榷》中已提到"此种教育，在欧美不仅著为学说，且见诸实行"，而且在其1915年赴美考察回来的历次报告和关于实用主义的演说中均有所体现。如，"鄙人此次调查美国教育所得之结果有二大端：一为生活主义，二为个别主义，此两大端又可一言以蔽之，则鄙人向所主持之实用主义是也。"❹ 他在寰球中国学生会演说"实用主义教育"谓："实用主义四字，非近之日新名词，西人行用已久。"❺ 另在其《游美随笔》一文中云："若论实质方面，则吾侪比年所研究之实用主义，此行予我以无数崭新材料。盖此主义，在美国实为全国颂扬，日进而未有已。凡种种设施，昔仅得诸文字或诸理想者，今日使我耳目未闻见之，而深信其必可行，且必有效，而弥哀我国之瞠乎其后也。"❻ 因此，说它是杜威实用主义教育理论传入的一个前奏，或许并不过分。

　　早在杜威来华前，我国的教育杂志和刊物上已经出现了介绍其学说的文

---

❶　张显光. 实用主义潮流杂志中之作文教授［J］. 教育杂志, 1917, 9 (8).
❷　黄炎培. 学校教育采用实用主义商榷［G］//中华职业教育社. 黄炎培教育文选. 上海：上海教育出版社, 1985：14.
❸　黄炎培. 实用主义小学教育法［J］. 教育研究, 1914 (3).
❹　郭延谟. 黄炎培君调查美国教育报告［J］. 教育杂志, 1916, 8 (6).
❺　《教育杂志》1915 年第 7 卷第 2 号.
❻　《教育杂志》1915 年第 7 卷第 8 号.

章，如《教育杂志》从 1916 年到 1918 年就刊登署名"天民"的《学校之社会的训练》《杜威氏之教育哲学》《杜威氏明日之学校》等介绍杜威学说的文章。陶行知在 1919 年 3 月 31 日《时报》的《教育周刊》撰文说："杜威先生是当今的大哲学家，也是大教育家"；"杜威先生素来所主张的，是要拿平民主义做教育目的，实验主义做教学方法"；这次来华，"必定与我们的教育基本改革有密切关系"❶。接着，他又以大篇幅叙述其生平、著作和实用主义教育思想。同年 3 月，《新教育》杂志发表郑宗海（郑晓沧）的《杜威氏之教育主义》一文，介绍杜威实用主义教育思想。4 月，《新教育》杂志出"杜威专号"，刊登杜威的照片（附《杜威先生传略》）；胡适的《杜威哲学的根本观念》和《杜威的教育哲学》，蒋梦麟的《杜威之伦理学》，刘经庶的《杜威之伦理学》，以及发表在该刊第 1 卷第 2 期上沈恩孚的《杜威教育主义》等，较系统地宣传了杜威的实验主义哲学和教育理论；同时还刊登了杜威的演讲和胡适的演说"实验主义"。至于受杜威实用主义教育思想影响或体现其思想内容的论文、报告，更是屡见于当时的教育报刊。如 1918 年 8 月，《教育杂志》刊登《分团式动的教育法之实际》，介绍分团教育法。1919 年 3 月，《教育杂志》刊登天民的《自学主义教授法》和蒋昂的《自学辅导之书法教授》，等等。可以说，在杜威来华前，国内教育界就已有意识地做了大量舆论宣传工作，为杜威来华传播其思想铺平了道路。正如胡适所说，其所为在于："先开辟一条道儿，再加些洒扫的功夫，使得明天诸君听杜威博士的演说有些头绪，那也是算做弟子应尽的职分。"❷

二、"庚款留美"与杜威实用主义教育理论的传播

"庚款留美"学生中有许多主修教育、心理学科专业，他们自始至终是杜威实用主义教育理论的有力传播者与实践者。

自 1909 年起，美国将一部分赔款退还中国，以吸收留美学生和创办清华留美预备学堂。按中美约定，自拨还退款之年起，最初四年每年派遣一百名学生赴美留学，自第五年起每年至少续派五十名学生。据统计，自 1915 年起至

❶ 陶行知. 介绍杜威先生的教育学说［G］//华中师范学院教育科学研究所. 陶行知全集（第一卷）. 长沙：湖南教育出版社，1984：102.

❷ 胡适. 实验主义［G］//白吉庵，刘燕云. 胡适教育论著选. 北京：人民教育出版社，1994：86.

1920 年止，留学美国学生人数达 1 452 人。❶ 这些留学生中，有相当部分人专攻教育：1909—1929 年，清华赴美留学的学生中，学习教育的占 5.04%。❷ 百分比虽小，但数目仍可观，其分布的学校，尤以杜威所在的哥伦比亚大学师范学院最为集中。

清末民初赴美学习教育学科专业的学生，大多在 1914 年以后陆续回国，他们在美国获有各种学位。回国后，许多人担任了教育界的各种要职。而其中哥伦比亚大学师范学院的毕业生尤为突出，著名的有：郭秉文，1908 年赴美，1914 年回国，获哥伦比亚大学师范学院教育学博士，曾任南京高等师范学校校长；胡适，1910 年赴美，1917 年回国，获哥伦比亚大学师范学院哲学博士，曾任北大教务长、校长、驻美大使等；蒋梦麟，1912 年入哥伦比亚大学师范学院，1917 年获博士，曾任北大校长；陶行知，1917 年回国，获政治学硕士学位，"都市学务总监"，曾任南京高等师范学校教授，教育科主任；陈鹤琴，1919 年回国，获哥伦比亚大学师范学院教育学硕士，曾任南京高等师范学校教授，为我国著名的幼儿教育专家。其他供职教育界，以教学研究为职业的，更是为数不少。

杜威的这些中国学生，一方面深受杜威思想的影响（如胡适，自称"受杜威先生实验主义哲学的绝大影响"，形成了自己的"哲学基础"；陶行知的教育活动就是以宣传杜威教育学说起步的，实用主义教育理论对他的教育实践活动和整个教育理论体系有着深远的指引），另一方面，他们又是传播杜威实用主义教育理论的主力军。胡适曾说，正是他和蒋梦麟这群杜威的学生筹集资金邀请杜威来华讲学，在讲学过程中，翻译全由他们分担。❸

这些杜威的弟子们，不仅发起邀请，还积极组织社团，创办刊物，宣传杜威学说。1919 年，由江苏省教育会、北京大学、南京高等师范学校、中华职业教育社等五个单位，共同组成了新教育共进社，出版《新教育》月刊。主编为蒋梦麟，胡适、郭秉文、陶行知、姜琦等任编辑。该刊是杜威来华前后宣传杜威教育理论的主要阵地。1921 年年底，他们与实际教育调查社合并成立中华教育改进社，推进新教育运动。该社对新教育的认识明显受杜威思想的影响，并在行动中以此为指导。正如他们自己所说："杜威博士在我国宣传学

❶ 陈学恂. 中国近代教育史教学参考资料（下册）[M]. 北京：人民教育出版社，1987：374.
❷ 汪一骑. 中国知识分子与西方 [M]. 梅寅生，译. 台北：枫城出版社，1978：135.
❸ 胡德刚. 胡适口述自传 [M]. 北京：华文出版社，1989：109.

说，告诉我们新教育是什么，新教育的途径应当怎样，而全国教育思潮为之一变，这就是新教育的运动。"又称："我们到欧美考察教育所得效果的结晶，就是中华教育改进社，将来的事业正远大哩。"❶ 中华教育改进社的职员表为：董事部部长，范源濂；司库，张伯苓；交际，郭秉文；董事，李建勋，熊希龄，蔡元培，袁希涛，黄炎培，汪兆铭；名誉董事，杜威，梁启超，严修，孟禄，张謇，张一麟，李石曾；主任干事，陶行知。从名单中可知，留美学生占有绝对优势。以后，许多美国教育家来华都是由该社邀请，在当时中国教育改革中起着举足轻重的作用。又如，由北京高等师范学校教职员和学生联合组织的平民教育社及其刊物《平民教育》"直可谓由于受杜威学说之影响"而开展各项活动。❷ 该社社员还于 1921 年 6 月 10 日杜威回国前夕，特为他开欢送会，又于同月 30 日刊出"杜威专号"，登载杜威及其夫人所撰《对于中国教育之希望》《小学教育之价值》，在当时产生了很大影响。应当指出的是，由江苏省教育会发起并为核心的全国教育会联合会，是传播杜威实用主义教育理论的中坚力量，并在五四运动前后以杜威思想为指导的改革教育实践中发挥着关键作用。

在社会人士，特别是留美学生的努力下，杜威的重要教育著作几乎无一例外地被译成中文，如《我的教育信条》《学校与社会》《儿童与教材》《德育原理》《思维术》《教育上兴味与努力》《明日之学校》《教育科学之源泉》《经验与教育》《今日的教育》《民主主义与教育》，等等。此外，杜威一些重要弟子和进步教育派的代表人物的重要著作亦在同时传入，杜威的一些主要教育观点，如"教育即生活""学校即社会""做中学"等，几乎成了教育界的口头禅。

三、其他美国现代教育家来华与实用主义教育思潮的高涨

继杜威之后，美国许多实用主义教育家相继来华。他们以各式各样新教育流派的形式、花样翻新的名称兜售杜威实用主义教育理论，促使杜威的实用主义教育思潮渐趋高涨，对中国的社会思想及教育实践产生了深刻的渗透。1921年 9 月 6 日，美国教育家、哥伦比亚大学教育学院教务主任及教育史教授孟禄

---

❶ 汪懋祖. 中华教育改进社缘起 [J]. 新教育, 1922, 5 (3).
❷ 姚以齐. 本社四年来的回顾 [J]. 平民教育, 1923 (68/69).

（P. Monroe）博士应实际教育调查社之聘来华，调查中国实际教育。至 1921 年年底，孟禄到过北京、保定、太原、开封、南京、无锡、苏州、上海、杭州、南通、福州、南京、厦门、广州、济南、曲阜、天津、奉天等地。其他尚有推士（G. R. Tuiss，1922 年来华）、麦柯尔（W. A. Mecall，1922 年来华）、帕克赫斯特（H. Parkhurst，1925 年来华），克伯屈（W. H. Kilpaterick，1927 年来华）等人。总的来说，他们都在一定程度上吸收杜威的理论而形成一套自己的学说，或者与杜威的某些思想不谋而合，在阐述各自学说的过程中，在客观上对传播杜威的学说起到一定的作用。如果说杜威在华的讲演，着重宣传了实用主义教育的基本理论，那么这些教育家则着重传播了在杜威影响下形成的各自的学说，或者某种具体的教学模式，把杜威理论演绎得更具体和实际。《孟禄的中国教育讨论集》中相关简介推士和麦柯尔等人的智力测验和教育测量，帕克赫斯特的道尔顿作业制和克伯屈的设计教学法都充分说明了这一点。这里以孟禄来华的活动为例，加以论证。

孟禄在华期间，从教育制度、教育行政、教授法及德育方面传播平民主义及实用主义教育思想。"今日中国教育应取共和自由之教育"，"取平民主义"。他在调查报告中认为"中国教育，中学最坏"❶。

1921 年 11 月，《中华教育界》刊登陈启天《孟禄博士与中国教育》一文，提出："我们谈改革中国教育，不但宜收博士已有的教育学术，尤须采取博士研究教育的方法，才能应用无穷，推陈出新。"其中最重要的方法有：教育历史研究，望有专家出来采用博士的历史研究法，把中国教育史"理出个头绪来，使多数人明了中国教育之变迁，才能真知中国教育的病源"；教育的实际研究，"希望教育界仿效博士的研究方法，着力对本国的实际研究"。12 月19－21 日，实际教育调查社范源濂等在北京约集教育界人士七十八人与美国教育家孟禄开教育讨论会。与会者有：各专门大学代表朱经农、李建勋等，北京中小学代表张鸿来等，各省教育界代表马叙伦、方永蒸等，教育部代表陈延龄，特邀人士熊希龄、胡适。会后，由实际教育调查社编辑《孟禄的中国教育讨论集》一书（中华书局印行）。

1922 年 1 月 4—5 日，江苏省教育会、东南大学趁美国教育家孟禄行将返国之际，分别在上海、南京召开座谈会，与到会的教育界人士讨论了教育改进

---

❶ 《教育杂志》1921 年第 13 卷第 10 号.

之方法。孟禄就中国一般教育、教育行政、职业教育等谈了看法。中国教育的不发达，一因政府不良，一因各地方缺乏人才。各地的劝学所和视学员大多为绅士，不能真正为一地方的教育领袖人才。他建议变视学员为教育指导员，同时又再次重申："中国教育最弱点在中学，其弊在教授方法不善，不能使学生应用；课程也未尽注意科学。"孟禄在我国考察教育四个月后于1月7日返美。❶

孟禄在华期间，正值我国学制改革高潮迭起之时。1920年在上海举行全国教育会联合会第六届年会，收到安徽、奉天等省教育会的改制提案。1921年10月，第七届全国教育会联合会在广州召开，孟禄发表多次讲话，直接参与了"新学制"的制定，并就该会议刚刚通过的《学制系统草案》，全面阐述了他对"新学制"的意见。

> 新学制之第一利益，在其伸缩性之强。夫以中国幅员之广，各地方实业状况生活情形种种不同，其对于伸缩性需要之切，自不待言。且改革之速如中国者，有伸缩性亦殊适宜。新学制之第二利益，在其拟订之计划许生徒向种种殊异方向进行。六年级小学所施之教育乃万众一律，而个人与社会则均需歧异之教育。但由最低程度以至儿童必须离校营生之程度，其间进程，亦有筹顾之必要。此进程之方向，自是多多益善；高级中学之课程既歧为数系，高级小学以后，亦可有一系之补习课程，与初级中学平行而不重复。如是之进行阶级，乃于数方向分途并进者。……按实察之经验与心理之分析，苟学者能领会研究任何一科之目的，且由自己经验中确知其重要关系，则所成就者更多，而于研究之科目亦可有确实造诣。此即吾人将高等中学改组为各种专门或职业预科之目的也。……此外尚有一种利益，即由于中等教育年限之延长。按中等学校，为将来优秀国民所由淘择训练，现制四年究嫌过短，改为六年期可矣。❷

孟禄的思想和意见对"新学制"内容的确定作用颇大。正如《第七届全国教育会联合会纪略》中所述，"此次开会期间，恰逢孟禄博士来粤，对于会议进行，贡献甚多。计开讲演会一次，谈话会三次，所讨论者皆属根本问题。博士本教育行政专家，此次来华又系为调查学制而来，恰值学制改革讨论之

❶ 《民国日报》1922年1月30日；《教育杂志》1922年第14卷第2期.
❷ 孟禄. 评新学制草案[J]. 王岫庐，译. 教育杂志，1922（14）.

际，其言论主张直接影响于会议，间接影响于会后全国教育界者，实非浅鲜，此本届会议中最可纪念之一事也"❶。

因此，我们可以说，联翩来华的美国现代教育家一方面对中国五四运动前后的教育改革产生了不同程度的影响；另一方面又作为一种传播媒介，进一步扩大了杜威实用主义教育理论在中国的影响。

杜威及其他美国进步主义派教育大师联袂东来，杜威的中国门徒大力地推崇与宣传，中国教育界在当时的历史条件下应教育改革之需要对杜氏理论加以吸收与施行，上述三股分力汇合成一股合力，促成了五四运动时期实用主义教育思潮的形成并趋于高涨。这在平民教育思潮、工读主义教育思潮中均可找到它的影子。

杜威的实用主义教育理论之所以能在中国引起这样的反响，是因为他的思想适合社会改良主义者的要求。他认为："社会的改良，全赖学校……许多旁的机关都不及它。例如警察、法律、政治等，也未始不是改良社会的东西，但它们有根本的大阻力，这个阻力惟有学校能征服它。"❷ 这是十分明显的教育万能论，而这正符合教育家试图以教育为手段进行社会改良，避免社会革命的愿景。同时，杜威教育理论中的"教育即生活""学校即社会""儿童中心论"，以及要求将现实生活中的内容组织到教学过程中，使学生"从做中学"等主张，作为一种理论武器，很适合当时中国教育界反对空疏、呆板的封建教育的需要，故而大受欢迎。可以断言，在反对传统的形式教育这一点上，杜威的实用主义教育思想具有一定的积极意义。

五四运动时期，中国热心于介绍西方现代派教育理论，而宣传杜威的思想实是其间的主流。传媒中宣扬实用主义教育学说的刊物，除了《新教育》《教育杂志》之外，1914 年 4 月浙江省教育会创办了《教育潮》，在沈仲九为主干、夏丏尊等人为编辑时，曾较激烈地主张民主主义教育。北京的《晨报》副刊，上海的《时事新报》副刊《学灯》，《国民日报》副刊《觉悟》等都是登载杜威讲演、宣传杜威思想的主要阵地。"到 1919 年 6 月，作为学生运动的组成部分，单就江苏、浙江两省，就涌现了近二百种新期刊。杜威在华期间，

❶ 佚名. 第七届全国教育会联合会纪略 [J]. 教育杂志, 1922, 14 (1).

❷ [美] 杜威. 教育哲学 [G] //杜威. 杜威五大讲演. 北京：北京晨报社, 1920: 33.

这些流行刊物转载了杜威的讲演，使它们广泛传播到中国的所有学术中心。"❶
上述种种，致使当时中国思想学术界，特别是教育界的许多人沉醉于杜威实用
主义教育热中。

例如，围绕着1922年"新学制"改革，参与讨论的教育家无一不秉承杜
威教育学说而发表评议，学术探讨及现实针对性均十分活跃与炽烈。

1921年12月3日，余家菊所撰《评教育联合会之学制改造案》一文当日
起在《时事新报》上连载。文中指出此次新案之创制，有两点颇值吾人之牢
记，可视为吾国民新精神之觉醒：即一为从儿童身心发育阶段以划分学级之大
体标准；为顾虑各方情形而采富于弹性之方案。他不赞成小学由七年制改为六
年制，认为六年恐不足以达到完成国民生活上必须之知识与技能之目的，同时
会使许多儿童失去一年教育的机会，儿童直接受害，社会间接受害。

1922年1月，廖世承在《新教育》第4卷第2期发表《新学制与中学教
育》一文，批评了现行中小学制上之缺点，并述施行"六三三制"后之益处，
主要有：中小学之衔接，可以较前密切，在于教材方面，亦便于沟通；小学年
限缩短，中学于六年中之第三年定为一小结束，可以减少中途退学之弊病；初
级中学校可以增加，高小学生毕业后，不致无校可升，普及教育程度，可借此
增高；中学编制，各校不同，即同是一样，课程亦复分门别类，学生可各随需
要而择校择科；志愿升学及习职业者，均有充分之预备，学生毕业后，不致无
所事事。

同期还登载陶行知的《我们对于新学制草案应持之态度》一文，提出：
"当这学制将改未改之时，我们应当用科学的方法、态度，考察社会个人之需
要能力，和各种生活事业必不可少之基础准备，修正出一个适用的学制。至于
外国的经验，如有适用的，采取他；如有不适用的，就回避他。本国以前的经
验，如有适用的，就保存他，如不适用，就除掉他。去与取，只问适不适，不
问新和旧。能如此，才能制成独创的学制——适合国情，适合事业，学问需求
的学制。"

1922年1月，舒新城在《教育杂志》上发表《中学学制问题》一文，认
为现行中学学制太短，第一年课程与高小三年级重复，课程规定太机械，"中

---

❶ ［美］巴雷·C. 基南. 杜威在中国的实验：民国早期的教育改革与政治势力（英文版）［M］.
剑桥：哈佛大学出版社，1977：22.

学校四年级教育所产生的结果"，除少数升学之学生外，大概为增加社会上之寄生虫。他主张中学应"升学预备与职业教育双方兼顾"，"不用学年制而用学科制"，"学生修业期限平均为五年"；中学"分科从第四年起"，"只分文理商师范科"，分科之外还可有选修科。❶

1922 年 2 月，《教育与职业》第 33 期出版"新学制职业教育研究号"，发表了一些教育界人士对学制草案职业教育部分的意见，其讨论结果主要有：对于中等教育段职业科完全满意；应扩大补习教育范围；初等教育段职业预备无规定定期之必要；应广设职业教员养成科；高等教育段大学适当附设专科。同年 6 月《教育杂志》出版"学制课程研究号"，发表李石岑、黄炎培、庄启、俞子夷、舒新城、程时奎、廖世承、王岫庐、周予同、周超然、孟禄等人讨论学制、课程的文章三十四篇。❷ 如李石岑发表《新学制草案议》一文，指出新学制草案的优点是：根据儿童身心发达时期为各段教育的划分；初等教育的升级采用弹性制；高等及中等教育采用选科制；能兼顾升学与职业预备。文章不同意将小学由四三制改为四二制，实行四二制实际上剥夺了大批农村儿童的一年求学权利，对高级中学的设立宜慎重等。文章认为"新学制是改造中国教育的一种计划，却不是中国教育的万应膏和救生丹"，并建议推行新制万不可急切，最好先实验，后推行。❸

可见，从教育界人士对于"学制草案"讨论的言论看，第七届全国教育会联合会年会以后，全国不少地区召开了学制系统讨论会，有的教育刊物还出刊了学制研究专号，掀起了学制改革研究的高潮；从讨论文章的内容来看，主要反映了杜威理论的影响。

关于杜威实用主义教育在当时的实施情况，叶圣陶的教育小说《倪焕之》《恳亲会》中有生动的描述。《倪焕之》真实地反映了 20 世纪 20 年代部分知识分子的生活历程和思想变化，叙述江南某高等小学教师倪焕之抱着"教育肩负着一切希望"的信念，以实用主义教育思想为基础，矢志改良教育。实施的一些改良措施初期虽有成效，但不久，学生就表现出厌倦情绪，且学生毕

---

❶ 《教育杂志》1922 年第 14 卷第 1 号.
❷❸ 《教育杂志》1922 年第 14 卷号外.

业以后，"也看不出什么特殊的地方"❶。《恳亲会》叙述 20 世纪 20 年代某地一所小学在校长的带领下进行教学改革的情况，反映了这一时期实用主义教育理论对我国教育界的实际影响。❷

四、胡适与实用主义教育思潮

胡适是实用主义在中国的主要代表，又是新文化运动中重要的领袖之一，在探讨五四运动期间实用主义教育思潮时就不得不论及胡适。

胡适在少年时代即接受了新式教育，1910 年赴美留学，先在康奈尔大学农学院学习，1912—1915 年转至该校文学院，完成了三个序列的课程：哲学和心理学，英国文学，政治和经济学。在美留学期间，他形成了改良主义政治和文学革命的思想，在哲学上成为实用主义者。胡适在系统地阅读了实用主义大师的著作以后决定转学到哥伦比亚大学，并向杜威学习哲学。1915 年 9 月至 1917 年 5 月，胡适进入哥伦比亚大学哲学系学习，该系系主任为杜威。胡适之所以追随杜威，一方面，是由于实用主义在美国的影响日益扩大，而实用主义的祖师詹姆士（James）与皮尔士（Pierce）已于 1910 年、1914 年先后作古，杜威是硕果仅存的实用主义大师；另一方面，杜威已经抛弃了詹姆士的理论中强调的信仰、为宗教辩护的东西，看起来具有更浓的"科学"色彩。此后，胡适曾多次声称杜威的"实验主义"对他有决定性的影响。

胡适回国后，在哲学理论上主要建构的是实用主义体系，在教育上主要阐发实用主义教育思想，1919 年发表的《实验主义》和 1922 年 9 月为《申报》创刊五十周年而作的《五十年来之世界哲学》，是他宣扬实用主义理论的代表作。

（一）实用主义哲学观及教育

胡适从实证主义的立场出发，对西方实用主义做了一定程度的匡正，把实用主义哲学概括为三个方面。

---

❶ 叶圣陶. 倪焕之［M］. 上海：开明书店，1929. 最初连载于《教育杂志》1928 年第 20 卷第 1 号至第 12 号。新中国成立后印行单行本，并收入《叶圣陶文集》，关于《倪焕之》教育思想的探讨可以参阅潘懋元教授的论文，原载《厦门大学学报》（社科版），后收入《潘懋元高等教育论文集》（新华出版社 1991 年版）。

❷ 原载 1921 年《小说月报》，后收入 1935 年至 1936 年间出版的《中国新文学大系·戏剧集》（上海文艺出版社 1981 年影印本）。

1. 方法论

胡适认为实用主义只是一种方法。其实，西方实用主义到了杜威，已发展为包括本体论、认识论、伦理观、宗教观等在内的庞大思想体系，而胡适则突出它的方法论的方面。"实验主义自然也是一种主义，但实验主义只是一种方法，只是一种研究问题的方法。"[1] 他对中国传统的治学与思维方式做了考察，批判了宋明理学与陆王心学，而独赞赏乾嘉朴学，"中国旧有的学术，只有清代的'朴学'确有'科学'的精神"。这里所谓科学的精神，其实就是重视实证和讲求归纳方法。胡适发展了严复的"即物穷理""实测内籀"的实证方法，将"实验主义"的方法论用两句话加以概括，即"大胆的假设，小心的求证"，而这种方法论的核心仍是寻求证据的实证原则。科学态度在于抛开成见、搁起感情，只认得事实，只跟着事实走，必须等到证实之后，方才为定论。

2. 真理论

胡适师承杜威一派哲学，认为"实验主义"否认真理的客观标准，真理是人任意制造出来的东西。实验主义者只需问我们在这个时候，遇着这个境地，应该怎样对付它，这种对付这个境地的方法便是真理。因此，真理不过是"应付环境的一种工具"。它和到手的支票一样，看它兑现成人生经验时有多少价值，便有多少真理。

胡适的真理论是与其"实验主义"的方法论紧密联系在一起的，胡适将其方法论分为"历史的方法"和"实验的方法"两种。"历史的方法"，从来不把一个制度或学说看作一个孤立的东西，总把它看作一个中段：一头是它所以发生的原因，一头是它自己发生的效果；上头有它的祖父，下面有它的子孙。捉住了这两头，它便再也逃不出去了。这个方法的应用，一方面是很忠厚宽恕的，因为它处处指出一个制度或学说所以发生的原因，指出它的历史背景，故能了解它在历史上所占的地位与价值，不致有过分的苛责。另一方面，这个方法又是最严厉的、最带有革命性质的，因为它处处拿一个学说或制度所发生的结果来评判它本身的价值，故最公平，又最厉害。"实验的方法"至少注重三件事："（一）从具体的事实与境地下手；（二）一切学说理想，一切知识都只是待证的假设，并非天经地义；（三）一切学说与理想都须用实行来试

① 胡适. 五十年来之世界哲学［G］//葛懋春，李兴芝. 胡适哲学思想资料选（上）. 上海：华东师范大学出版社，1981：96.

验过；实验是真理的唯一试金石。"❶ 这是对以实用主义的经验论为基础的"思维五步法"的提炼和发挥。胡适实验主义真理观的核心，是以主观经验作为真理的标准。他认为"真理"不过是能使人满意的工具，它如同摆渡的渡船、介绍婚姻的媒婆，真理因为有"摆渡的作用"和"做媒的本事"才获得"真理"这个"美名"。他把主观认识与客观实在的符合歪曲为主观认识与作用的"符合"，真理和实在相符合并不是静止的符合，乃是作用的符合，从此岸到彼岸，把困难化为容易，这就是"和实在相符合"了。符合不是临摹实在，而是应用实在、适应实在。无论什么样的认识，只要有此种作用，即可谓之真理，亦即所谓"有用就是真理"。胡适的真理观倡导新旧思想或新旧认识的"调和"，用真理的相对性否定绝对真理——客观真理，使人的认识易于走向相对主义。

3. 实在论

胡适的实验主义"实在论"把客观物质世界说成主观感觉或经验的东西，认为世界是由主观的东西所派生决定和制约的。胡适在《实验主义》中极力鼓吹詹姆斯以经验为实在的论述。"实在"含有三大部分：感觉，感觉与感觉之间、意象与意象之间的种种关系，旧有的真理。胡适讲的组成"实在"的这三项，从内容和形式都在讲"实在"是主观的东西，并声言把一切不是主观的东西从经验中坚决排除出去。也就是说实在是自己改造过的实在，在里面含有无数人造的分子，是一个很服从的女孩子，她百依百顺地由我们涂抹起来、装扮起来，好比一块大理石到了我们的手里，由着我们雕成什么像。

胡适上述实验主义哲学体系的三方面内容，基本上是照搬了美国实用主义思想。实用主义哲学思想主要通过胡适、杜威本人以及杜威的一些其他弟子而得以在中国传播。

实用主义与马克思主义，在五四运动时期，几乎同时传入中国。由于当时新文化运动的主要斗争锋芒是指向封建主义，客观上存在初步接受马克思主义的知识分子、自由主义知识分子的统一战线。对于大部分自由主义知识分子来说，他们本能地易于接受实用主义的影响，而这些人当时在一定程度上是反封建的。于是就出现了一种特别的情况，在帝国主义国家为统治阶级服务的实用

❶ 胡适. 杜威先生与中国 [G] //白吉庵，刘燕云. 胡适教育论著选（第二卷）. 北京：人民教育出版社，1994：129.

主义哲学，在五四运动前后的中国，却在一定的程度上被用来反对封建主义。这种现象并不奇怪，因为资产阶级思想毕竟是在批判封建主义的基础上发展起来的，毕竟是高于封建主义的东西。同时，实用主义哲学产生的历史背景给它增加了一种光环。19世纪中期，自然科学领域有许多重大的发现，但此后一个时期，正值资本主义开始向帝国主义阶段转变，科学的进步与政治的转向呈现出不协调的现象。于是，有些科学工作者片面地理解科学的新发现，在对它进行哲学上的概括时，相当程度地受到了社会潮流的影响，因而得出唯心主义的认识。但由于哲学的创始者们往往本身具有科学家的头衔，他们把一些自然科学方法论嵌进自己的哲学体系中，遂使这种哲学在知识分子中成了相当时髦的东西。胡适对实用主义的宣传与介绍不遗余力，杜威东来后，又伴随其左右上下鼓动，对当时中国学术界，特别是教育界，产生了相当大的影响。在教育理论上，实用主义占绝对优势，谈教育者言必称杜威。现代著名教育家吴俊升在《近五十年西方教育思想之介绍》一文中这样描述："一种教育新方法，一经介绍，往往便接受实行，风靡全国。如同设计教学法、道尔顿制、学生自治制，未经就其根据的理论的本身与国情需要详加择别或修改，即行全盘介绍施行。"❶

胡适兼具现代哲学家、教育家及文学家三重身份。教育与哲学是有一体性的，这也反映在胡适的身上。他基于实用主义哲学的理论基础，曾撰写《杜威的教育哲学》，从教育学专业视角剖析实用主义教育哲学观，而在《实验主义》一文中又在方法论层面揭示教育的影响。

> 上面所说的实用主义方法的应用，和教育究竟有什么关系呢？这个问题的答案，就是，教育事业当养成实事求是的人才，勿可专读死书，却去教实在的事物，勿可专被书中意思所束缚，却当估量这种意思是否有实际的效果，勿可专信仰前人的说话，却当去推求这些信条是否合于实情。❷

同样，他对杜威学说之于中国教育理论与实践的价值寄予厚望，富有教育家的蓬勃生机与玫瑰色愿景。

> 杜威先生最注重的是教育的革新，他在中国的讲演也要算教育的讲演

---

❶ 吴俊升. 教育哲学大纲［M］. 北京：商务印书馆，1989：24.

❷ 胡适. 实验主义［G］//白吉庵，刘燕云. 胡适教育论著选. 北京：人民教育出版社，1994：90.

为最多。当这个教育破产的时代，他的学说自然没有实行的机会。但他的种子确已散布不少了。将来各地的"试验学校"渐渐地发生，杜威的教育学说有了试验的机会，那才是杜威哲学开花结子的时候呢！现在的杜威，还只是一个盛名；十年二十年后的杜威，变成了无数杜威式的试验学校，直接或间接影响全中国的教育，那种影响不应该比现在更大千百倍吗？❶

（二）"壬戌学制"制定中扮演的重要角色

"壬戌学制"是新文化运动以后教育改革的重要成果之一。辛亥革命后，由蔡元培主持制定的"壬子癸丑学制"在适应政体转变、稳定教育形势等方面发挥过巨大的作用，但它产生较匆忙，来不及认真总结、吸收和反映"癸卯学制"颁行以来十年间的经验教训，较少对学制本身做深入研究，而且盲目参照日本学制，所以本身存在的问题逐渐暴露出来。1915 年以后，学制改革的呼声日渐高涨。而此后几年间，留美归国学者日渐增多，美国教育逐渐引入国内，我国教育开始由学习日本转而大规模地学习美国。因此"壬戌学制"作为对这一时期教育理论和教育实践的适应，作为杜威学说广泛流传的时代产物，不可避免要打上实用主义教育理论的烙印。换言之，实用主义教育思潮对该时期教育实践的影响必然"浓缩"在"壬戌学制"之中，"新学制"的制订过程及学制内容都充分说明了这一点。

1921 年 10 月 27 日至 11 月 7 日，全国教育会联合会在广州举行第七届年会，到会的有十七个省区的代表三十五人。通过议案计有《学制系统草案》《改革地方教育行政制度案》《组织客观测验法研究会案》《推行小学设计教学法案》《暂行限制课本采用名词及度量衡案》《编辑地理教科书应将本国流域改为四大流域案》《拟订儿童教育标准案》《创办职工教育案》等十五件。这一草案成为 1922 年公布的"新学制"的基础。该草案考虑到中国地域广大、情况复杂的特点，采取多样性的原则："中国幅员广大，地方情形各异，而社会要求亦繁，故于设校分科取纵横活动主义，教育以儿童为中心，学制系统宜顾及个性及智能，故于高等及中等教育之编课采用选科制，于初等教育之升级

---

❶ 胡适. 杜威先生与中国 [G] //白吉庵，刘燕云. 胡适教育论著选. 北京：人民教育出版社，1994：128.

采用弹性制。"❶ 胡适对于这一新的学制草案非常关心，曾为《新教育》撰写《对于新学制的感想》一文，表示甚为赞赏。文中指出，新制把小学教育缩短为六年，利于儿童破格升级和升学，从而得到自由的发展。"现在死板板的小学对于天才儿童实在不公道，对于受过良好的家庭教育的儿童也不公道。""一些儿童还可以缩短修业年限的，当缩短而不缩短，不但耽误了天才的发展，还可以减少求学的兴趣，养成怠学的不良结果。"❷ 他又主张一种教育制度的实行，必须允许经过实验，在确实取得成绩之前，不可贸然全面推行。可以看出，胡适对学制改革的态度是积极的。

1921 年 10 月召开的全国教育会联合会第七届年会，中心议题是"学制系统案"。当时大会收到了广东、黑龙江、甘肃、浙江、湖南、江西、山西、奉天、云南、福建、直隶十一个省区教育会的十一件提案。这些提案大多是经过各省区教育界人士反复讨论后集中起来的，形成了比较一致的意见。大会收到这些提案后，经过认真审查，最后于 10 月 30 日通过《学校系统改革案》。为进一步征求各方意见，大会要求各地组织讨论；又请各报馆、教育杂志发表草案全文，向全国征求意见，希望能获得一个比较满意的学制系统案。

1922 年 10 月 11 日，在山东省会济南又举行了第八届全国教育会联合会会议，胡适被推为本次会议制定新学制草案的主要起草者。他在上次广州会议议案的基础上拟定了新的学制草案，然后由袁希涛、胡适、许倬云三人"根据讨论的结果"，修正胡适拟的底案。15 日夜间，起草员开会，草成修正案，此为"起草员案"，全文经文字上的修改后获得通过。❸

第三节　实用主义教育思潮与五四运动时期的新教育改革运动

实用主义教育对五四运动前后教育改革的影响是多方面、多层次、综合性的，有的影响显而易见，促成教育上的重要变化；有的影响潜移默化地渗透在教育的各个领域。蔡元培曾风趣地将杜威的影响与孔子相类比，"博士的哲

---

❶　佚名. 第七届全国教育会联合会议决案学制系统草案［J］. 教育杂志，1921，13（12）.

❷　胡适. 对于新学制的感想［G］//白吉庵，刘燕云. 胡适教育论著选. 北京：人民教育出版社，1994：137.

❸　胡适. 记第八届全国教育会联合会讨论新学制的经过［J］. 新教育，1922，5（5）.

学，用 19 世纪的科学作根据，用孔德的实证哲学，达尔文的进化论，詹美士的实用主义递演而成的，我们敢认为西洋新文明的代表。孔子的哲学，虽不能包括中国文明的全部，却可以代表一大部分，我们现在暂认为中国旧文明的代表。孔子说尊王，博士说平民主义；孔子说女子难养，博士说男女平权；孔子说述而不作，博士说创造。"❶ 这里揭示了现代教育与传统教育的区别。实用主义教育作为一种思潮，一时在教育界甚为流行。对实用主义教育思潮的实际影响，我们应该将对历史的考察与具体的分析结合起来。

一、实用主义教育思潮主导下的"壬戌学制"

新教育改革运动是五四运动的一个重要组成部分，但它是由新文化运动中右翼的资产阶级发起的。这场教育改革运动，在杜威和孟禄等人的影响或参与下，其结果是从教育制度到教育方法都明显地美国化。

正是在各种情势逼迫之下，北洋政府教育部感到学制改革已是大势所趋，"旧制之必不能保全"，才在 1922 年 9 月（赶在第八届全国教育会联合会 10 月 10 日在济南召开之前）召开了学制会议。出席的有省区代表、省教育厅代表、国立高专以上学校校长以及教育部聘请的教育专家等共七十八人。会议对全国教育会联合会所提出的学制系统草案稍作修改，又交同年 10 月在济南召开的全国教育会联合会第八届年会讨论。最后，于 11 月 1 日由大总统徐世昌下令公布了《学校系统改革案》。这是 1922 年"新学制"，也叫"壬戌学制"。

（一）"壬戌学制"的出台过程❷

清末以 1904 年"癸卯学制"为标志的近代学制形成后，虽经民国初年教育改革，仍存在不少问题。如小学年限过长，中学学程过短（七四制），中等教育又太偏于普通教育，以升学为主要目标而忽视职业技术教育。过于强调整齐划一而灵活性不够，"学校之种类太单简，不足谋教育多方之发展"❸。同时，其模仿日本和德国的痕迹较深，没有从本国实际出发，课程、教法等方面也存在诸多问题，已不适应日益发展的社会需要，因而孕育着一场新的改革。

---

❶ 蔡元培. 杜威六十岁生日晚餐会演说词 [G] //高平叔. 蔡元培全集（第三卷）. 北京：中华书局，1994：350.

❷ 苏国安. 南京国民政府时期学校教育政策研究 [M]. 石家庄：河北教育出版社，2014：34 - 36.

❸ 湖南省教育会. 改革学校系统案 [G] //璩鑫圭，唐良炎. 中国近代教育史资料汇编·学制演变. 上海：上海教育出版社，1991：836.

1919 年以后，实用主义教育思潮在中国的传播与影响逐渐达到了高潮，美国的教育模式已基本上被中国教育界所接受。1922 年 11 月 1 日公布实施的"壬戌学制"采用"六三三制"，提出了学校教育要适应社会变革的需要，以"七项标准"作为指导新教育发展的总纲，不仅反映了我国教育界对教育问题认识的深化，而且直接引领着教育实践。余家菊认为："此次新案之创制，有两点颇值吾人之牢记，可视为吾国民心精神之觉醒，即一为从儿童身心发育阶段划分学制之大体标准；一为顾虑各方情形而采富有弹性制方案。"❶

"壬戌学制"是五四运动后期新教育改革运动的核心部分，对中国现代教育史产生了持续而深刻的影响。鉴于目前学界偏于探讨学制的结构、内容及特点，对学制出台过程，尤其是职业教育的改革着墨较少，且相对贫乏而粗略模糊，本节拟对此略作补缺，并从教育政策视野加以初步探讨。

1. 袁氏帝制时期复古教育所遭遇的反击

1912 年 3 月 10 日，袁世凯就任临时大总统职务，开始了北洋军阀统治时期。后来他通过种种手段当选为正式大总统，建立了总统独裁制的行政体制。1913 年 6 月，袁世凯"深惟治国大纲，必以教育全国人民合于共和资格，为凡百建设之本，视之至重"，唯恐学风日坏，发布《注重德育整饬学风令》，要求师生"须知共和国体，必养成人民优美高尚之风。学生有不守学规情事，应随时斥退"❷。1914 年 9 月 25 日，袁世凯发布《祭孔告令》，"俾知国家以道德为重，群相兴感，潜移默化，治进大同"❸。1915 年 1 月 22 日，袁世凯发布《特定教育纲要》，要求各学校要"崇奉古圣贤以为师法，宜尊孔以端其基，尚孟以致其用"，教员要"研究性理，崇习陆王之学，导生徒以实践。教科书宜采辑学案，以明尊孔尚孟之渊源"❹，读经一科要由教育部编入课程。1915 年 2 月，袁世凯发布《颁定教育要旨》，认为"一国之盛衰强弱，视民

❶ 余家菊. 评教育联合会之学制改革案［J］. 时事新报，1921（12）.
❷ 袁世凯. 注重德育整饬学风令［G］//陈学恂. 中国近代教育史教学参考资料（中册）. 北京：人民教育出版社，1998：202.
❸ 袁世凯. 祭孔告令［G］//陈学恂. 中国近代教育史教学参考资料（中册）. 北京：人民教育出版社，1998：206.
❹ 袁世凯. 特定教育纲要［G］//陈学恂. 中国近代教育史教学参考资料（中册）. 北京：人民教育出版社，1998：225.

德、民智、民力之进退为衡；而欲此三者程度日增，则必注重于国民教育"❶，并提出了爱国、尚武、崇实、法孔孟、重自治、戒贪争、戒躁进的教育培养方案。

与袁氏帝制复辟倒退的步调吻合，受其辖控的教育部以汤化龙为总长，深谙复古教育的内容及本质，表现出相应的姿态与行为。1914 年 6 月 24 日，教育部奉大总统批示，饬令"各书坊各学校教员等编纂修身及国文教科书，采取经训务以孔子之言为旨归"❷。1914 年 12 月，教育部再次强调中小学采取经训的重要性，并"令各学校阐明新旨，济以严肃之训育，端趋向而正人心，庶学风可以一振"❸。

大冲击后的社会有逆流，也有回澜。逆流是对冲击的忏悔，回澜是对冲击的慎思。❹ 以读经为核心的复古逆流直接促进了新文化运动的产生，也激发了教育界对于教育的深思，教育部对此问题进行了关注。1916 年 8 月 3 日，由于《特定教育纲要》"内开各条，于政系学制颇多障碍，其业经施行而事实上发现种种困难"❺，教育部参事室参事详细讨论，将袁世凯颁布的《特定教育纲要》与新学制实施联系起来，试图找到其中的关联之处。随即，参事室将参事说帖分发各司科，征求意见。8 月 11 日，普通教育司对参事室的两种办法均表赞同，即"关于学制者，自可采用一说，就三款列举，应行修改及废止之理由，具为意见书，提出国务会议公决后，再以明令发表"❻。该司以集体签注的形式出具建议，周树人、张宗祥、许丹、戴克让、朱颐锐、吴文洁、朱文熊、王第祺等十人进行了签注。他们针对《特定教育纲要》的弊端与新学制实施中的问题提出了各自的看法，但都同意废除《特定教育纲要》和修改新学制。如周树人认为"此种《纲要》，应以明文废止，使无论何人，均不

---

❶ 袁世凯. 颁定教育要旨 [G] //陈学恂. 中国近代教育史教学参考资料（中册）. 北京：人民教育出版社，1998：233.

❷ 教育部. 教育部饬京内外各学校中小学修身及国文教科书采取经训务以孔子之言为旨归文 [G] //陈学恂. 中国近代教育史教学参考资料（中册）. 北京：人民教育出版，1998：205.

❸ 教育部. 教育部整理教育方案草案 [G] //陈学恂. 中国近代教育史教学参考资料（中册）. 北京：人民教育出版社，1998：211.

❹ 陈旭麓. 近代中国社会的新陈代谢 [M]. 上海：上海社会科学院出版社，2006：376.

❺ 教育部. 教育部周树人等对教育纲要的签注 [G] //中国第二历史档案馆. 中华民国史档案资料汇编（第三辑·教育）. 南京：江苏古籍出版社，1991：46.

❻ 教育部. 教育部周树人等对教育纲要的签注 [G] //中国第二历史档案馆. 中华民国史档案资料汇编（第三辑·教育）. 南京：江苏古籍出版社，1991：47.

能发生依附之见，始于学制上、行政上无所妨害"❶，吴文洁认为"关于中小学制、各校读经各问题，既经发见其于学制上、行政上有实施之障碍，自可按照寻常修正法律手续，于该法令内容为部分之变更，以期完善而利进行"❷。

可见，民初教育改革已深入人心，现代教育从体制到观念都已成为新社会的大潮，获得了以教育界为主的社会各界响应。而新政治制度下觉醒了的人们对复古主义教育纷纷不满，提出反对意见，理性地认为，更有效的方式应诉诸教育制度在法定程序及文本政策结构内实施。

2. 全国教育会联合会的推动

1916 年后，中华民国国内的政治格局发生了变化，在某种程度上促使了教育的发展。美国历史学者基南（Barry Kenan）曾这样总结：

> 袁世凯死了，争权夺利的军阀们所组成的流动内阁掌管了北京政权，中央教育部对各省教育的控制削弱了。从 1916 年到 1926 年间共有二十任教育部长，平均一年有两任。这种情况，无法使部长运用国家权力继续行使早年那种集中统一的教育。这又标志着保皇派在尊孔问题上，成功地得到官方批准的局面已经结束。地方和非官方的教育界领导人都有了一定的相对的自由，尽管这种相对的自由是由于当权派的疏忽。❸

在军阀混战中，教育界的相对自由是当时教育发展的幸事，促使全国各地教育改革在悄然之中进行，促使教育观念、教学内容、教学方法与手段都得以改观，从一定的角度为今后的教育政策制定提供了专业准则。1919 年，中国正值"欧战告终，世界各国咸尊重公法公理，以企图世界之永久和平。和平方法要以国无不教之民为最要元素。中国将与世界文明各邦致力于和平事业，必以求教育之猛进为入手办法"❹。

正值国内教育改革的关键时刻，"欧风美雨"冲击并涤荡着中国现代教育的碑石，尤其是美国近代教育思想对五四运动前后的中国带来了最直接的影

❶　教育部. 教育部周树人等对教育纲要的签注［G］//中国第二历史档案馆. 中华民国史档案资料汇编（第三辑·教育）. 南京：江苏古籍出版社，1991：48.

❷　教育部. 教育部周树人等对教育纲要的签注［G］//中国第二历史档案馆. 中华民国史档案资料汇编（第三辑·教育）. 南京：江苏古籍出版社，1991：51.

❸　［美］基南. 新教育改革运动的发生及其在 1922 年前的发展［G］//璩鑫圭，唐良炎. 中国近代教育史资料汇编·学制演变. 上海：上海教育出版社，1991：1080－1081.

❹　教育部. 教育部公布全国教育计划书［G］//中国第二历史档案馆. 中华民国史档案资料汇编（第三辑·教育）. 南京：江苏古籍出版社，1991：52.

响。中国近代开始了以"输入"为特征的新一轮中外教育交流活动，日本教育的发展曾对清末《奏定学堂章程》产生了巨大的影响和作用。辛亥革命以后，留美运动掀起了高潮，五四运动前后，留美归国学生成为中国近代教育的重要推动力量。他们接纳了美国自由、平等、博爱等资产阶级思想和民主制度，感受了科学、思想、文化对国家的作用和力量，于是，把在美国学到的新思想、新观念以及科学知识体系与中国教育改革相结合，通过在国内社会各个领域尤其是教育领域的发展而促进中国教育发展。除了在学校任职，他们还积极组成各个社会团体，创办刊物，宣传国外思想意识，进行中美教育交流，激发国人对美国教育制度的研究；召开各个团体组织会议，以提案形式为官方提供决策参考。再加上 1919 年美国教育家杜威等人的讲学之行，美国的民主主义教育目标得以传播，举国教育界人士醉心于美国杜威之学说。中美文化的冲突与交融给中国学校教育以及教育政策带来了深层次的作用和影响。一些教育家通过出国考察的途径，纷纷引介外国教育模式。如 1916 年，黄炎培作为农商部特派赴美考察实业团员之一，被委托代为考察教育。❶ 他在《调查美国教育报告》中特地强调美国学制变更甚多，"六六制为一种，八四制为一种，又有六二四制。所以不惮屡次更改者，亦不过为生计耳"❷。总之，五四运动前后，中国学校教育受到反封建斗争和反帝爱国斗争的影响和鼓舞，与教育救国的思想、民主与科学的思想密切联系。学校教育改革以学习西方教育为特点，在教育理论上受实用主义教育思想的影响很大。❸ 此外，军国民主义思潮、职业教育思潮、教育独立思潮、平民教育思潮、工读主义思潮也相继兴起，汹涌澎湃，撞击着国人对教育独立自由与革新的热情与向往。

　　全国教育会联合会对于教育政策的推动作用就是在上述背景下产生的，当然全国教育会联合会还有自己产生的历史背景。1914 年，直隶教育会函至各省教育会，认为"民国成立，倏已三年，教育一途，日形萎缩，固由国家财力支绌，亦由国民矢责不专"❹。浙江等省函商召开全国教育会联合会，于是

---

❶ 江苏省教育会. 江苏省教育司在全国教育行政会议上关于近五年间教育概况汇报［G］//中国第二历史档案馆. 中华民国史档案资料汇编（第三辑·教育）. 南京：江苏古籍出版社，1991：653.

❷ 黄炎培. 黄炎培调查美国教育报告［G］//中国第二历史档案馆. 中华民国史档案资料汇编（第三辑·教育）. 南京：江苏古籍出版社，1991：388.

❸ 毛礼锐，沈灌群. 中国教育通史（第五卷）［M］. 济南：山东教育出版社，1995：17.

❹ 直隶教育会. 直隶教育会致各省教育会公函［G］//朱有瓛. 中国近代教育史资料汇编·教育行政机构及团体. 上海：上海教育出版社，1993：198.

经过呈请教育部批示，1915 年全国教育会联合会得以建立。

全国教育联合会由各省教育会及特别行政区域教育会组成，以体察国内教育状况，并应世界趋势讨论全国教育事宜，共同进行为宗旨。❶《全国教育会联合会章程》还专门对议事及提案事项进行了规定：非有到会会员过半数出席，不得开议。各种议案非经审查会审查，不得议决。会员提案，须以所代表之教育会名义行之。议案于开会两个月以前，分送联合之各教育会，先行讨论。从 1915 年开始，全国教育会联合会召开数次会议，对 1922 年学制的出台进行了大量的规划与设计。

1915 年 4 月，第一次全国教育会联合会在天津召开。此次会议共收议案七十二件，经审查会修正讨论者二十件，经大会成立者十三件，议题如下："建议于教育部者八件；通告各省教育会而不建议于教育部者二件；征集各省教育会意见者二件；陈请国民会议及宪法起草会者一件。"❷

在此次大会上，湖南省的学制系统议案为征集各省教育会意见者。但此次会议"以问题重大，未便仓卒决议，只将原案附函请各教育会召集教育家研究"。为了郑重起见，联合会一面详细备具意见书送由教育部解决，一面由联合会陈请教育部，在未解决以前暂勿变更现制。❸

1919 年全国教育会联合会召开第五次大会时，浙江省又提出《改革师范教育案》，该次会议提出了第六次大会应将新学制改革作为提案。据 1921 年第七次会议纪略对第六次上海会议的追述情况：1920 年在第六次大会上，安徽、奉天、云南、福建等省提出了议案，如安徽的议案为《中等学校宜采行集合制案》和《改革小学制度延长义务期限案》，奉天的议案为《改革学制案》，云南的议案为《改革学校系统案》，福建的议案为《学制改革案》。❹ 各省提案的内容有所不同，也有许多相同之处，如延长义务教育年限，中学延长为六年，先习普通，后改选科。由此可见，学制提案为本次会议的重要内容。第六

---

❶ 全国教育会联合会. 全国教育会联合会章程［G］//朱有瓛. 中国近代教育史资料汇编·教育行政机构及团体. 上海：上海教育出版社，1993：199.

❷ 全国教育会联合会. 全国教育会联合会第一次开会纪略［G］//朱有瓛. 中国近代教育史资料汇编·教育行政机构及团体. 上海：上海教育出版社，1993：202.

❸ 全国教育会联合会. 全国教育会联合会第一次开会纪略［G］//朱有瓛. 中国近代教育史资料汇编·教育行政机构及团体. 上海：上海教育出版社，1993：203.

❹ 全国教育会联合会. 全国教育会联合会第七次开会纪略［G］//朱有瓛. 中国近代教育史资料汇编·教育行政机构及团体. 上海：上海教育出版社，1993：240.

次会议收到提案，"讨论结果，以事关重大，未便以短促之时期、少数之意见骤行议决"，特此拟定办法四条：

（1）请各省区教育会于明年本会开会两个月以前，先组织学制系统研究会，以研究之结果制成议案，分送各省区教育会及第七次全国教育会联合事务所。

（2）第七次全国教育会联合会应先将学制系统案议决，再议其他各案。

（3）明年本会开会时，请部派专员发表关于学制之意见。

（4）本会历届受到关于学制议案及会外意见书，汇编成册，分送各省区教育会，以备研究。❶

以上所拟定办法的前两条，成为第七次大会提案和议决案的由来及根据。如广东省率先组织学制系统研究会，研究会会员包括省教育会正副会长及全体评议员三十人，聘请全省小学以上校长十八人，大学及专门学校毕业生研究教育者九人，教育行政人员十四人。全体会员推举出各部委办，参酌各国学制，分部研究，经各部举派代表开联席会议以研究之。结果制定草案及说明书，提交大会通过，然后提交于全国教育会联合会。可见，广东省教育会根据上述决议，组成研究会，详加讨论，拟具学校系统草案，于1921年10月10日在广州举行第七届全国教育会联合会议时提出，提案程序较为完备而严密。

1921年，第七次全国教育会联合会在广东召开，当时各省区教育会提出新学制草案者，达十省之多。10月27日下午，大会将各案详细研究，议决即席组织审查会，将本案审查。以全体会员为审查员，以27-29日为审查时间。28日审查会议之结果，以广东案较为完备，议决审查方法即以广东案为根据，与其他各案比较审查。❷

经过会员的讨论与修正，以广东提案为主，议决了新学制的草案。事务所通函各省教育会、各高等教育机关等，征求意见，同时函寄全国各报馆、各教育杂志社，征求全国意见。如各省区认为可行，应邀集相关人员，拟订各级课

❶ 全国教育会联合会. 全国教育会联合会第七次开会纪略［G］//朱有瓛. 中国近代教育史资料汇编·教育行政机构及团体. 上海：上海教育出版社，1993：240.

❷ 全国教育会联合会. 全国教育会联合会第七次开会纪略［G］//朱有瓛. 中国近代教育史资料汇编·教育行政机构及团体. 上海：上海教育出版社，1993：243.

程草案及实施方法，提出于下届联合会酌量添推各项专家。

这样就掀起了一个全国范围内关于学制改革讨论的高潮，教育界人士、教育团体纷纷发表关于学制改革的意见。1922年1月，舒新城在《教育杂志》上发表《中学学制问题》；陶行知在《新教育》上发表《我们对于新学制草案应持之态度》；《教育与职业》杂志于1922年2月也发表了不少教育界人士对新学制草案中关于职业教育的意见。6月，《教育杂志》还出版了"学制课程研究专号"，发表了关于课程学制改革的文章三十余篇，载有李石岑、黄炎培、庄启、俞子夷、舒新城、余家菊、吴研因、廖世承、周予同等人的文章。中华教育改进社于是年7月在济南召开第一届年会，讨论了学制改革等问题。这些讨论除对全国教育会联合会制定的学制草案提出优缺点外，还积极地阐述了他们的改进意见和学制改革的主张。如陶行知著文指出制定学制"应当用科学的方法态度，考察社会个人之需要能力和各种生活事业必不可少之基础准备，修正出一个适用的学制。之于外国的经验，如有适用的，采取它；如有不适用的，就回避它。本国以前的经验，如有适用的，就保存它；如不适用，就除掉它。去与取，只问适不适，不问新和旧。能如此，才能制成独创的学制——适合国情、适合个性、适合事业学问需要的学制"❶。

伴随着学制改革的讨论，教育改革实践也方兴未艾。1920年，舒新城、夏丏尊等在湖南第一师范学校打破年级分组，实行"选科制"与"能力分组制"。同年，南京高等师范学校推行选科制和学分制，1921年5月，江苏省立第一中学实行全面选科制，学生于三年级起可在文、理、商三科中自由选择，为学生毕业后的升学和就业做准备。❷ 这些教育改革实践，为学制的最终制定提供了坚实的依据，1922年"新学制"的出台问世已呈"山雨欲来风满楼"的态势。

3. 教育部的学制会议

自从第七次全国教育会联合会议决新学制后，各地教育界人士群起研究，纷纷评议，各学校竞有试办者。教育部鉴于学制改革之不可缓，拟议召集学制会议。1922年7月1日，教育部公布了学制会议章程，提出学制会议的应议事项，包括学校系统、地方教育行政机关和其他教育总长交议事件。参与学制

---

❶ 陶行知. 我们对于新学制草案应持之态度［M］. 陶行知全集（第一卷）. 长沙：湖南教育出版社，1985：191.

❷ 孙培青. 中国教育史（第三版）［M］. 上海：华东师范大学出版社，2009：400.

会议的人员如下：各省教育行政机关选派一人，各省教育会推选一人，国立专门以上学校校长，内务部民治司长，教育部参事司长，教育总长延聘或指派者。❶ 9月8日，教育部公布了学制会议细则。学制会议章程公布后，教育部先设一学制会议筹备会，由教育总长指定部员若干人为筹备会会员。共分二组：一组筹拟学校系统议案，一组筹拟地方教育行政机关议案；并先后派定干事长及干事，专司筹备开会事宜。❷

9月20日上午十时，在教育部会场举行开幕式，首由干事报告：按照会章第三条之规定，应共有会员九十八人，现到会者五十八人，已足法定人数。旋按照顺序，投票选举正副主席。开票结果，蔡元培三十七票当选正主席，王家驹三十一票当选副主席。开会日期，自9月20日起至30日止；共开大会十次，审查会若干次。❸ 审查会分两组各若干次，修正了联合会的草案，通过了四项重要的议案，包括《县教育行政机关组织大纲案》《特别市教育行政机关组织大纲案》《省区教育行政机关设立参议会案》《学校系统改革案》。其中，对《学校系统改革案》的说明如下：

> 《学校系统改革案》较全国教育会草案，尚无大出入。唯有数点略异：如小学六年，然亦得依地方情形定为七年，毕业后入中学二年级。此则系山西省教育会之提议也。如中学六年，教育部交议案主张采"四二制"，而会场主张"三三制"者殊不少。最后之决定，两者并存，以"四二"为原则，以"三三"为例外。如大学与高专问题，当会议之初，外间风说甚盛，谓大学派将主张废止高专，纷纷猜测，略现恐慌。及会议既开，始知风说之非确，相与释然。最后之决定，高专之程度，下接"四二"制之四年初级中学，其有提高程度改收高级中学毕业生者，得改为单科大学或师范大学。至师范学校改为六年毕业，而下接六年小学。此与全国教育会略异。然高级中学仍得设师范科也。义务教育，仍以四年为原则。职业教育之规定，与全国教育会案同。而旧设之乙种实业学校，改为

---

❶ 教育部. 教育部公布学制会议章程［G］//中国第二历史档案馆. 中华民国史档案资料汇编（第三辑·教育）. 南京：江苏古籍出版社，1991：57.

❷❸ 教育部. 教育部召集之学制会议及其议决案［G］//璩鑫圭，唐良炎. 中国近代教育史资料汇编·学制演变. 上海：上海教育出版社，1991：976.

职业学校，甲种则改为职业学校或高级中学农工商科。❶

本次学制会议所议决事项由会议主席报告于教育总长。1922年9月29日，教育部公布此次部交议案，其中包括两项学校系统案，并附以说明："查现行学校系统，系民国元年临时教育会议议决，经本部采择公布施行以来，已历十载。兹以时势变迁，不无应行修改之处，爰依次列标准拟定学校系统改革案。"❷

两项学校系统案都有明确的制定标准和相应的说明，对各级各类教育的修业年限及课程等进行了修正，其中有许多相同之处，也有许多不同之处。以改革标准为例：

标准一：根据教育原理，参酌世界趋势，以图教育之进化；适应地方实际情形，使教育易于普及；多留伸缩余地，以便各地方酌量举办；顾及旧制，使改革易于着手。

标准二：适应社会进化之需要，发挥平民教育精神，谋个性之发展，注意国民经济力，注重生活教育，使教育易于普及，多留各地方伸缩余地。❸

4."新学制"的审议与颁布

1922年10月11日，全国教育会联合会在济南开第八次年会。教育部特派员陈容、胡家风，带来了学制会议的议决案和教育总长提交学制会议的原案，以昭郑重。但是，教育部官员在致辞中完全打官话，全不提及广东的学制草案，当日会场引起了许多误会，激起了各地会员的强烈不满。胡适当时提出了调解的主张，建议大会根据广州的议案，用学制会议的议决案来参考比较，择善而从，定出一个第三草案，呈请教育部颁布施行。胡适对于议案审查过程中的问题进行了如下记录❹：

❶ 胡适. 学制会议之经过［G］//璩鑫圭，唐良炎. 中国近代教育史资料汇编·学制演变. 上海：上海教育出版社，1991：983－984.

❷ 教育部. 教育部公布学校系统改革案［G］//中国第二历史档案馆. 中华民国史档案资料汇编（第三辑·教育）. 南京：江苏古籍出版社，1991：84.

❸ 教育部. 教育部公布学校系统改革案［G］//中国第二历史档案馆. 中华民国史档案资料汇编（第三辑·教育）. 南京：江苏古籍出版社，1991：90.

❹ 胡适. 记第八届全国教育会联合会讨论新学制的经过［G］//璩鑫圭，唐良炎. 中国近代教育史资料汇编·学制演变. 上海：上海教育出版社，1991：987－989.

10月12日下午，大会把议案分两组审查，凡关于学制、课程、地方教育行政制度的案子，归甲组；凡关系于这三项以外的事件，归乙组。大会完后，两组接着分头开审查会。

散会后，部派员陈容、胡家凤到津浦宾馆访问北京代表胡适、姚金绅，讨论学制问题。他们此时已承认学制会议的原案是不能不改动的了，但他们总希望改动越少越好，所以胡适的调和论占胜利，怂恿胡适提出一个折中调和的修正案。胡适也虑审查会若无书面的底本，必致口头争论漫无限制，拖延时日，遂应允起草。这一晚上，从下午五时起，由胡、姚二氏起草，逐条皆与两位部派员讨论商酌。到次日晨一时始草完。次日由胡适誊清稿，逐条下皆注明所根据的底本，如用广州原案第五条则注明"广五"，下注参用学制会议的"制三"；又如用学制会议的第五条则注"制五"，下注参用江苏修正案的"苏五"。次日付印后，即由胡适提出审查会，作为讨论的底本。

这一案提出之后，甲组审查会即根据它讨论。甲组开了五次会，至14日下午五时，全案讨论完毕。

讨论即毕，公推袁希涛、胡适、许倬云三人起草，根据讨论的结果，修正胡适拟的底案。15日夜间起草员开会，草成修正案，是为"起草员案"。

（二）"新学制"的内容分析——以职业教育为中心

"壬戌学制"的指导思想规定七项改革标准：适应社会进化之需要；发挥平民教育精神；谋个性之发展；注意国民经济力；注意生活教育；使教育易于普及；多留地方伸缩余地。

该学制的主体内容有：①小学由七年缩短为六年，取消"国民""高等"名目，称"高级"（二年）、"初级"（四年）；义务教育年限暂以四年为准；小学课程得于较高年级斟酌地方情形，增置职业准备之教育；对年长失学者宜设补习学校。②中学由四年延长至六年，分初高两级，各三年，增设选科。初级中学得设职业科，高级中学分普通、农、工商、师范、家事等科。③师范由五年改为六年，北京高等师范学校改为北京师范大学。④以职业教育系统代替实业教育系统。⑤高等教育之大学设数科或一科均可，大学四至六年，大学不设预科。⑥蒙养园改为幼稚园，收受六岁以下儿童。《学校系统改革案》提出："注意天才教育，得变通年期及教程，使优异之智能尽量发展"；"对于精

神上或身体上有缺陷者应施以相当之特种教育。"❶

这个学制借鉴了美国单轨制学制体系，抛弃了此前一直采用的德国、日本的双轨制。学制系统分为三段：初等教育、中等教育、高等教育；各段的划分大致以儿童身心发达时期为根据；由于中国幅员广大、地方情形各异，而社会要求亦甚复杂，故于设校分科取纵横活动主义；教育以儿童为中心，学制系统宜顾及其个性及智能，故于高等及中等教育之编制采用选科制，于初等教育之升级采用弹性制等。

作为学制构成部分的中小学课程体系的调整与改革反映了美国教育的主要基调，尤为精彩，并富有影响力。

1923 年 4 月 25 日，全国教育会联合会组织的新学制课程标准起草委员会在上海召开第三次委员会。该委员会曾于 1922 年 10 月在北京召开第一次会议，12 月在南京开第二次会议，通过中小学毕业标准。本次会议复订小学及初中课程标准纲要，这是我国中小学首次规定课程标准（在这之前为科目课程表），规定：小学课程分国语（语言、读文、作文、写字）、算术、卫生、公民、历史、地理、自然、园艺、工用艺术、形象艺术、音乐、体育十二种科目。主要改革内容包括：国语科说、读、作、写并重，初小增社会、自然，改修身为公民，改图画、手工为工用艺术、形象艺术，外国语在小学以不设为原则。❷

1923 年 6 月 4 日，新学制课程标准起草委员会在上海举行第四次会议，复订高中课程总纲，并与小学、初中课程标准纲要一起刊布。高中课程总纲规定，高级中学课程分三部分：公共必修科目占总分的 43%，分科专修科目又分为必修与选修两种，另设"专业指导"；纯粹选修科目，不超过总学分的20%。高级中学设以升学为主要目的的普通科（分两组：第一组注重文学及社会科学；第二组注重数学及自然科学）和以职业为主要目的的职业科。职业科又分为师范科、商业科、工业科、农业科及家事科。高级中学公共必修科目为：国语、外国语、人生哲学、社会问题、文化史、科学概论、体育，共 67学分，占毕业学分总额的 42.7%。❸

❶ 大总统公布学校系统令［G］//中国第二历史档案馆. 中华民国史档案资料汇编（第三辑·教育）. 南京：江苏古籍出版社，1991：102 – 103.
❷ 周予同. 中国现代教育史［M］. 福州：福建教育出版社，2007：109 – 110.
❸ 庄俞，贺圣鼐，等. 最近三十五年之中国教育［M］. 上海：商务印书馆，1931：45 – 96.

由于中等教育在学制系统中的特殊地位，而职业教育涉及升学、就业双重任务的结合方式及度量，故以下以职业教育为案例加以取样分析。民初制定的"壬子癸丑学制"偏重于普通教育，虽然设有实业教育为旁系，但为传统观念所束缚，人们多选择普通中学，中学毕业生能升学的极少。1 000 个中学毕业生只有 65 人升入大学，其他 935 人只得就业，但他们又没有受过必要的职业教育和训练，结果许多人便成了社会的"高等游民"。因此，大量中学毕业生的出路便"成为教育界绝大的问题"❶。当时教育部也曾想法进行弥补，通令各中学酌量于三、四年级开办第二部，即开设职业科，对学生增加职业训练，为将来毕业后的就业做点准备。但实施起来有很大困难，如师资设备、教育内容及方法以及中等教育内部的组织结构等，仍不适应就业需要。人们在探讨及实际推行职业教育理论时，深深感到普通中学的课程、结构是普通教育和职业教育发展的联结点。因此，"新学制"在期刊、会议上成为争鸣的中心。在多次讨论中，大多认为中学阶段的改革应是重点，也很迫切。如1921 年召开的全国教育会联合会第七届会议，黑龙江的提案是"中学六年，前四年普通，后二年分升学预备及职业各科"，甘肃省的提案是"中学六年，初级三年分普通与职业各科，高级三年级分普通与农、工、商、师各科"❷。

1922 年"新学制"总体来看，加强了职业教育的力度，将其地位在学制中确定下来，标志着职业教育法定制度的形成。"新学制"规定的职业教育相关内容体现出多样化特点，即实施职业教育的形式有小学校的职业预科，补习学校、初级中学、高级中学的职业科，高级中学段的职业学校，以适应各地经济发展水平不一、条件差别大的现实情况。从比较研究的视野分析，职业教育的新设计体现了美国职业教育制度的思想因素，但允许中等职业学校单独设置，又吸收了蔡元培倡导的德国职业教育的一些长处，这大体反映了教育界人士对教育探索、讨论的理论成果，也与当时的社会需要基本适应。

"新学制"职业教育的指导思想称教育标准，不同于前两个学制以倡实利主义或"尚实"的笼统提法，较准确、科学、全面地揭示了职业教育与社会、经济及个人的关系。❸ "新学制"的七条教育标准中，标准一强调职业教育

---

❶ 周予同. 对于新学制系统草案之我见 [J]. 教育杂志, 1922, 14 (3).
❷ 第七届全国教育会联合会纪略 [J]. 教育杂志, 1922, 14 (1).
❸ 刘桂林. 中国近代职业教育思想研究 [M]. 北京: 高等教育出版社, 1997: 153 – 154.

"适应社会进化之需要"，是把职业教育制度作为教育制度的一部分，而职业教育是推动社会发展的动力之一。从这点来说，职业教育实践就涉及职业教育与社会经济发展和个人发展两方面。社会经济发展是社会进步的根本，职业教育制度产生于经济需要，又反过来推动经济发展。它与经济发展和人民生活密不可分的关系是天然的。这是对中华职业教育社 1917 年提出的职业教育"为国家及世界增进生产力之准备"思想的继承和发展。标准四"注意国民经济力"和标准五"注意生活教育"即揭示了这种关系。职业教育对个人与社会发展的作用正如中华职业教育社所说的"为个人谋生之准备——使无业者有业，使有业者乐业""为个人服务社会之准备"。可见，两者通过谋生与职业获得高度的统一。生计问题的解决是个体发展的先决条件，同时又要发展健全的人格。这体现在标准三"谋个性之发展"，具体含义是 20 世纪 20 年代前后职业教育思潮广泛讨论的谋生知识技能和职业道德两方面的增进。以上两点清楚地说明"新学制"所规定的职业教育试图兼顾社会和个人两方面。标准七"多留地方伸缩余地"要求教育适应不同地区经济发展对技术与人才的差异性需求，职业教育尤为如此。职业教育应是面向大众、廉价方便、形式多样的，是现代社会普遍的教育类型，即第六条标准"使教育易于普及"。

现在的许多学者撰文认为"壬戌学制"是"一种历史的进步，它反映了我国民族工业的发展对教育提出的新要求"[1]；"其主流所体现出来的是一种民主气息和科学精神"[2]。"壬戌学制"有利于职业教育的进一步推广和发展，而且其设计的模式与蕴含的思想观念不仅是现代教育在中国近现代社会传播与试验的重要成就，具有时代的意义，而且在当今我国职业教育的改革中也不乏深刻的价值。

（三）"壬戌学制"的内涵本质

"壬戌学制"以七项标准代替教育宗旨，实际上是杜威及其中国学生所倡导的新教育宗旨的具体演化，是与此前受杜威影响而制定的"健全人格，发挥共和精神"的教育宗旨或"教育本义"一脉相承的。

杜威实用主义教育理论千言万语，均可归结为两点：打破阶级等级教育，确保机会之均等；发展个人的社会精神和社会能力。杜威的这一根本思想体现

---

[1] 金林祥. 评六三三制［J］. 华东师范大学学报：教科版，1983（1）.

[2] 田正平. 我国二十年代教育改革的回顾与反思［J］. 教育研究，1989（1）.

在"壬戌学制"中，就是上述七项标准的"适应社会进化之需要"，"发挥平民教育精神"和"使教育易于普及"。根据杜威1920年在上海讲演"平民主义教育"的内容，主张教育的任务之一是充分发展儿童的个性智能，即"把个人所有的特性各个发展出来，故注重个性的教育养成的人才是自动的、独立的、有发达思想的、活泼的、有创造力的、有判断力的；不是被动的，不是依赖的，不是拘束的，不是因循的，不是有惰性的"。发展儿童个性具有十分重要的意义，是"共和国家的基础，是平民主义的真髓"。杜威这种思想体现在"壬戌学制"中就是主张"谋个性发展"的标准。此外，"注意生活教育"亦出于杜威思想，"学校的学业应当同学校外的生活连贯一气"，强调教育与生活的密切联系，要求培养儿童适应生活和社会的能力。

"壬戌学制"提出，教育以儿童为中心，顾及学生个性及智能，高、中等教育之编课采用选科制，初等教育之升级采用弹性制；在附则中规定："注意天才教育，得变通年限及课程，使优异之智能尽量发展"，等等。这些规定显然是杜威思想的具体体现。❶ 该学制格外关注职业教育，这明显是受杜威职业教育思想的影响。杜威从"教育即生活"出发，十分重视职业教育，认为职业教育与普通教育具有同等重要的地位。"一切的学校即是工场商铺，一切的工场商铺即是学校。"基于杜威思想，参与制定"壬戌学制"的胡适批评教育与生活、学校与社会的脱节现象，主张大力发展职业教育，在普通学校中也注意职业教育。❷ 因此，教育与每个人有密切关系的思路取向，扩大了以前实业教育的范围。

受美国实用主义教育理论影响的新学制，从其指导思想和总体结构看，与以前学制相比，应该承认有着独特的长处。学制缩短了小学年限，有利于初等教育的普及；中学阶段修业年限延长分段，高中加职业科，使学生既掌握基础知识，又有一定的谋生本领，使中等教育实现了升学和就业的教育双重使命，以满足近代民族工商业发展对中等专业技术人才的需求。学制指导思想注重教育与社会的联系，强调发展儿童个性，体现了一定的民主、科学意识。同时，还注意使自身具有相对的灵活性和弹性，以适应国情的需要。可以说，它是新文化运动以来，教育上破旧立新的一个综合成果。所以，其基本形式得以长期

❶ 高奇. 中国现代教育史［M］. 北京：北京师范大学出版社，1987：27－29.
❷ 耿云志. 胡适研究论稿［M］. 成都：四川人民出版社，1989：201.

沿用下来。

当然，这个学制也有明显的缺陷，最主要的是，对杜威的实用主义教育学理论和美国教育制度存在一种迷信、盲从的心理趋向。当时中国的国情和国力与美国相比，差距很大，在半殖民地半封建的特殊情况下，矛盾很多。就学校教育而言，一方面资本主义工商业的发展，确实需要学校为之培养大批初、中级技术人才，但旧的封建教育观念却阻止人们让自己的子女去接受职业教育；经济的发展需要培养具有职业能力和一技之长的人才，但当时的经济能力却无法提供开办这类学校和学科所必需的各种条件；民族资本主义经济始终在帝国主义侵略的夹缝中求生存，其发展既弱小又不稳定，易受帝国主义战争和世界资本主义经济危机的影响而大起大落，但学校培养人才则需要较长的周期和相对的稳定。于是，在需要什么样的人才这一重要环节上，不免发生脱节。这也造成一方面需要人才，另一方面仍然存在中、高等学校学生毕业即失业的悖论。同时，在北洋军阀的黑暗统治和以后国民党政府的独裁专制下，试图使教育超脱于政治，追求所谓的"神圣"或者"清高"，实践民主主义和自由主义，实现教育的普及和提高，都是不可能的。

从"新学制"的拟订过程以及学制内容来看，受实用主义教育思潮的影响是很明显的。但是如果过高估计这种影响，甚而做出"六三三"学制是搬用了美国学制，称之为"是杜威等资产阶级教育家思想学说影响中国教育的集中表现"❶，并且进而得出"资产阶级在北洋军阀政府统治下所进行的教育改革运动，实际上给美帝国主义文化侵略以可利之机"的论断，是不够客观或公允的。"新学制"的产生是经过长期酝酿，广泛讨论，在一定程度上集中了教育界的智慧。如果从 1915 年湖南省教育会提出改革学制系统案算起，到 1922 年正式颁发，历时整整七年。一个学制的制订经历这样长时间，在全国范围内反复讨论，从清末以来，还是第一次。至少可以说明他们对于美国学制并没有完全盲从，而是在一定程度上采取了分析的态度，虽说还没有达到"明辨择善"的程度，但比起"壬寅癸卯学制"，"壬子癸丑学制"仿效乃至照搬日本学制的做法是大有区别的。❷

总之，1922 年"新学制"较大程度上体现、吸取了五四运动以来思想文

---

❶ 顾树森. 中国历代教育制度［M］. 南京：江苏人民出版社，1981：276.

❷ 田正平. 我国二十年代教育改革的回顾与反思［J］. 教育研究，1989（2）.

化界反对旧道德、旧礼教，提倡"民主"与"科学"思想的理论成果，是从当时中国教育改革的现实需要出发，在对新教育改革历史反思的基础上，受杜威实用主义教育思潮的影响与平民主义、科学主义、职业教育等思潮的激荡，通过我国教育界广大人士在当时可能的历史条件下所做的可贵努力，而制定大致适合我国特点并反映民族工业发展的新形势所需要的一部学制。所以这部学制除了以后在学分制、课程设置和综合中学制方面有所变动外，基本上沿用到新中国成立前。由此可见，以学制改革为核心的 20 世纪 20 年代教育运动，对中国教育近代化的历史进程起到了积极作用，值得我们以正确的思想方法去认真而慎重地总结其经验教训。

二、课程、教材、教法的革新

实用主义教育思潮对我国 20 世纪 20—30 年代课程、教材与教学方法的革新带来极大的影响；同时，实用主义教育理论也正是通过课程、教材及教法具体落实并贯彻到教育实践中去。

（一）课程

学制改革与课程改革是相辅相成、密不可分的。课程的变化往往引起并促使学制发生相应的变化；而学制的改革也必然影响到课程改革，并通过课程得以体现和落实。早在"新学制"讨论酝酿时期，人们就提出了课程改革问题。1921 年 10 月，全国教育会联合会通过《学制系统草案》之后，各地教育界人士纷纷开会讨论，许多专家撰写的讨论文章不同程度涉及课程设计问题。如廖世承言："中学科目太笼统，学生毕业后，升学既困难，就业又不易，不能适应社会需要……初级中学之功课，大致可分为升学与不升学两种，入学抱定不升学宗旨者，可就习纯粹之职业科目，其余无论其志愿升学何科，可一律习普通科目。"[1] 舒新城评述"新学制"云："初等教育段虽属平凡，但本身的冲突甚少，升级采用弹性制颇足以救从前之弊，中等教育采用选科制与设校分科取纵横活动主义，是本案的特殊优点。"[2]

1923 年 6 月，由"新学制课程标准起草委员会"确定的《中小学课程标准纲要》对"新学制"中有关课程改革有所落实并拓展。就其具体内容看，

---

[1] 廖世承. 新学制与中学教育 [J]. 新教育，1922，4 (2).
[2] 舒新城. 对于新学制草案本身的讨论 [J]. 教育杂志，1922 (14).

受杜威的实用主义教育思潮影响很深，这在课程的规定中更为明显。

1. 中学与师范采用学分制和选修制

初中授课以学分计，每半年每周上课一小时为一学分，修满 180 学分始得毕业。除必修课 164 学分外，余为选修他种科目或补习必修科目。高中分为以升学为目的的普通科和以就业为目的的职业科；普通科又分两组，第一组注重文学和社会科学，第二组注重数学和自然科学；各科各组的课程又分为公共必修课、分科选修课、纯粹选修课三种；各种课程以学分计算，修满 150 学分为毕业。公共必修科目占总分的 43%，纯粹选修科目不超过总分的 20%，公共必修科目占总分的 42%。师范学校分为公共必修课、师范专业课、纯粹选修课三种，公共必修课同高中普通科，唯另增音乐四学分，共计 68 学分。师范专业课又分必修课和选修课两部分，必修 48 学分；选修课再分为分组选修课和教育选修课两类；分组选修课的第一组是文科，第二组为理科，第三组为艺术科；每组课程至少要选修 20 学分，教育选修课共计 32 学分，各组均须至少选修其中八学分。纯粹选修课由各校自定，学分不限，但学生毕业总学分至少与高中普通科相等，即不得少于 150 学分。

中学和师范采用学分制，让学生根据自己身心发展、学业程度及能力水平的不同情况和个性差异，灵活掌握学习年限和进度，同时有利于各类课程和授课时间的安排上有一定的伸缩余地，这在一定程度上可以克服学校课程整齐划一、重整体、轻个别的缺陷。采用选科制，有利于学生根据自己的兴趣、爱好、特长和能力，因人而异选择所学科目，能够切实发挥学生的学习主动性和积极性。

2. 综合课程的编制

《中小学课程标准纲要》把初中课程分为六大门类，即社会科、言文科、算学科、自然科、艺术科和体育科，颇有"综合课程"的意味（综合课程主要是把性质相同或相近的几门学科合并为一个范围较大的学科，体现了杜威"活动中心""儿童中心"的课程理论），如其中的社会科由公民、历史、地理三科组成；艺术科由图画、手工、音乐组成；自然科则包容了所有的理科知识。

3. "分科制"的设计

高级中学采用综合中学制度，或称"分科制"，分设普通科和职业科。普通科分两组，第一组注重文学和社会科学，第二组注重数学和自然科学。职业科主要为就业做准备，分农、工、商、师范和家事诸科，设科之多少和增减均依各地实际酌定。分科中又设有选修课，把分科制与选科制结合了。这样可以使学校根据当时情形和社会需要，因地制宜；又给学生以选择的自主权，满足青少年的不同需要和个性，使课程和教学富有弹性。

4. 职业教育的关注

无论是初级中学的选修科目还是高级中学的分科选科，都极为重视职业科目。职业教育与普通教育相沟通，增设大量实际生活所需的科目，把教育从"象牙之塔"中彻底解放出来，这符合我国经济的实际需要。在理论上来说，从学制布局、课程设置的角度探讨中学教育结构的改革、课程设置的特点，恰是普通教育发展的关键。

总之，课程改革体现了杜威实用主义教育学理论的两个基本特点，即教育适应社会需要和儿童个性发展需要，也体现出美国地方分权的教育制度的影响，即注重地方、学校和儿童的自主权。这次课程改革和当时流行于我国的各种新教学方法相互呼应，使实用主义教育理论的影响进一步渗透到教学的实践中去。

（二）教材

杜威强烈反对传统教育以既有知识为中心的教学内容，认为把这种"早已准备好的教材强加给儿童"是违反儿童天性的；而多种多样的学科课程只会把儿童自己统一的生活经验加以割裂和肢解，必将阻滞儿童的生长。因此，他强调教学内容并不取决于教材，而取决于儿童。然而，儿童不是像传统的哲学、宗教所理解的那种不完整的儿童，而是像生物学、心理学及社会学等各种科目解释的那种实际的完整的儿童，是由多方面因素构成的有机体，是已有经验和新增经验的统合。因此，教学内容的源泉是儿童自己的活动所形成的直接经验。"儿童需要学什么，想学什么，应根据儿童的兴趣来判定，教学内容的选择应以儿童的需要和兴趣为出发点。"[1] 杜威在华讲演中反复强调这一点，当时的教材革新深受其影响，并与正趋热潮的国语运动相汇合，在中国学校教材史上呈现新的特征。

1. 儿童用书受到重视

受实用主义教育思潮的影响，文化教育界对儿童作品的撰写和研究甚为重视。1920 年 8 月 23 日，儿童用书研究会成立，会员六十六名，其中南京高等师范学校教员三十二名，俞子夷在会上以《儿童用书问题》为题发表讲演，

---

[1] 崔相录. 二十世纪教育哲学 [M]. 哈尔滨：黑龙江人民出版社，1989：124.

提出儿童用书的编写应该注意：按心理顺序、生字适当、改用语体文、儿童的语言、中心思想、注意文学、有插图。该会"以研究并编译儿童用书改造全国小学教育为宗旨"，"凡有志研究小学教育或从事小学教育者"，经教育机关或会员介绍均可为会员。总干事为邰爽秋、王克仁，12月改选为唐钺、夏承枫。❶次年，上海出版大量儿童课外读本，计有儿童小说、世界童话、少年杂志、中华故事、中华童话、小小说、学生丛书、少年丛书、日本神话等。1922年1月，《中华教育界》出版"儿童用书研究号"。陈启天为该刊撰文，希望全国教育界"把儿童用书研究当作一个专门事业"，编辑"适合中国社会的实际需要与中国儿童的实际需要"的儿童用书，勿使"毫无研究的儿童用书贻毒教育界"；希望全国教育界"对现有各种儿童用书加以具体批评"，以促进儿童用书之革新；希望全国教育界对儿童用书研究会"随时加以援助及指导"。❷沈百英先生1921年进入商务印书馆，之后工作了三十五年。他回忆说：

> 我在商务工作，主要是编小学教科书。但因教科书与一般儿童用书息息相关，主持人在准备出版整套儿童读物时，常常邀我参与其事。我对编辑儿童用书有如下几点意见：1. 编辑儿童读物虽不像编教科书那样严格，但内容的深浅必须顾到儿童的接受能力，太深太浅都不相宜；2. 书的取材，除了顾到思想品德外，必须顾到儿童的学习兴趣，才能培养他们的自学能力；3. 写作方面，必依照儿童用字规定，注意语句通俗，笔致生动，才能逐步提高儿童的说话能力与写作能力；4. 书中插图，多多益善，风格必须多种多样，并能适合儿童的欣赏能力，从而使他们受到美感的教育，售价必须尽量压低，采取薄利多卖主义。商务连续不断地出了几套儿童读物，如"幼童文库""小学生文库""儿童分年读本"。书虽越出越多，总起来说，还是供不应求。❸

应该说，这些主张论及儿童读物的编纂原则，许多符合教育学、心理学原理。

2. 儿童文学兴起，编入小学国语教科书

近代教育家吴研因是小学教育专家，曾参与编写或主编大量适应新课程编

❶❷ 《中华教育界》1922年第11卷第6期.
❸ 沈百英. 我与商务印书馆［G］//商务印书馆编辑部. 商务印书馆九十年. 北京：商务印书馆，1987：291.

制要求的教材，他说：

> 民十左右又有人提倡儿童文学，他们以为儿童一样爱好文学，需要文学，我们应当把儿童文学给予儿童，因此儿童文学的高潮就大涨起来。所谓新学制的小学国语课程就把"儿童文学"做了中心。各书坊的国语教科书，例如商务的新学制、中华的新教材、新教育、世界的新学制……也拿儿童文学作标榜，采入了物话、寓言、笑话、自然故事、生活故事、传说历史故事、儿歌、民歌等。民十以后的教科书，采用了和儿童生活比较接近的故事诗歌，好比是比较有趣的画报、电影刊物，要看的人，也当然多起来了。儿童文学在教科书中抬头，一直到现在，并没有改变。这几年来，虽然因为有人反对所谓有鸟言兽语，反对整个的儿童文学（"鸟言兽语"不能代表整个的儿童文学），恨不得把儿童文学攒出小学教科书去，可是据教育部去年拟了问题发交各省市小学教育界研究的结果，小学教育界仍旧全国一致地主张国语课程应当把儿童文学做中心。❶

吴研因的论述大体符合当时小学教材的变化特点。如商务印书馆 1922 年开始出版《新学制教科书》，该套教科书"初小、高小、初中、高中分别编纂，宗旨方法，无不从新。科目种类，无不全备。这是我馆第二套最完善最进步之本"❷。其中的《新学制国语教科书》初小各册，采用儿歌、童话、民族、寓言等做材料编辑，经北京政府教育部审定出版。第一册第一课一改历来的"天地日月"为"狗、大狗、小狗"。第二课是："大狗叫、小狗跳，大狗小狗叫一叫，跳两跳。"第三十课是："两只脚，踏踏踏。嘴里喝，拉拉拉。路上看见好姐姐，头点点，手拉拉。转过身来，走到花树下。眼睛看看花，耳朵听说话。"第四十课是："猫欢喜，一只老鼠到嘴里。狗欢喜，两根骨头丢下地。鸡欢喜，三个小虫一把米。羊欢喜，四面都是青草地。人欢喜，五个朋友在一起。"这套教科书被守旧派称为"猫狗教育"。整套教科书的特点为：以儿童文学为主，打破传统的以识字为主的编辑方法，并依韵文的多少、课文的长短、文体的繁简排列；增加物话故事借以扩充儿童的想象，唤起儿童的兴趣；加进长课，以增强儿童的阅读能力；依据日常生活的需要选字，不常用的，笔

---

❶ 吴研因. 清末以来我国小学教科书概观 [J]. 中华教育界, 1936, 23 (11).

❷ 庄俞. 谈谈我馆编辑教科书的变迁 [G] //商务印书馆编辑部. 商务印书馆九十年. 北京：商务印书馆, 1987：65.

画虽简，也不选用，反之，尽量采用。

3. 教材内容及编辑体例的特点

受实用主义教育思潮的影响，当时教科书的编辑强调儿童本位，"兴趣中心"被推崇至首要地位，"鸟言、兽语、神话"成为小学教材的主要资料源泉，语文教材中表现出文学化与趣味化。同时，注意从儿童的身心发展特点及其实际生活需要出发，注重与社会现实和人生的密切联系，倾向于实用知识的传授等。如中华书局于 1923 年发行的《新中学教科书》，其《初级国语读本》第一册（浓星一编，黎锦熙、沈颐校）的编辑大意指出："本书选材，注重下列两点：（1）内容务求于现实的人生；（2）文章务求富于艺术的价值。"全册课文四十二篇，作者为当时名家，入选课文大多为较典型的白话文，并以文学作品（小说、散文等）为主，课文内容比较健康、进步，与现实和人生密切联系，并且清新活泼而富有情趣，以适合儿童的需要和兴趣。其中，冰心一人的儿童文学作品，即选入了七篇，教材中无语法、修辞等知识性短文，体现了以培养和提高学生阅读能力为主的教学目标。又如商务印书馆编的"复式学校"《国文教科书》明确提出，注重实用与职业教材，"凡属浅近之农工商以及个人谋生之术配置特多，说明特详"。整个教材明显注重应用文，"将各种应用文一律编入正课，俾便正式接受"，以体现"切于实用为主"的目的。❶

显然，教材的编写设计充分体现了现代教育家理念，对于批判传统的封建教育忽视儿童、轻视实际的社会生活，无疑具有一定的进步意义。但这又过分偏重儿童的需要和兴趣，必然会影响教材传播知识的系统性和整体性。

（三）实用主义与教学方法的革新

从世界教育改革潮流看，中国新教学方法的发展是紧紧地跟着欧美"新教育"的发展而发展的。在 1916 年以前，欧美的"新教育运动"较少激进的成分。在美国，20 世纪初教育改革减缓了有一段时间，"教育改革的早期努力虽然在许多地方有着共同点，但它们毕竟是相当散漫的。新学校广泛地散落在全国各地，在没有交流思想和经验的情况下，独自进行的"❷。到 1916 年，杜威的《民主主义与教育》出版。1918—1919 年冬季，进步教育协会成立，这才

---

❶ 陈必祥. 中国现代语文教育发展史［M］. 昆明：云南教育出版社，1987：56 – 66.

❷ MEYER. The development of education in the twentieth century［M］. Prentice Hall, 1962：74.

在理论上和组织上把美国的教育改革组织、发展起来。关于"新教育"和"进步教育"的思想才得到更为系统、更为完善的阐述，并开始介绍大量新的实验。

中国教育家自清末兴办学校以来，即提出教学方法的改良。新文化运动以前主要是通过从日本搬来赫尔巴特的五段教学法，以后直接取法欧美，西方教育新思潮逐渐被介绍到中国来。1917 年，陈独秀在《近代西洋教育》一文概括欧美新教育思潮说："第一是自动的而非被动的"；"第二是世俗的而非神圣的"；"第三是全身的而非单独脑部的。"❶ 注重儿童的主动性，教育联系生活，手脑并用，发展个性，反对传统老八股教育是新教学方法运动的主要动向，但是这一时期中国介绍和试行的新教学方法，大致是西方"新教育"运动早期阶段的改良方法，其介绍和试行是散漫而零碎的。

杜威认为，教学必须从儿童的现实生活出发，以儿童的直接经验为基础，让儿童在"做"的过程中获得经验，从经验中获得知识，杜威的"做中学"思想在中国产生很大影响。基于此，教育界提出教学中的"自动主义"，即学校中的课程安排及内容的学习，一切由儿童自动安排，同时强调开发儿童的学习本能、兴趣和创造能力。因此，五四运动前后，凡符合"做中学"的自动主义原则的各种教学新方法都被学校用于实践，形成了介绍和实验西方新教育和进步教育的教学方法热潮。其中，在国内实践最为广泛、影响最突出的是设计教学法和道尔顿作业制。可以认为，杜威本人虽不是这些方法的创造人，但其理论却毫无疑问地成为创始和使用这些方法的人们的思想基础，故被当时教育界广为接受。

此外，在杜威理论的吸引下，小学界崇奉儿童自治，改变过去学生完全受管教的被动地位，设立学生自治会，布置学生自治活动的情景。一时间，许多中小学出现了"学生银行""学生商店""学生邮局""市政府"、学生的新闻社等，搞所谓"学校社会化"；小学中还美化环境、布置科学环境、开设园艺场等，让学生在活动中培养责任心和自治能力。

三、"儿童本位"教育

杜威一方面指出教育有为民主社会培养"合格成员"的作用；另一方面却认为教育既然是儿童生活、生长和经验的不断改组，而生活经验的不断改组

---

❶　陈独秀. 独秀文存 [M]. 合肥：安徽人民出版社，1987：153.

是循序渐进的积极过程，那么教育目的就存在于这种过程中，即为了获得更多、更好的教育，就是教育本身。因此教育并不在其本身之外附加任何目的，使之成为这种外在目的的附属物。生长和生活永远前进，永无止境，在其扩充、提高、更新、重组的过程中，儿童和青少年便逐步成长而终于成为社会的"合格成员"。这就是杜威的"教育无目的论"。

杜威来华前，其"教育无目的论"就通过留美归国学者传入中国。基于他的观点，中华教育改进社于1918年提出"养成健全人格，发挥共和精神"的教育宗旨，要求废止辛亥革命前后教育为"军国民主义"和"国家主义"等外在目的服务的做法。1919年4月，教育部教育调查会蔡元培、范源濂等人提出的《关于教育宗旨研究案》采用上述新宗旨，并加以六条"说明"：所谓健全人格者，当具下列条件：私德为立身之本，公德为服务社会国家之本；人生所需之知识技能；强健活泼之体格；优美和乐之感情。共和精神者所包含要素：发挥平民主义，使人知民治为立国根本；养成公民自治习惯，使人人能负国家社会之责任。❶ 紧接着，《新教育》"杜威号"在扉页登出上述宗旨及其说明。同年10月，全国教育会联合会在山西太原举行第五届年会，邀请正在山西讲演的杜威莅会讲演"教育上的实验态度"。大会接受杜威的主张，通过《请废止教育宗旨宣布教育本义案》。

> 新教育之真义，非止改革现时部颁教育宗旨为另一宗旨，废止军国主义为别一种主义，仍是应如何教人的问题，非人应如何教之问题也。从前教育，只知应教人，不知研究人不应如何教。今后之教育，应觉悟人应如何教：所谓儿童本位教育是也。施教育者，不应特定一种宗旨主义，以束缚被教育者。盖无论如何宗旨，如何主义，终难为教育之铸型，不得视为人应如何教之研究。故今后之教育，所谓宗旨，不必研究修正或改革，应毅然废止。❷

从"养成健全人格，发展共和精神"的提出，直到它作为"教育本义"的确定，其间无论是出发点，或是对内容所进行的具体说明，或是对它适合"教育本义"所进行的解释，其指导思想是要求取消教育的外在目的。这一过程环节或链条连接显然是受杜威"教育无目的论"的影响。杜威一方面主张

---

❶ 陈青之. 中国教育史（下）[M]. 上海：商务印书馆，1931：714.

❷ 李桂林. 中国现代教育史教学参考资料 [M]. 北京：人民教育出版社，1987：514.

教育无目的，另一方面又给教育定了一个所谓"教育本义"的目的以适应民主社会的要求。其在中国所产生的影响亦如此。上述《请废止教育宗旨宣布教育本义案》，一面宣称废止教育宗旨，一面又用"养成健全人格，发展共和精神"作为"教育本义"。这恰恰是杜威在华讲演中反复宣扬的"养成智慧的个性"和"养成共同活动的观念和习惯"，二语所表达文字不同，但含义实质相同。该议案虽呈教育部后没有正式公布，但教育部却在实际上接受了。1920年出任教育部部长的范源濂便是"教育本义"的提出者之一，"教育本义"的精神在1924年国民党的对内政纲中肯定下来，规定"全力发展儿童本位教育"。

上述"教育本义"虽仍然体现出教育对于培养儿童的社会目的性，但在教育研究和教育实践的方向上却导致相反的做法。在教育研究方面，杜威的"教育无目的论"将不少知识分子的视线从"应如何教人"的问题转向"人应如何教"的问题，即是从目的论转向方法论，并以儿童中心主义（儿童本位教育）的观点作为解决"人应如何教"的指导思想。这种现象和倾向在较长时间内充斥在《教育杂志》和《新教育》等重要的教育刊物中；同时，在实践方面又长时间使学校教育工作者几乎都把注意力和精神耗费在教育教学方法的实验和改造上。

五四运动前后的资产阶级知识分子，一方面强调"教育救国"，实际上也就是肯定教育的社会功能，另一方面他们却提出"本位主义教育"，高谈教育无社会功用，这种悖论本身是难以解决的。因为事物的作用，总是相对目的而言的，否定了目的，作用也就失去了衡量的标准。同样，否定了教育培养社会所需人才的社会目的，教育对于"救国"的社会作用也就无从评判，而且前者显然是与后者背道而驰的。其实，"本位主义教育"虽然使我国传统教育目标从过多考虑社会的要求转向满足或适应儿童自身的发展，切中传统教育的弊端；但这种转变却矫枉过正，否定了教育的社会目的，试图把教育视为不受任何外在因素影响的独立体。这既不符合实际，也不利于中国社会和教育的发展，成为20世纪20年代后期国家主义教育思潮兴起在教育理论上的一个契机。

实用主义教育思潮对我国20世纪20年代新教育运动产生了深刻影响，除了当时的社会历史背景以及留美归国学生的努力外，可能还有以下三个原因：①杜威的理论是标榜"民主"与"科学"的，这两个娓娓动听的词正与五四运动时期的德、赛两先生相吻合。社会上的许多资产阶级知识分子在那时都误认为杜威的理论正是中国民主运动的指导思想。②新文化运动以后，民主主义和科学主义已成为强大的历史潮流，军阀统治者要想笼络民心，骗取民族资产阶级的支持，以维护自己的统治，就不得不有所让步。当然，其让步是有选择的，封建军阀在无损他们既得利益的前提下，部分地接受民族资产阶级的一些要求，给予教育家一定程度的自由进行教育改革。同时，在思想上，封建军阀也乐于让实用主义思潮去扑灭共产主义的星星之火。③趁第一次世界大战后欧洲帝国主义忙于善后的机会，美国加强了对中国的文化教育渗透，归国留美学生在知识界有一定的号召力，使得美国对中国文化、思想的影响相对其他帝国主义国家占了优势。

杜威的实用主义教育理论作为进步主义或现代教育运动的中坚，通过各种不同的途径，在现代中国形成一股强劲的教育思潮，对当时中国的教育实践有很大的影响，其作用有积极的，也有消极的。我们在评价时要以历史主义的态度，放在五四运动时期中国探索现代教育出路的历史背景下，与当时教育改革的成就以及对以后教育事业发展的实际作用相结合。从这种态度出发，在充分指出其理论上的偏差并对教育实践产生部分或局部消极影响的前提下，应该认为实用主义教育思潮对中国教育无论是理论建设，还是实践影响是有很大程度积极性及长远意义。

经过 20 世纪 20 年代对杜威实用主义教育理论一阵热闹的宣传和试行之后，有的人开始冷静地审视这一外来的教育理论。这一倾向在 20 世纪 30 年代以后日趋明显，当时各种报刊上出现了一系列反对极端、主张调和以及批评性文章。❶ 1929 年，中华书局出版了庄泽宣著《如何使新教育中国化》，提出通过"应用科学方法研究"，造成"适合中国国情的，适合中国需要的中国化的教育"。应该说这种探讨是有益的，但这股反思的力量始终微弱，甚至又有人试图以三民主义或中国本位文化来取代杜威的位置。中国同时也涌现一些现代教育家、教育学者，在介绍、宣传的基础上开始自行探索，如陶行知、陈鹤琴、晏阳初、黄炎培及梁漱溟等就是其中的代表。他们对以美国为大本营的现代教育加以创造性的学习与改造，进行了各有特色的中国化教育新探索。

---

❶ 《中华教育界》1926 年第 15 卷第 5 号；《教育杂志》第 22 卷第 5 号.

第六章　工读主义教育思潮

　　工读主义教育是中国近代影响深远的教育思想流派，发轫于清末民初，盛行于五四运动，由一批进步教育家、社团组织所提倡并推广，大批爱国青年学生参加，共同开展实践活动，其思想内容丰富，理念主张不断发展。其中，留法勤工俭学运动与国内工读主义教育实验作为其中的主要组成部分，不仅在近代教育探索改革中有重要地位，而且对近代政治史具有积极作用。工读主义教育作为五四运动时期盛行的一种重要教育思潮，内涵丰富而复杂，并与当时的实利主义教育思潮、实用主义教育思潮、职业教育思潮、平民教育思潮有着广泛的联系。

　　在五四运动以前的勤工俭学运动中，早期的无政府主义者吴稚晖等曾宣传过类似工读主义的思想，但影响不大。五四运动以后，"工读主义"发展成为吸引大批青年的社会思潮，并在教育上出现了许多工读互助组织。信奉其观点的知识分子，曾自愿结合，组织团体，宣传工读教育主张，实行半工半读的集体生活，以此作为理想社会的雏形，幻想通过这种组织的广泛发展和联合，达到改造整个社会的目的。工读互助团的试验热潮与失败教训，又成为推动留法勤工俭学运动高涨并发生急剧分化的一大诱因。早期的马克思主义者将工读学生知识技能的提高与革命觉悟的培植相统一，并引导其走向社会革命道路。

　　工读主义教育思潮有广义与狭义之分。广义的工读主义教育思潮是指我国20世纪一二十年代有关工与学、工与读、劳动与求学发生某种关系的言论主张及其实践活动。狭义的工读主义教育思潮是指五四运动时期我国部分青年学生受西方社会思潮的影响，怀着善良的愿望与美好的理想，鼓吹工读教育主张，并从事组织团体、开展实验活动。前者包括留法勤工俭学与国内的工读互助团；后者仅指国内工读互助组织的言论及实践。本章是按广义的理解探讨工读主义教育思潮的。广义上的工读主义教育思潮的基本内涵包括：尚俭乐学、以工兼学、勤工俭学、工学结合，培养朴素工作与艰苦求学的精神以及工学兼营、工学并进、消灭体脑差别等主张和实践（实验）活动。无论是五四运动前后的勤工俭学运动还是国内工读互助运动，都是和工读主义思潮的发展密切联系着的，都是工读主义教育思潮的组成部分。

第一节 工读运动的兴起

第一次世界大战以后，受世界工人运动的影响，"劳工神圣"成为当时一个响亮的口号。五四运动时期，中国青年为了寻找救国救民的知识和真理，大批赴法勤工俭学。这一求学运动是在五四运动和反帝爱国斗争的影响下产生、发展的。五四运动前后，进步青年在帝国主义、封建军阀的压迫下，目睹国势危亡，面临教育遭到摧残，身受失学失业的痛苦。为了寻找救国图强、改造社会的知识和真理，同时在工读主义思潮的推动下，他们投入赴法勤工俭学运动，使之达到高潮。与此同时，国内提倡工读的同人还组织过一些工读团体进行实验。如1919年成立的工学会、工读互助团，此外，还有天津的工读印刷社、上海的沪滨工读互助团等。

工读运动兴起之初主要是我国教育界的一些有识之士在反思清末以来"新教育"运动中不断出现流弊的同时，对近代教育发展方向所做的一些有益探讨。工读运动是探索新教育、新社会的积极探索，它有一个发展演变的过程。在"工读"的旗帜下，实际反映了多方面不同的社会政治思想和教育思想。在工读思想的发展中，曾经有种种提法，如勤工俭学、半工半读、工学并进、工学兼营、工读互助、手脑并用等。其共同点是主张把"工"和"读"、"工"和"学"联系起来。到工读主义思潮盛极一时的时候，"工学""工读""半工半读"都加上了"主义"二字，于是"工读主义"进而上升为一种对理想社会与美好人生的追求。

如果我们从历史的纵向考察，可以看到从辛亥革命以后至五四运动时期的工读主义思潮有一个发展演变的过程。最早的留法勤工俭学活动虽然和无政府主义者有历史的渊源，但就其主流论，应当说是一场从以输入西方文明为目的，提倡科学救国、实业救国、教育救国的教育运动，进而发展为探索中国社会根本改造方向与道路的一种新社会思潮；一批运动的鼓动及活动者从工读主义教育实验的失败到接受马克思主义，走上自觉与工农结合的革命道路，则深刻地反映了现代中国从旧民主主义革命向新民主主义革命转变的历史要求。而从五四运动时期横向面的剖析，我们又可以看到在我国革命从旧民主主义向新民主主义转变的历史时期，出现新旧思想交替，各种政治和教育思潮流派相互影响渗透发展的一幕幕动人壮观的教育情景。

挽救民族危亡、实现民主共和，发展实业，一直是近代中国仁人志士为之奋斗的目标。清末洋务派实施"西艺"教育，民初蔡元培、陆费逵主张"实利主义"教育，黄炎培、庄俞提倡"实用主义教育"，很大程度上是为了解决教育与生产生活及与社会实际相结合的问题。工读运动最初的表现形态——留法勤工俭学的发生，也正是从"工"与"读"如何结合的角度探索改革与发展教育的出路。

一、留法俭学会

留法俭学会是留法勤工俭学发动之初的第一个专门组织机构。它以输入西方文明为旗帜，在宣传、组织、推动留法勤工俭学中起了开创性的作用。

1907 年，在吴稚晖、李石曾、蔡元培等试验倡导下，留欧学界兴起一股"俭学风"。1909 年，李石曾、齐竺山等人在巴黎创办了生产豆制食品的豆腐公司，从李石曾的家乡河北高阳县招来工人三十余人。为了提高这些人的文化知识，进而提高劳动效率，李石曾便让他们白天做工，工余进行学习。这样一来，华工们既赚得了经济收入，又提高了知识和工艺水平。蔡元培、吴稚晖等人对此非常赞赏，在国内外刊物上加以介绍，影响甚大。通过勤工以"俭学"，并养"苦读之风"，是工读主义教育思潮兴起之初的特点，有其一定的历史地位。

1912 年春，吴稚晖、汪精卫、李石曾、张溥泉、张静江等在北京发起留法俭学会，以"节俭费用，为推广留学之方法；以劳动朴素，养成勤洁之性质"为宗旨。不设会长，选举会员分任会务，以介绍、组织并积极推动国内青年赴法留学为活动内容。他们之所以鼓励国内学子赴法留学，除了留学法国每年费用"较赴日本留学所费无多"之外，也是出于对欧洲和法国文明的向往，希望通过留学法国达到改造社会的目的。诚如《留法俭学会简章》中所称：

> 改良社会，首重教育。欲输世界文明于国内，必以留学泰西为要图。惟西国学费，素称耗大，其事至难普及。曾经同志筹思，拟兴苦学之风，

广辟留欧学界。今共和初立，欲造成新社会新国民，更非留学莫济，而尤以民气民智先进之国为宜。兹由同志组织留法俭学会，以兴尚俭乐学之风，而助其事之实行也。又如女子之进化，家庭之改良，与社会关系尤切，而亦非留学莫济。故同时组织"女子俭学会"与"居家俭学会"。❶

同时对入会会员订立了《留法俭学会会约》，详细规定了宗旨、会员资格、义务、学费、学期、学课、工作、劝诫、成绩等十九项要求，对赴法俭学人员的旅程安排、生活起居、工作学习及行为规范等方面做了具体的落实。如入会资格："自往留学者，或尽义务于本会者，均得为本会会员。前往留学之会员，以年岁在十四以上，能自了其事者为合格。"❷ 留法俭学会的成立及其规章措施的制定有助于在新的历史条件下国内因贫困而年长失学的成人和有志青年学习新的、先进的科技文化知识，探索振兴祖国的道路。

为了推动赴法留学运动的开展，留法俭学会于 1912 年春在北京设立预备学校，由吴山、齐如山、齐竺山等主持，聘请铎尔孟（D'Hormon）教授法国语言文字。时任教育总长的蔡元培拨给安定门内方家胡同旧国子监南学作为校舍，学费则由俭学会同人自愿募集，宣布本校"以不背本会会约及养成俭学之习惯"为宗旨。

在开学典礼上，蔡元培、李石曾、吴玉章做了演讲。吴玉章在《北京留法俭学会预备学校开学典礼上的讲话》一文中认为，预备学校的设立，除输入西方文明外，还为了推行国民教育，"为国人作求学之津梁也"；同时也是为了养成苦学之风与艰苦卓绝之情操，"民国成立以来，学风稍靡，似以为目的已达，更无须奋勉者。而不知环观世界，吾国之幼稚，无异婴儿之在襁褓，而风云飘摇，又有大厦将倾之象，诚不可不痛自苛责，发奋为雄，以争生存于世界者也。"❸ 这大致反映了创办者与发起者的良苦用心及主观动机。

据《北京留法预备学校的成立及简章》所载的情形：北京留法预备学校专为俭学会会员赴法留学者而设，实行男女同校。聘请法人教授法国语言文

❶　留法俭学会简章［G］//清华大学中共党史教研组. 赴法勤工俭学运动史料（第一册）. 北京：北京出版社，1979：168.

❷　留法俭学会简章［G］//清华大学中共党史教研组. 赴法勤工俭学运动史料（第一册）. 北京：北京出版社，1979：169-171.

❸　吴玉章. 吴玉章在北京留法俭学会预备学校开学典礼上的讲话［G］//清华大学中共党史教研组. 赴法勤工俭学运动史料（第一册）. 北京：北京出版社，1979：182-183.

字，校中一切事宜，均照留法俭学会会约办理，"校中同学皆轮班值日，自操工作，除庖人外，别无佣工"❶。该校设法文教员一人；干事二人，兼授中文算学。开设的课程有法文、中文、算学及应用学识（如公共卫生、泰西风俗等）四科。❷ 这位法文教员即是外交部顾问铎尔孟，"彼热心于中国出洋游学之组织，故以义务相助。教法至善，进步甚速"❸。

按俭学会原先的计划，留法预备学校先设于北京，俟经费充足，再行推及他省。但事实上并未如愿。1913 年 6 月，北京留法预备学校因袁世凯政府的干涉而停止活动，"至第二次革命后，教育部索还校舍，预备学校，迁入四川会馆，警役时至校巡察，各生皆退学，校遂停办"❹。

1916 年 6 月，袁世凯死后，因反袁失败避居法国的蔡元培、吴玉章等于年底回国，重整留法预备学校，继续开展活动。

经过大半年的学习与训练，1912 年 11 月下旬，留法俭学会预备学校第一批学生计八十余人，经西伯利亚赴法留学。12 月 20 日抵法国，皆入法国中学预备学校。❺ 次年 6 月 3 日，该校第二批学生一百人左右预备期满，离京赴学。❻ 同一般的官僚绅士子弟相比，较为贫苦的青年成了留学生，在中国来说还是个创举。当时报刊以《贫儿赴巴黎之壮游》对此事进行了报道，在社会上震动很大。受其影响，社会上有不少人士抱俭学之旨，赴法留学。留法俭学会的成立及其办学、劝学活动，为工读教育的兴起开了先河。与此同时，张静江、吴稚晖、汪兆铭等人于 1912 年在上海设留英俭学会。1914 年 8 月 15 日，中国留美学生在美国欧柏林城组织俭学会，《留美中国学生工读会简章》指明其宗旨："以半工半读为助成学业之方法，以节省费用为推广留学之方法。"

❶ 北京留法预备学校的成立及简章 ［G］//清华大学中共党史教研组. 赴法勤工俭学运动（第一册）. 北京：北京出版社，1979：172.

❷ 北京留法预备学校的成立及简章 ［G］//清华大学中共党史教研组. 赴法勤工俭学运动（第一册）. 北京：北京出版社，1979：172 - 174.

❸ 吴敬恒. 答友人问留法俭学会书 ［G］//张允侯，殷叙彝，李峻晨. 留法勤工俭学运动（一）. 上海：上海人民出版社，1980：25.

❹ 北京留法预备学校的成立及简章 ［G］//清华大学中共党史教研组. 赴法勤工俭学运动史料（第一册）. 北京：北京出版社，1979：172.

❺ 陈学恂. 中国近代教育大事记 ［M］. 上海：上海教育出版社，1981：233.

❻ 《教育杂志》1913 年第 5 卷第 4 号.

希望这种"勤苦力学之风"播遍于海内外，以"养成为社会服务之人才"。❶
但这两者在实际影响及历史地位上均远逊于留法俭学会及其实际活动。

二、勤工俭学会、华法教育会

1914—1918 年，第一次世界大战期间，大批"参战"华工赴法，华工教育逐渐扩大。原来的留法俭学会无法适应这种发展的需要，勤工俭学会、华法教育会继之而起。第一次世界大战期间，法国作为参战国，急需大批劳力，以山东、直隶为主的中国劳工被招到法国做苦力，他们挖战壕、筑公路、运输粮食弹药，干着比一般法国工人辛苦的工作，却受到种种不公平的待遇。华工们身在异国，由于语言不通和缺乏基本的文化知识，在繁重的体力劳动之外，更增加了精神上的痛苦。勤工俭学正是适应华工教育的需要而产生的。

（一）勤工俭学会

1915 年前后，我国近代职业、平民、科学等教育思潮先后兴起，影响到俭学会的活动。

早在 1914 年，李广安、张秀波、齐云卿等人总结多年的实践，把"俭学"和"以工兼学"二者结合起来，"按实定名"，正式提出了"勤工俭学"的口号。从为解决学费问题而提倡俭学，转向同时强调勤工；从主张劳动者求学到兼顾知识分子勤工。这种变化是工读主义教育兴起时在内涵上的丰富与发展，有着重要的意义。

1915 年 5 月，蔡元培、李石曾、李广安、张秀波、齐云卿在法国发起组织勤工俭学会，以"勤于工作，俭以求学，以进劳动者之智识"为宗旨。凡表同情本会者，即为会员，其中以工求学者为实行会员，非以工求学而赞成此意并予尽力者为赞助会员；并印行《勤工俭学传》，月出数十份，以传记形式逐一介绍富兰克林、卢梭等著名科学家和学者刻苦求学的故事，以鼓励旅法华工厉行勤工俭学。在代表勤工俭学会与法国招工局签订的招募华工的合同中，李石曾除强调华工工价应与法人平等之外，还提出所招华工须选择有知识和无恶习者以及开展华工教育的要求，同时规定了赴法勤工俭学的程序、经费、求学、工作等方面的细目。

---

❶ 留美中国学生工读会简章 ［G］∥舒新城. 中国近代教育史资料（下册）. 北京：人民教育出版社，1981：875.

1915 年 10 月 30 日，蔡元培在《〈勤工俭学传〉序》中对"即工即学"的必要性以及作用与价值做了深入的论述。

> 虽然，学之范围至广大，决非一工之能赅，而吾人嗜学之性，亦决不能以学之直接隶属于工者为限。吾之作工，必以物质为原料，则矿学、生物学及化学之所关也；吾之作工必以力，则重学、机器学之所关也；吾之工必有数量，则数理之所关也；吾之工所以应他人之需要，则生理、心理、人类、社会等学之所关也。盖学之不属于工，而与工有密切关系者，所在皆是；吾苟择其性之所近者，而随时研究之，其能裨益于吾工者，决非浅鲜，而且令吾人作工之时，亦增无穷之兴趣，此绝非吾人所可忽视也。❶

把作工与学习科学技术知识结合起来，突破了以识字、写字为主的国民教育的范畴，跨入了近代职业教育的领域，表明勤工俭学会对工读教育在认识上的深化。这反映留法勤工俭学人员在国内、国外的受教育问题上，远比俭学会的计划及活动要具体而详尽，如《留法勤工俭学会说明书》中规定国内预备学校分为两级，即初级与高级。初级学期一年，课程以法文、图画与工艺实习为主；高级学期各校不同，课程为中学以上程度，以法文与工艺高等学科为主。到法国后，学生求学问题亦分两端：一为夜课，"日间作工，夜晚授课。或为浅近之补习，或为高等之演讲，或为专门之讲授"；二为专校，"从事数年工作之后，补习法文或科学知识已有基础，而经济亦已储积，彼时如欲以全力求学，可入专门学校"❷。根据学习者在程度、经济力及自身愿望等特点，具体设计并合理安排学习年限、学习内容及学习方式。这种措施符合成人教育的特点，并适应对在职人员职业技术教育培训的实际需要。勤工俭学会在河北蠡县布里村及其他各地设立的预备学校大致按照《留法勤工俭学会说明书》中的条文办理。❸

留法勤工俭学会的工作，对推动华工教育的开展和吸引一批农村青年赴法

---

❶ 留法勤工俭学会一览［G］//清华大学中共党史教研组. 赴法勤工俭学运动史料（第一册）. 北京：北京出版社，1979：185.

❷ 留法勤工俭学会说明书［G］//张允侯，殷叙彝，李峻晨. 留法勤工俭学运动（一）. 上海：上海人民出版社，1980：60－61.

❸ 张允侯，殷叙彝，李峻晨. 留法勤工俭学运动（一）［M］. 上海：上海人民出版社，1980：63－66.

勤工俭学起了很大作用。近代教育家、工读主义教育的积极鼓动及实践者蔡元培在《〈勤工俭学传〉序》中对此所做的追忆及阐发颇为深刻。

> 昔者李石曾、齐竺山诸君之创设豆腐公司于巴黎也，设为以工兼学制，试之有效，乃提倡俭学会。俭学会者，专持以俭求学之主义者也。而其中有并匮于俭学之资者，乃兼工以汲学。其与豆腐公司诸君，虽有偏重于学、及偏重于工之殊，而其为工学兼营则一也。继豆腐公司诸君而起者，有地浃泊（人造丝）厂诸君。人数渐增，范围渐广。于是李广安、张秀波、齐云卿诸君，按实定名，而有勤工俭学会之组织。由此，勤于工作而俭以求学主义，益确实而昭彰矣。❶

（二）华法教育会

华法教育会是五四运动时期组织、推动留法勤工俭学运动的核心组织，其活动的中心是如何通过勤工俭学的形式发展实业、改革教育。该会在 1917 年《致各界书》中说："本会宗旨以西方先进科学，图中国教育之发展，其范围以德育、智育与实业教育并重，其方术：（一）以编布书籍，应教育之需要：（二）以扩张留学，广科学之专材；（三）教育华工，谋中国实业之进步"，旨在使"中国教育与实业之前途，受惠至大"。❷

据《旅欧教育运动》一书所载，华法教育会最初的名字为"华法联合会"，系当时流亡法国的李石曾、蔡元培、汪精卫、吴稚晖、张静江、吴玉章等长期从事反清、反袁的同盟会会员有感于袁世凯在国内推行洪宪帝制，"国体颠危，更有联接同志国之需要，遂拟组织'华法联合会'"。华法联合会有两个功能：一是"当革命之时，可利于当时之进行"；二是"传达教育等事业，为永久之进行"。❸ 很显然，华法联合会既是一个文化团体，也是一个政治团体。后来法方人士穆岱（Mars Moutet）等人建议将政治活动与文化教育活动分开，成立教育会，专门从事教育文化事业，并介绍与巴黎自由教育会会长欧乐、书记裴纳联络，共同组织华法教育会。

---

❶ 留法勤工俭学会一览［G］//清华大学中共党史教研组. 赴法勤工俭学运动史料（第一册）. 北京：北京出版社，1979：186.

❷ 华法教育会致各界书［G］//清华大学中共党史教研组. 赴法勤工俭学运动史料（第一册）. 北京：北京出版社，1979：210.

❸ 旅欧华法教育会一览［G］//清华大学中共党史教研组. 赴法勤工俭学运动史料（第一册）. 北京：北京出版社，1979：197，201.

在李石曾、蔡元培等人的大力推动下，民初的留法教育既没有因国内"二次革命"的失败而夭折，也没有因"一战"爆发、法国成为主要战场而瘫痪，相反在 1916 年获得新的助力。为了更有效地推动中法两国的文化沟通和交流，1916 年 3 月 29 日，蔡元培、吴玉章、李煜瀛、汪兆铭等和法人欧乐、穆岱等人，在巴黎自由教育会所召开"华法教育会"发起会，并推选干事，拟定会章。举蔡元培、欧乐为会长，汪精卫、穆岱为副会长，吴玉章、宜士为会计，李石曾、李煜瀛、裴纳、法露为书记。其中，裴纳为法国某中学教师，法露为法国农科实业学校教务长，宜士为法国共和工商会代表。华法教育会的法方人士担负与法国有关学校和工厂的联系工作。

同年 6 月 22 日，华法教育会在巴黎召开成立会，通过华法教育会临时干事会报告，审定会纲。据《留法勤工俭学会一览》对会纲的规定，该会以"发展中法两国之交谊，尤重以法国科学与精神之教育，图中国道德、智识、经济之发展"为宗旨[1]。蔡元培在发起会上发表了题为《华法教育会之意趣》的演说。同年 9 月，蔡元培等又呈请设华法教育会于北京，并拟在各处设立分会。[2] 在该会的组织与推动下，以留法勤工俭学为主要表现形式的工读教育活动更为热烈。华法教育会的具体工作主要是：

1. 哲理与精神之部分。以传达法国新教育为务，如编辑刊印中法文书籍与报章，亦其职任。

2. 科学与教育之部分：联络中法学界诸团体；创设学问机关于中国；介绍多数中国留学生来法；助法人游学于中国；组织留学之工人教育；在法国创设中文学校或讲习班。

3. 经济与社会之部分。其作用为发展中法两国经济之关系与助进华工教育之组织，以法兰西民国之平等公道诸谊为标准。[3]

显然，第二部分内容最多，更为精彩。正是在这样的思想指导下，他们重建组织，重组留法预备学校，再版了《勤工俭学传》，编印了《旅欧教育运动》一书。该书详细介绍了留法勤工俭学活动沿革过程和赴法勤工俭学的办法，成了欲赴法者人手必备的入门书。他们还刊行了《旅欧

---

[1][3] 旅欧华法教育会一览［G］//清华大学中共党史教研组. 赴法勤工俭学运动史料（第一册）. 北京：北京出版社，1979：205 – 206.

[2] 沙兰芳. 蔡元培等呈请设华法教育会史料一则［J］. 历史档案，1984（3）.

杂志》，印发了大批传单、广告，介绍留法勤工俭学的意义和办法，称："倘中国各县筹派男女数人，在内地预备一年，赴法求学，每六年或八年为期，归中国本地方上振兴教育，扩充实业，则东亚不数十年，必能使全局改观，发扬固有之文明，产生特异之光彩也。"❶

1916 年年底，蔡元培受命担任北京大学校长，从法国回到北京，李石曾、吴玉章等也先后回国。1917 年 5 月，由蔡元培、汪精卫任正副会长的北京华法教育会宣告成立。蔡元培、汪精卫、李石曾、吴玉章都发表了热情洋溢的讲话。❷ 蔡元培具体地分析了赴法留学的好处，认为：第一，法国学术界思想活跃，受专制主义和宗教影响较之他国为少；第二，法国科学程度高，"科学界之大发明家，多属于法"，"吾国学者，颇有研究之耐心，而特鲜发明之锐气，又不可不以法人之所长补之"；第三，欧美各国生活程度均高，一般自费生无力负担，而法国除巴黎以外，"风气均极俭朴，其学校之不收学费，及所取膳宿费极廉者，所在多有，得以最俭之费用，求正当之学术"❸。

在华法教育会的主持下，以业余时间为主的留法华工教育主要采取下列三种方式进行。

（1）在居住地设补习学校，学习中、法文及机械知识。担任教师者多为俭学学生。

（2）在住所及厂内设课。每日抽一小时进行学习，由优秀多识的人教授。有条件的甚至组织起来，聘请私人教师，直接在宿舍里讲授。一位勤工俭学生回忆他所在厂对华工教育的情况时说：

> 计每日实习七小时，上课一小时。其教员系本厂重要工程师。其科目为工厂管理，组织效率及机械、冶金、钢铁之性质、英文、机械制造五门。计二年或三年期满。其教授仿大学制度，无讲义，无书籍，全凭口授，说机械有原物在焉。较之中国工业学校完全之至矣。❹

❶ 华林. 与全国各县筹派公费留法商榷书［J］. 新青年，1917，3（6）.
❷ 田正平. 留学生与中国教育近代化［M］. 广州：广东教育出版社，1996：132.
❸ 高平叔. 蔡元培全集（第三卷）［M］. 上海：中华书局，1992：52.
❹ 沈宜甲. 第一次报告书［J］. 安徽教育月刊，1919（24）.

（3）成立华工学校。华法教育会与留法勤工俭学会合办的华工学校，于1916 年 4 月 3 日开学。学校开办目的："意在选吾国工人之较有知识者，授以普通知识及中法文，使得分赴各工厂为译人，并以工余转为华工。"设法文、中文、算学、普通理化、图画、工艺、卫生、修身与公共组织等课程。中文方面为文辞、修身等课，蔡元培编辑德育、智育讲义四十讲，李石曾讲人生术（生理卫生）；法文方面为语法、算学、理科及工会组织等课，由法人讲授。对华工学校，法方也很支持，"经政府赞成，指借校舍，并岁津贴一万法郎"❶。

在他们的共同努力下，各界名流纷纷捐款资助，留法勤工俭学活动呈现出活跃的局面。各地纷纷成立华法教育会分会。这些分会的活动内容虽然不尽相同，但它们都以北京或巴黎华法教育会的宗旨为宗旨，都将"推广留学""劝导学生留法""辅助中国学生留法，资其利便，并组织教育机关"作为其主要活动。原有的俭学会、勤工俭学会也恢复了活动。这些组织的活动都与华法教育会的领导人有着十分密切的关系，在推动留法教育方面与华法教育会相互配合，为留法教育走向高潮提供了组织基础。

1917 年 5 月 27 日，由北京华法教育会重组的北京留法俭学会预备学校开学，第一批入学三十人。同年，河北蠡县布里村、保定育德中学和四川成都也先后创办留法勤工俭学预备学校。

各地留法预备学校开办后，推动了国内留法勤工俭学活动，全国各地的主要报刊如《新青年》《东方杂志》《民国日报》《时事新报》《晨报》《教育杂志》《少年中国》等广为宣传，一些社会名流也纷纷出面演讲，积极支持和提倡。他们认为，近世法国教育多有适宜中国之处，诸如法国教育不受"绅民阶级、政府万能、宗教万能等观念"的束缚，这一教育观念最适宜于中国，"中国本无国教，遂无宗教之障碍，此教育中最可贵之点，宜固存之而弗易也"；不但如此，法国教育还多有科学发明，学问高深，"泰西诸国各有专长，而发明斯理之毅力，与各类学问之博通，均以法人为最著"；此外，留学法国费用低廉，"其公立小学，为普及教育之根本，全免学费，人人可得求学。中学为学问之要径，价廉而制简，少于他国'贵胄学堂'之余味，等级相去较近，学问普及较易。至于大学与高深学问之建设，多不纳学费，寒士工民皆与

---

❶ 旅欧华人记事［J］. 旅欧杂志，1916（1）.

共之。法人对于他国人，亦亲和而无畛域，故他国人留学法国者最多。法国去'教育平等'固甚远，然其趋势向之矣"[1]。"故留法勤工俭学，几为举国公认之唯一要图。"[2] 据《留法勤工俭学会一览》所载：到第一次世界大战结束时，陆续赴法的华工达十五万人，他们中有许多或"以勤工之积储，为求学之资斧"，或"俭以求学"，集工学于一身。[3] 如此一来，使勤工俭学活动在更广阔的范围里得到了试验和推广。

三、保定兴办的留法勤工俭学预备教育

（一）布里留法工艺学校

布里留法工艺学校对革命有着不可磨灭的功绩。布里村是保定市高阳县的小村落，距离保定市约七十五公里。1916 年，蔡元培、李石曾、吴玉章等人回国后，在国内大力宣传留法勤工俭学运动，筹办创办留法工艺学校（班）。1917 年夏，李石曾到河北蠡县布里村看望好友段宗林，布里村旁的潴龙河正值汛期，村民正忙防汛。晚上李石曾到河岸视察水情，在街上发现有些青年手提小油灯，向一个公共场所——"大会"聚集，他也尾随去看。到"大会"后，看到这些人是上"半夜学堂"的，他很高兴，当即讲了话，以潴龙河为题，讲如何学习法国的先进技术，利用河水发展农业。大家听了，都感觉很新奇。

这所"半夜学堂"设在段宗林的族兄段宗桐家。李石曾说："你们这村文风很盛，有一定基础，应在这村办一所'留法勤工俭学会预备学校'。"段宗桐当即同意，很快就找人筹划，选定段宗桐为校长，并选定宗桂一家三合院为校舍，同时请豆腐公司回家探亲的工人齐连登、张秀波、曹福同为法文教员。校址和教职员商定后，李石曾等即呈请北京政府教育部。

原 呈

具呈人，李煜瀛等，为设立勤工俭学会预备学校，请与立案事。窃为我国今日实业教育实为当务之急，而所重者又不仅在厚资大业之经营，其

---

[1] 留法俭学会讲演大会纪事（节录），趋重法兰西教育之理由 [G] //张允侯，等. 留法勤工俭学运动（一），上海：上海人民出版社，1980：40 - 42，44 - 46.

[2] 舒新城. 近代中国留学史 [M]. 上海：中华书局，1932：138.

[3] 留法勤工俭学会一览 [G] //清华大学中共党史教研组. 赴法勤工俭学运动史料（第一册）. 北京：北京出版社，1979：188.

小工小农之职业教育与普通社会尤为密切之关系。近来赴海外之侨工日多一日，若能先与以相当之教育驶渡重洋，其返国所益于国民生计智识者比较多。值此诸故，前与通知在法国组织勤工俭学会，近将于中国各省组织该会预备学校，以为以工求学之预备。其详细情形另见说明，附呈鉴核，敬乞准予立案，实为公便，特此径程。

北京政府批文是：

北京政府教育部准李煜瀛等呈请设立勤工俭学会预备案批示
第七百四十六号　八年八月十日

呈及章程均悉。查勤工俭学会设立宗旨，趋重职业教育，用意甚属可佳，至该会所拟各处组织并所拟初级预备学校试办简章亦无不合，应准备案。此批。

批准建校后即开始招生，第一期计划招收五十名，学生主要来自本村及附近村镇的初中毕业生或相当于初中文化水平的人。考试科目为文化知识和体力。考生文化考试合格后，再考体力。当时设备简陋，考体力的办法是在一个打麦场，两端各竖一木杆，距离三十米，再找两个土筐，装土九十斤，考生担土筐绕木杆行走一周者，即认为合格，否则即不合格。考体力是李石曾、段宗林亲自监考。学校设备和房舍都很简陋，只能半天学习文化，半天学习法文。通过蔡元培、李石曾、吴玉章等人的大力倡导和宣传，留法勤工俭学运动迅速在全国形成高潮。布里村留法勤工俭学会第一预备学校已不能适应发展的形势：该校校舍过小，容纳不了日益增多的学生；学校没有校办工厂，学生不能学习工艺技术，达不到留法后的要求。出于上述原因，李石曾、段宗林、段宗桐商议筹建一所新的学校。因为留法俭学会、留法勤工俭学会、华法教育会都是非官方的组织，因此首先要解决的就是经费问题。布里留法预备学校新建学校的经济来源有三方面。

（1）卖彩票。段宗林、段宗桐先向附近村镇的村民进行宣传，然后印制了很多彩票。每张彩票的金额为一元（现洋），每张彩票上有一个号码。卖彩票前将得奖号码公布于众，得奖的数字也公布出去，很多人都争着购买，有买几张者。附近村镇在开彩的这一天，都聚集在布里留法工艺学校门前，由盲人段福来从一个木箱里往外摸，然后由主持人公布是否得奖，这样筹得一部分款。

（2）自建砖窑烧砖。有了部分资金，段宗林就请了一些工人，在村东自己祖坟后的十二亩地中打土坯建砖窑，烧砖建新校用。在烧砖的同时，开始选新校址。经过多方筹议，选定村西已故没落地主马老甫的房基。马家只有一个寡妇，因此经过商量，没花多少钱便买了下来。

（3）为解决远远不足的经费问题，李石曾、段宗林出面，请梅兰芳、姜妙香、韩世昌、侯益隆义务演出。适逢四大名角在京演出，经他们同意后，于1918年6月22日，在北京的江西会馆演出。北京《晨报》提前登出"四大名角同台演出"广告，轰动了北京城，票价五块大洋，也一抢而空。演出那天，一些社会名流、工商界人士纷纷前往。第一出是韩世昌、侯益隆的《乌江泪》，第二出是他们二人的《尼姑下山》，第三出是梅兰芳、姜妙香的《春香闹学》。演出结束后，文武场、勤杂人员、配角工资照发，只是四位名角义务捐献，共计一千五百元，交段宗林建布里留法工艺学校用。

1918年秋，学校迁入新校舍，更名为"布里村留法工艺学校"，购置了台钳、立钳等铁用工具，加强了学生的工艺实习。据《布里村留法工艺学校简章》所载：该校的办学宗旨是专为赴法以工求学之准备；教学安排是半日授课，半日实习；教学内容以法文、图画及工艺实习为主科，兼授中文及普及知识。学生年龄为十八至二十二岁。对学生资格的要求是身体强壮、素有职业或曾入学校，向无烟酒、赌博、放荡之嗜好，得有切实保证者，均可报名入校。考取之学额、考试之内容略分两种：浅近汉文、算学；知识与志趣之问答。随考试所得分数之多寡，定先后之次序。前若干名即时入校，后列者俟本校另有位置时或第二年陆续补偿。学期至少一年。学费每月一元，书纸笔墨在外，由学生自付。若有远来之学生须备食宿，其费自付。毕业后赴法旅费每人二三百元，此款由学生自备。学生赴法出发时指导一切，到法后之照料与代觅工作及助其继续求学等，均为学校与勤工俭学会应负之义务。到法后，学校学生有列名于勤工俭学会及纳会费之义务，学校承侨工局之赞助，学生毕业赴法当尽力于侨工教育等事。为了减轻学生负担，学校帮助学生销售其所做工艺品，以所得之价为其补助。

布里留法工艺学校是在留法勤工俭学运动的初期兴建的，也是此类学校中办得最早、规模最大的一所学校。其余二十余所大部分只是附设的一个或几个预备班。布里留法工艺学校地处乡村，生活水平低，学费低廉，为贫苦学生创造了良好的学习条件。法文教员是从法国回国的华工，他们现身说法，向学生介绍法国的风土人情，使学生受益匪浅。特别是以蔡和森为首的湖南学生到达后，学校的新文化气氛十分浓郁。蔡和森等人在这里阅读了大量进步书刊，对以后确立共产主义思想起了很大作用。蔡和森还反复向学生宣讲了俄国十月革命和各国工人运动情况，推动了马列主义在中国的传播。

从布里留法的学生中，许多人成为优秀的共产主义和无产阶级革命家，成为中国共产党的中坚力量。布里留法工艺学校对革命有着不可磨灭的功绩。❶

（二）保定育德中学留法高等工艺预备班

在布里村留法工艺学校建立的同时，李石曾与蔡元培到保定育德中学参观并演讲，宣传留法勤工俭学。他们对育德中学的教育方针和教学质量颇为赞赏。学校的教职员中多为同盟会员，更引起了他们的重视，于是，李石曾提议在育德中学附设留法高等工艺预备班（简称留法班）。当时育德中学的校长王国光是李石曾的同乡，又是挚友，育德中学以前曾多次接受过李石曾的帮助，留法勤工俭学的宗旨与王国光的"实业救国"的思想极为相合。所以，王国光对此事非常热心，广大师生对此事也非常欢迎，随即把育德中学的法文班改为"留法高等工艺预备班"，把学校的手工工厂改建成留法班的实习工场。

1917 年 8 月 10 日，北京教育部批准了李石曾在保定城乡成立留法预备学校的呈请。育德中学立即印发了招生简章和说明书，面向全国招生。

招生简章

一、宗旨。为养成专门技艺，实行制造之人才。

二、学科。以法文及铁工为主要科目，机器学理、工艺图画、土木工程等科目副之，其细目如下：

法文、木工实习、铁工实习、应用力学、图法、物质能力论、机械学、热力学、机械制图、蒸汽锅炉、蒸汽机学、油机学、煤气机学、空气榨压机学、水利机学、船舶机关、汽车机关、电工学、机器计划、测量学、浅近建筑学、建筑材料论、簿记学。

三、年龄。十八岁以上，二十三岁以下。

四、资格。中学校或与中学相当之学校毕业，其身体强壮、向无嗜好者。

---

❶ 保定教育史料选编委员会. 保定教育史料选编（第二册）[M]. 保定：河北大学出版社，2012：215.

五、学额。每班至少三十人，至多六十五人。

六、费用。学费每月三元，书籍纸笔及画图器等均自备。

七、毕业。一年毕业。

八、留法。毕业后由华法教育会指导，赴法留学工艺。

九、义务。此法承侨工局之赞助，学生毕业赴法应尽力于侨工教育。

十、职教员。校长：王喜曾（国光）；法文教员：李光汉（广安）；科学教员：刘振华（先洲）。

说明书

一、缘起。现今国人皆知工艺教育之要而倡导之，惟所设工艺各校诸多缺略，不能应社会之需求；而留学外邦费用浩繁，又非普通人财力所能及。前由留法诸君发起勤工俭学会，以工求学，既可得留法之资，又可收实习之效，有裨于我国工艺前途者甚巨。本校采取其意，组织留法高等工艺预备班，期以至少费用，养成专门技艺实行制造之人才。

二、费用。赴法时学生自备川资二百余元。抵境后择适宜之工厂做工，每人每日可得酬金三元或四元，除一切费用，每月可储蓄四五十元。四五年后可储得千余元或两千元，足供专门工艺学校三四年之用。如不入学校携资归国，组合同志设立工厂，本其所经验者以实行制造，亦是为中国实业前途发生异彩。

三、学业。在本校预备法文及工学简要科目并铁工、木工学习，为到法国后实际之便利与将来深造之基础。在法求学可分二端：（一）夜课：即日间做工，夜间授课。或高级之演讲，或专门之教授，巴黎此种组织既多且备。更有星期讲习会与科学实验所，皆为工厂做工者而设，亦皆为本班学生所适用。（二）专校：从事工作数年，法语渐熟，科学智识已有基础，所储酬金亦有成数，彼时亦以全力求学可入专门学校。法国此等适宜之学校甚多，略举如左（下）：

（甲）工艺实习学校：此等学校费用极廉，每人每年学费及食宿费共六百法郎（二百余元），更加以一切费用，每年六百元定可足用。此等学校门类甚多，如金工、木工、电料、瓷料、纺织、印刷、雕刻、绘画皆是，而其中最重要者首推金工。金工之门类亦巨细不等，如工厂机械、日用器具，大者如汽车，小者如手表，皆其子目。

（乙）建筑与工艺美术学校：此二种学校时分时合，皆为各省公立不纳学费，亦不住校。入此等学校，可寄居于旅馆或自租有家具之宿舍，每年每人一切费用六百元亦可足用。此等学校之门类略可分为木工、雕刻、绘画三种，与本校所预备者相近，故亦适用。

（丙）大学之中学科固极精备，惟学费较昂，每年每人费用约七百元；惟外省偶亦有费廉者，六百元亦足用，但其数不多。大学中实业应用之科，如电学及农学、化学等皆是。此外则多研究学理而不属于实用。此外，如农、矿、商、航之各种实业与文学、美术之各种专校，固均各有其重要之价值，惟非本班学生之所预备，故不详述。

四、留学指导。学生赴法出发时准备一切，到法后之照料与介绍工厂及入校各种问题，均由本校托华法教育会及勤工俭学会指导助理之。惟学生到法后有列名于勤工俭学会及纳会费之义务（每年五法郎）。

五、与侨工之关系。数年以来，到法侨工数以万计。侨工实业、侨工教育，皆为重要之问题。本班毕业生皆受高等之教育，于个人操作之余对于普通侨工自有教导之义务；亦可于彼此交际养成互助美风，即将来归国所操事业精粗不同，而共同致力于实业，其关系当为密切也。

留法班的法文教员由李石曾在法国创办的巴黎中国豆腐工厂的工人李光汉担任，机械教员由刘振华担任。在留法班初创办时，恰逢刘振华从香港大学毕业，他在回保定路过天津时，已被天津高等工业学校聘为机械学讲师，月薪一百五十元。因为他原是育德中学第一班的毕业生，校长王国光就坚决让他辞掉天津之聘，回母校担任留法班的机械教员，月薪五十元。刘振华因爱护母校，慨然应允，并且连续数年未曾离职。他编写的《机械学》《蒸汽机》《内燃机》等讲义，后来都被商务印书馆印成书，畅销全国。王国光曾回忆说："我这样请教员的方法似乎不近人情，他这样的牺牲精神也是人所罕见。"此事一时传为佳话。

预备班的实习工厂分锻工、锉工、翻砂和机械等工种，每个工种再分四组，各组实习内容每周更换一次。锉工车间设有油发动机一台，车床两台，虎钳数十个。锻工车间有风箱、火炉、铁钻等设备。当时保定师范有个名叫法斯特的美国教员，他因敬慕育德中学的校办工厂，便赠给学校几台机器，所以实习工厂也曾叫作"法斯特铁工厂"。工厂结合教学和社会上的需要，生产过丁字尺、三角板和网球拍以及农民浇地用的水车，还生产过高阳县一带需求量很大的织土布用的织布梭等。吴玉章听说育德中学办得很好，便把他的侄子吴振环从四川送到保定育德中学留法班学习，毕业后赴法勤工俭学。

1918 年，法国驻中国公使赫尔利参观了育德中学，他对留法班的创立与办学情况十分赞赏，回京后拨了一笔经费给育德中学，以表支持。驻保定的军阀曹锟也曾拨专款资助留法班。育德中学用这笔款盖了新礼堂、饭厅，还给实习工厂买了几台车床。❶

该校于 1917 年 8 月开始招收第一期学生，共招收四期。本期学生主要是本校第十班的应届毕业生和上届毕业生，还有几名从本校考进的学生，共计三十一人，都是河北籍。第二期于 1918 年 9 月招生。本班学生以湖南学生最多，李维汉、李富春、贺果、张昆弟、张增益等都在第二班学习，故有"湖南班"之称。毛泽东、蔡和森、肖子昇曾于 1918 年 10 月 6 日从北京专程到保定看望在育德中学留法班学习的湖南学生和即日刚从湖南来到保定、即刻又要转赴高阳县布里留法班学习的三十余名湖南学生。晚上，李维汉、贺果等去看望住在唐家胡同第一客栈的毛泽东、蔡和森、肖子昇。第二天，毛泽东、蔡和森、肖子昇等与湖南学生同游古莲池并摄影留念。10 月 8 日，毛泽东、肖子昇返京。10 月 10 日，蔡和森带领三十余名湖南学生赴高阳县布里留法工艺学校学习。刘少奇在第三班学习，毕业后未曾赴法，转至上海外语补习学校学习，1921 年赴莫斯科东方劳动大学学习。第四班学生于 1921 年夏毕业，因当时留法勤工俭学运动在法国受到挫折，国内不再成批向法国输送勤工俭学生，所以第四班学生未能赴法。至此，育德中学留法班停办。❷

保定育德中学附设留法高等工艺预备班在办学上有鲜明特色：学校明确要求学生必须掌握一些基本的工艺技术，具有职业技术教育的办学模式；理论联系实际，实习在学生课业安排中所占比重很高，至少达到平分秋色的水准；工读结合，勤工俭学，减轻了学生的负担，同时又培养学生艰苦奋斗、勤劳朴实的品德。❸

"实业救国""教育救国"是前期留法勤工俭学指导思想上的重要特点。1917 年 10 月，《教育公报》上一篇评述勤工俭学的文章很有代表性，后来又编入《留法勤工俭学一览》之中，其间谈到"勤工俭学的希望与结论"时十

---

❶ 资料主要源自保定市南市区"留法勤工俭学生运动纪念馆"图片展览文字内容。

❷❸ 保定教育史料选编委员会. 保定教育史料选编（第二册）[M]. 保定：河北大学出版社，2012：215.

分明确地提出："实业与教育之要，人皆知之……多数人之实业与多数人之教育，乃其尤要者；勤工俭学之组织正可助此事之实行。此所以对此事有无穷之希望也。"❶ 留法勤工俭学发动时期，正是第一次世界大战期间中国民族工业得到一定的发展、给人们带来了新希望的时候，要发展实业就需要培养实业人才，当时中国教育落后，就只有到外国去学习。所以，留法俭学会的公约提出，希望"养成勤俭纯洁，并有知识技艺之学子"❷。据《留法勤工俭学预备学校之近况》一文所称：1919 年，北京勤工俭学预备学校法文专修馆六个班一百八十人中，除一班二十人外，均为工业班。❸ 各省预备学校也是如此，如上海留法勤工俭学预备科的"通告"中说："此时国内正全力提倡制造国货，于应用工艺人才相需更亟"，因而倡此运动。❹ 从当时留法勤工俭学参加者的很多回忆中，我们也可以清楚地看到这一点。如李卓然回忆他当年留法勤工俭学的最初动机是想去"学点技术和本领，回来好振兴中国的实业，走实业救国的道路"❺。

可见，留法勤工俭学在组织形式上推崇"勤工俭学"，"工""读"结合，类型模式灵活多样，而课程内容编制则明显倾向于西方科学知识及实用技术、操作工艺及机械实用技能的培训与实践。这正是对传统经学教育、宋明理学及心学教育的挑战与补正，与当时形成中的平民教育、职业教育及科学教育思潮流派相互激荡，各呈风采。

而从当时整个思想文化界来看，留法勤工俭学的兴起，乃是资产阶级新文化和封建阶级旧文化激烈斗争的产物。它虽然没有超出旧民主主义革命的范畴，但仍具有一定的进步性。因为它的发生就是对封建旧制度、旧文化的否定，大批勤工俭学生都是从封建罗网中杀出来的。所以说这一运动从一开始，就顺应了在新的历史条件下思想解放的潮流。

---

❶　留法勤工俭学一览［G］//清华大学中共党史教研组. 赴法勤工俭学运动史料（第一册）. 北京：北京出版社，1979：190 - 191.

❷　留法俭学会的发起及简章［G］//清华大学中共党史教研组. 赴法勤工俭学运动史料（第一册）. 北京：北京出版社，1979：171.

❸❹　子晖. 留法勤工俭学预备学校之近况［G］//清华大学中共党史教研组. 赴法勤工俭学运动史料（第一册）. 北京：北京出版社，1979：193.

❺　中国社会科学院近代史研究所. 五四运动回忆录（下册）［M］. 北京：社会科学出版社，1979：906.

第二节　工读运动的发展

五四运动前后，由于十月革命的影响，各种社会主义思潮传到中国，马克思主义也开始在中国传播。很多先进的青年不仅反对官僚制度的黑暗统治，也感到了资本主义社会的矛盾。他们向往社会主义，但认识模糊，有的是从民主主义的扩大来理解社会主义，有的是受新村主义或无政府主义的影响。在这些"新思潮"影响下，工读主义教育思潮得到发展。国内工读互助运动兴起的同时，又推动了赴法勤工俭学高涨，其中便有不少知识青年由接受工读主义而转向马克思主义。

五四运动时期兴起的工读互助运动，有与留法勤工俭学前期受教育救国、实业救国思想影响相联系的一面，把"工读"或"工学"看作实现民主自由、国家富强的武器；同时又染上"劳工神圣"和社会改造思潮的新色彩，相信工学主义"是救济我国现社会一种切实可行的主义"。他们设计出了"人人做工，人人读书，各尽所能，各取所需"的工读互助理想，以为通过工读小组的实验、扩大、联合就可实现这一方案。"工学会"和"工读互助团"是开展工读互助运动的典型代表。

诚如有的学者所做的分析及其思索：第一次世界大战期间，中国民族资本主义工商业的发展、工人阶级队伍的迅速壮大，使"劳工"在社会生活中的地位日益受到人们的关注。十月革命的胜利，使在新文化运动中受到洗礼的进步知识分子更深切地感受到"劳工"在改变世界面貌中的伟大作用。[1]

1918年11月，蔡元培在天安门前发表了《劳工神圣》的著名演说，高呼："此后的世界，全是劳工的世界呵！"[2] "劳工神圣""与劳工为伍"的口号加强了五四运动中工读主义、平民教育等在知识界、教育界极有地位社会思潮的实践力量。在北京、天津、上海、武汉、广州、南京等大城市，以青年为主题的各种名目的"工学会""工读互助团""工学社"等纷纷成立。

一、工学会

"工学会"是北京高等师范学校一部分在校学生和一部分毕业生于1919

---

[1] 田正平. 留学生与中国教育近代化［M］. 广州：广东教育出版社，1996：137.
[2] 高平叔. 蔡元培全集（第三卷）［M］. 上海：中华书局，1932：219.

年2月9日成立起来的提倡"工学主义"的团体，发起人为匡互生、周予同、刘薰宇等。

工学会《总纲》规定"本会以励行工学主义为宗旨"，办理"扶助会员为自愿之工作及学业"，"提倡工学主义"，"研究教育上劳动实施之方法"。❶ 工学会成员认为，要改造社会，必须打破劳心与劳力的界限，工与学并进，做工的人要读书，读书的人要做工，打破中国数千年来"贵学贱工"的谬见，并宣称所提倡的"工学主义"和一般流行的"工读主义"不同。他们分析"工读主义"有三种不同的解析：一是做工的人求学；二是求学的人为了实验学理而进行的劳作教育和工场实习；三是贫苦学生为了补助学费而进行的半工半读。通过比较，提出这三种"工读"理解和他们提倡的"工学主义"不同，他们的"工学主义"是指"工便是学，学便是工"，"活到老，学到老，做到老"。因此，应该用"工学"一词来代替"工读"，并解释二者的区别：

> "工读"在以劳动的工资为求学的基础，其目的在求学，而劳动乃为达到求学目的之手段。其劳动义务，至既满足其所需求之学费而止。"工学"视作工求学二者，都是人类全体的正义，社会各分子的天职。"工读"是社会一时的现象，是到必要时可以解除作工的义务，"工学"是吾人立身社会的宗旨，也是理想社会的通则。所以不称"工读"而取"工学"。❷

"工学会"会员认为不能把"工"和"学"割裂开来，反对把"工"单纯解析为体力劳动，"学"单纯解析为脑力劳动。他们认为"工"应当包括体力劳动和脑力劳动两个方面，而"学"是求得做工的知识，同时加强在"工"的实践过程中验证、巩固并丰富知识、深化理解。

为实行工学主义，他们建立了实验的组织。实验会员暂以发起人为限，"实验有效即行扩充"。在组织程序方面曾设想每周授课二十四小时，做工二十四小时，自修十二小时，其余时间阅读书报、交际娱乐。除已成立的石印、照相、打字、雕刻小组之外，又成立了木板印刷、书报贩卖等组，并提出了"各尽所能、各取所需"的口号。实验会员不限班部年级，自选学科学习。但他们的"工学"因牵动学校全局，几经交涉也没有头绪，所以所开展的活动

---

❶ 张允侯，殷叙彝，等. 五四时期的社团（二）［M］. 北京：生活·读书·新知三联书店，1979：510.

❷ 陈元晖. 中国现代教育史［M］. 北京：人民教育出版社，1979：37.

实际是松散的。贩卖部由会员轮流值日，木刻、石印之类工作并无定时，由会员自由去做。由于劳动技术不熟练，勤劳习惯又差，因此生产效率低。如石印组，市面上的石印局一小时能印七十张，而他们只能印四十张。其他各组成效也差，"所费的时间多，而所得的报酬非常少"。所以他们虽提出过"各尽所能、各取所需"的原则，实际只是以营利所得给社员一点报酬及作会费之用。他们的"学"仍然是以学校的课程为主，而在课外组织一些学习和研究，并创办了《工学》杂志（月刊），讨论和宣传工学主义。

"工学会"会员对"工"和"学"关系的看法及实验活动，有其合理的一面。从政治思想上说，他们是反封建、主张民主自由的，但他们大都是改良主义者，主张通过普遍设立"工学主义"团体的办法来改造社会，用"工学主义"的精神来改造教育，再通过教育来改造社会。从《工学》杂志上发表的文章看，他们在不同程度上受到空想社会主义、无政府主义、新村主义以及杜威实用主义思想的影响。

二、北京工读互助团

北京工读互助团主要的发起人是少年中国学会的王光祈。他在1919年8月即提出空想社会主义的新村生活，主张在离城不远的乡村开设菜园，园中建筑房屋，除卧室、饭厅之外，还有书房、阅报室、藏书室、办公室、会客室、游戏室等。十几个人共同生活，每天种菜两小时，翻译书籍三小时，其余时间游戏阅报。生活靠种菜、译书所得维持。同时开办一个附设的平民学校，附近农家子弟可免费上学。但由于实际的困难，他的"新生活"设想并未着手进行实验。同年12月4日，他又在北京《晨报》上发表了题为《城市中的新生活》的文章，提议组织一种"男女生活互助社"，以帮助青年脱离家庭压迫，培养独立生活能力和劳动互助习惯，创造读书的机会，"为苦学生开一个生活途径，为新社会筑一个基础"。这一倡议得到许多社会名流的支持，列名发起者有蔡元培、陈独秀、李大钊等十七人。经过他们的奔走筹划之后，募集了一笔款，正式成立了"工读互助团"。

北京工读互助团的《简章》规定，该团的宗旨是"本互助精神，实行半工半读"。其特点是在互助的原则下，工学结合，以工养学。团员每天工作四小时，工作所得归团体公有，团员所有生活费用由团体供给。由全体团员组成团员会，议决团内大事，推举事务员管理日常事务，分四组活动。由于生计所迫，更为矫正社会上"重读轻工"的观念，互助团主张"暂时重工轻读"。第一组开办食堂、电影、洗衣等项服务，还创办了"英算专修馆"补习学校，作为"工"的项目，以增加经济收入。第二组把所经营的"工"都加上"平民"二字，叫"平民食堂""平民工厂"（制作小工艺品如墨水、糨糊、牙刷及面油等）、"平民洗衣局""平民消费公社"，还接办了原法文专修馆办的"平民补习学校"，"以启发平民知识为改造社会之基本计划"。第三组女子组，经营缝纫、织袜、刺绣等工作。第四组办"食劳轩"（自食其力的意思），设食堂兼售杂品。团员以北京大学学生为主，先后发展至四十余人。他们的"读"，有的是在北大等校自由选修"与人生关系密切的"学科，另一种是请人来上课，但尤重自由研究。

北京工读互助团的团员们满怀热情地实验他们的"工读互助新生活"，希望通过这种组织的扩大及联合，实现"人人作工，人人读书，各尽所能，各取所需"的理想社会。团员将此称作"平和的经济革命"，一入团，即宣布"脱离家庭关系，脱离婚姻关系，脱离学校关系"，以解除旧社会、旧家庭的束缚。但是为时不久，一些不可克服的矛盾就暴露出来，这种空想社会主义、无政府主义的幻想就破灭了。这一方面是因为经济的压迫，他们既无熟练劳动的能力和习惯，也不善于经营管理，因此每天工作六七小时，连团员的生活都维持不了，这个所谓"新生活"的组织得不到存在的经济基础。加之团员个人主义、自由主义与集体生活方式间产生矛盾，无法坚持下去。第一组存在仅三四个月，便于1920年3月23日开会决议各人自由另找工作。工读互助团的主张从根本上推翻了，其他各组也先后解散。第四组的活动大致于1920年10月接近尾声。"新生活"的实验就这样昙花一现，宣告流产。

"工学社"和"工读互助团"都主张以"工读"去改造教育，从改造教育入手去改造社会，这种带有显著的改良主义色彩的教育思潮在当时很流行，得到新文化界广泛的关心和支持，许多报刊和社会名流还争相介绍和鼓吹，引起全国各地青年的注视和向往。天津的《觉悟》第1期曾发表《工读主义》一文，长达两万字，对工读主义的理解、主张以及实行办法，都做了系统的、具体的论述。❶《北京大学学生周刊》是当时宣传工读思想的重要刊物，该刊第2

---

❶ 中共中央马恩列斯著作编译局研究室. 五四时期期刊介绍（第一集·上册）[M]. 北京：生活·读书·新知三联书店，1959：334.

号（1920 年 1 月出版）上的《我的工学主义观》一文就系统地论述了"工学主义"。作者认为"工学"首先是"分工"的革命，"全工"的开端。分工产生了恶劣的后果，它使工人变成无知识的"机器的人"，使资本家变为"工业上的贵族"。实行"工学主义"的目的就是消灭这两种阶级的差别，"把智力同体力沟通，做工的可以求学，求学的也许做工，管机器的能自己造机器，做农务的也许操工业上的操作——如此，轮流变换，不守故常，使个人的能力，在各方面尽量发展出来，于社会较分工更为有利——这便是'全工'"。其次，"工学"是"完全教育的起点"，"科学的再生"。过去的教育是"不完全的教育"，只知道教人读书，不知道教人从事生产和研究真理。"工学主义"可以补救文字和古典教育的弊病，使学生能把课堂中学到的抽象原理及时、有效地"应用到工作上去，不要死记几条断案或古人的陈言，便算了事"，这才是"完全的教育"。"完全的教育"可以把科学家和工人的界限打破，产生有"完全能力"的人，科学也因此有"再生"的希望。由此，作者得出结论说："工学主义"的普遍实现，便是经济革命、教育革命的实现，这种"科学上的革命""比那单是变换了现在的政治制度的革命要紧万分"。所以，"工学就是人民幸福的真金矿"。作者把分工说成是产生阶级区别的根源，把"工学主义"看成比政治革命更重要的革命，这充分表现出他的改良主义和空想主义的倾向。

北京工读互助团成立的同时或之后，在上海、天津、南京、广州、武汉等地此伏彼起，先后出现了类似的组织。如上海工读互助团于 1920 年 2 月 27 日开了筹备会，制定《上海工读互助团简章》，明确其宗旨为谋"教育与职业合一，学问与生活合一"，通过"半工半读、互助协作"的新组织，走向"新生活"❶。随后，一部分旅沪的湖南学生又组织沪滨工读互助团，主张不只学生工读，还要联络社会上的一般人首先是工人参加，因为工人已有职业，能够吃苦耐劳，易团结。并提出要"输进工人的知识"，"融洽工学的界限"❷，这是和其他"工读互助团"不同的一个新特点。另外，谌志笃等曾发起组织天津工读印刷社，陈时、恽代英等人在武昌发起组织武昌工读互助团，南京有南京

---

❶ 上海工读互助团简章［G］//张允侯，殷叙彝，等. 五四时期的社团（二）. 北京：生活·读书·新知三联书店，1979：453.

❷ 袁笃实. 沪滨工读团进行计划的个人主张［G］//张允侯，殷叙彝，等. 五四时期的社团（二）. 北京：生活·读书·新知三联书店，1979：464.

师范工读互助团，广州有粤女工学互助团等，它们存在的时间都不长，有的还在筹办期间便无下文了。

总之，这时期的工学互助运动把批判的矛头指向"劳心者治人，劳力者治于人"的封建传统观念，认为视劳心为"神圣"、看劳力为"卑贱"是"万恶无道的思想"❶。他们主张"工和学并立"，反对做工的人可以"目不识丁，蠢如鹿豕"；读书的人可以"高其身价，坐享福禄"。工学或工读结合，不仅符合民主主义的精神，而且是发展实业、解决"国民生计"之所必须。因为，只有这样才能"把国民惰性竭力革去，叫生利的人一天比一天多起来"❷。他们的认识是深刻的，专注于工和学结合的教育社会化试验，其愿望是善良的，也确实有一定实效，在近现代社会政治史及教育史上均有积极意义。但是，面对黑暗的社会现实、帝国主义的侵略及凋敝的民族经济，这些活动只能是杯水车薪，其改良主义的方案也无力对中国社会的根本变革带来实质性的作用，只能是乌托邦式的幻想。

第三节　留法勤工俭学运动的高涨

留法俭学会、勤工俭学会、华法教育会的活动为留法勤工俭学运动创造了必要的条件，而国内工读教育试验又为海外的运动浪潮推波助澜，以至于促成新的历史机遇。

一、兴盛的原因

1919 年 3 月至 1920 年年底，赴法勤工俭学运动进入高潮，这也标志工读主义教育思潮走向新的阶段，并有新的质性因素突破，促成这种高潮到来的原因主要有以下三个方面。

第一，五四运动和反帝爱国斗争的影响。在北洋军阀统治下和帝国主义压迫下，民族危机深重，军阀混战，民生凋敝，教育备受摧残。广大青年学生不但为国家民族的前途担忧，而且还身受种种压迫，面临失学失业的痛苦。随着

---

❶ 工学会旨趣书 [G] //张允侯，殷叙彝，等. 五四时期的社团（二）. 北京：生活·读书·新知三联书店，1979：501.

❷ 工学会旨趣书 [G] //张允侯，殷叙彝，等. 五四时期的社团（二）. 北京：生活·读书·新知三联书店，1979：502.

新文化运动的深入发展、五四运动的爆发、十月革命的影响逐渐扩大，马克思主义在中国广泛传播，各种新思潮十分活跃。在这种历史背景下，一些先进的青年第一次看到了工人阶级的力量，更多的青年产生了远离祖国去寻求救国救民真理的愿望。他们向往莫斯科，但是在帝国主义和封建军阀的阻挠和封锁下，没有可能成行。以"自由、平等、博爱"思想故乡著称，曾经孕育过许多世界级文学家、艺术家、科学家的法兰西强烈地吸引着他们。这些寻梦青年经过一个多月的海上颠簸，克服了身心上的种种磨炼与不适，抵达马赛港后，兀立眼帘的林立高楼、宽敞道路、整洁设施、便利交通，不时撞击着他们师从西方、远效异邦的强烈学习愿望。而这时的法国工人运动和社会主义运动正在蓬勃发展，加之它在第一次世界大战后对国外劳动力的需求，使法国成为对中国进步青年最具有吸引力的国家。

第二，受工读互助运动的影响。五四运动时期，工读互助运动在国内兴起。他们反对教育上的特权，主张做工的求学，求学的做工，使劳工有享受教育的机会与权利。这种主张及其活动影响很大。徐特立在自巴黎致湖南绅学的书信中称："国内虽亦可半工半读，但习俗难移，劳动事业，学生多不愿为。既无工厂，则劳动事业，无学术可言。道路不交通，作工与求学之地相隔太远，不能同时并举。故工读以法国为最宜。"❶ 周恩来当时所写的关于留法勤工俭学的报道《留法勤工俭学生之大波澜》一文中说："迨欧战既停，国内青年受新思潮之鼓荡，求知识之心大盛，复耳濡目染于'工读'之名词，耸动于'劳工神圣'之思，奋起作海外之行者因以大增。"❷

第三，通过留法勤工俭学学习西方先进的科学知识及社会思想，也是促使进步青年赴法的原因。1919 年 3 月 15 日，吴玉章在上海寰球中国学生会为留法勤工俭学学生举行的欢送会上发表了热情洋溢的演说，其演说词可以作为这方面的代表性言论。他说：

> 现在科学进步，一日千里，我们不从速猛进，则无以自立于世界。诸君往法勤工俭学，所负的责任不小。我国数十年来，每遇一次战争，则风气为之一变。……此次大战而后，政治社会改革之声，遍于全球。我们国

---

❶ 徐懋恂. 徐懋恂由巴黎致湘学界书［G］//清华大学中共党史教研组. 赴法勤工俭学运动史料（第二册·上）. 北京：北京出版社，1980：192.

❷ 周恩来. 留法勤工俭学生之大波澜［G］//清华大学中共党史教研组. 赴法勤工俭学运动史料（第一册）. 北京：北京出版社，1979：53.

人亦知顺此潮流，研究改革。……我们要认定这留学外国，讲求新学不是趋时附势，学点皮毛，想窃得一头衔，以为终南捷径……现在世界的新思想新科学……皆在法国，诸君前往，不但学得物质上文明，并可养成高尚的理想，将来归国，以贡献于吾国社会，必能为社会开一新纪元，其功业自不可限量。❶

1921 年年初，周恩来初到巴黎时，初步的设想是："既来欧洲猎取学术，唯在求实学以谋自立，虚心考查，以求了解彼邦社会真相暨解决之道，而思所以应用于吾民族者。……在此计划拟入大学读书三四年，然后再往美读书一年，而以暑中之暇至大陆游览。到学校去！以血汗所得之工资，换科学上之知能，为工业落后之祖国，谋实业上之进展。"❷

早期的共产主义者是这一阶段留法勤工俭学运动的主要发起者、组织者或参加者。例如，李大钊、毛泽东、吴玉章都是留法勤工俭学的组织者。周恩来、邓小平、陈毅、李富春、聂荣臻、李维汉、徐特立、蔡畅、邓颖超、何长工和革命先烈蔡和森、王若飞、赵世炎、陈延年、陈乔年、罗学瓒、张昆弟、郭隆真、穆青等都是留法勤工俭学的学生。五四运动以后，由于一批早期共产主义者的参加，勤工俭学运动的性质和内容发生了变化。他们将以往通过"勤工"以谋求学费提高到"俭学"与"勤工"结合，并探索"改造中国与世界"的道路这一新高度，正如周世钊在《湘江的怒吼》一文中所讲的，"赴法勤工俭学是青年最好的出路，它不仅可以学到新思想和新技术，而且通过体力劳动，能和工人一起生活，能熟悉和了解工人，建立革命世界观，回国后可以担当改造社会的任务"❸。这就使这一运动成为新民主主义文化统一战线的一部分。

二、赴法勤工俭学浪潮激荡的情形

据统计，从 1919 年 3 月 17 日 "因幡号" 轮船载八十九名学生在上海放洋起航，第一批留法勤工俭学生出国到 1920 年 12 月 15 日止，两年内共约二十批先后赴法，参加的青年达一千六百余人。其中，以湖南为最多，有三百三十

---

❶ 吴玉章. 吴玉章在赴法勤工俭学生送别会的演说词 [G] //清华大学中共党史教研组. 赴法勤工俭学运动史料（第二册·上）. 北京：北京出版社，1979：371.

❷ 张允侯，等. 留法勤工俭学运动（第二册）[M]. 上海：上海人民出版社，1986：240－241.

❸ 周世钊. 光辉的五四·湘江的怒吼 [M]. 北京：中国青年出版社，1960：61.

人；四川次之，二百七十人；直隶一百五十人，浙江八十人，江苏、安徽、福建、湖北、江西等省各有二十至五十人，山东、贵州、陕西、山西、云南、奉天、广西各有三至十五人❶，被当时新闻界称为"远征探险队"。他们中年龄最小的十二岁，最大的五十四岁，绝大多数为十六至二十五岁的青年。除少数人受过高等教育外，大多数为中学毕业生，有些在留洋前曾在华法教育会所办的留法预备学校中受过短期的、初步的法语和工艺技术教育。

周恩来在《别李如愚并示述弟》一首诗中生动地描写了当时的情景：

> 念你的精神，你的决心，你的勇敢，兴致勃勃的向上，全凭你的奋斗壮胆。出国去，走东海、南海、红海、地中海，一处处的浪卷涛涌，奔腾浩瀚，送你到那自由故乡的法兰西海岸。到那里，举起工具，出你的劳动汗，造你的成绩灿烂。磨炼你的才干，保你的天真烂漫。他日归来，扯开自由旗，唱起独立歌，争女权、争平等，来到社会实验。推翻旧伦理，全凭你这心头一念。❷

这些勤工俭学生抵达法国后，受到法国社会的广泛欢迎和支持，在写回国内的书信报道中多传达了这样的文字信息及情感内涵："近来法国各处报纸，对于勤工俭学生常有登载，颇表同情。其在各厂各校与法人相处者，亦从无龃龉之事。"❸ 沈宜甲在《第一次报告书》中谈到其初抵法国的情形时也写道："当生等第一次来法时，今法总理克理满梭所办之《人道报》，且大登其欢迎词，谓此班学生，为交换中法文明者云。而当同学之入学校及工厂者，其待遇皆优于其本国人；且有蒙达耳一校，更将中国国旗，大悬而特悬，以为荣耀；且各校皆为中国人特开班次，特设住所，法国学规本极严，而对中国人又极宽；且在校一方补习法文，一方又可学习工艺，如生所居之木兰学校是也。"❹

大批赴法勤工俭学青年正是怀着这样激昂的热情和精神，冲破种种困难，奔赴大洋彼岸，到那里寻找"新知识""新思想"，"磨炼才干"，寻求祖国未

❶ 中央教育科学研究所. 中国现代教育大事记［M］. 北京：教育科学出版社，1988：33.
❷ 周恩来. 别李如愚并示述弟［G］//张允侯，殷叙彝，李峻晨. 留法勤工俭学运动（一）. 上海：上海人民出版社，1980：814－815.
❸ 太玄. 巴黎通信［M］//张允侯，等. 留法勤工俭学运动（二）. 上海：上海人民出版社，1980：91.
❹ 沈宜甲. 法化学厂之中国苦学生［G］//清华大学中共党史教研组. 赴法勤工俭学运动史料（第二册·上）. 北京：北京出版社，1980：176.

来的光明。也正是上述愿景、激情或心理期盼致使他们能克服留学期间发生的困境及窘迫，朝着预设的目标前行。例如，从 1920 年开始因第一次世界大战结束引起的法国经济萧条，将学生们的美好愿望和个人计划完全打破。当时的法国，工厂大量裁员、物价飞涨，能够提供略通（或不通）法语、少数有技术的中国学生的就业机会十分稀少。于是，原来设想靠打工挣钱来养活自己、进而求学的中国学生，一下子失去了生活来源，欲工不得、欲学不能，陷入了十分困难的境地。他们无力支付学费，无钱购买食物，其中的一千多人只能靠驻巴黎的中国公使馆（后由监护会）提供的每天六法郎（后减至每天五法郎）的津贴勉强度日。

同前期相比，这时的赴法勤工俭学成员原有的知识程度有了提高，他们当中以中学生为最多，此外还有小学生、师范生、大专学校学生、留日学生、教师、工人、商人、医生等。一般来说，赴法的学生，除少数熟悉技艺、身无分文、急需觅工者外，法华教育会将他们安排入中学，以便他们一面等待就业机会，一面学习法语，补足必备的文化知识，了解法国的教育制度。曾经接纳过中国学生的中学共有九十所。其中，巴黎的蒙塔尔纪中学、沙多居里中学、枫丹白露卡尔诺中学等，是收录中国学生最多的学校。

三、留法勤工俭学生的学习生活

留法勤工俭学生被成批安置入中学以后，一般都被编成专门班，单独授课，主要学习法语。一些法文较好的学生也可插入其他班级，随班听课，学习法语和其他文化知识。除了课堂讲授外，教师还常率学生外出，随事指点，循循善诱。这种教学方法很受中国学生的欢迎。湖南籍学生易利宾曾写信对友人说："其教授异常得法，一点钟可当中国一礼拜。"

勤工俭学生能够在十分艰苦的条件下，在学习上取得这样的进步，首先靠的是坚定的信念和坚强的毅力。相当一部分学生始终坚信"科学救国""教育救国""实业救国"。为了用先进的科学技术来拯救自己贫穷落后的国家，他们以勤奋和刻苦克服了语言上、知识上，尤其是生活上的许多困难，含辛茹苦，埋头攻读。如安徽籍学生沈宜甲，毕业于北京工业专门学校。1919 年 3 月 17 日赴法；1919 年 8 月 26 日至 1920 年 8 月 31 日做工；1920 年 9 月至 1921 年 6 月第一次入中学学习。后因无力支付学费及生活费，1922 年 7 月 24 日至 1923 年 4 月 26 日，他先后到法国汽车机械厂、雷诺汽车制造厂做工，1923 年下半年重返中学。他在学校中学习刻苦认真，珍惜分分秒秒，进步很快，得到老师们的好评。校长给他的评语是："对于我的学生来说，他在勇敢、工作和品性方面都将是楷模。"1924 年秋季，沈宜甲顺利考入国立高等矿业学校，成为这所著名大学的学生。再如湖南籍学生吴树阁，湖南高等工业学校毕业生，1919 年 5 月 10 日到法。1919 年 5 月 14 日至 10 月在蒙塔尔纪中学学习。1919年 10 月至 1920 年 10 月，因生活所迫离校，靠每天领六法郎的维持费度日。1920 年 10 月至 1921 年 4 月，再入格拉斯男子中学补习法语。1921 年他考入里昂中法大学，并入法国制革学校学习。吴树阁在学校学习十分刻苦，成绩优秀，二年级时全班九人中列第一名，毕业时十四人中列第四名，得到理科学士学位和高等研究文凭，并完成博士论文。

由于生活的艰辛和不易，勤工俭学生都十分珍惜来之不易的学习机会。无论是在中等学校还是在高等学校，除个别学生外，他们的品行和学习态度给所在学校的校长、教师留下了极好的印象。"勤奋""认真""品行优良"，几乎是所有的校长和教师对中国学生的共同评价。对一些天赋较高、聪颖好学的学生，校长们更是赞不绝口。❶

这些中国青年离开半殖民地半封建的古老国度，到西方最"民主"的法兰西共和国，进入资产阶级的学校，走到法国工人之中，渴望实现打破知识阶级和劳工阶层隔阂、做一个既会读书又能工作的"新人"的理想。同时，他们中的大多数出身于中下层家庭，父母无力支付其在法的全部费用，因此也逼迫他们通过挣钱来实现赴法的美好初衷或愿望，过一种把"勤工"与"俭学"结合起来的生活。

留法学生就读学校有三十余所，在枫丹白露、蒙塔尔纪、沙多居里、刚恩、德勒、默伦、暮岗等公学入学读书的最多。女子多集中在蒙塔尔纪女学。他们做工的工厂有六七十处，以圣太田列夫工厂、勤阿费尔史易德工厂、圣夏门沙凡工厂、圣夏门炼钢厂等人数最多。这种"工"与"学"结合的形式很多，有的先工后学，有的先学后工，但不管采用何种办法，工学并进，工不忘学，学不误工是基本原则。许多素来以"万般皆下品，唯有读书高"为天经地义的中国"读书人"参加工业生产劳动，从事工读主义的实践，成了这一阶段留法运动的主要特色。徐特立曾给国内写回一篇《法化学厂之中国苦学

❶ 霍益萍. 近代史研究［J］. 20 年代勤工俭学生在法受教育实况，1996（1）.

生》的通讯，谈到他的亲身感受：

> 平日作工穿工人衣服，星期日要洗衣、读书。亦无闲时换衣，故大多数仍穿工衣。因所做系散工，手多生厚皮，不似平时读书人的手。我到工厂参观，遇着数人在外，不知是学生，因衣服、容貌、态度，无一点学生气，我不料勤工俭学生，能降志苦身至如此也。❶

俭学生活十分勤奋。许多人每天工作八小时，还在早、午、晚工余抓紧时间学习三四小时，学法文、学技术、读书看报，钻研新的社会科学理论，非常刻苦。据华法教育会 1920 年的统计，在法国各地约七十个工厂做工的有四百四十多人，在一百六十余所中等及以上学校学习的有六百七十多人；除在普通学校补习者外，许多人进入工业、农业、造纸、医药、飞机等专门学校学习。"这些学校从横向分，大致有六类：大学校和大学；技术学校、职业学校、实用学校和初等学校高级部；中学；为外国人所设的语言学校和行业协会所办的学校；教会学校；成人教育学校。它涵盖了当时法国所有的学校类型。从纵向看，初期，中国学生主要集中在后四类学校中，北起里尔，南抵尼斯、图卢兹，东起南锡，西至昂热，当时法国全境几乎到处都有中国学生在法国学校中求学，学习知识，研习技艺。这种盛况，在中法教育文化交流史上是空前的。"❷

1994 年，华东师范大学教育管理学院副教授霍益萍受法国国家教育研究所邀请赴法从事"中法教育文化交流史"研究，在法国外交部档案馆内看到了 1923 年 1 月由法国国民教育部所做的一份统计：1923 年年初，已有二百二十五名中国学生进入了法国的高等学校。在这二百二十五人中，有一部分是中国政府所派的官费留学生，也有勤工俭学生。从 1922 学年起，监护会向几位已入高等学校学习的勤工俭学生提供奖学金的事实，可以证明这一点。可以说：绝大多数勤工俭学生都有过在法国学校求学的经历。尽管有的学生因生活所迫，求学过程时断时续，有的在校时间很短，仅几个月，但学生们还是节衣缩食，千方百计求学，以实现来法的目的。一些后来的中国共产党高级干部，在他们成为职业革命家之前，也都分别就读于法国的学校。如邓小平在巴约中学，聂荣臻在索米尔工业学校，陈毅两进圣·日耳曼中学，傅中肄业于布里夫

---

❶ 徐特立. 法化学厂之中国苦学生 [G] //清华大学中共党史教研组. 赴法勤工俭学运动史料（第二册）. 北京：北京出版社，1979：200.

❷ 霍益萍. 20 年代勤工俭学生在法受教育实况 [J]. 近代史研究，1996（1）：257.

实用工业学校，方乘学习于格勒诺布尔造纸学院。●

勤工俭学使他们在文化科学知识与生产劳动技能上有了很大的提高，并且这种工读结合的生活实际使他们的思想认识水平大大提高，认清了资本主义的罪恶和虚伪的民主。陈毅在谈到两年来旅法勤工俭学的感受时说："法国的工厂生活，是寄在资本制度的下面，不容工学者有发展的余地，尝感到一种迫我同化的压力"；"当货物销路极广的时候，资本家便雇过数的工人，以资制造。到销路低落时，便大批取缔出来。尝见工人被退出厂的情形，就用'神情丧失''面着死灰'，都形容不尽致，令人表无限同情，觉社会革命是极合道理的事。"又说："资本家完全为自己利益起见，实毫无人心，我才知道，欧洲资本界是罪恶的渊薮。"❷ 他们逐渐认识到中国不但应摆脱半殖民地半封建的束缚，而且要和整个旧剥削制度决裂。这说明，他们对革命前途的认识比起辛亥革命时期的革命者有了质的飞跃。正是基于这种思想觉悟，勤工俭学生考察资本主义社会，接触工人群众，研究工人运动，研究社会主义思潮和马克思学说，并发起组织了中国社会主义青年团，在旅欧学生和工人中积极宣传马克思列宁主义。他们的这些活动又与国内革命运动相呼应，开创了新民主主义革命的新篇章。

四、留法勤工俭学运动的消退

1921 年，留法勤工俭学运动经过一系列矛盾斗争而逐渐走向衰落。由于法国在第一次世界大战结束后自身面临的经济危机日益尖锐，工厂歇工、工人失业、工潮迭起，勤工俭学生处于勤工困难、俭学不易的境地，能入工厂者不到十之四五，中法保守当局及黑暗势力又不满勤工俭学生日益走向革命的倾向，因此对他们横加阻挠或限制。在这种背景下，1921 年 2 月 28 日爆发了勤工俭学生向巴黎公使馆要求向北京政府转达他们争取"吃饭权、工作权，求学权"的斗争，史称"二二八运动"。同年 6 月和 8 月，勤工俭学生开展了两次拒款斗争，抗议中国政府秘密向法国政府借款。9 月以后又掀起了要求将里昂中国大学和中比大学改办工学院，解决勤工俭学生求学问题的斗争。这三次斗争都在中国政府和法国政府联合迫害下失败。参加进占里昂大学的 125 人中

● 霍益萍. 20 年代勤工俭学生在法受教育实况［J］. 近代史研究，1996（1）：245 - 247.
❷ 陈毅. 我两年来旅法勤工俭学的实感［N］. 晨报，1921 - 08 - 17：19.

的104人，于10月14日被强行遣送回国，其中有蔡和森、陈毅、罗学瓒、张昆弟、李立三等。在中法反动势力联合迫害下，1921年10月28日、11月11日，又有第二批和第三批勤工俭学生先后被迫归国。周恩来写下了《勤工俭学生在法最后之命运》一文，发表在1922年1月7日的《益世报》。他说："数万里的海程他们辛辛苦苦地来了；更悲悲惨惨地回去；劳动的真实的生活被他们尝到了；中法文化提携的假面具被他们识破了；社会现象的不平等，东亚西欧如同一辙，也被他们发现了；纯洁的青年人格更从他们身上表现出来了，这岂不使他们大有所得。"在"被迫归国"之后，留法勤工俭学运动从此进入低潮，但却促使了一大批青年觉醒，在劳动、学习、斗争中走上反帝、反封建的革命道路，一批共产主义战士成长起来。大批青年在斗争实践中走上与劳动群众相结合的革命道路，逐渐接受马克思主义，克服工读主义、无政府主义的影响，接受科学社会主义思想，成长为无产阶级的革命战士。

五、留法勤工俭学的教育意义

留法勤工俭学生的工读主义实践有助于克服中国传统教育重书本、轻实践，理论知识与现实需求脱节，学校教育与实际应用矛盾的痼疾与流弊。晚清洋务运动以来即提倡"西艺"，设立科技及工业教育机构，清末"新学制"及民初学制"改革令"分别将实业教育列入教育制度体系，但从整体或本质上看，仍然未能清除传统教育观念的束缚，实用技术教育面临"门庭冷落车马稀"的尴尬境地。

自《小学校令》有加设农商科之规定，各地设者不少，顾农无农场也，不过加读农商业教科书数册，其结果成为农业国文、商业国文而已。所谓乙种农工商学校，亦复如是。即若甲种，其性质既上近专门，其功课更易偏理论。今之学生，有读书之惯习，无服劳之惯习，故授以理论，莫不欢迎；责以实习，莫不感苦。闻农学校最困难为延聘实习教师。夫实习既不易求之一般教师，则所养成之学生，其心理自更可想。而欲其与风蓑雨笠之徒，竞知识之长短，课功能于实际，不亦难乎？❶

对这种认识观念在当时教育界的普遍存在状态及其危害，近代教育家梁启

---

❶ 田正平，李笑贤. 黄炎培教育论著选［M］. 北京：人民教育出版社，1993：83.

超有精辟的议论。他认为民国初期教育的困惑主要有：教育未脱科举余习；学问不求实用；趣味程度问题；言文不一致。四者足以阻科学之进步，其中，第二点所述尤为集中。

> 学问可分为二类：一为纸的学问，一为事的学问。所谓纸的学问者，即书面上的学问，所谓纸上谈兵是也。事的学问，乃可以应用，可以作事之学问也。中国数千年来及欧洲文明未兴以前，皆是纸的学问，读古人书，不外摹仿与皆是二类，所学专为印证古人，食而不化。经史文词固有然矣；即新学盛兴，乃有矿学医学，然读矿学书只能熟读，不能应用，其无用与熟读经史文学等；有如烧纸成灰而吞，无论文学之纸灰，矿学之纸灰，其为无用一也。欧洲二百年前，实用学问未能发达，亦是为纸的学问所误；如学几何，只能熟习其程式而不能应用于事物，其无用于吾国之文学等耳。自实用教育发明，欧洲教育经一次之大改革后，然后科学乃大进步。吾国始而八股，继而策论，继而各种教科书，形式上非无改革，然皆为纸的学问，不过天地元黄变作某种教科书之天地日月耳，又何裨于实用乎？教师之教也，但使学生能读能解已尽其事，不问其他；学生之学也，亦志在能读能解，可以考取最优等，不问其他。然学而不能应用于世，无论如何勤学，终是纸的学问，其结果纸仍纸，我仍我，社会仍社会，无一毫益处也。且不独毫无益处，若细细研究，其结果，则受教育文化反在未受教育者之下，何也？彼未受教育者尚能与社会时常接近，既受教育者反与社会全然断绝，欲再学则时不再来，又自谓地位较高，不屑与社会为伍，以致自暴自弃，一无所能。故未受教育者尚能得一技之长，为农为工为商而已；受教育者则舍做官外无他能力，因做官只须每日到署，尽人而能也。❶

毫无疑问，留法勤工俭学生的学习劳动锻炼或工作实践是对这种习尚的反叛，有助于扭转这种陋俗陈见，使社会及教育形成新的价值观念或认识取向。如徐特立所称："我国教育，重知识而轻技能，半工半读，则知识技能兼到，言之即能行之。国内虽亦可半工半读，但习俗难移，劳动事业，学生多不愿为。既无工厂，则劳动事业，无学术可言。道路不交通，作工与求学之地相隔

---

❶ 梁启超. 中国教育之前途与教育家之自觉（1917）[G] //璩鑫圭，童富勇. 中国近代教育史料汇编. 上海：上海教育出版社，1997：262－263.

太远，不能同时并举。故工读以法国为最宜。"❶ 北京晨报社曾于1920—1921年在报刊辟有专栏"留法勤工俭学实验谈"，登载留法勤工俭学生的相关报告、论说及书信，反映了他们的学习、工作生活及其体验与认识。以下结合此处论题，引述一位署名"曙光"者的文献，叙述这场运动的主要内容、认识及观念影响。

> 现在"工学"这两个字，要算是很普通很流行的一个名词了，一般有知识的人不消说，就说一般普通人，对于从前那种轻工重读的观念，也都大大地改变了。单就我们在法勤工俭学的讲，因唱者有人，和者踊跃，人数既一天一天地增加，前途也一天一天地发展，我们的思想、脑筋、志趣，因受了那洋潮海水、惊涛骇浪猛烈的涤荡，已觉清洁新鲜了许多。而来到这博爱、平等、自由的法国，耳濡目染，真是无处不促人反省，使人钦羡，令人愉快。但虽是这样，因人数既多，各人心志不同，观感不一，事实上也不免有一言难尽之慨。现在已到法的千余勤工俭学同学，大多数对于这事固然是满意，很乐观，但失意的、悲观的，也不能说没有。只因如此，所以满意的、乐观的，对于勤工俭学的主义，自然是称誉，是鼓吹；反之，失意的、悲观的，对于勤工俭学的主义，不免有谤毁，有破坏的了。所以，现在国内对于这边勤工俭学的实在情形，有许多还是观听不明，疑信参半。究竟勤工俭学是怎么一回事？可能不可能？我现在特把这里的确实情形，踏踏实实地一尺十寸地写出来。勤工俭学究竟怎么样，大家看了，就可以明了了。❷

接着，他以"工余求学"为题描述了勤工俭学的安排，尤其是工学关系的认识，折射出对传统知行分裂、体脑对立及学用脱节的背叛或歧义。

> 这工厂既算是法国第一、世界第二的大工厂，那规模之宏大，已可想而见。不过其工场建筑之巩固高爽，宽宏壮丽，尤以去年开工之新工厂为最。全场屋架皆用钢铁造成，即墙壁亦多系钢板，上半截则全装的玻璃，屋顶则玻璃与钢板相间。所以工场内的光线，几乎场内场外没有分别，这

---

❶ 徐特立. 徐懋恂由巴黎致湘学界书［G］//清华大学中共党史教研组. 赴法勤工俭学运动史料（第二册·上）. 北京：北京出版社，1979：192.

❷ 曙光. 法国克鲁佐史来德工厂之勤工俭学生［G］//清华大学中共党史教研组. 赴法勤工俭学运动史料（第二册·上）. 北京：北京出版社，1979：256.

大约是工场建筑法之最进步、最新式者。厂中工人，共有三万余人，外国工人，除华工三千余人（本地华工状况见子暄君通信）外，还有意大利人、西班牙人、葡萄牙人等。现在工场尚日加扩充，还有分厂七处，分布国内外。如本国之沙仑、哈佛柳、尚宾尼、巴黎，非洲之其布地，我国上海、天津，都有他的分厂。各分厂工人，也都在万人以下千人以上。

工厂组织，内容复杂，细目繁多，很不容易探悉。但简单言之，共有铁道、机械、造炮、冶铁、建筑、翻砂、电气各部。我们同学在此厂作工，除造炮、建筑、冶铁三部外，其余各部，都有我们学的，不过有人之多少不同罢了。❶

在工读实践中，他们开始形成脑力劳动和体力劳动相结合的可贵思想，对"工"与"读"的关系及各自的地位有了新的认识。王若飞于 1920 年在法国勤工俭学期间所写的《圣夏门勤工日记》中写道："我对于我现在的作工，是抱定下开的四个条件去做：（一）养成劳动习惯；（二）把性磨定，把身炼劲；（三）达求学之一种方法；（四）实地考察法国劳动真相。"❷ 这种工学观的诠释也就廓清了两者的隔阂或障碍，使学习的功能取向发生了社会现实的转化。"讲到进学校，我们已进天然的社会学校了，若是定要抱取几本讲义，在讲堂上鬼混几点钟，然后为学，那么在中国、日本都很好研究，不必远来法国了。我说这句话，并不是反对人不当进学校，就是我以后也要进学校，是说吾人当求活学活智，不可注重文凭，专读死书。"❸ 李维汉在《勤工俭学研究发端》中谈到勤工俭学的目的和意义时说："从字义上看，我们知道努力去作工，节用去读书，叫作勤工俭学；我们旧时的见解，以俭学为我们的目的，以勤工为方法，那都不免是皮相之谈。"他认为"工和学都是目的"，"工是用体力的，学是用脑力的，学譬如是理想，工就是实施。若就实质讲，工学互有关系，互用乃成，学了不作工，学同虚设，不学去作工，便是盲目的行动。……所以学

❶　曙光. 法国克鲁佐史来德工厂之勤工俭学生［G］//清华大学中共党史教研组. 赴法勤工俭学运动史料（第二册·上）. 北京：北京出版社，1979：257–258.

❷　王若飞. 圣夏门勤工日记［G］//清华大学中共党史教研组. 赴法勤工俭学运动史料（第二册·上）. 北京：北京出版社，1979：229.

❸　王若飞. 圣夏门勤工日记［G］//清华大学中共党史教研组. 赴法勤工俭学运动史料（第二册·上）. 北京：北京出版社，1980：229、238.

以能用为究竟，应用以有学为先"。❶ 这里，他和王若飞一样，指出了脑力劳动和体力劳动相结合，学和用相结合的重要意义及工学并用的重要性。持同样见解的还有赵世炎，他在《"勤工俭学"观念上的根本错误》一文中认为：勤工俭学观念上的错误"就是以为把勤工俭学看成求学的手段"。他说："'劳工神圣'四个字，不是可以随便吹牛的！要认定做是我们人生的要务，就不要把它当作手段！"他把"工作就是人生，人生就是工作"看作"定律"，尖锐地批判"劳心者治人"的观点，说："'治人！治于人！'其实就是'吃人！吃于人'！"他认为"劳心劳力是平等的"，"工学两字是并重的"。❷

综上所述，留法勤工俭学运动酝酿于辛亥革命之后，中经新文化运动的鼓荡，勃兴于五四运动时期。它以数千人的轰轰烈烈的社会实践形式，以影响遍及全国的宏大声势，猛烈地冲击和批判了封建教育的贵族化传统和"劳心者治人，劳力者治于人"的旧观念，在促进教育观念和教育制度现代化过程中具有特殊意义。

---

❶ 李维汉. 勤工俭学研究发端 [G] //清华大学中共党史教研组. 赴法勤工俭学运动史料（第一册）. 北京：北京出版社，1979：80.

❷ 赵世炎. "勤工俭学"观念上的根本错误 [G] //张允侯，殷叙彝，李峻晨. 留法勤工俭学运动（一）. 上海：上海人民出版社，1980：390.

第七章　科学教育思潮

科学教育思潮是五四运动时期非常流行的思想流派。它源于清末西艺教育，资产阶级改良派的思想中萌发了近代科学教育思想的火花。首次提出科学教育问题的是任鸿隽。五四运动时期，科学教育思潮达到鼎盛，此后逐渐告退，进入实施阶段。其基本主张是，教育的首要任务在于传授科学技术知识并给人们以科学方法的训练，即"科学的教育化"；对于教育本身也必须用科学方法进行研究，即"教育的科学化"。以陈独秀为代表的激进民主主义者，通过文化反思倡导科学启蒙，主张以理性的态度看待中国传统教育、建设未来教育，是一种较为一般的科学教育思想。以胡适为代表的实证主义，将科学的方法理解成"大胆的假设，小心的求证"，以之为解决一切学术和社会问题的有效方法，是一种较为具体的科学教育主张，对教育的科学研究有所启示。科学教育思潮对清末的"新教育"及五四运动时期的新教育改革运动产生了深刻的影响。

第一节　早期科学教育思想的演变轨迹

科学教育发端于清末的西艺教育，但西艺教育偏重于科学知识和技能的传授，而忽视科学精神和方法的培养，因此不能与科学教育相提并论。在中国倡导科学教育的首先是启蒙大师严复。他抨击"经学"无用，主张把科学知识的传授和学习作为学校教育的主要内容，而且提倡以西学求实的科学方法指导学校的教学。虽然他并未明确提出"科学教育"一词，但他对于科学教育的见解和主张，已具有后来科学教育思潮主要内容的雏形。

一、清末科学教育观的萌芽

自清中叶后，中国封建政治统治走向衰败，与之相伴随，学校教育日趋空疏腐败。封建传统文化教育在挟着军旗、炮声，伴着鸦片、宗教而强行闯入的西方近代科技文化的冲击下，面临着巨大挑战，发生了深刻危机。近代的科学教育正是在这种历史背景下拉开序幕的。

近代中国知识分子学习西方科学技术真正构成一种思潮和运动，并取得由传统经、史、子、集向现代声、光、化、电"转换"的社会成就，是在洋务运动中逐步实现的。洋务派主张兴"西学"，提倡"新教育"，以培养洋务人才。他们认为，"洋学实有逾于华学者"，所以应该"取彼之长，益我之短，择善而从"。他们本着"变器不变道"的原则，在"中学为体，西学为用"思想指导下，提倡西学，学习西人所擅长的"测算之学，格致之理，制器尚象之法"以及"一切轮船、火器等巧技"❶。为此，他们大量购进西方机器设备，开办中国首批近代工矿企业，聘请外籍专家，开办新式学堂，翻译科技书籍，派遣留学生。这一切造成了近代史上引进西方科学技术的第一次高潮，初步改变了中国科学的原有格局。这个时期，众多领域的近代科学技术首次传入中国，其中包括蒸汽机、采矿、造船、电工等技术知识和成果，也包括微积分、解析几何、力学、化学、植物学以及某些天文学和代数学知识。从明末清初到19世纪末，我国共翻译了西方科技书籍一千余种，其中约有一半是在洋务运动的三十多年中翻译的。洋务派于1867年冬在江南制造局设的翻译馆是当时最为主要的翻译机构，翻译出版了大量的西方自然科学和技术书籍。❷ 但是，从总体上说，洋务派对西学的认识水平尚未超出鸦片战争时期地主阶级开明知识分子的水平，所学习的西学主要限于坚船利炮、声光化电、军备制造、格致机械等技艺之学，注重科技的实际运用，少涉其余，译书种类也是如此。梁启超在《变法通议·论译书》中说，洋务派译书"专以兵为主，其间及算学、电学、化学、水学诸门者，则皆得资以制造，以资强兵之用"。反映在洋务派办学活动中，洋务学堂的种类、课程名目及内容均重技艺培养及训练，史称"西艺教育"，是近代科学教育的雏形。

西方近代自然科学知识输入中国，在思想界产生了越来越广泛的影响。资产阶级改良主义思想家，都不同程度地学习了西方自然科学，针对洋务派在兴

---

❶ 李鸿章. 奏请设外国语言文字学馆折［G］//陈学恂. 中国近代教育史教学参考资料（上册）. 北京：人民教育出版社，1996：53.

❷ 傅兰雅. 江南制造局翻译西书事略［G］//张静庐. 中国近代出版史料（初编）. 上海：中华书局，1957：11－14.

西学上的弊病及由此带来的消极影响，提出了自己的见解。早期资产阶级改良主义者批评西艺教育"遗其体而求其用"，扩大了西学的领域，朦胧地意识到基础科学、思想观念等都是有价值的西学内容。冯桂芬认为五口通商以后，天下形势大变，中国应向西方国家学习"富强之术"。他不仅看到了中国在船坚炮利方面不如外国，同时还意识到中国科学技术也落后于西方国家。因此，他认为学习西学，不应局限于"轮船火器"，而应首先学习西方的自然科学、工农业生产技术与教育。可见他们所主张的西学与洋务派不同，已打破了当时对西学的狭隘理解，学习西学不再局限于格致制造范围。但他们只停留在表层的思考上，并未见诸实践，故实际影响不大。资产阶级维新派热衷于西方自然科学的学习，并运用某些自然科学知识来论证自己的政治主张。康有为阅读过一些自然科学的译著。1885 年，他开始写作《诸天讲》一书，根据当时所学习到的自然科学知识，对若干天文方面的问题做了阐述，高度赞赏哥白尼的"日心说"和牛顿的天体力学。康有为把天体演变和生物进化等事实，引申到人类社会中来，作为自己变法维新的政治主张的依据。他在宣传维新变法的文章和讲话中，常常先谈一大段自然演变、生物进化的道理，然后再提出自己的政治主张。谭嗣同学习西方自然科学的积极性很高，曾广购江南制造局译出的天文、格致、算学等书籍，潜心研读。他在南京发起组织测量会，在家乡湖南浏阳创办算学馆，还为长沙时务学堂选购科学仪器。谭嗣同也利用自然科学知识，尤其是关于自然界的进化学说来作为宣传社会变革的思想武器。他的主要著作《仁学》一书，有不少自然科学的内容。梁启超在《清代学术概论》中评述说：《仁学》的宗旨，是想将科学、哲学、宗教冶为一炉，提出一个更加适用于人生、社会的学说，真可谓极大胆、极辽远之一种计划……嗣同幼治算学，颇深造，亦尝尽读所谓"格致"类之译书，将当时所能有之科学知识，尽量应用。❶

　　梁启超积极倡导西学，学校大量引进西文，同时不偏废中学。他对具体的西学内容做了详细的叙述：算学、重学、电学、光学、化学、声学、汽学、天学、地学、动植物学、医学、图学。西政诸书，包括史志、官制、学制、法律、农政、矿政、工政、商政、兵政、船政等。总之，包括了近代各种自然科学、技术、资产阶级政治学说和治国之术。他批评洋务学堂，"言艺之事多，

---

❶　梁启超. 清代学术概论·儒家哲学 ［M］. 天津：天津古籍出版社，2003：81－82.

言政与教之事少。其所指艺者，又不过语言文字之浅，兵学之末，不务其大，不揣其本，即尽其道，所成已无几矣"❶。

戊戌时期受过近代科学严格训练而首倡科学教育的教育家首推严复。

二、严复的科学教育观

严复是中国近代向西方寻求真理的国人代表，是著名的资产阶级启蒙思想家、教育家。与同时代的知识分子相比，严复在个人经历上的一个显著特点是直接受过西方近代文化教育的熏陶。1867 年后的五年中，他在福州船政学堂系统地研习了数学、天文、航海、化学、外语等近代文化知识。1877 年春被送往英国海军学校留学。他除学习海军知识外，还注意研究英国的社会政治，从中西比较上考察中国贫穷落后的原因，寻求中国富强之路。当时正值实证主义思想在英国广泛流播，出现了斯宾塞、赫胥黎、穆勒等著名的实证主义思想家。严复阅读了他们的著作，思想上接受了实证主义的洗礼。严复的经历与他科学教育观的形成有很大的关系。

"维新变法"的几年，是严复一生最光辉的时期，也是他科学教育观的成熟时期。严复是当时倡西学最力者。他的西学不单指西方的自然科学，还包括西方的社会科学，特别强调获得这些科学知识的认识论和方法论。以此为基础，严复理解的科学教育有两层含义：一是把科学知识的传授学习作为学校教育的主要内容；二是在教育、教学、治学过程中导入科学的方法论。❷

维新运动时期的教育家们，出于变法维新的迫切需要，在学校教育活动中，几乎毫无例外地把培养政治人才放在首位。无论是康有为抑或梁启超都是"德育居十之七，智育居十之三"。梁启超主张学校设西学，包括西政、西艺、西文、西史等，要全面引入西方资产阶级政治、哲学及国家理论等及西方先进的科学技术；在西政与西艺之间，又要本着先政后艺、以政为本、以艺为末的原则。梁启超说："启超谓今日之学校，当以政学为主义，以艺学为附庸；政学之成较易，艺学之成较难；政学之用较广，艺学之用较狭。使其国有政才而无艺才，则行政之人，振兴艺事，直易易耳；即不尔，而借材异地，用客卿而

❶ 梁启超. 变法通议·学校总论 [G] //陈学恂. 中国近代教育文选. 北京：人民教育出版社，2001：132.

❷ 关于严复科学教育思想的论述，本部分吸取了田正平《严复教育思想简论》一文之某些观点（《教育研究》1991 年第 9 期).

操纵之，无所不可也。使其国有艺才而无政才也，则绝技虽多，执政者不知所以用，其终也必为他人所用。"❶ 严复则不然，他明确指出：学校教育应该重视德育，这是救亡图存的现实斗争的需要；但是，学校的培养目标应该是具有各种专门知识的人才，科学知识的传授学习应该是学校教育的主要内容。他认为，无论是练军、从政、制造、开矿、通商，或者是"开民智、正人心"，"则非西学格致皆不可"。他深刻解剖传统教育的弊端，揭示其不符近代教育大潮趋势的缘由，断言改革教育的必然性。

> 吾国教育自三育言，则偏于德育，而体智二育皆太少，一也；自物理、美术二方面而言，则偏于艺事，短于物理，而物理未明，故其艺事亦难言精进，二也；仅知求增长知识，而不重开瀹心灵，学者心智未尽发达，三也；更自内外籀绝少，而因事前既无观察之术，事后于古人所垂成例，又无印证之勤，故其公例多疏，而外籀亦多漏，四也。凡此皆吾教育学界之短，人才因之以稀，社会由之以陋。……使不改良，将吾人无进化之望者。❷

严复认识到科学与政治之间的本质联系。他多次强调科学是政治之本，热情讴歌："伟哉科学！五洲政治之变，基于此矣。……世变之成，虽曰天运，岂非学术也哉！"❸ 他引导人们用科学眼光考察中国历代的盛衰兴亡，"取古人谈治之书，以科学正法眼藏观之，大抵可称为术，不足称学"❹。"中国之政所以日形其绌，不足争存者，亦坐不本科学，而与公例通理违行故耳。"他告诫人们，即使是培养专门的政治人才，也必须使他们具有坚实的科学知识，"不了解科学，观物必肤"；没有科学知识做基础，"其政论必多不根，而于天演消息之微不能喻也"。因此，就学校的教育内容而论，"中国此后教育，在在宜著意科学，使学者之心虑沈潜，浸渍于因果实证之间，庶他日学成，有疗病起弱之实力，能破旧学之拘挛，而其于图新也审，则真中国之幸福矣"❺。

---

❶ 梁启超. 与林迪臣太守论浙中学堂应提倡实学 [G] //璩鑫圭，童富勇. 中国近代教育史资料汇编·教育思想. 上海：上海教育出版社，1997：22.

❷ 严复. 论今日教育应以物理科学为当务之急 [G] //王栻. 严复集. 北京：中华书局，1986：281.

❸ 严复. 政治讲义 [M] //王栻. 严复集（第五册）. 北京：中华书局，1986：1241.

❹ 严复. 政治讲义 [M] //王栻. 严复集（第五册）. 北京：中华书局，1986：1248.

❺ 严复. 与外交报主人论教育书 [G] //王栻. 严复集（第三册）. 北京：中华书局，1986：565.

严复主张以西方科学知识、科学方法作为包括政治在内的社会各种专门事业的理论基础与思想方法。[1] 他清晰地察觉近代科学技术的发明研究，并在机械制造、物质生产诸领域中运用所产生的巨额财富及效率，对科技的价值及意义顶礼膜拜。"交通之用必资舟车，而轮船铁路，非汽不行。汽则力学之事也。地不爱宝，必由农矿之学，有地质，有动植，有化学，有力学，缺一则其事不成。他若织染冶酿，事事皆资化学。故人谓各国制造盛衰，以所销强水之多寡为比例。"[2] 这是对早期资产阶级改良主义者对西学"体用"认识的继承与发展。这表明，严复在一定程度上朦胧地意识到科学技术对促进社会生产力的发展并进而对改变封建专制政体所具有的潜在威力；意识到科学知识对人的发展的巨大教育功能。在课程的设计与开发的领域内，就为西学成为各级各类学校的重要课程以及适应社会需要的各种技术专业的开设提供了理论基础。

严复批评中国古代治学、教学的方法，提倡以西洋实事求是的科学方法指导教学，尤其是学生的求学活动：

> 夫西洋之于学，自明以前，与中土亦相埒耳。至于晚近，言学则先物理而后文词，重达用而薄藻饰。且其教子弟也，尤必使自竭其耳目，自致其心思，贵自得而贱因人，喜善疑而慎信古。其名、数诸学，则藉以教致思穷理之术；其力、质诸学，则假以导观物察变之方，而其本事，则签蹄之于鱼兔而已矣。故赫胥黎曰："读书得智，是第二手事，唯能以宇宙为我简编，名物为我文字者，斯真学耳。"此西洋教民要术矣。[3]

所谓"以宇宙为我简编""名物为我文字者"，就是提倡要读活书，读天地本原书，读无字书，把客观的自然现象作为研究对象，这才是求知得智的真正源泉。而中国封建主义的旧学、传统教育的种种弊端，从方法论的角度看，问题出在不从客观事实的观察和归纳出发，也不用客观事实去检验它的是非曲直。做学问，"皆在文字楮素之间，而不知求诸事实。一切皆资于耳食，但服膺于古人之成训，或同时流俗所传言，而未尝亲为观察调查，使自得也。少日就傅读书，其心习已成牢锢，及其长而听言办事，亦以如是心

---

❶ 严复. 原强 [G] //王栻. 严复集（第一册）. 北京：中华书局，1986：23.

❷ 严复. 论今日教育应以物理科学为当务之急 [G] //王栻. 严复集. 北京：中华书局，1986：283.

❸ 严复. 原强 [G] //王栻. 严复集（第一册）. 北京：中华书局，1986：29.

习行之"❶。因为大前提是建立在不经过验证的古圣先贤的"心成之说"的基础上，演绎的步骤再严密，其结论也必定于学术多诬。严复认为以西方实证的科学方法贯穿于教学，才能使学生求得真学问，才能开民智。中国传统的治学教学方法不可能收到启发民智的效果。这种见解是极有见地的，在当时是进步的。

严复进一步说明科学方法在反复试验中求得定律定理；科学态度在去成见、饰词、主观及武断，而须虚心、公正、勤奋及忍耐，始能达到至精至诚之境界。他说：

> 西学格致……一理之明，一法之立，必验之物物事事而皆然，而后定之为不易。其所验也贵多，故博大；其收效也必恒，故悠久。究其极也，必道通为一，左右逢源，故高明。方其治之也，成见必不可居，饰词必不可用，不敢丝毫主张，不得稍行武断，必勤必耐，必公必虚，而后有以造其至精之域，践其至实之途。迨夫施之民生日用之间，则据理行术，操必然之券，责未然之效，先天不违，如土委地而已矣。❷

这种科学态度、精神及方法，确为真知灼见。诚如当代历史学家所言："严复虽未标明'科学教育'四字，其精神也未被学界完全理解，但他申述的科学态度和方法，已开科学教育之先河。"❸

严复有关西学内容、科学方法、科学态度的论述以及主张应用科学方法、科学态度于社会实际物质生产与生活的言论，已包含近代科学教育思潮的主要内容。但是，清末的社会条件还不具备使这些真知灼见蔚为一种思潮的适宜土壤，因此以严复为代表的清末科学教育观，在当时未能产生足够的影响。

第二节　任鸿隽与中国科学社

古代儒家学派创始人孔子将《诗经》《春秋》等典籍中所包容的自然、科学技术知识技能称为"鸟兽草木虫鱼"，属于"小艺"，与政治、哲学、军事

---

❶　严复. 论今日教育应以物理科学为当务之急 [G] //王栻. 严复集（第二册）. 北京：中华书局，1986：281.

❷　严复. 救亡决论 [G] //王栻. 严复集（第一册）. 北京：中华书局，1986：45.

❸　李华兴. 民国教育史 [M]. 上海：上海教育出版社，1997：216.

等"大艺"相对而言。汉代以后，又成为术数、方技、天文、历算或工艺，主要在私学、家学中传递，难以与以"学而优则仕"为核心的官学教育并驾齐驱、等量齐观。在近代"千古之一大变局"的深刻社会形势震荡下，自然科学与技术科学的身价抬高，课程内容及编制体例都在"西化"或"西学东渐"大潮之下纷纷转轨，当时表述此类知识内容的名词为"格致""新学"及"西学"。最早揭示"科学"二字的，是 1903 年上海科学仪器馆主办的《科学世界》。这份刊物以"发明科学，基础实业，使吾民之知识技能日益增进"❶为宗旨，但内容仍侧重于介绍西方科技知识。近代真正意义上的科学教育思潮的形成，与任鸿隽及其主持下的中国科学社有紧密联系。

一、任鸿隽的科学教育思想

任鸿隽（1886—1961），中国近现代教育家。字叔永，四川巴县人。1904年入重庆府中学堂，1906 年入上海中国公学高等预科。次年东渡日本。1909年入东京高等工业学校应用化学科学习，并加入同盟会，任四川支部长。辛亥革命后归国，任南京临时政府秘书处秘书。1912 年赴美国入康奈尔大学。1914 年 6 月与赵元任、胡明复等发起成立中国科学社，任董事会长兼科学社社长，次年集资编印《科学》杂志，提倡科学教育。1917 年入哥伦比亚大学，获化学硕士学位。1918 年回国。1920 年开始任教于北京大学、东南大学。历任北洋政府教育部专门教育司司长、国立东南大学副校长、四川大学校长、商务印书馆编辑、中国科学社理事长。1936 年任中华教育基金会干事长。1938年任中央研究院总干事兼化学研究所所长。中华人民共和国成立后，历任全国自然科学工作者代表会议筹备委员会委员、中国人民政治协商会议第三届全国委员会委员、上海科技图书馆馆长、上海科技协会副主席等。主要著作有《科学概论》，译著有《教育论》《汉译科学大纲》《最近百年化学的进展》等。

任鸿隽是近代自然科学家，但他在科学教育上的精辟见解及其实践活动，为他奠定了教育家的地位。

任鸿隽批判传统文化，特别是传统的思维方式与治学方法，提倡扩大当时科学研究的范围，将科学与教育相联系，主张科学教育为近代社会生产及生活

---

❶ 佚名.《科学世界》简章 [J]. 科学世界，1903（1）.

服务。他认为，传统的知识分子自我封闭于辞章经典之中，注重自我修养，而忽略分析自然、探索现实世界的客观事物；对人事的处理重情感、轻理性；对世界的认识随主观观察而不从客观分析；对思想观念的接受建立在直觉思维的基础上，而不从实证入手。❶应该说，任鸿隽对中国传统文化教育的剖析是入木三分的。从文化学角度上说，这种透视是清晰明了的。任鸿隽十分强调物质科学的研究，把科学引入学校教育内容，"科学之范围愈广，其教育上之领域亦日增"。随着科学的发展，学校设置的科学课程门类日渐增加、科学内容不断丰富。科学教育又为社会服务，因为在他看来，科学教育能直接影响社会的物质生产，并与"社会与个人之行为""个人性格""审美之事"相关联。

任鸿隽认为，科学的种子萌芽在西方，但它能移植培养于世界任何处所，只要有适宜的土地与养料就行了。怎样才能有适宜的土地与养料？这就得靠教育的功能：大学应设研究所，让有能力又愿意的毕业生从事学术研究；中小学应注意培养学生对理科的兴趣，让学生从小奠定良好的科学基础；社会教育应注重科学宣传，让人们多些科学知识，远离迷信。总之，要中国现代化，首先就要科学化；要科学化就得通过教育途径普及知识、培养人才。❷

关于科学教育的内容，任鸿隽认为应该包括下面三种。第一种是普通理科教程，如数学、物理、化学、生物之类，这些都是基本科学知识。每个学生，无论以后学什么专业，这些基本科学知识都应该学习。中小学一般注重语文、数学、英文三项，而不注重物理、化学等科目，致使学生在中小学的根底不好，进入大学后对理科缺乏兴趣，所以中小学的理科教程必须认真教授。第二种是技术科目，这是针对农、工、医、水产、水利、交通、无线电专门学校而言的。我国的专科学校太少，培植出来的人才不够用，必须扩充这些专门学校，教授学生专门的技术科目，培养各行各业的专门技术人才，供抗战和建国所用。第三种是社会教育中之科学宣传。我国文盲多，教育普及程度差，社会上一般人非常相信迷信。在许多穷乡僻壤，人们以为疾病就是鬼神作祟，甚至许多有崇高社会地位的领袖人物还在相信看相算命之事。这种缺乏科学常识的国民，在现今的世界里是无法立足的。

---

❶　[美] 郭颖颐. 中国现代思想中的唯科学主义 [M]. 南京：江苏人民出版社，1989：96－97.

❷　张长芳. 任鸿隽教育思想研究 [D]. 保定：河北大学，2005：21、37.

任鸿隽重视科学的内容，尤重视科学方法与态度的培养，这是其科学教育思想的特征。继严复之后，任鸿隽认为科学包括内容与方法两方面，两者都应武装、运用于社会一切部门及所有领域。

> 盖科学特性，不外二者：一凡百理皆基事实，不取虚言玄想以为论证；二凡事皆循因果定律，无无果之因，亦无无因之果。由第一说，则一切自然物理化学之学所由出也。由后之说，则科学方法所由应用于一切人事社会之学所由出也。而人生之观念，与社会之组织，且生动摇焉。❶

与严复相比较，任鸿隽在新的历史条件下，尤强调科学方法、科学态度及科学精神，并且与严复泛论一般科学方法不同，而是直接与教育相联系，赋予了新的内涵。

> 要之，科学于教育上之重要，不在于物质上之知识，而在其研究事物之方法，而在其所与心能之训练。科学方法者，首分别事类，次乃辨明其关系，以发见其通律，习于是者，其心尝注重事实，执因求果，而不为感情所蔽，私见所移。所谓科学的心能者，此之谓也。此等心能，凡从事三数年自然物理科学之研究，能知科学之真精神，而不徒事记忆模仿者，皆能习得之。以此心能求学，而学术乃有进步之望。以此心能处世，而社会乃立稳固之基。此岂不胜于物质知识万万哉！吾甚望言教育者加之意也！❷

有的研究者对任鸿隽视阈中的科学教育精神实质做了如下解读，认为包括了三个方面的内涵。

第一，养成科学的精神，教导科学的方法，充实科学的知识。教育的范围并不限于学校，可是只就学校方面言之，科学教育应当是学校功课的重要部分。学生学习了物理、化学、生物等科目，就可以得到自然界明白准确的知识，他们就不会再相信鬼象之类的解释。当学生学科学的时候，又知道了在实验室中怎样证实课本所说的真理与事实，较之不经过科学方法而只信别人传说者更准确可靠，无形中学生又学习了科学的方法。学生们既熟悉了科学方法，于是凡事不轻信，不苟且，求准确，求证实，这就熏染了科学的精神。学生经过十几年小学、中学、大学里科学课程的熏陶以后，将来无论在社会上哪个位

---

❶❷ 任鸿隽. 科学与教育 [J]. 科学, 1915 (12).

置，都会利用已获得的科学知识、科学精神与科学方法，促进中国的科学化运动。

第二，科学教育可以培养新型技术人才。由工厂学徒出身的熟练工人，绝不能胜任工程师。在医院里稍学些某药可治某病的下级助手，绝不能胜任医生。技术人才训练，非用严格的教育方式不可。培养农、工、医、矿等各行业的新型技术人员在量的方面愈众，在质的方面愈优秀，抗战建国的力量也就愈充实愈强盛。

第三，科学教育可以提高科学文化的水准。无可讳言，目前促进科学文化的力量比较薄弱，这只有用科学教育去充实。把学生的科学程度提高后，科学文化运动就增添了大批生力军，以后科学在文化运动中，就可以和哲学、文艺、新闻出版等各界分工合作，促进中国现代化。❶ 这明显是把讲科学方法与态度精神的养成摆在首位，在此前提之下加速科技人才的培养及科学文化的社会普及。显然，这突出了任鸿隽科学教育思想的启蒙意义及方法论在思想史上的独特贡献。

任鸿隽的上述论断，在科学教育思潮形成过程中占有重要地位。从中可知其科学教育观之要点为：扩大科学教育的领域，将科学与各项事业相结合并促其进步；应用科学方法于教育上，研究教育；科学的心能训练，即是指科学的精神与智能的培养，训练富有科学头脑的人才。自此以后，"科学的教育化"与"教育的科学化"成为科学教育思潮的基本内涵而为教育界人士认识；如何在学校教学中扩充科学内容，如何运用科学方法研究教育问题，成为教育界先进人士探索教学改革、教学实验的重要思考路向。所谓"科学的教育化"，是指学校应设置科学课程，扩大、加深科学内容，吸收最新的科学研究成果，在教学中尤重科学方法、科学态度及科学精神的培养与训练。所谓"教育的科学化"是指要将教育作为一门科学，应该运用科学的方法，加强教育的科学研究，努力提高教育自身的科学性。

二、中国科学社及《科学》杂志

中国科学社（The Science Society of China）是近代著名的学术团体，也是教育团体。由美国康奈尔大学的中国留学生发起筹建，1914年6月10日成立，

---

❶ 张长芳. 任鸿隽教育思想研究［D］. 石家庄：河北大学，2005：37.

任鸿隽为社长，赵元任为书记，杨杏佛为编辑部主任，胡明复为会计，周仁、秉志等五人为首任理事，社员七十余人。主旨为"传播科学知识，促进实业发展"，社址设在美国绮色佳城❶，是中国近代科学家创办的第一个科学教育组织。中国科学社成员大都是二十岁左右的青年学生。由于他们在出国前看到了清末民初中国社会的衰败和积弱，到国外后又学到了西方先进的科学技术知识，进一步激发了他们的爱国主义热情，因此便产生了通过发展科学事业、挽救中国命运的思想主张。我国著名的科学家李四光、竺可桢、茅以升、周仁、丁燮林、唐钺等，当年都是这一组织的积极参加者。1915 年 1 月，中国科学社为向祖国介绍科学，发起刊行《科学》杂志，该社同人"相约为《科学》杂志之作，月刊一册以饷国人。专以阐发科学精义及其效用为主"❷。《科学》杂志分通论、物质科学及其应用、生物科学及其应用、历史传记等栏。美国发明家爱迪生曾写信给该刊："以数千年沉睡之支那大国，瞿然而觉，知开明教育为国家势力与进步之基，得非一极可惊叹之事。"1917 年，中国科学社呈准教育部立案。1918 年 12 月，蔡元培被选为中国科学社董事长，撰写《为科学社征募基金启》；同年，社办事机构由美国迁至国内，在上海、南京设中国科学社事务所。同时，改董事会为理事会，选出竺可桢、胡明复、王琎、任鸿隽、丁文江、秦汾、杨铨、赵元任、孙洪芬、秉志、胡刚复为理事，聘张謇、马相伯、蔡元培、汪兆铭、熊希龄、梁启超、严复、范源濂、胡敦复为董事。1929 年以后，曾在美国、欧洲、日本设分社，上海、北京、南京、广州、梧州、杭州、重庆、苏州、沈阳、青岛等地设会友社。1949 年有社员 3 776 人，多为科学界、教育界、工程界、医务界人士。经费主要来源于中华教育文化基金补助、江苏省补助费等。社务活动主要有：发行刊物，著译科学书籍，编订科学名词，募集基金，设立图书馆、各种科学研究所、博物馆、中国科学图书仪器公司，召开年会（共 26 次），举行科学讲演和展览，开展科学普及、科学咨询，派员参加国际科学会议，建立对外交流关系，受理委托课题研究等。除《科学》月刊外，还编辑出版《科学画报》《科学季刊》《中国科学社生物研究所丛刊》《科学丛书》《科学译丛》《科学史丛书》等。1959 年年底，社务移交给国家相应机构后，停止活动。

---

❶ 江问渔. 中国几个特殊的文化团体 [J]. 人文月刊，1935 (1/2).
❷ 任鸿隽. 中国科学社社史简述 [J]. 中国科技史料，1983 (1).

中国科学社及所刊行的《科学》杂志在扩大科学知识传播范围的同时，特别注重科学世界观的培养与科学方法的训练。前者是为了廓清传统儒家经典在各类教育中的势力，充实科学内容，拓宽科学课程的领域、范围；后者是针砭清末"新教育"中盲目搬抄西方科学课程而无科学思想基础的弊病提出来的。1918 年科学社迁回上海，许多成员在职业无着的情况下，立即投入科学事业的宣传和鼓动中，诸如发展会员、在学校及社会上进行科学讲演、普及科学知识等。《科学》杂志除了极力抨击中国士大夫轻视科学、鼓吹"科学救国"外，还大量发表一系列有关科学领域的专业论文及自然科学方面的科普文章，还在每期的显要位置上登载有关探讨科学世界观、科学方法及科学精神的论文。这些论文后来汇集成《科学总论》一书。为了促进中国工商业的发展，论者极力将科学与实业教育相结合，1915—1919 年《科学》杂志发表科学与各种事业的关系言论甚多，除教育外，德行、农业、林业、工业、商业与科学的关系均被论及，而尤注意于科学方法在各种实业、事业中的贯彻与运用。换言之，主张将科学的内容、科学的方法、态度及精神融入社会各个领域之中，使它们科学化，本身也成为科学。这是对严复科学教育观的继承和发展。当时著名的论著有：《科学与德行》（唐钺）、《科学与农业》（邹秉文）、《科学与林业》（金邦正）、《科学与工业》（任鸿隽）、《科学与商业》（杨铨）、《科学与教育》（任鸿隽）等。可以说，科学内容的教育与科学方法、科学态度的培养等科学教育的内涵，第一次由任鸿隽明确、全面阐述出来，又正是在任鸿隽和中国科学社成员的努力下，经《科学》杂志的大力宣传，逐渐成为教育界、思想界大多数人的共识，并促使科学教育形成一种非常有影响的思潮，对教育改革及实验，尤其是课程设计和教学方法的探索，产生了深刻的影响。

第三节　新文化运动时期的科学教育思潮

任鸿隽及中国科学社的活动，是在新文化运动的广阔背景下展开的，从这个意义上说，科学教育思潮的形成，归根结底是由于新文化运动后中国的现实条件为科学教育思潮的形成提供了适宜的社会土壤。

辛亥革命前后，国内教育界的有识之士对西方科学文化知识的传播更加主动积极。这种现象的产生反映了中国民族资本主义的发展，客观上要求提高人民的科学文化知识水平。辛亥革命后，西方近代科学文化知识的导入进一步丰富并拓展。以学校教科书为例，仅 1912—1913 年就出版了算术、几何、代数、动物、植物、理化、地理等几十种教科书。与此同时，国内的科学设施、科学团体、科学期刊、技术科学的应用，基础科学的研究以及国内外科研成果的介绍，也相继发展起来。其中建立的科学机构和出版的重要刊物有：中央观象台（1912）、地质调查所（1913）、厘定行政区域研究会（1912）、中华工程师学会（1913）、中华医学会和中华医药学会（1915）、《农林公报》《实业杂志》以及《气象月刊》。这一切都为新文化运动时期科学教育思想的深化和发展奠定了基础。

自 1915 年陈独秀在北京大学创办《新青年》杂志以来，激进的民主主义者和早期的马克思主义者一道高举"民主"与"科学"的大旗，对以儒家伦理道德为核心的传统文化教育展开了尖锐而深刻的批判，向西方学习的运动已由器物、制度的层次，向思想、观念、心理、伦理的层次转变。这就直接促进了我国教育界的思想解放和宣传西方科技文化、教育理论及教育学说高潮的出现。在这种社会历史背景下，对科学教育的作用、意义的认识进一步加深，并形成教育思想界的普遍性意识。

（1）从近代化与科学启蒙的高度认识科学教育，深化了对科学教育的认识。鲁迅在反思中国近代改革历程时认为，洋务派和维新派学习西方，没有领会其精神实质，即人的解放。陈独秀指出，引进西方的科技和先进机器便可致富强之说乃是"至为肤浅"的认识，只有以民主政治取代封建专制政治，才是近代化的根本问题。李大钊说："由来新文明之诞生，必有新文艺为之先声。"❶ 所谓"新文艺"，在他看来，就是孟德斯鸠、卢梭人自由平等的民主学说以及笛卡尔、培根和康德等人揭示的理性自主的科学思想。他们对于科学的这种新认识，揭示了科学对于人的思想启蒙、人的解放的重要意义，深化了科学教育的内涵。

（2）提出了近代的科学教育观。首先，他们抨击了人格化的有机自然观，强调理性自主对于科学发展的重要意义。陈独秀指出，中国传统占主导地位的人与自然混沌不分、人伦规范与自然变化交互影响的天人合一的自然观，是中国至今尚未走出蒙昧时代的重要根源。"士不知科学，故袭阴阳家符瑞五行学

---

❶ 李大钊. 李大钊文集（上）［M］. 北京：人民出版社，1984：174.

说，惑士诬民；地气风水之谈，乞灵枯骨。农不知科学，故无择种去虫之术。工不知科学，故货弃于地，战斗生事之所需，——仰给于异国。商不知科学，故惟识罔取近利。未来之胜算，无容心焉。医不知科学，既不解人身之构造，复不事药性之分析，菌毒传染，更无闻焉。惟知附会五行生克寒热阴阳之说，袭古方以投药饵，其术殆与矢人同。"❶针对传统自然观所主张的人在自然面前的被动消极态度，鲁迅根据人类进化史指出，人既是自然界的一部分，又因其对自我的认识和主动地适应与改造外界环境而区别和高于自然界。❷李大钊也认为，中国的科学欲进步，必须将人从自然界中抽象出来，确立人的自主地位，"文明之人，务使其环境听命于我，不使其我奴隶于环境"❸。他们都强调：在科学活动中，由理性而不是由外在权威支配的、自觉参与认识活动的人才有可能获得正确的认识。这种重视人的理性自主的科学观呈现出浓厚的启蒙色彩。其次，他们提倡以归纳和演绎为核心的形式逻辑的认识方法，并用近代科学改造了原始辩证法。陈独秀指出，从科学发展的角度看："古说最为害于中国者，非儒家乃阴阳家也"，"实学不兴，民智日塞，皆此一系学说之为害"❹；"欲学术兴，真理明，归纳论理之术，科学实证之法，其必代圣教而兴欤。"❺他既强调实验基础上的经验归纳法，又强调了人的自主理性。李大钊则用进化论重新解释了阴阳说，指出人们在认识事物时，不仅要看到对立面的相互转化，即所谓"阴阳互异"，还要看到事物发展过程中质的相对稳定性，即所谓的"今"。"今"是过去和未来的集合点，只有把握了"今"，才能真正地认识过去，创造未来。❻他创造性地转化了原始辩证法，使之具有了近代的含义。陈独秀、李大钊、鲁迅等民主主义者通过对近代化的反思，提出了重视理性自主和形式逻辑的近代科学观，不仅对西方近代科学发展和中国传统科学思想做了总结，还提出科学与人的启蒙、解放，人的近代化密切相关，在科学教育思潮的发展演变中有重要地位。

这一历史时期时间虽短暂，但却内涵广博，意义深远。在科学教育嬗变过程中，除任鸿隽和中国科学社其他成员外，对科学教育思潮的形成起过重要作

---

❶ 陈独秀. 独秀文存［M］. 合肥：安徽人民出版社，1987：9、553、554.

❷ 鲁迅. 坟——人之历史［G］//鲁迅. 鲁迅杂文全集. 郑州：河南人民出版社，1994：7.

❸ 李大钊. 李大钊文集（上）［M］. 北京：人民出版社，1984：180.

❹ 陈独秀. 独秀文存［M］. 合肥：安徽人民出版社，1987：553.

❺ 陈独秀. 独秀文存［M］. 合肥：安徽人民出版社，1987：554.

❻ 李大钊. 李大钊文集（上）［M］. 北京：人民教育出版社，1984：532－535.

用的是新文化运动中的激进主义和自由主义者。以陈独秀和胡适为代表，他们的言论从不同角度促进了人们深层次的思考。

一、陈独秀的科学教育思想

陈独秀的科学教育思想，是与新文化运动时期的思想启蒙相联系的，因此，带有更深层次的科学启蒙、科学洗礼的特征。

（一）尊重客观事物、尊重理性，反对想象与武断

陈独秀说：

> 科学者何？吾人对事物之概念，综合客观之现象，诉之主观之理性而不矛盾之谓也。想象者何？既超脱客观之现象，复抛弃主观之理性，凭空构造，有假定而无实证，不可以人间已有之智灵，明其理由，道其法则者也。在昔蒙昧之世，当今浅化之民，有想象而无科学。宗教美文，皆想象时代之产物。近代欧洲之所以优越他族者，科学之兴，其功不在人权说下，若舟车之有两轮焉。❶

玄想属于过去的文明，但仍残存于现时代一些未启蒙的国民身上，也为道学者们所留恋执着。他号召和鼓舞人们解放思想，以理性和科学判断一切。以这样的标准尺度去分析教育问题，他认为："吾国今日教育界之现象，上焉者为盲目的国粹主义，下焉者科举之变相耳。"这是一种"伪教育"。而西洋之"真教育"，"乃自动的而非他动的；乃启发的而非灌输的；乃实用的而非虚文的；乃社会的而非私人的；乃直观的而非幻象的；乃世俗的而非神圣的；乃全身的而非单独脑部的；乃推理的而非记忆的；乃科学的而非历史的"。他主张以科学为武器革新教育，"道破旧式思想的污浊，提倡教育精神之革新"，使"新教育真教育之得见于神州大陆也"❷。

（二）探索科学规律，发扬科学精神

陈独秀说："举凡一事之兴，一物之细，罔不诉之科学法则，以定其得失从违。其效将使人间之思想行为，一遵理性，而迷信斩焉，而无知妄作之风息焉。"❸ 社会各领域、各项事业都离不开科学："夫以科学说明真理，事事求诸

---

❶ 陈独秀. 独秀文存·敬告青年［M］. 合肥：安徽人民出版社，1987：8－9.
❷ 陈独秀. 独秀文存·答胡子承［M］. 合肥：安徽人民出版社，1987：709.
❸ 陈独秀. 独秀文存·敬告青年［M］. 合肥：安徽人民出版社，1987：9.

证实，较之想象武断之所为，其步度诚缓；然其步步皆踏实地。不若幻想突飞者之终无寸进也。宇宙间之事理无穷，科学领土内之膏腴待辟者，正自广阔。青年勉乎哉！"❶ 陈独秀如此强烈地讴歌科学对于社会事业的巨大作用，也自然主张将科学运用于教育。"今日之教育方针应贯穿四大主义"，其中第一为"现实主义"，即用科学和现实生活的教育取代复古迷信的教育。他解释说："现实世界之内有事功，现实世界之外无希望。唯其尊现实也，则人治兴焉，迷信斩焉：此近世欧洲之时代精神也。此精神磅礴无所不至"；"现实主义，诚今世贫弱国民教育之第一方针矣。"❷

（三）提倡自然科学实验方法和形式逻辑

陈独秀提倡自然科学实验方法和形式逻辑中的归纳法，以之代替"圣教""圣言"，来检验真理，来分析"人事物质"。"吾国历代论家，多重圣言而轻比量（按：指自然科学实验法和归纳法），学术不进，此亦一大原因也。今欲学术兴，真理明，归纳论理之术，科学实证之法，其必代圣教而兴欤。"❸

依据上述见解，陈独秀分析了中国现实教育的弊端并揭示中国教育的改革方向。中国模仿西法创办学校已数十年，而成效毫无。学校处数固属过少，不能普及；就是已成的学校，所教的无非是中国腐旧的经史文学，就是死读几本外国文和理科教科书，也是离近代西洋教育真相真精神尚远。欧美文化自 18 世纪起，渐渐地进入科学实证时代，一切政治、道德、教育、文学无一不含着科学实证的精神。近来一元哲学、自然文学，日渐发达，一切宗教的迷信、虚幻的理想，更是抛在九霄云外。他对中西教育内容做了比较，提出应如何效法西洋教育，"我们中国教育，若真要取法西洋，应该弃神而重人，弃神圣的经典与幻想而重自然科学的知识和日常生活的技能"❹。教学方法应该是"自动的而非被动的，是启发的而非灌输的"。他推崇蒙台梭利教学法，"蒙台梭利（Monessori）女士的教授法，轰动了全世界。她的教授法是怎样呢？就是主张极端的自动启发主义：用种种游戏法，启发儿童的性灵，养成儿童的自动能力；教师立于旁观地位，除恶劣害人的事以外，无一不任儿童完全地自

---

❶ 陈独秀. 独秀文存·敬告青年［M］. 合肥：安徽人民出版社，1987：8 - 9.
❷ 陈独秀. 独秀文存·今日之教育方针［M］. 合肥：安徽人民出版社，1987：16 - 17.
❸ 陈独秀. 独秀文存·圣言与学术［M］. 合肥：安徽人民出版社，1987：554.
❹ 陈独秀. 独秀文存·近代西洋教育［M］. 合肥：安徽人民出版社，1987：109.

动自由"❶。

综上所述，陈独秀对"科学"有着坚定的信念，在批判以儒学为中心的传统文化的同时，主张全面学习西方近代科学，并与中国现实问题的解决相联系，是探索救国救民真理的时代主题在文化教育上的反映。他主张扩充学校科学教育的内容，强调科学方法、态度及精神在教育中的地位和作用；力言学习"西洋教育"的"真精神"，既包括内容，也包括科学的教育原理，尤其是教学方法。上述见解虽然在许多场合仍与启蒙思想相混合，但在科学教育思潮的演变发展中仍有重要地位。

二、胡适的实验主义科学方法论

胡适早年留学美国，跟随实用主义大师杜威学习，深受其思想的影响。胡适从热衷介绍西方实用主义到将实用主义方法论与乾嘉学派的考据方法相互沟通而形成独具特色的方法论原则——"大胆的假设，小心的求证"。这一实验主义的科学方法论，在思想启蒙中起到积极的历史作用，深化了科学教育思潮的内涵。

胡适称"实验主义"哲学是"现今欧美很有势力的一派哲学"，是"近代科学发达的结果"❷。他一再强调"实验主义自然也是一种主义，但实验主义只是一个方法，只是一个研究问题的方法。它的方法是：细心搜求事实，大胆提出假设，再细心求实证"❸。

胡适毕生都称赞杜威《思维术》一书中关于思维过程的五步说，并把它同自己倡导的方法联系起来。他在回顾自己的一生时说："近几十年来我总喜欢把科学法则说成'大胆的假设，小心的求证'。我总是一直承认我对一切科学研究法则中共有的重要程序的理解，是得力于杜威的教导。"❹他在 1930 年为其文选所写的序言《介绍我自己的思想》中写道：

> 我的思想受两个人的影响最大：一个是赫胥黎，一个是杜威先生。赫胥

---

❶ 陈独秀. 独秀文存·近代西洋教育 [M]. 合肥：安徽人民出版社，1987：109.
❷ 胡适. 实验主义 [G] //葛懋春，李兴芝. 胡适哲学思想资料选（上）. 上海：华东师范大学出版社，1981：45.
❸ 胡适. 我的歧路 [G] //葛懋春，李兴芝. 胡适哲学思想资料选（上）. 上海：华东师范大学出版社，1981：213.
❹ 胡适. 胡适自传 [G] //葛懋春，李兴芝. 胡适哲学思想资料选（上）. 上海：华东师范大学出版社，1981：110.

黎教我怎样怀疑，教我不信任一切没有充分证据的东西。杜威先生教我怎样
思想，教我处处顾到当前的问题，教我把一切学说理想都看作待证的假设，
教我处处顾到思想的结果。这两个人使我明了科学方法的性质和功用。❶

胡适鼓励人们"大胆的假设"，在当时起到了一种解放思想的作用。自从
汉武帝"罢黜百家、独尊儒术"开始，几千年来，封建的经学方法一直占统
治地位。这种方法视孔孟之道和"四书""五经"为绝对真理，只许信仰，不
许怀疑，它像紧箍咒一样束缚着人们的头脑。胡适鼓励人们假设要大胆，"假
设愈大胆愈好"，这实质上是鼓吹了一种怀疑精神，给人们敢于怀疑的勇气。
胡适告诫人们"小心求证"，这提倡了一种科学态度，弘扬了理性主义。清末
的严复提倡自然科学的归纳法，同时代的任鸿隽极力主张将科学的方法与教育
相结合，陈独秀等则从思想启蒙的角度论述科学的实证和实验方法在教育改革
中的作用。所有这些，从方法论的角度来说，都具有宏观特征，但略显空泛、
笼统。而胡适的"实验主义"方法论则深入科学思维的内部，从抽象思维的
过程加以探讨，虽然它所要寻找的"疑难境地"和"疑难之点"是主观的感
觉而不是客观存在的事实；它对解决问题的假设和评判假设结果的标准是受实
用主义哲学观影响而不无偏颇，但他对"实验主义"科学方法的深入探讨，
可以直接运用于包括教育在内的许多领域的科学研究，这在科学教育思潮的演
变与发展中是一大进步。

胡适认为，乾嘉"朴学"的研究方法虽然有科学性的一面，但"材料却
始终是文字的"。

> 科学的方法，说来其实很简单，只不过"尊重事实，尊重证据"。在
> 应用上，科学的方法只不过"大胆的假设，小心的求证"。在历史上，西
> 洋这三百年的自然科学都是这种方法的成绩；中国这三百年的朴学也都是
> 这种方法的结果。顾炎武、阎若璩的方法，同葛利略（Galileo）、牛顿
> （Newton）的方法，是一样的：他们都能把他们的学说建筑在证据之上。
> 戴震、钱大昕的方法，同达尔文（Darwin）、柏司德（Pasteur）的方法，
> 也是一样的。……科学的方法居然能使故纸堆里大放光明。❷

---

❶ 胡适. 介绍我自己的思想［G］//葛懋春，李兴芝. 胡适哲学思想资料选（上）. 上海：华东
师范大学出版社，1981：337.

❷ 白吉庵，刘燕云. 胡适教育论著选［M］. 北京：人民教育出版社，1994：249－250.

据此，他主张打破以儒家经典为代表的传统文化，在内容上大量输入西方近代科学。这就从科学方法论的提倡进入科学内容的充实了。不过，胡适在近代科学教育思潮中的突出之处是在前者。

新文化运动时期科学教育思潮的流派大致包括：以任鸿隽为代表的中国科学社及《科学》杂志，他们针砭清末"新教育"有科学课程而无科学精神、科学态度及科学方法之流弊，而提倡科学思想，主张以科学内容、科学方法充实、渗透社会各项事业，尤其是教育。以陈独秀为代表的激进民主主义者从文化反思中提倡科学启蒙，在思想文化的启蒙宣传中，交织着学校教育应充实科学内容、应用科学方法的言论主张。胡适从实证主义哲学的角度提倡"实验主义"的科学方法论，本质上掺入了主观唯心主义的杂质，但在当时历史条件下对教育的科学化仍有一定的作用。从科学教育思潮演变与发展历程看，这已大大超过清末以严复为代表的科学教育观的水平，形成了近现代科学教育思潮的理论形态。

三、五四运动时期科学教育思潮的发展

1919 年的五四运动是反帝爱国的伟大群众运动，也是中国近现代史上一次伟大的思想解放运动。从此，新文化运动开始与反帝反封建的政治斗争紧密结合起来，进入了新的高潮。五四运动时期，我国各种科学团体和机构纷纷创立，科学研究成果不断取得，为科学教育思潮的发展奠定了物质基础。在平民教育思潮和实用主义教育思潮影响下，教育界有识之士对科学教育问题开始反思；美国教育家孟禄、推士、麦柯尔继杜威之后相继来华，发表科学教育的言论文字，并从事有关活动，给中国教育界以有益的启示；尤其是"科学与玄学"的论战，扩大了科学教育思潮的影响。上述种种，构成了这一时期科学教育思潮新发展的主要内容。

（一）张准的科学教育观

五四运动时期，教育界开始对以往的科学教育进行总结与反思，并在新的历史条件下对科学教育的发展做了探讨，其中以张准为代表。

张准于 1920 年 5 月在南京高等师范教育研究会上讲演《近五十年来之中国科学教育》，全面阐述了他的科学教育观。

> 近数年来，大家始知畴昔所主张提倡之教育，均属未中肯綮，不着边际。欲言教育，必从科学的方法上着手，凡各种科学全恃他人已得之结

果，必自己加以研究试验，此盖真正的教育科学开端之时也。然从事科学的教育，有两大要点，不可不注意者：

（一）要有研究科学之人——传播科学之时期，业已过去，研究科学，正在其时……

（二）要用科学方能解决困难问题——欲使科学教育发达，一方固宜研究科学，一方亦宜运用科学方法，解决实际上之困难问题，以坚普通一般人对于科学之信仰。❶

张准所论科学教育涵盖两方面，即要有研究科学的人才，要运用科学方法以解决各种实际问题。这是科学教育思潮发展的新阶段。一方面必须培养我国自己的科学研究人才、组织专门的科学研究机构，结合自己的特点与需要开展科学研究工作；另一方面以科学的方法研究包括教育在内的社会实际的各种问题。这时期教育界人士已认识到，不能光局限于介绍、传播西方科学，也不能停留在机械、笼统或简单搬用研究方法的层面。为了适应社会的需要，尤其是促进教育科学的发展，有必要研究各门学科、专业及各项事业的科学内容本身，以保证学校教学内容的丰富性与科学性；尤应以科学方法研究教育的各种问题，尤其是教学原理与教学方法。这也就是"科学的教育化""教育的科学化"。五四运动时期，其重心逐渐转向后者。

（二）美国进步主义教育家的东来与科学教育思潮的传播

五四运动时期，中国教育以美国为指向，美国进步主义教育家联翩访华，给科学教育思潮注入了新鲜血液，提供了新的内容，促进了科学教育思潮的传播。

1. 孟禄、推士侧重"科学的教育化"

1921 年 9 月，美国著名教育家、哥伦比亚大学师范学院教务主任孟禄博士应实际教育调查社之聘来华，调查中国实际教育问题。通过几个月的实地调查，孟禄认为，中国教育的不发达，一因政府不良，二因各地方缺乏人才。各地方的劝学所和视学员大多为绅士，不能真正为一地方的教育领袖人才。中国教育最弱点在中学，"中国教育，中学最坏"。何以导致这种状态呢？其弊在教学方法不善，原因在缺乏良好的师资、仪器设备，机械地接受科学知识而无

---

❶ 舒新城. 近代中国教育思想史［M］. 上海：中华书局，1932：288 – 290.

实验机会；课程也未尽科学，科学概念不明确。❶ 孟禄此处提到的学校课程的科学内容、传授科学的师资水平或质量、学校教学设备及方法的添设及完备等问题，是切中中国科学教育的弊端的。

1922 年 6 月，美国科学教育家推士应中华教育改进社之邀来华考察科学教育。此后两年间，推士到过 10 个省、24 个城市、248 所学校，讲演 276 次。除组织科学研究会外，他还草拟了《考查及改进中国自然科学教学之计划》，并将考察所得著成《科学教育与中国》一文，登载在《民国日报》上。推士文中论述科学教育之重要，介绍美国研究科学教育之方法，认为中国物质文明不能发达、进步的原因在科学教育之不发达。他认为"科学教育是民本主义的根本"，中国要振兴工业，应以农矿林三项为优先，换言之，应偏重农林矿及交通运输等方面的科学教育。❷ 推士强调加强自然科学、技术科学的研究，使社会各部门、事业及领域科学化，并通过教育来实现这一目标。

孟禄、推士针对中国科学教育的弱点，提出了颇为中肯的意见，他们的言论及活动有利于当时科学教育的进步。

2. 杜威、麦柯尔侧重"教育的科学化"

杜威实用主义教育理论传入中国后，在许多方面为科学教育、教育的科学化提供了理论依据。杜威的高足胡适所概括的作为其理论之根本精神的实验主义，更是风行一时并起过积极影响的科学方法论。正如我们在第五章中所讨论过的，1919 年杜威来华之后，实用主义教育思潮澎湃激荡，大量新的教学方法、教学试验活动在各地兴起，推动了教育科学化的深入。在实用主义教育理论影响下，教育界推崇"儿童中心主义""兴趣中心主义""儿童本位""活动教学"。以儿童活动为中心的各种新教学方法相继传入并得到积极试验，如设计教学法、道尔顿制、文纳特卡制、葛雷制、德克乐利教学法等，其中尤以设计教学法和道尔顿制对我国中小学教育实践的影响最大。

1922 年，美国教育专家麦柯尔教授，应中华教育改进社聘请来我国帮助编制各种教育测验、训练有关人才。麦柯尔来华后，和北京、广州、上海、苏州、南京、武昌、天津等地教育专家交换意见，并合作完成了包括 TBCF 制在内的五十多种测验，撰写《中国教育的科学测量》一文，训练两期研究生。

---

❶ 《教育杂志》1922 年第 14 卷第 2 号.
❷ 《东方杂志》1923 年第 20 卷第 3 期.

我国专家陆志韦、俞子夷、廖世承、陈鹤琴、刘廷芳等在麦柯尔帮助下，订正皮奈西门智力量表，编制中小学各种测验。1923 年 8 月 6—18 日，中华教育改进社在北京举办施行教育心理测验讲习会，由麦柯尔与我国留学美国哥伦比亚大学的刘廷芳博士主讲。讲习会的目的在培养施行教育心理测验人才，以求教育上实际之改进。学习对象是各省的省视学及县视学、教育局长或劝学所长、中小学校长、师范学校专任教员及教育心理教员。次年 8 月，中华教育改进社举行第二期讲习会。❶ 此后几年内，教育实验方面专业人才队伍渐次形成，我国从事研究教育测验与教育统计者日众。

杜威的实验主义、麦柯尔的教育心理测验虽然其理论基础各有侧重，前者为哲学，后者为心理学，但都对"教育的科学化"起过重大促进作用，在近现代教学改革与实验的历史进程中占有重要地位，其目的在于调动学生学习的积极性，更好地发展学生的个性、特长，并加强教育与社会实际的联系。这种内在理念与平民教育所贯彻的民主精神有着内在的一致性，它们共同将中国教育现代化向前推进了一大步。

此后，1925 年 7 月 14 日，最早创试道尔顿制的美国教育家帕克赫斯特女士来我国讲演。1927 年 3 月 10 日，倡导设计教学法的美国教育家克伯屈应邀来我国讲演。相对于五四运动中的新教育运动的热潮而言，虽然他们迟到了一步，但仍对当时新教学方法的试验起到了极大的鼓舞与推进作用。

第四节 "科玄论战"及其影响

在五四运动以后的思想战线上，继"问题与主义""社会主义"的论战以及批判无政府主义的斗争之后，1923 年发生了"科学与玄学"的论战。这次论战虽不曾直接讨论科学教育，但三十年来潜伏在许多人心中怀疑科学的意识，至此全部宣泄出来；而重视科学、主张科学教育的观点、意见，也通过论辩而更深刻地为社会所理解，科学教育思潮因此流播弥远。

一、以张君劢为代表的玄学派对科学教育的贬低

"科玄论战"是由张君劢（1887—1969）在清华大学给学生做的一篇讲演

---

❶ 《教育杂志》1924 年第 16 卷第 9 号.

引起的。他宣称："人生观问题必须由玄学来解决"；"科学无论如何发达，而人生观问题之解决，决非科学所能为力，惟赖诸人类自身而已"；"吾以为教育有五方面：曰形上，曰艺术，曰意志，曰理智，曰体质。科学教育偏重于理智与体质，而忽略其他三者。"这是从教育的多种功能、目标及价值方面批评科学教育的局限性，其理解不无识见，但有很大的片面性。他又在《再论人生观与科学并答丁在君》中说："教育家为应付社会中之生计制度计，常以现时生计制度为标准而养育人才，于是学一艺而终身于一艺，为无产者谋生之不二法门。若夫变更社会之贫富阶级，使凡为人类，各得为全人格之活动，皆得享全人格之发展，则为适应环境之科学教育家所不敢道也。"❶

换言之，科学教育与达到全人格发展教育目标中的某些因素没有联系，且若只拘泥于科学教育，还会带来某种不良后果："若固守科学的教育而不变，其最好之结果，则发明耳，工商致富耳。再进也，则为阶级战争，为社会革命。此皆欧洲已往之覆辙，吾何循之而不变乎？国中之教育家乎，勿以学校中加了若干种自然科学之科目为已了事也。欧洲之明效大验既已如是。公等而诚有惩前毖后之思，必知所以改弦易辙矣。"张君劢对科学的理解局限于物质器用层面，尚处于清末洋务派的水平，故所论之缺憾是自然的。他对科学教育认识上的局限性，是与他的玄学人生观密切联系的："科学为因果律所支配，而人生观则为自由意志的"；"科学之因果律，限于物质，而不及精神。……人类活动之根源之自由意志问题，非在形而上学中，不能了解。"❷ 张君劢强调人生观无绝对的是非，无客观之标准，每个人都可以随心所欲地选择。因之，他以为教育方针之应改良者有下列三事：

（1）学科中应加超感觉超自然（Supernatural）之条目，使学生知宇宙之大，庶几减少其物质欲望，算账心思，而发达其舍己为人，为全体努力之精神。

（2）学科中应增加艺术上之训练。就享受言之，使有悠悠自得之乐，就创作言之，使人类精神生活益趋于丰富。

（3）学科中应发挥人类自由意志之大义，以鼓其社会改造之勇气。❸

---

❶ 张君劢，等. 科学与人生观（一）[M]. 沈阳：辽宁教育出版社，1998：96－97.
❷ 张君劢，等. 科学与人生观（一）[M]. 沈阳：辽宁教育出版社，1998：30－37.
❸ 张君劢，等. 科学与人生观（一）[M]. 沈阳：辽宁教育出版社，1998：97.

显然，他强调意志自由、精神陶冶、情感净化，既受传统文化的影响，又受西方社会思潮的熏陶，从重视精神培养、非智力因素在人发展中的作用这一角度言，有一定的价值。

参加论战的其他几位玄学家的意见与张君劢相类似。如瞿菊农在谈到人格绝对自由时说："最要紧的是我们认定人们有自由意志，自由意志便是中心的创造力。换言之，我们承认内心心力可以使个人向上；如果内心对于人生之理想有了了解和领会，内心之努力，便可以使理想实现。物质可以支配一切，只是对于活泼的心力，却丝毫不能限制。物质可以于某种限度制限我们的身体，却万不能侵犯着人格的活动；人格是绝对的自由的。"❶范寿康则说有个"先天的形式"："伦理规范—人生观一部分是先天的，一部分是后天的。先天的形式是由主观的直觉而得，绝不是科学所能干涉。后天的内容应由科学的方法探讨而定，绝不是主观所应妄定。换句话说：人生观的形式方面是超科学的，但是人生观的内容方面却是科学的。而形式方面普遍妥当，始终不变，除实践外，实无更事研究的必要，所以现应研究的实偏于内容方面，而为研究内容的法则起见，尤不得不采用科学研究法。在这一种意义，人生观与科学两者，大部分是有关系，而同时科学却不能解决人生问题的全部。"❷梁启超在论战中标榜两边都不加入，"也不想斡旋两边做'调人'"，其实他倾向于玄学派。在《人生观与科学》一文中，他大肆宣扬情感超科学、超物质论，认为人生问题有大部分可以而且必须用科学方法来解决，但其中最重要的部分是超科学的，那就是"情感"。❸

二、以丁文江、胡适为代表的科学派对科学教育的颂扬

针对以张君劢为代表的玄学派对科学教育的诋毁，以丁文江为代表的实证主义科学家、学者做了批驳，在论战中宣传了科学教育思想。

丁文江等科学派认为，科学将满足中国对技术的需要，并能使人养成一种按现代科学语言进行思维的新模式，这将有利于他们发现真理、学习知识和探

---

❶ 瞿菊农. 人格与教育 [G] //张君劢，等. 科学与人生观（二）. 沈阳：辽宁教育出版社，1998：224.

❷ 范寿康. 评所谓"科学与玄学之争"[G] //宋恩荣. 范寿康教育文集. 杭州：浙江教育出版社，1989：275.

❸ 张君劢，等. 科学与人生观（二）[M]. 沈阳：辽宁教育出版社，1998：127、129.

索人生。他们力主要为科学代替传统思维习惯、代替旧宗教和旧道德而呐喊。

丁文江深信科学能解决人生所有问题，从客观物质到主观感情。

> 科学不但无所谓向外，而且是教育同修养最好的工具。因为天天求真理，时时想破除成见，不但使学科学的人有求真理的能力，而且有爱真理的诚心。无论遇见什么事都能平心静气去分析研究，从复杂中求单简，从紊乱中求秩序；拿理论来训练他的意想，而意想力愈增；用经验来指示他的直觉，而直觉力愈活。了然于宇宙、生物、心理种种的关系，才能够真知道生活的乐趣。这种"活泼泼的"心境，只有拿望远镜仰察过天空的虚漠、用显微镜俯视过生物的幽微的人，方能参领得透彻，又岂是枯坐谈禅、妄言玄理的人所能梦见。诸君只要拿我所举的科学家如达尔文、斯宾塞、赫胥黎、詹姆士、皮尔生的人格来同什么叔本华、尼采比一比，就知道科学教育对于人格影响的重要了。又何况近年来生物学上对于遗传性的发现，解决了数千年来性善恶的聚讼，使我们恍然大悟，知道根本改良人种的方法，其有助于人类的前途，正未可限量呢。❶

胡适从实验主义哲学的角度参加讨论。他认为科学的方法不只是研究学术的方法，还是解决人生观问题的方法。他确信知识、经验、真理对人生的巨大作用，"人生观是因知识经验而变换的"❷，而知识的掌握、真理的探索有赖于科学教育。胡适在《〈科学与人生观〉序》一文中，尖锐地批评了梁启超等人的"欧洲科学破产论"，认为这种论调助长了国内那些反科学势力的威风。

> 中国此时还不曾享着科学的赐福，更谈不到科学带来的"灾难"。我们试睁开眼看看：这遍地的乩坛道院，这遍地的仙方鬼照相，这样不发达的交通，这样不发达的实业——我们哪里配排斥科学？至于人生观，我们只有做官发财的人生观，只有靠天吃饭的人生观，只有求神问卜的人生观，只有《安士全书》的人生观，只有《太上感应篇》的人生观——中国人的人生观还不曾和科学行见面礼呢！我们当这个时候，正苦于科学的提倡不够，正苦于科学的教育不发达，正苦于科学的势力还不能扫除那迷

---

❶ 丁文江. 玄学与科学——评张君劢的人生观［G］//张君劢，等. 科学与人生观（一）. 沈阳：辽宁教育出版社，1998：50.

❷ 胡适.《科学与人生观》序［G］//葛懋春，李兴芝. 胡适哲学思想资料选（上）. 上海：华东师范大学出版社，1981：294.

漫全国的乌烟瘴气——不料还有名流学者出来高唱"欧洲科学破产"的喊声……信仰科学的人看了这种现状，能不发愁吗？能不大声疾呼出来替科学辩护吗？❶

胡适对当时中国科学教育落后现状的揭露，对科学教育作用的认识都是颇为深刻的。

科学派其他论者的观点与丁文江、胡适相类似。如任鸿隽把科学看作在本质上是发现真理、追求进步的精神态度，认为科学能帮助人创立一种新的人生观，科学对于物质与精神的作用是统一的、并行的，"人生观既然不能离物质世界而独立，所以物质界的智识愈进，人生观当然亦从而生变动。换句话说，就是物质界的智识愈进于科学事，而人生观之进于科学的，亦与之为比例"❷。科学家对真理、因果性和事实探索的结果是一种对人生的清晰认识。唐钺从心理学的角度分析了科学与"美"、与"爱"等的关系，认为诸如"爱"与"美"这现象只是经验的一个方面。这种经验资料能被分析，不必把它捧到理性之上的神圣或神秘的地位，"关于情感的事项，要就我们的知识所及，尽量用科学方法来解决的。至于情感的事项的'超科学'方面，不过是'所与性'，是理智事项及一切其他经验所共有的，是科学的起点。我们叫他作'神秘'，也未尝不可；不过这种的'神秘'，同'平常'的意义无别罢了"❸。他对科学与道德两者的关系也做了比较鲜明而透彻的分析："以科学求真之法，觇科学进德之功，是亦天下之至乐也。"他具体分七个方面详细论证了科学有助于人的道德完善。❹

玄学派与科学派争论的中心问题，是科学在培养学生"全人格"中的作用，尤其是科学能否解决人生观问题。双方共写了约二十五万字的文章，被胡适称为"空前思想的大笔战"，最终以科学派占上风而告终。两派论战其实正如张君劢自己所说："大家皆多袭外人之言耳"！张君劢等吸收的是柏格森、杜里舒的唯意志论，丁文江、胡适等立论的基础是马赫主义和实用主义。

---

❶　胡适.《科学与人生观》序［G］//葛懋春，李兴芝. 胡适哲学思想资料选（上）. 上海：华东师范大学出版社，1981：285.

❷　任鸿隽. 人生观的科学或科学的人生观［G］//张君劢，等. 科学与人生观（一）. 沈阳：辽宁教育出版社，1998：118.

❸　唐钺. 一个痴人的说梦——情感真是超科学的吗［G］//张君劢，等. 科学与人生观（二）. 沈阳：辽宁教育出版社，1998：252.

❹　唐钺. 科学与德行［G］//唐钺. 唐钺文存. 上海：商务印书馆，1925：115 – 123.

我们在揭露科、玄两派在哲学上存在偏颇或片面的同时，在教育上我们还应做进一步的具体分析。玄学派的论调有贬低科学、偏于主观意志及个体精神意识的一面，但也有对实用主义、逻辑实证主义哲学观及教育观提出有价值的批评意见的一面，与国家主义教育相沟通。科学派以杜威的实用主义、马赫主义的观点解释科学方法、科学规律，陷入主客绝对论，忽略了人文情怀及主体价值的独立意义，但其论述要比玄学派贬低科学进步一些，因此，论战中它占上风是历史的必然。

"科玄论战"对科学教育思潮的发展起了积极的作用。其一，驳斥了玄学派贬低科学的价值及轻视科学教育的作用的言论，回击了封建复古主义文化的逆流。其二，通过辩论进一步强调了科学教育的地位、作用及实施科学教育的方法，丰富了科学教育的内容，对一般知识分子进行了一次科学的洗礼，有利于科学教育的发展。其三，将科学的作用扩大到人生、社会各方面，这是中国近代科学教育观的一次飞跃，扩大了科学教育领域。其四，从教育、教学理论上说，科、玄两派，特别是科学派的阐述中，自觉、不自觉地涉及了学生品德教育、心理素质培养、知识与能力、科学与道德、美感教育等问题，这是有理论构建或深化意义的。

第五节　科学教育思潮的实际影响

清末的教育改革即受维新派科学教育观的影响，如清末以添设西学课程为中心的改良书院活动，"癸卯学制"中对各级各类学堂设置科学课程及采用教学管理制度、教学方法的规定等，都明显反映了清政府力图利用维新运动时期的教育思想成果并将之引向有利于自己一方的努力。民国以后，科学教育思潮的兴起和发展，对教育实践、教学改革及教学实验等均有直接而深刻的实际作用。概而言之，包括以下几方面。

一、以科学方法研究教育问题

新文化运动时期，科学教育的提倡者们主张以实验、测量等科学方法研究各种问题，特别是教育问题。以俞子夷、廖世承、陈鹤琴、张耀翔、刘廷芳、艾伟为代表，以南京高等师范学校和北京高等师范学校为基地，形成南北两个研究工作中心。他们认为教育是科学，应以科学方法进行研究并得出较精确的结果，

所以积极倡导教育测量和心理测验，在高校开设相关课程，传授统计测量原理，培养专业人才。❶

与任鸿隽发表《科学与教育》同一年，克雷顿（Creigton）在派尔（Pyle）指导下，在广东进行心理（包括条理记忆、机械记忆、交替比喻等内容）与身体测验，测试五百余人。此为测验传入我国之始。1917 年，北京大学建立心理学实验室，开设心理学实验课程。1918 年，华尔科特（Wallcott）在清华大学讲学期间，用推孟修正量表考核该校高等科四年级学生。嗣后又用团体智力测验，考试此级学生。这时期，还译介了多种外国心理学、儿童心理学著作。有学者统计，从 1900—1918 年约翻译介绍了三十种心理学书籍。❷ 系统的儿童心理学的专门译著在五四运动以后逐渐出现。1925 年，陈鹤琴根据自己在南京鼓楼幼儿园的教学和实验所积累的材料，并参考西方儿童心理学著作，写成《儿童心理之研究》（上、下册），由商务印书馆出版，成为我国儿童心理学的开拓性和奠基性的著作。

五四运动以后，除采用国外的研究方法，研究儿童心理和教育心理等方面的问题外，随着科学教育思潮影响的日益深入，教育家逐渐重视并大力推广教育测量、智力测验、教育统计、学务调查、社会调查等。1920 年，北京高等师范学校和南京高等师范学校建立了我国最早的两所心理实验室。廖世承和陈鹤琴在南京高等师范学校开设测验课，并用心理测验测试投考该校的学生。这便是我国正式开始的科学心理测验。1921 年他俩正式出版《智力测验法》一书，对智力测验做了详细的介绍。1922 年，比奈量表由费培杰译成中文，并在江浙两省的一些小学生中进行测试。同年，美国测验专家麦柯尔博士应中华教育改进社聘请来华讲学，在他的指导下，北京师范大学、北京大学、燕京大学、北京女子高等师范、东南大学等校的教授和学生开始编制测验。据麦氏说：当时中国心理学家所编制的各种测验至少都与美国的水平相等，有许多竟比美国的为优。1923 年，在中华教育改进社的主持下，进行了全国小学教育调查，地区包括二十二个城市和十一个乡镇，测验了九万二千名儿童。这次大规模的调查引起了当时教育界对测验的注意，同年 10 月的全国教育会联合会第九次会议议案中有《推行教育心理测验案》。1924 年，陆志韦发表了《订正

❶ 孙培青. 中国教育史 [M]. 上海：华东师范大学出版社，2000：390.
❷ 高觉敷. 中国心理学史 [M]. 北京：人民教育出版社，1985：346.

比奈西蒙智力测验说明书》，20 世纪 30 年代又与吴天敏再次做了修订。1931
年中国测验学会成立。1932 年，《测验》杂志创刊。根据不完全的资料统计，
到抗日战争前夕，我国心理学工作者制订或改编出合乎标准的智力测验和人格
测验约二十种，教育测验五十多种。如廖世承团体智力测验，陈鹤琴图形智力
测验，刘湛恩非文字智力测验，以及肖孝嵘修订的墨跋量表和画人测验、艾伟
修订的宾特纳智慧测验等。这一时期我国的测量工作者能比较正确地估计测验
的效用和价值，并不满足于已有的方法和技术，而是力图有所改进和提高。此
外，教育统计、学务调查、教育调查也普遍开展，这从当时所发表的文章以及
各期刊所登的报告中可以清晰地反映出来。如有人撰文提倡用精细的测验，将
不同智力的儿童按程度分班，因材施教。[1] 1928 年 2 月 11 日，江西省教育厅
设立儿童智力测验局，其目的是应用科学方法测验儿童智力，力谋发展儿童本
位之教育，通过具体的测验工作，提供关于实施儿童教育之意见。[2] 这些活动
极大地提高了教育的科学性与准确性，并为新教学方法的试验提供了可靠的
依据。

教育及心理测量、智力测验、教育统计、学务调查等都是教育科学量化研
究范式中的重要方法，对提高教育、教学过程的信度和效度，对教育工作的客
观、准确及有效性的提高等都是有益的，是教育科学化的正确方向。

二、新教学方法的研究与实验

新文化运动时期，新教学方法的研究与试验主要集中在小学，对中学几乎
很少发生作用。20 世纪二三十年代，新教学方法的试验达到高潮，开始了有
系统、有组织的试行。其中最有影响的是设计教学法和道尔顿制，这两种教学
法的试验已经多见于专业论著中。下面对五四运动时期有影响的另外两种新教
学方法在中国的试验、推行情况做一介绍。

（一）分团教学法

与此同时，民国后各地开始介绍、试验分团教授法、蒙台梭利教学法、自
学辅导主义教学法等。

1. 分团教学法的含义

分团教学法，即分组教学法，简称分团教学。指教师根据学生的实际水

---

❶ 王克仁. 测量儿童智力之必要和方法 [J]. 中华教育界, 1921 (2).
❷ 中央教育科学研究所. 中国现代教育大事记 [M]. 北京: 教育科学出版社, 1988: 146－147.

平，将一个班的学生分成若干团组，而对不同团组以至于不同学生采取适应的教育，从而有效地促进学生最大限度的发展。换句话说，分团教学以对学生能力的重视为前提，采取复式或者互助的办法以补救学生因为年龄、程度和能力等因素造成的班级内进度不一致而采用的一种教学形式或方法。对此，近代教育家袁希涛做了深刻的解释："分团教学者，于单式教学中同一年期之儿童，更就其质性及以前学习之差等，分为若干团。教师于同一的施教时，更分别注意于各团之领受力，使其质性与以前学力即有微差，而皆能各如其量，以满足其领受上之欲望。"❶

分团教学法自 1913 年传入我国，其实验历程主要分以下三个阶段，即作业分组设计以协调优等生与学困生的隔阂（上海市尚公小学校）、分团分组的弹性制以促进学生差异性发展（东南大学附小）、理性反思并局部回归班级授课制（青岛市朱家洼小学校）。

2. 尚公小学的实验

早期的分团教学法实验基地主要在尚公小学，以朱元善、陈文钟等人为代表。清光绪三十一年（1905）冬，商务印书馆创办小学师范讲习所，因听讲员需实地练习，乃添办附属小学一所。1906 年冬，小学师范讲习所期满停办，由校职员会议议决，保存附属小学，改校名为尚公。民国初年改称私立尚公初等高等小学校，1915 年定名为商务印书馆私立尚公小学校，以养成社会适宜人才为宗旨。校址原在北浙江路和康里，后迁至宝山路宝兴西里。初时学生二三十人，实行复式教学，十年后发展至三百五十余人，多为职商子弟，历任校长有徐念慈、徐宗鉴、蒋维乔、庄俞等。课程设置依据小学学阶程度而有所差异：初等小学为修身、国文、算术、体操、手工、唱歌，三四年级添设图画、英文；高等小学加授历史、地理、理科及商业。课本均试用商务印书馆自编教材，教学内容注重实用，授以生活必需之知识技能。教学方法以启发与输入并用，重视培养学生的社会活动能力。学校注重校园文化建设，先后成立了学业研究会、体育会、讲演会、少年书报社、学生新闻社等团体，在当时小学校中极为少见。❷

❶ 袁希涛. 五十年来之中国初等教育［M］. 申报馆. 最近之五十年. 上海：申报馆，1923：206.

❷ 教育大辞典编纂委员会. 教育大辞典（第十卷）［M］. 上海：上海教育出版社，1990：186－187.

（1）天民的实验主张。首先将分团教学法进行系统梳理，并加以实行的是时任《教育杂志》主编朱元善，他以"天民"为笔名发表了一系列教育理论著述。其中在《分团教授之实际》一文中，对小学分团教学的方法及其实效，如分团教学之产生、组织儿童之座次、教学科目及计划、分团教学之顺序都做了说明。

> 同学级中之儿童，其能力各有不同，故近时之教育思潮，多排斥旧时之学级教育而主张施行适应于个性之教育也。然观于我国教育之实际，则依然于儿童之家庭、身体、能力、性行等全不注意。而唯据年龄之大小以编制学级，以同一课程施之于能力各异之儿童，至效果不能大著。不亦可惜之甚乎！但以我国国情而论，今欲从根本上改良，大变学级之编制，以实现新理想之教育，则经济上实有所不能。故实际教育家，今须解决之问题，即于现行制度之范围内，施行如何之学级教育最为有效是也。儿童之能力既各有差异，欲以同一方法使全体儿童无不理解，如此之教法实未之有。故于施行分团组织之学级教育外，别无良法也。❶

因此，他主张依据学生学业基础的差异和能力的高低对班级授课制度进行改良，进行分团教学实验的意向正是为了适应儿童差异性，尤其是注意劣等儿童，"夫使各儿童之能力务为相当之发展，乃吾侪本旨之所在。故在初等一、二学年对于优等儿童不为特别之处理，而沾沾以提携劣等儿童使其成绩相与平均"❷。

（2）实验内容的设计。尚公学校分团教学实验的设计及活动有独到之处：虽然事实上各个学生入学之初就存在一些差异，但是不做特别处理，仍是按照现行的学历及年龄分班模式，经过一个学期的学习，学生之间程度差异愈加明显。此时，教师对学生的实际情况逐步有了具体的掌握，从第二学期起，在小学一、二年级班内只分两组。第一组是"普通儿"，又将劣等儿童分出一团，予以特别关注和组织教学，形成第二组"劣等儿"。到了小学三、四学年，再分出一"优等儿"组，对其做特别发展，在教学组织方法上，"优等儿"组与"普通儿"组以合团教学为主，重点放在对"劣等儿"组的辅导补习上，以体现卓越教育理念。

---

❶❷ 天民. 分团教授之实际［J］. 教育杂志，1914，6（11）.

例如，教师陈文钟等人在教学实验中主要根据学生学业成绩，兼及能力发展及其他表现加以分组。小学一、二年级以学业成绩 60 分为界，分为"中等儿"与"劣等儿"各一组；三、四年级以 80 分以上为"优等组"。学生进入高小后，细分为四组：第一组为"优等儿"，80 分以上；第二组为"中等儿"，60—80 分；第三组为"劣等儿"，40—60 分；第四组为"最劣等儿"，40 分以下。学生年级越高，差异越大，组别就会更多，但在教育措施及其他实验内容上与上述操作方案并无差异。

这一阶段学校实施分团教学法的主要目的是增加对劣等儿童的救助，通过教师对他们的额外辅助指导，使他们跟上班级整体的进度，保护其自尊心，提高其自信力，激发其学习兴趣。分团的依据是学生学期末的课业测评成绩及平日教学中的讨论问答及作业练习中的表现。在一个学级内对学生进行分团，是学级制基础上的分团教学，并未打破班级授课制，仍然是基于课堂教学组织形式下的调整或改良，只是教学制度改革中一种温和或折中的方案或路向，与打破或摒弃班级课堂教学制度那种教学组织革命性激进或猛烈的取向，如个别教学、活动教学之间，仍存在极大差异。

（3）实验的成效。如何对待班级教学中学生学业水平及能力在客观上存在的差距？朱元善、陈文钟等人实验的分团教学法，出于学生经济承受力及走向社会立身谋职的思考，采取针对性的弥补，"使劣等与最劣等者，行正确之练习。如算数一样，最劣等者，将来出校问世，绝不能应用自如，以生活上最有关系，故不可不为之补习或个别施教"❶。该法反对留级制度，主张挽留差生，抓住重要学科，对差生进行个别补习。这不仅是改革班级授课制的探索，还表现了他们对学生的高度责任感。

参与分团教学法实验的尚公小学教师高士英对劣等儿童如何采取针对性或适用的组织方法做了具体总结，很有现实应用价值。

> 教师每日授课，无论学童之为优为劣，固宜以活泼之精神，贯彻全体。惟对于劣等儿童，操纵运用，宜有损益轻重之殊。兹约举如下：
>
> （1）与劣儿讲解，虽至浅易，必反复征引，务使得正确之观念。
>
> （2）与劣儿问答，词意宜简，其语气有不完全处，不宜苛求，以养成问答之习惯。

---

❶　陈文钟. 实验分团教学法［M］. 上海：商务印书馆，1918：28.

（3）优劣分组时，上组之教授有不能领会者，可编入下组教授。

（4）复问已授之教科，许其检书作答。

（5）遇暗写自动时，任其检查字典，并许阅书正误。

（6）算术出题时，先为劣儿说明算法，其暗算及速算善用之而已。此关于授课时应行注意者也。❶

在各科教学中，语文、算术科分团教学法实验活动开展最为显著。以算术科为例，分团教学的实验内容及结果成效如下。

（1）预行分团之法。于练习某问题时及问题极难时，既知儿童能力之差异及其类似点者可预为分团而教授之。特于练习之过程，依前数时间练习之成绩而预行分团为尤宜。

（2）试验分团之法。难于预行分团时以用此法为宜。此法乃以可为代表之二三问题使之练习，依其成绩优劣而分团者。但此时不可专一试验而定，参考其平时之能力而进退之最为必要也。

（3）依其能否理解问题而分团之法。于应用问题及诸等数换算问题之练习等不能一一试验之时，以此法为宜。惟此际亦当由教师加以裁度耳。

（4）于儿童练习中巡回考察而分团之法。集合数儿童为一团而教授时行此法宜焉。❷

算术科练习教学活动中对不同团组儿童的有效操作策略如下：

（1）指导之程度。对于优等儿童指导宜少，务使以独立而练习之。于劣等儿童则反是。对于中等儿童，其指导当介于二者之间。唯当注意者，决不可以指导劣等儿童之故，置优等儿于不顾。对于优等儿之发展施以适当之指导实为必要也。又对于劣等儿童若指导过度，亦足减灭其独立之精神，养成其依赖之心，此亦不可不慎者也。

（2）问题之量。使各生徒练习之文题于其量而附以到等差。即中等儿之问题当二倍劣等者，优等儿童当三倍或四倍之……

---

❶ 高士英. 劣等儿童之训育［G］//朱有瓛. 中国近代学制史料（第三辑·上册）. 上海：华东师范大学出版社，1990：182.

❷ 太玄. 分团式算术练习问题［J］. 教育杂志，1918，10（2）.

（3）问题计算之速度。同一练习问题其计算之速度当使随能力而异。对于劣等儿童以计算正确为要……而当中等儿童则当使为敏速之练习……

（4）问题理解之程度。使各生练习问题之际，其能力优良者使理解其趣旨。能力较劣者则当减其理解之程度或使之为机械的练习……

（5）问题难易之程度。问题之性质难或相同，而程度难易之间，宜予以区别，要以适应儿童之能力为主。❶

近代中国的学校制度改革是以德国近代传统教育派赫尔巴特（Johann Friedrich Herbart，1776—1841）在《普通教育学》及《教育学讲授纲要》中确立的教育学体系及范式为标志的，在教学组织方法方面则是课堂教学场域之下的形式教学阶段论，即著名的五段教授法。经过清末民初教育家及教师的应用、改进，灵活地转变为四段、三段等不同的程式，对国民教育的推行极为有效。分团教学组织方法此期实验的路径既然未突破学级课堂教学组织，自然便与形式阶段论共存互补，其中的联系、结合是主要的。以国文科为例，朱元善通过具体实验，总结出采用分团式的教学方法程序。

第一步 对前次教学的复习，及对于新教材而对儿童既知事项之问答施以全级的教授。

第二步 对于新课文大意，语句意义讲解施以全级的教授。

第三步 进行分团教授。甲组学生进行生字书写，全课视写，玩味文章。乙组学生集中于教桌，进行读法练习，内容问答，生字书写，一部分课文视写。

第四步 玩索文章之用意，整理新出之语言文字，施行全级教育。❷

这里所列的四步，大致是五段教授法中的预备、提示、联合及系统。分别采用合班、分组、合班学级内教学组织方案，方法（练习）的阶段虽未列出，但按朱元善注重学生差异性要求设计教学的主张，可以推断为分组教学。由此可知，在课堂教学实施中，分团教学法的程序或应用，多为五段教授法的交错或以之为依托。

在座次安排上，分团教学法的组织设计，依据现代儿童本位主义或主体论

---

❶ 太玄. 分团式算术练习问题［J］. 教育杂志，1918，10（2）.
❷ 天民. 分团教授之实际［J］. 教育杂志，1914，6（11）.

思想，以学习需要编定儿童座次，将劣等生聚于一端，以便对这些儿童进行团体指导，"命劣等儿童坐于前列，接近讲坛，而为督促渐进之基础。或与优等儿童并坐，树立模范，而收他山攻错之效果。此关于座次上应注意者也"❶；或者是将优等劣等生搭配排列，以达到辅助、协作学习的成效。具体操作策略上，以后者为主，即让优劣等"结对子"，一方面优等生对劣等生进行监督，另一方面优等生也为劣等生提供学习指导和帮助。为了便于分团教学的方法应用，教师于教室一侧（后面）另外悬挂黑板，可以供优等生自动学习使用，也可供教师对劣等生进行分团辅导时使用。在教学科目的选择上，修身、历史科目偏重于儿童情的一面，因而不适宜予以全级指导；对于旨在训练儿童技能的科目，偏重于儿童个人练习也并不适用分团教学；而国文、算术、地理、理科这些旨在传授学生经验知识为主的科目，则最适宜于行分团教学，以达到更好的教学效果。

3. 东南大学附属小学的实验

（1）弹性分团思想的形成。早在 1918 年，教育界已有人指出，一般分团与弹性分团之区别，"乃为分团所属儿童固定或移动之区别，而非谓儿童坐席之固定与可动"❷，又总结了弹性分团的四个条件："第一，分团所属之儿童，随各科目而异"；"第二，分团所属之儿童，难于同一科目之教育，亦由于授业时而非有一定"；"第三，分团之大小，由学习失败者之多少而定"；"第四，分团之期间，由各儿童习得之迟速而亦非一定。"❸

弹性制（Flexible or Shifting Group Plan），也叫作活动分团制，是美国密苏里州圣路易斯报告所哈里斯博士于 1807 年创制的。1921 年秋，南京高等师范学校附小即采用这种方法进行教学实验。东南大学附属小学前身为南京高等师范学校附属小学，1917 年 2 月始建于南京，聘周维城为主任，后俞子夷、龚启昌、雷震清、胡颜立等继任。1920 年 1 月，并入暨南学校附小，改名南京高等师范学校暨南学校附属小学。翌年，建立附小沙洲圩乡校。同年 8 月，改名东南大学附属小学。1928 年 5 月，并入国立中央大学实验学校。1937 年 8 月，日军炸毁校舍，中央大学内迁，小学部停办。1946 年 10 月在中央大学实验学校旧址复校，称中央大学附属小学。该校以注重教育实验著称，积极吸取

---

❶ 高士英. 劣等儿童之训育 [G] //朱有瓛. 中国近代学制史料（第三辑·上册）. 上海：华东师范大学出版社，1990：182.

❷❸ 天心. 分团式动的教育法之实际 [J]. 教育杂志，1918，10 (9).

各国教育的成功经验，努力探索适合国情的教育方法。[1] 在吸收引进教法进行教学改革实验的同时，该校积极出版刊行教育教学刊物、论著，推广其教育改革实验的经验，其中最著名的是 1928 年 4 月由中华书局出版的俞子夷所著的《一个小学十年努力记》。该书系统汇编了东南大学附属小学 1916—1926 年十年间以当时流行的欧美教育理论和教学法从事实验研究的情况，全面总结了东南大学附小进行教育改革的经验。内容包括：十年来学校行政组织和学级编制的改进历程；十年来的教学情况；幼稚教育；各科教学实验；成绩考查法；测验的编造和研究；训育和儿童自治；校园建设和师生生活等。全书附有大量插图、统计图表及十周年大事记，为中国 20 世纪一二十年代小学教育实验研究状况提供了一个实例。[2] 据俞子夷先生介绍，南京高等师范附小采用弹性编制方法进行教学实验的情景大致是：

> 学生入学时不要考。先由职员详细询问他从前的情形，再问家庭的意思，双方协定相当的学级。这学生就到那学级去试学。试学两星期，再决定他最合宜的地位。这两星期内行智力试验（廖茂如先生的团体试验，有疑的再用皮奈个人试验法），别种教育测验（像克氏算术、默读、作文、习字等），再加两星期里各科上课时的情形；到两星期终由各教员协议决定。好的调上一班去试，不好的调到下一班去试。再试两星期，然后决定在哪一级。[3]

（2）弹性分团实验的开展。据俞子夷著《一个小学十年努力记》的介绍材料，东南大学附属小学在推行教学实验的过程中，与这种弹性分团教学法相对应，学级编制由学年编制改为学期编制。每个学期开学的前两周里，根据教育测验成绩和平时上课情形，详细调查学生学业程度和能力。依据调查，可以作为分组依据的主要是读法、算术、英语、自然、社会这些容易统一按计划程序组织教学的科目，而其他可以容纳个性的科目（如工艺、园艺、美术、缀法、书法）就不必分组。两星期后，将一班学生分成甲乙两组；再过两星期后，把乙组学生再分成乙丙两组。从第五周起，各组按照本组学生的程度分别进行教学，不互相影响。据俞子夷先生介绍：

[1]　教育大辞典编纂委员. 教育大辞典（第十卷）［M］. 上海：上海教育出版社，1990：187.
[2]　教育大辞典编纂委员会. 教育大辞典（第十卷）［M］. 上海：上海教育出版社，1990：342.
[3]　俞子夷. 弹性编制是什么［J］. 教育杂志，1922（14）.

大概乙组是中等的，一学期里可以做一学期的功课；丙组是迟钝的，到一学期终，少做半学期的功课；甲组是敏速的，到一学期终，多做半学期的功课。所以到了一学期结束时，下一级的甲组，上一级的丙组，可以学到同一地方。于是这两组并了。下学期开始的时候，也照上面的方法重新编制。这样，迟钝的学生，可以按步进行，敏速的学生，也不受别人的牵制。❶

在具体的教学活动中，教师组织教学的进度并非整齐划一、统一步骤及顺序，而是根据学生的差异有所区别，对于成绩差、领悟慢的学生，可以降低难度或放慢速度；而对于成绩优秀、领悟快的学生则提高难度，加快速度；对缺课多的学生，通过补课及学生自学，按照具体情形，灵活编排。也就是说，体现出教学科学和艺术的结合："教师对于最迟的学生，也要负相当的责任，不能用降级等方法了事；对于最快的学生，也要有相当的鼓励，不能迟滞不前，虚度光阴。要是因为缺课太多了，可以随时调入相当的级和组，或另外想法补习。有补得快的，仍可以到原来的地位；实在补不上，那么调到下一级或下一组去。"❷ 这种弹性编制方法一改过去的学年制升留级制度，而采用半年测评、并组、分组制度。这样一来，小学六年的课程就可以用四至八年不等的时间完成。学习快的一直处于甲组的学生每年多学半年的功课，就可以用四年完成六年的功课，而最慢的倘若一直处于丙组的学生，就用八年的时间完成六年的功课；其余的或四年半，或五年，或六年，或七年不等。学习快的学生不必等候别人，学习慢的学生也不必留级。

（3）弹性分团实验的成效、局限及调整。试行这样的分团教学方法，虽然学生分组的灵活度、机动性增加，更适应其差异性特点及发展要求；判断学生学力不再依据教师主观判断，而是参酌平时上课情形和教育水平测验成绩，但同时也暴露出不少缺点：最难的就是一个学生各科的成绩不同，究竟怎样合并❸；分组分团主要依据学业成绩及程度状况，较少考虑学生的智力、年龄问题，事实上出现许多不适宜之处；每一学期合班、分组各一次，其伸缩自如的余地仍有欠缺；以学生的课程成绩代表学生的能力不免有一些欠缺。❹ 尽力学

❶❸　俞子夷. 一个小学十年努力记［G］//朱有瓛. 中国近代学制史料（第三辑·上册）. 上海：华东师范大学出版社，1990：227.

　❷　俞子夷. 一个小学十年努力记［G］//朱有瓛. 中国近代学制史料（第三辑·上册）. 上海：华东师范大学出版社，1990：227－228.

　❹　中央大学实验小学校. 一个小学十年努力记［M］. 上海：中华书局，1930.

习的学生，课程成绩固然能够代表学生能力，但那些成绩不好的学生，有的是因为能力弱，可以通过延长学习时间使其从容发展。但对于那些本来能力不弱却学习上不肯吃力的学生来说，仅仅通过弹性分组而不进行特别的鼓励督促，反而不会促进学生的进步。前两条涉及分组制度上的可靠度和灵活度问题，而后一条则涉及分组教学的激励效果问题。

这种方法试行了三年之后，经过反思，俞子夷认为："这方法在修习课程方面，可以算有充分的弹性，在学生能力方面，还不是十分完美。我们有一个理想的方法。虽说理想，并不是很难实行的——编制却要比哈立斯博士的弹性制更简便些。"❶

1924 年，东南大学附小即采取这种编制方法进行了第二次改革试验。首先，改革分组标准，在国语、算术、英语、自然及社会等学科教学中综合考察学生年龄、智力、各科成绩进行分团分级。其次，组合年龄相近的学级分成三个段落，每个段落内按照学生的年龄、智力、学业水平分成数团，每团内再分成两组，采用复式教学。由此，实验小学就形成了由一二年级水平的学生组成的低学部，三四年级水平的学生组成的中学部，五六年级水平的学生组成的高学部。通过在每个学部内再次分团，每团内再次分组，在小学组织体制上实际上形成了至少十八个小团，很大程度上细化了分组的水平。为了增加分团教学法的伸缩余地，本轮实验还将半年调整制度改成了随时在本段落内的流动制度。这样，某位学生某科可能在最高一组，同时另一科也有可能在最低一组。凡年满九岁，智力、学科水平已过二年级程度的，从低学部升到中学部；凡年满十二岁，智力、学科水平已过四年级程度的，即从中学部升到高学部。在每学期期末，高学部内学生成绩达到毕业目标标准的就予以毕业。除上述科目外，体操、音乐、工艺、美术这些学科不做具体规定，修完了课时计划，达到规定学分要求即可毕业。❷

改革之后的分团教学实验分组更细，并且在本段落内灵活调整的做法有效地弥补了第一次实验存在的伸缩不能完全自如的缺点。在分组依据的选择上全面兼顾年龄、智力、学业水平，也算是基本顾全了学生的差异情况。但是，对前面俞子夷先生提出的激发学生能力发展的问题并没有表现出明显

❶ 俞子夷. 弹性编制是什么 [J]. 教育杂志，1922（14）.
❷ 龚启昌. 小学能力分组制的商榷 [J]. 中华教育界，1930，18（6）.

改进。

有关这一问题的探索及处理，杭州市城区第二小学在 1929 年试行的国语科、算术科的分团教学实验做得更加细化，可以说具有一定的示范作用。下面加以描述，以有裨于对东南大学附属小学实验方案的拓展、补充。

该校的教学实验试行打破学年编制而采用分团编制的组织方式，基本上以学科为基点具体分团实施教学，又以国语、算术两门主科最为突出。国语科分团时，全部学生通过"分等合并测验"，按照测验成绩并结合教师评价将每个年级的学生分成甲、乙两团，共计十二团。算术科分团时，教师根据课本编制十八个阶段的题目，依据学生测试成绩及其他评价结果分成十八团，实际相当于每个年级三个团。在教学方法上，基本还是使用书本进行教学。国语科仍在原来学级中由同一教师进行教学；算术科则完全打破了学级，学生离开原来教室，不再由原来教师任教。教学内容分成了十八个阶段，每个阶段进行十四学周的教学，这可以看作我国实行的"单元教学"的早期形式。每周除课本外添加补充教材两套。第一套为学周开始前的讨论题，贴近生活实际，以引起学生的学习兴趣，使其明了学习目的。第二套教材为学周结束后的测验题，以考察学生对于本学周学习事项的掌握及应用程度，完成四分之三补充题目的学生即可通过一学周。通过十四学周的学生进行两种形式的学业能力测验：一种是专用形式题测验速率；另一种是专用应用题测验理解程度，及格的学生即可升一学阶。这种分团制学阶式的教学模式极大地促进了学生的学习积极性，尤其是高年级的同学表现尤为主动、活跃，不同团队间、同一团队内相互竞争，往往能够在二个学周完成三个学周的课程。❶

1929 年 11 月 30 日，杭州全市小学教育研究会第二区研究会讨论了进行分团教学后，学生中途修完学业能够毕业等问题。❷ 由此可见，分团教学在杭州市小学已经蔚然成风，并且这种教学实验确实促进了学生学习能力及课业成绩水平的极大进步。

除了学校内主要依据学生成绩及能力分组的教学实验外，以心理学理论为依据，当时还有了关于"天才教育"的设想和讨论，也算是与最初关注劣等

---

❶ 彭晋豪，程镜蓉. 杭州市立城区第二小学试行分团教学一月的经过 [J]. 市政月刊, 1929 (2).

❷ 杭州市小学教育研究会. 十七年度上学期杭州市全市小学教育研究会研究结果 [J]. 市政月刊, 1929, 2 (5).

儿的分团教学法实验遥相呼应。比如，由我国儿童心理学家葛承训先生于 1929 年组织的无锡中学实验小学天才教育实验计划就是一个典型例证。❶ 这个天才实验班本来计划赴京沪两地招收五六年级程度天才儿童二三十人，但由于远地小学生寄宿学习多有不便而缩小了招生范围，除了从本校选取学生外，只从无锡城各校招收具有小学四五六年级程度而智力特别优异的儿童，家庭困难的儿童予以减免学杂费用。初试采用"廖氏团体智力测验量表"，符合条件的儿童再用"订正比纳西蒙智力量表"进行智力测验、小学默读及小学算术应用题等进行教育测验，统计测验结果后将儿童分为普通儿与天才儿两团。对于天才班的教学不再划分年级界限，而是在学习时随着个人的能力和兴趣组合学习团或者是参加几个学习团。学习过程结合道尔顿制和设计教学法，教师指导学生怎样学习，减少讲解和功课练习分量，学生自定目标，确定学习单元，采取自主学习为主，学生间沟通交流、教师辅助引导相配合的组织方式。为了达到因材施教的差异性教学效果，教师需要调查掌握儿童的一切个人情况和家庭状况。关于无锡中学实验小学这一天才教育计划的实施结果尚缺少足够的资料，但是在 20 世纪 30 年代我国教育界已经有了关于天才教育的设想和实验确是事实，这也是分团教学法的一种流变或新的走向。

4. 分团教学法向班级教学回归实验

尽管道尔顿制、文纳特卡制、复式教学法这些教学方法的传播实践搞得轰轰烈烈，但在当时的社会背景条件之下，这些新兴教学方法的推行必然无法形成气候。如何对班级教学制度加以改造，在适应国情财力的前提条件下遵循教学规律改造教学方法，成为教育家和教育工作者关注的焦点。对于分团教学法的改造，代表性方式是在班级内部进行混合分组。此处以青岛市朱家洼小学的分组教学为例，加以介绍说明。该校分团教学的规定性要求，一是每组中必须有一两名品学兼优的学生。二是每组之间儿童的品学程度应该是大致相当，每组内选出一名组长，负责本组内的讲授及管理工作；选一名副组长协助或临时需要时代理组长职务；在全班同学中选出两三名督查员，督促全班学习。三是在教学中采用小组学习为主的方式。如算术科的教学，教师先提出一个简单的问题引发学生兴趣，师生讨论明白后，再提出几个相似的、但较难的问题由小组共同研究解答。一个小组中程度低的儿童可以请教组长、副组长，如果全组

---

❶　葛承训. 无锡中学实验小学的天才教育实验计划［J］. 教育杂志，1929，21（5）.

的同学都解答不出来，组长可以去请教别的组，全班都无法解答时则由教师讲解。这样的话，如果全班中只有一个同学能够解答，先是小组内传导，然后组间传导，教师基本就不用讲授了。以自然科为例，在激发学生学习动机之后，教师将课程要谈论的问题揭示出来，然后提供一些参考书，让学生课外分组去读书找答案，之后让儿童分组报告研究成果。在学生管理方面，组长、副组长督促管理本小组成员品行，以小组为单位，每周召开小组会议，讨论班级管理问题，开展集体活动。小组内部是互助关系，小组之间则是竞争关系。无论学习成绩还是道德品行，都是以小组全部成员成绩合并后在小组之间进行比较，奖励惩罚也都是以小组为单位。❶

分团教学法的思想主张多见于《教育杂志》与《中华教育界》。如 1914 年 10 月，天民发表《分团教授之实际》一文，对小学分团教授的方法及其实效，如分团教授之时期、教授科目及课程、分团教授之顺序等，都做了说明。❷ 现代教育史家陈翊林（陈启天）与余家菊、李璜、左舜生等同为 20 世纪二三十年代的国家主义派人物，是国家主义教育思潮的中坚之一，对中国近现代教育史的研究也深有造诣。他认为："继自学辅导主义之后，为小学界所推崇者，为分团教学。"❸ 相比于分团教学法实验的亲历者俞子夷，这位教育史家对这种教学方法的评议要高一些。

（二）蒙台梭利教学法

蒙台梭利教学法是由意大利著名学前教育家蒙台梭利（Maria Montessori，1807—1952）对三至六岁儿童进行学前教育实验形成的一种适用于学前教育的特定教学组织方法。1907 年，蒙台梭利在罗马创办了一所"幼儿之家"，运用精神病理学、实验心理学的思想对学龄前儿童的矫正及教育问题加以实验研究，形成其独具个性的学前教育方法。

蒙台梭利认为，儿童的天性是善良的，教育的任务在于发展儿童的禀赋；"自由"式发展儿童天性的要素，应为儿童提供良好的环境，让他们"自由活动""自我教育"。她把幼儿教育的内容分为感觉训练、知能训练、筋肉练习和生活练习四种。她特别强调感觉教育，曾创制了二十六种教具，用来训练幼儿的各种感觉器官，称为"蒙台梭利练习教材"。1909 年，她总结了"幼儿之

---

❶ 刘毅若. 儿童分组训教法一得 [J]. 青岛教育，1935，1（11）.
❷ 《教育杂志》1914 年第 6 卷第 11 号.
❸ 陈翊林. 最近三十年中国教育史 [M]. 上海：上海太平洋书店，1932：232.

家"的经验，出版了《适用于幼儿之家的幼儿教育的科学教育方法》。该书很快被译成多种文字，广泛流传。她在意大利各地和英、美、瑞士等国先后开办了"幼儿之家"式的幼教机关，推行"蒙台梭利教育法"。1919 年，她开办了国际教师训练班，1925 年又成立了"国际蒙台梭利协会"，进一步推广她的幼儿教育经验。1925—1951 年，她担任了"国际蒙台梭利协会"召开的共九届大会的主席。其主要著作有《蒙台梭利教育法》（1912）、《教育人类学》（1913）、《童年的秘密》（1936）等。[❶]

中国学者对蒙台梭利教学法传播最早的是从晚清以来一直活跃于译述国外教育理论的著名学者樊炳清。他以"志厚"为笔名在《教育杂志》撰文颂扬蒙氏创立的"幼儿之家"，并介绍了蒙氏实验的过程、状况、特点、教具所取得的成就以及广泛的影响。[❷] 如 1914 年 10 月，商务印书馆出版日本今西嘉藏著、但泰译的《蒙台梭利女史（士）教育法》，论述蒙氏教育法原理，分析了蒙氏与裴斯泰洛齐、福禄培尔（Friedrich Froebel，1782—1852）等人的思想渊源以及蒙氏教学法在理论上的创新及实践中的应用。比如，该书认为，福禄培尔仅恃十二种游戏思想以及教育之资，而"幼儿之家"则广取材料，这是对"恩物"及作业的极大拓展，因此他大声疾呼："诚哉！教育界之一新帜！而世界幼稚园小学校之一刺激剂也！"同年 8 月出版的《教育杂志》第 5 卷第 5 号上刊载了署名"悫生"的《蒙台梭利新教育法之设施》，详细介绍了蒙氏教学法在世界各地的传播，对"儿童之家"的感觉训练教具以图示方法介绍，并初步估算了实施的成本。作者概括蒙氏教法的核心理念：儿童自由活动、感觉训练及教具的使用。同年 10 月发表于《教育杂志》第 6 卷第 8 号高凤谦的文章，实际上是同年上述著作的"序言"。高氏是近代出版家，对学校教材编译及发行工作贡献颇大，他本人曾在此前参观访问意大利罗马的"幼儿之家"，并拜会蒙台梭利，有切身体会及经历，因此对蒙氏教学法的组织活动及实施过程均做了细致描绘，富有情景化的营造构思，增添了想象及感染性。而几乎同时由江苏省教育会办的《教育研究》杂志则通过儿童教育的体裁论文穿插蒙氏教学法的内容及观点，如《儿童研究》《美少年与教育》《模仿说》《儿童创造力培养法》《儿童游戏的人类学意义》等。[❸] 1914—1915 年，江苏

---

❶　杭州大学教育系. 教育词典［M］. 南昌：江西教育出版社，1987：787.

❷　志厚. 蒙台梭利女史（士）之最新教育法［J］. 教育杂志，1913，5（1）.

❸　《教育杂志》1914 年第 6 卷第 9 号.

省教育会设立蒙台梭利教育法研究会。商务印书馆把蒙氏的教具仿制发行。❶ 1916 年，《中华教育界》连续发表顾树森、王维尹合译的《蒙台梭利教育之儿童》，介绍蒙台梭利教学法。❷

蒙台梭利教学法在中国实验主要在学前教育阶段，零星、交错地杂糅在幼稚园或蒙养园的教改实验之中，代表性的有北京高等师范附属幼稚园、北平香山幼师实验蒙养园、成都幼稚园等。但总体来看，因其带有贵族化办学条件要求及西方化标准项目设计而难以持续推广，但无疑对传统家庭童蒙教育走向近代国民教育，乃至于学前教育科学化的探索起了积极影响。

中国自清末颁布"癸卯学制"，把班级授课制作为基本的教学形式肯定下来。但是新式学校往往追求"整齐划一"，班级教学经常出现"课室内死气沉沉，除了教师讲解的声音，学生呆望的态度，绝少变化的气象，生动的精神"❸ 的局面。在科学教育思潮的影响下，教育界人士力图通过教学方法和教学形式的改革，来改变和消除这些弊端。新文化运动前后，这些改革呈现出"温和"的特点，如自学辅导、分团教学等，旨在融个别教学之长于班级授课的形式之中。五四运动时期，则表现出"激进"的特点，改革的幅度大，大有以活动教学、个别教学代替班级授课的势头，如设计教学法、道尔顿制的试行。后面这些"激进"特点的表现，又更多地受到实用主义教育思潮的影响。

三、开始着手培养教育科学研究人才

教育作为一门科学，必须有一支专业研究队伍。直至新文化运动之前，我国教育科学高级专门人才大都来自归国留学生。从 20 世纪 20 年代开始，受科学教育思潮的影响，当然更受到教育实践发展需要的推动，开始培养我国自己的教育科学研究人才。1920 年 1 月，北京高等师范学校经北京政府教育部核准开办教育研究科，举行入学试验。教育研究科以教授高深教育学术，养成教育界专门人才为宗旨。招收高等师范和专门学校毕业生及大学三年级学生，学制两年。这是我国高等师范学校招收研究生的开始。学科有教育原理、教育史、教育制度、教授法、心理学、哲学、美学、社会学等，毕业及格者给予教

---

❶ 陈学恂. 中国近代教育大事记［M］. 上海：上海教育出版社，1981：263.

❷ 《中华教育界》1916 年第 5 卷第 2、5、6 期.

❸ 廖世承. 三十五年来之中学教育［G］//庄俞，贺圣鼐. 最近三十五年之中国教育. 北京：商务印书馆，1931：50.

育学学士学位。教师以本校教师为主,也聘请外校教师和在中国讲学的外国专家,计聘请了蔡元培、胡适、陈大齐、陶履恭、邓萃英、陈映璜、刘廷芳、张耀翔、李建勋、杜威夫妇等十九人。1921 年 7 月,南京高等师范学校教育专科首届学生三十七人毕业,分赴十一省担任教育学科教师、教务主任、训育主任和省的教育行政工作。❶ 此外,教育行政及管理人员也要通过教育、心理学科的考核,方有任职资格,这类报道不时在报刊上刊载,足见科学教育思潮的深刻影响。

❶ 中央教育科学研究所. 中国现代教育大事记 [M]. 北京:教育科学出版社,1998:40.

第八章 平民教育思潮

　　五四运动时期的"平民教育"，是民主思潮在教育上的反映。它反对封建专制，拥护"德谟克拉西"，提出"平民政治"，提倡"平民文学"，也提出了"平民教育"的口号，出现了平民教育思潮和平民教育运动。

　　平民教育思潮，作为五四运动时期新教育运动的一个组成部分，反映了新文化运动统一战线的特点和新文化运动发展演变的趋势。宣传和信奉平民教育思潮、投身平民教育运动的有共产主义知识分子、革命的小资产阶级知识分子和资产阶级知识分子，他们有相同的要求，又有思想观念、道路方向上的差异。这种分歧在其发展中出现明显不同的演进路径和实践分化。

　　平民教育思潮的共同点是批判封建"贵族主义"的教育主张，实现平民化政治和社会的改造，提出"平民"的教育权利，打破少数人独占教育的特权；使普通平民获得文化知识，启迪广大平民的爱国民主自觉心，为此必须对旧的教育进行批判和改革。但在平民教育问题的讨论和平民教育的实践中，出现了不同的倾向，反映了不同的思想政治方向。

　　以陈独秀、李大钊、邓中夏为代表的共产主义知识分子提出不仅要以广大民众为教育的对象，而且教育应本着"庶民"的方向，也就是说平民教育必须符合劳动人民求得自身解放的根本利益。他们创办工人夜校和劳动补习学校，出版刊物，进行马克思主义宣传和文化知识教育，引导和组织群众参加革命斗争。其代表是以邓中夏为首的"北京大学平民教育讲演团"。

　　一些资产阶级、小资产阶级知识分子在杜威平民主义教育思想的影响下，主张"教育救国"，坚持"不先有了平民教育，哪能行平民政治"的观点，成立组织，发行刊物，开办平民学校。其代表是北京高等师范学校部分师生联合组织的"平民教育社"。该社宣传的平民教育，对于教育只为剥削阶级所独有的现象给予揭露，他们的实践也在一定程度上扩大了教育的对象，这对于当时的教育改革还是起促进作用的。但他们却把平民教育当作救国和改良社会的主要手段，希望通过平民教育来实现平民政治。以晏阳初为代表的中华平民教育促进会（以下简称"平教会"）主张"今日之平民教育就是将来普及教育的先声"，并在一些地方进行有组织的试验，仍以教育救国思想和平民政治为指导思想。他们的"平民主义政治"，还是宣传一般的资产阶级民主自治自立之类的口号，并且宣传阶级调和的思想，提倡资本主义社会的公民道德观念。1926年，平教会选河北定县翟城村作为开辟农村平民教育的实验区。1929年，总会迁定县，以晏阳初为代表的该会成员继续进行乡村平民教育的实验活动。

　　20世纪20年代以后，平民教育思潮明显地分化了，一些资产阶级教育家继续从事改良主义的平民教育，或提倡民众教育；中国共产党则在早期共产主义者开展平民教育的基础上，掀起了轰轰烈烈的工农教育运动。

第一节　平民教育思潮各流派的理论综述

　　"平民教育"口号在五四运动时期之所以那样响亮，是有其社会原因的。当时的知识分子认为，社会黑暗的原因是因为广大人民没有知识，如果这些人有知识，就会出来参与政治，干涉军阀、官僚、土豪、劣绅的所作所为。要使人民有知识，就只有通过教育。平民教育在提倡之初是平民主义思潮熏陶影响的结果。随着历史的发展，平民教育的提倡者开始分化，早期马克思主义者对此的认识代表着主流与方向，受美国现代教育家杜威实用主义思想影响的资产阶级教育家也有其基本理论。

一、早期马克思主义者的平民教育思想概述

　　平民教育的主张在辛亥革命后和新文化运动早期就由资产阶级、激进民主主义者提出。如1912年5月13日蔡元培赴参议院宣布政见演说词时，说："在普通教育，务顺应时势，养成共和国民健全之人格。"[❶]"民国"的教育应培养"国民"的健全人格是蔡元培全面和谐发展教育方针的根本目标。1915年，陈独秀在《今日之教育方针》一文中，从"以人民为主义，以执政为公

---

　　❶ 蔡元培. 向参议院宣布政见之演说［G］//高平叔. 蔡元培教育论集. 长沙：湖南教育出版社，1987：51.

仆"的民主论点出发，提出教育的"惟民主义"，呼吁以广大人民为施教对象，反对旧学校的"个人主义"与"关门主义"，要求使"引车卖浆之徒、瓮牖绳枢之子"能够进学校读书受教育。❶ 陈独秀的这种认识建立在激进民主主义者的政治及国家观的基础上，并以思想启蒙为出发点，意在通过知识启蒙，改造国民性，提高民众自主意识。这也正是当时激进主义思想家的个性特征。从平民教育的角度来看，所论仍与"民主政治"及国民教育相混合，还不能说是严格意义上的平民教育。

五四运动时期，随着十月革命的影响及马克思主义在中国的传播，一批进步青年迅速成长为早期的马克思主义者。而在新文化运动前期就已经开始接触、宣传马克思主义思想的先进人物，则在五四运动时期社会思想的大洗礼中出现了质的飞跃。他们认识到民众的巨大力量，从马克思主义的科学理论出发，高度重视平民教育的作用，并正确阐明平民教育与平民政治及社会改造间的关系。

正如毛泽东所说："十月革命一声炮响，给我们送来了马克思主义。十月革命帮助了全世界的也帮助了中国的先进分子，用无产阶级的宇宙观作为观察国家命运的工具，重新考虑自己的问题。走俄国人的道路——这就是结论。"❷ 五四运动时期，中国人开始重新考虑自己的问题。他们发现中国兴办了五十多年的新教育都没有成功。教育不普及如故，文化落后如故。革命知识分子觉得，政治革命要走俄国人的路，教育的革新也必须走俄国人的路。他们介绍俄国的教育情况，从中获取新教育发展的方向性启示，并结合中国教育的历史与具体现状，对平民教育的道路做了精辟的阐述。其中，以李大钊、陈独秀、毛泽东、蔡和森、恽代英等为代表。

李大钊 1913 年就读日本东京早稻田大学政治本科期间，开始接触社会主义学说和马克思主义。1916 年回国后参加新文化运动，他从辩证唯物论的立场出发，提倡民主与科学，反对专制和偶像崇拜，使文化启蒙在深刻性与科学化上都大大提高了一步。十月革命以后，他首先宣传介绍马克思主义，世界观上逐渐向新民主主义转变，开始形成马克思主义的平民教育观。李大钊按照历史唯物主义的观点，从经济基础与上层建筑的关系阐明教育本质："凡是精神

---

❶ 陈独秀. 独秀文存·今日之教育方针 [M]. 合肥：安徽人民出版社，1987.
❷ 毛泽东. 论人民民主专政 [G] //中共中央毛泽东选集出版委员会. 毛泽东选集（第四卷）. 北京：人民出版社，1960：1476.

上的构造，都是随着经济的构造变化而变化。"❶ 这样，就对当时流行的资产阶级"平民教育""教育救国"论调做了有力的批判。在当时一些人以"互助论"拒绝或反驳阶级斗争论时，他指出"互助的社会组织"在阶级斗争的世界中是不会实现的，要"把从前阶级竞争的世界洗得干干净净，洗出一个崭新光明的世界"，"这最后的阶级竞争……是必须经过的，必不能避免的"❷。"普通所说的平民政治，不是真正的平民政治，乃是资产阶级的平民政治"❸，"平民主义"已为资本主义时代用烂了，受他们卑鄙的使用而被玷污了。"纯正"的平民主义，"就是政治上、经济上、社会上一切特权阶级，完全打破，使人民全体，都是为社会国家做有益工作的人"❹。而这种"平民的社会"，只有通过阶级斗争，建立工人阶级政权以后，才能实现。因而他提倡的平民主义教育，正是在"纯正的平民主义"理想指导下的无产阶级的民主教育。

远在五四运动以前，毛泽东就著文对半殖民地半封建的学校教育的腐朽状况做过深刻的揭露。1920 年，他与何叔衡等共产主义知识分子在湖南组织俄罗斯研究会，指出俄国的革命"是马克思经济学的产物"，"他山之石，可以攻玉"，希望中国也像俄国那样来开辟一个新天地。❺ 1920 年 12 月，毛泽东在回答中国走什么道路的问题时给全体在法的新民学会会员写了一封信，信中说：他完全赞成蔡和森的中国革命须走社会主义道路的意见，反对以教育为工具的温和改良的方法，认为罗素那种"用教育的方法使有产阶级觉悟，可不至要妨碍自由，兴起战争，革命流血"的主张，"事实上做不到"。因为：

> 教育一要有钱，二要有人，三要有机关。现在世界，钱尽在资本家的手；主持教育的人尽是一些资本家，或是资本家的奴隶；现在世界的学校及报馆两种最重要的教育机关，又尽在资本家的掌握中。总而言之，现在世界的教育，是一种资本主义的教育。

"教育所以落在资本家手里"，是因为他们有议会、政府、法律、军队和

---

❶ 李大钊. 我的马克思主义观［G］//编委会. 李大钊文集（下）. 北京：人民出版社，1984：59.
❷ 李大钊. 阶级竞争与互助［G］//编委会. 李大钊文集（下）. 北京：人民出版社，1984：18.
❸ 李大钊. 平民政治与工人政治［G］//编委会. 李大钊文集（下）. 北京：人民出版社，1984：571－572.
❹ 李大钊. 平民主义［G］//编委会. 李大钊文集（下）. 北京：人民出版社，1984：609.
❺ 彭璜. 对于发起俄罗斯研究会的感想［N］. 大公报，1920－08－27.

警察，所以无产阶级不夺得政权，"安能握得其教育权？"❶

萧楚女针对陶行知、朱其慧的"平民教育救国"理论和实际，指出：

> 平民教育是要紧的。但是起码的生活，不更要紧么？……现制度若不经过一番彻底的翻砂功夫，平民教育么？——我恐怕还不是像汉口今天这样只留下几张纸招牌，做个聋子的耳朵，徒为装饰哩！即令有效，也不过是多使平民认识得几个字，因而多使平民添得几分烦恼苦病而已！❷

恽代英认为，改造社会是要整顿政治，组织人民政府，发展生产，抵御外侮，振兴国势，因此非革命不可。不是教育了一切的人，才可以改造社会；而是改造了社会，才可以有好教育。教育是改造社会的有力工具，但必须帮助革命才真有价值。❸ 还有人撰文专门分析"平民教育救国论"的错误：

> 主张教育救国的人，他们以为中国的国民，若是都能认识字、念念书，中国即可得救了。……其实，在我们看来，救中国的方法，绝没有这么简单。穷无立锥之地的苦同胞，救死不暇，毫不想借识字在社会上发迹，他们对于识百字、识千字的兴趣，可以想见。所以设平民学校和平民读书处的普及教育的理想，在现在经济制度之下，不免有许多行不通的缺点。❹

早期马克思主义者以马克思主义作为分析教育问题的武器，对教育改革的道路及教育与政权的关系做了崭新的阐述，指出教育要以十月革命后的苏俄为方向，与推翻资本主义经济制度相结合，从而区分了资产阶级平民教育和无产阶级平民教育的界限。

陈独秀也有类似的论述："我承认用革命的手段建设劳动阶级（即生产阶级）的国家，创造那禁止对内外一切掠夺的政治法律，为现代社会第一需要。"❺ 陈独秀一直是主张民主共和的，但这时他开始认识到"共和政治为少数资产阶级所把持"，无论哪国都是一样，要用它来造成"多数人的幸福"简直是妄想。现在多数人都渐渐明白开始要求自己的"自由与幸福了"，"社会

❶ 毛泽东. 致蔡和森［G］//湖南省博物馆历史部. 新民学会文献汇编. 长沙：湖南人民出版社，1980：103.

❷ 萧楚女. 陶朱公的平民教育［J］. 中国青年，1924，2（18）.

❸ 恽代英. 在革命运动中的教育问题［J］. 新建设，1924，1（3）.

❹ 敬云. 平民教育的真意义［J］. 中国青年，1924，1（14）.

❺ 陈独秀. 独秀文存·谈政治［M］. 合肥：安徽人民出版社，1987：371.

主义要起来代替共和政治，也和当年共和政治代替封建制度一样，按诸新陈代谢的公例，都是不可逃的命运"❶。他试图把社会主义民主和资产阶级民主加以区别，认为其区别的主要标志就是多数人的自由幸福还是少数人的自由幸福。他没有丢弃民主的旗帜，而是把民主说成是无产阶级和劳动群众争取自由幸福的旗帜。从上述理论出发，陈独秀对当时流行的资产阶级平民教育流派进行批评，明确提出社会主义平民教育的发展方向。

中国人民知识方面物质方面都这样不发达，所以有心改造中国之人都早已感觉着发展教育及工业是项重要的事，这是不待讨论的；但是有一件要讨论的事，就是还仍旧用资本主义发达教育及工业，还是用社会主义？我个人的意见，以为资本主义虽然在欧洲、美洲、日本也能够发达教育及工业，同时却把欧美日本之社会弄成贪鄙欺诈刻薄没有良心了；而且过去的战争及将来的经济的大革命都是资本主义之产物，这是人人都知道的。幸而我们中国此时才创造教育、工业，在资本制度还未发达的时候，正好用社会主义来发展教育及工业，免得走欧美日本人的错路。❷

陈独秀虽然并不反对实施平民教育的学校和机构对劳动人民进行文化教育，但坚决反对罗素和杜威把平民教育作为实现"平民主义"政治的工具，"在工业未发达的社会里希望教育发达，自然是妄想；在社会主义未实现的社会里希望教育是平民的，自然也是妄想"❸。他又从经济基础的角度剖析平民教育不能实现的社会根源："在现在贪狠的资本家生产制度之下，工银如此之少，（劳动）时间如此之多，先生有何神通可以使一般工人得着平等的教育？如此看来，又应该拿什么做工人教育问题的先决问题？"❹ 要真正实现平民教育，必须从根本上解决广大人民的生活问题，而这又只有在无产阶级革命胜利的条件下，建立了劳动人民当家做主的社会，才能得以实现。

　　❶　陈独秀. 对于时局的我见 [J]. 新青年，1920，8（1）；陈独秀. 致罗素、张东荪的信——关于社会主义的讨论 [J]. 新青年，1920，8（4）.

　　❷　陈独秀. 致罗素、张东荪的信——关于社会主义的讨论 [J]. 新青年，1920，8（4）.

　　❸　陈独秀. 独秀文存·致罗素、张东荪的信——关于社会主义的讨论 [M]. 合肥：安徽人民出版社，1987：436.

　　❹　陈独秀. 再答知耻（劳动问题）[J]. 新青年，1920，8（1）.

二、杜威的平民主义教育思想及影响

五四运动前后，美国教育家杜威、孟禄先后来华，宣传平民主义教育，其言论主张经过他们的中国弟子们的努力宣传，对当时的平民教育思潮的形成、高涨和平民教育运动的实践活动产生了巨大影响。

（一）杜威平民主义教育思想的基本内容

1919 年 5 月 1 日，杜威应北京大学、江苏省教育会邀请来华讲学。杜威先后到奉天、直隶、山西、山东、湖北、湖南、浙江、福建、广东等十一个省作学术讲演，历时两年多。讲演的中心之一是宣传其平民主义教育思想。这一思想集中在两湖地区讲演，主要反映在《平民主义与教育》（*Democracy and Education*，也译《民主主义与教育》）一书中。

1. 从宣传资本主义民主出发，针砭"安闲"教育，提倡平民主义教育

杜威无情鞭挞封建专制，鼓吹美国式的资本主义民主。他认为，君主政体下的法律是保护贵族等"少数的人"，教育专为"专制"制度培养恭顺的奴仆，强制受教育者盲从，扼杀人的个性。由此出发，杜威针砭"安闲"教育，提倡平民主义教育。

在杜威看来，"安闲"教育，是指专为"贵族或有资本的子弟而设的"教育，受教育者过着安闲的生活，学习的目的不是"赚钱谋他们的生活"，而是为了装饰门面，作为夸耀的装饰品而劳苦地工作；即一切不安闲的事业要由劳动者去做，但他们却被剥夺了受教育的权利。其结果，使受教育者看不起劳动事业，并且训练他们的思想，离开了身体来说知识。为了改变这种状况，杜威提倡平民主义教育。他的这一思想是其民主思想的有机组成部分。首先，从教育目的论证平民主义教育的必要性。教育的目的，就是要破除阶级制，莫使少数人有教育，多数人无教育。教育绝不是为少数人设立的，应该从"安闲"教育的桎梏中解放出来，使所有的人都受教育。而平民是人类的大多数，因此要普及教育，就必须推行平民教育，使男女小孩都能读书，"人人有求学的机会"。其次，从教育与社会的关系论证了平民教育的迫切性。杜威在中国的讲演《教育哲学》中宣扬教育是"人类社会进化最有效的一种工具"，"社会的改良，全靠学校。……许多旁的机关都不及它。例如警察、法律、政治等，也未始不是改良社会的东西，但它有根本的阻力，这个阻力惟有学校能征服它"。因此，必须使人人都接受教育，社会才能进步，国家方能强盛不衰。只

有实行平民教育，"才算得是教育，才能适用于社会"。平民主义教育是治国的"利器"。最后，从国民、教育、政府这三者之间的关系来论证平民教育的重要性。杜威用房子做比喻，"教育如架屋，政府如楔顶，国民如基础。必须基础巩固，房屋才能巩固"❶。

杜威热情地颂扬中国学生近年来所推行的平民教育事业，认为学生牺牲自己的光阴和金钱，在各处办平民教育，使广大平民都能受教育，实在是一件大好事。他希望办平民教育的人不仅在城市里做，还要到农村去做，使广大农民也能接受教育。

必须指出，杜威宣传平民主义教育的用意，本质上是宣传阶级合作，"养成协作习惯"，消除阶级对立，反对在中国兴起的反帝反封建的革命运动，把当时的革命运动看作"一个最危险的问题"，"其危险的主要之点，乃在工人对工作没有趣味，没有发展知识、运用知识的机会"，"仅靠扰乱与直接行动，终不能救济现实经济社会之罪恶；一般人能力知识缺乏，终不足成大事"❷。因此，他说中国受过高等教育的知识分子要把"广大的见解教给工人，……也许可以免掉欧美扰乱不安的现状"❸，"只有教育将智慧传播人间，便适合于新生活"❹。

1919年杜威来到中国之前，他在美国哥伦比亚大学师范学院毕业的中国学生即著文介绍其思想学说。胡适就说："现代世界是平民政治的世界"；"平民主义教育的第一个条件，就是要使少年人自己用他的思想力，把经验得来的意思和观念一个个地实地验证，对于一切制度习俗都能存一个疑问的态度，不要把耳朵当眼睛，不要把人家的思想糊里糊涂认作自己的思想"；"平民主义的社会是一种股份公司，所以平民主义的教育的第二个条件，就是要使人人都有一种通力合作的天性，对于社会的生活和社会的主持，都有浓厚的兴趣"；"杜威的新教育理论，千言万语，只是要打破从前的阶级教育，归到平民教育的两大条件。"❺

杜威到中国后，在南京、北京等地的一系列讲演中详细地宣传了自己的思

❶　杜威. 杜威五大讲演 [M]. 北京：北京晨报社，1920：33、160.
❷❹　杜威. 平民主义与教育 [M]. 常道直，译. 上海：上海商务印书馆，1922：344.
❸　杜威. 杜威五大讲演 [M]. 北京：北京晨报社，1920：133.
❺　胡适. 杜威的教育哲学 [G] //白吉庵，刘燕云. 胡适教育论著选. 北京：人民教育出版社，1994：84－85.

想。他所宣传的民主是美国在 19 世纪 60 年代林肯发动南北战争中解放黑奴背景下的思想价值观念。在《平民主义与教育》的讲演中，他说，平民主义的目的是："确保机会之均等；发展个人社会的精神与社会的能力。"要纠正现社会之不平等，而达到以上的目的，"教育乃是其中之最好方法"❶。平民主义有两个要件：一是发展个性的知能，"个性的发展是共和国的基础，是平民主义的真髓"。二是"养成协作的习惯——共和国的第二要素就是人人须共同作业……所以要发展的个性不是互相冲突的个性，是要互相吸引的个性"❷。可见，杜威所说的"平民主义"的政治，是美国式的资产阶级的民主政治。他宣传依靠"平民主义"的教育达到"平民主义"的政治，把"平民主义"教育归结为"个性"知能的发展和"协作"精神、习惯的培养，这些思想适应了"教育救国"的理想和现代社会民主生活的需要。所以，杜威的平民主义教育思想，在中国教育界，尤其是学校教师及其他知识分子中影响很大，甚至一些革命民主主义的教育家（如陈独秀、杨贤江等）也一时未能弄清其思想的实质，而成为其思想的传播、宣传者。

2. "教育即生活，学校即社会"是杜威平民主义教育思想的精髓

"教育即生活，学校即社会"是杜威教育哲学的根本信条，也是其平民主义教育的精神所在。他说：

> 什么是平民主义的教育呢？就是我们须把教育为全体人民着想，为组织社会的各分子着想。使能成为便利平民的教育，不成为贵族阶级式的有特殊势力的人的教育；我们实施平民教育的宗旨，是要人人受着切己的教育；实施平民教育的方法是要使学校生活真正是社会生活。这样看来，人民求学的主旨，就是求生活的道理，这是真正的目的。至于文学等原不过用作工具，他们把它当作机械看罢了。❸

总之，杜威的平民主义教育思想，认为教育是个人继续成长的历程，"教育即生活，学校即社会"。"教育即生活"是反对斯宾塞（Herbert Spencer，1820—1903）的"教育是生活的准备"的观点，认为"教育即是生长，除它自身以外，并没有别的目的"。"教育就是儿童眼前生活的过程，生活本身就

---

❶ 杜威. 平民主义与教育 [M]. 常道直，译. 上海：商务印书馆，1922：77.

❷ 舒新城. 中国新教育概况 [M]. 上海：中华书局，1928：40.

❸ 杜威. 杜威五大讲演 [M]. 北京：北京晨报社，1920：160.

是教育"，教育的实施即寓于实际生活之中，不是离开实在的生活而施教育，教育要与受教育者之实际生活的需要相适应。"学校即社会"是"把现实生活简化起来，缩小到一个雏形的状态"❶，即把现实生活的一套组织到教育中来，使受教育者在专门机构接受教育时即获得适应现实社会的"有效"训练。杜威的这种思想不独对中国是新鲜的，对美国的教育而言，也是革命性的。

胡适根据杜威的教育理论加以推演说：

> 杜威主张平民主义的教育须有两大条件：（甲）须养成智能的个性（Intellectual individuality）；（乙）须养成共同活动的观念和习惯（Cooperation inactivity）……要做到这两大条件，向来的"文字教育""记诵教育""书房教育"，绝不够用。几十年来的教育改良，只注意数量的增加（教育普及），却不曾注意根本上的方法改革。杜威的教育哲学的大贡献，只是要把阶级社会遗传下来的教育理论和教育制度一齐改革，要使教育出来的人真能应平民主义的社会之用。杜威的新教育理论，千言万语，只是要打破从前的阶级教育，归到平民主义的教育的两大条件。对于实行的教育制度上，杜威的两大主张是：（1）学校自身须是一种社会的生活，须有社会生活所应有的种种条件；（2）学校里的学业须要和学校外的生活连贯一气。总而言之，平民主义的教育的根本观念是：教育即是生活；教育是继续不断地重新组织经验，要使经验的意义格外增加。❷

（二）杜威平民主义教育思想的影响

胡适在 1921 年杜威行将离华之时撰文《杜威先生与中国》，内称："自从中国与西洋文化接触以来，没有一个外国学者在中国思想界的影响有杜威先生这样大的。我们还可以说，在最近的将来几十年中，也未必有别个西洋学者在中国的影响可以比杜威先生还大的……将来各地的'试验学校'渐渐地发生，杜威的教育学说有了试验的机会，那才是杜威哲学开花结子的时候呢！现在的杜威，还是一个盛名，十年二十年后的杜威，变成了无数杜威式的试验学校，

---

❶　杜威. 我的教育信条 [G] //赵祥麟, 王承绪. 杜威教育论著选. 上海：华东师范大学出版社, 1981：4.

❷　胡适. 杜威的教育哲学 [G] //白吉庵, 刘燕云. 胡适教育论著选. 北京：人民教育出版社, 1994：84 – 85.

直接或间接影响全中国的教育，那种影响不应该比现在更大千百倍吗?"❶ 是的，杜威的教育学说对我国 20 世纪 20 年代的教育改革确实产生了极大的影响。就平民教育而言，杜威将其实用主义教育信条贯穿于平民教育之中，从思想方法及内容上都给资产阶级平民教育增添了不少滋养物，为当时热心举办平民教育的青年学生、资产阶级知识分子提供了一种新的理论基础，对当时的平民教育思潮及实践均发生了一定的影响。五四运动时期资产阶级平民教育的各流派，如北京高等师范学校的平民教育社，陶行知、朱其慧等于 1923 年 8 月组织平教会并开展以识字和知识传播为中心的城市平民教育运动、晏阳初于 1926 年将平教会迁至河北定县举办的乡村教育实验等均与杜威的影响分不开。1920—1923 年，各省自动组织学生会，创设平民学校与通俗学校，鼓吹教育平民主义化。此外，当时有的平民教育议案及言论文字也均能觅得杜威的踪影。如 1920 年 10 月 20 日至 11 月 10 日，全国教育会联合会第六届年会在上海举行，会议议案二十四件，其中第十六件为《学生自治纲要案》，第十九件为《民治教育设施标准案》。《学生自治纲要案》称："学校自身须是一种社会的生活，须有社会的生活，应有的种种条件"，不是学校的一切设施，师生的一切活动都要模仿着实际的社会。所以为着"欲期全国学生人人有共和国民之资格"，而有学生自治的提倡，其用意在发展青年天赋之本能，养成其负责与互助之习惯；其方法在练习团体组织，其宗旨在发挥民治精神。❷

　　1919 年 9 月，《教育杂志》第 11 卷第 9 号为"德谟克拉西号"，发表了探讨平民主义在教育中如何具体运用的系列文章，渗透着杜威平民主义教育思想的影响。主要有木心的《教育与德谟克拉西》、隐青的《德谟克拉西教育之实施法》、天民的《德谟克拉西与学校管理》、太玄的《德谟克拉西与训练》及《德谟克拉西与学校课程》等。木心的文章，强调应通过家庭与学校培养民主的国民性格，教师应尊重学生人格，师生平等，教学法应以启发主义代替注入主义，教师居于辅导立场，鼓励学生自治活动，不宜干涉。尤要者，教育对象应普及化。隐青的文章则阐述推行或实践平民教育具体的途径或方法：①使一般人民皆有受教育机会：学校公开于社会平民，私立学校宜加提倡，注重女子

---

❶ 胡适. 杜威的教育哲学 [G] //白吉庵，刘燕云. 胡适教育论著选. 北京：人民教育出版社，1994：128.

❷ 《教育杂志》1920 年第 12 卷第 11 号（记事、学事一束），第 12 号（特别记事·第六次全国教育会联合会纪略）.

高等教育；改良文字使知识普及，各地方多开音乐会、美术展览会等。②改革教育制度及教学方法：规定义务教育年限（自六七岁至十四五岁）；以儿童为第一位，教师与教材为第二位；教学不贵于知识之灌输，而重在养成获得知识之能力；知识为人生之手段，其价值全在实用；教学编制当舍学年制度而采取学科制度，学科之间应有密切之联结。③务使学校社会化：学校的教育活动依照"学校即社会，教育即生活"的现代教育理念加以设计并实施。

新文化运动以前，国内盛行赫尔巴特一派的教育学说，但实施以后，其理论内部本身所存在的弊端亦日益暴露。如清末以来实施的"新教育"成了"洋八股"而造成学校教育内容与学生相脱离，与社会实际相矛盾的弊端。杜威从美国资本主义现代化的发展所引起社会生活的变化出发，谋求学校的改造和进步，成为美国进步主义教育的代表。杜威对以赫尔巴特为代表的"传统教育"予以严厉的批评，提出了"新教育""前进教育"的理论。当时，我国正当五四运动时期，激进民主主义者高举"民主""科学"的大旗，对封建主义旧思想、旧道德展开了猛烈的抨击，对民主、平等、自由、个性等现代教育核心思想做了深沉的呼唤。在这种背景下，以反传统面目出现且执世界教育改革之牛耳的杜威实用主义教育理论颇能迎合中国教育界的需要，为抨击封建传统教育提供了理论武器。在杜威弟子（胡适、蒋梦麟、陶行知、郭秉文等人）的提倡下，中国形成了一股强大的教育思潮，影响到 20 世纪 20—30 年代的教育思想潮流及现代教育实验的推行，乃至整个现代新教育运动。这也正是杜威的平民主义教育思想何以同其他教育思想一样，对当时我国教育实际产生深刻影响的原因。

第二节　平民教育运动各团体的活动及其主要观点

五四运动时期平民教育思潮和平民教育运动存在比较复杂的思想倾向。有的跟随时代的步伐，把平民教育和革命进程结合起来，以启迪劳动群众的革命觉悟和阶级觉悟为使命；有的停留在资产阶级民主主义的范围里，并受阶级调和的改良主义思想的影响，幻想以"平民教育"来改革社会，实现资产阶级的民主社会；有的从事普通平民的补习教育以求社会的稳定。但是，它们都认为社会的每一个人——不分阶级、贫富、性别——都应该享有受教育的权利，批判传统贵族式的有差别的等级教育，这是提倡平民主义的团体及个人的共同之处。

一、北京大学平民教育讲演团

北京大学平民教育讲演团是五四运动时期开展平民教育活动的一个进步教育团体，由北京大学中文系二年级学生邓康（即邓中夏）发起，于1919年3月23日成立。邓中夏任总务干事和编辑干事，许德珩、周炳琳、罗家伦等也是发起人。参加者有共产主义知识分子、革命的小资产阶级知识分子和资产阶级知识分子。北大的早期党员，差不多都参加过这个团体。新潮社、国民杂志社的成员和其他一些北大学生，甚至非北大学生王光祈也曾参加，团员最多时达六七十人，团结了大批爱国青年。

北京大学平民教育讲演团"以教育普及与平等为目的，以露天讲演为方法"，"以增进平民知识，唤起平民之自觉心为宗旨"。它在征集团员的启事中说，教育有两种，一是"以人就学"的学校教育，二是"以学就人"的教育，如露天讲演、出版刊物等。它指出"共和国家以平民教育为基础。平民教育，普及教育也"，但是"学校教育惟饶于资财者之子弟始得享受，而寒酸之子弟及迫于生计而中途失学者不与焉，未足语于平民教育。苟乏术以补救之，则人民知识必大悬殊，社会上不平之现象必层见迭出，共和国体必根本动摇"。如何补救呢？从用教育来巩固资产阶级共和国体的设想出发，它以露天讲演来"补助学校教育所不及"。因为平民识字的人是少数，能阅读刊物的是少数，所以，"欲期教育之普及与平等，自非讲演不为功"❶。

由此可见，北京大学平民教育讲演团，在发起之初，既带有资产阶级民主主义平民教育思想的色彩，又反映了早期马克思主义平民教育思想的倾向，随着时间的推移，前者越来越淡，后者越来越浓。以后，讲演团出现了分化，以邓中夏为首的具有初步共产主义思想的知识分子，坚决走与工农运动相结合的道路，活动持续到1923年。

北京大学平民教育讲演团看到了"唤起人民之自觉心"，才能巩固民主共和的国家，才能改造社会。但普通人民既不能入学校求知识，又不认字不能看报。要打破文化教育为少数人享受，只有"以学就人"，组织讲演团。起初讲演在北京街头以城市平民为对象，利用一些庙会做不定期讲演。从1919年3

---

❶ 北京大学平民教育讲演团. 北京大学平民教育讲演团征集团员［G］//张允侯，殷叙彝，等. 五四时期的社团（二）. 北京：生活·读书·新知三联书店，1979：135.

月 31 日至 1919 年 10 月 30 日，共讲演了十次，讲演题目近 130 个❶，内容包括向平民传授生产、生活各方面的知识，提高其思想觉悟，启发其自主意识等。

1920 年春假起，讲演团开始发动"农村讲演"，在卢沟桥、丰台、长辛店、海淀、罗道庄等处农村对农民讲演。这样，既扩大了民主主义文化运动和爱国运动的影响，也提高了爱国青年的政治觉悟，在与农村和农民的接触中，他们比较深刻地感到改造社会和改革教育的必要：

> 这次农村讲演，我有两种感触：一、乐观的；二、悲观的。乐的是乡中人思想单纯，却极其清白，易于灌输新思想；悲的是现在教育太不讲究……不料丰台一个大镇，离北京城才几十里路，教育一途就糟糕到这步田地，其他的地方就可想而知了。这样看来，中国还能算一个有教育的国家吗？教不教育是假的，这个事情，还要靠我们的努力。❷

同年 6 月 17 日，讲演团发出《发动暑期讲演通告》，内称：

> 我们平民教育讲演团的目的，不是要发展平民教育吗？可是我们都是北大学生，事实上已偏重于北京一隅了。黑暗的中国，何处不应该改造？腐败的教育，何处不应改良？我们因事实上的限制，不能把我们的平民教育主义推广到全国，这是我们极大的恨事！现在暑假快到了……不是我们推广主义唯一的好机会吗？我们团员各省各县都有，我们足迹所到的地方，就使那个地方得些光明，吸收"北大化"，这不是一件极快活的事情吗？列位，努力！❸

从此讲演团的讲演范围扩大。他们打着旗帜，带上留声机，利用乡村小学、庙会、寺院、村头场地讲演。讲演内容和新文化运动及五四运动的发展密切联系，总的来说是以反帝反封建为主，宣传爱国、民主和科学知识，包括反日爱国、民主自治、破除迷信及落后陋习，反对封建家族制度、普及科学知

---

❶ 张允侯，殷叙彝，等. 五四时期的社团（二）［M］. 北京：生活·读书·新知三联书店，1979：142 - 161.

❷ 北京大学校史资料辑. 北京大学平民教育讲演团［G］//中国科学院历史研究所第三所编辑委员会. 近代史资料. 北京：科学出版社，1955：141.

❸ 张允侯，殷叙彝，等. 五四时期的社团（二）［M］. 北京：生活·读书·新知三联书店，1979：182.

识、卫生常识和宣传学习文化的意义等。

北京大学平民教育讲演团在五四运动时期的平民教育运动中有重要的历史地位，同时，它也是中国现代史上第一个尝试由青年学生向人民群众进行经常性政治和文化宣传的团体。它的活动对社会起到了一定的宣传鼓舞作用。当时的参加者朱务善曾写道：

> 轰动一时之五四运动、六三运动，本团团员曾尽力奔走呼号，竭力宣传，颇有以促醒社会之自觉，而引起同情。至于乡村讲演，尤为有力，盖此种讲演，能于最短时间内使大多数乡民得受少许常识，并能助长其兴趣。如本年春假曾赴通州、长辛店及各大村落讲演，其居民皆前拥后随，得以听讲以为快。❶

北京大学平民教育讲演团所创造的形式，在以后的革命运动中得到广泛采用和发展。1920年各地共产主义小组和社会主义青年团陆续成立后，平民教育得到进一步发展，它配合工人运动，采取办报刊、办劳动补习学校和工人俱乐部的形式，大大发展了工人教育事业。

1921年1月1日，邓中夏加入北京共产主义小组后，又以该团名义在长辛店创设了劳动补习学校，分派两名北大学生作为"常驻教员"，邓中夏及其他团员则轮流来此任教。该校白天教育铁路工人子弟，晚上则为铁路工人开课，采用自编教材，实行免费教育。开办数月后，便吸引了四十余个固定学生，深受工人欢迎，李大钊还亲赴该校观察。该团坚持活动到1925年12月。平民教育运动表现出由城市转向农村的倾向，这是因为中国绝大多数无知无识的民众都在乡村。这一变化既反映了平民教育运动的扩大，也表明了发展过程的深入。平民教育的推进过程，也是知识分子自觉接近劳苦大众的过程。它开始了知识分子与工农群众的结合，知识分子的下移，实际上也是五四运动的继续和向社会基层的扩展。

二、平民教育社

平民教育社是五四运动时期提倡通过普及教育、改革教育以改造社会的社团中的一个典型。它由北京高等师范学校的教职员和学生联合发起组织，深受

---

❶ 张允侯，殷叙彝，等. 五四时期的社团（二）[M]. 北京：生活·读书·新知三联书店，1979：198.

杜威平民主义教育思想的影响。社员姚以齐在一篇文章里说："本社成立于民国八年双十节以前，恰当杜威博士来华之后。至本社之所以成立，真可谓由于受杜威学说之影响和感动。"❶ 另一社员任熙烈也说："民国八年杜威博士来华讲演，同人因鉴于中国教育之不良，急待改善，乃组织平民教育社。"❷ 该社的宗旨是"研究宣传及实施平民教育"，于 1919 年 10 月 10 日发行社刊《平民教育》。该社活动至 1924 年下半年，前后共维持了五年的时间，社员最多时曾达一百四十人左右。1920 年暑假和该校《教育与社会》杂志社合并，1922 年又和该校实际教育研究社合并，沿用"平民教育社"名。《平民教育》共出了七十三期，第 23 期以前是周刊，从第 24 期起改为半月刊，反映了平民教育主张及其变化。该社还对山西教育做了调查。1922 年成立了讲演部，专门约请当时的社会名流到社内进行专题讲演，以阐明平民教育的重要。为了推动平民教育的实施，又着力于开展较大范围的教育调查，以阎锡山统治下山西义务教育的测评为典型，称之为教育的"模范省"。他们还从事于指导平民学校的办理，参与创设平民学校。总之，该社通过自己的活动丰富和发展了平民教育理论的内容。

（一）什么是平民教育

平民教育社对平民教育的含义从不同的角度与层次做了阐释。

（1）"平民政治之目的求人人都得幸福。平民教育之目的求人人都知道怎样才是真幸福，兼明白求幸福的法子。所以我们要谈的平民教育，不限在学校范围里，社会上种种事情都是教育的材料，可以提举，可以批评，说之不离了平民者便是。"❸

（2）"教国民人人都有独立人格的与平等思想的教育，就叫作平民教育。平民教育，是平等主义的教育，不是阶级主义的教育；是为造就一般公民的教育，不是造就少数贵族或有特殊势力人的教育。"❹

（3）"'平民主义'的教育就是：要人人都受着教育，再一层，还要人人都受着程度相等的教育。"❺

---

❶ 姚以齐. 本社四年来的回顾 [J]. 平民教育（四周年纪念特号），1923（68/69）.

❷ 任熙烈.《平民教育》发行情形四年之回顾 [J]. 平民教育（四周年纪念特号），1923（68/69）.

❸ 记者. 发刊词 [J]. 平民教育，1919（1）.

❹ 宏图. 平民教育谈 [J]. 平民教育，1919（4）.

❺ 光舞. 平民主义和普及教育 [J]. 平民教育，1919（12）.

由此可得出以下两点认识：①他们的平民教育是反对封建的统治阶级独占的教育，主张教育的普及，使所有的平民都有受教育的权利。平民教育社通过研究和讨论教育改革及教育有关的问题，暴露了社会的黑暗和统治当局的腐败，通过对比的方式揭露了广大劳动人民不能受教育，不能过幸福生活的不合理的现实；②他们对平民教育的理解，深受杜威平民主义教育思想的影响。

（二）平民教育与平民政治

《平民教育》的前 23 期（1919 年 10 月到 1920 年上半年），总的是主张通过教育的革新来改造社会，教育的"根本改造"是社会改造的根本。"不先有了平民教育，哪能行平民政治？哪能使用平民政治的工具？……所以我们要来细谈根本改造的教育，不愿去高论'空中楼阁'的政治。"❶"那教育是造成文明的最大工具，我们大多数平民，要求文明的生活，首先须把几千年来遗传下来的偏颇教育根本毁弃；再拿平民社会的组织作标准，从新施设一番'平民的教育'，这是改造新世界的第一步。"❷

他们把实现没有剥削、没有压迫、人人平等的社会的希望寄托在平民教育上，平民教育即是化除社会阶级的教育，要达到化除社会阶级之最正当、经济和最有效的方法，还是教育。"我们在教育上应当使人人明白人类互助的真义，明白个人在社会应做的事，那时军阀自然不能存立，社会阶级自然可以化除。这就是'平民教育'之最后目的。"❸

平民教育社的青年们目睹社会的不平等，看到了一小部分人压迫和剥削大部分人的不合理现象。他们痛恶这样的社会，要求铲除这种剥削与压迫，建立一个人人平等的社会。他们认为在现实社会里，产生不合理现象的根本原因，是大部分人没有知识，因而使他们不能参与政治而失掉了政治权利，造成了政治上的不平等，形成了压迫者和被压迫者的对立。要革除这种不平等，最根本的办法是推行平民教育，使大部分人有知识，有了知识就可以参与政治，暴政与黑暗就可以随之而被废除，人人平等的社会就可以实现。总之，谈教育，不论政治，并把平民教育当作实行平民政治的先决条件，这就是他们的根本观点。虽然他们曾对教育是剥削阶级专有物这种不合理的现象做了不留情的攻击，起到一定的进步作用，但他们把社会的改造寄托于平民教育的实施，回避

---

❶ 记者. 发刊词 [J]. 平民教育，1919（1）.

❷ 伊真. 教育—平民—改造 [J]. 平民教育，1919（2）.

❸ 常道直. "平民教育"之新解释 [J]. 平民教育，1921（29）.

了通过革命的政治斗争来推翻旧社会、建立新社会这个根本问题。

（三）平民教育实施的途径与方法

对实施平民教育的途径与方法，平民教育社提出了一系列的见解。

（1）平民教育并非限于学校。"我们要谈的平民教育不限在学校范围里，社会上种种事情都是教育的材料。"❶ 就五四运动时期平民教育运动的总体而言，"不限在学校"，几乎是各个社团活动的共同特点。平民教育社在这方面的特点是，更注重在社会上的理论宣传："所以我们的宗旨大概是：第一，提倡'德谟克拉西'教育的学说；第二，研究'德谟克拉西'教育实施的方法；第三，批评旧式的教育、思想和社会——改造环境。这三种是并行的……所以我们所说'平民教育不仅限在学校范围以内'，也就是这个缘故。"❷ 这里提出了推行平民教育的三条措施，其一是提倡民主的思想，其二是宣传平民教育的理论，其三是以实验的方法实施平民教育。

（2）改革汉字、采用白话文。《平民教育》第 16 期是"中国文字的改革"专号。在这个专号里，钱玄同的《汉字改良的第二步——减少笔画》是一篇相当有分量的文章。作者在文中旁征博引地从多方面论证了使用简体汉字的好处，有力地驳斥了保守派反对简体汉字的"约定俗成"的论调。专号中不少文章都谈到了把白话文作为国文课主要内容的问题，一致认为采用白话文有利于平民教育。他们的主张有两点理由：第一，白话文通俗易懂，容易被广大人民所接受，对推行平民教育、提高人民群众的文化水平有很大的帮助；第二，当时一般的白话文，内容都是较为进步的，通过教授这些文章，可以解放人们长期以来被封建说教所禁锢的思想，便于宣传新思想和新文化。

（3）实施男女平等的教育。他们认为，要想实现平民教育首先就必须使女子教育得到解放。北京高等师范平民教育社发行的《平民教育》杂志 1919年第 6 期刊发论文《女子教育的解放就是"平民教育"的第一步》，称："女子占人类全体的半数，她们是改进社会文化的重要分子，那么女子与男子在教育上当然须绝对的平等，要是不平等，就不得谓之'平民教育'。"

（4）争取教育独立。由于他们错误地把实现没有剥削、没有压迫、人人平等的社会的希望寄托在平民教育上面，又感到在官僚、军阀政权的控制下，

---

❶ 记者. 发刊词 [J]. 平民教育，1919（1）.

❷ 佷工. 佷工复曼支 [J]. 平民教育，1919（5）.

平民教育是不可能实现的，因此就产生了一种使教育独立、不受政府支配的幻想，认为这是实现平民教育的捷径。《平民教育》1919 年第 11 号发表专文《教育罢工所得的觉悟》这样说："教育属于政治的范围，支配于官僚势力之下，那是不行的……所谓'平民主义'的基础是什么呢？就是使教育事业建设于多数平民势力的上面，得一种永久的、坚确的、不可动摇的根据；换句话说，就是要教育经费、机关都是独立的，并不要倚靠官僚一二套命令来提倡，或颁布几部章程来作模本。"

（5）提倡"启发""自动"的教学方法。与"民主"的呼声相一致，在教学方法上，他们提倡"启发""自动"。

> 平民教育的第一个宗旨，是要人民都有独立的人格。所以其教育的方法首在发展儿童的本能，尊重儿童的个性。此等方法，是启发的，不是注入的；是自动的，不是被动的；是令儿童思想自由的，不是令儿童专重记忆的；是训练儿童活泼的独立的，不是训练儿童拘束的奴隶的。❶

他们又说："学校乃是为学生而设立的，教师须要尊重学生的个性；教师要适合学生的需要；在合理的范围内须给学生以充分的自由。"❷

综上所述，我们可以看出，平民教育社对于什么是平民教育，平民教育与平民政治的关系，实施平民教育的途径、方法等重大问题的认识，深受杜威平民主义教育思想影响。这派学者也批判和揭露了统治阶级对教育的观点，歌颂了劳动人民的伟大，肯定他们受教育的权利，提倡"平等主义的教育"，通过教会民众识字、学文化，使平民懂得什么是真正的幸福和取得幸福的法子。他们主张通过语言文字通俗化、学校教育和社会教育结合、启发民众"自动"的学习来实现平民教育，并鄙视"四体不勤，五谷不分"的知识分子，倡导知识分子主动帮助劳苦大众去获取教育。❸ 与北京大学平民教育讲演团不同，平民教育社的成员们对于实际的平民教育活动的热情，远逊于他们在平民教育理论探讨上的热情。这批正在从事教育工作或即将走出校门从事教育工作的北京高等师范学校的师生职员们，对平民教育的理解宣传，表现出他们对现实社会的强烈不满和对理想社会的渴望与追求；同时，也反映出他们在政治上的幼稚和软弱。

---

❶ 宏图. 平民教育谈 [J]. 平民教育, 1919 (4).
❷ 常道直. "平民教育"之新解释 [J]. 平民教育, 1921 (29).
❸ 孙培青. 中国教育史（修订版）[M]. 上海：华东师范大学出版社, 2000：383 - 384.

三、中华平民教育促进总会

中华平民教育促进总会，成立于 1923 年，但它的思想酝酿和实验活动则始于五四运动前后，其组织者、倡办者是我国现代著名教育家、社会活动家晏阳初。早在第一次世界大战期间，刚从美国耶鲁大学毕业的晏阳初接受北美基督教青年会的招募，于 1918 年 6 月赴法国从事华工补习教育，为华工举办汉文识字班。1920 年，正值国内平民教育的口号高唱入云的时候，晏阳初回国就任上海青年会平民教育科主任。他根据在法国实施华工补习教育的经验，先在上海试办，然后在长沙、烟台、杭州、嘉兴等地兴办平民学校，宣传推广平民教育。1922 年，他在长沙联合各界人士设置平民学校六十余处，招生 1 320 人，利用挂图、幻灯教授他所编的《平民千字课》四册。每日两小时，四个月读完；至 7 月，已有九百余人及格，领到"识字国民证书"。

1923 年 6 月 20 日，晏阳初、陶行知、朱其慧等发起组织南京平民教育促进会，武汉等地亦相继成立。同年 8 月，中华教育改进社在清华学校开年会的时候，邀集了各省代表举行第一次平民教育大会，议决于北京成立中华平民教育促进会总会，成立董事会，选举董事四十人（每省及特别区各两人）、执行董事九人。董事长朱其慧，书记陶行知，总干事晏阳初。干事会设总务、乡村教育、城市教育三部和公民教育、平民文学、统计调查、农民生计、市民生计和直观教育六科。

陶行知、晏阳初等平面教育促进会的代表人物普遍认为，平民教育是最经济、最便捷、最有效的教育方式，可视为普及教育的先声。诚如陶行知所说："这十几年来，我有时提倡平民教育，有时提倡乡村教育，有时提倡劳苦大众的教育，不知道的人以为我见异思迁，欢喜翻新花样；其实我心中只有一个中心问题，这问题便是如何使教育普及，如何使没有机会受教育的人可以得到他们所需要的教育。"[1] 陶行知的教育历程恰为五四运动时期及以后不少从事平民教育的知识分子的写照。中华教育平民促进会以"除文盲，作新民"为宗旨。[2] 主要工作有：拟定全国平民教育办法；研究平民学校组织法、教学法、

---

[1]　陶行知. 普及教育运动小史［G］//江苏省陶行知教育思想研究会. 陶行知文集. 南京：江苏人民出版社，1981：422.

[2]　晏阳初. 关于平民教育精神的讲话［G］//宋恩荣. 晏阳初全集（第一卷）. 长沙：湖南教育出版社，1989：84.

管理法、指导法及平民教育推行法；编辑平民学校所用之教材及书报；研究平民学校应用之教具；培养平民教育推行人员、教育运动员；设立试验学校；实地或通信调查平民教育实施状况；提倡各地组织平民教育促进会；辅导边疆、华侨所在地推行平民教育；提倡平民学校学生毕业后的继续教育及其他事项。平教会在全国二十个省区的范围内，办起"平民学校""平民读书处"和"平民问字处"，将所编的《平民千字课》作为平民学校的课本。《平民千字课》属于平民教育的基本教材，由商务印书馆出版，前后发行达三百万册，据说当时有五十万人读该套课本。受其影响，平民教育运动日趋高涨，北京、江苏、浙江、广东、江西、河北、奉天等省相继成立"平民教育促进会"。平教会组织的平民教育主要是识字、读书的教育，基本上还是以城市平民为对象，如1923 年 8 月 15 日，北京平民学校的有关章程规定：凡十二岁以上不识字的人都可入学；学生所用书籍笔墨纸张，由学校发给；晚六时至七时上课；四个月毕业，读四本书，识一千字。❶

平教会的倡导人对平民教育的目的、意义和范围的解释不尽相同。晏阳初说："平民教育的目的是教人做人。做什么人？做'整个的人'。什么叫作'整个的人'？第一要有知识力，第二要有生产力，第三要有公德心。"❷ 陶行知说："中国现在所推行的平民教育是一个平民读书运动"，"要用最短的时间、最少的金钱，去教一般人民读好书、做好人"。他认为有了读书的能力是"各种教育的基础"，可以多明白道理，学习和自己生计、职业改进有关的知识，有利于普及教育，"今日之平民教育就是将来普及教育的先声"❸。总的看来，当时平民教育促进会的平民教育运动实际是一个扫除文盲的运动。

1926 年以前的三四年间，中华平民教育促进总会的活动基本上以城市为主，以城市下层平民的识字教育为主。在 20 世纪 20 年代的平民教育运动中，已初步显示出它重视下层、重视实际教育活动的开展和有较强的组织能力等特点。它不像平民教育运动中其他有代表性的社团组织那样，对现实社会的种种弊端施以猛烈的抨击，而是提出自己改造现实、建设未来社会的形形色色的构想，比较容易得到上流社会的首肯与支持，因而也更显示出其"温和"的改革色彩。

---

❶ 《教育杂志》1923 年第 15 卷第 9 号.

❷ 宋恩荣. 晏阳初文集［M］. 北京：教育科学出版社，1989：26.

❸ 陶行知. 陶行知全集（第一卷）·平民教育概论［M］. 长沙：湖南教育出版社，1984：488.

综上所述，在五四运动平民主义教育思潮盛行时期，大致有三个重要流派，代表了三种不同的思想倾向。初步具有共产主义思想的知识分子，逐步以工人群众为主要对象，创办工人夜校和劳动补习学校，出版刊物，进行马克思主义宣传和文化知识教育，引导和组织工人群众参加革命斗争。其代表是以邓中夏为首的北京大学平民教育讲演团，它以增进平民知识、唤起平民之自觉心为宗旨，目的在于组织工人运动。一些资产阶级知识分子在杜威平民主义教育理论的影响下，主张"教育救国"，坚持"不先有了平民教育，哪能行平民政治"的观点，成立组织，发行刊物，开办平民学校。其代表是北京高等师范学校部分师生联合组织的平民教育社及其喉舌《平民教育》期刊，宗旨是"宣传及实施平民教育"。总的主张是通过教育的革新改造社会，认为教育的"根本改造"是社会改造的根本；后期《平民教育》的重心转向介绍西方的新教育学说和学校的改革。以晏阳初为首的中华平民教育促进总会可以说是第三个流派。至少在 20 世纪 20 年代中期以前，他们不大愿意把教育的改造更多地与政治的改造联系在一起，而宁肯就教育谈教育，宁肯把更多的时间和精力投入他们自己理解的平民教育的实际活动中。事实上，由于他们的努力，也确实在短期内、在相当的地区出现过一个开办平民学校、平民读书处、问字处的高潮。当然，这个高潮没有持续多久。在城市活动了几年之后，中华平民教育促进总会的方向发生了历史性大转折，新的实践活动孕育了他们独特的平民教育理论，这将是我们在下一节中重点讨论的内容。

第三节 梁漱溟视域下的乡村平民教育诸流派

20 世纪二三十年代的中国陷入前所未有的危机，帝国主义入侵、军阀混战加深了中国社会的矛盾。面对深重的社会危机，一大批以救亡图存为己任的知识分子开展乡村运动，力图以教育为手段通过改造乡村，进而改造中国，解决中国的社会问题。其中较有名的有陶行知"教学做合一"的晓庄教育实验，黄炎培"造就新农民"的职业教育，晏阳初的定县平民教育，等等。梁漱溟赴河南开展村治教育前，曾到各地考察乡村平民教育试验活动，包括南京晓庄的乡村师范学校、江苏徐公桥的中华职业教育社的乡村改进试验基地、河北翟城村的自治事业、定县的中华平民教育会的试验区、山西的村政。梁漱溟十分赞成他们对乡村教育的重视及许多方面的工作内容、活动措施，但对其中某些做法并不赞成。通过这几次考察，梁漱溟对当时中国的乡村自治运动、乡村教育有了大体的了解，并对各地乡村建设的具体情况做了深入分析和系统总结，对其乡治理论的形成及后来开展的河南村治教育乃至山东乡村教育与建设运动都有重要影响。由于早期乡村教育实验从目的内容、对象到思想观念均与平民教育割舍不清，难以截然分开，势同交错，庞杂难离，故在此略做叙述。

一、南京晓庄师范学校

陶行知（1891—1946）是倡导以生活教育改造社会，并从事乡村教育卓有贡献的教育家。他早年与晏阳初合作推行平民教育，在推行平民教育活动中，愈来愈明确地认识到平民教育必须下乡才能使最穷苦的农民受到教育，于是他提出平民教育下乡运动。从创办晓庄师范、提出生活教育理论到创办山海工学团，他的乡村生活教育实验始终把生产知识技能的教育作为教育体系的一个有机组成部分。

1928—1929 年，梁漱溟曾两次访问南京城外陶行知的晓庄试验乡村师范学校。陶行知的学校是唯一受到梁漱溟无保留赞许的乡村改革方案，因它和梁漱溟的思想与爱好相符。[1] 梁漱溟认为晓庄学校有三点合他之意：有合于教育道理；有合于人生道理；注重农村问题。[2] 梁漱溟说，晓庄学校办成了"改造社会的中心"，把四件要紧的事作为培养人才的标准：一要养成农人的身手；二要养成科学家的头脑；三要养成艺术家的兴味；四要养成社会改革家的精神和热心。[3] 此外，梁漱溟非常认同晓庄学校的教育方法，即"事情怎样做就怎样学，怎样学就怎样教"，"在我觉得这是很合于教育道理的，譬如种田是一种生活，我们就应该在田里做，就在田里学，也就在田里教。做饭吃饭是一种生活，我们便应该在厨房饭厅里做，就在那里学，就在那里教。教育要本于生活，教育必须教学做合一"。[4]

---

[1] ［美］艾恺. 最后的儒家——梁漱溟与中国现代化的两难 ［M］. 王宗昱，冀建中，译. 南京：江苏人民出版社，1996：165.

[2] 梁漱溟. 抱歉—痛苦——件有兴味的事 ［G］//中国文化书院学术委员会. 梁漱溟全集（第四卷），济南：山东人民出版社，2005：845.

[3] 梁漱溟. 抱歉—痛苦——件有兴味的事 ［G］//中国文化书院学术委员会. 梁漱溟全集（第四卷）. 济南：山东人民出版社，2005：845 – 846.

[4] 梁漱溟. 抱歉—痛苦——件有兴味的事 ［G］//中国文化书院学术委员会. 梁漱溟全集（第四卷）. 济南：山东人民出版社，2005：846.

梁漱溟非常认可晓庄学校的一系列措施，他认为照此办法培养出来的学生，至少有两种好处：

一、有能力。分别言之，有三种能力：A. 劳作的能力——我们却没有劳作，不能劳作。B. 智慧方面的能力。他们所学都是真学问；自己做而得的真学问——我们注入的教授得到的学问，怕不是真学问；已有的智慧，也是假智慧。C. 作团体社会生活的能力。这就是指他们的自治与学生分任校务——我们呢，师生分作两级，治者与被治者，这是不能发展作社会生活的能力的。

二、有合理的生活。因为他们的生活很平民化，这都是他们不同于我们的地方。我们啊！无能力又不平民化，不能做事又要享贵族生活——社会的病痛，是学校制度给予社会的病痛！❶

由此而论，梁漱溟对陶行知的乡村教育思想及实践评价极高。

陶先生又是一个富有创造力，遇事能独出心裁的人。反之，"人云亦云"，"蹈袭故常"，在他是绝没有的。陶先生既从事教育，所以在他事业里面无处不具有一段新意趣、新作风，乃至完全新的一套。你看，早的如"晓庄师范"，后来的如"山海工学团"，末后如合川草街子的"育才学校"，不都是如此吗？他心思用在实际问题上，总要寻个诀窍来解决问题。因此，他手到之处便见光彩。反之，陶先生一生的美德懿行，谁都能数出好多点来。陶先生在教育上的创造，更须写几本书来叙述。❷

在晓庄参观了两天，梁漱溟向陶行知提出"借兵调将"予以帮助的要求，陶先生欣然答应，后来派了三名学生（潘一尘、张宗麟和杨效春）到山东邹平乡村建设研究院工作。

二、江苏昆山县徐公桥实验区

中华职业教育社是中国近现代教育史上最早提出在乡村进行教育改革实验的团体。1919 年，中华职业教育社成立了农业教育研究会，着手进行农村生

---

❶ 梁漱溟. 抱歉—痛苦——一件有兴味的事［G］//中国文化书院学术委员会. 梁漱溟全集（第四卷）. 济南：山东人民出版社，2005：851.

❷ 梁漱溟. 悼念陶行知先生［G］//中国文化书院学术委员会. 梁漱溟全集（第六卷）. 济南：山东人民出版社，2005：648 - 649.

产、生活的调查活动。1921 年，中华职业教育社的主持者黄炎培为社刊《教育与职业》"农村教育专号"写了"弁言"，揭开了他走向以职业教育为中心的乡村平民教育探索之路。

1929 年，梁漱溟离开广东后，由黄炎培、江问渔陪同参观考察了江苏昆山县徐公桥实验区。按照中华职业教育社的本意："我们不去培养什么新农业人才，而我们去养成新农民。新农民的养成自然不是将农民抽出到农村外可以去训练养成的——只有到农村里面去训练养成他。我们要以新农业推行普及到农村，而农村经济农村自治亦都是相连不可分的。于是我们的职业教育中之农业教育就变成到农村里去做一种整个农村改进运动了。"❶ 于是中华职业教育社从城市来到农村，由城市原来的艺徒教育、店员教育扩大到农村的农民教育。梁漱溟对职业教育社的这种转变大体认同，说："看到提倡职业教育的同人回转眼光视线到农业上，到农村上，而一向的职业教育运动转变成一种乡村改进运动，或农民运动，是令我非常愉快高兴的。因我自己近年来从一种觉悟，亦回其两眼视线于这一方面来，大家彼此的注意着眼所相近到一处了。"❷

然而，梁漱溟对职业教育社的诸种做法是持怀疑态度的，他认为以黄炎培为核心的中华职业教育社的乡村职业教育在具体作为上存在极大偏差，主要表现为以下三点。

（1）梁漱溟认为这种做法效果很小，无法在中国大范围推广，无法从根本上解决中国农村的实际问题。

> 但以全国之大，数十万农村之多（职业教育社出版之农村教育丛辑，有每县三四十村，全国七八万农村的算法，殊为笑话。大约加三倍算，差不多了），以这般人才钱财一概倒贴进去的做法，其人其钱将求之于哪里？若说做完一处，再做一处，并希望别人闻风兴起，却怕中国民族的命运等不得那许久呢！这都且在其次，最要紧的是照此做法不是解决问题，而是避开问题了。❸

---

❶ 梁漱溟. 北游所见记略 [G] //中国文化书院学术委员会. 梁漱溟全集（第四卷）. 济南：山东人民出版社，2005：882.

❷ 梁漱溟. 北游所见记略 [G] //中国文化书院学术委员会. 梁漱溟全集（第四卷），济南：山东人民出版社，2005：882 - 883.

❸ 梁漱溟. 北游所见记略 [G] //中国文化书院学术委员会. 梁漱溟全集（第四卷）. 济南：山东人民出版社，2005：883.

（2）梁漱溟认为，这种方案凭外面输入力量，包括人、财、物诸项，而不挖掘利用本地资源，终将缺少人才和资金的支撑。

> 我们要做农村改进运动时，所最感困难的问题：一就是村中无人，一就是村中无钱……照此徐公桥的做法：人是外面聘请来的；他的生活费是外面贴给的；办公所是外面贴钱修建的，道路是外面贴钱修筑的；教育等事亦是外面贴钱举办的。困难虽没有了，问题却并未解决——避开问题了。尤其应当明白知道的，我们做农村改进运动并不是什么办新村、模范村的那一路理想派。我们不是从远处的理想而发动，而是从眼前的问题而发动。眼前的问题是农村的"贫"与"陋"，更加以近二十年急剧的凋敝。换句话说，我们的目的原是在解决一个"钱"问题，一个"人"问题。不但在我们进行中所感到工具上的困难在此，并且我们最初的问题亦初不外此。不敢逼视我们的问题，坚韧勇猛地在此死中求活，而想躲闪逃避，或偷工省力，纵有结果，其结果不是了。❶

（3）梁漱溟认为黄炎培等人的做法只是站在教育家的立场上把学校办到了农村，仍是一种现代教育模式向乡村的移植或"回流"，与乡村社会根基及内部力量发挥或现代因素生长之间存在隔膜，根本上说是没有从"中国"这个大问题着眼考虑问题。梁漱溟说：

> 关于人才必以取本地为原则，关于钱财必以本地富力将来自能负担为原则。而且极想在此协助他的期间，增进他的富力。然而照此徐公桥的做法，其落入歧途是明显的了。而其所以非落入歧途不可者，就因为诸位是教育家的缘故。站在教育家的立场，秉着教育家的态度，当办学堂一样地办，哪有不如此的呢？……产业绝不是这样所可望开发的。产业不能开发，则其他问题都得不到解决——贫的问题不解决，则陋的问题不得解决。换言之，产业发达，文化始能增进；若单从教育上文化上下功夫，都不免枉用心力。❷

尽管如此，梁漱溟还是对徐公桥教育实验区的教育意义做了肯定，并指出

---

❶　梁漱溟. 北游所见记略［G］//中国文化书院学术委员会. 梁漱溟全集（第四卷），济南：山东人民出版社，2005：883－884.

❷　梁漱溟. 北游所见记略［G］//中国文化书院学术委员会. 梁漱溟全集（第四卷）. 济南：山东人民出版社，2005：884.

他与中华职业教育社的不同。

> 单就办教育说，与其办一间学校，是不如办这个事，我颇承认的。大概我与诸公不同之点：诸位是在现状下尽点心，做些应做的事；而我则要以"中国"这个大问题在这里讨论个究竟解决。自然，我的用心有未易举似诸公的了。[1]

这种差异或许可以理解为，与徐公桥试验相比，梁漱溟更偏向于乡村社会的文化伦理精神发挥、学校教育乡村本土化建构以及乡村社会建设的整体性推进，这都体现出新儒学思想与西化方式理念之间融合的乡村建设模式探究努力。

三、河北定县翟城村的乡村平民教育

（一）定县乡村平民教育述要

晏阳初（1890—1990），原名兴复，曾用名遇春，四川巴中人。自幼接受教会教育，1913 年赴香港圣保罗学院深造，1916 年赴美留学，1918 年毕业于耶鲁大学后，赴法国开展华工教育。1920 年归国，任职于基督教青年会，担任该会平民教育科科长，赴各地开展平民教育实验。于 1926 年在河北定县从事乡村平民教育实验，将平民教育与乡村改造、乡村建设结合起来，历时十年之久。半个多世纪以来，定县实验曾引起国内外专家、学者的关注，对发展中国家的教育产生过一定的影响。晏阳初的乡村平民教育主要着眼于成人补习教育、业余教育、农业生计教育，注重教育结构、类型及途径的探讨，并根据农村社会的特点，有针对性地设计教育内容及选择教育形式，对乡村教育做了不少有益的探索，对农村教育的发展做出了较大的贡献。

由于从小受中西方教育，晏阳初的一生深受儒家"民为邦本、本固邦宁"的民本思想，基督的博爱、平等思想及西方民主科学思想的影响。面对旧中国尖锐复杂的阶级矛盾、民族矛盾，他试图以儒家思想、基督精神以及西方民主和科学思想的混合体做理论支柱，靠推行"平民教育"来解决中国社会问题。晏阳初的乡村平民教育实验在方法论上深受杜威实用主义教育思想的影响。晏阳初自欧洲归国时，实用主义教育思潮在中国正处于流行之势，杜威

---

❶ 梁漱溟. 北游所见记略［G］//中国文化书院学术委员会. 梁漱溟全集（第四卷）. 济南：山东人民出版社，2005：874.

实用主义思潮的代表人物胡适曾参加过 1923 年以"除文盲、作新民"为宗旨的平教会的成立大会，通过胡适介绍的实用主义成了平教会的理论精髓。

晏阳初深感"农村是中国 85% 以上人民的着落地，要想普及中国平民教育，应当到农村中去"❶。于是，平教会于 1924 年 11 月，到河北定县等十二个县创办乡村平民学校，使平教会工作逐渐由城市向乡村转移。1926 年 8 月，平教会把定县作为推广乡村平民教育的中心。平教会到乡村后，在推广平民教育的过程中，越来越认识到：在乡村办平民教育，提高农民文化科学知识固然很重要，但如果不能把乡村平民教育与乡村经济文化建设结合起来，所办的乡村教育也还是对农村无所补益。正如晏阳初所认为的，"在农村办教育，固然是重要的，可是破产的农村，非同时谋整个的建设不可"❷。

平教会由于上述两个转变，即将平民教育中心由城市转移到农村，又使乡村教育扩大成为乡村建设实验，这是决定晏阳初到定县开展乡村建设的关键。这意味着晏阳初不但把乡村教育融入他的平民教育系统中，而且已把教育的对象从城市平民扩大到广大的农村平民，并且把农民教育同农村的建设相结合。平教会重视乡村建设之后，他们的乡村平民教育也进入一个新阶段，那就是"耸着巨大的铁肩，担着'民族再造'的重大使命"。"对于民族的衰老，要培养他的新生命；对于民族的堕落，要振拔他的新人格；对于民族的涣散，要促成他的新团结新组织。"❸

平教会从事的乡村建设实验，是以一个县为单位进行实验，逐渐实现改造中国社会的宏伟理想。晏阳初曾说过："我们觉得中国的一个县份，实在是一个社会生活的单位，不仅是行政区域的单位。中国的国家，是由 10 900 多个县份构成的。"❹ 以一个活的单位县作为活的实验室，进行乡村建设和县政实验，如果实验成功，可在全国大约 10 900 个县中推广，最后达到改造中国的目的。

（二）梁漱溟的参观访谈

梁漱溟结束对江苏省昆山县徐公桥实验区的考察后，来到北京，预备寻访

---

❶❷　晏阳初. 中华平民教育促进会定县工作大概［G］//宋恩荣. 晏阳初文集（第一卷）. 北京：教育科学出版社，1989：53.

❸　晏阳初. 农村运动的使命［G］//宋恩荣. 晏阳初文集（第一卷）. 北京：教育科学出版社，1989：67.

❹　晏阳初. 中华平民教育促进会定县工作大概［G］//宋恩荣. 晏阳初文集（第一卷）. 北京：教育科学出版社，1989：246.

河北定县翟城村乡治事业创始人米迪刚、米阶平，请他们领导去看他们的乡村事业。在冯霞梯的陪同下，梁漱溟参观了晏阳初从 1926 年开始主持的平民教育促进会实验区，考察了学校、农场和自治组织。翟城村是实验的核心地区，是米氏家族投入二三十年精力创办的"模范村"。该村以省内统一办法，设邻里编制，有村政委员会，主持村内事务。村里办了男、女两所学校，学龄儿童都能入学，包括妇女在内的成人扫盲工作也极为出色。全村三百余户人家，都办起了家庭副业，颇有"家给人足"的景象。平教会与翟城村之间互相协助。平教会的主要工作是办理社会调查，推行平民教育，进行农业改良和实验。平教会在翟城村办了一所特别训练学校，对年富力强的高小毕业程度的本村居民加以训练，预备作村中自治的人才和新技术推广的骨干。在具体的操作办法上，又运用社会调查、项目分析及量化数理统计的科学方法，具有实证主义研究风格，同时以"表证农家"作为奖励手段，促进农户及个人学习应用技术，推广、实验农业工具，以起到树立榜样、典范、表率引领的效应。这些梁漱溟都通过自己的观察，并以独到的眼光加以分析叙述：

> 在平民教育之推行上，社会调查之办理上，平教总会自然得力于翟城风气之开通，自治之组织不少；而现在之翟城亦得平教会帮忙不少。翟城自治之公职人员似是有一两位兼担平教会之职务，在平教会支薪——例如男高小校长米格如先生便是其一。又如平教会在翟城村内办得一特别训练学校（其名称记不得），是对于年富力强有高小毕业程度，而居乡务农之本村村民，给予一种训练，备作村中自治之后起人才。此用意实非常之好的，我相信这于翟城村前途有很大帮助。平教会在翟城村的工作，一部是平民教育的推行，一部是办理社会调查，而在翟城西数里路更有一农业及牧畜改良实验之农场。在定县城内我已参观过几间平民学校，在翟城又参观两处，复于离翟城时绕道来，似乎觉得还好。社会调查确乎仔细认真而且得法——只是觉得好罢了，其实亦是外行。农场所试验而推行的工作有棉花选种及防除谷类病害等。牧场养的有羊，有猪，有鸡。养羊所费无多，而羊奶可以养人；于老年人及小孩有滋养之益。仿佛说一羊一天可得一斤多奶。养猪预备传种——此种饲料不加而体肉发长甚快。养鸡是生蛋多而且大，据说其利颇厚。我们还去看过一个"表证农家"。所谓"表证农家"，即是平民教育会以其试验所得一种可靠的新法（例如新棉种或除病害药粉或养某种羊某种鸡之类），教给一家农民，嘱其照法去做，而与

之相约，当其试行之后，如果有利归此农户，赔钱则会中偿给。如此则许多农家自能看到有利而仿行。"表证"二字似是表演证明之意。这种表证办法，大概要算很好的宣传推广办法了。平民学校之为平教会设置者均亦称表证平校；盖亦希望各本地人士照此仿办而不欲由会中一手包揽也。听说定县各乡区自动仿办之平校为数甚多；远多会中所设……赖先生所作教育上的研究工夫似终是平民教育家的本行本业，而为旁人所不能替代的。例如方才说过，中国农业的改进不能成功于平民教育家之手。则我们总希望着中国农业由他途以进；而果然走上了改进的大路时，按社会分工之意，农业改良研究或平民教育家无再多分心之必要，而不妨专力于自己真必要的工作——如赖先生所作。我再进一步表示我的意思罢：平民教育在中国是需要的；但其真露出需要的时机还未到。我总希望他最好是随着需要而来；不希望他在需要时机前便先迎了上来。迎上来的总不全合适，却是有一天他总会归了本辙。平民教育运动固有一度的变化，而其前途仍当有变化。每度变化大都是进步的，此则我愿预为颂祝者。平教会所办的社会调查部，我想是最有价值的工作。中国农村问题虽不是在一桩社会事业里面解决了的，而以社会调查归到一桩社会事业里面去办则最好不过，殆非官府所能企及——尤其是农村比都市不同。所以我认为平教会所替社会做的事，要以请李景汉先生到外县乡间去办社会调查为最大功德。❶

梁漱溟参观后认为一向做平民教育运动的教育家如晏阳初、陶行知等均将其视线转向农村、农民，开办乡村教育，"做整个的乡村改进运动"，具有重要意义。梁漱溟对平民教育的方向性转向非常赞赏：平民教育运动在原初诚然只是单纯一种成人识字运动，尤其是多在都会地方提倡。但后来觉察单纯作识字运动是不行的，而且中国不识字的平民大多数在乡村而非都市。因此，每在一个地方鼓吹识字运动时，很容易招致许多人的同情，做出大规模热烈的游行表示，前来愿求识字的一时能有许多人。但不久人数渐渐减少，大概开首一千人，末后能卒业的不过二百人。虽然每天不过要他们挪出一点钟的工夫，极力想不妨碍他们的做事或生业，继续的期间不过四个月，极力想避免他们或有的困难与减少他们的不耐烦，然而在兴趣与需要上，似乎总不能使他们有卒业的

❶ 梁漱溟. 定县及翟城村之所见 [G] //中国文化书院学术委员会. 梁漱溟全集（第四卷）. 济南：山东人民出版社，2005：889－891.

忍耐与努力，即便是这能卒业的二百人，亦很难由此得到什么效用。每每因不常应用，而把所识的字忘掉了。本来文字符号是劳心的人所需要用的，而劳力者较不需要。然而在都会中的劳力者其接触文字的机会较多，需用之时亦还有；若乡下种地的人其接触文字的机会，需用文字的时候可说太少太少。而在中国不谈平民教育则已，谈平民教育当先的便是乡间大多数的农民。于是，单纯识字运动在平民教育里面的不够与不行便更明白了。大约中国社会的缺欠是整个文化的低陋；每个人的缺欠是整个的程度能力不足。单纯识字运动既不足为补救，而且遗缺在其他方面，为片面的识字运动亦实在无法可行。因此一面掉转方向到乡间农民身上，一面扩充平民教育的内容，统括了文艺教育、生计教育、公民教育三项为一整平民教育。农民的生计教育，即是农业的改进；农民的公民教育，即是农村组织起来，预备农村自治。

> 平民教育之转向农民身上，并扩充其内容意义，当然是一大进步；我们不能不赞颂的。想尽力办教育，这种教育是办得的——比办一间什么中学大学有意义得多。想尽力办社会事业，这种社会事业是应得办的——亦比其他什么事业有意义得多。❶

然而，梁漱溟认为平民教育实验区并不能真正解决中国的农村问题。其根源在于乡村建设完全依托教育的力量是不够的，还需其他社会部门的配合及保障，尤其是经费的来源过于依托摊派、集资地方实力富有且具有事业心者赞助或政府拨款都不能长久维系，也无法从根本上解决。这与中华职业教育社的乡村事业相类似。

> 要问我对翟城村有何批评，则我亦可约略说两点。我于翟城现行的自治组织觉得不大合适。然我于其不合之点及如何才对，均不能在此时去说——请俟异日。又村中公务开支不向村民征取一钱，而一出于公产，自一面说去颇好，一面说去又不好。照我从来理想的拟议，乡村自治一切公务经费原以不取征敛摊派方法为最妙。但是公产总有限，又村人于公产易看得与己不相干，而因经费不出自己身上，对于公务亦易漠视不管，故不好也（自治经费由何而出为好亦非此时所能谈）。又村中年受省里的津贴四

❶ 梁漱溟. 北游所见记略 [G] //中国文化书院学术委员会. 梁漱溟全集（第四卷）. 济南：山东人民出版社，2005：890.

百元，及米格如先生等借着平教会的薪给乃得回乡担任公职，均非常法。我此话题非指摘翟城村，我不过借此指点大家看，乡村自治经费问题，及公职人员生活费何自出的问题，都尚未想出路子来。谈乡村自治的人不要像谈得好玩，要看到这其中处处是难题。翟城所办自治事项，除两间学校外，殆无所有，公款开支此一项为大宗，亦是不合适的。此点与山西村政情形相似，待后再讨论罢。……却是"中国这个问题不是从教育上，从一种社会事业，可得解决，则须认清而不忽忘"。这一层似乎热心平教诸先生亦未尝不明白。我想说的还在进一层：农村问题亦不是如此可得解决的。期望着农村问题在这里得到解决，实为过分之想。而且以办教育的法子做乡村改进运动，必落于人才钱财一概倒贴之路（如适才批评职业教育社的）是无疑的。教育这事是天生赔钱货也。落入此路，其最大之弊即成了"替天行道"，而不易激发增长其自家固有能力，又且躲避问题终于无所解决。❶

总而言之，梁漱溟认为平民教育的方式无法从根本上解决中国的问题，其成功的希望是渺茫的。就此而论，新儒家的梁漱溟更多地将乡村教育与乡村社会的诸多部门、领域结合，以社会学的视角考察，突破了平民教育家过于偏执于教育心理的专业化思想之弊，反而更带有整体化与务实性的特色。

四、考察山西村政

山西村政事业发展较早。1917 年 9 月，军阀阎锡山以山西都督之职兼山西省省长后，即开始着手筹划治晋方略，村政建设是他关注的重点。阎锡山所依据的理论，一是"村本政治"，以自然村为行政单位，"为政不达诸村，则政为粉饰；自治不本于村，则治无根蒂"；二是"用民政治"，阎锡山认为，用官不如用民，用民不如自用，把政治放到民间，把乡村地方上的事务交由人民自己办理，以确立民主政治的基础，造成工业化的农业，完成自治经济。阎锡山认为，要实习村政建设，第一要有稳定的社会秩序，要有严密的组织；第二是建设村经济设施，发展村造产事业，增进村民经济能力，使村输出超过村输入，村中入款多于出款，以作经济发展的基础；第三是推进建设本体事业，即政治方

---

❶ 梁漱溟. 北游所见记略［G］//中国文化书院学术委员会. 梁漱溟全集（第四卷）. 济南：山东人民出版社，2005：890－891.

面"村民彼此关系由意善而情美",经济方面"使村民生活由同足而优裕"。❶

1929年,在结束河北定县翟城村乡村教育与村治事业的观察后,梁漱溟由石家庄转道太原,开始考察山西的村政。此时的山西由阎锡山主政,阎锡山得知梁漱溟要来山西考察后,立即电报相邀。梁漱溟前去五台山河边村会见正在养病的阎锡山,与阎锡山谈论村政问题,然后去太原、清源、汾阳、介休、赵城各县考察。

> 阎百川先生,为十八年山西政治的主持者,村治尤为其一手经营创造,此时他适病在五台县河边村家乡养息,电邀我到那里会谈。由省城到河边村汽车四小时可达。头一日我以早七时离省,次日晚七时回省。在河边两半日工夫,所谈十之七八皆乡村问题及村政,我于谈话中认识出山西十年来的村政有他不少心血在内。❷

在结束山西之行后,梁漱溟认为山西的村政并没有其想象得那么好,自治无法真正实现。

> 常言道"盛名之下,其实难副"。山西的实际,亦不能逃此公例。大概就人民自治一面来说,自治的真精神似乎很少。就官府所推行的几项行政来说,似乎难如所期望,而不免有流弊。❸

在乡村教育方面,山西投入很大的人力与物力。这也彰显出阎锡山这位军阀任"山西王"或主政山西期间对国民义务教育、乡村社会教育给予的高度重视,借以稳定地方社会政治秩序,并博得一些好名声。

> 曾经推行贫民教育,识字的人尚多,惟识字多寡,当以教育为前提,而山僻小村,则举办教育甚为困难,即师资问题,尤不易解决。义务教育,凡各村儿童一到七岁,即强迫入学,归村政处办理,责成村长、副调查,其方法分为三层。一、身家较优者,强迫入学。二、贫寒者补助课本。三、极贫者准免入学,因极贫之家,非但无力购买课本,且须其幼子之劳动以补助贫民教育,但此实为数极少。对于成年人,"即令各村成年

---

❶ 善峰. 梁漱溟社会改造构想研究［M］. 济南:山东大学出版社,1996:56.

❷ 梁漱溟. 北游所见记略［G］//中国文化书院学术委员会. 梁漱溟全集(第四卷),济南:山东人民出版社,2005:892.

❸ 梁漱溟. 北游所见记略［G］. 中国文化书院学术委员会. 梁漱溟全集(第四卷). 济南:山东人民出版社,2005:898.

而不识字的人，于晚间工作之余，补习上课。补习学校附设于各村国民学校，即由国民学校教员兼任教授，省署颁给课本，但因受补习教育之人终日劳倦，且身居乡间，从事农业教育，不感觉识字之必要，故虽举办三四年，而尚未收有全效"。

全省尚有师范学校八处，而中学学生因近年生活程度增长之故，多数无力升学者，亦相率而作国民小学教员矣。敝省在教育上整个计划，其第一步即在师资，国民师范即应此需要而生，计至国民十年，师资问题，已可将全国各省各村国民学校全行设立，而不感困难，但乡村瘠苦，教员薪水不多，仍不免苦干之障碍。❶

当时山西乡村中的第一件大事就是办学校，而学校经费支出占很大一部分，梁漱溟对此种做法持质疑态度。因为这种教育投入兴办的学校与乡村社会的需求之间相去太远，只是造成了教育资源的浪费，有限的财力因为教育模式不切合乡村实际，未被乡民接受与理解而消耗殆尽。这种投入与产出之间的落差极大地阻碍了农村教育的改进，也因为办教育形同"抽血"而殃及其他产业生计及文化生活的健康推进。

我到山西看时，村中的第一件事，便是建学校。村中一年的支出，无非以此为大宗。差不多村中皆有学校，对于学龄之男女儿童，督促入学甚严，实在无意义。以中国简陋的小作农业，农民实无文字符号之需要。所以中国人不识字的，要到百分之八十至九十的成数，原是自然之势。幼时定要他读书，长大却去种笨地，终年看不见，用不着，种上七八年地，从前所辛辛苦苦读来的书，早都忘了。乡下女子读书，更用不着；你设想他（她）将来有余闲，能近纸笔墨砚吗？有余钱置备纸笔墨砚吗？亦强其读书四年，徒苦四年耳。有何意义？山西大小村庄共四万余，学校亦约有三四万。据我调查所得，村中公款，每半年支出，少者三百元上下，多者一两千元，总是学校经费占其大半。平均一年一校总得二百元，统筹全省所需，将近千万之数。此千万中据我们看，怕有八百万是白费。其所以白费，一面是像才说的用不着，一面是那种学校教育，办得不高明；然而要

---

❶　梁漱溟. 村政问答记［G］. 中国文化书院学术委员会. 梁漱溟全集（第四卷）. 济南：山东人民出版社，2005：875 – 876.

办好教育要钱更多。❶

即便如此，梁漱溟还是肯定了山西村政的一些成就。

> 然则村政就没有效果好处了吗？当然不能如此说。据我看由村政生的好处，亦有几种：第一是治安好。第二是识字人多。第三是禁烟有几分成功。第四是禁缠足有七八分成功。第五是军事时期，办理征发之方便。❷

总而言之，山西村政也无法使梁漱溟完全满意，依然无力从根本上解决中国的问题。

当代历史学家郑大华对此做了探讨，理清了其中的关系。❸ 1929 年 5 月 20 日，梁漱溟一行结束考察，回到北京。这次考察，使梁漱溟对全国乡村建设运动有了一个初步的了解，并与各地乡村建设运动的主要领导人建立了联系。这对他日后推动乡村建设运动的高涨，并成为乡村建设运动的代言人和乡村建设派的政治领袖是有好处的。这次考察，也使他更坚定了以乡村建设作为解决中国问题的唯一途径的决心和信心。因为他一路的所见所闻似乎表明：乡村问题正在引起社会广泛注意，到农村去从事乡村改进工作已成为国内教育界的新趋势。他后来在《北游所见记略》中写道：通过考察，"我才晓得国内教育界的新趋势。不但南京晓庄师范倡导乡村教育，倡导着乡村改进运动；不但一向做职业教育运动的，转变成整个的乡村改进运动；而一向做平民教育运动的教育家亦转其视线于乡村、于农民，而来做整个的乡村改进运动了"。另外，他在考察中对各地所采取的措施和方法、存在的问题和困难、取得的经验和教训的认识及总结，对他后来主持山东乡村建设研究院和邹平实验工作也有借鉴意义。他后来把自己一路所思所闻和感想，写成《北游所见记略》一文，发表在《村治月刊》上。

黄炎培、晏阳初等人认识到以前单纯从事职业教育、扫除文盲等单一方案不能有效地解决中国的问题，因此转向了总的乡村改造运动。此时的梁漱溟坚信自己走的道路是正确的，乡村改革是解决中国社会问题唯一可行的途径。与

---

❶ 梁漱溟. 北游所见记略 [G] //中国文化书院学术委员会. 梁漱溟全集（第四卷）. 济南：山东人民出版社，2005：906－907.

❷ 梁漱溟. 北游所见记略 [G]. 中国文化书院学术委员会. 梁漱溟全集（第四卷）. 济南：山东人民出版社，2005：900－901.

❸ 郑大华. 梁漱溟传 [M]. 北京：人民出版社，2001：194－195.

此同时，他发现各地所进行的乡村工作基本上都局限于露天识字、平民学校、农业改良等具体问题上，没有触及农民和农村的根本问题。而中国的社会问题是个总体工程，单从某一方面入手是解决不了的，他的有关乡村建设更为成熟、系统的思想开始逐渐形成。

第四节　平民教育思潮的发展、转化及其影响

平民教育思潮产生并形成一种声势浩大的运动，反映了当时教育界不同派别和社会各界人士对平民教育的关注和重视。尽管参加者的政治见解不尽相同，对平民教育内涵的理解和活动重点也大有区别，但他们都反对封建专制主义教育，要求打破几千年来封建地主阶级和有钱人独霸教育权的局面，赞成给无力入学或失学的劳动人民进行文化知识教育，提高他们的文化水平。这说明，从整体上来看，平民教育思潮在当时是一种进步教育思潮。这一时期所开展的平民教育运动也是应当予以客观评价的。

一、平民教育思潮的发展和转化

早期马克思主义者有关平民教育的论述，阐明了平民教育的发展方向。他们以正确的理论为指导，开展了平民教育实践活动。由于各种历史原因，这种活动不可能十分丰富，但具有光辉的前景。1921 年 1 月，北京共产主义小组在邓中夏主持下，以史文彬等十人的名义发起成立长辛店补习学校，通过教学向工人讲解劳工神圣的道理，讲什么是剥削，什么是阶级斗争，什么是帝国主义侵略；向他们宣传工人阶级应该组织起来，成立工会。该校为北方铁路工人运动培养了骨干，被称为"北方的红星"。各省共产主义小组都办了工人夜校、工人补习学校、工人学校，这是中国教育史上第一批工人自己的学校。通过这些学校，结合补习文化进行革命的政治思想教育，学习马克思主义的道理，启发工人的阶级觉悟。在此之后，中国共产党在早期马克思主义者开展的平民教育的基础之上，开展了工农教育运动。中国共产党领导下的工农教育运动，由于在理论上正确解决了教育与政治经济的关系，以及教育与革命和建设的关系问题，又曾开展激烈的打击地主土豪的农民运动，进行减租减息及废除苛捐的斗争，因此工农教育（特别是农民教育）发展很快。如彭湃领导的广东海陆丰地区在 1923 年左右设立了十多所农民学校，除了教农民识字，能写

写算算以外，主要是进行革命的思想教育，能有一定的思想觉悟与阶级觉悟。湖南也是党领导的农民运动和农民教育发展较早的地区。1922—1923 年，就有不少共产党人和进步人士，在湖南各地创设农民补习学校，向农民群众宣传革命道理，如成立于长沙的"农村补习教育社"就曾在长沙附近农村办有十七所农村补习学校，并编印了一些适于农民使用的教科书。1924 年，毛泽东在韶山领导农民运动时，在二十多个乡建立了农民协会，并办起了农民夜校。自第一次国共合作实现后，湖南的农民运动发展得异常迅猛。1926年至 1927 年春天，湖南的农民教育运动也出现了一个空前的高潮。对此，毛泽东在 1927 年 3 月发表的《湖南农民运动考察报告》一文中，有一段生动的记载：

> 中国历来只是地主有文化，农民没有文化。可是地主的文化是由农民造成的，因为造成地主文化的东西，不是别的，正是从农民身上掠取的血汗。中国有百分之九十未受文化教育的人民，这个里面，最大多数是农民。农村里地主势力一倒，农民的文化运动便开始了。试看农民一向痛恶学校，如今却在努力办夜学。……他们热心开办这种学校，认为这样的学校才是他们自己的。……农民运动发展的结果，农民的文化程度迅速地提高了。不久的时间内，全省当有几万所学校在乡村中涌出来，不若知识阶级和所谓"教育家"者流，空唤"普及教育"，唤来唤去还是一句废话。❶

1927 年，共产党创建了农村革命根据地。在苏维埃工农民主政权的领导下，结合广大农民进行打土豪、分田地的土地革命运动，开展了以土地革命为中心的反帝、反封建的教育。在革命的教育方针和政策指导下，建立了以共产主义为指导的、服务于工农革命利益的新教育制度；工农教育作为其中的主要组成部分，在正确的道路上获得迅猛的发展，这是新民主主义教育思潮的重要内容，标志着中国教育已经揭开了新的一页，进入了一个新的、光明的天地。

五四运动以后，资产阶级教育家、知识分子所宣传、实践的平民教育有所发展及转化。朱其慧等人仍在城市开展平民教育，以提高平民的识字率、扫除文盲为中心工作；以晏阳初为首的平教会主要成员在河北定县开展平民乡村教育实验；陶行知则从事乡村师范教育的实验，为教育改革寻觅曙光。20 世纪

---

❶ 中共中央毛泽东选集出版委员会. 毛泽东选集（第一卷）［M］. 北京：人民出版社，1966：39－40.

20 年代末，资产阶级的平民教育逐渐被民众教育所取代。1925 年以后，平民学校大多改为民众学校。1929 年教育部颁布《民众学校办法大纲》。据此大纲，民众学校授年长失学者以简易之知识技能，使能适应社会生活为宗旨，依各地需要，分区设之，分县（市）立、私立两种。教授科目有识字、三民主义、常识、珠算或笔算、乐歌等，可酌量地方情形，加设关于农工商业之科目，修业时间至少四个月，每星期至少授课十二小时，一般在夜间或节假日上课。此后，民众学校有一定发展，如 1931 年江苏有 1 104 所、浙江1 853所、安徽 227 所、江西 296 所。

二、平民教育思潮的影响

五四运动时期的平民教育思潮对当时的教育乃至整个社会的政治、文化都产生深刻的影响，可以概括为如下五个方面。

（1）在中国共产党的领导下，工农教育、干部教育蓬勃兴起。第一次国内革命战争时期，随着工人运动、农民运动的蓬勃开展，工农教育、干部教育纷纷发展起来。1921 年 8 月，党成立了"中国劳动组合书记部"，作为领导工人运动的机关，派许多党员深入工矿开展工人教育。北方最早成立起来的工人教育机构是长辛店劳动补习学校；在南方，共产党上海支部于 1921 年在沪西小沙渡（上海纱厂集中区域之一）着手开办劳动补习学校，为上海工人运动积蓄力量。此外，中国共产党武汉支部、湖南支部、济南支部、广东支部，都采用办工人补习学校的办法，组织和发动工人。其中，尤以 1921—1922 年组织的安源"路矿工人补习学校"最有影响。1925 年，在党的领导下，召开了第二次全国劳动大会，这次大会所通过的《工人教育决议案》对如何开展工人教育做了进一步明确的规定。广东的海陆丰与湖南的农民教育发展最为迅猛，广东海丰的农民学校"是专教农民会记数，不为地主所骗，会写信，会珠算，会写食料及农具的名字，会出来办农会，便够了"，农民很赞成。而且农会替他们请教员，指定校舍，学校用学田的办法来解决经费问题，"读书不用钱"，"他们多很喜欢"。❶ 党为了领导工农运动，办了各种形式的干部教育机构。所有这些都与早期马克思主义者的平民教育思想及实际活动的影响是分不开的。

---

❶ 彭湃. 海丰农民运动 [M]. 北京：作家出版社，1960：29 - 30.

（2）各地乡村平民教育实验对其他乡村建设与改造社团有很多启发。定县平民教育实验、陶行知在南京郊区晓庄进行的改造乡村社会的实验等团体的活动是互相影响的。特别是从晏阳初所主持的定县平民教育实验中，从实验思想到实验设计、实验措施，都受到了不少启发。尤其是晏阳初在定县实施的一个以县为实验研究单位的乡村教育模式，在20世纪20年代开始的乡村建设运动中，独树一帜，并对后来的乡村建设运动产生了重要影响。根据国民党政府实业部的调查，至1934年，全国已有六百多个团体从事农村工作，有一千多处从事实验。在实际中产生重大影响的是平教总会在定县的实验。晏阳初在1934年说："最近，全国各地，先后出现了许多实验县。而定县，几乎天天收到全国政府机关或人民团体的来信，请求派遣技术人员和训练人员。去年（1933）来自四川、内蒙古、广东、云南等地到定县参观、访问的不下三千人次。"❶ 后来，晏阳初还先后建立了湖南衡山实验县、四川新都实验县等。晏阳初首创的以一个县作为实验研究单位的乡村教育模式，在实验中发生如此大的指导作用，固然同国民党政府内政部于1932年12月召开的内政会议上所做出的关于今后乡村建设由各省以县为单位进行实验的决定有关。但是，若从方法论上来看，这种实验研究模式自身的科学性及合理因素也是一个十分重要的原因。

（3）在一定程度上影响到当时教育宗旨、政策的制订。1919年4月，蔡元培、范源濂、陈宝泉、蒋梦麟等著名教育家在教育调查会第一次会议上提出以"养成健全人格，发展共和精神"为教育宗旨。对"共和精神"的解释是："一、发挥平民主义，俾人人知民治为立国根本；二、养成公民自治习惯，俾人人能负国家社会之责任。"❷ 1922年《学校系统改革案》中更明确地把"发挥平民教育精神"规定为七项标准的重要内容。

定县等乡村平民实验进行一段时间后，国民政府于1932年在南京举行第二次内政会议，通过了各省设立县政建设研究及实验县的计划。在内政会议前，蒋介石于1931年曾邀请晏阳初南下，讲述定县的实验工作情况，并派国民党中央军校教官毛应章北上参观，写成近十万字的报告。这一次内政会议提出了乡村建设工作在"外侮日甚，如何作内政以寄军令，一以立国防之本，

---

❶ 晏阳初. 乡村的建设实验［G］//宋恩荣. 晏阳初文集. 北京：教育科学出版社，1989：283.
❷ 教育调查会第一次会议报告［J］. 教育杂志，1919，11（5）.

一以奠国防之基，并由此而发展地方自治事业，使全国人士民禀修政即以救亡的大义”的新使命。会议通过的议案共八个，其中至少有三个采自定县的实验，如关于县政建设、地方卫生制度、推行调查统计工作等。在县政改革中还规定了实施事项应注意的八项原则，也都是定县实验成果。

（4）推动了义务教育的发展。1919 年以前，有关义务教育的规定并不明确，更缺乏有效的推行措施。此后，在平民教育思潮的影响下，义务教育得到发展。1919 年，教育部通令各省“订定分期筹办义务教育年限”，内称：“查义务教育，亟应切实筹办，以期全国国民咸受教育，为本部年来实施之方针。”分七期筹办，要求：1921 年省城通商口岸办理完竣；1922 年，县城及繁镇办理完竣；1923 年，五百户以上之乡镇办理完竣；1924 年，三百户以上之市乡办理完竣；1925—1926 年，二百户以上之市乡办理完竣；1927 年，一百户以上之村庄办理完竣；至 1928 年，不及百户之村庄办理完竣。❶ 次年 4 月 28 日，北京政府教育部设立实施义务教育研究会，司长邓萃英等十七人为会员，该会以研究义务教育实施方法，期达普及教育为宗旨。由于当时种种历史原因，教育部的这些规定、措施并不可能认真施行，有的甚至是一纸空文，但仍可看出平民主义教育思潮对义务教育的推动。据陈宝泉《我国义务教育之经过及进行》一文载：京兆，民国七年订有分期筹办强迫教育大纲；山西，民国七年颁行《全省施行义务教育规程》；吉林，民国五年在省城创办义务教育模范区。❷

（5）促进了男女教育机会平等，各级学校开放女禁。五四运动以前，中国女子入学逐渐增加，但关于男女同学的种种规定，限制了女子教育的发展。辛亥革命后规定初等小学可以男女同学，1915 年《国民学校令》规定，只准一、二年级同班上课，三年级以上只可同校不能同班。五四运动反对封建礼教和封建道德，抨击男尊女卑，主张妇女解放，男女平等，个性独立，男女社交公开，开放女禁，男女有受教育的平等权利。于是，不但要求兴办女学，并且主张男女同学。这既是平民教育思潮高涨的思想土壤，更是平民主义精神在男女教育问题上的体现。当时，著名的刊物如《新青年》《解放与改造》《少年中国》《妇女杂志》《平民教育》等，均以女子教育为中心，竞相刊载男女同学

---

❶ 《教育杂志》1920 年第 12 卷第 5 号.

❷ 陈学恂. 中国近代教育史教学参考资料（中册）［M］. 北京：人民教育出版社，1987：343 – 347.

问题的文章，有的还开设了"男女同校问题"专号，解决男女教育平权，学校开放女禁的呼声日趋高涨。1920 年 10 月，全国教育会联合会第六届年会通过《促进男女同学以推广女子教育案》，吁请教育部："惟女子中等教育，尚未普及，专门大学招考，女生及格者自居少数。兹为增多女子求学机会，促进男女同学起见，拟请通令各省区，各级学校招收学生，或绝对的男女同学，或部分同学，或添设女子班，或附设女校。各就地方情形，酌择办理。庶人才经济两问题，较易解决。习惯不同之障碍，可以减少。男女共学之目的，亦易达到矣。"❶ 这个提案比较集中地概括了当时的社会要求，由教育部公布于全国，促进了男女同校同学的逐步实现。1922 年颁布的"壬戌学制"，正式取消了男女学生之间的差别，攻破了女子教育发展中的最后一个堡垒。从此，男女平等教育权终于在形式上基本确立：虽然在实际推行中仍受封建残余势力、传统意识的阻碍，但已是大势所趋。

---

❶ 邰爽秋. 历届教育会议议决案汇编［G］. 上海：教育编译馆，1925：4.

第九章　职业教育思潮

职业教育是五四运动时期形成的一种教育思潮，由近代出版家、教育家陆费逵首先提出，对教育理论（尤其是教育实践）产生了重要影响，引起教育界的广泛关注。黄炎培的职业教育思想及中华职业教育社对职业教育思潮的发展起了推动作用。

第一节　职业教育思潮的形成[1]

鸦片战争以后，受外国资本主义经济侵略的刺激，中国传统自给自足的小农经济开始瓦解，民族资本主义经济在帝国主义与封建主义的双重压迫下艰难生存。1912 年 1 月民国初建以后，为民族资本主义经济的进一步发展创造了有利的社会环境。近代工商业经济的发展，要求在短期内补充一定数量的技术人员、管理人员以及大批的熟练工人，社会发展亟须教育部门解决这个问题。但教育实际状况如何呢？清末"新学制"实施以后，直到民初，普通教育发展迅速，其培养目标、课程内容又与社会需要相脱节。大批清末新式学堂、民初学校的毕业生涌向无法消化他们的社会。他们因缺乏一技之长，而未能被工厂企业聘用，有的即使被录用，也因学非所用，用非所学，而无法胜任经济市场的竞争及职业选择的挑战，出现了学生就业困难与生计迷惘的社会问题。

为满足经济增长对劳动力素质的新要求，并缓解毕业生不能升学又缺乏必需的专业知识技能实现就业的现实矛盾，教育界的有识之士继辛亥革命后实利主义、实用主义教育讨论之余绪，复受欧美新教育理论的影响，初步提出职业教育的思想，并进行实践。由于职业教育反映了教育界先进群体在这一教育问

---

❶ 本节少量材料由我指导的河北大学历史学院中国近现代史专业博士生张士伟提供，特此表示感谢。

题上的普遍心理、共同愿望，所以有强大的导向力，受其感召呼应，很快形成职业教育思潮。基本主张是：通过对学生实施从事某种职业所必需的知识技能教育训练，沟通教育与生活、学校与社会之间的联系，以解决近代工商业发展所急需的人才问题和学校毕业生的就业问题，并有助于促进工商业经济的发展，它是民初二三年间实利主义、实用主义教育思潮在新的历史条件下的继承与发展。五四运动时期达到鼎盛，20 世纪 20 年代中期以后，职业教育走向乡村，与乡村教育思潮合流。按史学界普遍形成的理解，五四运动在近现代史上有极其广泛的影响，也具有非常重要的地位；而从文化思想的层面或视野理解，可以简称为新文化运动，但分为前后期，中间以五四运动作为界标，前期的年限为 1915—1919 年，后期为 1919 年 5 月以后三年左右时间，又惯称为五四运动。本节主要探讨新文化运动前期职业教育思潮的轨迹及其相应内容。

一、职业教育的提出

近代职业教育的产生与发展，可以追溯到清末的军事技术教育，特别是"西艺"教育。光绪二十二年（1896），倡设江西高安蚕桑学堂成为近代实业教育开始的标志。直到 1902—1904 年，"新学制"拟定并颁行后，实业学堂才正式被纳入学制系统。这是对传统教育结构的重大改变，为实业学堂的发展创造了条件，并对中国教育的近代化深有影响。辛亥革命后，资产阶级民主革命派教育家对实业教育似乎不太注意。1912—1913 年，公布"壬子癸丑学制"，对 1904 年"新学制"中的实业学校系统只做了部分调整，内容没有什么根本的变化。1912—1916 年，实业学校发展不快；直到 1916 年，实业学校的比例也不到普通学堂的百分之一。故现代教育家黄炎培在《三十年来中国之职业教育》一文中称："总之，自清光绪二十三年至民国五年凡二十年间之职业教育，虽以事实上之需要，而尚未为一般当局和社会所重视。在教育统计上，对于一般教育，并百分之一之地位而未曾取得，则其不达之状况，概可知矣。"❶

职业教育思潮是一种对中国近代教育发生深刻影响的思潮，酝酿发轫于新文化运动之前，至 1917 年中华职业教育社成立是其趋向成熟的标志，首先提出这一教育专业术语的是陆费逵。

宣统三年（1911），陆费逵在《教育杂志》发表《世界教育状况序》一

---

❶ 庄俞，贺圣鼐. 最近三十五年之中国教育［M］. 上海：商务印书馆，1931：141.

文，提出"职业教育"的概念："我国今日虽然亟宜注意国民教育，但是国民生计之赢绌，恃职业教育。而国势之隆替，教育之盛衰，厥惟人才教育。"❶陆费逵从解决国民生计的角度倡言职业教育，作为实业出版家，他并非主要从当时普通教育面临的问题以及学生就业需要来考虑，当然这种情形深受当时社会条件所限制。民初的"壬子癸丑学制"将普通教育与实业教育分轨，重心偏向于普通教育。民初的若干年，教育家联合实业家共同提倡实利主义与实用主义教育，但从其立论的视角来看，侧重于教学内容的实用性，且基本在普通教育结构范围内立论。在这种历史场景下，社会反响以及实际作用不大是十分自然的。

1913 年，陆费逵又撰写了《论人才教育、职业教育与国民教育并重》一文，对职业教育做了新的论述："职业教育，则以一技之长可谋生活为主。所以使中人之资者，各尽所长，以期地无弃利，国富民裕也……非职业教育兴盛，实业必不能发达，民生必不能富裕……无人才教育、职业教育，则国民教育即使普及，亦不过增无数识字之游民而已，此非吾之谰言也。"❷ 可以看出，他对职业教育与国家经济实力及学生就业需要之间的关系已有进一步的认识。但由于袁世凯网罗封建余孽、落伍文人，为配合"洪宪帝制"的政治复辟，掀起了一场尊孔读经的文化逆流，封建复古主义教育甚嚣尘上。陆费逵的上述议论，仍未引起当时教育界应有之重视。

二、关于职业教育的各种议论

1915 年 9 月 15 日，陈独秀主编的《青年杂志》在上海创刊，第 2 卷起改名《新青年》，并移到北京编辑发行。从此，以《新青年》为中心，汇集了一批进步学者及深受欧美思想影响的激进主义知识分子，李大钊、鲁迅、胡适、钱玄同、刘半农等都是当时的佼佼者。他们以"科学"和"民主"作为两面大旗，反对专制复古及封建主义的旧道德伦理，甚至提出"打倒孔家店"的响亮口号，冲破蒙昧、迷信思想文化的束缚，提倡从心理观念层面重新审视西学、认识西方，更广泛地引进并传播西方科学技术及学术思想流派。以此为标志，掀起了一场声势浩大的新文化运动。新文化运动时期，由于社会相对宽松

---

❶ 吕达. 陆费逵教育论著选 [M]. 北京：人民教育出版社，2002：89.
❷ 吕达. 陆费逵教育论著选 [M]. 北京：人民教育出版社，2002：147.

的思想文化氛围，教育家针对普通教育的弊端及实业教育的不良，艰辛地探索教育改革的出路。他们从不同的角度论及职业教育理论及实践问题，影响显著者有陈独秀、蔡元培、黄炎培、蒋梦麟、张謇等近现代教育名家。

（一）陈独秀："今之教育，倘不以尊重职业为方针，不独为俗见所非，亦经世家所不取"

陈独秀是以启蒙思想家的角色谈论职业教育问题的，这时期发表的《敬告青年》《今日之教育方针》《吾人最后之觉悟》《宪法与孔教》《孔子之教与现代生活》《近代西洋教育》等系列论文，论述教育的状况及改革的出路。其中，《今日之教育方针》针对职业教育展开讨论并加以阐述："现实世界之内有事功，现实世界之外无希望。惟其尊现实也，则人治兴焉，迷信斩焉：此近世欧洲之时代精神也。此精神磅礴无所不至：见之伦理道德者，为乐利主义；见之政治者，为最大多数幸福主义；见之哲学者，曰经验论，曰唯物论；见之宗教者，曰无神论；见之文学美术者，曰写实主义，曰自然主义。一切思想行为，莫不植基于现实生活上。"❶ 这种唯物论哲学观是他提倡职业教育的思想基础。

针对当时教育仍残存文弱、空虚的陋习，陈独秀批评说："夫利用厚生，崇实际而薄玄虚，本吾国初民之俗……物之不切于实用者，虽金玉圭璋，不如布粟粪土？若事之无利于个人或社会现实生活者，皆虚文也，诳人之事也。诳人之事，虽祖宗之所遗留，圣贤之所垂教，政府之所提倡，社会之所崇尚，皆一文不值也。"❷ 由于教育最棘手的问题是解决从脱离实际的文字书本转向直接地作用于个人或社会实际，因此整治这种病患并有效实现其意图的手段是提倡科学与职业教育。

陈独秀认为，经济可以支配转移社会国家的组织，个人生产能力对于社会安宁幸福十分重要，而我国国民生产力的薄弱造成了社会现实的种种危害，因此提倡职业教育更显得至为必要："现实之世界，即经济之世界也。举凡国家社会之组织，无不为经济所转移所支配。古今社会状态之变迁，与经济状态之变迁同一步度。此社会学者经济学者所同认也。今日之社会，植产兴业之社会也；分工合力之社会也；尊重个人生产力；以谋公共安宁幸福之社会也。一人

❶ 戚谢美，邵祖德. 陈独秀教育论著选［M］. 北京：人民教育出版社，1995：33.
❷ 戚谢美，邵祖德. 陈独秀教育论著选［M］. 北京：人民教育出版社，1995：24.

失其生产力，则社会失其一部分之安宁幸福。生产之力，弱于消费。于社会、于个人，皆属衰亡之兆"；"今之教育，倘不以尊重职业为方针，不独为俗见所非，亦经世家所不取。盖个人以此失其独立自营之美德，社会经济以此陷于不克自存之悲境也。"❶

陈独秀的论述中交织着浓厚的思想启蒙色彩，带着新文化运动解放思想的性质，作为新文化运动的启蒙思想家是自然的。他提倡职业教育主要从发展经济的角度来论述，同时兼及个人生产能力之提高，从而揭示了教育与经济发展间的本质联系，但对教育结构或课程目标设计的思想内容尚缺乏充分认识，这从职业教育的理论来说，显然是不足的。

（二）蔡元培："为中学生筹救济，当注重职业教育"

蔡元培是近现代中国大教育家，民国教育制度大多与他的思想及活动相关。他在 1912 年 4 月《东方杂志》上发表的《对教育方针之意见》一文，成为同年 9 月北京国民政府颁布民国修订教育宗旨的核心内容及基本精神，其中列有"实利主义教育"专项，作为与世界观、公民道德、美感及军国民并列的教育宗旨五大"主义"之一，占据重要地位。这其中的内容已有职业教育的意味。

随着"壬子癸丑学制"的颁布与实施，中学毕业生升学与就业的矛盾尖锐，其职业能力及生计问题等日渐突出，引起教育界及社会其他人士的关注。1916 年 12 月 11 日，蔡元培应江苏省教育会邀请，演讲《教育界之恐慌及救济方法》，认为引起教育界"恐慌"的原因之一为"实业教育之缺乏，致中学毕业生不能应社会上之用"。于是，他提出："为中学生筹救济，当注重职业教育。"❷

蔡元培做出上述断言，与其认识有关。他认为，当时世界教育的潮流已"移其势力于实业"，随着科技的进步，各种专门技术愈益精密复杂，教育与各种实业的联系更为明显。因此，普通教育应根据学校及学生的实际，增设"农、工、商"等专业的内容，并注意实际操作技能的训练，同时多设甲、乙种实业学校，从而"使小学、中学毕业者，步步衔接，可以志愿入校"。这是普通中学职业分科及结构调整的前奏，同时又设置相应的实业学校，促使中等教育阶段的职业教育体制趋于完善。从历史发展来看，这有利于近代职业教育的实践推行。师资力量在各级各类教育办学实践中具有十分重要的地位，甚至制约着教育的效

❶ 戚谢美，邵祖德. 陈独秀教育论著选［M］. 北京：人民教育出版社，1995：35.
❷ 高平叔. 蔡元培全集（第二卷）［M］. 北京：中华书局，1984：486.

果质量，乃至命运结局。为了有效地解决职业教育办学师资的欠缺，蔡元培又提议："宜由公家派遣实业生赴欧留学。"❶

蔡元培从中等教育课程及结构调整出发，结合近代经济产业发展对劳动力素质的要求，比较深刻地论述职业教育问题，对当今中学教育结构改革有启发意义，但仍偏重于普通教育本身思考补偏救弊的对策，且所论也乏具体翔实的方案、措施，因而操作性仍显薄弱。

（三）蒋梦麟："职业教育无他，提出职业上种种问题而以教育为解决之方法而已"

蒋梦麟对职业教育的含义做了精微的阐释，可补诸家之阙。他在 1917 年 10 月《教育与职业》杂志上发表《教育与职业》一文，对职业教育的概念详加解释："教育为方法，国家为问题，则曰国家教育。教育为方法，社会为问题，则曰社会教育，曰个人教育。教育为方法，职业为问题，则曰职业教育。从教育功能论及工具主义视角，故职业教育无他，提出职业上种种问题，而以教育为解决之方法而已"；"职业英字曰 Vocation，言操一技之长而藉以求适当之生活也……故言职业教育有（一）农业教育，（二）工业教育，（三）商业教育，（四）家政教育之分。"❷

职业教育的本义既然在于运用某一项工艺或技术以解决学生的生计出路，那么现代一切教育无不以生活为旨归，何必独标职业教育以标新立异呢？蒋梦麟以为"凡卒业于大学而得一技之长，藉以求适当之生活者，曰高等专门（Profession）"，也属于职业教育的范畴，但主要列入高等专门教育类型。"近今所谓职业教育者，中等程度以下为限，大学不与焉。"故他以为职业教育之提倡，在于帮助学校解决教育的社会化联系与学生的就业出路，以避免因学用不一而沦为游民这一重要的社会问题，并切实发挥教育的经济及生产性功能，并非以此包括教育的全部领域。他论学校与职业的关系说："学校为推行教育之机关。故即为间接解决国家、社会、个人、职业及种种问题之机关，学校非专为职业而设，举学校而尽讲职业教育，则偏矣。职业教育为二十世纪工业社会之一大问题，吾国青年之立身，国家之致富，多是赖焉。举学校而尽排除职业教育，则偏矣。吾辈今日所欲研究之问题，非谓因提倡职业教育，将取文化教育（Cultural Education）

❶ 高平叔. 蔡元培全集（第二卷）［M］. 北京：中华书局，1984：488.
❷ 曲士培. 蒋梦麟教育论著选［M］. 北京：人民教育出版社，1985：1.

而代之也。不过以文化教育有不能解决之问题，提倡职业教育，希有解决之耳。若社会无职业之必要，青年受文化教育而即有谋生之能力，则所谓职业教育者，特赘瘤耳，又何提倡之足云。"❶ 可见，作为"庚款留美"教育学硕士出身的教育家蒋梦麟，在讨论职业教育的相关问题时，明显地偏重于将职业教育与其他教育类型相比较，以阐明各自的独特功能，有浓郁的教育理论色彩。他从各类教育的系统结构出发，论及了职业教育的独特位置及作用，并与近代工商业社会及民主政治的趋势结合，所述内容较新颖独特。

（四）张謇："有实业而无教育则业不昌"

张謇是近代实业救国论者，他在《请设工科大学公呈》一文论及教育与实业之关系时曾说："苟欲兴工，必先兴学。"❷ 作为晚清唯一的状元实业家，他为江苏近代地方教育的兴盛、独步全国、引领前驱做出了特殊的贡献。他在江苏南通兴办大批工厂、企业的同时，举办了各种职业技术学校，如南通农业学校（1913 年为甲种农校、1919 年改为农科）、南通纺织学校（1913 年名为"纺织专门学校"）、女工传习所（1916 年成为独立的女子职业学校）、河海工程学校（1913 年办，1914 年改专门学校）等。在长期的办学实践中，张謇形成了颇有见地的职业教育观。

1. 重视培养学生的职业道德

职业学校要以培养德才兼备、勤俭耐劳的人才为目标，这是张謇一贯的思想和主张。早在 1913 年他就发表《银行专修科演说》，指出："诸生将来之地位，必不能无差异。然亦在诸生自为之耳。如道德优美、学术纯粹者，又何患乎莫之用哉？今在实践室内。当锻炼一种耐劳耐烦之习惯，首重道德，次则学术。"在农校的办学过程中，作为校长，张謇始终不忘对学生进行职业道德教育，把"勤苦俭朴"作为校训。1917 年，他在《农校开学演说》中勉励学生："今日农校又开学矣，予对于诸生无多言，惟将校训之勤苦俭朴四字细细解释，冀诸生易于领悟也。"张謇还要求学生"打破为我主义"，以关心他人和群众利益为重。1916 年，他在《本县农校欢迎暨南学校参观团演说》中又指出："中国人往往为己者多，盖政教之不良也。早社会人心上之旧习惯，固结难破"；"当此青年求学时代，须打破为我主义。"他还教导学生"示人以信

---

❶ 曲士培. 蒋梦麟教育论著选［M］. 北京：人民教育出版社，1985：2.

❷ 张怡祖. 张季子九录（四）［M］. 台北：台湾文海出版有限公司，1983：15.

用，使人乐从"❶。

2. 以增进学生科学知识，获得实际技能为准则

张謇认为职业教育尤其应注重知识与应用结合，理论学习与技能锻炼统一，而实践正是架构两者的桥梁。"学问兼理论与阅历乃成，一面研究，一面践履，正求学问补不足之法。"❷ 他提出，通过职业技术教育培训，教育的毕业生应该成为相关行业的行家里手、技术佼佼者。《五九日国耻纪念会演说》一文这样说："为农者必蕲为良农，为工者必蕲为良工，为商而必蕲为良商。"❸ 在办职业教育的过程中，他要求学生扎实掌握书本科学知识，将所学的知识应用到实验及实践中去，以期理论与实践形成互动促进的态势：一方面，以专业理论或思想以及基本知识素养为实践操作提供方向指针；另一方面，在实践中修正、充实所学理论及所获得的技能技巧。为了提升职业教育的办学质量、层次或水平，并实现办学效益的有效性，张謇十分推崇科学实验的价值及其作用。如南通农校师生注重棉花品种的改良及栽培的试验，其中包括"棉作局部分之实验""土壤肥料分析成分之实验""摘心距离之实验"等各个方面。凡实验之法，分数十种。在实验中有具体的目标规定："所试验之土壤肥料，须分别而昭晰之也；应用之劳力资本，须分别而详记之。于其终获核其经济，定棉种之优劣与栽培之当否。"❹ 这样操作程序就能提高实验的科学性及精确度，并且有助于学生开展技术实验的效果质量。

3. 根据专门学校的性质，重视学生的实习

在张謇创办的各种职业教育机构中，都明显重视学生的实习。农校、纺校、医校、河海工程校等职业学校，学生实习课均占很大的比例。如纺织学校《学则》专列"实习"一章，对学生实习时的管理及注意事项均做了具体而周详的规定，计有四十条之多，而且还具体列出各学年的每周实习时间。为了给学生创造良好的实习条件，张謇还在相关学校分别设立各种实习场所。

张謇的职业教育观是其实践活动的总结。在职业学校办学中，这些主张都是非常重要并有特定意义的。张謇的身份角色主要是一位教育实践家，他的观点基本上属于经验总结或对世界各主要国家教育状况的介绍，在比较教育学领

---

❶ 张怡祖. 张季子九录（四）[M]. 台北：台湾文海出版有限公司，1983：9-10.
❷ 张怡祖. 张季子九录（四）[M]. 台北：台湾文海出版有限公司，1983：12.
❸ 张怡祖. 张季子九录（四）[M]. 台北：台湾文海出版有限公司，1983：30.
❹ 张怡祖. 张季子九录（四）[M]. 台北：台湾文海出版有限公司，1983：8.

域的作用或许更为重要，而从教育学或经济学理论视野所做系统、深化的探讨就显得有些不足了。

上述四位教育家或从经济、生产力发展的角度，或从普通教育结构改革的方位，或从职业教育的含义及与其他教育关系的层面，或从具体的办学实践的体会与认识等不同的层面或视野，对职业教育做了不同的探索，构成了当时教育界及社会人士对职业教育理解与认识的大致水平。其中，对职业教育的认识最深刻、最系统化并最有影响的是近代职业教育家黄炎培。

（五）黄炎培：职业教育"一方为人计，曰以供青年谋生之所急也；一方又为事计，曰以供社会分业之所需也"

黄炎培是中国近现代史上最负盛名的职业教育家，学界对其职业教育思想与实践研究的成果很多，本书从教育思潮的角度并就其作为先驱者的早期职业教育理论探索做一透视。

1. 从实用主义教育走向职业教育

黄炎培是辛亥革命后中国特色早期实用主义教育的热衷倡导与推动者，这种思想流派基于传统经学中经世致用观念并吸收西方近代教育理论内容成分而产生，但它不同于20世纪初以来盛行于美国的杜威实用主义教育理论，后者主要属于教育哲学及现代科学主义教育范畴。经过二三年之隔，黄炎培的教育观念有了微妙的变化，他不满足于从普通教育范围论述教育内容及结构问题，而是明确地提出职业教育思想。

黄炎培在新文化运动前期推崇职业教育，主要是因为第一次世界大战爆发以后，中国近代的资本主义经济出现"黄金时期"，得到了千载难逢的暂时发展：一方面，普通学校毕业的学生缺乏谋求职业的技能，生计及出路问题很严峻；另一方面，近代民族工商业的发展缺乏技术人才及受过职业训练的熟练劳动力。诚如黄炎培在《实用主义产出之第三年》文中所称："一般社会生计之恐慌为一刺激，百业之不改良为又一刺激，各种学校毕业生失业者之无算，为又一大刺激。于是语以抽象的实业教育不若语以具体的职业教育之警心动目，而职业教育之声喧腾众口矣。"❶ 他试图通过推广职业教育，以解决当时普通教育、实业教育存在的弊端，进而有助于经济的发展与社会的进步。在《中华职业教育社宣言书》中说："以谓方今最重要、最困难之问题，莫生计若，

---

❶ 中华职业教育社. 黄炎培教育文选［M］. 上海：上海教育出版社，1985：41.

而求根本上解决此问题，舍沟通教育与职业，无所为计。"❶

曾几何时，包括黄炎培、陆费逵、庄俞在内的一些实业家、教育家在民国初年提倡立足于普通教育之内以加强现实应用性改革为特征的早期实用主义教育，现在又纷纷高谈职业教育，那么这两者之间又有什么联系与区别呢？黄炎培在《中华职业教育社成立五年间之感想》中回忆说："当本社成立之前，教育界盛倡实用主义已有年，迨本社成立，大都以倾向实用主义者倾向职业教育。故实用主义者，不啻职业教育之背景也。"❷ 可见，实用主义教育为职业教育之基础。关于两者之区别，实用主义教育兼容普通教育、实业教育，"含研究学说之意味"，"一部分主用思想"；而职业教育，"纯为生活"。当然这里的"生活"不限于个人谋生，也包括社会事业，特别是整个社会经济。可见，职业教育不仅旨在解决青年学生的生计利益，而且其目标在社会经济的利益及进步。他专门撰写《职业教育》一文，阐述职业教育的独特价值："实业益发达，而生计问题亦日以急迫，于是复有所谓职业教育，专以职业上之学识、技能教授不能久学之青年；而一方面亦使实业前途进步益无限量。"❸

黄炎培思想的上述转变，除了社会形势的变化以及其本人思想与时俱进的原因外，还与他亲历教育考察活动有关。1914 年，黄炎培任江苏省教育会常任调查干事，以上海《申报》旅行记者身份，遍走皖、赣、浙、鲁、冀诸省进行考察，目睹了教育与实际生产、生活脱离，学校毕业生职业能力缺乏，生计困难等问题。次年，他在美国考察教育，面对异国生机勃勃的职业教育，深感找到了改造中国教育的"良方"。随后，他又到日本、菲律宾等地考察教育，由此更加坚定了提倡职业教育的决心与信心。

2. 对职业教育体系的初步探讨

如何处理好职业教育与普通教育的关系呢？黄炎培在《中华职业教育宣言书》中提出应从三方面入手："推广职业教育"；"改良职业教育"；"改良普通教育，为适应于职业之准备。"❹ 一方面，确立职业教育的重要地位，大力发展职业教育；另一方面，以职业教育为出发点，对普通教育进行改革，使其适应学生继续升学与灵活选择职业的不同需要。

---

❶ 中华职业教育社. 黄炎培教育文选 [M]. 上海：上海教育出版社，1985：56.
❷ 中华职业教育社. 黄炎培教育文选 [M]. 上海：上海教育出版社，1985：100.
❸ 中华职业教育社. 黄炎培教育文选 [M]. 上海：上海教育出版社，1985：44.
❹ 田正平，李笑贤. 黄炎培教育论著选 [M]. 北京：人民教育出版社，1993：54.

通过对国内外加以考察，黄炎培在《职业教育》一文中说道："故方今各国，为根本解决计，大抵在中等教育以下，即设种种职业学校；并于普通学校内，分设各种职业科。除力能受高等教育者外，悉予以生活上应有之学识与切要之技能，使出校后便能谋生。于是青年使用其脑力与日力，一归经济，其用意益精且周。"❶ 有鉴于此，他进一步强调中国发展职业教育的构建策略应该是："一方推广职业学校，一方于高等小学、中学分设职业科者。"这种设计的有利之处在于普通教育与职业教育彼此协调，相得益彰，即"同校多途，以待学者自择，其利一；一地立一校，而足给种种要求，则需费者，其利二；有专科较完之设备，而普通科课业归于切实，其利三；化除升学者与就业者阶级之见，其利四"。"故对于教育部中学设第二部之计划，绝对赞成。以此为奇兵，而以特设之职业学校为正兵，似兼采德美两国制者，实则德美既无先例，苟利于国，亦当行之。"❷

黄炎培还提出从小学起进行职业品德陶冶、初中阶段进行职业指导、高中设职业分科或专门职校、就业后还要接受职业指导和进一步的职业补习教育，由此建立一个职业陶冶—职业指导—职业训练—职业补习—再补习的职业教育体系。

黄炎培的上述观点无疑具有重要的理论价值与实践意义。当然，如何处理好职业教育与普通教育的关系，既满足越来越发达的工农业生产及服务行业对各种规格劳动力的需求，又能为高一级学校输送合格新生，这是一个仍需继续探讨的问题。

3. 职业教育理论的雏形

黄炎培在《职业教育谈》中提出职业教育的目的在于："为个人谋生之准备，一也；为个人服务社会之准备，二也；为世界国家增进生产力之准备，三也。"他又在中国近现代著名教育社团中华职业教育社成立的纲领文件《中华职业教育社宣言书》中说："夫职业教育之目的，一方为人计，曰以供青年谋生之所急也；一方又为事计，曰以供社会分业之所需也。"❸ 这在当时是对职业教育目的的最明确表述。

根据上述对职业教育目的的理解，又鉴于清末民初实业教育的弊病，黄炎

---

❶ 中华职业教育社. 黄炎培教育文选［M］. 上海：上海教育出版社，1985：44.

❷ 黄炎培. 职业教育析疑［J］. 教育杂志，1917（11）.

❸ 中华职业教育社. 黄炎培教育文选［M］. 上海：上海教育出版社，1985：54.

培初步提出了职业教育的办学思路。他在《中华职业教育宣言书》中对清末民初实业教育的弊端做了检讨和反省，并提出补救的走向："一曰其设置拘统系而忽供求也"，今后办职业教育对"某地之社会，所需者何业，必一一加以调查。然后立一校，无不当其位置；设一科，无不给其要求；而所养人才，自无见弃之患"；"二曰其功课重理论而轻实习也"，为此，他提出职业教育最基本的四大教学原则，即针对性的改革措施在于"手脑并用""做学合一""理论与实际并行""知识与技能并重"；"三曰其学生贫于能力而富于欲望也。实习非所注重，则能力自无养成。"此病根源于对普通教育思想认识及价值观念的偏差，因此，"改良职业教育必同时改良普通教育"❶。

黄炎培的上述论断，无疑是切中时弊的，并且在职业教育理论建设中有一定的地位。更为难能可贵的是，在五四运动以后的教育实践中，他又进一步丰富和发展了他的理论，即提出了"大职业教育主义"及"职业教育乡村化"，成为民国后期职业教育演进的主要趋势。

三、中华职业教育社的成立及其初期活动

中华职业教育社于 1917 年 5 月 6 日在上海正式成立，由蔡元培、马良、严修、伍廷芳、张元济等教育界、实业界知名人士四十八人列名发起，黄炎培被推举为办事部主任，主持社务十二年，后改任常务董事。同年 7 月，《东方杂志》《教育杂志》同时刊登了由黄炎培起草，蔡元培等教育界、实业界、政界知名人士联合署名的《中华职业教育社宣言书》。至此，职业教育思潮渐趋高涨，同时也成为一场教育运动，在全国有声有色地开展起来。

《中华职业教育社宣言书》是一篇重要文献，它概括了黄炎培早期职业教育思想的基本观点，是中华职业教育社从事职业教育活动的行动纲领，从提倡职业教育的原因，到职业教育的作用以及实施职业教育的方法、内容、途径等均有所阐述。

为了宣传和研讨职业教育，中华职业教育社于 1917 年 11 月 15 日创办了《教育与职业》月刊。从 1917 年创刊到 1949 年，连续出版 208 期（1985 年 5 月复刊）。前几期主要登载从现实教育流弊出发研究职业教育理论、扩大职业教育声势以及介绍国外职业教育的文章。

---

❶ 中华职业教育社. 黄炎培教育文选［M］. 上海：上海教育出版社，1985：55.

1918 年 10 月，中华职业教育社创办中华职业学校，成为此时职业学校的样板，也是黄炎培早期职业教育思想的实验园地。黄炎培专门撰著了《中华职业学校概况》这篇长文，对该校的办学状况及其所包含的教育理念做了描述，归纳起来有如下三个特点。

（一）根据社会需要办学

为确定中华职业学校的校址，先开展调查，结果发现"上海市之西南各区，民之贫苦无业者较他处为多。苟无相当之学校预为培养其子弟，施以适宜之教育，恐失业者接踵而起，地方上直接先受其影响。故特设此职业学校于上海市西南"❶。鉴于铁工、木工两科对于一般人民生活关系密切，又是发展工业所需要的基本专业及技术支持，于是该校遂定以铁工、木工两科为主要科目。此外，关于招生人数、学习年限、毕业分配，无不以详细周密的社会调查为基础。在黄炎培的倡设下，中华职业教育社形成一种制度，定期邀请工商、金融、教育、农业等方面人士座谈，了解社会需求，征求社会对学校办学及学生素质的意见。这样就能保证"产销对路"，使学生受到社会欢迎。

（二）注重劳动和实习

学生入学填写誓约书，第一就是尊重劳动。学校把"劳工神圣"的大匾高悬于礼堂上方；把象征着"双手万能"的符号作为校徽、校旗、附属工厂产品商标；把"用我手用我脑，不单是用我笔；要做，不单是要说"作为学生每日必唱的校歌。学校采取"做学并进""半工半读""工读结合"等方针制度，要求学生必须到车、钳、锻等五个实习工场中轮流实习，实习时间每周二十四小时以上，占总课时的一半多，并规定毕业生离校前还得去工厂、商店等见习、实习，成绩优良才发给毕业证书。❷

（三）重视职业道德的培养训练

中华职业学校一贯重视职业的培养和训练，"敬业乐群"是黄炎培为学校制定的校训。之后，他把"敬业乐群"具体化，制定和完善了职业道德教育标准，内容有：认识职业之真义在服务社会，养成责任心，养成勤劳习惯，养成互助合作精神，养成理性的服从美德，具有稳健改进精神，养成对所从事职

---

❶ 璩鑫圭，童富勇. 中国近代教育史资料汇编·实业教育·师范教育［M］. 上海：上海教育出版社，1984：427.

❷ 璩鑫圭，童富勇. 中国近代教育史资料汇编·实业教育·师范教育［M］. 上海：上海教育出版社，1984：428.

业之乐趣，养成经济观念，养成科学态度。另外，农、工、商、家政等还有具体的标准。❶

黄炎培等近代教育家为了探索教育改革的新路子，并力谋发展民族资本经济，从实用主义教育跨向职业教育，并做了理论的探索与现实的实验，有些理论成果及实践经验值得我们有鉴别地吸取，他们火热的爱国情怀与探索精神尤其值得我们纪念。但整体上说，以解决生计问题（此处的生计既指个人谋生，又指整个社会经济）为推行职业教育的目标，从理论上来讲是有时代或认识上局限性的。失业及经济发展受到障碍这两个互为相统的问题从根本上来说都是当时的社会制度和北洋政府的腐败统治造成的，通过职业教育，虽能帮助学生掌握某些技能，使之在就业竞争中相对容易谋得职业，也能为经济的发展在某种程度上提供一定的人才及技术；但是，先不来一场政治、经济革命，消除生产力与生产关系、经济基础与上层建筑之间的矛盾，而仅仅试图通过职业教育的推行来改革教育现状，进而改良社会，这就夸大了职业教育的作用，陷入"教育救国论"的泥潭。这充分反映了代表民族资产阶级利益的知识分子在政治上的软弱性。

当然，在社会制度变革已经实现的当代中国，我们正在着力于解决教育如何有效促进经济可持续提升与发展，贯彻科学发展观，构建全面和谐社会的宏伟事业，发展职业技术教育以促进学生就业，缓和供需市场的结构性矛盾，并调整学校教育培养模式，通过构建人才培养与就业的有效机制，拉动社会产业发展与技术进步，从而实现国家建立小康社会的战略目标，这正成为教育改革理论与实践思考的热点问题。在这种历史条件下，上述职业教育思想观点及实践活动的意义与价值便弥足珍贵了。

四、新文化运动前期职业教育思潮对教育实践的影响

教育思潮在于用群体、团队的眼光来反映某一带有共性及社会化影响力的教育思想或流派，这种研究视域的特点旨在打破以单一、个别人物的言论及活动为目的的个案方式，着力体现社会阶层的集中意识或主张，是教育思想史研究的一种新模式。教育思潮的形成以社会条件、思想基础以及教育实践为背景，反过来教育思潮也对上述几个方面发生影响，下文集中探讨新文化运动前

---

❶ 霍益萍，田正平. 试论中国近代职业技术教育的发展 [J]. 华东师范大学学报：教科版，1986 (3).

期的职业教育思潮对教育实践方面的作用。

（一）清末民初实业教育与职业教育分途的情况逐渐有所改变

为实业教育而设的学堂与普通学堂另成一个系统，这是清末在实业教育组织上的一个特点。民初只是在名称上将清末初等、中等、高等实业学堂改为乙种、甲种实业学校及专门学校。在职业教育思潮的影响下，1917 年以后，职业与普通教育双轨平行发展的局面有所变化。

1917 年，教育部采纳"第三届全国教育会联合会议决案"的建议，通令于中学第二年开始，为志愿从事职业的学生设立"第二部"，酌量减少普通科目教学时间，加习农业、工业或商船，开创了中学增设职业课程的先声。1918 年 10 月，教育部采纳"全国中学校校长会议"通过的分科职业科议案，通令各中学，得视地方特别情形酌量增减科目，以谋学生升学或就业之便利。❶ 从此，各地学校自由改制设科，举办职业学校，加强职业科教育的渐渐增多，职业教育和职业学校迅速发展起来。当时职业教育的发展还受到舆论的推动，教育界人士认为，普通中学与职业学校分别设立，互不沟通，不仅中学毕业生不能升学的部分就业困难，而且中学课程十分呆板，不利于学生的个性发展，因而主张改革普通教育与职业教育分立的体制。

（二）教育行政部门对职业教育开始重视

1917 年拟订的《全国教育会联合会职业教育进行计划案》，是本期极为重要的职业教育文献。教育部于 1918 年 6 月 25 日第 260 号训令饬京师学务各局、各省教育厅酌量办理，内称："中小学校毕业生无力升学，而又缺乏生活力者，不知凡几。即各种实业学校毕业生，所用非所学，或竟闲居无事者，亦不知凡几。论者谓今之学校与社会需要不相应，致使已受教育者无从得相当之职业，而生活之途狭。其已得职业者，又未受相当之教育，而生活之力微，二者交困，国家与社会均受害于无形。夫所谓学校与社会不相应者，质言之，即教育与职业不相应也。欲救此弊，惟有提倡职业教育。"❷ 这大体表述了职业教育的特殊作用，同时又肯定了职业教育对学校教育结构优化及社会经济发展的双赢策略。

1917 年 10 月，教育部在北京召开全国职业学校校长会议，各省区甲、乙

---

❶ 民国教育部教育年鉴编纂委员会. 第一次中国教育年鉴·戊编"教育杂录"［M］. 上海：开明书店，1934：138 – 139.

❷ 陈学恂. 中国近代教育史教学参考资料（中册）［M］. 北京：人民教育出版社，1987：392 – 394.

种农、工、商业学校校长出席。会议着重讨论改进和发展职业教育问题。经过二十天的讨论，做出了三十九项决议案。❶ 凡决议各项，除关于变更法令或事关行政范围，或关系一二省区特别情形分别办理外，其余各条议案即由教育部汇辑颁布，各地职业学校按照施行，决议由所在各校施行的决议案包括有：职业学校与普通学校的联系；职业学校根据各地方状况，适应地方的需要问题；培养职业学校学生从业能力和乐于在实业界服务的习惯；职业学校应与实业界联系，以使毕业生有相当的就业岗位；关于职业学校教员的培养；各个职业学校的互相联系、协作与交流经验；注意发展职业补习学校，以增进国民的生活能力；扩充甲、乙种职业学校校数；确定职业学校经费；强迫艺徒职工强迫教育办法；推广商业学校办法；优待实业学校教员办法；偏僻省份职业学校学生膳宿制服等费用由公家支给办法；请暂免职业学校学费，以广泛培养各种职业人才；实业学校毕业生的消纳及奖励办法；实业学校宜注重自营各种职业服务项目；等等。这些议案都是根据当时民族工商业发展的需要，为改进和加强职业教育、推动职业教育而提出的，不仅促进了当时职业教育的发展与教学质量的提高，而且对当今我国职业教育的有序发展及深化改革也具有一定的借鉴作用。

1918 年 2 月 11 日，教育部颁发《咨各省区实业学校暑假期内应令学生轮流实习或实地调查文》，称："农工商业专门学校，及甲乙种实业学校重在实用，与普通学校不同。学生学业，应即出应社会职务，求能操作于平时不可不养其耐劳之习惯……嗣后关于农工商专门学校、甲乙种实业学校暑假休业，除教室功课应照章办理外，其实习一项，在农、工学校，农场、工厂，应将学生分组轮流练习，或减少时间，于午前午后行之。其在商业学校，假期之内，应令学生各就所在之地，调查附近商业状况及出产商品，定期报告，由教员考核。"❷

教育部的上述规定，虽然在名词称呼上与"实业教育"或"实业学校"时有混称，但其本质内涵及体制设计均为近现代源于欧美的职业教育无疑。当然，当中的条文与职业教育思潮内容要求尚有差距，但许多体现了它的理论成

---

❶ 民国教育部教育年鉴编纂委员会. 第一次中国教育年鉴·戊编"教育杂录"[M]. 上海：开明书店，1934：138.

❷ 璩鑫圭，童富勇. 中国近代教育史资料汇编·实业教育·师范教育 [M]. 上海：上海教育出版社，1984：198.

果。由于时代的限制或政治的干预以及传统封建科举教育观念的渗透，政策法令的规定与具体实施之间更是有很大的距离，但多少反映了职业教育思潮实际发生的积极影响。

（三）职业教育得到了实业界及社会其他各界的大力支持

由于职业教育思潮反映民族企业家及工商业者要求在短期内补充一定数量的技术人员、管理人员、熟练人员，以适应民族工商业经济进一步发展的愿望，同时又针砭教育实际中的流弊，故一经提出就有专门团体推动、教育文化界知名人士的宣传与鼓动，一石激起千层浪，致使社会反响甚巨。首先，它得到了实业界的支持。据不完全统计，1917—1919 年，有 39 家企业和个人向中华职业教育社捐款 69 730 元。从 1917 年起，南洋华侨领袖陈嘉庚每年定额捐钱给中华职业教育社。通过黄炎培的努力，许多实业界的知名人物与中华职业教育社发生了关系。像在第一次世界大战期间崛起的上海金融界领袖宋汉章、钱新之、陈光甫，上海总商会的朱葆三，创办申新纺织公司、福新面粉公司的荣宗敬和荣德生，新兴纺织业巨子穆藕初，华丰纺织公司经理聂云台，溥益纺织公司经理徐静仁以及机器制造业的刘柏生等都是中华职业教育社开展职业活动的主要经济支持者。其次，它得到军界、政界，特别是广大青年的拥护。职业教育在宣传与推行中得到广泛的赞同，阻力极少。实业界、教育界自不待说，即使军界要人如阎锡山、唐继尧、冯玉祥、杨森等，著名政客如曹汝霖、汤化龙等，都曾是职业教育的支持者。广大青年更是趋之若鹜，纷纷涌入各类职业学校。以上种种均表明职业教育思潮的积极影响及重要的社会地位，已形成广泛的社会基础，而这又反过来推动了职业教育作为民国时期一股强劲教育思潮的持续发展势头。

第二节　职业教育思潮的发展❶

五四运动时期的职业教育改革是现代教育现代化进程的有机组成部分，对当代职业教育的转型与建构颇有参考价值。现代教育家黄炎培的职业教育思想作为其中的核心部分，引领着以中华职业教育社为代表的职业教育实践活动。1922 年，"新学制"关于职业教育的设计是美国式教育引入中国的一个侧面，

---

❶ 本节少量材料由河北大学教育学院博士生罗仁诛提供，该院硕士生许娟帮助整理。

提供了新的资源及范式。在各种因素交错影响下，职业教育的办学理念结构及组织方式均呈现新的态势。

中国近代的职业教育是由清末民初实业教育（主体机构为实业学堂或实业学校）演化而来的，其转型变化在新文化运动前期，但确立及制度化的初基却是在五四运动时期实现的。

辛亥革命后，1912 年 1 月新建立的中华民国政府采取振兴民族实业的国策，颁布了一系列保护和推动民族工商业的法规，为民族资本主义的发展开辟了广阔的前景，刺激了资产阶级发展实业的极大热情，一时间"振兴实业"成为强烈的社会思潮。同时，第一次世界大战期间，欧美帝国主义列强忙于战争无暇东顾，暂时放松了对中国的经济侵略，中国民族资本主义工业得到了进一步发展：一方面，帝国主义在中国的商品倾销在此期间大大减少，中国历年严重入超的危机得以缓解；另一方面，国际社会对各种战略物资的急迫需求刺激了中国的出口，由此形成了对民族资本主义工农商业发展有利的国际国内两大市场。以工厂数为例，1903—1908 年，平均每年注册工厂 21.1 家；1913—1915 年，平均每年注册 41.3 家；1916—1919 年，则达到 124.6 家。❶ 民族资本主义经济在短期内的迅速发展，使民族资产阶级迫切地感到人才缺乏对实业发展的阻碍，他们希望进一步发展职业教育，以缓和这种矛盾。此时的教育界，受欧美教育理论，特别是杜威实用主义教育理论的影响，现代教育家在新的历史条件下，继续探讨职业教育的种种理论及实际问题，以适应职业教育所面临困惑与挑战的需要。与此同时，职业教育在经济生产、社会生活及其实践中不断发挥作用，引起政府部门的重视；职业教育的结构及组织形式发生了显著的变化，其教育理念及办学模式的调整或转型，成为近现代中国职业教育史上的一次明显转折，并在 20 世纪 20 年代的学制改革中得到聚焦反映，也重新获得了法制化的地位。可以认为，职业教育已经成为此期重大教育改革成果而对中国社会，尤其是现代教育理论及实践产生积极的影响。

一、黄炎培五四运动时期的职业教育思想要略

说到对近现代中国职业教育理论与实践发展的贡献，无人能比黄炎培。正是黄炎培的职业教育思想和终生奋斗不懈的职业教育活动，推动了近现代职业

---

❶ 陈真，姚洛. 中国近代工业史料（第一辑）［M］. 北京：生活·读书·新知三联书店，1957：87.

教育在极端艰难的环境中逐步发展。

　　黄炎培（1878—1965），中国近现代民主革命家、教育家。号楚南，后改号韧之、任之，笔名抱一，江苏川沙县人（今属上海市）。早年在家乡任塾师，后中举人。1901 年考入上海南洋公学特班，从蔡元培先生受业。1902 年年底，返故里创办川沙小学堂，旋赴日本，1905 年秋加入同盟会。归国后创办、主持上海广明小学、广明师范、浦东中学，并执教于上海城东女学、丽泽书院，历任川沙县视学、劝学所总董、江苏学务总会评议员、江苏省教育总会常任调查员等职。辛亥革命后，任江苏省教育司司长。在民国初期，针对普通教育不实用、学生出路难的弊端，他于 1913 年发表《学校教育采用实用主义之商榷》一文，首倡实利主义与实用主义（又称"唯实主义"）教育以改革普通教育。自 1917 年开始，他提倡实验并推广职业教育。五四运动时期，在"民主""科学"的旗帜下，他敢为人先，参与一系列教育探讨及考察研究，紧跟教育前沿脚步，丰富和调整了其教育思想，体现出"平民化""科学化"及"实用化"的特征，并带有五四运动时期教育改革的个性、群性、社会三者相结合的理论因子。

（一）职业教育的平民化

　　"平民化"是五四运动平民主义或"劳工神圣"思想的反映。职业教育的平民化不仅是教育权利的公平与民主问题，更是体现了职业教育思潮的民间化、大众化取向的道路选择，至关重要。着眼于大多数平民身上、脚踏实地及努力与民众合作，这三方面内容是自五四运动以来黄炎培反复标示的办职业教育的意志及决心所向。"吾人总须记得世上最大多数的平民，就是做一天人，干一天事，他的生命，是完全靠自己卖气力换得来的；全人类的生命，也就是靠他们卖气力相互支撑的。卖气力讨生活的人多，社会富；蠹虫多，社会穷；蠹虫普及，人类死绝。全社会中，也许有小部分人间接地造福人类以讨生活的，但是绝大多数一定是直接讨生活的。所以教育目的，也许在初步时为非职业的，而最后必为职业的。也许小部分养成间接造福的，为非职业的，而绝大多数必为养成直接造福的，即职业的。"因此，"办职业教育，须下决心为大多数平民谋幸福"❶。在这一思想指导下，1917 年 5 月 6 日成立于上海，由他

---

　　❶　黄炎培. 办职业教育须下三大决心 [G] //中华职业教育社. 黄炎培教育文选. 上海：上海教育出版社，1985：165.

主持社务十二年之久的中华职业教育社设校置科，先考虑平民生活的需要，"应收寒素子弟求学，费用务使减轻"。用较多的力量，采取晨班、夜班和短期训练班等多种形式，实施职业补习教育，使失业青年学到急需的谋生知识技能；同时，又促成在岗普通职工有机会通过继续教育提高技术水平与职业能力。

黄炎培将平民主义的精神实质之一"谋个性之发展"列为职业教育的第一目的。他从职业教育的产生说明发展学生个性的重要性，认为社会分工形成各种各样的职业，人的个性、才能有不同的特点，由此职业教育的一个根本目的就在于使人的个性、才能与职业分工相适应，使工作效能得到增进；在这一过程中，也使学生的个性、才能得到提高。个性、能力、气质、情绪、意志及兴趣等内容、范畴属于心理学专业领域，心理学与学生职业的联系应是应用心理学与教育心理学的交集所在，自然有着深刻的价值。"教育专重个人而忽略社会，与仅顾社会而忘却个人，是一样错误。近代心理学对于教育一个最大贡献，是个性的发现，使教育注意于个性的适应。一个社会人人有职业，有与其个性相适合之职业则人人得事，事事得人，社会无有不发达者。"❶

黄炎培将个性的发展与群性的结合视为统一的两个方面，如果只是训练学生职业技能，而忽略情感的培植与精神的涵养，就会使理想的教育设计幻化为畸形的技术操作，而缺乏自主创新及群体协作的素养。这种教育的结果只能产出娴熟的艺徒，而不具备公民的健全素质。因此，中华职业学校力图避免这种偏差，"在工作和授课以外，极力提倡劳动、服务，而一切归纳于有系统的自治里头。从初起时，就注意这点，如今倒有一年多的光阴了"❷。群体意识、共同生活的习惯是国民性的重要方面，职业学校学生应具备的"四种根本的修养"之一是"博爱互助的精神"。办职业教育"着重在社会需要"，职业学校的生命"从其本质说来，就是社会性；从其作用说来，就是社会化"❸。这就是说，一方面，必须从社会实际需要出发办职业教育；另一方面，职业教育应该为谋求社会经济和生产力发展的效益服务，使受过职业教育的学生，无论

---

❶ 黄炎培. 河车记［G］//中华职业教育社. 黄炎培教育文集（第三卷）. 北京：中国文史出版社，1994：263.

❷ 黄炎培. "学生自治号"发行的旨趣［G］//中华职业教育社. 黄炎培教育文选. 上海：上海教育出版社，1985：84.

❸ 黄炎培. 职业教育机关的唯一生命是什么［G］//中华职业教育社. 黄炎培教育文选. 上海：上海教育出版社，1985：180.

是否毕业，每个人都能强勉不息，成为一名振兴国家的合格公民，"人格好，体格好；人人有一种专长，为社会、国家效用"❶。

（二）职业教育的科学化

科学主义与平民主义是五四运动时期占主流地位的两大教育思潮，风行草偃，风潮所向，大势驱动，职业教育也一样追波逐浪。黄炎培说："一百五十年来的工业革命，领导者谁？就是科学。那个时候，不啻在昏沉的大宇中间，得一颗斗大明星——科学做他的先导，使行客得长足的进步。因而前方的行客，对后方的行客，想稍尽他们提挈的义务。请问他们的心光、目光，除却这一颗明星，还有什么地方够他们的注视呢？老实说，最近高唱职业教育的动机，无论中国、外国都起于承认科学。用科学解决，百业有时进步；不用科学解决，便无进步。外国用科学较早，占了先着；中国落后，就为不早用科学。这一道理，已为一般人所公认。最近高唱职业教育的动机，无论中国、外国都起于承认科学。""职业教育，直接求百业的进步，间接关系民生国计大问题，并不会在科学以外，别有解决的新方法。"❷ 很显然，此处十分肯定科学的成就与创新对于促进职业教育在内所占据的现代教育发展中的地位和发挥的作用。

科学主义教育思潮的内涵主要包括"科学的教育化"与"教育的科学化"两个方面。前者主要指科学技术的知识内容如何借由教育、心理及思想观念及学生对象身心发展阶段特点的依据而落实到学校教育内容及活动之中，其中的核心便是科学化课程的编制。黄炎培坚信职业教育学科专业及课程科目的规划，必须建立在科学的基础上，职业教育的科学化是科学教育的组成部分。因为社会日趋进步，职业不断地因社会分工而细化，职业学校的专业设计与课程、教材的开发，尤需赶上科学发展与社会生产的挑战，使学生不至于落后于市场形势以及科学进步。他将职业教育的内容归为两类：一类为物质问题，另一类为人事问题。前者主要指的是农、工、商、家事应用、机械学、化学等各专业课程的设置、教材的选编等，应经过试验，取得经验，逐步推广。他进而提出职业教育方法、手段及组织管理的科学化取向，认为应以科学的方法、态

---

❶　黄炎培. 职业教育该怎么样办——中华职业学校十五周年纪念［G］//中华职业教育社. 黄炎培教育文选. 上海：上海教育出版社，1985：202.

❷　黄炎培. 我来整理职业教育的理论和方法［G］//中华职业教育社. 黄炎培教育文选. 上海：上海教育出版社，1985：169.

度及精神实施职业教育，如教学原则的确定、实习设施的配置等都应科学化；职业教育机构自身的建设应采用心理科学管理方法来组织，学生的职业选择应分别种类，"谁则宜某种，谁则不宜某种，发明所谓职业心理学，以为选择和介绍职业的标准，不是极科学的能事么？"❶ 中华职业教育社于 1921 年参酌德国方法制成七种职业心理测验器内容，招生时就已实际使用，应用科学方法于职业教育上，在中国算是第一次。这种实验主义量化研究的思想方法对促进职业教育向科学化的轨道运转，无疑有积极意义。

（三）职业教育的"实用化"

实用主义教育思想是 20 世纪初美国进步主义教育运动的核心，也是执现代教育之牛耳的理论流派。新文化运动早期，以蔡元培为代表的教育界先驱向国内介绍了相关学说。五四运动期间，实用主义教育大师杜威受北京大学、江苏大学、中华教育改进社等五个单位及团体联合邀请，亲自来华演讲时间长达两年多。清末民初"庚款留美"学习教育、心理学专业的毕业生此时回国后在教育界崭露头角，如陶行知、蒋梦麟、胡适、郭秉文及陈鹤琴等人成为教育界的名流学者，其中不少是杜威所主持的美国哥伦比亚大学师范学院毕业生。他们鼓动、传播杜威的教育学说，使实用主义成为一种民国时期有重大影响的教育思潮。受现代国际教育大潮驱动，黄炎培后期的职业教育思想也不可避免地刻上了杜威实用主义教育理论的印记，表现在以下三个方面。

1. "学生自治"

学生自治，属于现代教育的重要理念，主要反映教育组织管理中学生的主体性与独立性的发挥及价值问题，常常运用于普通教育实践活动之中，而进步教育家也将这种精神落实到其他的教育类型当中，这是一种富有创造性的推演。1919 年 10 月，黄炎培在由中华职业教育社主办的《教育与职业》杂志上撰文提倡学生自动自治，由衷地期盼青年学生毕业以后，能在职业界发挥出自己的作为，为此学生在校求学及实习活动中就须避免被动强制、机械教条教育组织方法所带来的沉闷消沉或压抑拘束，而应该积极主动参与教育活动的各个部分，并展现出独立自主的个性与探索创新的努力。这样，他们的职业效能便可以得到极大地增强。"况且自动自治的习惯养成以后，人人觉得我的职业里

---

❶ 黄炎培. 我来整理职业教育的理论和方法 [G] //中华职业教育社. 黄炎培教育文选. 上海：上海教育出版社，1985：170.

头有很大的世界，可以发挥我的思想，使用我的才能，那么就有很浓很厚的兴味发生出来了。所以自动自治在职业教育上确有很大的价值。"❶ 据此，中华职业学校建立了"自治职业市"，由学生自行组织各种委员会，对校内的教学、治安、伙食、卫生以及文体娱乐等加以自主管理。自治市的基层单位叫"村"，有"新村""平民村""求新村""大同村"等不同名称，"我们的学校，本是试验性质，很欢迎各地方教育家来参观和研究。开办以来，参观者着实不少。对于吾校自治的组织，非常注意……于是学生自治，成为一个新流行的极时尚的名词。各地教育家向吾校要自治组织法，做他们参考的更多"❷。同年 12 月，《教育与职业》出了一期"学生自治号"，以总结、介绍这方面经验。"学生自治"在教育学原理中是基于学生的自主性、自觉能动作用的意义而取得合理性地位的，无论是教学、管理或道德培养，都应根植于学生的主体地位立场上，而这恰是杜威实用主义教育理论的组成部分，也是极富潮流前驱的思想取向。

2. "做学合一"

1917 年 5 月，黄炎培总结清末民初以来开办实业学校的教训时认为，"其功课重理论而轻实习也"。具体言之："今之学生，有读书之惯习，无服劳之惯习。故授以理论，莫不欢迎；责以实习，莫不感苦。闻农学校最困难为延聘实习教师。夫实习既不易求之一般教师，则所养成之学生，其心理自更可想。而欲其与风蓑雨笠之徒，竞知识之短长，课功能于实际，不亦难乎？"❸ 通过五四运动期间新教育思潮及实验的冲击，黄炎培对知与行、理论与实践有了进一步认识。读书只应是求学的一种途径，却不是唯一的法门。真实学问不在书本上，而在事事物物之中。单靠读书，想要获得实用的知识技能，类似于陆地上学泅水或者缘木而求鱼，虽然不是南辕北辙，却是收效甚微。故欲得真实学问，必须在书本以外，用种种方法研究最适当的处理方法。经验是学问的必要条件，如此一来，"做学合一"便有了无可争辩的合理性，而其内涵有四层：

---

❶ 黄炎培. "职业指导号"的介绍语 [G] //田正平，李笑贤. 黄炎培教育论著选. 北京：人民教育出版社，1993：149.

❷ 黄炎培. "学生自治号"发行的旨趣 [G] //中华职业教育社. 黄炎培教育文选. 上海：上海教育出版社，1985：84 – 85.

❸ 黄炎培. 中华职业教育社宣言书 [G] //中华职业教育社. 黄炎培教育文选. 上海：上海教育出版社，1985：55.

"做学";"一面做,一面学";"从做里求学";"从随时随地的工作中间求得"。❶ 他关于职业教育的办学原则的提出均在不同程度上与此相关,这种观点明显受杜威"做中学"实用主义理论的影响。

3. "手脑并用"

"做学合一"其意在知识与实际的联系,理论与应用的一致,而将此落实到个人的行为上则突出表现在知识学习与应用操作的紧密结合,这就是"手脑并用"。黄炎培认为,当时职业教育存在重理论而轻视实践的流弊,学生富于欲望而贫于能力。"实习非所注重,则能力自然无养成。然而青年之志大言大,则既养之有素矣。夫生活程度,必与其生活能力相准;办事酬报,必与其办事能力相当。若任重有所不胜,位卑又有所不屑,奚可哉?"❷ 他在职业教育实践中十分重视实习,如中华职业学校就力图克服上述流弊,"我国工商业学校生徒,往往以实习功夫之缺乏,致不能见用于社会。我校既以工商业为主,故对实习方面特别注重,使生徒半日授课,半日实业,务期各种技能达于纯熟为主"❸。职业学校实习是一个大问题。"假设实习,不如实地实习;学校附设机关实习,不如送往社会机关实习。无论半日制、半周制、分期制,总须邻近这种职业社会,才有办法。"❹ 显然,这种"手脑并用"的职业教育观是切中时弊的。黄炎培从此出发,将"知识与技能并重"作为职业教育最基本的教学原则之一。

黄炎培此期的职业教育论述可以折射出五四运动时期各种教育思潮,尤其是杜威实用主义教育思潮的交错影响。由此,丰富他的职业教育理论,是中国职业教育思想史上的一份宝贵精神财富。可以认为,上述见解主张既作为中华职业教育社社团活动开展各项内容的基石或指针,而且因其与美国为代表的以实用主义标记的现代教育观念与内在精神的契合一致,同样以某种方式影响了美国式学制样板或标本的"壬戌学制"。

---

❶ 黄炎培. 怎样办职业教育［G］//中华职业教育社. 黄炎培教育文选. 上海:上海教育出版社,1985:190.

❷ 黄炎培. 中华职业教育社宣言书［G］//中华职业教育社. 黄炎培教育文选. 上海:上海教育出版社,1985:55.

❸ 黄炎培. 中华职业学校概况［G］//璩鑫圭,童富勇. 中国近代教育史资料汇编·实业教育·师范教育. 上海:上海教育出版社,1984:428.

❹ 黄炎培. 职业教育机关的唯一生命是什么［G］//中华职业教育社. 黄炎培教育文选. 上海:上海教育出版社,1985:180－181.

二、中华职业教育社的职业教育实践活动

五四运动时期，中华职业教育社成员感受各种新教育思潮的冲刷激荡，在新的社会环境下，以黄炎培教育思想为导向，依托中华职业教育的平台，开展了新的丰富多彩的职业教育活动，成为中国近现代职业教育运动的表率、典范和旗帜，更反映了职业教育运动的新动向。

（一）兴办职业学校和职业补习学校

中华职业教育社于创办第二年（1918 年）创办中华职业学校，进行职业教育办学活动试验。之后，该社又设立了一系列职业学校和职业补习学校，兹举例如下。

1919 年 9 月，中华职业教育社与上海留法俭学会组织"留法勤工俭学预备科"，附设于中华职业学校内。预备科分甲乙两组，甲组专事补习工艺，为期两个月。乙组的活动无记载。1926 年 10 月，中华职业教育社与地方人士创办镇江女子职业学校，1929 年创办职工补习晨校等。❶ 另据《教育与职业》1925 年第 63 期的资料显示：1925 年 1 月，因社会各机关急需文牍人才，中华职业教育社增设文书科，内设中文、英文两组。学科中有英文打字、簿记、珠算、公民学、办公室组织和管理等。

很显然，中华职业教育社办各种形式的职业学校和职业补习机构是按"平民化"的职业教育思想要求，旨在帮助失学青年获得市场经济下就业谋职所需的一技之长，并能有效提高就业工人、中下级公务人员、店员及其他职员的文化水平和业务水平。

（二）研究、调查职业教育

据《教育与职业》1921 年、1922 年第 27 期、第 28 期、第 32 期、第 37 期以及《民国日报》1920 年 5 月 29 日的相关信息及报道，中华职业教育社此期的职业教育研究、调查活动较为广泛深入而富有社会效度，显示其作为该领域中坚力量的责任担当与社会贡献。以下是笔者所采撷的部分资料。

中华职业教育社 1917 年 12 月设立研究部，1920 年成立"农业教育研究会"，此后又开展"女子职业教育"和"军人职业教育"的研究。1921 年 6

---

❶ 中华职业教育社. 中华职业教育社社史资料选辑（二）[M]. 北京：文史资料出版社，1981：171.

月 29 日，中华职业教育社在上海举行第四届年会，黄炎培报告社务概况及南洋职业教育之新趋势，并举办中华职业学校成绩品展览会。同年 8 月 17 日，中华职业教育社发起的全国职业学校联合会在上海举行成立大会。该会宗旨为专门研究职业学校共同之问题，东北至吉林、西北至陕西、西南至云南、北方至直隶共有五十余校相继加入。1922 年 5 月 20 日，中华职业教育社在上海举行第五届年会，介绍各地职业教育的情况及世界的潮流，并组织了演讲。1923 年 5 月 26 日，中华职业教育社在上海同时举行第六次年会与全国职业学校联合会第二次年会，研讨了职业学校之课程应分为职业学科、职业基本学科、非职业学科三种。为使职业教育的研究更加科学化，该社在黄炎培的指导下非常注重调查研究。据《教育与职业》杂志第 32 期、第 35 期、第 37 期的记载：1919 年以后，陆续组织调查农业教育情况、物价及工价变迁表、全国职业机关情况、全国职业学校的分布及专业情况、上海各业情形等，甚至远赴海外调查观摩。各类调查都从职业教育研究的需要出发，有的放矢，成为职业教育科学研究的宝贵资源，并且提高了实证量化的程度及水平。

中华职业教育社注重对职业教育进行调查研究，明显受到了五四运动时期科学教育思潮的影响，也是职业教育自身进一步提高与发展的需要。

（三）开展职业指导

中华职业教育社始终将对学生开展职业指导放在重要位置，成立专门机构，进行了大量的相关工作，并将该主题作为会议讨论的中心。1919 年 5 月 31 日，中华职业教育社在上海举行的第二届年会决定设职业指导部；1924 年 4 月改为职业指导委员会，有声有色地开展与职业指导相关，包括理论研究与实际推行的种种活动。

同时，此期职业指导的理论研究成果丰硕。如 1919 年 9 月，《教育与职业》杂志出版"职业指导"专号，刊登了顾树森、王志莘、庄泽宣等人撰写的文章，黄炎培在"介绍语"中指出："仔细想想，这个职业指导，简直是职业教育的先决问题了。"对此，除了学校教职员有义务分担之外，地方教育行政机关亦负有种种责任："要做好职业指导，一须研究职业心理，一须调查社会状况。职业心理，是要请专家研究的，我们可以将外国人所著的这种书翻译出来，给诸君研究的资料。社会状况，是要调查，我们也曾向职业界有名人物

问他种种意见，承他不弃，陆续见效。"❶

1924 年 3 月，该社成员又在《申报》"教育与人生"第 24 期周刊发刊的"职业指导专号"中撰文探讨。如邹恩润（邹韬奋）说："职业指导的范围，不仅于学生离校后介绍适当的职业；凡选择职业、预备职业、实际从事职业以及改进职业等问题，无不根据实际的调查与分析的研究，予以有效的指导与协助；它的发展时期，自小学职业准备直达青年离校后确能在职业界自立的时候为止。"他还于 1923 年 12 月、1925 年 1 月相继出版了《职业指导》《职业指导实验》二书。其中《职业指导》一书根据欧美成规，参酌中国情形，介绍职业指导的内容和概要。

在职业教育指导的推行方面，中华职业教育社也非常积极和富有成效。如 1924 年 4 月，中华职业教育指导委员会在上海、南京、济南等地实行一星期职业指导运动，以唤起国内教育界之注意；同时还与上海、南京、济南、武昌等地的一些中学，合作试行职业指导，工作对象为即将毕业的学生，服务内容有"择业基本原理"和"择业预备"等。学生填写《职业自审表》，指导者根据不同情况劝勉选择合适的职业，并告知学生的家庭。1925 年 2 月 25 日，该委员会议决派员赴各地实施职业指导，同时调查各地工商状况、教育情形以及学生出路等。

综观中国近现代职业教育发展历程，人物纷纭、团体机构比肩、篇章文字万千，但就地位而言，中华职业教育社是职业教育事业的引导者，始终推动着职业教育思潮和职业教育实践的发展，它的各种活动始终是职业教育界学习效仿的榜样；就作用而言，确实发挥了专业社团组织在该领域及部门行业中极其卓越的作用。并且，该社在为 1922 年"新学制"出台提供资源素材的同时，还主动参与职业教育相关规章、政策的讨论及厘定，以各种不同的方式从事"新学制"统领下职业教育的相关活动事项。

三、1922 年"新学制"对职业教育的设计

1922 年"新学制"是 20 世纪 20 年代自由主义知识分子为主流，并联合或吸收其他社会阶层进步人士发动新教育改革运动中的核心内容，其中的思想

---

❶ 黄炎培．"职业指导号"的介绍语［G］//田正平，李笑贤．黄炎培教育论著选．北京：人民教育出版社，1993：149.

精神最能体现以杜威为代表的美国实用主义教育理念，在当时常冠之为"现代教育"，并与清末以德国赫尔巴特近代传统教育学说为要义制订的"癸卯学制"形成鲜明对照。五四运动时期，近代以来新教育嬗变所呈现的内容主要有三个方面：以北京大学为中心的高等教育改革，教育社团、教育、期刊传媒、教育思潮流派及实验探讨，以及以美国现代教育为模式的新教育改革运动。据此，1922年"新学制"所包容的职业教育内容，恰是该期职业教育的有机组成部分。

（一）职业教育改革的有关主张

客观地说，清末以1904年"癸卯学制"为标志的近代学制形成后，虽经民国初年教育改革，仍存在不少问题，如普通教育主要以升学为目标，忽视职业技术教育的渗透及活动，过于强调整齐划一而灵活性不够，"学校之种类太简单，不足谋教育多方面之发展。如小学采单行制，中学亦仅一种，是盖强多数人民就学校，非以学校就多数人民也，与国民之发育不宜，与教育之本旨相背矣"。"学校的教育不完成，依规定之学科时间，恒有充其所教，罄其所学，不能得具足之生活力者，而毕业反为社会之累。如高等小学之作用不明，四年中学之文实不分，造出一般不能生活之人，往往扰害社会之攫取生计。"❶

1919年以后，实用主义教育思潮在中国的传播与影响逐渐达到了高潮，美国的教育模式已基本被中国教育界所接受，加上1912—1913年民国教育部颁行的"壬子癸丑学制"存在弊端，教育界改革学制的呼声渐起。当时属于全国性教育专业团体——全国教育会联合会成为"新学制"出台的最主要召集、研究、讨论及文本方案创作的组织，前后曾开展十余次不同规模、主题内容的学制工作会议，所发布的议案披露于媒体，又激起教育家及其他先进人士的热心关注及讨论争鸣，为学制的完善提供意见信息。例如，余家菊在1921年12月3日《时事新报》发表《评教育联合会之学制改造案》一文，认为："此次新案之创制，有两点颇值吾人之牢记，可视为吾国民心精神之觉醒，即一为从儿童身心发育阶段划分学制之大体标准；一为顾虑各方情形而采富有弹性制方案。"❷

"壬子癸丑学制"偏重于普通教育，虽然设有实业教育为旁系，但为传统

---

❶ 湖南省教育会. 改革学校系统案 [G] //朱有瓛. 中国近代学制史料（第三辑·上册）. 上海：华东师范大学出版社，1990：57.

❷ 中央教育科学研究所. 中国现代教育大事记 [M]. 北京：教育科学出版社，1988：44.

观念所束缚，人们多选择普通中学，中学毕业生能升学的极少，民初教育部也曾想法进行弥补，通令各中学酌量于三、四年级开办第二部，即开设职业科，对学生增加部分职业训练，为将来毕业后的就业做某种程度准备。文称："本部查近年中学校卒业之升学人数，远不及不升学之人数，则在完足普通教育之时，予不求升学之学生，酌授以裨益生计之知识技能，自无不可。"为了谋求中学教育的改良，中学校"自第三年起，就地方情形，酌授职业教科，并酌减他科时间，但对于学生力能升学者，仍适用原定科目"。同时，又对附设第二部中学校的实施办法规定五条，前三条内容涉及组织方法、学生对象及设科意见，最为重要："中学校自第三年起，得设第二部；中学校第二学年修业生志愿于中学毕业后从事职业者，得入第二部；第二部应节减普通学科，视地方情形，加以农业或工业、商业。"❶ 上述规章颁行后，虽有少量中学添设了职业科，如南京高等师范附中设农、工、商三科，直隶第一中学、南开学校增加商业科，江苏省第五中学开办陶业科等，但在各地大多数中学教育活动中具体实施起来有很大困难，如师资设备、教育内容及方法以及中等教育内部的组织结构等方面，仍不适应或未能较大程度地满足学生升学或就业的不同需要。

教育家及各地中学校管理者深深感到普通中学的课程、结构是普通教育和职业教育发展的联结点，因此在"新学制"制订过程的多次讨论中，大多认为中学阶段的改革应是重点，也很迫切。如 1921 年 10 月 27 日至 11 月 7 日在广州召开的全国教育会联合会第七届会议期间，黑龙江的提案"中等教育"栏的内容有："中学六年，前四年普通，后二年分升学预备及职业各科。"同时，又对职业教育方案做了学制上的补充说明："小学七年，五年修了可升中学，后二年注重职业"；"小学毕业不能升中学者，入补习学校二年。"甘肃省则提出："中学六年，初级三年分普通与职业各科；高级三年，分普通与农、工、商、师各科。"广东的提案主张中等教育："初级三年，高级三年，用选科制。"小学第四年得酌预备职业教育，中学设一年限、二年限、三年限之完全职业科，更设渐减普通、渐增职业之四年限、五年限之职业科，于小学毕业后，设补习学校。❷ 由于上述黑龙江、甘肃及广东向会议提交的议案排列在前

---

❶ 民国教育部. 酌定中学增设第二部办法［G］//李桂林，戚名琇，等. 中国近代教育史资料汇编·普通教育. 上海：上海教育出版社，1995：796.

❷ 佚名. 第七届全国教育会联合会纪略［G］//璩鑫圭，唐良炎. 中国近代教育史资料汇编·学制演变. 上海：上海教育出版社，1991：856 – 857.

三位，且经会议讨论的结果均为"成立并案审查"，可见其所居地位之重要，尤其是广东省呈送的《学制系统案》相较各省更显完备，学制会议审查会"议决审查方法即以广东案为根据，与其他各案比较审查"❶。自1915年全国教育会联合会在天津召开第一届年会，开启学制改革讨论研究之嚆矢，至此次会议形成《学制系统草案》，到次年在济南召开第八届会议最终确立《学校系统改革案》，历时七年。以上述广州的年会最具直接影响，从中可以确定上述提案内容与1922年"新学制"之间的直接关系。

（二）1922年"新学制"中职业教育的规程

北洋政府教育部于1922年9月20日通过了《学校系统改革案》，并于11月1日公布实施，这就是1922年"新学制"。由于该年为旧历"壬戌年"，故习惯上称"壬戌学制"。该学制采用"六三三制"，提出了学校教育要适应社会变革的需要，以七项标准，即适应社会进化之需要、发挥平民教育精神、谋个性之发展、注意国民经济力、注意生活教育、使教育易于普及、多留地方伸缩余地作为指导新教育发展的总纲，不仅反映了我国教育界对教育问题认识的深化，而且直接引领着新教育改革运动的实践。1922年"新学制"中，有关职业教育的办学活动规定如下。

（1）不再有"实业教育"的名称，全部改称"职业学校"。自清末民初沿用的"实用学堂""实业学堂"及"实业学校"的称谓至此不复存在，而统一代之以"职业学校"。

（2）初等教育为六年制，在高年级，即最后两年，可以根据地方情形增加职业准备的课程，以实施职业准备的教育。

（3）中等教育为六年制，其中初中三年，高中三年。初中阶段在施行普通教育的同时，根据各地的实际需要，"兼设各种职业科"；高中阶段则实施分科教育并采选科制与学分制，以便增强地方、学校办学的自主性、差异性以适应学生个体的特点与不同需要。具体的设科则分为"普通、农、工、商、师范、家事等科"，各地亦可根据地方情形，"单设一科或兼设数科"。"壬子癸卯学制"中的甲种实业学校均改为职业学校，或者高级中学的农、工、商等科。"壬子癸卯学制"中的乙种实业学校酌改为职业学校，接收高级小学毕

---

❶ 佚名. 第七届全国教育会联合会纪略［G］//璩鑫圭，唐良炎. 中国近代教育史资料汇编·学制演变. 上海：上海教育出版社，1991：859.

业生，也可接受相当年龄修习过初级小学的学生。"职业学校之期限及程度得酌量各地方实际需要情形定之。"

（4）各地可根据学科及地方情形设立专门学校，招收高中毕业生，修业年限三年以上，"年限与大学校同者，待遇亦同"。另外，大学或专门学校可以附设专修科，修业年限不等。"凡志愿修习学术或职业而有相当程度者入之"，即此种专修科的规划特色在于，学术教育和职业教育两种目标兼备，既培养学术人才，也培养职业人才。

（5）为了发展职业教育，"得于相关学校内酌设职业教员养成科"❶。无疑，这是对职业师范教育的相关规定。

由上述可见，职业教育代替了原先的实业教育，改变了前一学制自成一旁系的办法，其中有相当高的比例或部分活动内容渗透于普通教育，与普通教育混合为综合制。由此，在清末民初的两部学制中，作为独立系统的实业教育被改革成为与普通教育相融合的职业教育制度，这体现了当时美国教育制度对中国学制改革的影响。实施职业教育的机构有两种：独立职业学校、专门学校；附设于高级小学、初中、高中的职业科以及大学的专修科。普通中小学阶段职业教育的融合渗透虽有职业分化过早之嫌，但就当时的实际情况来说，对于许多无力升入中学的学生，确为他们谋生提供了方便。这次改革既注意了普通教育与职业教育的沟通，又加重了职业教育在整个教育体制中的比重，中学由单一地为升学做准备转变为升学与就业兼顾，使整个学制能够富有弹性。明显看出，职业教育的新规划符合现代教育发展的主流趋势。

（三）以课程编制为中心的职业教育实施途径

"新学制"在中小学的落实是通过课程改革来实现的。1922 年 10 月，全国教育会联合会济南年会，在议决学制系统草案的同时，浙江、江苏、广东等省还提出了课程改革提案甚或中小学课程草案，因此会议议决，由袁希涛、黄炎培、胡适、经亨颐、金曾澄等牵头组成"新学制课程标准起草委员会"，聘请专家起草草案。12 月，该委员会便议决了小学、初高中毕业标准，小学课程简表、初高中必修科名称表和学分表等；1923 年 4 月、6 月，再经会议讨论、修订，最终颁布实施，并为中小学普遍参照执行。"新学制"小学课程设

---

❶ 记者. 1922 年 11 月 1 日教育部公布新学制：壬戌学制［G］//朱有瓛. 中国近代学制史料（第三辑·下册）. 上海：华东师范大学出版社，1992：805－807.

置为国语、算术、社会、自然、园艺、工用艺术、形象艺术、音乐、体育等。初中课程设置分社会科、言文科、算学科、自然科、艺术科、体育科，同时明确选修他种科目，主要是职业科目或补习必修科目。高中采用分科选科制和学分制，分为普通科和职业科，分别以升学预备和就业准备为主。普通科再分两组，第一组注重文学及社会科学，类似以前的文科；第二组注重数学及自然科学，类似以前的实科或后来的理科。职业科又可分农、工、商、师范、家事等科。"新学制"高中，一方面，是中学教育的高级阶段，必须考虑中学教育应有的基础性；另一方面，实际上又容纳、消化了清末民初高等学堂、大学预科的升学预备功能和实业学堂、师范学校等的就业准备功能。因此，必须在基础性与预备性之间寻求均衡，兼顾并重。用今天的眼光打量：为了试图解决基础性与预备性、升学与就业、文科升学与理科升学等多重矛盾。应该说，这是学制体系及课程编制中的难题，更是中等教育培养目标中升学与就业、地区差异的两难选择，颇有进退维谷、难得周全的尴尬或矛盾交错、无力廓清之感。1922年"新学制"的上述理念应该是对此所做的可贵、积极与富有成效的探索，当然也并未达到理想状态，更毋庸言说终极目标了。

此期对有关职业教育实施的主体机构——职业学校办学问题活动，尤其课程编制中的职业分科或内容渗透方式，探讨很少，人们的热心及其关注点重在普通各级学校方案设计。但就职业教育制度及论题自身而言，又无法完全回避。这里就所见史料，主要从课程方面加以说明。

据《教育与职业》第46期所载：1923年5月26日，中华职业教育社在上海同时举行第六次年会与全国职业学校联合会第二次年会。年会议决，建议以庚子赔款拨为职业教育经费等案，研讨了职业学校课程之原则及分科办法。其中，规定课程原则是："在本业知能之养成；然其他与职业相关的知能及人生陶冶问题，决不宜因职业学校而废置。"以此为出发点，职业学校的科目主要有以下三种，具体包括：①职业学科，主要传授各种所需要的知识与技能，如农、工、商和家事等各专门科目。②职业基本学科，主要传授形成各种职业知识与技能的基本知识与基本技能。如农科需要传授生物学及化学，工科需要传授数学及物理，商科需要传授算术，家事科需要传授理科。而且，国文和算学为基本必需的科目。③非职业学科，主要传授与职业相关，又可用以提高人

生修养的课程。❶

尽管不同的职业门类要求不同，会有不同的课程，但至少应设下列三类课程：关于公民的课程、关于体育的课程、关于音乐等艺术的课程。之所以设此三类课程，是因为"公民科之常识及陶冶为无论何人所不可缺，而人生观之正确与否，尤于服务职业有极大之关系"。另外，"吾人终日服务而少人生多方兴趣，则其生活枯燥，甚或习为不正当之娱乐，而身体精神且因以大损；故于职业教育时期，不能不有相当之准备。若一方使其身体受充分之锻炼，一方使其精神受充分之涵养，庶将来出就职业，有健康之身体以勤于服务，有高尚之娱乐以慰其心神，教育之结果才为圆满"❷。

人们对 1922 年"新学制"有批评，有赞成，但纵观相关文献资料的记载仍以前者居多。就其中职业教育方面的规定而言，真实地体现了职业教育紧密联系社会产业经济和生产发展、人民生计和生活现实需求的理性与务实精神，这是"癸卯学制""壬子癸丑学制"中实业教育思想的继续延伸，并在认真分析历史基础之上所做的积极变通与改革。"壬戌学制"在职业教育的学校化、课程的普通生活性、办学类型结构弹性制以及职业教育与基础教育丰富渗透性等方面尤其积极有为，表现强烈，并极具创造特色。可以认为，这是五四运动新教育思潮的荟萃浓缩与升华提炼，也是职业教育前趋性的设计蓝图，或者可以说是描摹了一幅教育界先进贤达所追求的现实与浪漫交织的职业教育目标愿景。

四、五四运动时期职业教育思潮的影响

在黄炎培和中华职业教育社的倡导和推动下，职业教育在五四运动及其稍后数年间同样也作为一种重要思潮逐渐高涨，波及全国。1922 年"新学制"从法律规章或政策文本层面规范职业教育的名称、学制中地位、办学模式、课程计划及要求等内容，虽然有些部分不像清末民初学制那样明晰、具体及详尽，但恰是为地方社会的区域特色发挥、办学主体或实施组织者留下更大的调整空间与创造可能。无疑，"新学制"对此加以制度保障，推行全国，就会更有效地促进职业教育运动蓬勃发展，蔚为壮观，由此便真切地构成 20 世纪 20—

---

❶ 米靖. 中国职业教育史研究［M］. 上海：上海教育出版社，2004：209－210.
❷ 周谈辉. 中国职业教育发展史［M］. 台北：台湾三民书局，1985：148.

30 年代教育革新的一道亮丽图景。据 1922 年统计，全国出版的职业教育书籍已达 369 种，中华职业教育社的社员也在逐年增加。由表 9-1 可以推断，1917 年中华职业教育社成立时社员 786 人，到 1926 年增至 6 758 人，其中一大半以上是各省市的中小学校长和教员，可见其在教育界影响之大。除去教育界人士外，实业界、政界、军界也有人鼓吹职业教育，如山西的阎锡山、河南的冯玉祥、四川的杨森等，都曾加入推行职业教育的大合唱之中。

表 9-1　1917—1926 年中华职业教育社社员统计

年　份	社员数	年　份	社员数
1917	786	1922	5 661
1918	429	1923	6 220
1919	3 000	1924	6 237
1920	3 087	1925	6 237
1921	4 767	1926	6 758

资料来源：孙祖基. 十年来中国之职业教育 [J]. 教育与职业，1927（85）.

早在 1922 年"新学制"颁行之前，各地就已出现了一批新建或由实业学校改办的职业学校，如 1921 年 8 月中华职业教育社在上海举行全国职业学校联合会成立大会时，就有二十二所学校代表出席，随后相继加入者达五十余所。"新学制"确立以职业教育系统代替实业教育系统后，职业教育机构数量增加迅速。1925 年 12 月，中华职业教育社在《教育与职业》杂志第 71 期上发布全国职业教育机构情况，计有1 548 所。女子职业学校在此期间受女子解放运动及男女平权社会思潮的鼓动得到了发展机遇，据杨鄂联于 1922 年 4 月在《教育与职业》第 35 期所发表的《中国女子职业教育之经过及现况》一文的记载：1921 年，全国女子职业学校就有 44 所；而到了 1922 年 2 月，更增至 76 所；其中居于前七位的分别是江苏（20 所），湖南（18 所），安徽（6 所），直隶、福建（各 5 所），浙江、山东（各 4 所）。

职业教育的空间布局、地理分布无疑反映了各地域差异性设置的史实，带有发展状况水平的重要信息，也是教育与产业结构布局多线性关系的衡量测评依据，其间所蕴含思想方法中的差异与比较、共性与个性以及普遍与分化都可以显示出教育现代化的某种参照。表 9-2 是 1926 年全国各省区职业教育机构的实际情况。

表9－2　1926年各省区职业教育机构分布

省　份	机构数	省　份	机构数
江苏	337	福建	52
山东	146	云南	48
山西	126	陕西	42
河南	110	广东	39
湖南	108	江西	34
直隶	105	黑龙江	19
京兆	92	吉林	19
浙江	86	广西	18
湖北	85	甘肃	10
四川	72	绥远	10
奉天	69	贵州	8
安徽	54	察哈尔	4

资料来源：孙祖基. 十年来中国之职业教育［J］. 教育与职业，1927（85）.

表9－2表明职业教育的分布已经初步改变了以往大都集中在沿海工商业城市的不合理格局，将职业教育推广、渗透到内地和偏远地区，不仅山西、湖南、河南等内陆腹心区域职业教育机构大幅上涨，而且地处东北边陲的黑龙江以及西南少数民族地区的云南、贵州、广西等地的职业教育也如火如荼、有声有色，而这正是职业教育快速发展的反映。

职业教育机构的增加表明职业教育的生命力及社会内驱力的旺盛，尤其是职业学校的发展对推动职业教育制度的形成有举足轻重的作用。职业学校的涌现不仅给传统教育观念以有力震撼，而且是教育面向社会实际、走向工商业发展的有力催化剂，其趋势恰恰体现了以观念、体制、内容及方法为重要指标的教育现代化激荡澎湃、如一江春水向东流之走势不可逆转。诚如孙中山在评述近代中国社会革新走向时所说的："世界之洪流，浩浩荡荡，顺之则昌，逆之则亡。"职业教育机构办学中当然会存在新的问题，本书对此不再分析揭示，现实突然中呈现办学困境或流弊表明职业教育的质量、结构或内容上尚存在问题，改革与调整是永恒的主题，势在必行，潜龙勿用，蓄势待发后终将锐不可当。

综上所述，我们可以得出如下基本认识：五四运动时期的职业教育明显受当时诸种教育思潮的洗礼，职业教育趋向平民化、科学化及实用化的深刻影响；黄炎培根据清末民初实业教育的流弊、新文化运动前期职业教育的状况及困惑，通过调查及办学实践探索，丰富了职业教育理论；中华职业教育社开展的教育实践更偏重于教育的社会化，同时注重学生的心理个性及职业指导，视野宽阔，效果积极；作为20世纪20年代新教育改革运动代表性成果的1922年"新学制"对职业教育的地位及办学模式做了新的规定，从而使职业教育的建设有了法律规章保障。尤其需要指出的是，此期以黄炎培为领军人物的职业教育理论的成果突出，人们思考的主要问题包括：职业教育与个性、群性及社会的关系，职业教育如何从课程与方法两方面臻于科学化，"做学合一""手脑并用"职业教育教学原则的探讨，职业教育调查、研究与职业指导的理论设计，中等教育课程、结构与职业教育的沟通渠道，等等。所有这些，虽然具体论述中不无偏颇，有的认识有待完善，但是有许多符合职业教育规律的真知灼见，时至今日仍需要我们认真加以总结与汲取，相信这对今天职业技术教育的深化改革及健康发展会不无裨益。

第三节 职业教育的转型——中华职业教育社农村改进实验与职业教育

中华职业教育社是中国近现代教育史上最早提出在乡村进行教育改革实验的团体。1919年，职业教育社成立了农业教育研究会，着手进行农村生产、生活的调查活动。1921年，中华职业教育社的主持者黄炎培为社刊《教育与职业》"农村教育专号"写了"弁言"：

> 今吾国学校，十之八九其所施皆城市教育也。虽然，全国国民之生活属于城市为多乎？抑属于乡村为多乎？吾敢断言十之八九属于乡村也。久居乡村者姑勿论，即论城市往来负贩之夫、佣役食力之辈，试一览通衢，此蹀躞其间者，吾敢断言其皆来自田间也。然则教育而不必根据社会生活状况也则已，苟其不然，教育者，宜审所趋矣；教育而无取乎为大多数人谋幸福也则已，苟其不然，教育者，宜知所重矣。吾尝思之，吾国方盛倡普及教育，苟诚欲普及也，学校十之八九当属乡村；即其所设施十之八九，当为适于乡村生活之教育。夫苟大多数受教育者之所需，明明其在

彼，而施教育者之所与，乃斤斤乎在此，供求不相应；使夫受教育者无以增益其生活能力，害犹小，使夫受教育者尽弃其学，而学因以减缩其固有之生活能力，害不更大耶？然则策普及教育者，苟无以善其所施，安知不且歆虚名而贾实祸也？吾教育界同志而念此乎？乡村生活偏于农工，即乡村学校宜注重农工。就令不特设农工学校，亦宜于普通学校内设农工科；且宜于普通学校教授注重农工教材；且宜于普通师范学校外特设乡村师范学校，以养成乡村教员。❶

在他看来，中国开展职业教育，要达到普及，就必须重视发展乡村教育。1925 年 8 月，中华教育改进社在太原召开第四届年会，黄炎培在 8 月 4 日草拟了《山西职业教育计划》，送山西省督军兼省长阎锡山参考，该文在 1925 年 11 月《教育与职业》第 69 期刊登。文章中心内容就是划区试办乡村职业教育，其中涉及的愿景由于"格于兵事，不能开办"。然而，这一规划草案却成了中华职业教育社后来进行改进乡村实验的蓝图。"乃以十五年夏，就江苏昆山徐公桥组织农村改进实验区，所有学说的研究，工作的试验，根据多年的经验，辑成实施职业教育要览一小册，作为本社结晶的贡献。"❷ 1925 年以后，中华职业教育社的农村改进实验开始有声有色地开展起来，其理论基础是黄炎培的"大职业教育主义"思想。

一、黄炎培的"大职业教育主义"思想

黄炎培在创立中华职业教育社时满怀信心，认为可以走职业教育救国的道路，经过几年的实验虽取得了一定的成效，但由于内外种种原因，造成职业学校毕业生出路困难。随着民族资本主义经济发展高潮的跌落，"所希望者，百分之七八十没有达到"。现实使他认识到，职业教育照此办下去，有失败的危险。在这种情况下，怎样才能使职业教育发达呢？他从大职业教育主义出发，明确指出："1. 只从职业学校做工夫，不能发达职业教育；2. 只从教育界做

❶ 黄炎培. 农村教育弁言［G］//中华职业教育社. 黄炎培教育文选. 上海：上海教育出版社，1985：93 - 94.

❷ 黄炎培. 二十年来服务职业教育的回想［G］//中华职业教育社. 黄炎培教育文选. 上海：上海教育出版社，1985：249.

工夫，不能发达职业教育；3．只从农工商职业界做工夫，不能发达职业教育。"❶ 也就是说，要办好职业教育，只有跳出教育的狭隘圈子，和一切教育界、职业界努力沟通和联络；提倡职业教育的同时，须分一部分精神，参加全社会的运动。

中华职业教育社在 1926 年召开的苏州会议上，还专门讨论了如何实现大职业教育主义问题："本社以后应加入政治活动，以增实力；并与职业社会作实际的联络，与其合作。"❷ 1927 年，黄炎培又进一步提出，办职业教育须下三大决心："第一，办职业教育，须下决心为大多数平民谋幸福。第二，办职业教育，须下决心脚踏实地，用极辟实的工夫去做。第三，办职业教育，须下决心精切研究人情、物理，并须努力与民众合作。"并断言说："如果切实下此三大决心，吾敢保证他所办的职业教育，一定有效。"❸

在黄炎培大职业教育主义思想的指导下，中华职业教育社逐渐地将职业教育深入农村，开展乡村建设或改进实验。

二、中华职业教育社农村改进实验的实施

黄炎培大职业教育理论形成和提出以后，他所主持的职业教育实践活动开始由城市转向农村，并与 20 世纪二三十年代达到高潮并延续到 40 年代的乡村教育运动汇合。

1. 划区实验农村教育思想的提出

最早提出划区实施农村教育规划的是中华职业教育社。黄炎培草拟的《山西职业教育计划》中心内容是划区试办乡村教育。"教育不发达，固宜提倡职业教育；即教育发达，更宜提倡职业教育。否则以现时一般教育状况，受教育者日多，服务者将日少，势必减少生产力。山西此时义务教育，闻已达百分之八九十，正宜注意提倡职业教育。"❹ "乡村职业教育之设施，不宜以职业教育为限。就交通较便地方，划定一村，或联合数村，其面积以三十方里为

---

❶ 黄炎培. 提出大职业教育主义征求同志意见 [G] //中华职业教育社. 黄炎培教育文选. 上海：上海教育出版社，1985：154.

❷ 中华职业教育社. 苏州会议纪要 [J]. 教育与职业，1926（74）.

❸ 黄炎培. 办职业教育须下三大决心 [G] //中华职业教育社. 黄炎培教育文选. 上海：上海教育出版社，1985：165－167.

❹ 黄炎培. 职业教育之原则及方式 [G] //中华职业教育社. 黄炎培教育文选. 上海：上海教育出版社，1985：151.

度，其人口以三千至五千为度，地方治安，取其可靠者，水旱偏灾，取其较少者。"接着，他讲到如何划区实施乡村职业教育："先调查其地方农村及原有工艺种类、教育及职业状况，为之计划：如何可使男女学童一律就学；如何可使年长失学者得补习知能之机会；如何养成人人有职业之知能，而并使之得业；如何使有志深造者得升学之准备与指导，职业余间如何使之快乐；其年老或残废者如何使之得所养，疾病如何使之得所治；如何使人人有卫生之知识；如何使人人有自卫之能力。"❶

农村职业教育应以区域而不是以学校为中心，要求施教育者不能仅顾教育，还应兼顾到该区的经济、卫生、交通、治安等，将这些问题与教育放到一起统筹解决。

中华职业教育社又提出《实验农村改进计划》，阐述这种教育实验的意义："鉴于近今教育事业大都偏向城市，又其设施限于学校，不获使社会成为教育化，爰拟从农村入手，划定区域，从事实验，期以教育之力，改进农村一般生活，以应全社会革新之基。"

1928年定出划区实验农村改进的标准是："以无旷土，无游民，村民生活日趋改善，知识日进，地方生产日增为合格。"❷ 为达此目标，先对江苏省十七个县农民生活进行了两个多月的调查，认识到农村存在四大问题：一穷、二愚、三弱、四散。因此，中华职业教育社提出改进农村最急需的是解决人们的生计问题，把发展农村经济放在首位，采取"富教合一"的方针。"富教合一"是对"划区施教"思想的新发展，后来又把"富教合一"发展为"教富政合一"。"教""富""政"三个字，是农村改进的三大柱石，三者并重，交互影响，而教育则是三方的枢纽。黄炎培说："以富以教以治，使村民稍知有生之可乐，而从事教育者亦不至于以空谈迂阔为社会罪人，此实吾创议试办农村改进最初之动机。"❸

从"划区施教"到"富教合一""教富政合一"是农村改进理论不断发展的过程，表明中华职业教育社已经转变了前期把教育作用估计过高的态度，凸显了参加社会劳动和重视农村经济改进的重要性。

---

❶ 黄炎培. 在山西三星期之工作［G］//中华职业教育社. 黄炎培教育文选. 上海：上海教育出版社，1985：152.

❷ 中华职业教育社. 农村教育丛集·第一辑［J］. 中华职业教育社，1928：4.

❸ 黄炎培. 断肠集·我之农村工作经验谈［M］. 上海：生活书店，1936：292.

中华职业教育社从事乡村改进实验区的用意在于在不触及和改变农村经济关系的前提下，用划定区域、试验改进生产技术、普及教育以及其他社会公益事宜来提高生产、改善农民生活、缓解乡村社会的危机，真可谓用心良苦，探索艰辛。

2. 创办乡村教育实验区

中华职业教育社创办的乡村教育实验区主要有昆山徐公桥、苏州善人桥、镇江黄墟、浙江诸家桥、苏北顾高社、蒲东荻山乡等。

中华职业教育社联合中华教育改进社、中华平民教育促进会以及东南大学农科、教育科等团体，经过协商，于1926年5月3日成立了"联合改进农村生活董事会"。黄炎培被推为董事长。同年6月16日，黄炎培访问昆山徐公桥促进会，促成了各单位联合建立昆山徐公桥"乡村改进试验区"。7月5日提出划区实验方案宗旨为："从农村入手，划定区域，从事实验，期以教育之力，改进农村一般生活，以立社会革新之基。"❶ 后来，其他单位退出，由中华职业教育社单独办理，从1928年4月开始进入正式实验阶段。

徐公桥的试验工作聘请金陵大学农科毕业生杨懋青为干事，负责具体事务，在试验区成立了"昆山徐公桥乡村改进委员会"，下设总务、建设、农艺、教育、卫生、娱乐、宣传七个部，以推动试验的顺利进行，试验期六年。主要的实验内容有：定门串户，动员农民禁绝烟赌，讲究卫生；建立农艺试验场，指导农民使用新式农具；组织农民修桥筑路，植桑养蚕、养蜂养鱼；修建公共仓库，帮助农民存储粮食；引进外国的种鸡，推广金陵大学培育的优良稻种；发放贷款，解决农民生活困难；举办合作社，组织妇女制作花边等工艺品；帮助农民除螟；等等。此外，他们还大力开展普及文化教育工作，开办民众学校、家庭识字处、娱乐室、读书室，建立图书馆、立格言牌，举行露天识字、露天讲演等，教农民识字，开展文娱表演，关心国家大事和移风易俗等。为了培训乡村改进人员，1932年在昆山徐公桥开办了乡村讲习所，聘请教育家黄齐生为总干事。1933年秋，又在上海西南漕河泾创办了农村服务专修科。由于重视办学，培养了不少农村改进的试验人才，解决了试验区对试验人员的需要。

此外，1928年中华职业教育社受江苏省农矿厅委托成立镇江黄墟农村改

---

❶ 许汉三. 黄炎培教育年谱 [M]. 北京：文史资料出版社，1985：68.

进试验区，为期五年；1931 年 2 月，又受托到江苏省苏州善人桥；同年 4 月，到泰县顾高社分别开辟了农村改进试验区；1931 年春，在浙江余杭诸家桥、宁波白沙、长兴渡口等地，开办了一些农村改进试验区，其试验内容与徐公桥相似，不再详述。

三、乡村改进实验的效果

中华职业教育社在昆山徐公桥乡村改进试验区，经过六年半的实验，使实验区发生了重大变化。从教育方面看：入学儿童占学龄儿童总数的比率，从初办实验区时的 70.7%，到实验结束时上升到 82.3%，增加了 11.6%，小学也增加了几所。从农村经济方面看：兴办不少农场、推广新农具、普及除虫常识、组建合作社等；还在土地建设、治安、卫生方面取得较大成效。正如黄炎培所说，昆山徐公桥乡村改进实验区已达到三个"绝无"地步："农民物品典质：由少数而进于绝无。烟赌：由公然的盛行而进于绝无。游民乞丐：由极少数而进于绝无。"❶

从徐公桥实验开始，到抗日战争时期，由中华职业教育社办理或代办的乡村事业共有三十多处。

中华职业教育社进行乡村改进试验，是为了解决农民贫穷、文化教育落后的严重社会现实问题，改变乡村面貌，达到救治中国的目的。这种用乡村改进办法来解决中国农村问题，进而达到把中国治好的理想，闪烁着深厚的爱国之情、为民之心；但是在当时的历史条件下，如果不能从根本上触及社会政治制度的改革，就无法真正解决农村问题。正如乡村改进试验的设计师所认为的："不过照此干法，时间总须长些，区域总宜小些。如果有了政权，一切当然痛干下去。"❷

在落后的中国农村，人的素质的提高与人力资本开发问题都是影响经济发展和精神文明建设的重要因素。黄炎培等人在几个小的实验区范围内采取"富教合一"主义，一方面通过引进良种、推广新农具、开发副业等提高农村生产力、改善农民生计；另一方面通过各种形式教农民读书识字，提高文化素养，还专门设立讲习所、农学团，培养乡村改进专业人才。所有这些，主观上

---

❶ 黄炎培. 从六年半的徐公桥得到改进乡村的小小经验［G］//中华职业教育社. 黄炎培教育文选. 上海：上海教育出版社，1985：206－207.

❷ 黄炎培. 断肠集·我之农村工作经验谈［M］. 上海：生活书店，1936：293.

浸透着他们献身农村教育的满腔热情和美好愿望，体现了他们排除障碍，以出世之情怀干入世之事业的奋斗精神，客观上起到了有利于实验区发展生产、改善农民生活的积极效果。这种实验，如在已由人民当家做主的今天进行，并做必要拓展，对农村改进的收效将会更大、更持久。

第十章 乡村教育思潮

    20 世纪20—30 年代在中国兴起的乡村教育实验，旨在从教育农民着手以改进乡村生活和推进乡村建设。作为一种教育思潮或教育运动，乡村教育吸收或综合了以前教育改革的一些理论成果，加以不同的取舍，从不同的角度、层次，以广大乡村为试验园地进行种种试验，取得了丰富的理论成果与实验成效。其产生的原因较复杂，一般说是当时农村成了社会政治、经济、军事等各方面问题的中心与焦点，农民问题引起了社会的广泛关注。反映在教育上，一些教育家认为中国近代教育制度是抄袭外国的，不适合中国社会需要，更不适合中国农村社会的需要，农村教育特别落后，亟待改革。尤其是中国近代农村饱受天灾人祸，农村经济处于崩溃破产的边缘之后，有的教育家就提倡到乡村去、到民间去，不但极力鼓吹，制造舆论，而且实地从事，见诸行动。他们将平民教育思潮引向乡村，并吸收他种教育思潮的滋养，加以糅合改造，通过实验，提出关于乡村教育的种种观点、学说。此后，关于复兴农村、建设农村的呼声就成为当时中国的一种社会思潮。无疑，梁漱溟主持的乡村建设派山东邹平乡村教育与建设实验在其中独领风骚，堪为一枝独秀。

第一节 乡村教育思潮兴起的背景

    中国向来以农立国，农村经济组织一直影响着中国的工业化、近代化历程。自1840 年中英爆发鸦片战争以后，在帝国主义与封建势力双重压榨下的中国农村经济陷入破产、崩溃的境地，城市的商业经济受其困扰，愈益难以自存。农村社会的主要成员是农民，他们在整个社会中的地位与作用愈益受到人们的重视。农民是中国工人的前身、中国工业市场的主体、中国军队的来源、中国民主政治的主要力量和中国文化运动的主要对象。❶ 反观 20 世纪 20—30 年代中国乡村教育的实然状况，堪为社会的一个侧面或浓缩的反映。

清末以来的新教育运动，无论是模仿日本，还是参照美国，均以模仿甚至抄袭西方工业社会的教育制度为其特征。虽然所取得的一系列成果曾对中国教育近代化的历程起过积极的甚至是巨大的作用，但由于中西方社会政治、经济、文化传统等方面的差异实在太大，因此这种从异国他乡移植而来的新教育体制在中国颁行、实施以后，出现了许多弊端。通过各种教育思潮的冲刷，这些弊端在城市中得到了一定程度的克服与缓解，但在 20 世纪 20 年代中叶的中国乡村却暴露无遗，而这时中国乡村的社会经济成分主要还是小农经济与手工经济，偏远的乡镇与都市经济状况相去更远。中等以上的学校主要集中在城市，边远地区私塾教育还占有优势，乡村的孩童小学毕业后难以入中等学校学习。农村中文盲、半文盲的人数庞大，女子受教育的机会更少。而受了教育或较高层次教育的人则只愿待在城市，不愿往乡里跑，他们所学的内容又与农村生产、生活实际状况相去甚远，当时称之为洋八股。因此，自清末新教育实施近三十年后，广大民众对学校教育仍持怀疑、不信任态度，毁学事件常有发生，私塾遍布各地。

当时乡村教育的开创者对此曾有精辟的论断。如晏阳初说："现在的新教育，并不是新的产物，实际上是从东、西方抄来的。日本留学生回来办日本教育，英美留学生回来办英美教育，各国教育，有各国的制度和精神，各有它的空间性与时间性，万不能乱七八糟地拿来代用。现在的学生是在学日、学美、学英，弄得一塌糊涂。学非所用，用非所学，人找不着事，事找不着人，这是充分去模仿外国的结果，整个教育因此破产。"❷ 梁漱溟说，西洋近代文明是一种都市、工商业文明，其教育也因此带有工商业、都市的特征，我国盲目模仿这种教育，"就是一批一批将农村人家子弟诱之于都市而不返。又以我国工商业之不发达，麇集于都市之人乃不得不假政治名义重剥夺农民以自养；乃不得不争夺其所剥削的地盘而酿发战祸。故新式教育于乡村曾无所开益，而转促其枯落破坏。然中国固至今一大乡村社会也，乡村坏则根本摧。教育界之有心人发现其非，于是有乡村教育之提倡。乡村教育是大标特标出来的，而都市教

❶ 毛泽东. 毛泽东选集（第四卷）[M]. 北京：人民出版社，1996：78 - 79.
❷ 四川省政协. 平民教育家晏阳初 [M]. 成都：四川大学出版社，1990：50.

育始未有其名号；正为其一则出于自觉，一则模仿于不自知"❶。陶行知说："'教育以生活为中心。'这句话已经成为今日学校里的口头禅。但是细考实际，教育自教育，生活自生活，依然渺不相关。这是什么缘故？我们先前以'老八股'不适用，所以废科举，兴学堂；但是新学办了三十年，依然换汤不换药，卖尽力气，不过把'老八股'变成'洋八股'罢了。'老八股'，与民众生活无关，'洋八股'依然与民众生活无关。"❷

在这种社会历史背景下，一些爱国教育家和教育团体，幻想用改良主义的方法，通过乡村教育发展农业生产、改造农民生活、恢复或改善农村的伦理风尚、稳定农村社会。在内容与方法上集中在三个方面：一是乡村教育的普及化，二是乡村教育的社会化，三是乡村教育的职业化。教育家围绕着这三个中心问题开展试验，进行深入探讨，掀起了一股强劲有力的乡村教育思潮。据《第二次中国教育年鉴》统计，到1935年，各种教育实验区有193处，遍及全国各地。其中影响较大的，在南方有中华职业教育社的农村改进实验、陶行知创办的南京晓庄试验乡村师范学校和山海工学团；北方有中华平民教育促进总会的定县实验区和梁漱溟的乡农教育实验等。教育家及其他人士对乡村教育理论的探讨及有关的实践活动主要是通过乡村教育实验来体现的。

乡村教育实验，泛称为乡村教育运动，时限范围约在20世纪20年代末至1937年。"卢沟桥事变"后，日军发动全面侵华战争，包括教育在内的各项社会建设事业被迫中止。在约十年的时间里，全国各地兴办的乡村建设、农村改造、民众教育、自治实验计划共63处。❸ 这些实验有的以教育为中心，有的以生产为中心，有的以政治组织为中心，有的把政治、经济与教育事业综合进行，众多的乡村教育实验对我国的社会改革与教育实践产生了不同程度的影响。

第二节　陶行知的乡村生活教育实验

陶行知是我国倡导以生活教育改造社会并从事乡村教育卓有贡献的教育

---

❶ 梁漱溟. 丹麦的教育与我们的教育［G］//中国文化书院学术委员会. 梁漱溟全集（第七卷）. 济南：山东人民出版社，2005：678.

❷ 陶行知. 生活工具主义之教育［G］//华中师范学院教科所. 陶行知全集（第二卷）. 长沙：湖南教育出版社，1985：76.

❸ 杨懋春. 近代中国农村社会之演变［M］. 台北：台湾巨流图书公司，1984：107.

家。他一生都很关注职业教育，特别是对农民的教育。自 1917 年著文《生利主义之职业教育》，提出自己的职业教育观后，他一直把教育与生产劳动的结合视为根本。陶行知早年与晏阳初合作推行平民教育。他在推行平民教育活动中，愈来愈明确地认识到平民教育必须下乡才能使最穷苦的农民受到教育。不久，他提出平民教育下乡运动。从创办晓庄师范、提出生活教育理论到创办山海工学团，他的乡村生活教育实验始终把生产知识技能的教育作为教育体系的一个有机组成部分。

一、改造乡村教育的必要性

以陶行知为代表的生活教育派，把从事乡村教育与改造社会紧密相连，认为办学和改造社会是一件事，不是两件事。❶ 他们把从事乡村教育作为改造社会的手段，而改造社会，为中华民族造成一个伟大的新生命，是其根本的目标和理想。

早在 1921 年，陶行知就从城市教育与乡村教育发展不平衡中看到了乡村教育的必要性，认为"乡村教育是立国之本"❷。而当时的乡村教育却十分落后，"乡村教育不发达，可说已到极点，我国人民，乡村占百分之八十五，城市占百分之十五……然而，乡村的学校只有百分之十"❸。这说明，他在关心中国的前途与命运时注意从中国国情出发，已充分认识到乡村教育问题的重要性。推行平民教育，只限于城市是不够的。1924 年 10 月，他明确提出了平民教育下乡的主张，指出："中国以农立国，十之八九住在乡下。平民教育是到民间去的运动。"❹

陶行知重视乡村教育，后来又认识到改造农村的根本问题是对农村教育进行根本改造。中国向来不重视乡村教育，即便办了不少学校，又都走错了路：教人离开乡下向城里跑；教人吃饭不种稻；教人羡慕奢华，看不起务农；教人

---

❶ 陶行知. 地方教育与乡村改造［G］//华中师范学院教育科学研究所. 陶行知全集（第二卷）. 长沙：湖南教育出版社，1985：135.

❷ 陶行知. 对于乡村教育及本校赞助人之总致谢［G］//华中师范学院教育科学研究所. 陶行知全集（第二卷）. 长沙：湖南教育出版社，1985：135.

❸ 陶行知. 师范教育之新趋势［G］//华中师范学院教育科学研究所. 陶行知全集（第一卷）. 长沙：湖南教育出版社，1984：167.

❹ 陶行知. 平民教育概论［G］//华中师范学院教育科学研究所. 陶行知全集（第一卷）. 长沙：湖南教育出版社，1984：494.

分利不生利；教农夫子弟变成书呆子。既然这种乡村教育走错了路，就必须进行根本改造，用科学实验方法寻觅一条生路。那么，生路是什么呢？"就是建设适合乡村实际生活的活教育！"❶ 他对这种"活教育"做了进一步的阐述："活的乡村教育要教人生利，他要教荒山成林，教瘠地长五谷。他教人人都能自立、自治、自卫。他要叫乡村变为西天乐园，村民都变成快乐的活神仙。"❷ 这里渗透着他教育与生产劳动结合，注重生利的乡村教育思想。

为此，对如何才能建设起适合乡村建设的活教育，陶行知做了细密的设想："要从乡村实际生活产生活的中心学校；从活的中心学校产生活的乡村师范；从活的乡村师范产生活的教师；从活的教师产生活的学生，活的国民。"❸

1926 年 1 月，陶行知在《新教育评论》上发表《师范教育下乡运动》，提出"乡村师范下乡应有训练乡村教师改造乡村生活的使命"，师范生要到"眼前的乡村""去做改造乡村之实习"。❹ 1926 年 12 月，他又为乡村教育改造绘出了一幅宏伟的蓝图："要筹集一百万元基金，征集一百万位同志，提倡一百万所学校，改造一百万个乡村。"❺ 他把搞好乡村教育改造，从而改造好中国的农村，看成立国根本大计。

二、创办晓庄学校，开展乡村教育实验

陶行知认为，要探索符合中国国情的教育实验，"非实行实验不为功，盖能实验，则能自树立，则能发古人所未发，明今人所未明"❻。他本着试一试的态度，于 1927 年 3 月在南京郊区小庄（后改为晓庄）创办了晓庄试验乡村师范学校。

晓庄师范学校由袁观澜（后为蔡元培）任董事长，陶行知自任校长。开初阶段，学校仅设两院：第一院是乡村小学师范院，赵叔愚任院长；第二院为

❶❸ 陶行知. 中国乡村教育之根本改造 [G] //华中师范学院教育科学研究所. 陶行知全集（第一卷）. 长沙：湖南教育出版社，1984：653.

❷ 陶行知. 再论中国乡村教育之根本改造——在上海青年会的演讲 [G] //华中师范学院教育科学研究所. 陶行知全集（第二卷）. 长沙：湖南教育出版社，1985：1 – 2.

❹ 朱泽甫. 陶行知年谱稿 [M]. 北京：教育科学出版社，1982：18.

❺ 陶行知. 中国乡村教育之根本改造 [G] //华中师范学院教育科学研究所. 陶行知全集（第一卷）. 长沙：湖南教育出版社，1984：653 – 654.

❻ 陶行知. 智育大纲 [G] //华中师范学院教育科学研究所. 陶行知全集（第一卷）. 长沙：湖南教育出版社，1984：72.

乡村幼稚师范院，陈鹤琴任院长。附设燕子矶、尧化门和晓庄三所中心小学。其后，增设神策门和吉祥庵小学。随着晓庄师范学校事业的发展，在1928年8月1日，正式更名为晓庄学校。后又增设了三元庵、黑墨营、大象房、万寿庵（嘉善寺）等中心小学、中心幼稚园和燕子矶、晓庄幼稚园，还设有劳山中学、实验民众学校、晓庄剧社、晓庄医院等。值得一提的是，还与中华职业教育社合办"晓庄中心茶园及木作店"。木作店的性质是寓教育于职业，工师要入夜校上课，艺徒第一年里做工，晚间上课。第二年里，半日读书，半日做工；要求艺徒不但要学会做木工，而且要学会做人。❶

陶行知在晓庄师范学校从事乡村教育改造的实验过程中，创造性地提出了生活教育理论，并以之指导教育和教学活动。生活教育包括两个方面：一是"生活即教育，社会即学校"；二是"教学做合一"。前者为教学原理，后者为教学方法。"生活即教育"是生活教育论的核心思想，生活决定教育，教育有改造生活的功用。"社会即学校"是"生活即教育"思想的延伸，就是把学校与社会相沟通，以社会为学校。"教学做合一"是生活教育论的方法论，主张"在做上学""在做上教"，认为"在做上教的是先生，在做上学的是学生"，强调"做是学的中心，也是教的中心"❷。

晓庄的教学组织形式是以中心学校为中心，中心学校是以乡村为中心，而乡村的生产和生活又反映到学校中来，三者相互依存，构成了生活、学习的有机整体。陶行知非常重视中心学校的建设，"中心学校以乡村实际生活为中心，同时又为实验乡村师范的中心……中心小学是太阳，师范学校是行星。师范学校的使命是要传布中心学校的精神、方法和因地制宜的本领"❸。

实验乡村师范学校实行教学做合一，课程以乡村生活为中心。围绕着这样一个中心，晓庄实验乡村师范学校将课程分为五大部分：一是中心学校工作教学做；二是分任教务行政教学做；三是征服自然环境教学做；四是改造社会环境教学做；五是学生生活教学做。晓庄师范根据生活教育原理，把教育与生活、教育与生产劳动结合起来，学员在指导员（教师）指导下生活，在做上

---

❶ 卞放. 陶行知的职业教育思想 [J]. 教育与职业, 1996 (8).

❷ 陶行知. 教学做合一 [G] //华中师范学院教育科学研究所. 陶行知全集（第二卷）. 长沙：湖南教育出版社, 1985：42-43.

❸ 陶行知. 实验乡村师范学校答客问 [G] //华中师范学院教育科学研究所. 陶行知全集（第一卷）. 长沙：湖南教育出版社, 1984：666.

教，在做上学。

实验乡村师范还专门成立了"社会改造部"，陶行知兼任部长，部下设总务、教育、卫生、农林、交通、水利、自卫、经济、救济、妇女、编辑、调查共十二个股，具体负责社会改造的规划和指导。社会改造部将学校周围的和平门、上元门、尧化门、太平门以内的地区作为改造实验区域，并规定全校师生均须参加所有改造的活动。

三、创办工学团，坚持乡村教育改造试验

1930年晓庄师范被封后，"九一八"和"一二·九"事件相继发生。面对严重的民族危机，陶行知除积极参加反日侵略斗争外，又深感普及教育的使命更加重要。为此，他在《申报》上发表《古庙敲钟录》，初步提出一种承传晓庄的精神，而在形式上更加灵活的新教育形式——工学团作为普及教育和乡村教育的一种组织形式。

什么是工学团呢？陶行知指出："工是工作，学是科学，团是团体。"更清楚地说就是，"乡村工学团是一个小工厂，一个小学校，一个小社会"。其宗旨是"工以养生，学以明生，团以保生"❶。实际上，乡村工学团是将工厂、学校、社会打成一片的教育组织，是改造乡村而富有生命力的社会新细胞。

陶行知在创办山海工学团时列出工学团的训练内容为：普遍的军事训练；普遍的生产训练；普遍的科学训练；普遍的识字训练；普遍的民权训练；普遍的体育训练。他主张把扫盲识字教育与生产知识、技能教育和其他方面的教育融为一体，以便从农村中造就中华民族的健全分子，改造乡村，造成一个伟大国家。

1932年10月1日，孟家桥儿童工学团最先成立，陶行知派马侣贤为团长，这一天便成为山海工学团的创始纪念日，也标志着工学团实验的开始。陶行知把孟家桥儿童工学团作为山海工学团的总部，后又在红庙、沈家楼、萧场、赵泾巷、郭家桥和孙宅办了六个分校。与此同时，陶行知还帮农民办起了棉花工学团、养鱼工学团等。到1935年，方圆十几里内的地区普遍建立了工学团，山海工学团实际上正是这一群工学团的总称。

---

❶ 陶行知. 乡村工学团试验初步计划说明书［G］//华中师范学院教育科学研究所. 陶行知全集（第二卷）. 长沙：湖南教育出版社，1985：593.

陶行知把工学团的试验看作"乡村教育为建国要图之一，非实验无以确定进行之路线"。工学团开展试验应包括下列七种：社会即学校；生活即教育；相学相师，会者教人，不会者跟人学；先生在做上教，学生在做上学，教与学都以做为中心；在劳力上劳心；行是知之始；与大众共甘苦，同休戚。❶

陶行知提出的山海工学团这种生活教育模式，以"靠自己动手种地吃饭"的真农人为主体，以"培养合格的人生"为真正宗旨。本着教育与一般生产劳动相结合、与社会相联系的精神，工学团以招收农民子弟为主，招生实行来者不拒的原则。课程安排一般上午上国文、算术、历史、自然等普通课，下午上两节课后参加劳动，边劳动边学习。团内举办有木工、藤工、种菜、养鱼、养鸡、养蜂、织布、摇袜等，并请师傅做技术指导。这是典型的普通教育与职业教育的有机结合形式。为培养普及教育师资，陶行知在"艺友制""小先生制"和"传递先生制"的基础上，还进一步提出设立"工师养成所"。

陶行知把晓庄学校和山海工学团办成了完全不同于传统模式的新式学校，实行教育与生产劳动相结合，通过劳动实践培养学生的劳动习惯、劳动观点和劳动技能。他反对教育脱离生产劳动，主张教育与农村社会打成一片，既要从现实生活出发，又要适应现实生活的需要。其核心是面向广大农民，面向农村社会现实生活，并唤醒他们起来改变生活。所有这些，为中国教育，尤其是广大农村教育的教育理论宝库增添了养分，实践了他"捧着一颗心来，不带半根草去"的无私人生。

第三节　晏阳初的定县乡村平民教育实验

在儒家民本思想及欧美新思潮影响下，20 世纪 20—30 年代，晏阳初率领同人在河北定县进行了一场声势浩大的乡村平民教育实验。他们由社会调查出发找出农村社会的主要问题，提出"四大教育""三大方式"以及一系列有效措施，在乡村平民教育的理论和实践上形成了鲜明的特色，对中国现代教育的变动及社会改良均产生了深刻的影响，是中国现代史上平民教育和乡村教育运动的重要流派，对当代农村教育改革与发展也有一定的参考价值。

---

❶ 陶行知. 创立山海工学团的呈文 [G] //华中师范学院教育科学研究所. 陶行知全集（第二卷）. 长沙：湖南教育出版社，1985：650.

晏阳初，四川省巴中县人。先后就学于四川巴中、成都、香港，并留学于美国。第一次世界大战期间，应募到法国战场为华工服务，其平民教育思想开始萌芽。1920 年回国后，在熊希龄夫人朱其慧女士和陶行知的支持下，在北京成立中华平民教育促进会，并被推为总干事。先后在长沙、烟台、嘉兴等处推行平民教育。1926 年后，他举家来到定县，进行了长达十一年的定县乡村平民教育实验。抗日战争爆发后，他将定县实验扩大到华中和华西。1943 年，他与爱因斯坦、杜威等十人被膺选为"现代世界具有革命性贡献的伟人"。

一、定县乡村平民教育实验的思想基础

晏阳初在定县从事的乡村平民教育实验始于 1926 年，止于 1937 年。其出现除了与乡村教育运动有同样的历史背景与时代根源外，还与晏阳初的哲学、社会思想以及他对平民教育认识的发展有关。

（一）民本思想是乡村平民教育实验的出发点

"民为邦本，本固邦宁"是中国传统民本思想的集中体现，是儒家思想的一个重要组成部分，成为历代封建统治者安邦定国的指导性原则。晏阳初对此深信不疑，他说："人民是国家根本，本不固则邦不宁。这虽是几千年的老话，但它却是历千年而不朽的真理。"因此，"要建国，先要建民；要富国，先要富民"[1]。当时中国有四万万之众，但其中 80% 以上人民都未受过教育，目不识丁，这就需要推行平民教育，提高全体国民的文化知识水平，培养其团结组织力和经济组织力，以谋求中国社会的进步。

同时，晏阳初又认识到："中国是以农立国，中国大多数的人民是农民，农村是中国 85% 以上人民的着落地。"[2] 中国农村又贫穷落后，全国"有眼不会识字的瞎民"绝大多数是在农村。所以，在全国人民中，"最缺乏教育的是这三万万以上的农民"[3]。因而，到乡村中去，为农民办教育，"开发世界最大最富的'脑矿'"，就是关系到"本固邦宁"的根本问题。

1932 年，他对自己率同人来到河北定县的动因说得很明确：我们"甘愿来到穷乡僻壤的地方，实因鉴于国本不宁，农民的'愚''穷''私'没有人管，而想到为农民的教育上尽力"；"要中国有希望，须乡下佬有希望，要乡

❶ 宋恩荣. 晏阳初文集 [M]. 北京：教育科学出版社，1989：322.
❷ 宋恩荣. 晏阳初文集 [M]. 北京：教育科学出版社，1989：53.
❸ 宋恩荣. 晏阳初全集 [M]. 长沙：湖南教育出版社，1989：353.

下佬有希望，须乡下佬识字，受教育"❶。晏阳初借乡村平民教育为途径以实现国家民族的复兴，其信念十分明确，志向非常坚定。

（二）基督教思想是乡村平民教育实验的精神动力

1907年，晏阳初进入四川省讲求西学的最高学府成都华美高等学堂。在成都，他结识了年轻的传教士英国人史梯瓦特，两人协力创办"辅仁学社"。在史梯瓦特的影响下，基督教思想在他的心中慢慢占据了一个重要地位。青年时代晏阳初到美国耶鲁大学、普林斯顿大学留学，更受西方基督教"平等""博爱"思想的深刻习染，因此基督教思想始终是晏阳初从事平民教育、乡村教育的精神力量。

晏阳初说平民教育的"平"字，含有"人格平等""社会机会平等"的意思。1920年，晏阳初归国，开始平民教育工作，起初是通过基督教会进行的。随着时间的推移，他逐渐从城市平民教育转向乡村平民教育。他说："农民不是缺乏智慧，只是历代传统不给他们读书的机会。"❷

晏阳初具有强烈的献身乡村教育事业的激情。他以出世情怀，干入世事业，毛泽东对这种"以宗教家的精神努力平教运动，深致敬佩"❸。他由北到南，自东向西，孜孜从事于乡村教育，忧国忧民，悲天悯人。正是这种对乡村民众的无限热忱及对教育的无私奉献，造就了这位具有国际性影响的伟大的平民教育家。

（三）实用主义教育理论是乡村平民教育实验的方法论

晏阳初的乡村平民教育实验在方法论上深受杜威实用主义教育理论的影响。晏阳初自欧洲归国时，正值杜威在中国宣传其哲学与教育。实验主义是杜威的认识论、方法论，杜威曾自称其实用主义哲学为"实验主义"。这种方法对晏阳初认识上的变化及平教会后期的活动深有影响。晏阳初说，我们的办法是要办一个民间实验室，深入民间去发现种种问题，研究问题，慢慢解决问题。他根据中国农村社会的实际状况，提出了以一个县为实验研究单位的基本设想。他说建立实验县，是"意在深入民间，根据一般人的生活需要，继续不断地创造新民教育的内容；根据一般人的生活习惯，继续不断地制定新民教

❶ 宋恩荣. 晏阳初全集 [M]. 长沙：湖南教育出版社，1989：230.
❷ 詹一之. 晏阳初文集 [M]. 成都：四川教育出版社，1990：13.
❸ 宋恩荣. 晏阳初文集 [M]. 北京：教育科学出版社，1989：400.

育的方法，并根据社会的演变，民族的进展，继续不断地创制新民教育的方案"❶，然后将实验结果贡献于国家社会。建立实验室，这是自然科学的研究方法，晏阳初把它运用到教育科学研究领域，这确实是一种独创。正如他自己所言："不但在以前的中国没有这种做法，就是在欧美也是前所未有。……对世界，对社会科学界，是一个新贡献。"❷ 正是基于上述构想，平教会选定河北省定县作为试验区，从事乡村教育的实验研究。定县是中国华北农村地区一个普通的县，当时全部人口约四十万，乡村近五百个，离当时的大城市北京、天津及郑州都颇遥远，较少受城市环境的影响。

二、定县乡村社会调查与教育构想

乡村社会调查要从农村社会的现实出发，发现问题，提出有针对性的教育方案。晏阳初认为在农村兴办教育，必先了解农民的需要和愿望，不能盲目仿古和搬用外国教育模式。他所奉行的宗旨是，一切国外的先进科学都必须有一个"中国化"的过程。为此，中国知识界"就要先认识中国情形，认识社会情形，亲自到社会里去体验"。既不仿古，也不仿欧，自尊自信，走自己的路，"创造一种中国教育，用中国药来医治中国病"❸。晏阳初批评中国近代教育抄袭外国、一味模仿的流弊，倡导发展教育应切合国情、勇于独创，表达了他对中国国情和教育振兴的深层思考，充满炽热的爱国之情和民族自强精神。

1926 年 10 月，平教会选定了河北定县翟城村作为开辟农村平民教育道路的试验区。晏阳初指出："定县的实验最先注意的就是社会调查。"为了准确了解和掌握定县社会情况，他们历尽艰辛，奔走于大小村庄之间，踏入田间农舍，用两年多时间对定县 472 个村庄的政治、经济、教育、民俗、娱乐、卫生以及农户的土地、职业、人口、生活状况等进行了全面系统的调查记载，整理出上百万字的调查资料。1933 年，平教会汇总出版了《定县社会概况调查》，时至今日仍为定县地域最完整、最详尽的调查资料，为定县实验提供了大量事实依据。在此基础上，平教会制订实验方案，拟定教育内容，确定教育方式，表现出高度的科学精神。❹

❶ 宋恩荣. 晏阳初文集 [M]. 北京：教育科学出版社，1989：80.

❷ 宋恩荣. 晏阳初全集 [M]. 长沙：湖南教育出版社，1989：532－533.

❸ 宋恩荣. 晏阳初文集 [M]. 北京：教育科学出版社，1989：170.

❹ 阎国华，安效珍. 河北教育史（二）[M]. 石家庄：河北教育出版社，2003：283.

通过调查，他们认识到：农村的问题千头万绪，但基本问题归结为"愚弱穷私"。所谓"愚"，就是农民缺乏知识；所谓"穷"，是指农民在生与死的夹缝里挣扎；所谓"弱"，是指大多数农民是病夫，不懂科学治疗，不讲究公共卫生；所谓"私"，是指农民不能团结合作，缺乏道德陶冶与公民训练。其中，"穷"又是"愚""弱""私"的根本原因，"穷"不仅在于土地的封建剥削，还有苛捐杂税、高利贷中间商的盘剥等。有这些问题，任何建设事业都是谈不上的。平教会提出，为解决这四方面的缺憾，须实施四大教育，即文艺教育、生计教育、卫生教育、公民教育。

三、定县乡村平民教育实验的内容体系

在晏阳初"平民教育与乡村改造"的理论中，"整体性""系统性"是一个重要的思想。在长期的乡村平民教育实验活动的基础上，形成了以"四大教育""三大方式"为基本内容的、系统的乡村平民教育体系，使新文化运动以来兴起的平民教育运动发展到一个新的阶段。

（1）文艺教育，是从文字与艺术教育上着手，使民众认识基本的文字，得到求知识的工具，促进文化生活，并能对自然环境及社会生活有相当的欣赏和了解。他们根据定县农民的文化情况，自编教材，力求通俗易懂，实用性强；此外，他们还推行简笔字，采集选编了秧歌、鼓词、歌谣等民间读物。

（2）生计教育，是从农业生产、农村经济、农村工业各方面着手，以达到农村经济建设的目标，要训练农民生计上的现代知识和技术，以增加其生产；要创设农村合作经营组织；要养成国民经济意识与控制经济环境的能力。他们把文化教育与科学技术的传授融为一体，置教育于农民生产、生活之中，教育内容、方式、途径、设施尽可能结合农民"生计"之需，使农民在扫盲识字、学习文化的基础上，能比较经济、实际地享受到现代科技成果，有效地促进农村生产力的发展。

（3）卫生教育。其基本含义有两层，一是改善、提高农民的健康水平，将消极的治疗与积极的预防结合起来；二是试图建立一种适合农村需要的卫生保健制度。

（4）公民教育。按晏阳初所说，"公民教育之意义，在养成人民的公共心与合作精神，在根本上训练其团结力，以提高其道德生活与团结生活。一方面要在

一切社会的基础上，培养民众的团结力、公共心，使他们无论在任何团体，皆能努力为一个忠实而效率的分子；一方面要在人类普遍共有的良心上，发达国民的判断力、正义心，使他们皆有自决自信，公是公非的主张"。在公民教育中，他突出提倡"力"的教育，着重培养的是公民的"自信力""团结力""建设力"❶。

为了进行"四大教育"，采取了"三大方式"，即学校式、社会式和家庭式，运用了灵活多样的教育方法。

（1）学校式教育。指平民学校和"统一的村学"教育。学校式教育是实施"四大教育"的总枢纽。平民学校是面向青少年的教育；"统一的村学"，是对初级小学年龄阶段儿童的教育。各所学校都针对学生年龄阶段特点，运用了灵活多样的教学方法。此外，还设有生计巡回学校。为了让农民获得生产和农业技艺，教学方法是按一年中节令时间，安排植物生产、家畜殖育、农村工艺及合作训练的教学次第进行训练的。

（2）社会式教育。时任平教会乡村部总干事的傅葆琛认为："从今日我国乡村社会的情况观察，教育的设施，应当侧重社会式的方法，因为社会式的教育，在地点、时间、教材、组织各方面，都可随时因地制宜，因人设施，完全根据乡村的生活教育与需要，比学校式教育活动得多。"❷ 社会式教育的活动方法更是灵活多样：文艺教育方面的，如组织读书会、演说比赛会、演戏、阅读刊物等；生计教育方面的，如成立自助组、合作社、举办农产品展览等；卫生教育方面的，如推动接种牛痘、防疫注射、拒毒运动、武术活动等；公民教育方面的，如禁赌、修路、植树、自卫等。

（3）家庭式教育。这是一种联合各个家庭中地位相同的成员施以相当训练的特殊教育方式，多与社会式、家庭式联络施教。家庭式教育的独自活动只有"家庭会"，即组织各家的家主、主妇、少年、闺女、幼童分别集会，研究家庭的实际问题，改良家庭日常生活习惯。

从整体上看，定县乡村平民教育实验规模宏大，组织严密，在当时教育界人士中影响颇大。据统计，每年有一百二十多人从全国各地奔赴定县实验区。其中，曾在国外留学、学有专长的专家和国内大学毕业生占50%，七年内参

---

❶ 宋恩荣. 晏阳初文集 [M]. 北京：教育科学出版社，1989：80.
❷ 傅葆琛. 对于中国乡村教育建设的一点意见 [J]. 中华教育界，1932（19）.

加过实验区工作的有四百人左右。平教会曾为从四面八方来参加平民教育的同事编了一首《中华平民教育运动歌》，歌词是："茫茫海宇寻同志，历尽了风尘，结合了同人。共事业，励精神，并肩作长城，力恶不出己，一心为平民，奋斗与牺牲，务把文盲除尽，男男女女老老少少，一起见光明。一起见光明，青天无片云，愈努力，愈起劲，勇往向前程，飞渡了黄河，踏过了昆仑，唤醒旧邦人。大家起作新民，意诚心正身修家齐，国治天下平。"❶ 歌词配上《苏武牧羊》的悲壮曲谱，形象准确地表达了晏阳初及其同事们的理想、情操及抱负。

第四节　梁漱溟的乡村教育与建设实验❷

梁漱溟的理论与实践活动，是紧紧围绕着"中国向何处去"这一时代的中心课题。他认为中国问题根本上是个文化问题，所以必须从文化问题入手谋求解决中国问题的出路，这正是现代新儒家的共同认识。现代新儒家具备如下特征：他对儒家学说的肯定必须经过反省这一体验，就是说其认同或接受应是理智分析、判断后所做的抉择，而不是属于盲从或情感的依恋；他的理论方案建构中必须是对传统儒学的丰富、改造或超越，尤其是对西方思想文化和科学技术的吸收；他应该能从容面对西学挑战，重新汇通解释儒学的思想内容，而不是顽固不化，甚至狂妄虚骄、因循守旧。以此而论，梁漱溟确实属于一代新儒家的代表。

早在北京大学教育实践的后期，梁漱溟即完成了由佛向儒的思想转变，其代表性的作品即为《东西方文化及其哲学》，"这本书的内容主要是把西洋、中国、印度不相同的三大文化体系，各予以人类文化发展史上适当的位置，解决了东西文化问题"❸。与创立"心学"体系的王守仁由理学转型、改造而成心学派不同，梁漱溟不仅实现佛儒的更替，更是带有对儒学掺入西学思想方法及知识观念的新阐释。对此，他是这样叙述的：

> 1920 年春初，我应少年中国学会邀请做宗教问题讲演后，在家补写其讲词。此原为一轻易事，不料下笔总不如意，写不数行，涂改满纸，思

---

❶ 宋恩荣. 晏阳初文集［M］. 北京：教育科学出版社，1989：393.

❷ 本节少量材料参考了宋云清的硕士论文《山东邹平乡村教育实验研究》。

❸ 梁培宽. 名人自传丛书·梁漱溟自传［M］. 南京：江苏文艺出版社，1998：46.

路窘涩，头脑紊乱，自己不禁诧讶，掷笔叹息。既静心一时，随手取《明儒学案》翻阅之。其中泰州王心斋一派素所熟悉，此时于《东崖语录》中忽看到"百虑交锢，血气靡宁"八个字，蓦地心惊：这不是恰在对我说的话吗？这不是恰在指斥现时的我吗？顿时头皮冒汗，默然有省。遂由此决然放弃出家之念。是年暑假应邀在济南讲演《东西文化及其哲学》一题，回京写定付印出版。❶

这里的"泰州王心斋"指明代以王艮为代表的泰州学派，在传播王学的过程中因不满其师说，王艮提出"百姓日用即道""百姓日用条理处，即是圣人之条理处""圣人之道，无异于百姓日用，凡有异者，皆谓之异端""愚夫愚妇与知能行，便是道"。他要求从日常生活中贯彻封建伦理道德，擅长以通俗易懂的诗歌在民间传播"安天立命""安贫乐道""明哲保身"等思想。其门徒中相当部分属社会下层人物。基于上述特色，泰州学派又称"百姓日用之学"❷。由此可知，梁漱溟的思想路向及行为方式带有对泰州学派的继承性，不过因时代社会、环境的迥异，致使梁漱溟的教育实验明显带有西学特色以及现代科学的方法，当然也具有更稳健、更积极的精神。

20 世纪 30 年代，梁漱溟以"中国文化失调和重建理论"为依据，应山东军阀韩复榘之邀，赴山东邹平创设"乡村建设研究院"，并主持乡村教育实验。1933 年 1 月，主持创设"邹平县政试验县"，进行了一场集政治、经济、文化为一体的综合教育改革实验。该试验试图通过在乡村实行学校教育与社会教育的多种组织形式，借以维护受到冲击的原有秩序，在乡村教育内容、组织形式、课程、方法、培养目标等方面都非常有特色，对当时的乡村教育模式也做了有益的探讨，创立了乡村建设运动中名震一时的"邹平模式"。下面对其乡村建设模式的理论依据加以解读。

一、乡村教育与建设实验的理论建构

1931 年 6 月，山东乡村建设研究院成立，长达七年的乡村建设实验工作由此开始。山东乡村建设研究院拥有三块实验区，分别是邹平、菏泽、济宁。

---

❶ 梁漱溟. 我的自学小史［G］//中国文化书院学术委员会. 梁漱溟全集（第二卷）. 济南：山东人民出版社，2005：699.

❷ 教育大辞典编纂委员会. 教育大辞典（第九卷）［M］. 上海：上海教育出版社，1992：22.

这三处分别处于梁漱溟、孙则让、梁仲华的领导下，体现出各自特点。邹平实验区作为研究院的第一块实验区，得到研究院、山东省政府、全国乡村建设派乃至国民政府关注，成就最大，实验内容较全面，涉及乡农学校、村学、乡学、合作经济、县政改革、乡村自卫、医疗卫生等。研究院秘书徐树人曾问过梁漱溟乡村建设运动为什么一定要在山东搞呢？梁漱溟这样回答：

> 除了山东之外还有什么地方能允许我们这样搞呢？原来意趣不一致的，到事实面前可能渐渐一致；原来意趣一致的，遇到事实又可能不一致了，天下事只可能因形势造形势，一处打钟多处应，虽然我们在此地搞，我们的目光却不局限于一时一地，事实上经济问题、政治问题、农民问题，又哪能在一时一地得到解决呢？❶

这说明梁漱溟对乡村建设运动的复杂性及实施中可能遇到的困难有充分估计，并且乡村建设的方案及成效并非只有区域性的价值定位，而是谋求全国的大面积推广。

对于当时的中国政局，梁漱溟有自己的看法。他认为由于中国没有西洋那样强大的资产阶级，不可能形成一个现代统一国家。自民国以来，袁世凯、吴佩孚直到蒋介石都要用武力统一中国，纯粹是痴心妄想。中国的统一只有在乡村建设的地方自治的基础上实行联合才能实现。这种看法为地方军阀割据提供了理论依据，满足了时任山东省政府主席韩复榘巩固和加强其军阀统治的需要。"韩复榘对梁漱溟先生非常尊敬，称之为梁先生而不名，在有关乡村建设工作方面可谓言听计从，任凭他放手去做。有一次韩复榘在省政府纪念周上讲话说：'我就是迷信梁先生啦。'"❷ 这段对话充分说明了韩复榘对梁漱溟和研究院的支持程度。省政府对管辖或控制下的有利于自己统治的乡村建设行为都是支持的。以经费为例，韩复榘 1931—1934 年分别拨款 107 580 元、117 780元、122 900元、116 700元。❸ 没有这几十万元的经费支持，梁漱溟的试验可谓"巧妇难为无米之炊"，寸步难行。国家宪政要以地方自治为基础，省也是地方，但是太大。从基础做起，就是从最基层开始做，搞乡村的自治，从一乡

---

❶ 徐树人. 我担任邹平实验县县长的前前后后［G］//山东省政协文史资料委员会，邹平县政协文史资料委员会. 梁漱溟与山东乡村建设. 济南：山东人民出版社，1991：97.

❷ 万永光. 梁漱溟先生及其在山东从事乡村建设活动［G］//山东省政协文史资料委员会，邹平县政协文史资料委员会. 梁漱溟与山东乡村建设. 济南：山东人民出版社，1991：28.

❸ 韩明汉. 中国社会学史［M］. 天津：天津人民出版社，1987：159.

一村的地方自治开始；一乡一村的自治搞好了，宪政的基础也就有了；自治需要具备一定的能力，就要培养农民的团体意识。因此，乡村建设应注重成立合作社以培养农民的合作意识和团队精神，办乡农学校以教会其识字，以形成行使自治权利等基本的能力。这种想法，正是梁漱溟开始思考农村问题的开始，也是从事乡村建设运动的发端。正是基于这种理解和认识线路，自1931年到1937年，梁漱溟主持的乡村建设改革办法在山东全省许多地区推广实行。

（一）乡村建设的意义

中国自古以来就是一个农业国家，农村经济的好坏对国民经济有着至关重要的影响。20世纪30年代初，由于帝国主义的侵略、封建统治者的掠夺和天灾人祸的打击，农村经济出现了严重衰落。连年的军阀混战和旱涝灾害使中国农民苦不堪言，1927年世界经济危机的爆发更加速了帝国主义对中国的经济侵略。就国际方面而言，中国农村经济的破产势必造成农村购买力的极度低下，使外国资本主义在中国倾销商品和收购原材料遇到严重的困难。他们出于自身利益的考虑，委托国联调查组调查研究中国农村经济及商品市场，提出著名的《拉西曼报告书》，又组织对华技术合作委员会，希冀在技术合作的口号下，实现复兴中国农村的计划。必须指出的是，国际社会对中国农村经济振兴所给予的支持潜藏着巨大的危险，因为他们救济中国农村的真实目的不外乎相中中国土地广袤、人口众多的农村市场，从而使中国农民继续成为外国资本主义工业制造品的购买者和初级农产品的廉价生产者罢了。❶

随着农村经济衰落程度的加深，一些有识之士认识到农村问题的严重性，以救济乡村为目的的乡村建设运动逐渐兴起。梁漱溟指出，乡村建设运动的兴起源于乡村的破坏。

> 乡村所由破坏不外天灾与人祸。所谓天灾，例如长江大水灾、黄河水灾、西北连年大旱、南方江浙旱灾等；所谓人祸，例如一九三〇年中原大战，以及种种兵祸、匪患、苛捐、杂税等。又从破坏乡村的力量去分，也可分为国内与国际的两面。上所叙多偏乎国内；而国际的力量破坏所及，尤为深远。所谓国际的，例如日本强据东北，影响于内地农村者甚大；列

---

❶ 虞和平. 中国现代化历程（第二卷）[M]. 南京：江苏人民出版社，2001：757.

强经济侵略尤为谈农村经济崩溃者所殚述，可无待言。❶

我看破坏乡村最重要的还是在乡间风俗习惯的改变。因为风俗习惯的改变，让乡村破坏更渐渐地到了深处。本来在一个社会里边，顶紧要的就是他那个社会制度。一个社会制度，就是他那社会里边人人所共循由的道路。大家循由，则社会秩序安宁；否则社会秩序紊乱。这个社会制度，有的是多由国家法律规定的，有的是靠他那个社会的风俗习惯。我们中国即属于后者。❷

而中国近几十年的乡村破坏，完全是盲目学习西洋文化所致。

中国人既与西洋人见面之后，中国文化便发生了变化。变法维新用意是如此，辛亥革命两次北伐，用意通通是如此。可是结果怎么样呢？事实俱在，我们无须讳言；所有的变，可以说通通没有成功，通通没有变好。当第一次变后，没有变好，于是再变一下；再变还是不好，于是再变，再变还不好，还不好再变……一变再变，老不见好，这可就糟了！旧的玩意儿通通变得没有了！中国乡村就在这一变再变七十二变中被破坏了！❸

梁漱溟认为中国是一个农业国家，秉承的是以乡村为主的乡村伦理文化，盲目学习以都市为本的工业国家，日复一日在东西方文明的冲突中，却把中国的乡村给破坏了，得不偿失。乡村受到破坏必须救济乡村，乡村建设也由此而来。

因为近几十年来的乡村破坏，中国文化不得不有一大转变，而有今日的乡村建设运动。因为乡村破坏而有救济乡村运动，这尚是乡村建设之由来的浅一层的意思：更深一层言之，乡村建设之由来，实由于中国文化不得不有一大转变，因为要转变出一个新文化来，所以才有乡村建设运动。❹

---

❶ 梁漱溟. 乡村建设理论［G］//中国文化书院学术委员会. 梁漱溟全集（第二卷）. 济南：山东人民出版社，2005：150.

❷ 梁漱溟. 乡村建设大意［G］//中国文化书院学术委员会. 梁漱溟全集（第一卷）. 济南：山东人民出版社，2005：604－605.

❸ 梁漱溟. 乡村建设大意［G］//中国文化书院学术委员会. 梁漱溟全集（第一卷）. 济南：山东人民出版社，2005：607－608.

❹ 梁漱溟. 乡村建设大意［G］//中国文化书院学术委员会. 梁漱溟全集（第一卷）. 济南：山东人民出版社，2005：610.

梁漱溟指出，西洋精神与中国的精神本是不相合的。中国人没有过过团体生活，没有组织能力，当前的中国最重要的是要有团体组织。而要求得团体组织之道，在中国必须是发挥伦理精神，发挥义务观念。西洋的组织之道在由"权利观念"向"义务观念"转变，这样就达成中西具体事实的沟通调和。乡村组织即中西具体事实的沟通调和。从乡村组织做起，从乡村开端倪，渐渐地扩大开展为一个大的新的社会制度，这就是乡村建设。梁漱溟还指出乡村建设包含两个意思："一因乡村破坏而有救济乡村之意；二因中国文化要变而有创造新文化之意。"❶ 也就是说，"创造新文化，救活新农村"便叫作"乡村建设"。

因此，他在谈到乡村建设的意义时强调："救济乡村便是乡村建设的第一层意义；至于创造新文化，那便是乡村建设的真意义所在。乡村建设除了消极地救济乡村之外；更要紧的还是在积极地创造新文化。所谓乡村建设，就是要从中国旧文化里转变出一个新文化来。"❷ 从中不难发现，乡村建设运动的内容及目标与乡村问题出现渊源是对应的，救济乡村与重构乡村文化是乡村建设这一核心问题不可分割乃至统一的两个部分。

梁漱溟又进一步从中西文化冲突、国际竞争的关系背景下分析中国社会内部变动的机制，以进一步阐明乡村建设的必然趋势及活动方向。在梁漱溟看来，近代中国人把问题看得过于简单，又急于求成，病急乱投医，今日学英国，明日学日本，后天学俄国，"于中西文化的不同，谁也没有根本地认识，而能为徐徐有步骤有计划地调整改变；只有任他支支节节在刺激与反应中，往复激宕机械地演变去。于此演变中，在中国人总不免情急而指望着变得一结果出来；但正面结果往往不可见，其所有者只是中国社会自身引入更深一度的崩溃而已。于是，自救成为自乱。在这自乱当中，外力更易施其技而加强其破坏。那就是说，中国社会在失其自身原有组织条理时，更失去其应付环境的能力；愈崩溃，愈陷于无能力的境地"❸。中国的困境是旧辙已经脱失，而新轨却未立。"中国人现下就夹在这有意识地否认旧辙，无意识地不接受新轨的当

---

❶ 梁漱溟. 乡村建设大意［G］//中国文化书院学术委员会. 梁漱溟全集（第一卷）. 济南：山东人民出版社，2005：615.

❷ 梁漱溟. 乡村建设大意［G］//中国文化书院学术委员会. 梁漱溟全集（第一卷）. 济南：山东人民出版社，1989：611.

❸ 梁漱溟. 乡村建设理论［G］//中国文化书院学术委员会. 梁漱溟全集（第二卷）. 济南：山东人民出版社，2005：200.

间。而更有难者，有意识的一面代表西来的时代精神；无意识一面代表民族固有精神；二者有无可以融通之道，固已不可知；犹且是我们似乎照顾了精神，还应该照顾到事实——如何应付现在脚下所践处的环境世界。世界是国际资本帝国主义竞争侵略的世界；我们本身是一个为其侵略下的生产技术简拙，文化老衰的民族。"❶ 所以要解决中国问题，"须从头上起，另行改造。从哪里改造起？何从理头绪？何处培苗芽？还是在乡村"❷。因中国社会的组织构造已完全崩溃解体，舍重新建立外，实无其他办法。乡村建设乃是中国社会之新的组织构造（政治经济与其他一切均包括在内），其目标并不限于乡村问题，乃是解决中国的整个问题。

在此之前，许多关于中国问题的探讨，无非是通过改良或革命，即通过单纯的制度层面政治手段，而梁漱溟却另辟蹊径，要从社会结构的改造入手，可见得梁漱溟气魄之大。梁漱溟认为中国的问题在于其几千年来相沿袭的社会组织构造已经崩溃，然而新的还没有确立起来。千百年来维系中国社会和中国人之间的纽带——社会秩序已经失去了作用。礼俗、法制、德治全部遭到了破坏，中国文化失调了。中国乡村首先就是要恢复这一传统文化。农村是中国能首先恢复建设秩序的最佳选择。既然传统秩序被破坏，现有的政党、政府又毫无办法，其他的道路行不通，也于秩序的建立无益，所以就必须靠以教育为核心的乡村运动。

（二）乡村教育的理论基础——以新儒学文化为核心

中国早期现代化的生长点与突破口都选在了工业化社会的设计及试行之中。从 19 世纪末到 20 世纪初，中国工业化思想经历了一个从无到有、由潜转显的过程。从洋务运动提倡机器大工业到"戊戌变法"康有为呼吁将中国"定为工国"，从孙中山制定《实业计划》再到五四运动对科学与民主的宣传，随着国内形势的发展和部分知识分子的不断鼓吹，工业化思想成为中国经济思想发展的主流。传统的农业经济思想遭到摈弃和冷落。然而，正当中国工业化思想风起云涌之际，向为国内知识界景仰的西方发生了第一次世界大战。战争不仅吞噬了无数生命，破坏了大量的物质财富，也破坏了战后余生的人们对工

---

❶ 梁漱溟. 主编本刊（《村治》）之自白 [G] //中国文化书院学术委员会. 梁漱溟全集（第五卷）. 济南：山东人民出版社，2005：10.

❷ 梁漱溟. 自述 [G] //中国文化书院学术委员会. 梁漱溟全集（第三卷）. 济南：山东人民出版社，1991：27.

业文明的景仰。受其影响，战后西方思想界开始了对工业化弊端的反思；中国的一部分知识分子也抬起东方文化的旗帜，高唱起农业文明的伟大。其中将以儒学为代表的传统文化与乡村社会建设结合起来加以阐述并实践的代表当属梁漱溟。正是由于中国在现代化的道路上屡屡受挫，种种西方制度到了中国便成逾淮之橘，使得有头脑的人不能不看到，中国问题不是任何简单现成的方子可以解决的。它目前所处的危机与困境，在现代化进程中所遭遇的挫折及其出路，都与文化的特殊性有莫大关系。在一定层面上甚至可以说，中国现代文化问题的实质是社会的出路问题。这一点恰如五四运动时期"科玄论战"中持玄学派捍卫中国本土文化观点的清华大学张君劢教授所称："凡念及吾族之将来者，莫不对于文化之出路问题，为之绕室彷徨，为之深思焦虑。"❶

1. 制定乡约，培养民众的团体意识

梁漱溟对传统文化有很深的感情，深信中国文化仍然有强大的生命力。当面对国家的沦落和民族命运的转型时，梁漱溟选择了到古人那里寻求答案。梁漱溟认为西方的社会制度本身不完整，会产生道德的堕落和一系列的罪恶，并不适应中国的实际情况，所以实现国家的自治还需要中国的文化做基础，这种"中体西用"的思想牢牢地占据了他青年时期的心。梁漱溟找到了一项传统的中国基层社会组织的制度——乡规民约（简称乡约），作为提高农民团体精神和合作意识以及实现宪政与自治的良方。乡约是邻里乡村人互相约定制定的一种制度，通过共同遵守约定和相互救济，达到保民安民、安定乡村、保持秩序的目的，保障乡村成员共同生活和进步的理想。它是古代社会一些政治家或文人士绅常用的安定农村的组织形式，因其利于封建社会基层农村的政治统治与伦理教化的有效推行，所以常常受到统治阶级的推崇。梁漱溟更是对此钟情有加，甚至视之为乡村社会组织构造的"神符"以及文化教育的精神灵魂。

> 于此我们看出，乡约这个东西，可以包含了地方自治，而地方自治不能包含乡约，如果拿现在的地方自治与乡约比较，很显然的有一个不同。现在的地方自治，是很注意事情而不注意人；换言之，不注意人生向上。乡约这个东西，它充满了中国人精神——人生向上之意，所以开头就说

❶ 张君劢. 明日之中国文化"自序"［G］//黄克剑，吴小龙. 张君劢集. 北京：群言出版社，1993：73.

"德业相劝""过失相规"。它着眼的是人生向上，先提出人生向上之意；主要的是人生向上，把生活上一切事情包含在里边。地方自治则完全是注意事情，没注意到人生向上。这种乡约的组织，实在是西洋人所不能想象的，他做梦也梦不到能有这么一个组织。他很容易一来就到宗教里去，成为教会组织；到宗教里去就不对了，非自觉的相劝向上之意了！再不然，他就单从人的生活、事情、欲望、权利出发，而成为一个政治的组织，不含有人生向上之意。在西洋不为宗教的组织，即为政治的组织，绝不会有像乡约似的一个组织。❶

梁漱溟非常崇拜明代思想家王阳明，常常自叹不如。"我更喜欢王阳明底下的王心斋（王艮）。他是社会下层的一个人，是一个盐场的工人，并且他的门下，王心斋这一派，有许多都是农工，很普通的人。上层讲学问的人容易偏于书本，下层的人他读书不多，或者甚于没有什么文化，可是他生命、生活能够自己体会，这个就行了。"❷ 梁漱溟既对王门学派如此钦佩，又对传统文化如此钟爱，所以乡约就成了他改造农村的首选法宝。

梁漱溟称之为"老根发新芽"，中国要从一个老根上（老文化、老社会）发新芽。这就是要借助于经过"补充改造"了的中国自古以来的乡规民约制度和儒家的伦理教化方式，将民众组织在一种具有伦理情谊化的组织内，"德业相劝""过失相规""礼俗相交""患难相恤"，使人们联结起来，共谋改良的事，以达到社会的整体进步。梁漱溟从乡村入手恢复秩序、建设团体组织、培养团体意识的灵感来自中国古人的乡约制度。他对乡约进行了补充和改造，并运用到乡学村学的建设上。

> 我们的乡农学校，是讲求进步的组织，它是乡约里边的——它也就是乡约。所谓就是乡约怎讲？因为在乡约里边，有所谓约长，此即相当于乡农学校的校长；常常办事的有所谓值约，此即相当于常务校董；约史即有书记的意思；约众即相当于学生（我们名之曰学众）。在乡约内所有的，乡校内也都有，只有在乡校里边的教员一名词，在乡约中无与相当者，所

---

❶ 梁漱溟. 乡村建设理论 [G] //中国文化书院学术委员会. 梁漱溟全集（第二卷）. 济南：山东人民出版社，2005：322.

❷ 梁漱溟. 梁漱溟自传·附录一·美国学者艾恺访谈录（摘要）[M]. 南京：江苏文艺出版社，1998：327.

以大体上说乡约与乡农学校就是一个东西。乡约也就是乡村改进会。怎么说呢？约就是会的意思，乡约就是乡民大会。约来干什么呢？做好事情，做改进乡村的事情。乡约是一个旧名词，用新的名词来说，就是乡村改进会。乡约、乡村改进会，名词虽不同，其意义则是一样。不过我们的乡农学校与乡约是合而为一的，但与乡村改进会不同。我们是着重学，以学包事，以人生向上放在前面而包括了事；乡村改进会则是以事为主。❶

可见，梁漱溟的乡村建设理论是在近代中国的大背景下，对中国传统乡约进行的技术处理，以期有助于推进形成一种新的社会组织形式。例如，他将旧乡约偏于个人的内容改变为重视社会及团体组织，从而使散漫落后的乡村社会组织起来。他又主张乡约的履行应该依托民众的自主意愿，做一项新的文化运动，使农村中大多数人自觉地养成"新政治习惯"。而当我们注意培养"新政治习惯"时，必须认取应和中国的旧伦理精神，而不能用西洋组织政党竞争选举、三权对立的办法。"中国从前有五伦之说，我们现在可以再添一伦，就是团体对个人，个人对团体，彼此互为尊重，互有义务是也。大家如都以对方为重，的确可以增进社会连带关系；社会连带关系，的确可以愈来愈密。"❷

2. 建设新礼俗，完成新的社会组织构造

梁漱溟认为，中国的自救之路，在于建设一个新的社会组织构造。而他整个乡村建设的构想，在一定程度上是建立在他的"社会组织构造"概念上的。这个"社会组织构造"，主要是指"礼俗"。梁漱溟认为，"解决问题，也就是要讲建设"。

> 所谓建设，不是建设旁的，是建设一个新的社会组织构造。为什么？因为我们过去的社会组织构造，是形著于社会礼俗，不形著于国家法律；中国的一切一切，都是用一种由社会演成的习俗，靠此习俗作为大家所走之路（就是秩序）。我常说：人类的生活必是社会生活，而社会生活又须靠有秩序，没有秩序则社会生活不能进行。西洋社会秩序的维持靠法律，中国过去社会秩序的维持多靠礼俗。不但过去如此，将来仍要如此。中国

---

❶ 梁漱溟. 乡村建设大意 [G] //中国文化书院学术委员会. 梁漱溟全集（第一卷）. 济南：山东人民出版社，1989：349－350.

❷ 梁漱溟. 我的一段心事 [G] //中国文化书院学术委员会. 梁漱溟全集（第五卷）. 济南：山东人民出版社，2005：537.

将来的新社会组织构造仍要靠礼俗形著而成，完全不是靠上面颁行法律。所以新礼俗的开发培养成功，即社会组织构造的开发培养成功新组织构造、新礼俗，二者是一件东西。此其理前已说过；于此姑再分二点来说。❶

中国过去维持社会秩序靠礼俗，将来仍是如此。因为当时中国在短期里不能建立国家权力。有了国家权力才有法治，没有强大的国家权力只能靠礼俗。而且，法律是一种强力，强力使人感觉痛苦，中国将来即使有法律，也一定产生于礼俗形成之后。"中国将来的新社会组织构造成功，虽然也要有法律制度，可是法律制度产生必在礼俗已形成之后。"❷ 新组织即新礼俗就是中西文化的调和，其建设的成功与否，决定人民能否成功自救，决定整个中国的命运。

我们讲新的建设，就是建设新礼俗。那么，所谓新礼俗是什么？就是中国固有精神与西洋文化的长处，二者为具体事实的沟通调和（完全沟通调和成一事实，事实出现我们叫他新礼俗），不只是理论上的沟通，而要紧的是从根本上调和沟通成一个事实。此沟通调和之点有了，中国问题乃可解决。现在中国问题所以不好解决，就是因为这个问题已经到了深微处——中西人生精神的矛盾，找不出一个妥帖点，大家只在皮毛上用力，完全不相干！所以我们必须从此根本矛盾处求其沟通调和，才是真的解决。从根本矛盾求得沟通调和之点，把头绪找清楚了，然后才有用力处；如果用不上力量，则你建设也是白建设！再找补一句，当中国精神与西洋长处二者调和的事实有了时，就是一个新社会的实现，也是人类的一个新生活。新社会、新生活、新礼俗、新组织构造，都是一回事，只是名词不同而已。❸

乡村自治、新的政治习惯以及新的政治组织是梁漱溟改革乡村社会、实现社会理想方案的主要内容，而其中的支点或方式则依托于乡约与新礼俗的建构。应该说，带有旧形式外衣下的思想与目标是富有现代意义的。

---

❶ 梁漱溟. 乡村建设理论［G］//中国文化书院学术委员会. 梁漱溟全集（第二卷）. 济南：山东人民出版社，2005：276.

❷ 梁漱溟. 乡村建设理论［G］//中国文化书院学术委员会. 梁漱溟全集（第二卷）. 济南：山东人民出版社，2005：278.

❸ 梁漱溟. 乡村建设理论［G］//中国文化书院学术委员会. 梁漱溟全集（第二卷）. 济南：山东人民出版社，2005：278－279.

3. 调和中西文化的精神

梁漱溟被美国学者艾恺称为"中国最后一个儒家"，是新儒学的代表人物，自幼深受儒家文化的熏陶，传统文化对其乡村建设思想的形成有很深的影响。他的父亲梁济是一位身体力行的儒家道德的实践者，一生既恪守儒家的修齐治平的道德理想，又是一位力主维新并亲身实践者。正是在其父亲身上，梁漱溟看到儒家文化的生命力，看到中国传统文化在本质上并不拒斥西方文化。梁漱溟的这种成长环境和所受的早期教育，对梁漱溟乡村建设与乡村教育理论的形成产生了很大的影响。

受西方经典现代化理论影响的人，往往会误以为乡村建设就是对现代化的反动，因为现代化的主要特征之一就是城市化或都市化。可梁漱溟的方案恰恰是要将一个缺乏组织系统的前现代的中国变成一个现代中国。他认为当时的"自救之道"即在设法使国人向理性方面去发展，应向有组织方面去求进步。"有组织"的含义很丰富，如增加国民的知识，增加人与人的感情及关系，"知识感情与关系的增进，即理性的发展"。"中国目前所急需者，是组织、秩序、条理和理性。希望速成一个有组织有条理有秩序有理性的国家。"❶ 上述内容正是典型的现代性的要求。

梁漱溟并非仅仅想弘扬传统文化，而是要创造一种超越传统中国文化和现代西方文化的新文明形态。中国社会政局的混乱、风气的不振，还是与文化中的痼疾有关："西方文化总是向前去下手；中国文化只是求之于己，持让人的态度，所以对于在上的威权没有抵抗的意思。中国人如果永远走这条文化的路，永远不会弄好。以前虽有革命的一个机会弄来一条新路，因为大家不加注意，所以始终不曾走好，弄得现在这般光景。所以必须将文化根本改变，否则没有法子往下去走。"❷ 梁漱溟心目中的中国文化也就是未来的人类文明，与全盘西化论者不同，他以树木的老根、新芽关系比喻文化构造、转型的关系，别有洞天。

> 一个民族的复兴，都要从老根上发新芽；所谓老根即老的文化、老的社会而言。这在丹麦即是如此，丹麦的老根是它的旧宗教精神。它发新芽

---

❶ 梁漱溟. 对于东省事件之感言［G］//中国文化书院学术委员会. 梁漱溟全集（第五卷）. 济南：山东人民出版社，2005：298.

❷ 梁漱溟. 在晋演讲笔记（十篇）［G］//中国学术文化委员会. 梁漱溟全集（第四卷）. 济南：山东人民教育出版社，2005：680－681.

的"发",是靠它的教育,它的新芽是指它从民众教育生长出来的新社会。丹麦农业与合作的发达,完全从这个新萌芽生长出来的。中国亦要从一个老根上(老文化、老社会)发新芽。自一面说,老的中国文化、中国社会已不能要了,一定要有"新芽"才能活;可是自另一面说,新芽之发还是要从老根上发,否则无从发起;所以老根子已不能要,老根子又不能要。中国老根子里所蕴藏的力量很深厚,从此一定可以发出新芽来。❶

梁漱溟曾在《中西文化及其哲学》中阐述中西两种文化精神根本不同,此时又说两者应该融合,其中的道理何在呢?他分析的缘由有两方面:其一,中国人与西洋人同是人类,同具理性,彼此之间到底说得通,"我们的理他们承认,他们的理我们也承认"。人与人本来是说得通的,所谓说不通的,实在还是习惯的问题。但是人类历史走到现在,情境变迁,已经渐往接近里去。其二,事实的变迁让他们到融合里去。何谓事实的变迁呢?这是指一方面我们要有一个团体组织,另一方面西方人的团体组织之道要变。"从现在看,虽只是意识上的一天天的接近,而具体融合的事实尚未出现,但是为期已经不远。就在中国旧社会组织构造崩溃之后,所要有的未来的中国新社会,将不期然而然的是一个中西具体的融合,人安排都不能安排得如此之巧,几乎是一条条一点点统统融合了。"❷他一生致力于中国传统文化和儒家学说的研究,同时接受西方思想文化的渗透,吸收其中的合理成分,以寻求中国民族自救。

(三)乡村教育与乡村建设的关系

那么,"乡村建设"这一概念或名称究竟由何而来?在前几年为什么没有人谈乡村建设?现在大家又为何谈得这么起劲呢?梁漱溟认为可用一句话来回答:"因为近几十年来的乡村破坏,中国文化不得不有一大转变,而有今日的乡村建设运动。"❸乡村建设与乡村教育的关系是令人纠结,也是十分重要的问题,须加以考订与分析。

1. 乡村教育是乡村建设的主要手段或方式

据他的学生李渊庭先生考证:1931年年初,梁漱溟与河南村治学院一部

---

❶ 梁漱溟. 精神陶冶要旨[G]//中国学术文化委员会. 梁漱溟全集(第五卷). 济南:山东人民教育出版社,2005:504-505.

❷ 梁漱溟. 乡村建设理论[G]//中国文化书院学术委员会. 梁漱溟全集(第二卷). 济南:山东人民出版社,2005:279-280.

❸ 梁漱溟. 乡村建设大意[G]//中国文化书院学术委员会. 梁漱溟全集(第一卷). 济南:山东人民出版社,2005:604.

分同人、学生到山东邹平，开始筹备工作。他与梁仲华等同人商议，不沿用"村治"或"乡治"两词，提议用"乡村建设"一词，并改学院为研究院。此即"山东乡村建设研究院"名称的由来。❶

梁漱溟在后来的《自述》中就此概念的使用进行了说明：

> 十七年我在广州时用"乡治"，彼时在北方若王鸿一先生等则用"村治"，如出版《村治月刊》，在河南设立村治学院等皆是也。民国十九年河南村治学院停办。诸同人来鲁创办类似于村治学院性质之学术机关。我等来鲁之后，皆以"村治"与"乡治"两名词不甚通俗，于是改为"乡村建设"。这一个名词，含义清楚，又有积极的意味，民国二十年春季即开始应用。但我之主张，则仍继续已往之村治主张，并未有所改变也。还有我们所主张之乡村建设可以包括一般人口中所常说"乡村建设"；但一般人口中所常说的"乡村建设"则不能包括我们所主张者。因为他们的主张，还多是局部的，非若我们之整个也。最近六七年来，我皆是在研究并实际从事于此种乡村建设运动中。❷

关于提倡乡村建设运动的缘由，梁漱溟已在 1929 年所写的《河南村治学院旨趣书》一文中有所阐述。经过一年多的办学实践，他决定把乡村建设研究工作与具体实验工作在有机的联系中同时开展。这种认识的提高与相关内容的丰富集中反映在 1930 年所写的《山东乡村建设研究院设立旨趣及办法概要》一文中，内称："乡村建设运动题目便是辟造正常形态的人类文明，要使经济上的'富'、政治上的'权'综操于社会，分操于人人。其纲领则在如何使社会重心从都市移植于乡村"；"自救之道，要在建设一个新社会组织构造，或曰新礼俗，新秩序。新礼俗何指？即中国固有精神与西洋文化的长处二者为具体事实之沟通调和"；"此新社会组织以伦理情谊为本原，以人生向上为目的，可名之为情谊化的组织，或教学化的组织"；"纯粹是一个理性组织。"理想的新社会应是：农业工业似乎顺序适宜配合；乡村为本，都市为末；人为主体，人支配物而非物支配人；伦理本位合作组织，不落于个人、社会两极端；

❶ 李渊庭. 梁漱溟先生年谱［M］. 桂林：广西师范大学出版社，1991：80.
❷ 梁漱溟. 自述［G］//中国文化书院学术委员会. 梁漱溟全集（第二卷）. 济南：山东人民出版社，2005：31.

政治、经济、教育三者合一不分；理性代武力，教育居于最高领导地位。❶

梁漱溟倡导的乡村建设，就总体而言，是一种企图在保留现存社会关系的基础上，通过乡村教育的方法，由乡村建设引发工商业，以实现国民经济改造和社会改良的运动。乡村教育是梁漱溟乡村建设理论及实践的重要组成部分。

梁漱溟把乡村建设作为一项系统工程，强调乡村的经济建设、政治建设都有赖于乡村教育的发展。在他看来推动乡村社会进步，表面上是以经济建设为主，骨子里却在于教育工夫。

> 推进整个社会向前进步的工作，表面上是经济建设为主，骨子里无处不是社会教育工夫。建设、教育二者，不能分开。新社会之所以为新社会，要紧的还是在人上，在社会关系上；不过人的提高、关系的合理，离不开经济条件就是了。从人一面说，就是教育；从物一面说，就是建设。物待人兴；建设必寓于教育。乡村建设本没旁的意思，就是要求中国社会的平均发展真实进步，其不能不归于教育一途，势所当然。❷

2. 乡村建设与乡村教育的渗透关系

乡村教育与乡村建设的相关性不仅是手段、方法与任务、目标的线性联系，也不全是部分与整体的概念所属逻辑，而是渗透与融合的彼此相依，相互促进的协同共生的融合关系。

> 大家身躯上都有中国社会问题的负担与压迫，在探求方向时，在寻求自家工作或自家事业如何办法才对之时，不期然而殊途同归；办教育者除非不想办真正的教育，如果想如此，非归到乡村建设不可；从事于乡村建设工作者，除非不欲其工作之切实，亦非走教育的路子不为功。乡村工作者在探求方法时只有归之于教育，教育者在寻找方向或目标时也只有归之于乡村建设，这都是中国社会问题逼迫他们如此走。❸

他甚至在有些场合或从某一层面上加以判定，乡村建设就是乡村教育。在梁漱

---

❶ 梁漱溟. 山东乡村建设研究院设立旨趣及办法概要 [G] //中国文化书院学术委员会. 梁漱溟全集（第五卷）. 济南：山东人民出版社，1990：231－239.

❷ 梁漱溟. 乡村建设理论 [G] //中国文化书院学术委员会. 梁漱溟全集（第二卷）. 济南：山东人民出版社，2005：471－472.

❸ 梁漱溟. 自述 [G] //中国文化书院学术委员会. 梁漱溟全集（第二卷）. 济南：山东人民出版社，2005：33.

溟看来，要实现中国文化的复兴并使之成为一种世界文化，一方面是保存和建设中国古代以理性为核心的文化，另一方面要充分借用西方的科学技术和团体组织来补中国的不足，而这些工夫只能从乡村建设做起。因为"中国社会是乡村社会"，80%的居民生活在乡间，更重要的是在乡村尚保存有较多的理性，即中国文化的根在乡村，乡村尚具有从容建设的条件，故理性的胚芽可以并且只能在乡村慢慢地培养生长起来。❶

正因为乡村建设与乡村教育的交集很大，甚至有笼统、模糊而产生的混淆之感，因此，当时的教育会议、乡村建设会议参加者身份角色及话题沟通便十分相似。

> 去年夏季七月半前后，在邹平举行之乡村建设讨论会（其后改为乡村工作讨论会），前来参加者，以教育机关为多，如定县平民教育促进会，无锡江苏省立教育学院，上海中华职业教育社等；明明为一乡村工作讨论会而乃以教育机关前来参加者为最多。又如去年八月间中国社会教育举行第二届年会于济南，本院亦前往参加，年会讨论之中心问题且为"由乡村建设以复兴中华民族"；明明是一个教育团体的年会，而讨论之中心问题亦复是"乡村建设"。❷

> 二三十年来，我们所过的日子统统是一个破坏的日子，是一个崩溃的日子。自从我们与西洋文化接触，受其包围，受其压迫，使我们不得不想法子应付此环境，所以一味地模仿人家，图变换自己。换句话说，就是拿人家的法子来应付人家。可是，每一次的模仿都没有学出什么，变成什么；不惟没有积极的成功，而一度地变化自己，正是一度地加深地破坏自己。现在已破坏到体无完肤，不堪收拾，非从头建设起不可！这一个从头建设的工作，全是教育工作。我们一点一滴的教育，就是一点一滴的建设，一点一滴建设，无非是一点一滴的教育；只有从一点一滴的教育着手，才可以一点一滴地建设！❸

从乡村建设的实际需要出发，梁漱溟非常重视乡村民众教育。这在《山

---

❶ 孙培青. 中国教育思想史(第三卷)［M］. 上海：华东师范大学出版社，1995：264.

❷ 梁漱溟. 自述［G］//中国文化书院学术委员会. 梁漱溟全集（第二卷）. 济南：山东人民出版社，2005：32.

❸ 梁漱溟. 社会教育与乡村建设之合流［G］//中国文化书院学术委员会. 梁漱溟全集（第五卷）. 济南：山东人民出版社，2005：435.

东乡村建设研究院设立旨趣及办法概要》一文中已有许多文字言论加以论证，后又在 1934 年 1 月所作《自述》的讲话中加以阐述。

> 记得十九年率领河南村治学院学生赴北平参观时，现任师范大学校长李云亭先生招待同人等于公园内，席间他演讲曾提到，在他心目中看，村治学院亦是民众教育的工作。彼时我心实未敢苟同此意，以为我们所办理的，明明白白的为乡村自治自卫，我们何尝从教育出发？何尝在办教育？但过了数年到此时我已经回味到李先生说得不错，乡村建设也就是民众教育。民众教育不回归到乡村建设就要落空；乡村建设不取道于民众教育将无办法可行。❶

民众教育虽然是从教育对象视域立论的，但其内涵带有教育的民主性、公平性特质，并由此产生的教育范围广阔而普遍，应该是乡村教育的对应性称谓转换，是对等的线性关系，其中的层次、阶段教育或专门领域教育均可视为其组成部分或分支项目。因此，乡村建设与民众教育的关系可理解为前者与乡村教育的对应函数。

3. 社会教育与成人教育在乡村教育体系中的独特地位

梁漱溟认为，当时社会正处在改造期，教育应从偏向学校正规学制的儿童青少年学校教育向社会教育与成人教育转移。

> 社会改造期之教育宜着重于成人，与平时教育之着重在社会未成熟分子者异。此时整个社会生活正企图转进于一新方式，大多数成人虽届成年，而对于此新生活方式所需之习惯能力则方为未成熟者，势非经教育不可。社会改造期则必须以社会式教育为主，即参用学校式，亦必变通之。盖社会改造期的教育既着重在生产大众，而于此生产大众万不能使之脱离生产行程而教育之也。此其一。又此期教育既要在风气习惯组织关系之改进，当然从实地之社会问题着手。个人之长既在社会进步之中，却不能使个人离开环境得到长进，再为社会之长进。例如地方团体意识之养成，农民合作组织能力之养成，一种生产技术之发达，早婚缠足等陋俗之戒除，

---

❶ 梁漱溟. 自述 [G] //中国文化书院学术委员会. 梁漱溟全集（第二卷）. 济南：山东人民出版社，2005：32.

必无离开实地问题，别设为环境以行其教育之理也。此其二。❶

1933 年 2 月教育部召集社会教育专家讨论推行社会教育方案时，社会教育与学制系统的关系受到与会者的关注。许多教育家认为社会教育有教育行政而于学制上无地位，限制了社会教育的作用与发展，应该在学制上为社会教育谋一个地位。因此，提出了两种意见："一是将社会教育加入现行学制系统"；"二是于学校系统外另定一平行之社会教育系统"。对于这两种意见，梁漱溟都不赞成，他主张应"以社会教育为本位而建树一系统，今之学校转在此系统中，求得其地位也"❷。梁漱溟所拟订的这个草案，其基本宗旨，主要是试图以社会为本位来创新一个适应中国国情的教育系统，其要点如下。❸

（1）"学校教育、社会教育不可分"。他认为，把教育分成学校教育和社会教育，既无"学理真据"，在"形式上亦复有时难辨"，由于两者都有不足，学校教育"不完不妥"，社会教育"亦为一时的措施"，所以二者都不能成为"当事的真教育"，"真教育"应为"两者之融合和归一"。据此他主张应创新"完整合理的一个教育系统"，实现学校教育和社会教育的统一。

（2）教育设施包含社会生活之基本教育、各项人才之培养训练、学术问题之研究实验等一切而言。其间得随宜运用学校教育、社会教育各种方式，而无分所谓社会教育、学校教育。

（3）国家设立国学、省学、县学、区学、乡（镇）学五级。各级学校都有自己的"职能""程度""编制"和"设备"，在组织上"兼用社会教育及学校教育两种方式"。

梁漱溟从"改造文化，民族自救"的角度来强调乡村建设中的成人教育，主要是社会教育的重要性。

> 在平常的时候可以重在儿童教育，加速使社会中未成熟的分子使之成熟，好让他们来绵续文化而求其进步。在中国的此刻已非平常的时期，应着重成人教育，应以全力办民众教育，办社会教育，因为我们着意在改造

---

❶ 梁漱溟. 社会本位的教育系统草案［G］//中国文化书院学术委员会. 梁漱溟全集（第五卷）. 济南：山东人民出版社，2005：398－400.

❷ 梁漱溟. 社会本位的教育系统草案［G］//中国文化书院学术委员会. 梁漱溟全集（第五卷）. 济南：山东人民出版社，2005：393.

❸ 梁漱溟. 社会本位的教育系统草案［G］//中国文化书院学术委员会. 梁漱溟全集（第五卷）. 济南：山东人民出版社，2005：400－407.

文化，创造文化，而不是绵续文化。我们的此刻正是中国文化的一个转变期，正是除旧布新的时候。所谓除旧，旧是在成人的身上，除旧则必对成人下功夫；所谓布新，尤须对成人而言，比如改良农业，或作农业推广，你不对成年的农人作教育的工夫，又能如何呢？所以要创造文化，故施行成人教育，施行成人教育即所谓创造文化，即所谓乡村建设，即所谓社会教育。乡村建设与社会教育，是一而二，二而一者。❶

梁漱溟在这里又一次强调中国问题就是极严重的文化失调，乡村建设的实质就是一个中国文化的改造问题，他的乡村建设实验最重要的一项内容就是教育改革，试图通过发展乡村教育来维护受到冲击的原有乡村秩序，稳定农村社会，发展农村经济。

按照当代教育学体系内容设计，学校教育属于标准的制度化设计形态，此外尚有非制度化编制或组织的家庭教育与社会教育，尤以社会教育的影响力为大，是"大教育"观念下对人的一生有更广泛、复杂和丰富影响的一种教育，其对象主要是成人失学者及需继续教育者。显然，社会教育、成人教育与乡村教育是可以合轨的，并不是断裂或化开为两截。而按梁漱溟的设想，社会教育与成人教育两者的统一，就在于汇入乡村建设的洪流之中。

> 让教育往乡村里跑的是中国的社会问题，让地方自治往教育上跑的也是中国的社会问题，大家都是被社会问题所拘管。再者大家是中国人，中国社会是乡村社会，在社会上做一件事情，不往前做则已，要往前做，必有一种方向或路线的探求，有此探求，则不容不归到乡村，办教育的往前进，天然地要转到农村。我们正面解决社会问题的乡村建设者，由于方法的探求，也一定要归到教育。邹平的乡村建设，从前以"乡农学校"作推进的机关，现在我们下层的乡村组织，为"村学""乡学"。大家一听就可知道是一种教育机关。总之，我们为方法的探求不得不归到教育，教育家为方向的探求不能不归到乡村建设，宜乎其有此合流也。❷

正是由于梁漱溟寓建设于教育之中，把建设与教育融为一体，所以他主持

---

❶ 梁漱溟. 社会教育与乡村建设之合流［G］//中国文化书院学术委员会. 梁漱溟全集（第五卷）. 济南：山东人民出版社，2005：435－436.

❷ 梁漱溟. 社会教育与乡村建设之合流［G］//中国文化书院学术委员会. 梁漱溟全集（第五卷）. 济南：山东人民出版社，2005：431、436.

的山东乡村建设研究院，虽未标明其目的在谋求中国教育之改造，但中外人士多视该院为从事教育改造工作的一个机构。

二、山东邹平乡村教育与建设实验的组织

梁漱溟设想的乡村建设具体步骤是：由乡村建设运动者通过政教合一的乡农学校组织，以及后来在目标内容与形式方法上加以变通调整后的村学、乡学教育机构对儿童青少年、农民实施精神陶炼、自卫训练和生产知识教育，以推进整个乡村社会的改良。因此，乡村建设的首要任务是培养乡村建设运动的领袖、骨干分子以及服务人员，然后由他们去教育培养新型农民及他们的子弟。《山东乡村建设研究院设立的旨趣及办法概要》一文指出了该院所设研究部、训练部及实验县区的职能、任务和具体办法，院部组织还包括总务处（负责掌管全院行政事务）、乡村服务调查处（负责指导训练部学员乡村服务事务）、社会调查部（掌管社会调查、提供研究资料）、合作指导处、农场、医院、乡村书店等。

（一）乡村建设研究部

乡村建设研究部的任务有两项：一是普遍提倡具体研究，以为学术界开风气；二是要具体规划本省各地方的乡村建设方案。[1] 同时招收研究生，对象为大学毕业生或同等学力者，学制两年，目的是培养高级乡村建设干部，毕业后分配到实验县任县府科长、乡指导员等指导工作。梁漱溟担任研究部主任一职，亲自讲授乡村建设理论和研究指导。

研究程序是："先做一种基本研究：那便是乡村建设根本理论的研究。次则为专科研究；随各人以往学识根柢的不同，和现在兴趣注意的不同，而自行认定一科或数科研究之。"[2] 学生先进行乡村建设理论培训，主要是学习梁漱溟的乡村建设思想、社会进化论、党义、军事训练等。然后开始探讨，可以根据自己的基础或兴趣自己选择一科或数科，例如农业改良、农村经济、产业合作、乡村教育、乡村自治、乡村自卫等科目。但是，科目的认定必须得到研究部主任的审量许可，作业的进行须听从部主任及教师的指导。

---

[1] 梁漱溟. 山东乡村建设研究院设立旨趣及办法概要［G］//中国文化书院学术委员会. 梁漱溟全集（第五卷）. 济南：山东人民出版社，2005：232.

[2] 梁漱溟. 山东乡村建设研究院设立旨趣及办法概要［G］//中国文化书院学术委员会. 梁漱溟全集（第五卷）. 济南：山东人民出版社，2005：233.

研究部采用导师制，在全国大学里聘请特约导师担任指导工作。除必要外，极少使用讲授法授课，主要使用个别谈话或集体讨论的教学方式。研究生在导师的指导下自学讨论，学生以更多的时间在乡下实习，将实践中的问题带回来，提出解决办法，毕业时以论文形式提交研究成果，作为考核标准。

研究部于1931年6月第一次招生，限招三十名，学生学习期间的膳宿由公家负责，并提供制服，每月还给予津贴十元。生源有户籍限制，限于山东本省。外省学子可自费入学，但名额不能超过本部学生的十分之一。研究部先后办了三期，共毕业五六十人。研究生毕业后大部分留本院或实验区工作。"结业后，通常有一班人继续留在研究院里，其他人则转到山东各县的高级行政岗位上或其家乡类似岗位上。从它的教育作用看，这个部门是研究院制定政策和计划的机构。"❶

（二）乡村服务人员训练部

训练部负责培养预备到乡村服务的人才，即乡村建设基层工作干部，学制一年。由毕业于北京大学哲学系的、梁漱溟的学生陈亚三担任训练部主任。

1. 训练部的招生

训练部的生源主要是"就地取材"，需要满足三个条件。一是世代居乡，至今仍在乡村居住的。这样的学生不仅熟悉乡村情形，而且保持着乡村习惯，容易和村民打成一片，有利于乡村建设工作的开展；二是具有初中文化程度，有知识及运用文字的能力，可以为公众服务；三是年纪在二十至三十五岁，年富力强而且比较稳重。招生覆盖全省，限每县十至二十人，邹平名额较多。训练部共招收三期一千零四十人，此外还有各种方式集训了约一千五百人。学员结业后，回原籍充任各乡县乡村建设基层工作干部。训练部的招生工作特别仔细，由招考委员会分组出发到预先指定招生的县进行召集宣传，然后分区就地进行考试。

训练部自成立以来都是公费制度，限于本省户籍，外省人若求学可以自费旁听。到1935年的时候，由于前来求学旁听的人很多，为应和一般需要，梁漱溟对训练部的招生和学制做出两项调整：一是训练部招生不再限制省籍，取消公费制度，一律改为自费，另外设立奖学金补助贫寒学生；二是根据投考学

---

❶ ［美］艾恺. 最后的儒家——梁漱溟与中国现代化的两难 ［M］. 王宗昱，冀建中，译. 南京：江苏人民出版社，2003：175.

生的学历，将学制改为一年制和两年制两种。高中或师范毕业者训练一年，初中及同等学力者训练两年。远道而来求学的有河南、广西、湖南、浙江等地的学生，一方面是因为受国内乡村建设热潮的影响，另一方面也是因为山东乡村建设研究院声名在外。

2. 训练部的组织管理

训练部以四十名学生为一班，每班配班主任和助教各一名，各班主任上有部主任负责管理。班主任的"指导照管"是训练的中心，"指导照管"涵盖的内容很多，比如学生身心活动、学生精神的陶冶、学生学识的增益、学生身体的锻炼、改阅学生日记等。这些工作要求，便有了班主任"应与学生同起居共饮食""以时常聚处为原则"的规定。训练部各班学生成立自治团，在班主任的指导下自行办理教务、庶务、卫生清洁等事。

训练部的一年课程期里是没有假期的，星期例假、纪念节假和寒暑假一概不休息。一是因为功课多但学制短；二是因为梁漱溟认为既然是培养乡村人才，就要合乎乡村社会的习惯，乡村是没有放假停工这一说的。研究部排定公共生活时序表，午前、午后、晚间三个作业段共八个小时。何时起床、盥洗、朝会、就餐、作业等，通通遵循该表。所谓作业，不全是讲课读书，尤其在周日多安排院外活动，如野外操练、巡回讲演、乡村调查等。

3. 训练部的教学内容

学生要先接受三项训练，然后才能转入正常学习。这三项训练包括：实际服务的精神陶炼、从事乡村建设的实际知识教育、解决乡村实际问题的基本能力教育。按梁漱溟自己的说法："一、实际服务之精神陶炼——要打动他的心肝，鼓舞他的志趣，锻炼他吃苦耐劳、坚忍不拔的精神；尤其要紧的，是教以谦抑宽和处己待人之道。二、为认识了解各种实际问题之知识上的开益——非有一番开益其知识的工夫，则于各种实际问题恐尚不易认识了解。三、为应付解决各种实际问题之技能上的指授——例如办公事的应用文，办合作的应用记事簿，办自卫的军事训练等。必须受过了这三项训练，而后乡村服务人才的条件才得以完具。"

为了实现这三项训练，训练部的课程安排有：党义之研究，概括三民主义、建国大纲、建国方略及其他科目；乡村服务人才之精神陶炼；村民自卫之常识及技能之训练；概括自卫问题研究、军事训练、拳术及其他科目；乡村经济方面之问题研究，概括经济学大意、农村经济、信用生产消费各项合作、簿记、社会调查及统计、农业常识及技术、农产制造、水利、造林及其他科目。乡村政治方面之问题研究，概括政治学大意、现行法令、公文程式、乡村自治组织、乡村教育、户籍土地登记、公安、卫生、筑路、风俗改良及其他科目。❶

其中，乡村建设理论是一门主课，每周一到两次，每次一个小时左右。上课时两三个班集中在研究院大礼堂里，由梁漱溟亲自主讲。"梁先生讲课语调较慢，很清楚。每次讲完，我们对梁先生的见解、主张都很赞成。"❷

训练部特别重视学生的思想道德教育。学生每人发一本笔记本，每天记一篇，记日记也是一门主课，由班主任批阅。老师通过这种方式了解学生的思想。训练部还比较重视军事课，从部队请来教官，每周至少三次军训。训练部对学生的生活也有严格要求，要求学生艰苦朴素，合乎民风。不许穿好的衣服，也不许留长发。目的是先从形式上和农民沟通关系，便于将来乡村工作的开展。

按照梁漱溟以前的"班长制"，学生分成一些小组，每个小组有自己的班主任。每一个小组作为一个自我管理的团体在一起生活、学习和工作，几乎没有在一起娱乐的机会，梁漱溟的儒式职业习惯根本没有考虑到星期日或休假日。每天的生活从上午五点半开始就被一个安排得很紧的，严肃的如同修道院的时间表支配着以进行有目的的活动。此外，每个学生还被要求作日记，对他的工作、周围环境及他本人做出考察和反省。这种日记要定期上交给班主任进行检查。

每天拂晓，全校师生在天还没亮时就集合在一起做一段时间的静思。梁漱溟或其他教师做一段"朝话"，这种朝话是进一步思考的材料。梁漱溟希望通过这种体验方式把学生锻炼成为研究院解决山东农村问题的合乎需要的坚强先锋。他们将习惯于在无亲属关系的集体中生活和工作，习惯于艰苦的劳作，明了自己工作的深远意义，满怀儒者的热忱去发挥道德影响。❸

❶ 梁漱溟. 山东乡村建设研究院设立旨趣及办法概要［G］//中国文化书院学术委员会. 梁漱溟全集（第五卷）. 济南：山东人民出版社，2005：234-235.

❷ 刘溥斋. 我在研究院训练部学习和从事乡建活动的经过［G］//山东省政协文史资料委员会，邹平县政协文史资料委员会. 梁漱溟与山东乡村建设. 济南：山东人民出版社，1991：58.

❸ ［美］艾恺. 最后的儒家——梁漱溟与中国现代化的两难［M］. 南京：江苏人民出版社，2003：176.

教学内容规范着教学组织形式，组织形式又反作用于内容的实施，两者互动联系，共同完成教学目标任务的规定，并体现了办学者的思想理念设计。

4. 训练部毕业生的流向

训练部从 1931 年夏至 1935 年 10 月，共举办三期，为全省一百零七个县培养乡村建设实施人才共一千零四十人。另据 1937 年的统计，研究院与所属实验区培养、训练学生累计达三千多人。毕业生绝大部分返回本乡从事乡村建设工作。❶

据训练部第一届学生于长茂回忆：

> 在两年的学习中，每日亲听先生讲授《中国民族自救运动之最后觉悟》和《乡村建设理论》等课。在讲授中，梁先生忧国忧民的心情每每流露于言表。每日授课三四个小时，其苦口婆心谆谆诲人的精神，以及那精湛的论述和铿锵有力的语言，深深打动着每一个受教育者的心。由于先生耳提面命，言传身教，我和同学深受感化，过去热心向往城市生活的同学，结业后都愉快地到贫穷落后的农村去工作。❷

1936 年，研究院的训练部纳入师范教育体系，改称"山东省第一乡村建设师范学校"，菏泽分院与原有的省立第五师范合并，改称"山东省第二乡村建设师范学校"。

（三）邹平实验县区的组织建构

山东建设研究院是研究农村救济建设等问题的学术研究机构，学术要变成现实，必须要靠实验区来实验。山东省政府在该研究院成立之时就把山东邹平划为乡村建设实验区，一切事情隶属研究院，有关乡村建设的各项政策措施都在此加以实验，实验区是梁漱溟乡村建设理论的实践基地，其既是专供学生实习乡村建设实际工作的场所，也是乡村建设的示范区域。1933 年，选定邹平县为实验县。随着乡村建设运动的开展，又陆续选定菏泽、济宁等十余处为实验区，在各县辖区内广泛开展乡村建设与教育活动。邹平实验县县长一职先后由梁秉锟、朱桂山、王怡柯、徐树人等担任，梁漱溟也曾于 1935 年 6 月短暂兼任。

---

❶ 宋恩荣. 梁漱溟的乡村教育实验 [J]. 教育研究与实验，1988（2）.

❷ 于长茂. 沉痛悼念梁漱溟先生 [G] //梁培宽. 梁漱溟纪念文集. 北京：中国工人出版社，2003：67.

1. 村学—乡学—县政府

邹平县原有的七个行政区，改划为十四个乡，城区为首善乡，乡以下为三十六个村民自治团体。这样，邹平实验区就形成了村学—乡学—县政府三级行政机构。村学、乡学的设置体现了梁漱溟以传统儒家为基础的思想，希望采用"古人的道理"教育村民，以达到道德约束的目的。如在村学设立民事纠纷调解委员会，尽量采用温和的手段化解矛盾。

2. 行政机构设置

（1）村学机构。各村学设立以下机构：村部，设村队长一人，在县警卫队培训的人员中选取担任，负责全村联庄会员的训练，同时负责维持本村的自卫治安；民事纠纷调解委员会，由村学学长、理事和村中选出的一至三名德高望重公正人士组成民事纠纷调解委员会，负责调解村内民事纠纷，减少诉讼；户籍员，在村中选出一名有文化、有责任心的村民担任户籍员，负责全村的户籍工作，直接受乡户籍主任的领导。

（2）乡学机构。各乡学设立以下机构：乡队部，设乡队长、副队长各一人，由县政府委派在县警卫队培训的一年制学员担任，乡队长负责全乡自卫治安和联庄会员的训练工作；户籍室，由乡副队长兼任户籍室主任，负责全乡户籍管理和禁缠足、戒早婚、禁烟、禁赌等工作；卫生所，卫生所的工作人员由县医院培训的卫生人员担任，每乡分配一人，负责全乡医疗卫生工作。

（3）县政府机构。

第一科。负责全县民政工作。

第二科。掌握全县武装。下设青年农民征训所，直辖警卫队。有军事教官数人，负责培训各乡学的乡队长和乡队副。

第三科。掌全县财政和省款、地方款的预算、决算事项。

第四科。掌管全县公路、水利、电话和度量衡。县电话事务所总机装有七十多部话机，各乡乡学都通电话；县城东西两城门内，安有公共电话两部，任人使用，便利村五个自然村庄。乡设乡学，村设村学，乡学是村学的上级。除首善乡设实验小学外，其余十三个乡按序号排列称为第×乡学。村学、乡学作为学校负责本村、本乡的行政事务，相当于村民。❶

---

❶ 山东省政协文史资料委员会，邹平县政协文史资料委员会. 梁漱溟与山东乡村建设 [M]. 济南：山东人民出版社，1991：120.

第五科。负责全县教育工作。

户籍室。设户籍室主任一名，下有户籍员、统计员四人，掌管全县户籍工作，如人口生亡、户口迁移等。

此外还设有秘书室（负责保管档案材料、规章文件）、承审室（掌管司法、民事诉讼等）、公报处（负责刊登本省、本县重要消息）、民众问事处、金融流通处、农民自新习艺所、乡村饭店等辅助机构。第一科科长田慕周，第二科科长窦学岩，第四科科长钱子范，第五科科员李守文和宋乐颜都是研究部培养出来的学生。

如果上述机构的功能或价值从大教育观视角加以揭示阐发，可以认为村学和乡学的教育内容主要有以下四个方面。①村学、乡学设儿童共学处、小学部、职业训练部，因陋就简、随处施教，注重对合作社职员、社员冬春训练蚕业、机织传习等（办理学校教育和社会教育，侧重职业性的教育）。②推行各项改良措施，如禁缠足、戒早婚及买卖婚姻、禁烟、戒游堕、戒斗殴、农业改良、造林、修路、讲卫生等（推进社会改良）。③扶助农民组织生产、消费、运销。各种信用合作社，以办生产、运销社为主。各乡经常办合作训练班，训练合作人员，凡村学教员均须合作函授班毕业，会指导办合作：高小及成人部教育加入合作内容，把合作社作为从经济上组织农民的主要手段，辅以技术指导，良种推广，推动合作组织普遍发展（辅助农民生产）。④办理乡村自卫，自卫组织名为"联庄会"，先由各乡选送青年施以严格的军训，委任各乡的乡队长、副乡队长。办理联庄会训练班，每年办一次，训期两个月。受训后按地段编组，每村编为一组，设村组长、副组长。全乡编为一乡队，受乡学节制及乡队长的指挥，维护治安，防护青苗。在不妨碍农事原则下，每月至乡学集合一次，举行"乡会乡射"操练练习（办理乡村自卫）。从这四方面看，乡学和村学的教育内容比较广泛，侧重于农村社会的实际，大致包括伦理、风俗、职业培训、技术传授、军事训练等。此外，还办理户籍等事宜。

（四）农场

乡村建设有"富、教、养、卫"四大任务，"富"为首要任务，所以，地址就设在黄山西北角的德国天主教堂一带，占地二十多亩，内设田艺、园艺、畜牧、养蚕和兽医五个组，还建了一个酱油厂，用以对大豆深加工。农场制定周详的计划，开展种猪、鸡种、蚕业改良设计和美棉推广设计。于鲁溪任场长，之后乔礼卿任场长。于鲁溪是山东淄川县人，金陵大学农科毕业。农场的主要工作是畜牧、育种，试种美棉、美烟等，并负责指导组织"梁邹美棉运销合作社"及棉花打包厂。农场主要任务是指导改良农业，发展农村副业，推广实验经验，繁荣农村经济，同时为学生在农场进行各项农业实习提供条件，训练部有关农业常识及技术课程就由农场主任及技术人员担任。农场积极培育优良品种，并通过实验推广谋求生产工艺及技术的改进，在一定范围内受到了农民的欢迎，既加深了他们对乡村建设研究院的认识，也使农民获得了一些农业科学技术知识。

（五）邹平师范教育

1. 邹平师范学校

按照梁漱溟 1922 年所作《社会本位的教育系统草案》中的构想，要建设一个涵盖村学、乡学、县学、市学、省学、国学的完备教育系统，县学应酌设升学预备部、职业训练部、自由研究部、乡村师范部等。由乡村师范部负责训练区学、乡学教员。此时在梁漱溟的设计中，师范教育并没有作为一个单独的部门独立出来。之后在山东的乡村建设中，研究院的训练部承担着培养基层教师的任务，几乎成为村学、乡学教师的主要来源。

1933 年，根据梁漱溟"村有村学，乡有乡学，县有县学"的乡村建设思想，设立县学师范部，位于邹平县城南门里路东的文庙（孔庙）内。梁漱溟所讲"县学"，不只"师范部"一个部，还有其他部，因为各方面条件不成熟，其他部并未得到实施。1935 年，在县学师范部的基础上成立邹平县简易乡村师范学校。张宗麟在 1935 年 8 月至 1936 年春这段时间担任校长一职。"它的创办，开创了邹平办中等普通学校的历史。由此开始，凡取得高小毕业以上文化程度的青少年，不必远去济南求学，或者到办有中学、师范学校的长山、惠民、益都、曲阜等县就读，可以直接就近在本县升学了。"● 学生住在文庙前的廊坊内，破门烂窗。招收的学生很杂，有高中、初中、小学毕业的学生，生源有本县也有外地。邹平县简易乡村师范学校的活动受乡村建设研究院的制约。1936 年春，张宗麟离开邹平后，简易乡村师范学校并入乡村建设研究院师范部，后又将师范部并入"山东省第一乡村建设师范学校"，成为该校

● 罗琪，等. 邹平县简易乡村师范学校师生的抗日救亡活动［G］//山东省政协文史资料委员会，邹平县政协文史资料委员会. 梁漱溟与山东乡村建设. 济南：山东人民出版社，1991：231.

的简师部。

2. 简易乡村师范学校

1935 年 8 月，张宗麟应聘到邹平县简易乡村师范学校任校长，并实施了一系列的改革。张宗麟是陶行知的学生，积极提倡"生活即教育、社会即学校""教学做合一"的教育思想，因此，他主持下的简易乡村师范学校基本承袭晓庄师范学校的做法，取得良好的教学效果，在当时社会上影响很大；同时也为村学、乡学培养了一批初小教员，保证了乡村建设活动的顺利开展。

3. 山东省第一乡村建设师范学校

1936 年，研究院的训练部纳入师范教育体系，改称"山东省第一乡村建设师范学校"，校址位于山东乡村建设研究院内。研究院正门朝南，挂有两个牌子，一为"山东乡村建设研究院"，一为"山东省第一乡村建设师范学校"。梁漱溟任校长，张俶和任教务长，黄良庸任总务长。下设特师部和简师部，部设部主任，班设班主任。特师部招收初中毕业生，学制三年；简师部招收高小毕业生，学制四年。两部学生结业后，都分配充当乡农学校、乡学、村学的教师。特师部招六个班，学生三百余人；简师部前后共招三个班，分一、二、三年级，学生约有一百五十人。对学生实行军事管理，每人发蓝制服，按时出操、打靶和野外训练。乡村师范学校的课程内容也和其他普通乡村师范大体相同。因为当时省教育厅规定，学生毕业时，必须参加全省会考，会考不及格的不发给毕业证书。所以，不得不有如此的改变。❶

三、山东邹平乡村教育与建设实验的实施

山东乡村建设研究院在省政府的大力支持下，开始实验。研究院设在邹平县城东关之外，其东南半里之遥设有农场一处。邹平的乡村教育实验大体可以分为两个阶段，1931 年 3 月至 1933 年 7 月为第一阶段，称为乡村建设实验时期，为初级实验阶段，主要为试办乡农学校；1933 年以后日本帝国主义发动全面的侵华战争，铁蹄践踏山东大好河山，乡村教育实验被迫中断实验，此为第二阶段，称为县政实验时期，为高级实验阶段，主要是按照乡村建设理论及试验计划推行实验的时期，开办村学、乡学是其中的核心要素及项目。梁漱溟

---

❶ 贾巨川. 山东省第一乡村建设师范学校及邹平乡村建设实验情况 [G] //山东省政协文史资料委员会，邹平县政协文史资料委员会. 梁漱溟与山东乡村建设. 济南：山东人民出版社，1991：243.

所设计的具体内容可以分为以下三个方面。

> 经济一面，政治一面，教育或文化一面。虽分三面，实际不出乡村生活的一回事；故建设从何方入手，均可达于其他两面。例如从政治方面入手，先组成乡村自治体；由此自治体去办教育，去谋经济上一切改进，亦未尝不很顺的；或从教育入手，由教育去促成政治组织，去指导农业改良等经济一面的事，亦可以行。但照天然的顺序，则经济为先，必经济上进展一步，而后才有政治改进教育改进的需要，亦才有做政治改进教育改进的可能。如其不然，需要不到，可能性不够，终是生强的做法。我们从事乡村建设，原是做促进社会进步的工夫，固不能待其天然自进；然于此中相因相待之理不知留意，建设必将无功。❶

这里所构想的通过"教育或文化"工作努力达到政治、经济的改进成为乡村教育实验综合化的特征，而其中又突出经济建设之于政治进步、教育文化发达的先决条件或基础作用，表明梁漱溟关于社会改革的思想已由道德伦理文化精神向产业技术、经济资本方向调整、转移，这是一种富有现实性的进步。不过，这种变化主要反映在第二阶段的教育实验之中。

（一）邹平乡农学校的教育实验

乡村建设培训部培养了乡村建设人才后，他们回乡如何服务？各县建设实施从何着手？梁漱溟说办乡农学校最为相宜，即用乡农学校的组织去具体推行乡村建设。"邹平的乡村工作，是以乡农学校来进行。乡农学校就相当于江南一带的乡村改进会或农村改进区；也相当于北方定县的平民学校。不过都不很相同。""我们的办法，是在相当大小范围的乡村社会以内，成立乡农学校。"❷

乡农学校也是梁漱溟实现其乡村建设理论的组织机构，在尚未取得地方自治实验权以前的乡农学校，是一个集政治、经济、教育、军事于一体的组织。在这个组织中，既能使民众享受充分的民主，又可为每一个人提供平等受教育的机会，并且扬弃新老教育中的优点和不足。乡农学校开展的教育工作又分学校式和社会式教育。学校式教育是指根据需要在乡农学校中分别设立儿童部、

---

❶ 梁漱溟. 山东乡村建设研究院设立旨趣及办法概要［G］//中国文化书院学术委员会. 梁漱溟全集（第五卷）. 济南：山东人民出版社，2005：227－228.

❷ 梁漱溟. 乡农学校的办法及其意义［G］//中国文化书院学术委员会. 梁漱溟全集（第五卷）. 济南：山东人民出版社，2005：347.

成年部、妇女部等；社会式教育则是指通过农业改良、倡办合作事业和风俗整顿等社会改造和社会建设措施来实施广义的教育工程。根据当时中国乡村的实际状况，梁漱溟认为只有通过乡农学校的形式，把乡村组织起来开展自救，才能解决中国乡村存在的种种问题，所以乡农学校就是"乡村建设"的组织形式。到 1932 年，山东邹平全县共成立乡农学校 91 所，学生总数达 3 966 人。❶据《邹平通史》记载：1931 年，邹平县共有县立小学两处，学生 427 人；村立小学 282 处，学生 7 961 人；区立高级小学六处，学生 418 人。没有中学和师范。1934 年，村立小学发展到 308 处，学生 8 903 人；乡学（相当于部颁高级小学）14 处，学生 750 人。❷

　　成人教育部农闲时上课，所有男性成人均须参加，授课时间每晚七至九时。课程有公民学（故事、时事和"精神训练"等）、识字、基础知识、唱歌、武术等。课程设置以"因时因地制宜"为原则。妇女教育部一般为下午开课，课程基本与男性成人教育相同，增加了育婴及家政等内容。儿童教育部每天上课（女童只上半天课），农忙时停课，课程有国语、算术、常识和公民等，以"适用"为原则，重视精神陶冶。需要指出的是，各部的教学除了有以上提到的"恒常类"课程，还有按当时当地需要和问题而设的"特殊类"课程，如有匪患的地方设讨论匪患的功课；养蚕种棉的地区随时成立短期补习班。乡农学校高级部招生的对象为曾经进过学校受过四五年教育、年龄在十八岁以上的青年人，课程以史地和农村问题为主，目的是培养乡村建设干部人才。史地课程是让他们明白历史的变迁，而有自己所处时代地位的自觉。因为，在梁漱溟看来，不明白历史的变迁，就不会应付现在的环境而创造未来的前途；不从深处认识问题，就不知道问题的来历，得不到解决问题的方法。农村问题课程是让他们从眼前身受种种问题，向深处认识之、了解之。此外，还要对他们进行乡村事业的技术训练，以培养乡村工作的技术能力。

　　乡村教育应从何处入手呢？在这个问题上，梁漱溟与其他乡村教育领袖见解不同。他既不从扫盲这个提高民众识字率的基本问题入手，也并非立足于促进农业职业教育、改良农业技术方面，而是以"人生行谊教育"为视角切入乡村社会，这就成为邹平乡农教育模式的主要内容之一。所谓人生行谊教育，

---

❶　宋恩荣. 梁漱溟教育文集［M］. 南京：江苏教育出版社，1987：245－246.
❷　熊吕茂. 梁漱溟的乡村建设理论对发展西部农村教育的启示［J］. 河北师范大学学报：教育科学版，2006（1）.

就是关于人生态度、品德、道义等的教育。梁漱溟从其生命哲学观出发，认为知识技能是生活的工具，是死的；只有生命本身才是活的。必须以活泼的生命去进求、去运用，而后才能获得知识技能。生命消沉无力，则知识技能一切谈不到；而果得生命活泼，亦自然知所进求运用，正自不难著其功。因而，在他看来，"中国教育除非从此没办法则已，如其有办法，必人生行谊教育之重提，而后其他一切知识技能教育乃得著其功；抑必将始终以人生行谊教育为基点而发达其他知识技能教育焉"❶。

他坚信在当前剧变的世界中，必须从人生问题上启发指点，使农民从"窘闷消沉"转向"乐生"后，才能谈得上识字运动和农业改良运动；否则，农村各项事业既难以推行，也难以取得成效。就梁漱溟所从事的邹平乡村建设，亦即其邹平教育模式而言，也是以此为出发点的。关于乡村建设运动与人生行谊教育之间的关系，梁氏之门生黄良庸先生亦有其真知灼见：

> 人生态度之提醒，乃乡村运动之根本原动力也；此力不活，一切均为死的，政治经济上之实际问题，吾决其无解决之日。且吾人之乡村运动，为人类而尽责也，亦为自己性命尽责也……吾愿吾师则以人生态度重提一义为重，而将乡村运动的名称，称之为"新人生的运动"，使本末轻重所在，一望了然，而青年人又可从根源处著力耳。

他进一步指出：

> 在今日之社会现象，人人穷饿，非衣食足，不能兴礼义，此何待言。然吾人以经济一言以号召天下，吾知其饿者之易易，吾知其能唤醒饿者之起而求食，非能晓起饿者以求生也。苟能唤起饿者以求生，则其道并非经济的可能为力也。其道何由？吾应之曰，厥仍首在教育……今日之教育，应注重人生行谊，使人与人之间，各以其生命相感召，以成吾民族生机之大潮。❷

由此可见，乡村建设以人生行谊教育为出发点，以唤起乡民的生命活力，成为梁漱溟及其学生的共识，并且成为当时邹平乡村建设同人的共识。曾在南

---

❶ 梁漱溟. 丹麦的教育与我们的教育［G］//中国文化书院学术委员会. 梁漱溟全集（第七卷）. 济南：山东人民出版社，2005：679－681.

❷ 黄良庸. 黄良庸先生寄梁漱溟先生书［J］. 乡村建设，1933，2（17/18）.

京晓庄师范任教，后被梁漱溟要到邹平从事乡农教育的杨效春即指出："乡农教育所指望的，对于乡农是整个的人生教育；对于乡村是整个的社会再造。"❶在邹平县印台乡从事乡农学校工作的尹明甫告诫乡农："不要单看重有形的洋钱，要看重无形的做人的道理。"❷

从课程设置看，乡农学校的教育内容很丰富，有知识技能教育、人生行谊教育（精神陶冶）、体育、美育及综合教育等。但是，在具体的施教过程中，各项教育内容并非同等并列，人生行谊教育，即道德教育或精神陶炼是教育内容的基点与核心。因为邹平的乡村建设不是一般的乡村建设，而是一种文化改造、民族复兴。精神陶冶主要包括三方面内容（合理的人生态度与修养方法，人生实际问题的讨论及对中国历史文化的分析），而这三者皆以"中国民族精神"为核心。梁漱溟指出，要使中国人认识自己，认识自己的民族精神。"人类之所以为人类，在其具有理性；中国古人很早就认识了人类的理性，发挥了人类的理性，所以中国民族虽遇今日之难关而无碍。"❸要开发理性，就要大大发扬中国民族精神。而所谓民族精神，中国人的精神不是别的，就是以孔子为代表的儒家伦理思想。通过思想陶炼和灌输，期冀达到如下目标："启发大家的深心大愿"，"替他从苦闷中找到出路，从彷徨中找到方针，从意兴消沉中仿佛叫他有了兴趣"；"让乡下人活起来，不但使他脱离了迷信与习惯，并且使他脱离了彷徨及苦闷，必如此，农业方可改良，合作社方可组织。"❹

梁漱溟立足中华传统文化来思考中国社会的改造，注重民族精神的再造，他独创的"朝会"形式被应用在学校中。乡农学校每天都举行朝会，教员进行精神陶冶讲话。当代教育史学者对于此举有所评估，颇有见识：近代社会出现了对传统文化的简单否定和激烈反对的狂热情绪，不能不导致一些人崇洋媚外，甚至错误地主张全盘西化。在这种背景下，梁漱溟敢于提倡传统儒家文化，取其精华，剔其糟粕，并吸收西洋文化的长处，使中西文化有机结合；大力提倡并发展乡村教育，提高广大国民素质，进而完成对传统文化的改造和社

---

❶ 杨效春. 乡农教育释义 [J]. 乡村建设，1932，2（9）.

❷ 尹明甫. 邹平印台乡农学校报告 [J]. 乡村建设，1933，2（21）.

❸ 梁漱溟. 精神陶炼要旨 [G] //中国文化书院学术委员会. 梁漱溟全集（第五卷）. 济南：山东人民出版社，2005：504.

❹ 梁漱溟. 精神陶炼要旨 [G] //中国文化书院学术委员会. 梁漱溟全集（第五卷）. 济南：山东人民出版社，2005：499.

会改造。这显然不是空穴来风，而是务实之举。❶

在教学方式上，乡农学校借鉴了陶行知的"小先生制"，创立了"共学团制"，团内设团长、团副及秘书长，均由学生担任。学生按程度高低分成两部分，程度高的称"导友"，程度低的称"学友"；导友又分文化导友、政治导友和经济导友三种。每团下设五组（处），每组由三名导友、十至一百名学友合成。教学形式分为直接教学、分组教学和野外教学三种，学习方法采用"自学辅导制"。

> 动不是容易的，适宜的动更不是容易的。现在只要先根本启发一种人生，全超脱了个人的为我，物质的歆慕，处处的算账，有所为的而为，直从里面发出来活气——罗素所谓创造冲动——含融了向前的态度，随感而应，方有所谓情感的动作，情感的动作只能于此得之。只有这样向前的动作才真有力量，才继续有活力，不会沮丧，不生厌苦，并且从他自己的活动上得了他的乐趣。只有这样向前的动作可以弥补了中国人夙来缺短，解救了中国人现在的痛苦，又避免了西洋的弊害，应付了世界的需要，完全适应我们从上以来研究三文化之所审度。这就是我所谓的刚的态度，我所谓适宜的第二路人生。本来中国人从前就是走这条路，却是一向总偏阴柔坤静一边，近于老子，而不是孔子阳刚乾动的态度；若如孔子之刚的态度，便为适宜的第二路人生。❷

梁漱溟关于乡农学校的设计方案、推行努力，尤其是道德精神、社会工作、民众生产生活相关的课程计划，应该是体现了他的乡村建设与教育思想理念及人生态度的。

（二）邹平村学、乡学的学校式教育实验

梁漱溟在他的《乡村建设大意》中强调：我们中国现在所急切的就是要有团体组织，就是要往团体组织里去变；而求得团体组织之道，在中国是必须发挥伦理关系，发挥义务观念。这种组织在乡村就是村学、乡学——要使父老兄弟合村团结成立村学，全乡的人团结成立乡学。村学是乡学的基础，乡学是村学的上层。村学、乡学既是教育机关，又是县以下的乡、村级政权机关。山

---

❶ 苗春德. 中国近代乡村教育史 [M]. 北京：人民教育出版社，2004：177.

❷ 梁漱溟. 东西文化及其哲学 [G] //中国文化书院学术委员会. 梁漱溟全集（第一卷）. 济南：山东人民教育出版社，2005：538－539.

东邹平乡村建设研究院师生在梁漱溟亲自指导下，到邹平各区乡调查研究，试办乡村教育，总结经验，制定出一套改革办法，即乡农学校、乡学及村学制度，自 1932 年开始逐步在全县实行。1932 年，取消原有的区，将全县划分为十个乡，乡设"乡学"，乡以下分若干村，村设"村学"。1933 年研究院将全县原有的七个行政区，改划为十四个乡，城关为首善乡。首善乡设立实验小学，各乡设乡学，各乡的重点村设村学。

1. 村学、乡学的构成

村学、乡学作为"政教合一"的乡村组织，由学长、学董、教员及学众组成。学长作为乡村最有威望、最有品德的人，由学董会推举并由县政府礼聘主持教育，教训一村或一乡的人，主要为调和众人，不负事务责任；学董为乡村领袖，负责公共事务，负责办理村学或乡学，另设常务学董（即理事）一名主持一切行政工作；教员大多由山东乡村建设研究院研究部或训练部毕业生担任，他们除了教学，还肩负推进社会工作的责任。学众是村中、乡中的所有男女老少。

另外，在乡学里还有辅导员，是代表县政府下到村去的，多半在研究院受过训，由研究院推荐、县政府委任。"辅导员的责任只从侧面引导，监督乡学中的一切工作，主要掌握乡建政策的正确贯彻，他们是整个乡学中的灵魂人物。"❶ "辅导员和教员的地位不同，教员是村学或乡学聘请的先生，而辅导员则是代表县政府下乡去工作的，不属于乡学的组成人员。他们的职责主要是辅导乡学的学长、学董和教员各尽职守，并巡回视察指导各该乡学所属各村学及小学的种种活动。和教员一样，他们也大多是山东乡村建设研究院研究部和训练部的毕业生，并常驻乡村，惟回县参加县教育行政会议。就其职责而言，辅导员的作用是在县政府与地方之间，代表县政府传达意旨于地方，同时又将地方情形和民意转达于县政府，以加强二者之间的联系。"❷

这样，村学、乡学实质上就是一个乡村自治机关，取代了原有的乡镇区公所，负责起与乡村有关的一切事宜。特别的是，这个机关是以教育的外在形式呈现的，以"新礼俗"的形成为目的。"邹平自实验计划施行后，已将从前之区公所乡镇公所等机关取消，而代以村学、乡学。但村学、乡学在这里不仅是

---

❶　卢资平. 忆邹平实验县第十二乡乡学［G］//山东省政协文史资料委员会，邹平县政协文史资料委员会. 梁漱溟与山东乡村建设. 济南：山东人民出版社，1991：213.

❷　郑大华. 民国乡村建设运动［M］. 北京：社会科学文献出版社，2000：263－264.

个机关，并且是个团体。""村学、乡学意在组织乡村，却不想以硬性的法令规定其组织间的分际关系，而想养成一种新礼俗，形著其组织关系于柔性的习惯之上。"村学、乡学既是地域范围的界定，也有程度、等级的差异。村学是乡学的基础，是个小团体；乡学是村学的上层，是个大团体，个体属于团体中的一人。结成这个团体，目的是"齐心学好，向上求进步"❶。

2. 村学、乡学的教育目的

乡学、村学既是学校，也是行政机关，其任务是完成社会改造期的文化改造的使命，化社会为学校，引导众人一齐向上学好，讲求进步。梁漱溟关心的是怎样利用教育去培养"新的政治习惯"（即新礼俗）来构建一个新社会。要实现这个目标就要依靠团体组织，依靠村学、乡学来实现。

> 村学、乡学的目标就在于培养新政治习惯，启发大家的注意力与活动力，让多数人从被动地位转到主动地位，从散漫消极变积极团结。……我们山东乡村建设研究院在邹平做乡村建设实验，什么时候才算成功呢？直截了当地说，就是村学、乡学真正发生组织作用，乡村多数人的注意力与活动力均行启发，新政治习惯培养成功，而完成县自治，研究院实验县的大功就算告成。❷

村学、乡学的对象不仅是个别的或部分的青壮年农民，而且包括了一定区域内的男女老幼。按照梁漱溟的设想，村学、乡学真正发展起来以后，便可恢复中国古代那种行之有效的乡邻结构模式，在政治生活中起到引导和推动农民参与团体生活的作用。梁漱溟认为，中国社会缺乏团体生活和团体力量，是中国散漫无力、落后于西方的重要原因之一，因此他所设计的村学、乡学，在其主观上就是要吸收西方团体生活的长处，启发农民自觉地组织起来，树立一种团体意识，形成一种集体力量。❸

3. 村学、乡学的工作内容

1933 年 1 月，梁漱溟在《乡农学校的办法和意义》中把乡农学校的课程分为两大类，"各乡校同有的功课"和"各乡校不必相同的功课"。1934 年 2

---

❶ 梁漱溟. 村学乡学须知［G］//中国文化书院学术委员会. 梁漱溟全集（第五卷）. 济南：山东人民出版社，2005：448－449.

❷ 梁漱溟. 我的一段心事［G］//中国文化书院学术委员会. 梁漱溟全集（第五卷）. 济南：山东人民出版社，2005：535－536.

❸ 虞和平. 中国现代化历程（第二卷）［M］. 南京：江苏人民出版社，2001：762－763.

月，梁漱溟在《村学乡学须知》中明确地将村学、乡学的工作分为甲、乙两项，甲项工作为学校式教育工作，乙项工作为社会式教育工作。

学校式教育以成年农民为主要对象，正式的课堂教育分为成人教育、儿童教育和妇女教育三部分。村学酌设成人部、妇女部、儿童部等，对他们施行生活所必需的教育；乡学酌设升学预备部、职业训练部等，与村学互为补充。

> 此项工作本以成人为主，但以种种之因袭势力将必先成立儿童部（即小学）。其次则成人部夜班，这不难成立，尤其是在冬日农暇之时。此项夜班或先从讲故事及各种谈话入手，渐次乃及于识字等课程。信仰既立之后，则妇女部亦可成立。如于某项生产技术（如蚕业、棉业等）有训练农民之处，则农忙时亦正可有一种临时讲习课业之进行。例如养蚕时为蚕业讲习，种棉时为棉业讲习之类。❶

由以上资料可知，在梁漱溟的设计中，儿童部（小学）、成人部、妇女部这三项教育工作环环相扣，是一个较为完整的链条，将乡村民众纳入其中，以多种教育形式对他们实施学校教育，以达到构建新社会的目的。

（1）教育组织多样化。在学校的组织形式上，梁漱溟采取了政教合一的形式，把行政机关教育机关化，以实现其以教统政、让教育居于社会领导地位的愿望。

乡里的教育辅导员和县里的督学，定期会去各村学检查教学工作。各村学所自聘的教师经县教育部门鉴定审核合格后，可以任教。全乡各村学每年春季集中在乡学驻地举行学生讲演、体育等各种文化课目表演观摩大会，借以促进教师教学、学生学习的积极性。每年实验县政府集中各乡学学生在研究院大操场开观摩大会，各乡学生由各乡队长带队，在大操场做军事操练，县领导做出点评。

定期组织乡农学校培训。每年有春冬两季，在乡学中轮流训练各村十八至四十岁的男子。乡学教师负责教授文化课，乡队长教授军事课，辅导员、乡理事、学长分别承担教授乡村建设知识、识字明理、时事新闻等课程。

各村学设一处夜校，对成年人进行教育，由村学教师每晚七至九点授课两小时，农民可以在现有课程中选修。但在1935年以后，农闲季节里，十六至

---

❶ 梁漱溟. 村学乡学须知［G］//中国文化书院学术委员会. 梁漱溟全集（第五卷）. 济南：山东人民出版社，2005：459-460.

三十岁的男村民都必须修十周的短期课程。因为主要集中在冬季，"农闲学，农忙不学"，所以又称"冬学"。

为了解决失学儿童的就学问题，设立"共学处"，采用陶行知的"小先生制"教学。组织乡学、村学儿童部的优等生，利用午饭、晚饭前一至一个半小时的空闲时间教失学儿童读书识字。学生由"小先生"自由招生，小孩教小孩，亲切又自然。课程主要有识字、唱歌、卫生讲话、礼节练习与游戏。每一个"小先生"有三个以上学生（最多不超过十个），便成立一处，钉上第几共学处的牌子。各村共学处在各村成立全村共学处联合大会，每星期日举行一次，地点在各乡村学。由"小先生"表演，讲故事，讲公民常识、公民道德，联合唱歌、做团体游戏等。❶ 截至 1937 年 1 月，全县设有共学处 466 处，学生达 5 468 人。

> 每天，从十人到一百人不等的年轻人聚集在约好的庙里、空房子里、树林里，甚至街巷的角落里。他们在一起上识字课，用唱歌和讲故事的形式把卫生、时事等方面的基本常识灌输给大家。他们还举行识字比赛和唱歌比赛，很快就使学生对他们的"班集体"产生了热情。通过他们，县里最穷苦的年轻人也被纳入了研究院的网络系统中。当正规学校在一起举办"观摩会"时，共学处的孩子们也参加。到 1937 年，这样的共学处几乎达到了五百个。此外还有大约三百所村办小学。通过这样一个互相联系的网络，邹平接近实现了普及教育。❷

邹平实验县政府还颁布了《邹平实验县教育辅导方针》，规定对十六至三十岁失学青年的教育采用导友制，分为识字导友与专科导友。

（2）教育课程与内容。各村学、乡学都是按照梁漱溟的设计进行构建、管理，办学情况基本相当。就卢资平所在的第十二乡学而言，它的前身是邹平辉里镇镇立高级小学。

> 全县一至十三乡，每乡都有乡学一处，学生人数不同，小乡一个班，大乡两个班，每班四五十人，都是小学五六年级，叫高级部。各村学教师二三人，学生人数不等，至少有一个复式班。村学是一至四年级，叫初级

---

❶ 祝超然. 邹平短期义务教育的实施 [J]. 乡村建设半月刊，1935，5 (4).

❷ ［美］艾恺. 最后的儒家——梁漱溟与中国现代化的两难 [M]. 王宗昱，冀建中，译. 南京：江苏人民出版社，2003：181 - 182.

部。课程：高级部主要是国语、算术、史地、自然、劳作、体育、唱歌等，各乡随时增设乡土课程，如山区增加林业知识，棉区增加农业种植等。初级部课程主要有国语、算术、常识、体育、唱歌（也叫唱游）。教师的工资待遇，校长三十元，教导主任二十五元，高级部十八至二十二元，初级部教师十二至十五元（都是月工资，那时候叫薪金）。经济来源：除了乡学教师和村学中由研究院、县派来的教师开支省款外，其他初级部教师都是开支地方款，也叫县款。❶

乡学分初级班和高级班，初级班的学生大都来自本村，属于村学，学制四年，相当于国民小学的初小部，招收一至四年级的学生。白天上课，国语、算术、常识、体育、唱歌（也叫唱游）。高级班的学生来自全乡，学制两年，即小学的五六年级。课程有国语、算术、公民、自然、历史、地理、卫生、音乐、体育、美术。每天六节课，按时作息，并设有严格的点名、考勤、备课、请假、会议等制度。就课程设置而言，乡学的教育内容与一般的国民小学差别不大，所不同的是教材可以根据自己的需要编写，如新闻消息、乡村建设活动、精神陶冶、人生向上等。还遵循因地制宜原则，增设有乡土课程，如山区增加林业知识，棉区增加农业种植等。村学亦同。除了日常的课堂教学外，学校还组织多种课外活动。

> 课外活动时间，经常由教员带领高年级学生，通过演讲、办板报、喊口号、演话剧等形式，宣传男子剪发，女子放足，禁止早婚，破除迷信，新法接生。通过这些活动，学生不但巩固了课本上学到的知识，还对乡民进行了教育，可谓一举两得。❷

夜校虽然面向全乡农民招生，但那时女性入学的很少，基本上都是男学生。夜校的课程有文化知识、精神陶冶、时事、农业知识、唱歌、武术等。教师是小学教师、学长、村理事、村队长等人，主要开设识字、唱歌、精神陶冶、军事训练等课程。成人教育部的课程有如下内容：公民学（包括讲故事、时事、梁漱溟思想和精神陶冶等项目）、识字、基础知识（有关合作社、农艺

---

❶ 卢资平. 山东邹平实验县的片段回忆［G］//山东省政协文史资料委员会，邹平县政协文史资料委员会. 梁漱溟与山东乡村建设. 济南：山东人民出版社，1991：125–126.
❷ 卢资平. 忆邹平实验县第十二乡乡学［G］//山东省政协文史资料委员会，邹平县政协文史资料委员会. 梁漱溟与山东乡村建设. 济南：山东人民出版社，1991：214.

和公共卫生的)、音乐、军事技术。下午为妇女开设的课程大致相似,只是还包括托幼和家庭经济方面的训练。❶

与守旧派不同,梁漱溟对西方民主、科学的精神予以充分的肯定,认为对其价值只能无条件地承认、接受,而不是迟疑、犹豫、半推半就或"犹抱琵琶半遮面"的羞羞答答,忸怩作态。

> 因为旧派并没有倡导旧化,我自无从表示赞成,而他们的反对新化,我只能表示不赞成,他们的反对新化并不彻底:他们也觉得社会一面不能不改革,现在的制度也只好承认,学术一面太缺欠,西洋科学似乎是好的;但总像是要德谟克拉西精神、科学精神为折半的通融。莫处处都一贯到底。其实这两种精神完全是对的,只能为无批评无条件地承认,即我所谓对西方化要"全盘承受"。怎样引进这两种精神实在是当今所急的,否则,我们将永此不配谈人格,我们将永此不配谈学术。你只要细审从来所受病痛是怎样,就知道我这话非激。所以我尝叹这两年杜威、罗素先到中国来,而柏格森、倭铿不曾来,是我们学术思想界的大幸;如果杜威、罗素不曾来,而柏格森、倭铿先来了,你试想于自己从来的痼疾对症否?❷

综上所述,村学、乡学学校式教育的内容很丰富,有知识技能教育、精神陶冶、体育、美育及综合教育等。我们可以很明显看出:精神陶冶(即人生行谊教育)是教育内容的基点与核心。不管哪种教育组织,精神陶冶都是最重要、最不可缺少的部分。其包括三部分,即"合理的人生态度和修养方法的指点,人生实际问题的讨论及中国历史文化的分析"❸。而"所谓历史文化的分析,就是指点中国文化的特质(就是民族精神);所谓合理的人生态度,是讲中国古人的人生态度,也还是民族精神;乃至于讲修养的方法,也是源于古人,资借于民族精神"❹。

精神陶冶,主要讲解中国民族历史概要,村学、乡学须知和古人的道理。

---

❶ [美]艾恺. 最后的儒家——梁漱溟与中国现代化的两难 [M]. 王宗昱,冀建中,译. 南京:江苏人民出版社,2003:180.

❷ 梁漱溟. 东西文化及其哲学 [G] //中国文化书院学术委员会. 梁漱溟全集(第一卷). 济南:山东人民教育出版社,2005:532-533.

❸ 梁漱溟. 精神陶炼要旨 [G] //中国文化书院学术委员会. 梁漱溟全集(第五卷). 济南:山东人民教育出版社,2005:501.

❹ 梁漱溟. 精神陶炼要旨 [G] //中国文化书院学术委员会. 梁漱溟全集(第五卷). 济南:山东人民教育出版社,2005:507.

梁漱溟把精神陶冶归于"有定的功课"一类，认为乡村教育应该"始终以人生问题为中心，要始终以人生行谊教育为基点而发达其他知识技能教育"。"对于这样意志消沉的农民，我们要以精神陶冶的方法，引动他们的生机，使之有定力，有意志，而勇往直前；知道前面还有广阔的人生大道在着。"❶ 梁漱溟借助村学、乡学的形式，试图把社会上人与人之间复杂的关系，纳入师生情谊之中，企图在伦理本位的基础上，重建中国社会新秩序，形成"新礼俗"。一切行政倡议，通过村学、乡学中的日常功课，如识字、唱歌、讲话等发挥作用，由过去的行政强制改为知识道德感化。

　　梁漱溟之所以能对东西文化都持既有肯定，又有否定和批评的态度，与他将文化的本质理解为人生态度有关。他所肯定与维护的中国文化，实际上只是一种人生态度，所以传统对梁漱溟来说基本上不是一个负担，他对待传统也不像许多维护传统的人那样教条。普遍国民性所带有的持中调和、怡然自得、田园牧歌般的人生态度，对于要经历现代巨变的中国来说，可能稍嫌消极。因此，他又把孔子"刚"的态度提出来，并居于显著地位。"刚之一义也可以统括了孔子全部哲学，原很难于短时间说得清。但我们可以就我们所需说之一点，而以极浅之话表达他。大约'刚'就是里面力气极充实的一种活动。刚也是一路向，于此路向可以入的浅，可以入的深；所以他也可以是一种非常粗浅极其简易的。我们自然以粗浅简易的示人，而导他于这方向。如他有高的可能，那么也自进于高。我今所要求的，不过是要大家往前动作，而此动作最好要发于直接的情感，而非出自欲望的计虑。"❷ 显然，他是希望这个重新表述了的人生态度可以满足现代中国的要求，为未来中国文化的发展奠定基本方向。

　　除了精神陶冶，唱歌也作为"有定的功课"被规划到常规教学内容中。歌曲的种类有很多，如《植树歌》《农夫歌》《放足歌》《戒烟歌》《吃饭歌》《朝操歌》《精神冶炼歌》等，这些歌的歌词都寓意深刻，易懂易唱。这种简单便捷的方式增长知识、娱乐生活，还能起到精神陶冶的作用。

　　从表面上看，精神陶炼的内容似乎是文化保守、复古主义，实际则不然，

---

❶　梁漱溟. 山东乡村建设研究院之工作［G］//中国文化书院学术委员会. 梁漱溟全集（第五卷）. 济南：山东人民教育出版社，2005：306.

❷　梁漱溟. 东西文化及其哲学［G］//中国文化书院学术委员会. 梁漱溟全集（第一卷）. 济南：山东人民教育出版社，2005：537.

它充满了骚动活力和积极向上的精神，涉及人生观、价值观和历史观等道理。"大概起初要先顺着他的心理，以稳定他的意志，将中国的旧道理巩固他们的自信力。"❶ 这里的"旧道理"是指以孔门儒学为代表的传统思想文化，"指着孔子的这个学派，或者说孔子就是代表。在精神陶炼里大概要讲许多古人的道理，要在古人所创造的学问中有所探求，来帮助我们今天的生活"❷。但新的探求却应排除乾嘉考订或桐城辞章或理学心性主观精神的路径，而是引入西学内容"再输入新的知识道理来改革从前不适用的一切，以适应现在的世界"❸。

（3）教学组织形式和教学方法。村学、乡学主要的教学组织形式是班级授课制，将学生变成固定的班级进行教学。由于师资、生源、经费等原因，在小学高级部有采用复式班的方法来组织教学。共学处采用陶行知的"小先生制"，也就是国外的"导生制"。

过去的私塾基本是讲授法，教师讲授，要求学生死记硬背。村学、乡学反对以往填鸭式、注入式的教学，采用讲授法、探究法、五段教学法、道尔顿教学法、直观教学法等多种教学方法，跟以往的教学方法相比更能激起学生的主观能动性，取得良好的教学效果。

> 所有教师人手一册陶行知所著《古庙敲钟录》和另一种书。在教法上主张"教学做合一"，大致意思是教师在教中学，学生在学中做，教师再在做中教，务使教、学、做三者密切结合起来。主张对学生启发诱导，反对填鸭式、注入式，同时也并入五段教学法，即预备、提示、比较、总括、应用。每一课要先引起动机，再决定目的。有的乡学还试行过"道尔顿式教学法"，办法是：把课本上的一个单元，由教师拟出表式提纲，并找出有关材料，课堂上把学生分成组，讨论解答问题，这时老师巡回指导。学生经过讨论后，仍不能解答的问题向教师提出，由教师引诱启发学生解答，然后师生共同研究答案，写好提纲细目，最后由教师总括，系统讲述。不过此方法由于参考材料少，教师水平不高，采用的时间不长，就

---

❶❸ 梁漱溟. 乡农学校的办法及其意义［G］//中国文化书院学术委员会. 梁漱溟全集（第五卷）. 济南：山东人民教育出版社，2005：350.
　❷ 梁漱溟. 精神陶炼要旨［G］//中国文化书院学术委员会. 梁漱溟全集（第五卷）. 济南：山东人民教育出版社，2005：507.

逐渐不用了。当时就城里实验小学用的时间长。❶

这里的"城里实验小学"，就是邹平县小学，梁君大任校长，后改名为"邹平实验小学"。梁君大是梁漱溟同族的侄子，他在实验小学进行了一系列的改革：破除旧习俗，男女生同校同班；组织出板报、唱歌、体育、野外写生、春游等活动，丰富学生的课外生活；改革教材和教学方法；培养学生的集体生活习惯和自制能力。

> 比如上课，老师不能光讲，要启发学生多想；不能光向学生灌输，要发挥学生的主观能动性，获取灵活的知识。我们除鼓励学生多看参考书，开阔知识面外，又办起地理、数学、自然等科的教学室。教学室陈设模型、挂上图画、图表等物，进行直观教学，并引导学生实际操作，从动眼、动脑到动手，获取全面的知识。课文的内容，也力求联系实际。我是教语文的，课文都是从上海新出版的杂志上选的。我记得选过夏衍的《包身工》和一些抗日救亡的文章作教材。这样，帮助学生进一步了解社会实际，激发同学们的爱国热忱，为一些学生走上革命道路做了思想引导。
>
> 学校按班编成中队、小队，全校为大队。各队的正副队长，全由学生担任。每早有晨会，升旗、做操、讲话的活动。集会的整队，行进时的维持秩序，上课时的维持纪律，全由学生自己负责，教师只在必要时加以指导。各班的墙报组、歌咏队、球队等，也都由学生自己负责，教师只尽辅导的责任。总之一切活动都尽量发动学生自己去做，既启发了同学的主动精神，也锻炼了他们的组织能力，有些性格软弱的学生通过参加各种活动也逐渐坚强起来了。❷

实验小学虽然受实验县管辖，经费需要教育科核发，聘请教师也需要教育科批准，但是在教学改革方面独立于实验县：既不受山东省教育厅的约束，也不隶属于研究院，在办学方面比较自由。后来在张宗麟的提议下，实验小学成为邹平简易师范学校的实习基地，改名为简易师范附小。梁君大除任实验小学校长外，还兼任简易师范的生活指导部长。梁、张二人政见一致，后梁随张一

---

❶ 卢资平. 山东邹平实验县的片断回忆［G］//山东省政协文史资料委员会，邹平县政协文史资料委员会. 梁漱溟与山东乡村建设. 济南：山东人民出版社，1991：126.

❷ 邹晓青. 回忆三十年代我在邹平县从事教育工作的经历［G］//山东省政协文史资料委员会，邹平县政协文史资料委员会. 梁漱溟与山东乡村建设. 济南：山东人民出版社，1991：185.

起离开了邹平。

(三) 邹平村学、乡学的社会式教育实验

"村学、乡学的教育是广义的；教员的责任亦即是广义的教育功夫——村学、乡学的教育，本以合村人众为教育对象，要在推进社会为主，而亦将通常学校教育包括在内。故教员责任不以教书为主，且不以能教校内学生为足。"❶梁漱溟说：还应该经常与村众随意做亲切谈话，随地尽其教育工夫；应注重实际社会活动，向着一个预定目标进行；吸引村众来学校聚谈，学校成为他们经常聚会的地方。也就是说，村学、乡学既是社会教育机构，又是学校教育机构。不仅负责社会教育的任务，而且还要完成学校教育的任务。这是要将教育的出路与社会的重建合并起来解决。梁漱溟赋予村学、乡学社会教育的功能，期待其能推进社会、改造社会，希望以社会教育的手段达到改造社会的目的。根据《邹平实验县区设立村学乡学办法》的规定，无论是村学还是乡学，都要倡导本村（乡）所需要的社会改良运动，如禁缠足、禁早婚等；兴办本村（乡）所需要的社会改进事业，如合作社等。

> 例如，有匪患的地方，便成立自卫组织，作自卫训练。这即是此时此地乡农学校的功课。再如，山地可以造林；共同造林，共同保护。又如产棉区域，从选种、种植，到成立运销合作社。还有织布、养蚕、烘茧等；这一切都是乡农学校的功课。因此，可以随宜成立林业公会、机织合作社、棉花运销合作社、储蓄会、禁赌会、戒烟会等。❷

相比较来说，乙项工作更是村学、乡学的主要工作。梁漱溟非常重视成人的社会教育，指出：

> 现在很有些人提倡施行农业教育于未成年的儿童。不知在农业教育未推广到成人以前，绝不能推行到未成熟的分子，因为你没有许多榜样给他。比如说做父亲的尚未能改良农业，他的儿子，一个很小的孩子，究如何去改良农业？所以想把社会文化安排停当，在中国的今日，即应着重成人教育。再者，此刻中国乡里的成人在年龄上算得成人，若对新的生活方

❶ 梁漱溟. 村学乡学须知 [G] //中国文化书院学术委员会. 梁漱溟全集（第五卷）. 济南：山东人民教育出版社，2005：459.

❷ 胡应汉. 梁漱溟先生的乡村建设运动——答哈佛研究生 Guy S. Alitto 君之问 [G] //梁培宽. 梁漱溟先生纪念文集. 北京：中国工人出版社，2003：41.

式来说则尚未成人，犹等于儿童，当然需要教育。总之，你不想改造中国文化则已，否则非要注重成人教育不可！❶

梁漱溟多次强调乡学、村学的意义，期望以此激发农民的上进心，提高农民的素质，并把农民纳入团体之内，培养互助合作的习惯。在组织制度或管理结构上，所有"村众"都是"学众"，接受"学长"的教化，学童则根据教化的要求，从行政上加以贯彻，并与村学、乡学乙项工作的教育内容相统一，从而使县以下所属基层两级社会实现了"政教合一"的建构，完成了梁漱溟乡村建设与教育理论的框架模型。

社会式教育是一种广义的教育，村学、乡学的社会教育活动及功能主要表现在以下四个方面。

1. 经济建设

村学、乡学在经济方面的工作，是以扶助农民组织生产、消费、运销等多种以生产、消费为主的合作社的形式展开的。如美棉运销合作社、蚕业产销合作社、机织合作社、林业生产合作社、信用合作社等。这些合作社给社员提供贷款和优质的农产品种子，以提高农民的收入。从广义上讲，优良品种的推广，是对民众施行关于改良农业生产及生活方法的各种教育。

各乡经常办各种合作培训班，训练合作人员，凡村学教员均需经合作函授班毕业，有指导办理合作社方面的知识。并把高小和成人部教育加入合作社内容，寓教育于经济管理，把合作社作为从经济上组织农民的主要手段。合作社倡办合作事业，并寓教育于合作之中，以图改变几千年来小农经济养成的中国农民各顾身家的狭隘意识，培养一种适应现代文明的团体意识。❷ 这些举措在一定程度上确实缓解了农民原来所遭受的经济剥削和经济压力，促进了技术的进步和经济的发展。

梁漱溟并不打算照搬英法自由竞争的资本主义制度，而提倡伦理本位、互助合作的社会构造，主张从农业"平稳过渡"到工业。对此，他是这样理解的：

> 从外面看农业受压迫较缓，从本身看农业关系太大痛痒太切，要求喘

❶ 梁漱溟. 社会教育与乡村教育之合流［G］//中国文化书院学术委员会. 梁漱溟全集（第五卷）. 济南：山东人民出版社，2005：436.

❷ 宋恩荣. 梁漱溟的乡村教育实验［J］. 教育研究与实验，1988（2）.

气活动最急，而同时农业又极有活动可能，似乎不难从这里缓一口气。这是如上已说了的。但是仅能缓一口气，苟延残喘，殊非我们的要求。我们的要求是翻起身来达于进步的健全的经济生活。那就必须有进步的生产技术，社会化的经济组织，而其关键则看能不能工业化。因此要问，我们尽力于农业，其结果就在农业上呢？还是很快地很自然地引发工业？假使结果不在工业上，便非翻身之路。然而我们可以肯定地回答，尽力于农业，其结果正是引发工业；并且我敢断定，中国的工业的兴起只有这一条道。❶

恰如有的学者所总结的那样，梁漱溟办的村学、乡学具有如下特点：第一，纳社会改造于教育之中，用教育来完成社会改造；第二，教育着重于成人，与平常教育着重于儿童不同；第三，着重于社会教育，力求把教育普及到全体民众之中，与平常教育着重于学校学生不同；第四，化社会为学校，就所在社会环境施教，与平常教育只囿在学校施教不同；第五，教学内容、学习资料根据经济、政治、国防的需要来定；第六，注意集体生活习惯的养成。❷

应该说，贯彻梁漱溟乡村教育实验的核心内容及思想理念是科学与道德两大要素，与五四运动的两面旗帜"科学"与"民主"有更多的一致性，但也有其差异性。梁漱溟对中西文化的对垒以及中国社会道路的走向并没有激进民主主义者如胡适、丁文江、鲁迅及易白沙等人那样火爆或决断，也缺乏早期马克思主义者陈独秀、李大钊那样果敢、勇猛，而是糅合中西、有所选择，但其趋向及理路仍是现代化的努力，这一点直到他在新中国成立初期遭遇困境之后的 20 世纪 60 年代仍然执着地坚持。据汪东林的对梁氏访谈记录材料显示：

> 因为六四年那个时候是建国十五周年，大家都讨论《政府工作报告》，几乎所有的发言都说，我们国家所有这些成绩的取得，都是因为抓住了阶级斗争这个红线。梁漱溟他心里不同意这个，所以他就做了准备，写了稿子，很长的，讲起来起码也得两个小时吧。他把这个新中国成立以后的十五年的成就，归功于两句话，一句话叫科学之事，一句话叫道德之事。科学之事，他说是因为我们新中国成立以后搞成的建设，主要讲建设

❶ 梁漱溟. 乡村建设理论［G］//中国文化书院学术委员会. 梁漱溟全集（第二卷）. 济南：山东人民教育出版社，2005：508.

❷ 苗春德. 中国近代乡村教育史［M］. 北京：人民教育出版社，2004：183.

成就，是因为顺应了科学才取得，我们如果不顺应科学的话，就不取得。那么什么叫道德之事呢？这个道德就是说，他是旧社会过来的人，旧中国是一盘散沙，什么东西都抓不起来，新中国成立以后，因为共产党领导得法，所以人民群众的力量发挥出来了，这个发挥出来就不得了，这是取得这个成绩的第二大原因。现在，我讲给你这么一听，好像这话也没什么错，是不是？听起来，他没有讲别的。但是他唯独没有提一个，即阶级斗争一个字他都没说。❶

2. 乡村自卫

邹平未划为实验县前，维持治安的是公安局和民团大队。1933年7月1日划为实验县后，7月成立民团干部训练所，设立干部队和征训队两个分队。干部队的人员多是原公安局和民团大队裁撤后选留的精壮人员，共三十九人，职责是维持地方治安。征训队的人员是以公开招考的形式录用的，招考要求在《简章》中有明文规定。

征训队是以培养民团干部为目的，毕业后分派到村学、乡学训练民众自卫。第一届征训队招收三十三人，学习时间为四个月。"学习训练的课程很多，以军事训练为主。军事训练分为学科和术科两种。学科讲步兵操典、野外勤务、射击、夜间教育等；术科每天两次军训，有制式教练、战斗教练、打拳、劈刀、刺刀等。除学习军事学术两科外，还有应用文、户籍法、自卫要义、经济常识、社会调查及棉业合作等课程。"❷征训队的训练很紧张，早上四点多出操跑步，每天出操三次，晚上还安排有文娱活动。结业后，由邹平县政府分配到各乡担任正副队长，成为乡村自卫的骨干力量。因为训练期很短，所受训练也比较粗浅，所以任职后有时会调集到县里予以补充训练。县政府授予的结业证章图案由枪杆、笔杆、锄杆三样组成，寓意是农忙时拿锄杆种地，农闲时拿笔杆学习文化，有战争时拿起枪杆打仗。

邹平成为实验区之前，根据山东省政府颁布的《山东各县联庄会暂行章程》的规定"山东各县各村都要建立联庄会自卫"，建立了联庄会组织。后邹平实验区参照《山东联庄会训练简要办法》，制定了《邹平实验县联庄会训练

---

❶ 汪东林. 1949年后的梁漱溟［M］. 北京：当代中国出版社，2007：15－16.

❷ 王建五. 忆邹平实验县自卫训练及第五乡学［G］//山东省政协文史资料委员会，邹平县政协文史资料委员会. 梁漱溟与山东乡村建设. 济南：山东人民出版社，1991：191.

暂行办法》，加强了联庄会会员的训练工作。"经过县、乡训练的人员，称为联庄会会员。会员们身着蓝色军装、军帽，下缠绑腿，腰际束一条皮带（武装带），手持土造步枪或汉阳造钢枪。"❶由征训队毕业的学员担任正副队长，办理联庄会训练班，每年办一次，训期两个月。受训后按地段编组，每村编为一组，设村组长、副组长。全乡编为一乡队，受乡学管辖和乡队长指挥。

> 联庄会会员集中训练两个月，毕业后，一律按所在之乡编为乡队。各乡队长直隶于乡学，受乡理事指挥监督。各乡队之会员，平时居住在本村，各村或邻近二三小村会员编为一村组，全县共一百零七组。各村组选出正副村组长，直隶于该村学，受村理事或村庄长指挥监督，并直辖于乡队。❷

邹平实验县自 1933 年冬开始训练联庄会员，以军事训练为主，同时施以成人教育，集中训练两个月毕业。至 1937 年共训练四届，共训练会员约三千人。与以往不同的是，联庄会的集中训练以学时制的形式开展。成人教育训练的内容主要有：党义教育、乡村建设大意、法律常识、史地教育、联庄会员须知、识字明理教育、唱歌、精神讲话、棉业合作教育、自卫教育、农村问题教育，尤其注重精神陶冶，以振奋民族意识，促进纪律生活的养成。

3. 社会风俗

移风易俗，如禁缠足、戒早婚及买卖婚姻、禁烟、戒游堕、戒斗殴等。经常开展各种文体活动，向农民宣传革除旧风俗的必要性。比如有演文明戏、放无声电影、开办农民运动会的形式。既丰富农民的业余生活，又弘扬文明的生活方式和文化意识，以清除落后有害的旧风俗。文明戏即现代话剧，内容大都是有关社会教育或宣传旧风俗之害的。以第九乡为例：

> 第一幕剧是关于开展社会教育的，剧情是：在未开展民众教育的社会情况下，群众愚昧落后，书信、文契不能看……后来，接受了宣传教育，参加了乡农学校……不再受人愚弄欺骗。另一幕剧是宣传缠足危害的，剧情是：一家财主有两个女儿，大女儿缠足，是闺阁秀女，二女儿是未缠足

---

❶ 张为春. 邹平实验县第七乡姚家村训练壮丁纪实［G］//山东省政协文史资料委员会，邹平县政协文史资料委员会. 梁漱溟与山东乡村建设. 济南：山东人民出版社，1991：203.

❷ 王建五. 忆邹平实验县自卫训练及第五乡学［G］//山东省政协文史资料委员会，邹平县政协文史资料委员会. 梁漱溟与山东乡村建设. 济南：山东人民出版社，1991：191.

的洋学生。一天深夜，财主家遭到绑票，其二女儿翻墙跳到外院逃走；大女儿脚小，跳不起，跑不动，被绑架，哭哭啼啼被绑票者架走。老财主为此花了一大批银圆，最后醒悟到：还是天足好。❶

演话剧，宣传新文化；放无声电影，普及自然科学知识。这些活动既能引起村民的好奇心，又能以广闻乐见的形式让村民减少抵拒心理，收到良好的教育效果。除了通过种种宣传对村民进行教育劝导外，还兼以处罚的手段。如以游街的形式对坚持缠足者予以处罚；为改造乡间小偷、赌棍、地痞、毒品贩，成立了成人特别教育班，后改为自新习艺所，对劣迹者施以特殊教育。"农民自新习艺所：在县府内，拘留临时犯错误又不合判刑的人，如赌博、吸毒品者等。他们一面受教育，一面劳动，如编筐、编席和打扫卫生等。"❷

4. 公共卫生

山东乡村建设研究院成立后的一段时间里，工作的重点是乡村组织和乡村自卫，而对公共卫生没有引起足够注意。❸ 1934 年 9 月底，研究院与齐鲁大学医学院合作，在城区首善乡成立"山东乡村建设研究院医院"，医院直属研究院，先以门诊部对外营业。1934 年 11 月正式成立邹平县政建设实验区卫生院，作为卫生推行机关，负责乡村卫生工作，确保地方卫生工作的开展，直属邹平县政府。该院同时是齐鲁医学院的卫生实验区和学生实习基地。

为了方便偏远地区的农民看病，研究院和县政府计划在城区外的十三个乡各成立一个卫生所。由卫生院负责培训开办卫生所所需的医务人员。再由这些卫生所培训各村医务人员，深入农村进行保健宣传和防疫活动。卫生院为培养医务人员，先后开班训练了两班，招收卫生员三十余人，训练时间为一年。第二班将要结业并成立其余的各乡卫生所时，因日军入侵而被迫停顿。

卫生院和它的医院设在邹平城内，在各乡则分设卫生所。卫生所原计划在全县十三个乡各设一所，但一时财力物力不及，第一期先后设立了六

❶　王向浦. 乡建时期邹平农村宣传、文体活动的片断回忆［G］//山东省政协文史资料委员会，邹平县政协文史资料委员会. 梁漱溟与山东乡村建设. 济南：山东人民出版社，1991：180－181.

❷　卢资平. 山东邹平实验县的片段回忆［G］//山东省政协文史资料委员会，邹平政协文史资料委员会. 梁漱溟与山东乡村建设. 济南：山东人民出版社，1991：122.

❸　梁漱溟. 邹平县卫生院开幕式上的讲话［G］//中国文化书院学术委员会. 梁漱溟全集（第五卷）. 济南：山东人民教育出版社，2005：557.

个乡卫生所。卫生所隶属于乡学，但其业务和技术方面则受到卫生院的直接指导，其人员、医药、器材也直接由卫生院供给，卫生院也经常派人到各乡协助工作。卫生所的工作一方面是普通疾病的门诊和巡回治疗，重大疾病的护理和转院，一方面是学校卫生、妇幼卫生、预防注射、传染调查等项，通常是上午门诊治疗，下午搞卫生工作。❶

医院还非常重视社会卫生教育，除经常举办卫生展览，挂卫生宣传图画（苍蝇放炸弹、蚊子害死人等），陈列生理病态标本、药品和解剖器械等宣传品外，还组织巡回医疗队下到各乡，一方面治疗农民的疾病，另一方面对农民进行卫生宣传和教育。有时他们还利用赶集的机会，向农民发放卫生宣传品。❷

综上所述，村学、乡学的教育除了担负文化教育的功能外，还是一个广泛的教育工程，寓教育于经济管理、军事、训练、社会文化习俗及卫生事业之中。不只传承文化，还传授生活生产技能等最实用的知识，打破了长久以来人们对学校的狭隘认识。

梁漱溟不是山东乡村建设研究院的首任院长，但是他的乡村建设思想是研究院的精神支柱和思想灵魂。梁漱溟通过研究部和训练部讲解其思想，做到了在思想上占领人的头脑，在他周围团结着一批不计报酬的知识分子。他们的工资不及河北省定县的十分之一，却依然不计个人的得失，不辞辛苦来到邹平这个地方，实践着一个知识分子的社会责任。山东乡村建设研究院是一个知识分子的集合体，他们来自天南地北，以个人的知识和才能在梁漱溟乡村建设思想的领导下为农村贡献力量。梁漱溟利用传统儒家思想，以及部分经过改造消化的西方思想文化因素，通过培养农民的组织意识和技术的乡村建设思想在邹平得到真正彻底的落实。以村学、乡学为中心，以县政改革为特色的邹平在山东乡村建设中的成就最大、影响也最大，引来了大批的参观者，奠定了梁漱溟的乡村建设领袖的地位。以至于很多人，一谈起山东的乡村建设运动，就把它等同于邹平乡村建设。

---

❶ 王冠军. 回忆抗战前的山东乡村建设［G］//山东省政协文史资料委员会，邹平县政协文史资料委员会. 梁漱溟与山东建设. 济南：山东人民出版社，1991：11.

❷ 郑大华. 民国乡村建设运动［M］. 北京：社会科学文献出版社，2000：319.

第五节　乡村教育思潮的分析与评价

20 世纪二三十年代在中国兴起的乡村教育思潮，旨在从教育农民着手以改进乡村生活和推进乡村建设。它综合了以前各种教育思潮的一些理论因素，加以不同的取舍，从不同的角度以广大乡村为园地进行种种实验，取得了丰富的理论和实际成果。农村教育特别落后，亟待改革，尤其是近代农村饱受天灾人祸，经济处于崩溃破产的边缘之后，有的教育家就提倡"到乡村去""到民间去"，不但极力鼓吹，制造舆论，而且实地从事乡村教育实验，见诸行动。他们将前阶段的平民教育思潮、职业教育思潮引向乡村，并吸收其他种种教育思潮的滋养，通过实验，提出关于乡村教育的种种观点、学说、理论，形成一股强大的教育思潮。此后，关于"复兴农村""建设农村"的呼声就成为旧中国的一种社会思潮。

乡村教育思潮又分为各种流派，他们站的立场、持的观点并不相同，目标也各异，所办的乡村事业也各有特点。有的以教育为中心，有的以生产为中心，有的以政治组织为中心，有的以自卫组织为中心，有的着眼于改造乡村生活，有的把政治、经济与教育事业综合进行。他们相互联络、互通声气，嗣后因社会各阶级各阶层需要的不同，乃逐渐扩大范围。最后把各种乡村事业（政治、经济、教育）加以综合，以教育为枢纽。因而乡村建设运动，也就是一种以实验为核心的乡村教育思潮。

乡村教育思潮对教育实践的影响主要有三方面。

（1）推动乡村教育运动在全国，甚至在海外轰轰烈烈地开展起来。受乡村教育思潮的影响，全国教育会联合会 1924 年 10 月在开封举行的第十届会议通过了《乡村小学宜注重农事实习案》（函各省区教育厅、会）、《催促农村教育案》（函各省区教育会）。[1] 同时，各地平民教育、乡村教育的机构、团体不断涌现，有关的言论、呼声日趋高涨。如 1924 年 11 月，中华平民教育促进总会开始在直隶省保定所属二十个县进行乡村平民教育实验，晏阳初、傅葆琛主持训练教师。同年，长沙、徐州、上海、济南、广西、安徽等地先后成立

---

[1]　全国教育会联合会历届会议概况［G］//李桂林. 中国现代教育史教学参考资料. 北京：人民教育出版社，1987：533.

乡村平民教育促进会，哈尔滨、天津、上海、九江、长沙等地先后举行平民教育大游行。次年，直隶、江苏、浙江、湖南、山东、四川、奉天等省继续推行平民教育。包头、张家口成人参加识字学习的超过一万人。直隶、保定十几个县办起平民学校，招生六千多人。青岛、南京举行平民学校毕业式。❶ 乡村教育还推行到海外及华侨中去。如1926年6月，晏阳初在檀香山举行的太平洋中民会议，做"中国平民教育运动"的讲演。会后菲律宾、印度等代表向晏详问平民教育种种办法，以便仿效。之后，檀香山华侨组织了檀香山华侨平民教育促进会。❷

（2）对国民党政府有关民众教育、成人教育、社会教育等方针、政策的制定有一定的影响。在这一历史时期，国民政府颁布了一系列有关民众教育等方面的方针、政策。一些内容明显受乡村教育思潮的影响，如1929年1月22日，国民政府教育部公议《民众学校办法大纲》十八条，规定：民众学校以根据三民主义授予年长失学者，以简易之知识技能适应社会生活为宗旨。2月13日，公布《识字课本宣传大纲》，要求各省一律于最短时间内，举行大规模宣传，唤起民众对于识字读书的兴趣，使民众教育日益普遍，国家训政得以推行。❸

（3）陶行知的乡村教育实验成果对解放区教育工作深有启示。正如我党老一辈无产阶级革命家、教育家徐特立在《中国教育家陶行知先生的学说》一文中所说："我们的教育早就和陶行知不谋而合"；"近来各解放区的教育，不独实现陶行知的思想，并且有更多的发展。"❹ 陆定一同志1946年在延安陶行知先生追悼会的悼词中说："在人民已经得到解放的中国解放区，陶先生的思想得到广大欢迎，他的理想被实现，被发扬光大。"

在中国教育思想发展史上，乡村教育思潮有一定的地位。如整个教育过程如何与乡村社会生产、生活实际相结合；如何具体地依据乡村的环境、风俗、伦理开展不同方式的教育；学校、家庭、社会教育等形式在乡村教育中的实施等。还有农村教育特殊规律的探索成果如"生活教育""科学简化"（不一定达到科学水平）、农村教育中教学方法的摸索如"小先生制""导生传习""导

---

❶ 《中华教育界》1925年第14卷第1期，1926年第15卷第9期.
❷ 《教育杂志》1927年第19卷第9号.
❸ 《教育部公报》第1年第2期，《民国日报》1929年2月16－24日.
❹ 陈桂生. 徐特立对陶行知及其教育思想的评价［J］. 教育评论，1990（5）：67.

友制"等。所有这些均有一定的价值。

需要指出的是，乡村教育流派所主持的乡村教育实验，主要属于改良主义，放弃对农村土地制度的根本解决，因此不能真正地实现中国农村社会的复兴或繁荣。

与此同时，中国共产党领导下的工农教育运动蓬勃兴起，这在中国教育史上是一个划时代的事件。它与资产阶级所倡导的"平民教育""乡村教育"具有不同的性质。党成立以后，集中力量领导工农运动，工农运动得到迅速发展。由于在理论上正确解决了教育与政治、经济的关系，教育与革命、建设的关系问题，又曾开展激烈的打击地主土豪的农民运动，进行减租减息及废除苛捐的斗争，因此，工农教育，特别是农民教育发展很快。如彭湃领导的广东海陆丰地区在 1923 年左右设立了十多所农民学校，除了教农民识字，能写写算算外，主要是进行革命的思想教育，使之具有一定的阶级觉悟。湖南也是党领导的农民运动和农民教育发展较早的地区。1922 年至 1924 年就有不少共产党人和进步人士，在湖南各地创设农民补习学校，向农民群众宣传革命。如成立于长沙的"农村补习教育社"，就曾在长沙附近农村办有十七所农村补习学校，并编印了一些适于农民使用的教科书。1924 年毛泽东在韶山领导农民运动时，在二十多个乡建立了农民协会，并办起了农民学校。自第一次国共合作实现后，湖南的农民运动发展得异常迅速。1926 年至 1927 年春天，湖南的农民教育运动也出现了一个空前的高潮。对此，毛泽东在 1927 年 3 月发表的《湖南农民运动考察报告》中，有一段生动的记载："农村里地主势力一倒，农民的文化运动便开始了。试看农民一向痛恶学校……如今他们却大办其学校，名之曰农民学校。有些已经举办，有些正在筹备，平均每乡有一所。他们热心开办这种学校，认为这样的学校才是他们自己的……农民运动发展的结果，农民的文化程度迅速地提高了。不久的时间内，全省当有几万所学校在乡村中涌出来，不若知识阶级和所谓'教育家'者流，空唤'普及教育'，唤来唤去还是一句废话。"❶

1927 年，国民党反动派发动"四一二"反革命政变后，共产党用自己的武装创建了农村革命根据地。在苏维埃工农民主政权领导下，发动广大农民进

---

❶　毛泽东. 湖南农民运动考察报告［G］//毛泽东选集（第一卷）. 北京：人民出版社，1966：39－40.

行打土豪、分田地的土地革命运动，开展了以土地革命为中心的反帝、反封建斗争的教育。在革命的教育方针和政策指导下，建立了以共产主义为指导的服务于工农革命利益的新的教育制度。工农教育作为其中的主要组成部分，在正确的道路上，获得迅猛的发展。这是新民主主义教育思潮的重要内容，标志着中国教育已经揭开了新的一页，进入了一个新的光明的天地。

第十一章　国家主义教育思潮

国家主义是一种民族主义的社会思潮，产生于欧洲。最早提倡国家主义的是18世纪末19世纪初德国唯心主义哲学家约翰·哥特利勃·费希特（Johann Gottlieb Fichte，1762—1814）。他反对封建专制制度，主张资产阶级共和政体，对外宣扬民族至上精神。1806年，法国拿破仑率军侵入普鲁士，攻陷柏林，费希特提出了国家主义的口号，对鼓舞德国人民抵抗拿破仑的侵略、保卫国家主权起过积极作用。但是到了帝国主义时代，特别是在俄国十月革命和第一次世界大战后，资产阶级民族主义发展为垄断资产阶级的法西斯主义，其影响和作用便发生了变化，对外打着"民族至上"的旗号，煽动民族对立，反对国际共产主义运动；对内打着"国家至上"的幌子，实行独裁统治，维护社会现存统治秩序。在20世纪20年代的中国社会占有很大势力的国家主义派所接受的就是这种思想学说。

严格意义上的国家主义在五四运动后的中国不仅是一种政治思潮，而且是一种教育思潮。在五四运动时期思想解放、各种学说纷至沓来的历史背景下，这种思潮首先是针对新文化运动以后思想界自由奔放的进步潮流，怀疑或抵触学生参加政治活动以及方兴未艾的工农运动。但与此同时，从其言论活动来看，在抵御列强侵略、抑制军阀独裁、维护国家独立与统一、收回教育权等方面，与当时风起云涌的民族主义风暴相伴随、相合拍。它的产生及变更本身也是各种教育思潮澎湃激荡，教育改革运动不断深入过程中出现的新问题、新矛盾尖锐激化的结果。国家主义派的代表人物试图对这些问题、矛盾加以回答，提出了一些具体的教育观点、主张，其间交织着政治的保守或落伍及教育上的某些合理因素。对此，需要我们以审慎的历史态度，客观地、辩证地进行分析，区别对待。

第一节　国家主义教育思潮的缘起

严格意义上说，国家主义作为一种教育思潮，兴盛于 20 世纪 20 年代中叶，但从思想的渊源看，可以追溯到清末民初。

一、清末国民教育思潮中蕴含的国家主义教育思想

清末产生的国民教育思潮，其基本内容为增加国民的受教育权，通过实施强迫教育，提高国民的自主意识、文化知识，培养独立、勇敢的精神和国家观念，改造国民性。其中交织渗透着国家主义教育思想的某些因素。

1898 年，康有为在《请开学校折》中提出应效法德国兴办"国民学"，教所以为国民之道，并重视培养学生的国家观念。1902 年，梁启超在《新民丛报》上发表了《论教育当定宗旨》和《新民说》，抨击传统教育培养出来的人虽然"有可以为一个人之资格，有可以为天下人之资格，而独无可以为一国国民之资格"。他公开倡导厘定国家主义的教育宗旨，把教育作为国家制造国民的工具，通过教育培养造就具有国家思想、勇敢尚武精神的一代"新民"。

1906 年，署名"光益"者于《新民丛报》发表《国家主义教育》。这是一篇译文，原著者为日本人八木光贯。该文将国家主义之起源、发展、变迁等系统地介绍给国人，这是"国家主义教育"名词首次见于我国教育界。从此，舆论界对国家主义教育渐有认识，故亦不遗余力，大力鼓吹。次年 7 月，《东方杂志》刊登《论平民主义与国家主义之废兴》一文，极力推崇国家主义。

> 今之时代，种族之竞争日烈，龙骧虎视者莫不磨牙吮血，奋其帝国侵略主义……处此时代，苟犹用平民主义，致令国内纷乱，势必鹬蚌相争、渔翁得利。何能自立图存？唯有国家主义盛行，则上下一心，遐迩一体，国人皆互相团结，壮其合群之魄力，发其爱国之精神，然后众志成城，急公仇而缓私仇，先国事而后家事，其国未有不盛，其种未有不昌者也。故欲致和平之幸福，为伟大之国民，必自尊重国家主义。❶

---

❶ 《东方杂志》1907 年第 4 卷第 8 期.

显然，培养国民具有团结互助的精神、合群协作的魄力、爱国爱群的观念，这是当时抵御外侮、增强国力的时代要求。

总之，清末国民教育思潮中所蕴含的国家主义教育思想的一些基本因素，其主流是进步的，它强调的是通过教育培养、陶铸国民的国家观念，通过教育改善、提高国民的文化素质，问题提出的出发点与归宿是尽快改变中国积贫积弱的地位，以自立于世界民族之林。

二、民国初年出现的相对国家主义教育观

1912 年 7 月 10 日，教育部在北京召开临时教育会议。会议期间，刘以钟、吴曾禔在讨论教育宗旨的过程中，提议以相对国家主义作为民国教育方针，受到与会者的关注。❶ 他们撰著了《请决定相对的国家主义教育方针案》一文，详细阐述了其相对国家主义教育主张。

相对的国家主义，与绝对的国家主义相对而言，其要点在强调国家主义的同时，不背世界进化原则，不妨碍个性发展。刘以钟、吴曾禔认为，当时国内教育家所论之实利主义、军国民主义、人道主义、德育主义、美育主义及世界观主义均为"内容上主义"，而当时中国亟须揭明教育的方向、教育与社会的关系等"形式上主义"的内容，后者属"国家主义"。

1912 年 7 月 19 日上午，全国临时教育会议审查《教育宗旨案》，到会议员共有五十四人，"审查报告，于形式一方面，赞成刘、吴案以国家为，而不背世界进化之原则，并不妨个性之发展。于内容一方面，赞成部交议案，遂决议注重道德教育，以国家为中心，而以实利教育与军国民教育辅之。至美育一层，加入中、小学校、师范学校教则内，俾知注意"❷。看来，国家主义教育虽未明确在教育宗旨中表述，却是作为一种理念或精神贯穿于其中。

刘以钟、吴曾禔集中从以下四方面论述民国教育应采相对国家主义的缘由。

（1）教育理论上的考虑。从社会本位观点出发，对卢梭、洛克、裴斯泰洛齐等所持的个人本位教育观大力抨击。他们认为人成其为人，并非孤立自

---

❶ 各省教育总会联合会议决案［G］//舒新城. 近代中国教育史料（第三册）. 上海：中华书局，1928.

❷ 我一. 临时教育会议日记［G］//朱有瓛. 中国近代学制史料（第三辑·上）. 上海：华东师范大学出版社，1990：12.

由，而是隶属一定的社会团体。国家是最高的社会团体，故教育应注重国家方面，采用国家主义教育。

（2）历史与国势的考察。他们认为清代政治腐败，在于散漫敷衍，不在专制；人民之弱点，在于自由放弃，徒谋个人利益，对国家社会漠不关心。辛亥革命，就政治意义言，即在破坏庸懦无能的政府，代之以坚强巩固的新政权；就教育言，即在改造自由放弃、个人主义的国民，以信守纪律、富于进取的国民取而代之。因此，个人主义教育不宜于民国，国家主义教育应谨慎选择。

（3）国民性问题。他们认为，我国国民素乏国家思想，其原因主要为：国家组织一向未完全，政府对人民常取放任态度；国家为一人所有物，与人民关系浅薄；革命后结果不外政权之授受，与社会组织、国民精神无多大影响；伦理趋向常偏重个人道德。因为上述原因，遂使我国国民薄于国家观念，此国民性之大缺点。国民缺乏国家观念，则国本易于动摇。民国成立伊始，欲组织完全国家，非使国民富有国家思想不可。

（4）从国体上观察。他们认为，中国是个多民族的国家，各族宗教、言语、风俗习惯各有差异，欲求民族精神的统一，非施以强固严肃的国家教育，不能收到这样的效果。

他们进一步阐述国家主义教育的主要内容如下。

第一，教育方针当视国家行政方针为转移；因为当时财力单薄、生计困难，政府行政方针以振兴实业为要图，唯军国民教育与人道主义相背驰，故在教育上主张采其形式方面，即采军事训练之精神养成信守纪律。

第二，国民道德以国家为中心，其道德目标为爱国爱群，信守纪律，勇往进取。

第三，教育行政权集中于中央，具体分为四个方面：高等专门学校及大学由教育部设立管理；省立中等及地方立之中等以下学校由教育部巡视监督而辅助之；外国留学生概由教育部派遣；法定教育机关之组织及权限，悉由教育部规定。

第四，小学教育为国民共同基础，故主张采用单一制，统一教育要旨。

第五，教育与宗教分离，一切学校均须受国家监督，不得施宗教及宗教仪式，除大学哲学科外不得有违反国定道德要旨的宗教讲演。❶

---

❶ 上海经世文社. 民国经世文编［M］. 台北：文海出版社，1966：4158－4166.

辛亥革命后，以孙中山、蔡元培为首的资产阶级民主革命派立即着手对清末封建教育进行资产阶级性质的改革。这次改革体现了孙中山的革命教育思想以及第一任民国教育总长蔡元培的资产阶级全面和谐发展的教育思想和自由民主主义的教育理论，顺应了时代发展的潮流，适应了当时中国政治、经济变化发展的需要。但改革内容侧重于以"自由、平等、博爱"为"要旨"的公民道德教育以及以"陶冶感情为目的"的美育。对此，在临时教育会议讨论教育宗旨过程中，封建顽固势力抱牢"尊孔"的宗旨加以诋毁。刘以钟、吴曾褆等人从国家的统一、精神的一致、民族的团结以及国力的增强等角度提出以相对国家主义作为教育方针的议案。而有教育家，如陆费逵等人则针对蔡元培侧重世界观教育、美感教育而发表商榷性意见，提出"民国教育方针宜以实利主义为标志"❶，力主通过实利主义教育发展国民经济，提高社会生产力，富国强兵。所有这些，除封建顽固派外都是对中国教育现代化的一种积极性探索，应该予以肯定。

刘以钟、吴曾褆从教育的社会功能、宏观规划和政府调控的角度，强调教育以国家为中心，统一宗旨，编制计划，设计材料，规范思想，但并非绝对排斥世界范围内的"进步教育思潮"，反对个性发展。刘、吴的相对国家主义教育观在民初教育界影响微弱，但就其思想本身价值而言，有其合理之处，特别是在五四运动以后，有些教育家更是旧调重弹，以相对国家主义教育针砭绝对国家主义理论的错误，又反对平民主义、实用主义教育思潮的某些实际影响。因此，从这一角度上说，它在中国近现代教育思想发展史上有一定的历史地位。

三、五四运动时期的国家主义教育思潮

五四运动时期，各种新思想、新观念不断输入中国，国家主义教育形成一种思潮，流行一时。

1921 年 11 月，徐则陵在南京高等师范学校教育研究会讲演《教育上之国家主义》，提倡"国性教育"。

中国兴学二十余年矣，有人人能唱之国歌否？除国语外，有提倡联络国内感情之工具否乎？课程有特别注意公共思想企望之养成者否乎？有提

---

❶ 陆费逵. 民国教育方针当采实利主义［J］. 教育杂志，1912，3（11）.

大同主义者乎？二十年来办学无广大宗旨，无通盘筹划的计划，枝枝节节，故有今日教育之现状。教育无宗旨，故教材教法都无根据。欲教育改良，须即定宗旨，以养成吾国"文化"，为国性之寄托，同时并提倡大同主义以救其偏。❶

此后，郑宗海于 1924 年 6 月在《教育汇刊》上发表《教育上应有之国家主义》，其主张亦与此相类。

假使教育制度务期尽合国情，教育宗旨与教育教法，务与吾国固有之经验相联络，且期有以养成浸润于同性之公民，因此引起其爱国之心，而同时复示以吾国所处之地位与世界之大势，则可以养成良好之公民，而终得有对世界之相当态度。换言之，可以得国家主义之良好要素而复不悖于世界主义。❷

他们强调培养学生具有爱国心、共同理想、意识，主张教育应具备有目的、有计划、有统一的精神。这是对当时平民主义、实用主义教育在实际推行中出现的放任自流、纪律松弛、秩序涣散等一系列新问题进行理论反思的结果，同时，也是当时救亡图存的时代主题的折射。

提倡国家主义教育的人，多半是从欧美回国的留学生，以曾琦、李璜、余家菊、陈启天、左舜生等为代表。他们在五四运动以后，"为平民主义与新文化运动所震慑"❸，认为五四运动时期的平民主义思潮"过度的反动"，此项教育一提倡，只注意个性的发展，而不顾及共性的培养，只知有自己，不知有他人。于是，一般青年专以放纵利己为自我表现的口实。为了矫正流弊，国家主义者乘机而起，他们从狭隘的民族主义立场出发，提出以"国家"为中心，并以之为最高信条。1922 年开始，余家菊、李璜在《中华教育界》《少年中国》上发表文章，竭力鼓吹国家主义教育。1923 年 10 月，余、李合著的论文集《国家主义的教育》一书出版。该书序言指出，要用教育确立国体，教育之功用"则是用教育以绵延国命"。于是，国家主义教育开始形成一种思潮，而逐渐引起教育界的注意。1924—1925 年，国家主义教育成为颇有声势的一

❶ 舒新城. 近代中国教育思想史 [M]. 福州：福建教育出版社，2007：236.
❷ 舒新城. 近代中国教育思想史 [M]. 福州：福建教育出版社，2007：237.
❸ 陈启天. 近代中国教育史 [M]. 台北：台湾中华书局，1979：221.

种教育运动。❶

在此期间，撰文阐述国家主义教育的教育界人士纷纷扬扬，他们的言论文字有的是针砭五四运动时期教育改革运动中存在的流弊，也有的附和国家主义派的口吻，有复杂的政治动机。如有的说："吾国地大人众，种族复杂、宗教歧异，此皆离析之潜力也"；"统一、精进、协作，皆吾国今日之重大需要也。"❷ 有的说："国家主义的教育是要使学生信仰一种纯一的正当目标（就是爱国），并且使他们实地去爱国。"❸ 有的说："教导国民，效忠国家，是学校教师之责任也。国家不注意教育，则教育无由发展，教育不注意国家，则国家无由强盛。"❹ 也有的对学科教学中如何体现国家主义教育的精神做了探讨。

上述言论表明，在五四运动前后提倡、支持国家主义教育的人员中，有相当一部分是出于对新文化运动以来，受实用主义教育思潮、平民主义教育思潮的影响，对教育界出现的一些现象的不理解或怀疑。比如说，如火如荼的学生自治、学生社团活动；相对松弛的学校管理和课堂教学纪律；学校与社会联系的相对增强等。同时也表明，他们试图通过对教育的社会功能的阐述与构思，从理论上对当时教育、教学中偏重学生自主、崇尚个体自由发展的流行观点进行"纠偏"。因此，可以说，教育理论上积极意义与消极意义并存，理论上的探索与回归兼备。

第二节　余家菊、李璜的国家主义教育思想

国家主义派，是我国在 20 世纪 20 年代由一批资产阶级知识分子组成的政治派别。代表人物是曾琦、左舜生、李璜、陈启天、余家菊。1923 年 12 月 2 日，他们在法国成立中国青年党，对外活动以"中国国家主义青年团"名义出现。1924 年秋，青年党把它的活动重心移到国内。这年 9 月，在上海创办《醒狮》周报，作为其宣传的喉舌，因此又被称为"醒狮"派。

国家主义派在国内的主要活动阵地是文教界和出版界，除《醒狮》周报外，还创办了一些地方性刊物，如南京的《国光》旬刊，北京的《新国家》

---

❶　郑登云. 中国近代教育史［M］. 上海：华东师范大学出版社，1994：256－257.
❷　罗廷光. 国家主义与中国小学课程问题［J］. 中华教育界，1926，15（2）.
❸　潘之赓. 国家主义教育释疑［J］. 中华教育界，1927，16（4）.
❹　杨效春. 国家主义与中国中学宗旨问题［J］. 中华教育界，1926，15（2）.

和《国魂》，天津的《先导》周报，广州的《狮声》《独一》旬刊，重庆的《救国青年》，成都的《振华报》；在国外则有纽约的《侨声日报》、巴黎的《先声》周报等。他们成立了外围组织，各种团体，如"全国国家主义团体联合会""国家主义教育协会"，上海的"醒狮社""中国少年自强会"，北京的"国魂社""少年中国自卫团"，南京的"国光社"，武汉的"国锋社"，成都的"惕社"，重庆的"起舞社"，宁波的"爱国青年社"等，借此造成国家主义团体"风起云涌"的声势。

国家主义派宣传国家主义教育理论，除在他们的《醒狮》周报上发表文章以外，还经常在全国许多重要刊物，如《中华教育界》《教育杂志》《新教育》《教育与人生周刊》《新教育评论》《江苏小学教育月刊》《国家与教育》等刊登讨论、研究国家主义教育的文章。《中华教育界》在 1925 年七八月连出"国家主义的教育研究号"两册（第 15 卷第 1—2 期），集中宣传国家主义教育理论。1925 年 7 月，国家主义派骨干分子三十九人联名发起组织国家主义教育协会，该会编辑出版的《国家与教育》周刊"以鼓吹国家主义的教育为宗旨"❶。

国家主义教育作为一种有特定含义的教育思潮，于 1922 年至 1925 年曾"盛极一时"。系统阐述国家主义教育论最力者当推余家菊、李璜、陈启天三人。

促使国家主义教育思想在短短几年时间内由中衰而盛行的原因是多方面的。大致言之，其一是由于欧战之后，国人曾一度期望的世界和平遥遥无期，而帝国主义对华的侵略和压迫愈加深重，国势愈加不堪言之，此时国家主义者以"爱国""救国"相号召，鼓吹借教育唤醒国民、保卫国权，这很能赢得深受"教育救国"思想影响的部分知识分子的支持和拥护。尤其是经过五卅惨案，国人群情激昂，国家主义教育亦借之披靡教育界，大有取代平民主义教育、实用主义教育而主宰教育界之势。其二是由于国内时处黑暗的北洋军阀统治下内战连年不断，政府更迭频繁，政客肆行，军阀专横，社会动荡不安，青年异常苦闷。教育思想虽然一时由于军阀忙于内战无暇控制而呈活跃状态，但教育经费却屡被挪作军用，校舍常被充作兵营，教育事业遭受巨大的冲击。此时国家主义者以超越党派、教会之上为旗号，很能唤起一部分深厌政治倾轧和

---

❶ 中华教育界 [J]. 1926, 15 (9).

军阀横行，期望社会安宁，使教育能得以持久发展的教育界知识分子，尤其是青年知识分子的积极响应。❶

一、余家菊的国家主义教育思想

余家菊，国家主义教育派代表人物，字景陶，又字子渊，湖北黄陂人。1909 年入县立道明高等小学，开始接受新式教育。后考入私立武昌中华大学预科、本科，于 1918 年 6 月毕业。1919 年 7 月，"少年中国学会"成立，余家菊在该会成立后不久，由王光祈介绍加入。1920 年 2 月，余家菊考入北京高等师范学校教育研究科，次年冬赴英留学，先入伦敦大学主修心理学，后转入爱丁堡大学专攻哲学。1924 年夏回国，先后在武昌师范大学、东南大学、北京大学、北京师范大学等一些大学任教，主讲教育学、心理学等课程。1925 年加入中国青年党，任《醒狮》周报教育副刊编辑，还与李璜、陈启天等发起组织国家教育协会。

余家菊自 1922 年起，开始撰文宣传国家主义教育。1923 年 10 月，他同李璜合著的论文集《国家主义的教育》由中华书局出版。1925 年又撰成《国家主义教育学》一书，对国家主义教育做了比较系统的阐述。

余家菊认为，所谓国家主义教育：

> 简言之，即以国家主义为依归之教育也。其含义可随时伸缩。就中国目前言之，莫急于（一）培养自尊精神以确立国格；（二）发展国华以阐扬国光；（三）陶铸国魂以确定国基；（四）拥护国权以维国脉矣。盖自尊精神为国民昂藏之气所由出，失此则濒于奴隶之境矣；国华为数千年历史所鼓铸而成，理宜引申而发扬之；国魂为全体国民之情谊所由融洽，步趋之所由协谐；国权为民命之所由保，行动之所凭籍矣。❷

余家菊这里所说的国家主义教育，是以爱国主义为标榜的，国格、国华、国光、国魂、国基、国权、国脉均以"国"字当头，偏重于长期发展、积淀而成的传统道德伦理及封建旧文化在学校课程中所具有的地位和价值；而其所提倡的"国光""国华"，是要保留中国古代文化中的经典及思想内容，为封建文人所迷恋的"旧学"。这些东西在五四运动中曾遭到痛击，国家主义派却想

---

❶ 金林祥. 中国教育思想史（第三卷）［M］. 上海：华东师范大学出版社，1997：354.
❷ 余家菊. 国家主义教育学［M］. 上海：中华书局，1925：32.

通过教育，利用学校，把它们复活起来。因此，余家菊阐释的国家主义教育的基本含义，究其本质上来说有一定文化保守主义色彩。但是，在五四运动时期至20世纪20年代，教育领域存在偏重个性、忽视群性，偏重个体、忽视社会，偏重自由、忽视集中，偏重儿童、忽视成人，偏重学生、忽视教师，偏重实用、忽视系统等弊端。对这些教育上的具体问题，余家菊主张以"国家"为中心加以补偏救弊，借以改革并发展教育。正因为如此，他的这种主张引起了一定的社会反响，也赋予中国现代教育社会学理论的探究、深化意义。

余家菊在《国家主义的教育》一书序言中说："我们审顾内外，惧国命之将斩，特重提十年来国人因内乱而忘却之教育救国论。先后作文以明此义。"并申明曰："书中所用名词如民族教育、国民教育，表现的主要精神则完全一致。主要精神为何？就是国家主义之教育而已。"[1] 在他们看来，国家就是同一个地方人因共同的利害关系、共同的信仰，集合起来共同生活，有共同的历史，由此产生的"共同感情"就是国家的真精神。于是，他们提出教育最重要的功能是绵延国脉、发扬国家精神，而当"国命之将斩"，应提倡国家主义教育。在中外教育关系问题上，又认为庚子赔款兴学，是外国扩张文化势力的方法，教会教育是文化侵略，因此必须收回教育权。余家菊认为，国人于民族性的教育，之所以始终无人谈及，乃因思想界有所锢蔽。锢蔽于普通一般思想者：一为世界主义；一为非国粹主义。锢蔽于教育思想者：一为个性主义；一为模仿主义。在一一做了分析后，他提出：不能自立之民族，实无讲大同主义之余地，勉强来讲，亦只见其为奴性的大同主义、懦性的大同主义，大家不必顾虑民族主义是否违背世界主义。因此，民族性教育并非复古，因为就一个国家而言，无论是思想还是制度都不能摆脱历史传统的影响。忽视传统文化，完全套用其他民族的文化，只能产生精神上之不安宁及社会上之紊乱，而绝无成功希望。他对"模仿主义"大力驳斥，认为本国民族与本国文化最少亦不是全恶的，有一部分还不错，有一部分最少也值得保存。这样的教育方为中国的教育，中国教育家才不是代日本或美国实施同化政策。他反复强调民族性教育无碍个性的发展。在民族教育中，余家菊特别注重民族意识的培养，"民族意识，不但对外有抗衡的功用，而对内亦有融合的妙处。一个民族若不自知为一体，或互相漠视，或互相歧视，这个民族之内部必定难得均齐的进步，甚失其

---

[1] 余家菊，李璜. 国家主义的教育 [M]. 上海：中华书局，1923：1.

和谐关系，甚至互相残杀"。他认为，民族意识又可分为民族的自觉和民族的心意。余家菊强调后者，"教育之最大的责任不在一民族之自觉，乃在更进而为积极地鼓铸民族的心意。所谓民族的心意，即指民族的感情、信仰、目的而言"❶。

从上述基本观点出发，余家菊全面论述了国家主义派对教育的系统主张。

（一）"国家主义的教育之真髓"

余家菊认为，"国家主义的教育之真髓"包括以下六方面内容："教育应由国家办理或监督"，不受国家管理的教会教育、私人教育一律在禁止之列；"教育应保卫国权"，教育国民保卫国权的完整，不受外力的宰割；"教育应奠定国基"，教育国民具有共和精神与公民习惯；"教育应发扬国风"，教育应养成国民泱泱大国之风，于媚外心、自弃之情，应竭力矫正；"教育应鼓铸国魂"，国魂为数千年间所流传的国民精神，爱国之情、自尊之概皆由了解国魂起，教育应表彰而鼓铸之；"教育应融洽民情"，教育应提倡"五族一家""四民平权""诸教同等"之真精神，反对鼓吹宗教界限、阶级界限、种族界限，以利国家统一。❷

余家菊的上述观点，在思想观念上明显有怀疑或戒防国民革命，尤其是工农革命运动的寓意，而在内容上则汲取了清末民初曾盛行一时而当时已偃旗息鼓的军国民教育思潮中的某些滋养，与五四运动后掀起的民族主义风暴相呼应，主张收回教育权、巩固民族教育，重视民族精神的弘扬，这些又有外抗强权、内抑军阀的历史作用。

（二）"国家主义之教育政策"

基于对"国家主义教育之真髓"做上述的界说，余家菊详细阐述了国家主义的十大主张。

第一，收回教育权。余家菊认为，外国在华设立学校，"不存政治侵略之心，即怀经济侵略之图，不怀经济侵略之图，即具文化侵略之念"，而文化侵略的结果"实为政治侵略与经济侵略的前驱"。因此，"为国家之生存计，为文化

---

❶ 余家菊，李璜. 国家主义的教育 [M]. 上海：中华书局，1923：34.
❷ 余家菊. 国家主义下之教育行政 [G] //华东师范大学教育系. 中国现代教育文选. 北京：人民教育出版社，1989：556−557.

之延续计，为社会之安宁计"，必须收回教育权。❶ 他认为，收回教育权的方法，首先应力图增强国力，以外交的方法解决；其次严格学校注册法，去除外国设立学校的种种特权；再次向社会、向家庭父母宣传外国在华办学，对国家前途与民族命运的危害。学校注册法应规定：非本国国民不得在境内设立学校、管理学校、经营其他一切教育机关；任何教育活动不得有宣传宗教的意味夹杂其中。

第二，教育宗旨。余家菊非常重视教育宗旨的制定，认为这是教育能否取得成效的关键。他提出教育宗旨在整个教育工作中若真要发挥最大的作用，须有五方面的特征。

> 一曰时间性，合于此时之需要者也；二曰空间性，合于此地之需要者也；三曰历史性，合于此民族之需要者也。此三者，合名之曰国家性。是故教育宗旨各国不同，非可转贩者。四曰渗透性，可以贯彻于各项教育活动者也。五曰确定性，可以明示教育者以努力方针者也。无渗透性则难免适于此而不宜于彼；无确定性则易于人执一辞，皆不宜也。故五者缺一不可。❷

1919 年 4 月，范源濂、蔡元培、陈宝泉、蒋梦麟等在教育调查会上提出以"养成健全人格，发展共和精神"为教育宗旨。由于该案内容为近代教育思想向现代教育思想转换的内容表征，且与民国早期诸种教育思潮流派有各种非线性联系，故征引如下：

理　由

> 一、查民国元年九月四日部令公布教育宗旨："诸种道德教育，以实利教育、军国民教育附（辅）之；更以美感教育完成其道德。"自欧战终了后，军国民教育一节于世界潮流容有未合。余亦以太复杂，未易适从。不如出以单纯，俾一般国民易于了解。
>
> 二、民国成立以来，祸患迭乘，究其原因，实由国民缺乏共和精神所致，故宜发展之，以固国本。
>
> 三、共和国民，必具健全之人格，方足以担负社会国家之义务，故养

---

❶ 余家菊. 国家主义下之教育行政 [G] //华东师范大学教育系. 中国现代教育文选. 北京：人民教育出版社，1989：557.

❷ 余家菊. 国家主义下之教育行政 [G] //华东师范大学教育系. 中国现代教育文选. 北京：人民教育出版社，1989：558.

成健全人格实为共和国之基础。

　　四、欧洲教育，可分两派：曰条顿派，注重军国民主义，德国是也。曰盎格鲁撒克逊派，注重人格主义，英国是也。美国教育，为人格主义所推衍，故能产生共和精神。法国自共和成立以后，国中主持教育者，极力发挥共和精神，国基因以巩固。吾国以共和政体应世界潮流，当采英法美三国之长，故拟养成健全人格发展共和精神为教育宗旨。

说　　明

　　所谓健全人格者当具下列条件：

　　一、私德为立身之本，公德为服务社会国家之本。

　　二、人生所必需之知识技能。

　　三、强健活泼之体格。

　　四、优美和乐之感情。

　　所谓共和精神者：

　　一、发挥平民主义，俾人人知民治为立国根本。

　　二、养成公民自治习惯，俾人人能负国家社会之责任。❶

　　这一宗旨体现五四运动时期思想自由、个性解放的潮流，反映了时代的特征，从总体上说具有进步意义。余家菊对上述内容及观念深怀忧虑，批评说："笼统而空泛，不着边际，中国用之可，英国、法国、德国用之亦无不可。盖全无国家性者也。"他认为，由于教育宗旨的不适当，使教育成为无中心思想的教育，由此又产生"无中心信仰之国民"。他主张当时教育宗旨的制定，须包含三方面的含义："一曰国民之独立性，对外能抗强御暴，不失其大国民之风；二曰国民之责任性，对内能奉公守法，恪尽其国民之天职；三曰国民之和谐性，彼此相扶相助而发挥其休戚与共之情谊。"❷

　　余家菊对教育宗旨在教育事业中的作用有着深刻认识，阐述了教育宗旨内在因素的规定，以及适应抵御外侮需要的教育宗旨的特性等诸多理论与实践问题，其中强调教育的目的性、计划性与宏观调控，是对教育这种复杂社会现象的本质认识的深化。在当时的历史条件下，对教育实践有积极性的影响。

---

❶ 朱有瓛. 中国近代学制史料（第三辑·上）［M］. 上海：华东教育出版社，1990：106－107.

❷ 余家菊. 国家主义下之教育行政［G］//华东师范大学教育系. 中国现代教育文选. 北京：人民教育出版社，1989：559.

第三，教育机会均等。余家菊注重教育机会均等，提倡普及教育、义务教育，视此为国家强盛的基础或保障。他主张通过教育提高国民的知识，尤应培养其"运用政治之能力"。在当时的历史条件下，"须知率无教之民以与人国争，无论争于商，抑争于兵，未有不失败者也"。余家菊还注重成人教育，他说，讲教育的普及必得兼及成人教育，成人教育的性质"或为补充其基本知能，如读书识字之导学是。或为提高其职业知识，如新式农耕法，新式簿计法等是，宜各随其需要而异"❶。

第四，蒙藏教育。余家菊认为，蒙古、新疆、西藏同为中华民族的组成部分，应"藉教育与宣传之力以通其情意、培其同心"，"教育边疆之民使与吾人同心同德协力协作"❷。他在此基础上提出设立蒙藏师范学校，在蒙藏地区设立高等教育机关，中小学史地教科书宜尽量采用有关蒙藏地方材料等具体措施。

第五，侨民教育。余家菊提出发展侨民教育，认为侨民教育"首当坚固其眷念祖国之心，发强其抗拒西人之念。一面当示以本国文物之伟大，山河锦绣，土地之饶沃，物产之丰富，以激起其爱护之心。一面又告以西人统治殖民地之毒辣方法，商场战争之倾轧策略，以养成其自卫之能"❸。

第六，国史研究。余家菊认为，欲涤除国民之媚外性而发扬其独立气概，非提倡国史研究不可。"故救国必自爱国始，欲人民爱国，必使人民识国。而历史文物之探讨、阐发、宣传，则使人民识国之唯一方法也。"❹为此，他主张全国设立一国史学院，专司历史的研究，中小学历史科必郑重教授，凡语涉轻薄的教材一律摒除。

第七，军事教育。余家菊反对五四运动以后轻视军国民教育的风气，认为当时盛行的个性教育、职业教育等，只是个人主义的教育，满足个人需要的教育，轻视了民族教育、国家巩固与发展的教育，"我国民而真好和平者，则非整军经武，利炮坚舰，以慑其野心而戢其妄念不为功"❺。只有实施军事教育，才能实现真正的和平。军事教育的内容除了军事专门学校教育之外，尚应包括御外侮、戡内乱、守纪律、严组织、壮胆气、强筋骨、讲军学、习武艺等方

---

❶❷　余家菊. 国家主义下之教育行政［G］//华东师范大学教育系. 中国现代教育文选. 北京：人民教育出版社，1989：560.

❸❹　余家菊. 国家主义下之教育行政［G］//华东师范大学教育系. 中国现代教育文选. 北京：人民教育出版社，1989：562.

❺　余家菊. 国家主义下之教育行政［G］//华东师范大学教育系. 中国现代教育文选. 北京：人民教育出版社，1989：564.

面。他还具体论述了各级教育应如何具体地实施军事教育的问题。

第八，学术独立。余家菊主张本国独立地开展学术研究，广延人才，提供条件，专心致志于学术研究。不必事事求助外人，处处借才异域。

第九，"视学"国派。"视学"是一项国家管理、督查、考评地方办学绩效的行政管理制度。视学官专指教育行政部门委派对各级各类学校教育加以考察，以改进教学成效、组织方法及管理工作的专门人员。1906年，清末学部奏定各省提学使司设省视学六人，承提学使之命，巡视各府、厅、州、县学务；县劝学所亦设视学一人，负责考核、检测各地区学务。北洋政府统治时期，这项制度依然沿袭下来。余家菊主张，以国家为中心的教育，应采用"视学"国派制。选送师范毕业生进入视学讲习所接受一定时期的专门训练，学习教育原理、教育政策、教育方法等，使之毕业后对于地方实际教育确有视察与指导之能力。只有这样，"然后各省教育方可于若干程度上收同风一道之效，而国家教育之精神乃可以普遍地实现也"❶。

第十，确立教育周。余家菊主张在一学年中指定一周为教育周。认为教育周对于一般民众，有宣传的作用；对于教育行政，有促进的功效；对于教育工作有提醒的力量。余家菊从国家主义教育旨趣对教育周的名目、内容做了设计：第一日，爱国日；第二日，教育普及日；第三日，教育权收回日；第四日，蒙藏教育日；第五日，侨胞教育日；第六日，体育日；第七日，国防教育日。

余家菊详细阐述了国家主义教育的十大主张，内容丰富，涉及了教育的许多领域。他站在国家主义教育派的立场上，对一些具体教育问题的阐述，包括对五四运动时期教育改革中存在的问题、教育实际中的困难以及教育理论上的偏颇等进行探讨并考虑解决，其中的不少见解不但在教育实际中有所启示，而且在教育理论发展中也起到一定的历史作用。

二、李璜的国家主义教育思想

李璜（1895—1991），别名幼椿，号学纯，四川成都人。1913年考入上海震旦学院。1919年8月留学法国巴黎大学，获文科硕士学位。在法期间，与

---

❶　余家菊. 国家主义下之教育行政［G］//华东师范大学教育系. 中国现代教育文选. 北京：人民教育出版社，1989：564.

曾琦合作，组织巴黎通讯社。1923年12月2日，与曾琦等人一起建立中国青年党。1924年1月回国。同年夏，参加少年中国学会，发表《释国家主义》一文，宣传国家主义理论。旋又参与创办《醒狮》周报，鼓吹国家主义教育，形成国家主义教育思潮。

（一）国家主义教育的目的

李璜认为，国家主义教育的目的有两个方面，即对外抵抗侵略，对内抑制"国贼"。李璜尖锐抨击了西方列强对我国的政治、经济、文化侵略及其所带来的深重灾难。现在欧美人的对华侵略已改变了策略，从以军事为主，转为以经济、文化侵略为主。有鉴于此，抵抗外国侵略，就要收回经济、法律、教育主权。他认为，外国列强在华的殖民教育，"以外人的信仰与教条，不自然地强加之于我们的教育界，足以损害或竟淹灭我们多数国民的独立人格"❶。当然，他也认为对西方思想文化也不必全盘否定，一概拒绝。

> 国家主义的教育在提起国民对外独立的精神，有了一个很清楚的独立的"我"，然后才能取客观选择的态度，然后对于挟流沙杂毒质以俱来的西方文化，才能加以判别而去取之。❷

李璜对鸦片战争以来西方列强的殖民侵略的揭露是尖锐的，对殖民压迫所带来的危害的认识是深刻的。他的言论文字，与当时兴起的民族主义风暴相统一，对反基督教运动及收回教育主权的斗争起了推波助澜的作用。当然，李璜没有认识到只有推翻大地主、大资产阶级的反动统治，建立新的政权，才能彻底推翻帝国主义的侵略与压迫，这是他认识上的局限性。而他的所谓抵御外患，也有针对苏联的动机。"国家主义的对外政策是不愿依人为活的。亲日亲英既所深恶，亲美亲俄亦所不取。"❸

李璜鼓吹要使全国人民建立一个新的、共同的信仰，有共同的目标，反对阶级斗争、国民革命运动中的过激行为，国家主义教育对此将起重要作用。他说，为什么提倡国家主义教育呢？除了对外抵抗侵略外，还"因为我们不承认中国国民在消极方面，完全没有抵制目前盗贼的能力，在积极方面，完全没

❶❷ 李璜. 再谈国家主义的教育［G］//沈云龙. 近代中国史料丛刊（第九十一辑）. 台北：台湾文海出版有限公司，1973：139.

❸ 李璜. 释国家主义［G］//沈云龙. 近代中国史料丛刊（第九十一辑）. 台北：台湾文海出版有限公司，1973：17-18.

有共弘祖先遗业的志趣"❶。李璜所要抵制的"盗贼",有指当时的各派军阀的一面,但也有针对正在蓬勃兴起的工农运动的意识。他提倡以国家为中心的新信仰、共同理想、共同志趣,是超阶级、超政治的,是唯心主义的。他多次强调国家主义教育应培养"全民政治"观念,以反对"独夫一阶级的专制",在所谓的"强邻思逞,国贼专横"的时代,要"极力团结全民之力以共抗恶魔"。故此,他竭力主张"阶级合作",而反对"阶级战争"❷。

李璜的上述言论有抗衡军阀专制的一面,但明显是反对轰轰烈烈的革命运动。李璜以"爱国"相标榜,提倡"恢复或表现国家的人格""振起或团结国民的精神""发展或丰富国民的生计"。虽然,他指的是稳固封建性、资产阶级性的国家,但在当时对维护民族独立、国家统一等方面仍起到某种作用。在教育上,强调通过教育培养爱国的精神、民族共同的感情,自然有其因阶级立场、政治动机复杂性的一面,但从教育作为一种社会现象本身来说,又有其合理性,是一种从自然性偏向社会性、从个性偏向群性、从个人主义偏向国家主义的转变。虽然不无从一个极端走向另一个极端之嫌,但从教育的本质属性及其功能多维性来说,仍是有一定价值的。

(二)国民教育

1923 年 4 月至 8 月,李璜分别撰写了《国民教育与国民道德》《国民教育与祖国观念》《国家主义的教育》以及《国民小学教师对于今日中国国家的使命》等文,分别刊登在该年《中华教育界》第 7、第 9 及第 13 期上,后收入《国家主义的教育》一书,集中论述了国家主义派关于国民教育的有关见解。李璜对中国民众国民性的流弊做了深刻的解剖。当时的中国人"一大半勇于私斗,怯于公利,互相欺诈,互相鱼肉,中国社会秩序为之捣毁不堪,趋势已见。……中国实在还没有真能自治的国民,哪能造成功真能自治的国家"。当时的"新教育"一味强调"个人的理想",致使学生"卑劣的自私欲便尽量发泄出来"。家族主义与世界主义一样,都成了"时代观念的谬误","我们正大光明地说当把国民的精神系在国字上面,换言之,就是正该当讲国家主义的教育"。

---

❶ 李璜. 再谈国家主义的教育 [G] //沈云龙. 近代中国史料丛刊(第九十一辑). 台北:台湾文海出版有限公司,1973:139.

❷ 李璜. 释国家主义 [G] //沈云龙. 近代中国史料丛刊(第九十辑). 台北:台湾文海出版有限公司,1973:22.

国家主义的道德便是要将家族道德之义推而广之，爱己爱家的精神虽然不错，不过在二十世纪的今日要其能安身立命，以保妻子，则非善推其恩以爱护国家不行。此所以国家主义的真精神为今日中国国民所必具也。❶

李璜认为，国民教育主要的目的在沟通一个人的感情。知识的教育只是照耀人的意识，使他更明白地去选择向前的路，但不足以催促他一定向前或走哪一条路，脑子里装满了知识不足以支持善的生活，心坎上充满了热情才足以战胜自私的习性。有同等智慧不足以同心而共业，有同样的心情才足以共喻而同往。因此教育家不当偏重智的训练，而当并重情的发展；不当只给学生一个丰富的头脑，而当给他一副热烈的心肠。

从上述见解出发，李璜特别重视感情教育在实现国民教育目标中的作用。

讲到国民教育，更是该当唤起学生的心情和智慧在一道儿发展；明白些说，就是不仅该当使学生知道国民的责任是什么，要该当使他愿意去尽国民的天职。怎么样去引起学生这种志愿呢？教授上固然靠功课的内容，而在启示上特别依赖教师的精神；换言之，教师如自家没有一种感兴（inspiration），绝不足以感学生；教师如自家对于国这个字不生热情，绝不会使学生生同情的。

他举例说，历史教师在教学中应以情感人，以情动人，情景交融，打动学生的心灵世界，如说明：祖宗发明创造做得辛勤为的是什么？开疆拓土对于我们的关系在哪里？我们民族因何而光明、而发展，因何而黑暗、而衰落？"这样一来，自然而然教师能够在未来国民心中滋长对于国家的情感和对于国民的责任。"地理教师要培养儿童爱国的感情，第一步当在小学生的环境周围留意：村流之意趋与其利用，自何而来，向何而去；市集的情形与其商品，何物土产，何物外来；邻舍祠庙的说明，便引起崇拜地方先贤的观念。第二步才说到都会及国的地理关系，出产连带的关系，文化连带的关系。第三步说本国地理与世界地理的关系及变化等。

李璜重视各科教师，尤其是史地教师在教育性教学中的重要作用："担任

---

❶ 李璜. 释国家主义 [G] //沈云龙. 近代中国史料丛刊（第九十一辑）. 台北：台湾文海出版有限公司，1973：16.

国民教育的同志无论是教科学，教史地国文，都能随时随地对于学生为新精神的训练"；"国民道德的养成大半靠国民学校历史地理教师的训练。我们前头所谓新精神的训练，一大半靠历史地理的知识以沟通国民情感而实现精神的统一，以共当此日和来日的国家大难。"❶

国家主义派重视教育，要求提高教育的地位，"以教育为国家事业，不许以一党一派一宗教之学说主张侵入教育，以维持教育之独立系统"，认为这是救国的根本。他们尤其重视国民教育，"一国民之发展，与其文化之程度成正比例。未有文化不兴，而国家能富强的"❷。李璜有关教育方面的论述，与此同出一辙，非常强调"国家观念""国民精神"的培养。

> 制度、文物、文化、信仰种种皆是一国家的民族性的结晶。既生在一个国家里，便无法逃脱这个民族性，既无法逃脱这个民族性，则一个国民的精神都含有他祖国所积累、同族所共有的那种精神。因此我们所以在理论与事实方面都能够证得祖国的灵魂便是国民的灵魂。祖国一旦失了面子，国民精神便要立刻不安起来；祖国亡了，国民便要丧魂失魄，无所依归，万劫千磨，都非得国命重光，国魂恢复而他的精神才得安宁。❸

李璜的上述主张反映出他对国民教育的认识，国民教育的实施应以国家为中心，以情感教学为重要内容及主要途径，试图以一种"新精神"的训练，将国民的思想意识、价值观念等统一在"国家"这一中心上，以便消弭或减缓当时激荡的政治风云及教育中的问题。

李璜是"国家至上论"的热衷者，"无论生在何种文明国家的国民，如果自谓有生以来未曾受着这个国家文明之赐，则真未免有些忘恩！"国家主义教育，就是要培养国民"一致的精神""共同的希望""共同的责任"，以"牺牲个人，尽忠于国家"❹。这种以效忠、顺从封建军阀统治下的"国家"为先决条件，培养国民共同思想感情、信仰精神等，无论其具体方式、途径是何等精致、巧妙，其本质是模糊阶级界限，消弭当时革命风暴，在思维路向上是对传统伦理道德的复归。

---

❶ 余家菊，李璜. 国家主义的教育 [M]. 上海：中华书局，1923：43-45.
❷ 中国国家主义青年团全国代表大会对时局宣言 [J]. 醒狮周报，1927 (141).
❸ 李璜. 释国家主义 [G] //李义彬. 中国青年党. 北京：中国社会科学出版社，1982：143.
❹ 李璜. 释国家主义 [G] //李义杉. 中国青年党. 北京：中国社会科学出版社，1982：143-144.

在教育上，李璜强调教育的理性作用，注重教学的教育性和教师的主导作用，重视教材教法等，明显不满于杜威派的教育理论，而倾向于赫尔巴特，这与当时教育界对杜威教育理论在实践中出现流弊的反思及思想界出现的"东方文化""国粹主义"文化流派的影响有关。他特别注意情感教学，并结合教学过程，从学生年龄特点、心理发展水平上进行论述，在西方现代教学理论的中国化发展中有一定的地位。这说明李璜的思想是很复杂的，在政治、教育上的具体体现及实际作用与影响还是有所区别的。

第三节　陈启天的国家主义教育思想

陈启天（1893—1984），字侪平，号无生、寄园，又名翊林、声翊、春霖等，湖北省黄陂县人。1912年秋，考入武昌中华大学政治经济别科。1917年秋，应中华大学之聘，教授中学部国文、法制经济及专门部宪法等课。1921年考入南京高等师范，参加"少年中国会"，接受国家主义学说，与余家菊、李璜等人力倡"国家主义教育"，并使之成为当时社会有影响的一种教育思潮。1924年6月，他就任上海中华书局编辑，主编《中华教育界》。他利用该刊大力提倡国家主义教育，"依据国家主义的原则，讨论各种教育问题，以求从教育上克服共产主义思想"[1]，发起"收回教育权运动"。同年，陈启天与曾琦、左舜生、李璜、余家菊等人共同创办《醒狮》周报，组织国家教育协会，认定"教育是一种国家主权、国家事业、国家工具、国家制度"[2]。1925年，加入中国青年党。1929年年初，应国立成都大学之聘，由沪赴蓉，主讲近代中国教育史、社会学及教育社会学等课。1930年8月，青年党在天津召开第五届代表大会，他当选为中央检审委员会委员长。1949年，随国民党至台湾，任东南长官公署政务委员。此后，历任青年党主席、国民党总统府国策顾问等职。著有《国家教育论》《近代中国教育史》《教育社会学概论》《寄园回忆录》等。

一、对平民教育、职业教育的批评

陈启天站在国家主义派的立场上，结合他所理解的社会历史状况及教育实

❶ 陈启天. 寄园回忆录［M］. 台北：商务印书馆，1965：97.

❷ 顾明远. 中国教育大系·历代教育名人志（修订版）［M］. 武汉：湖北教育出版社，2004：769.

际特点，对当时十分流行的平民教育、职业教育提出了尖锐的批评。

（一）对平民教育的批评

五四运动以后，平民教育高唱入云，对教育实践带来巨大的影响。如为使新学制的制定有一定明确的指导原则，全国教育会联合会第七届年会在《学制系统草案》的开篇即提出了"议决标准"六项，决定废止民初的教育宗旨，代之以"教育要义"。❶ 1922 年颁布的《学校系统改革案标准》即以此为基本，再加上了"注意生活教育"一项。"新学制"的标准为：适应社会进化之需要；发扬平民教育精神；谋个性之发展；注意国民经济力；注意生活教育；使教育易于普及；多留各地伸缩余地。❷ 这七项标准正式取代了民初的教育宗旨，其体现出来的主流是新文化运动以来所倡导的"民主"与"科学"的精神，尤其是平民主义的教育思想，对其后民国一系列的教育改革产生了深远的影响。随着平民运动的深入进行，提倡者们朝着不同的方向发展。陈启天从国家主义教育思想出发，对平民教育抱极端怀疑或冷漠的态度。

首先，从教育本身来看，陈启天认为，平民教育的实施使学校教育出现了混乱，"平民教育者以个性发展为神髓也。为谋个性发展，则学校之规矩可废，教育之宗旨可无。而教育遂成混乱之局，不仅无以救国，亦且无以自救也"❸。这种混乱状况主要表现在"学潮之层出不穷""极端之个人主义流为单纯个人之享乐而不顾国家与社会之安宁"❹，因此即使提倡平民教育，也应以"谋群性与国性之发展"为中心❺。

其次，从社会的角度来看，平民教育涣散了国民精神。陈启天认为，国民的共同精神、意志及感情是立国的根本，国民不但爱好和平，而且还要捍卫正义。

> 真正能救国的教育理想，不但要能增加知识，还要能激励感情，训练意志；不但能促进个人的福利，还要能保障国家的安宁；不但要能爱好和

---

❶ 第七届全国教育会联合会议决案学制系统案［J］．教育杂志，1921，3（12）.
❷ 学校系统改革案［J］．新教育，1922（5）.
❸ 陈启天．中国教育宗旨问题［G］//沈云龙．近代中国史料丛刊（第九十一辑）．台北：台湾文海出版有限公司，1973：120.
❹ 陈启天．国家主义与中国前途［G］//沈云龙．近代中国史料丛刊（第九十一辑）．台北：台湾文海出版有限公司，1973：45.
❺ 陈启天．中国教育宗旨问题［G］//沈云龙．近代中国史料丛刊（第九十一辑）．台北：台湾文海出版有限公司，1973：120.

平，还要能捍卫正义；实现这种理想的教育，才能制造国性发扬国光，以救济国家。不然，不是破碎不得要领，就是抄袭不切时用。❶

而反观平民主义教育，"不是流为苟安乞怜的和平主义，就是流为享乐自私的个人主义"，这种教育只会"离散国民的精神"，"内而任军阀专横，外而任列强宰割"。因此，他主张重新考虑"壬戌学制"的"教育标准"。❷

陈启天认为，从国家的角度来看，平民教育无益于国家的独立与统一。平民主义只争个人的自由平等，对外国列强则以"苟安乞怜的和平主义"自慰，这种"无社会与国家之个人主义"与丧失国格的"和平主义"已"酿成中国之危乱"，"破坏国的统一"，"足减国际的地位，无国家的资格以与列强讲和平"❸，反而难以实现真正的和平主义。陈启天主张，一方面在武力上采取强硬的措施，"凡扰害我国家之和平者，无论为国际之列强与国内之军阀，应以不和平之方法应付之。然后无人敢藉和平之名以行扰乱之实"❹；另一方面修正教育宗旨，指出今后的教育宗旨"必须由空洞的、平和的世界主义而趋重切实的、合理的国家主义"❺。

> 今后中国教育宗旨应由平民主义趋重国际主义，即由个人的平民主义趋重国家的平民主义，由国内的平民主义趋重国际的平民主义，实为目前教育上戡乱救亡的要策。若只高唱和平的、个人的平民主义，则中国内乱外患，永无肃清之日，实失国家教育的主旨。

崇尚个性的发展，是五四运动时期进行新教育改革的核心问题，是对封建专制教育摧残个性的一大反动，在近代教育改革史上有着进步意义。当时，发展个性的思想贯穿于教育改革的各个方面，在实际中也出现了学生自由散漫、懒惰逃学、轻侮师长以及偏重个人而忽视群体等弊端，但这毕竟是次要的。陈启天据此加以夸大，虽在强调群性、共性方面有其合理之处，但对个性主义全盘否定则是片面的，是从一个极端走向另一个极端。他对平民教育在扩大受教育机会、体现追求教育的民主性等积极意义避而不谈，抓住某一方面横加指

---

❶❷❸　陈启天. 国家主义与教育 [G] //沈云龙. 近代中国史料丛刊（第九十一辑）. 台北：台湾文海出版有限公司，1973：159.

❹　陈启天. 国家主义与中国前途 [G] //沈云龙. 近代中国史料丛刊（第九十一辑）. 台北：台湾文海出版有限公司，1973：43.

❺　陈启天. 国家主义与教育 [G] //沈云龙. 近代中国史料丛刊（第九十一辑）. 台北：台湾文海出版有限公司，1973：160.

责，同样是形而上学的。陈启天在当时的历史条件下，反对"和平的、个人的平民主义"，提倡"切实的、合理的国家主义"，显然有力图恢复、完善现存社会秩序的一面。

（二）对职业教育的批评

陈启天认为，职业教育与平民主义教育一样，"多以个人为立论之出发点"。通过教育使个人求得职业，只是教育的一个方面，不能涵盖教育的全体。职业问题的解决，不仅在个人的职业知识与技能，而以"国家实业之盛衰为断"。国家实业的盛衰，又以"国家政治之隆污为断"。当时的职业教育家往往昧于此，"使其成效遂难实现"。

> 今之言职业教育者只言职业而不言实业，不知实业不发展，安有职业之可言？今之言职业教育者，只言教育而不言政治，不知政治不澄清，安有教育之可言？今之言职业教育者只重个人而不重国家，不知国家不巩固，个人焉能安居乐业？今之言职业教育者只重手段而不重正义，不知正义不伸，手段终有穷尽之时。❶

陈启天能从职业与社会的联系及与实业、政治的结合来阐述职业教育问题，这确有其合理的地方。但他所谓的发展实业、澄清政治是以国家主义为中心的，"而国性教育与实业教育之设施须一本国家主义之教育政策与经济政策，然后不至舍本逐末，遗大务小，而确有助于中国之独立与统一"❷。因此，教育上的某些合理见解又为其国家主义的利益、目标所笼罩。

二、提倡国家主义教育的缘由

陈启天从以下三个方面谈到提倡国家主义教育的缘由。

（一）争取国家独立与统一的需要

陈启天认为，当时中国社会之所以动荡不安，"即在国家的正义为国际的压迫与军阀的专横，与教会的教育所摧残殆尽而几无完肤"❸。国家要拨乱返

---

❶❷ 陈启天. 中国教育宗旨问题［G］//沈云龙. 近代中国史料丛刊（第九十一辑）. 台北：台湾文海出版有限公司，1973：121.
❸ 陈启天. 国家主义与中国前途［G］//沈云龙. 近代中国史料丛刊（第九十一辑）. 台北：台湾文海出版有限公司，1973：48.

治，须得先有一种思想，为全国人所信从，然后可以通力合作。这种思想就是以国家为中心的共同思想及国民的共同精神、意志、感情。

> 要使这个国家成为一个独立统一的国家，只有以国家主义相号召，才适合当前的事实而易得各种人民的信从。若是以超国家的任何主义相标榜，我总觉得高远不切事情，立意虽在救国，而结果恐益增乱国的种子……在国家主义的旗帜下，无论何种职业的国民均可一致趋赴，协力图强。否则阶级划分，争斗益烈，国内混乱的局面无由廓清，而国际干涉的惨祸终难幸免。❶

总之，只有提倡国家主义教育，才能振作国民的精神，激励国民的感情，团结国民的意志，使之"认明国家正义之所在，而以全力主张之，拥护之，保卫之，虽出于个人激烈手段亦所不辞"❸，如此才能抵御列强的侵略，平息内部的纷争。

（二）形成中国的立国精神

陈启天认为，一个国家能否形成立国的精神，关系到国家能否生存，而当时的中国却正缺乏这样一种精神。只有以国家主义为中心改革教育，尤其是国民教育，才能形成这种立国的精神，而立国精神的"载体"在于国民。对此，陈启天是从以下三个方面来阐述的。

第一，国家主义的教育在借教育的能力唤醒国民对于国家的自觉……这种国家自觉心，全国自小学以至大学应急培养，而后国事才有生机。

第二，国家主义的教育在以教育鼓励国民捍卫国家正义的勇气……民气到了这个地步，根本培养振发的方法即在教育。若现在教育长此东涂西抹不痛不痒地下去，而急公好义的民气何从产生？国家将益败坏，而无人拥护了。

第三，国家主义的教育在以教育培养国民对于国家服务的观念和态度。我们要一个国家可以存在甚至进步，全靠国民对于国家服务的观念和态度如何而定。❷

---

❶ 陈启天. 醒狮运动发端 [G] //沈云龙. 近代中国史料丛刊（第九十一辑）. 台北：台湾文海出版有限公司，1973：94.

❷ 陈启天. 国家主义与教育 [G] //沈云龙. 近代中国史料丛刊（第九十一辑）. 台北：台湾文海出版有限公司，1973：161 – 162.

（三）收回教育主权

陈启天反对外国在华经营的教会教育，认为当时林立于各省的"以传教为目的之教会学校"实为"我国教育统一的大患"❶。他对教会教育的危害性做了剖析，认为教会教育"破坏教育的统一，藐视教育的标准，摧残国民的国性，而酿成媚外的奴性"❷。因此，一方面，要取缔教会教育；另一方面要以国家主义为中心，加强统一管理，严格立案规程。对教会教育"若不设法取缔，则中国不必亡于武力与经济的侵略，而要先亡于教会教育的侵略了。我们要知教育是我国国家的任务，不是外国教会的任务"❸。"教育上不应有所谓治外法权……今后无论何人在中国境内设立学校，应先立案许可，而又按章办理，遵守同一的教育标准，才于中国有益。"❹总之，陈启天提出："挽回教育主权的旁落和防止国民性的摧残，须有国家主义教育。"❺

陈启天主张通过国家主义教育改革社会、稳定秩序，这是一种国家主义教育救国论。他要捍卫的国家是大地主、大军阀专政的国家，因此无论其具体措施怎样，他的思想观点从整体上、本质上来说是对现存统治阶级有利。当然，他的上述主张也有反对军阀割据专制、反对帝国主义文化侵略及要求收回教育主权的一面。另外，从教育这种复杂的社会现象本身来看，陈启天有关教育适应社会国家需要及利益导向的功能论取向以及国民教育的某些具体意见，在某种程度上也是有价值的。

三、国家主义教育的实施

国家主义教育应如何实施？陈启天对此做了回答。

（一）明定国家教育宗旨

陈启天认为，国家主义教育应有宗旨以明示教育的趋向，而完成建国的功

---

❶ 陈启天. 国家教育政策的发端［G］//沈云龙. 近代中国史料丛刊（第九十一辑）. 台北：台湾文海出版有限公司，1973：155.

❷❹ 陈启天. 国家教育政策的发端［G］//沈云龙. 近代中国史料丛刊（第九十一辑）. 台北：台湾文海出版有限公司，1973：169.

❸ 陈启天. 国家主义与教育［G］//沈云龙. 近代中国史料丛刊（第九十一辑）. 台北：台湾文海出版有限公司，1973：155.

❺ 陈启天. 国家教育政策的发端［G］//沈云龙. 近代中国史料丛刊（第九十一辑）. 台北：台湾文海出版有限公司，1973：165.

用。一般教育固应有国定宗旨以明全国教育的共同趋向；各级教育也应有国定宗旨以明各级教育的特殊趋向，否则不成为国家主义教育，而国家教育宗旨的含义，"尤应重在凝成国民意识，发扬本国文化，以促进国家的统一和独立，才是国家主义的教育宗旨"❶。具体说来包括三方面：教育宗旨须能唤起国民对于国家之自觉心，与夫国民对于国家之责任心，然后可以养成能除内忧抗外患之国民；教育宗旨须能激励国民对于国家之感情以养成扶危戡乱之热诚，然后能对国家尽维护之责；教育宗旨须能涵盖立国之各要素，而无所偏倚与遗漏，然后措施得宜，利多害少。❷

（二）确立国家教育政策

陈启天认为，国家主义教育贵有确定而一贯的政策，其核心或灵魂是以国家主义为中心确立国家教育政策，提倡各级学校"国办"。如"国办义务教育与平民教育"，"立国的根本既是国民，则欲确定国基，促进国运，非普及国民教育，使人人有国家思想不可。义务教育与平民教育，自以国办为最有成效"。"国办师范教育与模范中学"，"师范教育操国民教育的命脉，非由国家主办不能收整齐划一之功，更不能实现国家的教育理想"❸。在各级教育中还应有相应的教育政策，"有初等教育的特殊宗旨，便须有初等教育的特殊政策。有中等教育的特殊宗旨，便须有中等教育的特殊政策。有高等教育的特殊宗旨，便须有高等教育的特殊政策"❹，这样才能使各级教育取得相应的成效。

（三）划定国家教育经费

陈启天指出，中国教育经费没有确定的来源和保障，使得从事教育的人不是忙于闹穷索薪，就是忙于抢钱分赃，实无好的教育可言，自然更谈不到以教育建国了。他主张"此后国家教育经费急应设法划定。划定的款，按照教育政策通盘分配，不可缓急失宜，荣枯不调"❺。

（四）励行国家教育监督

陈启天认为，要使国家办教育取得实际效果，达到教育宗旨所规定的目标依据，尚须按着教育政策励行国家监督。监督的方法有：第一，确定国家教育

---

❶❺ 陈启天. 国家主义的教育要义［G］//华东师范大学教育系. 中国现代教育文选. 北京：人民教育出版社，1989：413.

❷ 陈启天. 中国教育宗旨问题［G］//沈云龙. 近代中国史料丛刊（第九十一辑）. 台北：台湾文海出版有限公司，1973：119-120.

❸ 陈启天. 国家教育政策发端［G］//沈云龙. 近代中国史料丛刊（第九十一辑）. 台北：台湾文海出版有限公司，1973：165.

标准。如教师任用资格，学生入学升级毕业条件，学校课程与设备完善，私立学校设立要求（创办人应为本国人，校内不得有传教的课程和仪式等，均应列在规章之内），以便全国各级学校遵守；第二，按照国家标准随时切实指导，各学校以求改进；第三，按照质量指标严格考试。自大学教授至小学教师均须经过国家考试后才许任职。自大学学生至中学学生均须经过国家考试才许毕业。有了严格的考试，教育标准才不至虚设。❶

陈启天主张国家对教育工作严加控制和监督，并由此阐发出一系列的具体主张，显然有针对学生参与社会运动的主观企图；但是对于克服资产阶级教育家所提倡的平民教育、实用主义教育而带来的诸如个人至上、自由散漫、各行其是等教育界的流弊仍起到一定的矫正作用。

第四节　对国家主义教育思潮的分析与评价

国家主义教育思潮盛行于 20 世纪 20 年代，北伐战争以后逐渐消退。它对二三十年代我国的政治、经济、文化、教育产生了一定的影响。

国家主义教育思潮的基本观点主要是，围绕着国家这一中心、按照国家的需要并符合国家的共同利益和要求实施教育；通过教育培养国民共同的民族意识、民族精神，内除"国贼"，外御侵略，从而稳定社会秩序，维护国家的统一，绵延民族的生命，进而振兴国家。在此基础上，批评了当时流行的教育学说，并就民族教育、国民教育、师范教育、军事教育以及学校的各科教育如何贯穿国家主义做了细致的阐述，还提出了在教育主权、教育行政、教育宗旨、教育经费等方面应如何实施国家主义教育的具体主张。国家主义派打着抽象的"国家""民族"的幌子，标榜"救国"的旗帜，曾风行一时，许多人受其鼓动，宣传其言论主张：教育应是一种国家的主权，是国家的事业，是国家的工具，是一种国家教育制度，而不是任何私人、党派、地方、教会和外国的主权、工具，据此，必须反对任何党派、私人、地方、教会的教育以及外国的殖民教育，要求以养成所谓以国家为前提的爱国国民为统一的教育宗旨，并加强学校的军事教育、政治教育、知耻的救国教育，等等。❷ 至于其作为一种教育

---

❶ 陈启天. 国家主义的教育要义［G］//华东师范大学教育系. 中国现代教育文选. 北京：人民教育出版社，1989：414.

❷ 孙培青. 中国教育史［M］. 上海：华东师范大学出版社，1997：655.

思潮流派的实际绩效如何，诚如有的鼓吹者称："中国现今应否采用国家主义的教育，这问题早已有人讨论过了，大约中国人民——除非他主张亡国的——要想挽救国家的危亡，无一不承认国家主义教育，比之别种主义，是最适当而最切要的。"❶

一、政治上、哲学上的分析与评价

在政治上，国家主义教育在其萌生的清末民初，有为维新变法、改革封建文化教育乃至巩固和发展辛亥革命胜利成果服务的进步性一面；但20世纪20年代以后，真正意义上的国家主义教育思潮从本质上说已经发生了一定程度上社会政治倾向的变化。国家主义派宣传国家主义教育，其主要锋芒是指向五四运动后的学生进步运动，尤其是主张用"教育救国"的改良主义道路代替反帝反封建的革命道路。

国家主义最强调的就是国家意识和民族意识。国家主义派抽掉国家的阶级内容，否认国家是历史的范畴，是阶级矛盾不可调和的产物。在国家主义派看来，"国家"也好，民族的"性"也好，国家的"实质"也好，"灵魂"也罢，都是不能分阶级的，而是"全民性的"。从这一点出发，他们集中宣传"国家至上""民族至上"的观点。客观地说，这是一种超阶级的国家观，在民族危机十分严重的情况下，国家主义派大力宣传"国家至上""民族至上"，对于激发广大知识分子尤其是青年知识分子的民族意识和爱国热情，是有一定积极作用的。但是，当时的中国处于北洋军阀统治之下，国家主义派抽掉"国家"的具体阶级内容，把国家看成一种极为简单的宗教崇拜物，对中国民主革命运动的健康发展亦有消极影响。❷

马克思主义者严厉驳斥了国家主义派对中国社会衰败原因和救国道路等问题的歪曲，坚持了反帝反封建的民主革命纲领。他们正确指出：当今中国社会的衰败，绝不是因为国民缺乏国家之自觉心，而是因为中国人民身受两重之压迫，即内有顽冥不灵之军阀，外有资本主义列强。因此，正确的救国道路不是实行什么国家主义的教育，而是推翻国内军阀，打倒国际资本帝国主义。萧楚女说，国家主义派宣扬"教育救国论"纯系欺人之谈。他认为，教育属于上

---

❶ 潘之赓. 国家主义教育释疑［J］. 中华教育界，1927，16（4）.
❷ 吴雁南，等. 中国近代社会思潮（1840—1949）［M］. 长沙：湖南教育出版社，1998：202.

层建筑范畴，为经济基础服务，受当权的统治阶级支配。在当时半殖民地的中国，不仅用教育救国根本不可能，就连真正的爱国教育也不可能，因为统治中国的英美帝国主义不会让"中国土壤上长出一棵爱国之花"❶。恽代英对余家菊、李璜合著的《国家主义的教育》一书提出了三点质疑：第一，国家主义的教育，不应当从中国民族特性或东方文化上立说；第二，中国今日最重要的是能造成救国的人才、革命的人才；第三，只提倡同情自爱的教育，不足以救国。他认为，国家主义者"有一共同忽略之点"，即"未注意中国人所受经济侵略的势力，与中国人以后应从经济上求脱离外人的束缚"。他的结论是："一、基督教挟经济优势以传教，非中国经济独立，不能将基督教根本打倒。二、要用教育救中国，须先知中国究竟要如何才能得着经济独立——才能得救"；"要求经济的独立，终必须经过一翻政治革命。"❷ 1924 年 7 月，恽代英又指出："国家主义者总想拿着国家观念来压倒阶级观念，《醒狮》自出版以来，处处表现这种见解，这与我们为中国人实际生活而奋斗，自然凿枘不能相容。……我们主张民族独立、全中国的解放，与他们那样主张反对阶级斗争的国家主义如何能混为一谈呢？"❸

在马克思主义者的批判和斗争下，国家主义派"阳为爱国而阴为帝国主义者最新式的工具"的教育论调受到了揭露。瞿秋白指出：国家主义派到了五卅运动时，"步步落后、妥协、畏怯……做帝国主义的工具"，"帮助帝国主义努力反赤，固执几年前的'国权''国贼'的空洞口号以自文饰"❹。

在哲学上，国家主义派鼓吹心物二元论、唯心论，国家主义教育思想的理论基础也就是二元论与唯心论。陈启天说：

> 国家主义者以为社会构成的要素有两大种：一是物质要素，二是心理要素。这两种要素在社会生活上是同时并存、斤量相称的。没有物质要素固不能构成社会，没有心理要素也不能构成社会，所以主张物心并重。❺

他又说：物质是精神的形式，精神是物质的作用。没有形式的精神，我们不能名言，没有作用的物质，我们不能寻得。"所以，我们不可断定社会进化

❶ 萧楚女. 讨论"国家主义的教育"的一封信［J］. 少年中国，1924，4（12）.
❷ 恽代英. 读"国家主义的教育"［J］. 少年中国，1924，4（9）.
❸ 中国青年［J］. 1925（82）.
❹ 瞿秋白. 中国革命之五月与马克思主义［J］. 向导周报，1926，5（151）.
❺ 陈启天. 国家主义与共产主义的分歧点［J］. 醒狮，1925（44）.

的原因系在于物质或经济，如共产党一样；也不可断定社会进化的原因系在于精神或理想，如玄学鬼一样。"❶ 这就是说，物质与精神虽然是两个独立的实体，但它们又是互相依赖、互相决定的，精神是物质的作用，物质是精神的形式，这明显是心物二元论。它以"不可分性"的说法，否定了物质第一性、精神第二性的唯物主义原则。这种心物二元论是直接为其"全民革命""全民政治"做论证的。李璜说：

> 最早提倡国家主义的德国哲学家费希特便主张以国家这个机体来实现社会的正谊。他所谓两种社会上的正谊，即是经济上的平等与精神上的平等。经济上的平等便是一国之内，人人都受着相当的生活。精神上的平等便是一国之内人人都受着相当的教育。❷

在他们看来，既然物质与精神是并重的，那么经济问题和教育问题也是同等重要的。国家的职能就在于解决这两方面的问题，使所有的人都过上平等的生活和受到平等的教育。这就是他们的逻辑，也是他们"全民革命"和"全民政治"的基本含义。二元论实际上是唯心论的一种表现形式，它终归要倒向以精神为第一性的唯心主义。李璜说："一个社会之所以存在，全靠心理和生理的契合关系而生出互助、利他种种行为以为社会的枢纽。"❸在国家主义派看来，人们的"情感"或"求生的冲动"是与生俱来的，它是一种不可抗拒的力量，正是这种精神的力量才引起社会的竞争与互助，从而推动了历史的前进。这是一种典型的唯心主义论调，是国家主义派提倡国民教育、情感教育的理论前提。

二、教育上的分析与评价

在教育上，国家主义派的教育思想、理论往往更为复杂。作为一种教育思潮，国家主义教育思潮牵涉面颇大，对当时各种教育思潮做了理论反思的工作，在各代表人物的言论文字中往往论及较多的教育领域相关的理论问题，而又以"国家"为中心点加以融合，理论上有唯心的因子，思维也谈不上精致实证。总体上说，对当时流行的平民教育思潮、职业教育思潮、实用主义教育思潮做了批评，但有的又闪烁其词地主张国家意识的培养不排斥个性的发展。

---

❶❸ 国家主义的哲学根据 [J]. 醒狮，1927（152 – 157）.

❷ 释国家主义 [J]. 醒狮，1924（5）.

还有的主张在学科教学中将国家主义精神渗透到道尔顿制、设计教学法等新教学法实验或实行之中。对教育独立思潮则有具体的不同态度，如对教育形态独立、行政独立表示反对，对教育经费独立持中立，对教育主权独立则甚为赞同。军国民教育思潮在新文化运动后的"和平声浪"中衰歇，但国家主义教育思潮则容纳了许多军国民教育的精神，当然表现形式有所变化，主要是军事教育，而不是一般意义上的学校体育。从教育理论上看，国家主义教育思潮对当时流行的平民主义教育、实用主义教育思潮理论上的重自然性轻社会性、重个性轻群性、重学生轻教师等缺憾及由此带来的实际上的偏颇做了反思，并在一定程度上试图加以纠正。为此在理论上触及了教育功能的社会性与自然性，教育与社会及个体的复杂关系，教育的多元职能与属性，教育的目的性、计划性，教育的宏观调控，教育、教学管理，教学中的教师与学生，教学的教育性等诸多基本理论问题。在教育流派的模式形态上，由批判杜威进步主义教育理论转而倾向赫尔巴特传统教育理论，反映了文化教育上的传统守旧势力在近现代教育思潮曲折发展过程中的影响。在当时教育界一些人士反思杜威实用主义教育理论在实际推行中的流弊并探索教育发展出路的特殊历史环境下，上述主张在教育理论的中国化进程中仍不失为一种思考和新的见解。从教育实践上看，收回教育权运动及军事教育、民族教育的实践活动与国家主义教育思潮相关，教育社会学作为教育科学的一门分支在 20 世纪二三十年代出现也与它有千丝万缕的联系。在 20 世纪 20 年代后期国民党建立全国政权以后，国家主义教育作为一种思潮已偃旗息鼓了，但其精神却深深地在南京政府的教育政策中留下了印记。

第十二章 结 语

近代中国社会异常复杂，充满着矛盾与斗争的历史特点反映在教育思想领域，就呈现出庞杂、散乱、多变的特点。各种思想学说都在历史舞台上各施影响，相互较量，不断地分化、组合、组合、分化，显得很不稳定。这种矛盾斗争的情况、新旧交替的蜕变，赋予近代教育思潮以过渡性质。这种过渡性表现在下列三个方面。

（1）新旧并存、新旧交替。近代维护传统教育、主张封建复古的思想意识如不散的阴魂，死死纠缠着"新教育"不放，其思想学说依附着盘根错节的封建残余势力，施展自己的影响。经过反复多次的较量，旧的、传统的逐渐衰弱，新的教育思想学说得到兴盛，如近代的科学教育思潮、职业教育思潮的发展历程就表现得很明显。

（2）正统消失、权威未立。中国的古代教育，受儒、道、佛、法各家的影响很深，在不同的教育思想学说中，都可看到诸种哲学思想的影子。不过自西汉中叶"罢黜百家，独尊儒术"以后，二千多年来儒家学说一直在思想界占正统地位，也是教育理论立论的主要根据。但到了近代这一大变动时期，儒家学说的根基被动摇了，封建教育观念的正统地位也不复存在。所以各种教育思想依附关系不明显，它们之间的争斗具有多角性，既有封建教育与资产阶级教育的斗争，又有资产阶级教育内部各流派间的论争，还有中西教育的矛盾冲突。在这种复杂的多角斗争中，虽可探索其发展线索、演变轨迹，但没有确立新的思想理论权威，直到五四运动以后，情况才有所改变。

（3）随时应变、变化急速。由于中国近代政治、经济的急剧变化，教育思潮也随着动荡不安的社会形势而急速应变，在各个不同的历史时期，有各自不同的代表性教育思潮，它们呈波浪式推进、变化更迭，一浪接一浪，一浪推一浪，一浪赶一浪。一种思潮还未低落，另一种思潮又席卷而来，常呈现几种思潮同时奔腾、互相激荡的胜景。这种变化急速，也是近代教育思想过渡性质的一种表现。

一、中国近代教育思潮的基本特征

中国近代教育思潮虽然变化万千，但从总体上仍能概括出其中一些基本特征。

（一）目标明确

在抵御外侮、救亡图存、保国保民等强烈忧患意识的刺激下，除封建复古主义教育之外，近代进步的教育思潮都有明确的目标，那就是试图解决近代中国教育的出路，为挽救民族危亡、富国强兵、振兴国家服务。为此，主张改革封建传统教育，学习西方资产阶级教育理论，仿效西方资产阶级教育制度，在反思"新教育运动"中出现的流弊及失误的基础上，提出种种补救方案，以推进中国教育走向近代化。形成中的新民主主义教育思潮，代表无产阶级性质，为建立人民当家做主的真正民主共和国服务，标志着中国教育跨入了一个新天地。

（二）思潮渊源多元

为了救亡图存，挽救民族危亡，近代先进的中国人尝试着种种救亡方案。他们从古今中外寻找种种适合自己需要的思想学说、理论流派，然后匆匆地介绍、传播。这种情况反映在教育思潮的思想渊源上也表现出多元化或开放性的特征：一方面，从古代教育思想的宝库中汲取滋养；另一方面，从西方资产阶级思想流派、教育理论及学说中选取、搬用适合自己及时代急需的东西。

1. 中国古代教育思想的影响，中国古代教育思潮的影响

中国古代的教育思想，发端于春秋战国时期，至西汉中叶发展至成熟阶段。中国古代的教育思想在形成和发展过程中，对促进新兴封建制度的形成和巩固，以及对中国文化思想的繁荣和传播起过积极的作用，并形成了许多优良的传统，以及一系列宝贵的教与学的原则与方法。中国近代教育思潮是在古代教育遗产的基础上发展起来的。一些教育思潮的代表人物均注重吸收古代教育的精华部分，作为构建自己教育理论的思想材料。如梁启超鼓吹军国民教育，常从先秦"六艺"之教，"文武合一"的思想中吸取养料。蔡元培在民初提倡平民教育、美感教育，其中吸收了孔子人道主义教育观、先秦儒家乐教思想。至于深受西方进步主义教育熏陶的人民教育家陶行知，其生活教育理论及乡村

教育实验更有与古代教育思想相联系的一面。

但是，中国近代教育家所要寻求建立的是资本主义的教育制度，而中国古代的教育思想就其基本性质来说却是封建主义的。在中国古代的教育思潮遗产中，是找不到直接为反帝、反封建和建立资本主义教育体系服务的思想材料的。建立在小农经济基础之上的封建文化、伦理观念、价值取向、教育体制，特别是科举制度，很大程度上成了近代教育建立与发展的桎梏。近代一些教育思潮产生的一个重要诱因是抨击传统教育的思想与制度。如平民主义教育对封建教育等级性的批判，职业教育对"学而优则仕"的批判，科学教育对儒家经典束缚人心、经学教学的机械呆板的批判等。

2. 西方资产阶级思想文化，特别是教育思想的影响

中国近代很多种教育思潮直接来源于近代西方资本主义国家。19世纪中叶，中国的封建主义文化形态与西方的资本主义文化形态产生了明显的文化势差，前者腐朽封闭，后者先进开放。根据文化交流与传播的规律，这时先进文化向落后文化流动的客观态势已经形成。因此，伴随着殖民主义者向东方的侵略，西方资本主义文化也开始对长期与世隔绝的中国发起了冲击。中西文化的冲撞以鸦片战争为起点正式拉开帷幕。与此同时，先进的中国人为了寻找救亡图存的真理，也展开了一场从不自觉到自觉地向西方学习、输入西学的运动。他们负笈渡海，游学异国，广译群书，倡言西学，传播学理，使封建古老的东方文化与新兴的西方资产阶级科学文化交汇融合，使中国步入近代化的行程。随着西方文化向中国的输入，一些西方教育流派的思想和学说以及教育制度渐渐渗透到中国近代教育领域，它们是触动近代多种教育思潮萌动的重要因素，同时自身也构成了近代教育思潮的部分内容。如杜威实用主义教育理论对于五四运动前后兴起的平民主义教育思潮的影响，推士、麦柯尔的来华和20世纪20年代科学教育思潮的兴起，等等。与此同时，西方各种形形色色的哲学、社会学、政治学思潮乃至通过来华西方传教士介绍的宗教神学，也纷纷输入中国，引起了中国传统文化结构、价值观念的变革，对中国近代教育思潮的形成和发展产生了重要的影响。而且，就某一阶段来说，这种驳杂的哲学、政治、社会思潮对某种教育思潮有着某种决定性的影响，如无政府主义之于教育独立思潮。

（三）发展过程曲折

中国资产阶级新教育是随着资产阶级新的经济、政治力量的发展而发展的。中国资产阶级是一个在帝国主义和封建主义双重压迫下曲折生长的半殖民地半封建的资产阶级。他们先天不足、后天失调，"在经济和政治上是异常软弱的"。中国近代资产阶级文化教育的软弱性、妥协性，反映了中国近代资本主义经济、资产阶级政治力量的脆弱性和依赖性。在这种背景下形成和发展的资产阶级新教育，其实质只能是半殖民地半封建的教育。

受资产阶级新教育性质的制约，中国近代教育思潮的发展进程异常艰难和曲折。如科学教育思潮，清末的严复提出西学教育思想，但并未被当时持"中体西用"或全盘否定西学的封建官僚所认识，也引不起当时受封建思想影响甚深的一般士人、民众的关注，清末"新学制"规定的西学课程只是从日本移植的西方工业社会的学校课程，并没有建立在科学思想的基础上，在中国一般的学生中成了"洋八股"。五四运动时期，提倡科学思想、科学态度，尤其是科学方法，提出了"科学的教育化"与"教育的科学化"的主张，科学教育思潮趋于鼎盛。但张君劢等玄学派又持国粹主义的论调，怀疑科学的作用及科学教育的功能，挑起"科玄论战"。又如职业教育思潮要在一个封建势力深厚、近代资本主义工商业基础薄弱的国度里产生并发展，其艰难程度是可想而知的。曾在中华职业教育社工作多年的邹韬奋深有感触地说："吾国自来重士而轻农工商，盖以科举之遗毒，乃愈积重难返，谬见牢不可破，闻职业教育之名而不生其蔑视之心者几希。诋之者甚至仅以啖饭教育视之。"又如平民教育思潮对乡村社会的冲击甚弱。后来，一些平民教育家如陶行知、晏阳初、朱其慧等纷纷转向乡村，掀起乡村教育思潮。但实验、推行过程中仍受封建传统伦理道德、宗法社会盘根错节的宗族势力的束缚，甚至有的教育家干脆与之妥协，折中推行。

国际资本主义、帝国主义侵略者代表本国的自由资产阶级和垄断资产阶级的侵略利益，是造成近代中国灾难深重的罪魁祸首。他们在中国开教堂、办学校，以基督教和天主教教义，结合孔门儒学，组成一种殖民主义教育体系，在中国教育领域内发展其势力，扩大其影响，并对中国旨在改革封建传统教育、实现教育近代化的"新教育运动"或加以利用，或设置障碍。在教育思潮史上，无论是洋务时期的西文、西艺教育，还是维新时期的国民、军国民教育都深受其害。辛亥革命后，他们又支持袁世凯复辟帝制、尊孔读经的复古逆流，反对资产阶级民主革命派的教育革新。

（四）社会效益明显

中国近代教育思潮产生于内忧外患层出不穷的环境之中，忧患意识推动着各个群体及其代表人物更加注意发挥自己理论的社会作用。这不仅是指近代教育思潮本身内容的主要趋向是要求教育配合社会改革，注重实用及实际效益，并且，各种教育思潮一旦形成后，对当时及此后的教育实践都会产生或多或少的影响与作用。当然，各种教育思潮对教育实践实际影响的领域有所不同，正因如此，才构成了教育思潮与教育实践联结的方方面面。考察各种教育思潮对教育实践的不同影响，可以从中探讨、概括出一些理论特点。

1. 教育观念的变革

中国近代汹涌澎湃的教育思潮，促使传统教育观念发生了剧烈的变革，成了推动中国教育走向近代化的舆论动力，包括三个方面。

（1）改变传统重道轻艺的教育观。其中起重要作用的主要为实利主义教育思潮、实用主义教育思潮、科学教育思潮、职业教育思潮。

（2）改变传统重文轻武的教育观。其中起重要作用的主要为国民教育思潮、军国民教育思潮以及由此引发的学校军事训练、体育教学等组织形式、教学内容。

（3）改变传统重官轻民的教育观。其中起重要作用的主要为平民教育思潮、乡村教育思潮及义务教育、普及教育运动。

2. 教育对象的转变

教育对象的转变，表现为两方面：其一是从官吏演变为平民。古代为养士教育，"学"成了"仕"的桥梁。近代从维新运动开始重视国民的作用，提倡国民教育，以后演变为平民教育、乡村教育，大大地扩大了广大民众的受教育权利。其二是从成人演变为儿童。传统重视成人教育，童蒙教育也成人化。到了近代，儿童教育日益受到重视。特别是五四运动以后，在平民教育思潮、实用主义教育思潮的影响下，儿童一度成为教育的中心。

3. 教育发展区域的变化

在教育发展区域的变化上，主要表现为从城市转向乡村。古代以及近代最初几十年，均注重发展城市，尤其是都市教育，而忽略乡村教育。从五四运动开始到20世纪二三十年代，中国教育走向乡村。

4. 教育内容的发展趋向

（1）从空疏教育到实用教育。无论是考据训诂、皓首穷经的汉学，还是空谈性命、静悟天理的理学、心学，发展到近代都成了空疏无物的代名词，从西学教育思潮、实用主义教育思潮、科学教育思潮到职业教育思潮，都试图克服这一弊端。

（2）从经典教育到科学教育。传统教育以儒家经典以及据此改编的童蒙读物作为学校的教材。维新变法以后，提倡以西方近代科学充实学校课程。在教学中，尤其注重以科学方法、科学态度与科学精神培养学生。并且，将科学内容及方法的领域扩展到社会各部门、各专业，发展中国近代的技术科学。

（3）从文弱教育到军事教育。古代以文弱、娇秀为士人之风范，到了近代则扩充了尚武、军事教育的内容与方式。

5. 教学方法的演变

教学方法的演变主要是从注入式演变为启发式，从死记硬背演变为启发诱导，从教师、强迫纪律演变为儿童、自由活动，从机械划一演变为兴趣个性。如把儿童作为教育工作中的"小太阳"并重视活动教学的实用主义教育思潮以及提倡以测量、测验、统计、调查等科学手段提高教育科学性的科学教育思潮，对于近代新教学方法的试验、改革及其演变产生了直接的影响。

二、中国近代教育思潮演变、发展的主要规律

考察近代各主要教育思潮，可以对中国近代教育思潮演变、发展的规律做如下总结。

1. 政治、经济制约着教育思潮的产生与发展

鸦片战争以来，由于外国资本主义的入侵，中国封建社会自给自足的自然经济遭到破坏，近代社会的经济基础和政治制度在短短的近百年间发生了急剧而深刻的变化：19 世纪 70 年代民族资本主义和民族资产阶级的产生，由于中日甲午战争的失败、《马关条约》的签订而引发的维新变法运动；1912 年辛亥革命的胜利促使统治中国两千多年的封建帝制的崩溃；20 世纪一二十年代民族资本主义短暂的"黄金时代"，等等。在中国近代史上，几乎每一次经济结构和政治制度的较大变动，都成为中国近代教育思想史上重大的教育思潮赖以产生的触发点。如民国以前，政体为专制，故教育宗旨以"忠君"为第一条，而当时的教育思潮亦无非在"忠君"及"爱国"的范围内兜圈子，绝未见有平民教育思潮与教育独立思潮澎湃一时。民国以后，政体共和，虽然有种种复古倒退的逆流，但始终未能在思想界占据主流，而自由平等的精神则实际上成

为各种进步教育思潮的基础。袁世凯窃权以后，受帝国主义与封建军阀的双重压迫，同时教育改革本身的弊端纷纷出现，学生的生计、出路等均发生问题。于是 1917 年后，职业教育思潮盛极一时。第一次世界大战结束后，西方帝国主义又把侵略矛头重新对准东方，使一度获得长足发展的中国资本主义再一次受到压制，并逐步走向没落。这种危机在广大乡村表现得尤为明显。当时，中国的农村经济急剧萎缩，教育基本停滞，人民生活日益窘困，反抗斗争不断发生。农民及乡村问题引起了社会的广泛关注。资产阶级教育家幻想走改良主义道路，希望通过乡村教育来改善农村生活、稳定社会，于是产生了乡村教育思潮。

2. 教育思潮源于教育实践，又对教育实践产生影响

每一个时代的教育思潮必然反映那个时代的教育实践，如教育制度、教育宗旨、教育内容、教育方法以及学风、士风等。教育思潮中集中讨论的问题，必定是当时教育实践中存在最尖锐的、并迫切要求解决的问题。如平民教育思潮中讨论的受教育权、国民素质等问题；科学教育思潮所集中讨论的"科学的教育化"与"教育的科学化"问题；职业教育思潮集中讨论的生计问题、生产问题等。教育思潮一旦形成，必然影响教育实践。

3. 教育思潮呈现波浪起伏、动态发展的过程

思潮既然是"潮"，总是动态的。它可能由于内部的原因，分裂为各个支流；或因缺乏新的源泉而枯竭。也可能由于外部的原因，被抑制发展，或因并入别流，从而失去主导地位。所以，思潮的涨落总是随着历史的发展和影响力的变化而更迭的。各种思潮初潮、涨潮、高潮，然后是落潮、低潮、退潮，有一个萌、盛、衰、亡的过程。

4. 各种教育思潮是一个对立统一的整体

各种教育思潮对不同历史时期存在的教育问题，从不同的角度、层次上考虑解决的方案，存在互相联系、互相吸收、互相融合的一面，如国民教育思潮与军国民教育思潮，在如何培养国民的国家意识，提高其抵御外侮、武力救国的实际技能方面是一致的。同时，教育思潮之间又有互相对立、互相排斥、互相矛盾的一面，如平民教育思潮、实用主义教育思潮与国家主义教育思潮。前者强调个性、学生自主、自由教学，后者强调群性、教师管理、宏观控制；前者主要是资产阶级民主政治及大机器工业生产的产物，后者则是国家主义理论，在哲学上是唯心的，在政治上是反动的，但在教育上应做具体分析。

5. 新民主主义教育思潮是中国近代教育思潮发展的正确方向

新民主主义教育思潮是无产阶级性质的。历史已经证明，只有无产阶级才具有革命的自觉性、彻底性和不妥协性，以及较强的纪律性、组织性，能够领导中国人民完成半殖民地半封建社会的资产阶级所不能完成的反帝反封建的民主革命的任务，而且又能在完成这个任务后，把中国引向社会主义革命的光明道路上去。在五四运动时期，早期的马克思主义者、共产主义者对资产阶级教育家所鼓吹的教育论调做了批判，以后又在马克思主义理论的指导下，开展工人教育、农民教育及干部教育，为革命战争的胜利做出了贡献。

三、总结历史经验教训，为今天的教育改革事业服务

探讨中国近代教育思潮，可以为我们提供许多经验教训，对今天的教育改革仍有一定的启示。

第一，中国近代教育思潮尽管还存在不同程度的不足、缺陷，甚至是谬误或反动，但它们并非如薄雾烟云随风驱散，不留痕迹，而是在理论与实践上都留下了不少的东西，可以说近代教育的变革与发展都与教育思潮的理论导向与舆论推动息息相关。诸如：封建科举制度的废除，封建旧礼教绝对权威的破坏，新式学校及教育辅助机构的大量增加，新教育行政和各级学校制度的建立并通过改革而趋向完善，教育为革命利益服务的思想的发展，现代自然科学和社会科学的介绍并列入教学内容，新教科书的编写，文字和文学的改革，新教学方法、教学组织形式的试验与推行，学校体罚的明令禁止，德智体美劳多方面教育的提倡，义务教育、普及教育、女子教育、师范教育、职业教育、乡村教育、实利实用教育的发展，等等。所有这些都与近代教育思潮有密切的关系。其中有一些理论成果与实践经验，只要我们以辩证唯物主义与历史唯物主义的观点和方法加以认真地总结、清理，仍可有益于我们今天的教育科学理论与实践的发展。

第二，近代教育思潮因现实的教育问题、教育实践中出现的矛盾而产生，它们适应时代教育的需要，试图求得解决的答案，故取得一定的实效。今天，我们正处在教育改革的新时代，在这一过程中也出现了新情况、新问题，如道德教育问题、教育竞争问题、流失生问题、教学内容的改革及教育结构的调整等。因此，我们必须以马克思主义科学的世界观与方法论集中探讨这些问题，有的放矢，不能光凭兴趣与热情盲目研究，更不能走入理论的象牙塔自我封

闭，独自欣赏，而与火热的教育改革与教育实践相脱离。

第三，学习、引进西方教育理论、教育方法及教育体制应与本国的历史传统及现实状况相结合。近代中国教育界人士为了寻找教育出路，曾把视野投向日本、美国及其他西方国家，搬用他国的教育思想、理论、方法及其体制，但缺乏与本国教育实际状况相结合进行中国化的探索，因此从清末举办"新教育"开始，就不断引进西方的教育制度、管理制度、西学课程及西方大工业社会产生的教学组织形式及教学方法，对中国教育近代化的进程起到了推动作用。但随着时间的推移，这种教育上的盲目移植也出现了新的弊端，如教学内容与中国现实社会的生产、生活相脱节，学生学非所用、用非所学，生计及出路均成问题。以教育改革对出现的流弊谋求补救，解决这些矛盾，是进步教育家孜孜以求的奋斗目标，也是产生近代教育思潮的一种因素。今天，我们正处在改革开放的新时代，西方形形色色的教育流派、思想及学说纷纷涌入。对此，闭关自守、孤芳自赏、唯我独尊是不对的；同样，全盘接受、盲目崇拜也是错误的。我们必须吸取教训，学习毛泽东同志关于"古今中外法"的思想❶，根据我国教育的现实需要与实际状况，择善而从，批判吸收。

第四，近代教育思潮重点讨论的是中等教育阶段，这是很值得我们注意的。如科学教育思潮、职业教育思潮、平民教育思潮等分别就中等教育的内容、方法、结构及毕业生的去向等问题做了探讨。今天，中等教育的改革仍是整个教育工程的关键。历史上探讨过的问题在新的历史条件下仍有继续研究的必要。

第五，近代教育思潮中注重实验研究的思想很显著。科学教育思潮的一个方面是教育的科学化，主张以测量、测验、统计及调查等实证方法研究教育的一切问题，尤其是教学方法、教学组织及管理，以提高教育科学的精确性，其他如职业教育思潮的代表人物黄炎培，乡村教育思潮的代表人物陶行知、晏阳初、梁漱溟等均注重教育实验，通过实验丰富和发展了各自的教育思想。实验是教育科学从理论思辨到实际运用的重要而有效的环节。在强调学术研究应与现实社会相联系、理论探讨应面向经济建设并为发展经济服务的今天，重视教育实验更有其现实意义。

第六，教育思潮的某种观点、主张一旦被教育行政部门所关注，并在教育

---

❶ 董远骞，张定璋，裴文敏. 教学论［M］. 杭州：浙江教育出版社，1984：7－10.

方针政策、规章制度中得到体现，就能广泛地贯彻到教育实际中去（如教育宗旨、教育管理、课程、教材及教学方法等），取得一定的社会效益。如在军国民教育思潮影响下，清末将"尚武"作为教育宗旨、民初提倡军国民主义教育并影响到当时各类学校军事、体操课程的教学。其他如实用主义教育思潮、平民教育思潮等无不具有这样的特点。今天，广大教育工作者通过对教育实际中存在的问题深入研究，也会提出合乎科学的、有创见的观点、理论或学说，更有其现实意义。只有为教育方针、政策的决策者所了解、所赏识，并通过有关规章制度的颁布，才能显示其应有的社会效益。

主要参考文献

一、史料类

[1] 白吉庵，刘燕云. 胡适教育论著选［M］. 北京：人民教育出版社，1994.

[2] 陈独秀. 独秀文存［M］. 合肥：安徽人民出版社，1987.

[3] 陈景磐，陈学恂. 清代后期教育论著选［M］. 北京：人民教育出版社，1997.

[4] 陈学恂. 中国近代教育大事记［M］. 上海：上海教育出版社，1981.

[5] 陈学恂. 中国近代教育史教学参考资料（上册、中册）［M］. 北京：人民教育出版社，1987.

[6] 陈学恂. 中国近代教育文选［M］. 北京：人民教育出版社，1983.

[7] 陈元晖，陈学恂. 中国近代教育史资料汇编［M］. 上海：上海教育出版社，1993.

[8] 董宝良. 中国教育史纲（近代之部）［M］. 北京：人民教育出版社，1993.

[9] 杜威. 杜威五大讲演［M］. 北京：北京晨报社，1920.

[10] ［日］多贺秋五郎. 近代中国教育史料（清末编、民国编）［M］. 日本学术振兴会，1976.

[11] 高平叔. 蔡元培教育论集［M］. 长沙：湖南教育出版社，1987.

[12] 高平叔. 蔡元培全集［M］. 北京：中华书局，1984.

[13] 葛懋春，李兴芝. 胡适哲学思想资料选（上）［M］. 上海：华东师范大学出版社，1981.

[14] 胡汉民. 总理全集［M］. 上海：民智书局，1918.

[15] 胡适. 胡适文存（卷一——四）［M］. 上海：上海亚东图书馆，1922.

[16] 湖南省博物馆历史部. 新民学会文献汇编［M］. 长沙：湖南人民出版社，1980.

[17] 江苏省陶行知教育思想研究会，等. 陶行知文集［M］. 南京：江苏人民出版社，1981.

[18] 教育部. 第一次中国教育年鉴［M］. 上海：开明书店，1934.

[19] 李大钊. 李大钊文集［M］. 北京：人民出版社，1984.

[20] 李桂林. 中国现代教育史教学参考资料［M］. 北京：人民教育出版社，1987.

［21］梁启超. 饮冰室合集［M］. 上海：中华书局，1936.

［22］鲁迅. 鲁迅杂文全集［M］. 郑州：河南人民出版社，1994.

［23］清华大学中共党史教研组. 赴法勤工俭学运动史料（第1－2册）［M］. 北京：北京出版社，1979.

［24］璩鑫圭，唐良炎. 中国近代教育史资料汇编［M］. 上海：上海教育出版社，1991.

［25］璩鑫圭，童富勇. 中国近代教育史资料汇编［M］. 上海：上海教育出版社，1997.

［26］商务印书馆. 商务印书馆九十年［M］. 北京：商务印书馆，1987.

［27］石峻. 中国近代思想史参考资料［M］. 北京：生活·读书·新知三联书店，1957.

［28］舒新城. 近代中国教育史资料（共四册）［M］. 上海：中华书局，1928.

［29］舒新城. 中国近代教育史资料［M］. 北京：人民教育出版社，1981.

［30］宋恩荣，章咸. 中华民国教育法规选编（修订版）［M］. 南京：江苏教育出版社，2005.

［31］宋恩荣. 范寿康教育文集［M］. 杭州：浙江教育出版社，1989.

［32］宋恩荣. 梁漱溟教育文集［M］. 南京：江苏教育出版社，1987.

［33］宋恩荣. 晏阳初全集［M］. 长沙：湖南教育出版社，1989.

［34］宋恩荣. 晏阳初文集［M］. 北京：教育科学出版社，1989.

［35］孙中山. 孙中山选集［M］. 北京：人民出版社，1956.

［36］邰爽秋. 历届教育会议议决案汇编［M］. 上海：教育编译馆，1925.

［37］汤志钧. 康有为政论集［M］. 北京：中华书局，1981.

［38］唐钺. 唐钺文存［M］. 上海：商务印书馆，1925.

［39］陶行知. 陶行知全集［M］. 长沙：湖南教育出版社，1984.

［40］王栻. 严复集［M］. 北京：中华书局，1986.

［41］中国史学会. 中国近代史料丛刊·戊戌变法.［M］. 上海：神洲国光社，1953.

［42］杨立强，等. 张謇存稿［M］. 上海：上海人民出版社，1987.

［43］中国史学会. 中国近代史料丛刊·洋务运动.［M］. 上海：上海人民出版社，1961.

［44］恽代英. 恽代英文集［M］. 北京：人民出版社，1984.

［45］曾业英. 蔡松坡集［M］. 上海：上海人民出版社，1984.

［46］翟葆奎，马骥雄. 曹孚教育论稿［M］. 上海：华东师范大学出版社，1989.

［47］翟葆奎. 教育文学集［M］. 北京：人民教育出版社，1989－1994.

［48］翟菊农. 乡村教育文录［M］. 农村教育协进会乡政学院，1940.

［49］詹一之. 晏阳初文集［M］. 成都：四川教育出版社，1990.

［50］张静庐. 中国近代出版史料（初编）［M］. 上海：中华书局，1957.

［51］张孝若. 张季子九录［M］. 上海：中华书局，1931.

［52］张允侯，殷叙彝，等. 五四时期的社团［M］. 北京：生活·读书·新知三联书

店，1979.

[53] 赵祥麟. 杜威教育论著选 [M]. 王承绪，译. 上海：华东师范大学出版社，1981.

[54] 中共中央马恩列斯著作编译局研究室. 五四时期期刊介绍 [M]. 北京：生活·读书·新知三联书店，1959.

[55] 中共中央毛泽东选集出版委员会. 毛泽东选集 [M]. 北京：人民出版社，1960.

[56] 中国蔡元培研究会. 蔡元培全集 [M]. 杭州：浙江教育出版社，1997.

[57] 中国科学院历史研究所第三所编辑委员会. 近代史资料 [M]. 北京：科学出版社，1955.

[58] 中国人民解放军政治学院党史教研室. 中共党史参考资料 [M]. 北京：中国人民解放军政治学院，1979.

[59] 丁守和. 辛亥革命时期期刊介绍 [M]. 北京：人民出版社，1986.

[60] 中国社会科学院近代史研究所. 五四运动回忆录 [M]. 北京：中国社会科学出版社，1979.

[61] 中国史学会. 洋务运动 [M]. 上海：上海人民出版社，1961.

[62] 中华职业教育社. 黄炎培教育文选 [M]. 上海：上海教育出版社，1985.

[63] 中央教育科学研究所. 中国现代教育大事记 [M]. 北京：教育科学出版社，1988.

[64] 周洪宇. 陶行知研究在海外 [M]. 北京：人民教育出版社，1990.

[65] 朱有瓛. 中国近代学制史料 [M]. 上海：华东师范大学出版社，1990.

二、专著类

[66] 蔡尚思. 中国近现代学术思想史论 [M]. 广州：广东人民出版社，1986.

[67] 陈景磐. 中国近代教育史 [M]. 北京：人民教育出版社，1979.

[68] 陈景磐. 中国近现代教育家传 [M]. 北京：北京师范大学出版社，1987.

[69] 陈启天. 近代中国教育史 [M]. 台北：中华书局，1979.

[70] 陈元晖. 中国现代教育史 [M]. 北京：人民教育出版社，1979.

[71] 戴逸. 袁世凯评传 [M]. 郑州：河南人民出版社，1990.

[72] 董远骞，施敏英. 俞子夷教育论著选 [M]. 北京：人民教育出版社，1991.

[73] [美] 费正清. 剑桥中国晚清史（1800—1911）（上、下卷）[M]. 北京：中国社会科学出版社，1985.

[74] 冯契. 中国近代哲学史（上、下册）[M]. 上海：上海人民出版社，1989.

[75] 冯小琴. 革命军 [M]. 北京：华夏出版社，2002.

[76] 高觉敷. 中国心理学史 [M]. 北京：人民教育出版社，1985.

[77] 高奇. 中国现代教育史 [M]. 北京：北京师范大学出版社，1985.

[78] 龚启昌. 中学普通教学法 [M]. 北京：商务印书馆，1946.

［79］郭家齐. 中国教育思想史［M］. 北京：教育科学出版社，1987.

［80］郭笙. 五四运动时期的工读运动和工读思潮［M］. 北京：教育科学出版社，1986.

［81］［美］郭颖颐. 中国现代思想中的唯科学主义［M］. 南京：江苏人民出版社，1989.

［82］韩明汉. 中国社会学史［M］. 天津：天津人民出版社，1987.

［83］侯外庐. 中国近代哲学史［M］. 北京：人民出版社，1978.

［84］华东师范大学教育系教科所. 中国现代教育史［M］. 上海：华东师范大学出版社，1983.

［85］黄嘉树. 中华职业教育社史稿［M］. 西安：陕西人民教育出版社，1987.

［86］瞿立鹤. 清末民初民族主义教育思潮［M］. 台北：文物供应社，1984.

［87］李定开，等. 简明中国教育史［M］. 成都：四川人民出版社，1985.

［88］李定开，谭佛佑. 中国教育史［M］. 成都：四川民族出版社，1990.

［89］李桂林. 中国教育史［M］. 上海：上海教育出版社，1989.

［90］李华兴. 民国教育史［M］. 上海：上海教育出版社，1997.

［91］梁启超. 清代学术概论·儒家哲学［M］. 天津：天津古籍出版社，2003.

［92］吕希晨. 中国现代资产阶级哲学思想述评［M］. 长春：吉林人民出版社，1982.

［93］毛礼锐，沈灌群. 中国教育通史（第4-5卷）［M］. 济南：山东教育出版社，1988.

［94］毛礼锐. 中国教育史简编［M］. 北京：教育科学出版社，1984.

［95］杜威. 平民主义与教育［M］. 常道直，译. 上海：上海商务印书馆，1922.

［96］任时先. 中国教育思想史（下册）［M］. 上海：上海书店，1984.

［97］实藤惠秀. 中国人留学日本史［M］. 谭汝霖，等，译. 北京：生活·读书·新知三联书店，1983.

［98］史全生. 中华民国文化史（上、下）［M］. 长春：吉林文史出版社，1990.

［99］舒新城. 近代中国教育思想史［M］. 上海：中华书局，1932.

［100］舒新城. 近代中国留学史［M］. 上海：中华书局，1932.

［101］舒新城. 中国新教育概况［M］. 上海：中华书局，1928.

［102］舒新城. 中华民国教育史稿选存［M］. 上海：中华书局，1936.

［103］舒新城. 中华民国教育小史［M］. 上海：中华书局，1931.

［104］司琦. 中国国民教育发展史［M］. 台北：教育资料馆，1981.

［105］四川省政协，等. 平民教育家——晏阳初［M］. 成都：四川大学出版社，1990.

［106］孙培青. 中国教育史［M］. 上海：华东师范大学出版社，2000.

［107］陶愚川. 中国教育史比较研究（现代部分）［M］. 济南：山东教育出版社，1988.

［108］汪一驹. 中国知识分子与西方［M］. 梅寅生，译. 台北：枫城出版社，1978.

［109］王炳照，郭齐家，等. 简明中国教育史［M］. 北京：北京师范大学，1985.

［110］王雷. 中国近代社会教育史［M］. 北京：人民教育出版社，2003.

[111] 熊明安. 中华民国教育史 [M]. 重庆：重庆出版社，1990.

[112] 许光枨，林浣芬. 中国近代政治思想史 [M]. 南京：南京大学出版社，1990.

[113] 阎国华，安效珍. 河北教育史（二）[M]. 石家庄：河北教育出版社，2003.

[114] 颜振吾. 胡适研究丛录 [M]. 北京：生活·读书·新知三联书店，1989.

[115] 杨雅彬. 中国社会学史 [M]. 济南：山东人民出版社，1987.

[116] 叶易. 中国近代文艺思潮史 [M]. 北京：高等教育出版社，1990.

[117] 喻本伐，熊贤君. 中国教育发展史 [M]. 武汉：华中师范大学出版社，1991.

[118] 袁伟时. 中国现代哲学史（上卷）[M]. 广州：中山大学出版社，1987.

[119] 曾乐山. 五四时期陈独秀思想研究 [M]. 福州：福建人民出版社，1983.

[120] 翟立鹤. 清末民初民族主义教育思潮 [M]. 台北：文物供应社，1974.

[121] 张君劢，等. 科学与人生观（一、二）[M]. 沈阳：辽宁教育出版社，1998.

[122] 张允侯，殷叙彝，李峻晨. 留法勤工俭学运动 [M]. 上海：上海人民出版社，1980.

[123] 中国社会科学院，等. 中国近代哲学史论文集 [M]. 天津：天津人民出版社，1986.

[124] 中国社科院近代史所，等. 孙中山全集 [M]. 北京：中华书局，1982.

[125] 中国现代哲学史研究会. 中国现代哲学与文化思潮 [M]. 北京：求实出版社，1989.

[126] 周世钊. 光辉的五四·湘江的怒吼 [M]. 北京：中国青年出版社，1960.

[127] 周谈辉. 中国职业教育发展史 [M]. 台北：教育资料馆，1985.

[128] 周予同. 中国现代教育史 [M]. 上海：上海良友图书印刷公司，1934.

[129] 朱元善. 自学自习法 [M]. 北京：商务印书馆，1916.

[130] 庄俞，贺圣鼐. 最近三十五年之中国教育 [M]. 上海：商务印书馆，1931.

后 记

　　教育思想是人类社会思想的重要组成部分，因其关乎人才的培养质量和效率问题而具有特殊的意义，因此在思想史上更具核心价值。中国教育思想博大精深，源远流长，成为中国思想文化的有机内容，也是载体之一。近代以来，中国走向世界，世界进入中国，思想碰撞、文化冲突、价值多元，教育思想在面临着内外压力和深层矛盾忧患中发生剧烈变革。本书梳理的主要教育思潮流派及其思想观点正是在这种背景下演绎发生、建构传播并产生现实影响的，其中积极性和推动社会现代进程的主动性是主要的方面。

　　作者尝试以群体、流派、个人及其社会影响或历史反思的结构模式来研究中国近代教育思想史，这是一种较新的构思，也符合当前学界注重将精英文化和普通社会人士群体结合起来重构思想史的写作范例。这样有利于克服精英人物或大思想家的个案呈现以及思想内容单纯的前后转换、连接，缺乏民众的呼应和社会实证的因素设计。近代教育思潮的种类很多，划分的标准不一，层次有别，要想全部收罗、逐一研究，鉴于个人的力量和本书的篇幅范围限制，显然是不现实的。此次选择的诸种教育思潮应该是富有代表性的，以后如果有机会或时间精力允许，还将进一步拓展或深化本课题的思考和探索，相信这不仅有利于中国教育史学科的发展与建设，还将使教育史与其他专门史发生沟通、交流与对话，并由此而丰富和拓展社会思想史的整体研究或建构。

　　思想是人类历史文明的结晶，带有极强的创造性，因其所具有的活力、哲理的思辨、普遍性的概括和抽象性的凝练而带有穿越时空、启迪后人、激发活力、提供某种导向性参照等特质，所以备受学界重视。同样，教育思想是教育理论的主干或内核，在今天建立中国特色的教育学当中将越来越发挥其普遍性和专业独立性的独特魅力。书中的一些探讨内容及观点不敢有此高度评价，但希望能有助于当代教育的发展资源借鉴，则余愿足矣。

　　从开始进行有关该领域的探讨、阶段成果的问世，到今天陆陆续续我已经走过了二十多个春秋，可以说人生的黄金时期已过，但受科研的其他任务、教学科目的变换、任务的繁重以及各层次研究生培养所耗的时间精力巨大等因素影响，所获得的成果是十分有限的。这一方面出于无奈，另一方面又常常自责。此次，在以前研究成果的基础上，加以整理、拓展，有些内容是在已经出版论著相关章节的基础上少量适当改写而成的，因此许多的仓促和不足相伴而生，仍有待于以后的逐渐提升，这是希望读者或对该论题有造诣者理解和包涵的，我的歉意与感激之情交织在一起。该课题研究成果的陆续取得曾得到当代著名教育史学家陈学恂、王炳照、田正平三位教授的指导、勉励与帮助。现在陈、王两位先生已先后辞世，我常常思念他们，尤其是陈先生是我在浙江大学教育学院硕、博士求学阶段的导师，其人格精神、专业造诣令人敬仰与崇敬。田正平教授现为浙江大学资深教授，专业成就及水平在业内有崇高威望，他一直对我关怀有加，使我十分感动，也在此深表谢忱。

　　本书的写作和问世，得益于河北大学教育学院教育史重点学科专项经费的支持，也属于河北大学中西部高校提升工程的诸项计划之一。因此，对于学院的有关领导和学校有关部门的负责人给予的支持和关照，我深表谢意。同时还要感谢知识产权出版社对我校教育史学科的一贯支持，责任编辑江宜玲女士认真负责、兢兢业业，勇于为作者分忧解难，她的工作提升了本书的学术质量；她的精神品质让人钦佩，更值得学习，将督促我在以后的研究和教学中不断攀升。

吴洪成

2014 年 10 月 23 日

于河北大学主楼 607 教育学院教科所办公室